西南交通大学年鉴

（2022）

《西南交通大学年鉴》编辑委员会　编

西南交通大学出版社
·成都·

图书在版编目（CIP）数据

西南交通大学年鉴. 2022 /《西南交通大学年鉴》
编辑委员会编. -- 成都：西南交通大学出版社，
2023.12
　　ISBN 978-7-5643-9559-9

　　Ⅰ. ①西… Ⅱ. ①西… Ⅲ. ①西南交通大学 – 2022 –
年鉴　Ⅳ. ①G649.287.11-54

中国国家版本馆 CIP 数据核字（2023）第 221178 号

Xinan Jiaotong Daxue Nianjian（2022）

西南交通大学年鉴（2022）
《西南交通大学年鉴》编辑委员会　编

责任编辑	左凌涛
助理编辑	韩　林
封面设计	曹天擎

出版发行	西南交通大学出版社
	（四川省成都市金牛区二环路北一段 111 号
	西南交通大学创新大厦 21 楼）
邮政编码	610031
发行部电话	028-87600564　028-87600533
官网	http://www.xnjdcbs.com
印刷	成都勤德印务有限公司

成品尺寸	210 mm×285 mm
印张	27.25
字数	771 千
版次	2023 年 12 月第 1 版
印次	2023 年 12 月第 1 次
定价	196.00 元
书号	ISBN 978-7-5643-9559-9

目　录

一、西南交通大学概况

西南交通大学是教育部直属全国重点大学，国家首批"双一流""211工程""特色985工程""2011协同创新计划"重点建设并设有研究生院的研究型大学，坐落于中国历史文化名城、国家中心城市——成都。

学校创建于1896年，前身为山海关北洋铁路官学堂（Imperial Chinese Railway College），是中国第一所工程教育高等学府，是中国土木工程、矿冶工程、交通工程高等教育的发祥地。学校以"唐山交大""唐院"之名享誉中外，素有"东方康奈尔"之美誉，毛泽东主席为学校题写校名。建校以来，学校先后定名交通大学唐山工（程）学院、国立交通大学贵州分校、中国交通大学、北方交通大学、唐山铁道学院等。学校先后经历了两次院系调整，一大批在全国卓有声誉的系组调整支援清华大学、天津大学等兄弟院校。1964年学校积极响应党中央建设"大三线"的号召内迁四川，1972年更名西南交通大学，1989年学校办学主体迁至成都，2002年在成都犀浦扩建新校区。现有九里、犀浦、峨眉、成都东部（国际）四个校区，共占地5000余亩。

学校始终坚守大学使命、服务国家战略需求，始终与中华民族同呼吸、共命运，见证和参与了中华民族百折不挠、不断奋进的光辉历史，形成了"竢实扬华、自强不息"的交大精神，"严谨治学、严格要求"的办学传统和"精勤求学、敦笃励志、果毅力行、忠恕任事"的校训，培养和造就了以茅以升、竺可桢、林同炎、黄万里等为代表的30余万栋梁英才，师生中产生了3位"两弹一星"元勋、64位海内外院士和38位全国工程勘察设计大师，改革开放以来轨道交通领域产生的院士几乎全部出自我校。邓小平同志给予学校高度评价："这所学校出了不少人才。"

学校以工见长，设有27个学院（书院、中心），拥有交通运输工程、机械工程2个一级学科国家重点学科，车辆工程、桥梁与隧道工程等10个二级学科国家重点学科，18个一级学科博士学位授权点，3个博士专业学位授权类别，41个一级学科硕士学位授权点，11个博士后科研流动站。交通运输工程学科位居全国第一（A+）并进入国家"双一流"建设序列，土木工程学科位居全国第七（A-），工程学、材料科学、计算机科学、化学、社会科学、地球科学、环境/生态学7个学科进入ESI世界排名前1%。

学校建有轨道交通国家实验室（筹）、牵引动力国家重点实验室等13个国家级科技创新平台和36个省部级科研基地，建立起世界轨道交通领域最完备的学科体系、人才体系和科研体系。学校围绕高速铁路、重载铁路、磁浮交通、新型城轨、真空管道超高速等领域大力开展基础研究与原始创新，构建了以世界公认的"沈氏理论"和"翟孙模型"为标志的铁路大系统动力学基础研究体系，科技成果四次入选"中国高校十大科技进展"，在轨道交通领域获得的国家科技奖励总数位居全国高校、科研院所和行业企业第一，为国家经济建设和社会发展，尤其是中国轨道交通事业发展作出了不可磨灭的贡献。此外，学校还在国防科技、智能制造、生物医药、大数据以及物理科学、人文社科等领域取得了许多重要成果。

学校大力实施人才强校主战略,现有专任教师 2700 余人,其中,中国科学院院士 10 人(含 8 名双聘院士)、中国工程院院士 17 人(含 15 名双聘院士),国家高层次人才计划入选者 100 余人;国家自然基金委创新群体 1 个,教育部创新团队 6 个,国家级教学团队 8 个、国家级教学名师 7 人。此外,还聘请了近 50 位中国科学院、工程院院士及诺贝尔奖获得者担任兼职(名誉)教授。

学校致力于培养德智体美劳全面发展的社会主义建设者和接班人,现有全日制本科生 28 914 人、硕士研究生 15 053 人、博士研究生 2630 人、留学生 536 人。学校有 44 个专业进入国家一流本科专业"双万计划"建设点,有国家级特色专业 12 个、专业综合改革试点项目 4 个、卓越工程师教育培养计划专业 17 个、通过工程教育认证专业 17 个;承担国家教育体制改革试点项目 4 项;获国家级教学成果奖 29 项,其中特等奖 1 项、一等奖 6 项。学校有 50 门课程入选首批"国家一流本科课程",有国家级精品课程 36 门,国家级精品资源共享课 24 门,国家级精品视频公开课 8 门,国家级精品在线开放课程 23 门,国家级双语示范课程 3 门。毕业生就业率连续 30 年保持在 95% 以上,位居全国高校前列。

学校坚持国际化办学,着力建设成都东部

(国际)校区,同 60 个国家和地区的 200 余所高校及科研机构建立了合作关系,与英国利兹大学合作成立"西南交大-利兹学院","2+2""本硕 4+1""中法 4+4"等留学、游学、访学项目涵盖全部年级。有 7 个国家外专创新引智基地("111 计划")。

学校设有国家级大学科技园、国家级科技企业孵化器、国家技术转移中心以及产业研究院,建立了"科技—孵化—产业"全链条成果转化模式,在全国率先探索"职务科技成果权属混合所有制"改革,被誉为科技领域的"小岗村试验"。

竢实扬华,交通天下。新时代西南交通大学高举习近平新时代中国特色社会主义思想伟大旗帜,深入贯彻落实习近平总书记关于教育的重要论述,按照学校第十五次党代会提出的"三步走"发展目标,贯彻"五个着力建设"总体办学思路、"五个坚持"办学治校基本准则,突出特色发展、高质量发展,谋发展、建一流,惠民生、聚民心,夯基础、强保障,不断谱写中华民族伟大复兴的西南交大新篇章,为奋力夺取全面建设社会主义现代化国家新胜利作出新的更大贡献!

二、学校领导

党委常委： 王顺洪　桂富强（—2022.09）　余敏明（2022.09—）　张学龙　杨爱华
　　　　　　姚发明　周仲荣　何　川　沈火明　康国政　刘长军
　　　　　　汪　铮（2022.07—）　卢世炬（2022.07—）

党委书记： 王顺洪

校　　长： 杨　丹

党委副书记： 桂富强（—2022.09）　余敏明（2022.09—）　张学龙　杨爱华

纪委书记： 张学龙

副 校 长： 姚发明　周仲荣　何　川　沈火明　康国政　刘长军

三、机构与队伍

（一）党群机构设置

党委办公室[①]
纪律检查委员会办公室
党委组织部（党校）
党委宣传部（新闻中心）
党委统战部
党委巡察工作办公室
人才工作办公室
党委教师工作部
党委学生工作部
党委老干部部
党委保卫部（党委人民武装部）
校工会
校团委
峨眉校区党工委

[①] 2022年12月，党委办公室、校长办公室由原党政办公室恢复独立设置。

（二）党的基层组织设置

土木工程学院党委
机械工程学院党委
电气工程学院党委
信息科学与技术学院党委
计算机与人工智能学院党委
经济管理学院党委
外国语学院党委
交通运输与物流学院党委
材料科学与工程学院党委
化学学院党委①
地球科学与环境工程学院党委
建筑学院党委
设计艺术学院党委
物理科学与技术学院党委
人文学院党委
公共管理学院党委
医学院党委
生命科学与工程学院党委
力学与航空航天学院党委
数学学院党委
马克思主义学院党委
牵引动力国家重点实验室党委
利兹学院党委
城市轨道交通学院党委
唐山研究院党委②
心理研究与咨询中心党委
体育学院党委
机关党委
离退休工作处党委
后勤与基建管理处党委

① 2022 年 12 月，组建化学学院，成立"化学学院党委"。
② 2022 年 3 月，撤销异地研究生院机构，唐山研究生院有关职能转入唐山研究院。

成都西南交通大学产业（集团）有限公司党委
成都西南交通大学科技发展集团有限公司党委①
教育培训学院党委
茅以升学院党总支
网络教育学院党总支
附属中学党总支
图书馆党总支
成都西南交通大学设计研究院有限公司党总支②
工程训练中心党支部
子弟小学党支部
成都西南交大出版社有限公司党支部
国际教育学院党支部③

① 2022 年 12 月，因校属企业体制改革，成立"成都西南交通大学科技发展集团有限公司党委"。
② 2022 年 12 月，因校属企业体制改革，成立"成都西南交通大学设计研究院有限公司党总支"。
③ 2022 年 12 月，调整优化国际化管理服务机构，撤销"国际教育学院党支部"。

（三）行政机构设置

校长办公室①
战略与学科处
教务处
研究生院
学生工作处
招生就业处
科学技术发展研究院（质量管理办公室）
文科学部②
人事处
教师发展中心
国内合作与教育培训管理处
国际合作与交流处（港澳台事务办公室）③
计划财务处（采购与招标管理办公室）
资产与实验室管理处（分析测试中心）
信息化与网络管理处
后勤与基建管理处
保卫处
监察处
审计处
离退休工作处
峨眉校区管委会
企业资产管理委员会办公室

① 2022年12月，党委办公室、校长办公室由原党政办公室恢复独立设置。
② 2022年11月，成立文科学部。
③ 2022年12月，调整优化国际化管理服务机构，国际合作与交流处、港澳台事务办公室、国际教育学院、天佑铁道学院合署办公。

（四）教学科研机构设置

土木工程学院
机械工程学院
电气工程学院
信息科学与技术学院
计算机与人工智能学院
经济管理学院
外国语学院
交通运输与物流学院
材料科学与工程学院
化学学院①
地球科学与环境工程学院
建筑学院
设计艺术学院
物理科学与技术学院
人文学院
公共管理学院
医学院
生命科学与工程学院
力学与航空航天学院
数学学院
马克思主义学院
体育学院
心理研究与咨询中心
牵引动力国家重点实验室
茅以升学院（与教务处合署）
智慧城市与交通学院/城市轨道交通学院
轨道交通国家实验室 （常州轨道交通研究院、超高速真空管道磁浮交通研究中心）
创新创业学院② 工程训练中心
信息化研究院
唐山研究院（唐山办事处）③

---

① 2022 年 12 月，组建化学学院，优化调整材料、生命、医学、超导等教学科研机构。
② 2022 年 12 月，重组"创新创业学院"，与工程训练中心合署办公。
③ 2022 年 3 月，撤销异地研究生院机构，唐山研究生院有关职能转入唐山研究院。

智能控制与仿真工程研究中心
西南交大-中车时代微电子学院（挂靠电气工程学院）
智能检测研究院
人工智能研究院
网络空间安全研究院
交通安全技术研究院
前沿科学研究院
未来技术研究院

（五）直属业务机构设置

业务部门	图书馆
	期刊社
	档案馆（校史馆）
	高等教育研究院
	维修、水电及运输服务中心
	医幼及场馆服务中心
	物业服务中心
	饮食服务中心
	学术交流服务中心
	技术转移研究院（国家大学科技园管理办公室）
	先进技术与装备研究院
	川藏铁路研究院
直属单位	网络教育学院
	教育培训学院
	国际教育学院、天佑铁道学院①
	附属中学
	子弟小学
	西南交大-利兹学院
	深圳研究院
	上海研究院
	青岛研究院
	天府新区研究院
	烟台新一代信息技术研究院
	宜宾研究院

① 2022年12月，调整优化国际化管理服务机构，国际合作与交流处、港澳台事务办公室、国际教育学院、天佑铁道学院合署办公。

（六）中层领导干部名单

（截至 2022 年 12 月 31 日）

1. 党群部门

党政办公室

职　务	姓　名
主任兼保密办主任	靳能法
副主任	孟新智
副主任	贾兆帅
副主任	张　铎
副主任	蒋罗林

纪律检查委员会办公室（党委巡察工作办公室）

职　务	姓　名
副书记兼巡察办主任	李　立
副书记兼监察处处长	郝辽钢
副书记兼纪委办主任	张国正（2022.02—）
纪委办副主任兼纪委监督检查室主任	蒋　佳（—2022.12）
纪委办副主任兼纪委案件审理室主任（兼）	周海林
纪委办副主任（兼）	杨育鸿
巡察办副主任	迟艳艳
纪委办副主任兼案件监督管理室主任	秦文臻
正处级纪检监察员	曹宏伟
副处级纪检监察员	费玉芳

党委组织部（党校）

职　务	姓　名
常务副部长	宋　新（2022.06—）
副部长兼党校副校长	陈青山
副部长兼党校副校长	沈　哲（—2022.12）
党校副校长	燕莆龙（2022.11—）
副部长（兼）	晏启祥
副部长（兼）	沈　哲（2022.12—）

党委宣传部（新闻中心）

职　务	姓　名
部长（兼）	桂富强（—2022.02）
常务副部长兼新闻中心主任、《西南交大报》总编辑	汪　铮（—2022.02）
部长兼新闻中心主任、《西南交大报》总编辑	汪　铮（2022.02—2022.10）
部长兼新闻中心主任、《西南交大报》总编辑	卢世炬（2022.10—）
副部长	许金砖
副部长兼副主任	颉　芳
副部长	李　猛

党委统战部（社会主义学院）

职　务	姓　名
院　长（兼）	桂富强（—2022.09）
院　长（兼）	杨爱华（2022.11—）
部长兼常务副院长	卢世炬（—2022.10）
部长兼常务副院长	汪　铮（2022.10—）
副部长	任黎立

人才工作办公室

职　务	姓　名
主　任	晏启祥
副主任	吴　坚
副主任	张长玲
副主任（兼）	韩　科
副主任（兼）	张艳阳
副主任（兼）	张　涵

党委教师工作部

职　务	姓　名
部　长	苏　谦
副部长	李　箐
副部长	王　蔚

党委学生工作部

职　务	姓　名
部　长	高平平（—2022.11）
部　长	张军琪（2022.11—）
副部长	李　毅
副部长	李国芳
副部长	邢晓鹏

校工会

职　务	姓　名
主　席	郑　江（—2022.11）
副主席	马德芹
副主席	李煜宏
副主席	喻碧君（—2022.10）
副主席	杜　红（2022.12—）

党委老干部部

职　务	姓　名
关工委主任（兼）	桂富强（—2022.09）
部　长	杨德友
副部长（兼）	谢　彬
关工委副主任（兼）	李彤梅
副部长	李雪飞

校团委

职　务	姓　名
书　记	张军琪（—2022.11）
书　记	张江泉（2022.12—）
副书记	朱　炜
副书记	李　娜
副书记	樊治辰

党委保卫部（党委人民武装部）

职　务	姓　名
部　长	张占军（—2022.12）
副部长	朱云峰
副部长	刘　勇（—2022.11）
副部长	岳　涛
副部长	李　骐

机关党委

职　务	姓　名
书　记	贺　平（—2022.12）
书　记	沈　哲（2022.12—）
副书记	陈　璐

2. 行政业务部门及直属单位

战略与学科处

职　务	姓　名
处　长	邱延峻
副处长	蒋　晗
副处长	宋　刚（—2022.05）

教务处

职　务	姓　名
处　长	崔　凯
副处长	刘朝晖
副处长	代　宁
副处长	季敬皓
副处长	康　锐

研究生院

职　务	姓　名
院长（兼）	周仲荣
常务副院长	周先礼
副院长	朱志武
副院长	艾长发
研究生招生办公室主任	邹　洋
培养办公室主任	华宝玉
学位办公室主任	陈怡露
专业学位管理办公室主任	郑海涛
综合管理办公室主任	陈志伟

学生工作处

职　务	姓　名
处　长（兼）	高平平（—2022.11）
处　长（兼）	张军琪（2022.11—）
副处长（兼）	李　毅
副处长（兼）	李国芳
副处长（兼）	邢晓鹏

招生就业处

职　务	姓　名
处　长	陈岩峰
副处长	黄春蓉
副处长	何安涛

科学技术发展研究院

职　务	姓　名
院　长	王　平
副院长	张兴博
副院长	邓永权
副院长	李怀龙
副院长	王青亚
副院长	马　霖
副院长（兼）	周　南

文科学部、文科建设处

职　务	姓　名
主　任	邱泽奇（2022.11—）
执行主任	张雪永（2022.11—）
规划与平台建设办公室主任	郑　澎（2022.11—）
项目与成果管理办公室主任	陈姝君（2022.11—）
处　长	张雪永（—2022.11）
副处长	郑　澎（—2022.11）
副处长	陈姝君（—2022.11）
副处长（兼）	许金砖

人事处

职　务	姓　名
处　长	刘长军（—2022.11）
处　长	晏启祥（2022.11—）
副处长	翟东海
副处长	张国正（—2022.02）
副处长	朱同江
副处长	王　超
副处长	张　涵

教师发展中心

职　务	姓　名
主　任（兼）	苏　谦
副主任（兼）	李　簧
副主任（兼）	王　蔚

国内合作与教育培训管理处

职　务	姓　名
副处长	阮　波
副处长	王　兵
副处长	温　朋

国际合作与交流处（港澳台事务办公室）

职　务	姓　名
处长兼主任	马　磊
副处长兼副主任	许炜萍
来华留学生办公室主任兼副处长	陆　霞
副处长	廖　莉

计划财务处（采购与招标管理办公室）

职　务	姓　名
处长兼主任	钟　冲
副处长	杜　红（—2022.12）
副处长	周国强
副处长	周芩芩
副主任	冯　涛

资产与实验室管理处（分析测试中心）

职　务	姓　名
处长兼主任	贺　剑
副处长	卫飞飞
副处长	郭　剑（—2022.12）
副处长	闻毓民
副处长	张光远

信息化与网络管理处

职　务	姓　名
处长兼校首席信息官	赵彦灵
副处长	唐燕梅
副处长	杨亚群
副处长	周　伟

后勤与基建管理处及各中心

职　务	姓　名
书记兼副处长	杨　韬（—2022.11）
书记兼副处长	覃　维（2022.12—）
副书记兼副处长	孔书祥
副书记	高　磊（2022.11—）
处长兼副书记	宋　新（—2022.06）
处长兼副书记	杨　韬（2022.11—）
副处长兼副书记	高　磊（—2022.11）
副处长	苗文波
副处长兼社区管理办公室主任	刘　勇（2022.11—）
副处长（兼）	俞建海
维修、水电及运输服务中心主任	王友松
物业服务中心主任（兼）	王友松（2022.05—）
饮食服务中心主任	马勇锋
医幼及场馆服务中心主任	杜　伟
学术交流服务中心主任	梁　冰

保卫处

职　务	姓　名
处　长（兼）	张占军
副处长（兼）	朱云峰
副处长（兼）	刘　勇（—2022.11）
副处长（兼）	岳　涛
副处长（兼）	李　骐

监察处

职　务	姓　名
处　长（兼）	郝辽钢
副处长	周海林
副处长	杨育鸿
副处长（兼）	蒋　佳（—2022.12）

审计处

职　务	姓　名
处　长	孟　锦
副处长	黄海霞
副处长	何　淼

离退休工作处

职　务	姓　名
书　记	段雪芬（—2022.11）
书　记	蒋　佳（2022.12—）
副书记	谢　彬
处　长	杨德友
副处长	李彤梅
副处长（兼）	李雪飞

图书馆

职　务	姓　名
党总支书记	胡　伟（—2022.11）
党总支书记	郑　江（2022.11—）
馆　长	郭春生（2022.10—）
副馆长	罗秀云（—2022.11）
副馆长	陈丽华
副馆长	夏显波（2022.11—）

期刊社

职　务	姓　名
主　任	李恒超

档案馆（校史馆）

职　务	姓　名
馆　长	熊　瑛
副馆长	孟凡春

高等教育研究院

职　务	姓　名
院　长	郝　莉
副院长	何诣寒

网络教育学院

职　务	姓　名
党总支副书记	郑　波（—2022.11）
院　长	钱晓群
副院长	贺　强
副院长	姬晓旭
副院长	王克贵

教育培训学院

职　务	姓　名
书记、院长（兼）	沈火明
常务副书记（兼）	宋　刚（2022.05—）
副书记	程　军
常务副院长（兼）	谭建鑫（—2022.11）
副院长兼培训教务办公室主任	金刚毅
副院长	潘　昱
培训发展办公室主任	许炜强

国际教育学院

职　务	姓　名
院　长（兼）	马　磊
副院长	李　海
副院长（兼）	陆　霞

附属中学

职　务	姓　名
党总支书记	朱剑松
党总支副书记兼副校长	傅相万
党总支副书记	魏明德
校　长	雷国胜
副校长	曾　俊
副校长	董　鑫

子弟小学

职　务	姓　名
党支部书记	王文彬
校　长	王利琨
副校长	马　群

利兹学院

职　务	姓　名
书记兼副院长	江久文
副书记兼副院长	赵　舵（—2022.11）
副书记	黄　涛（2022.11—）
院　长	靳忠民
副院长	黄　涛（—2022.11）
副院长	赵　舵（2022.11—）
副院长	朱　焱

创新创业学院

职　务	姓　名
院　长（兼）	崔　凯（2022.11—）
执行院长（兼）	张祖涛（2022.11—）
专职副院长	王书会（—2022.11）
副院长	王书会（2022.11—）
副院长（兼）	黄春蓉（—2022.11）
副院长（兼）	刘朝晖（—2022.11）

川藏铁路研究院

职　务	姓　名
副院长	占玉林

先进技术与装备研究院

职　务	姓　名
院　长	刘庆想

技术转移研究院

职　务	姓　名
副院长	胡　玲
副院长	刘剑峰

深圳研究院

职　务	姓　名
院　长	李志林

天府新区研究院

职　务	姓　名
副院长（主持工作）	夏　雨（—2022.11）

宜宾研究院

职　务	姓　名
院　长	王　鹰
副院长	罗　霄

3. 峨眉校区党工委（管委会）

职　务	姓　名	职务	姓名
书记、主任（兼）	沈火明	副主任（兼）	刘长军（—2022.11）
常务副书记	宋　刚（2022.05—）	副主任（兼）	高平平（—2022.11）
副书记	郑简平	副主任（兼）	贺　剑
常务副主任	谭建鑫（—2022.11）	副主任（兼）	张占军（—2022.12）
副主任兼后勤保卫办公室主任	李　琦	副主任（兼）	崔　凯
副主任（兼）	钟　冲	副主任（兼）	宋　新（—2022.06）
副主任（兼）	靳能法（—2022.11）	综合办主任	陈诗伟

4. 教学科研单位

土木工程学院

职　务	姓　名
书　记	刘学毅（—2022.11）
书　记	高平平（2022.11—）
副书记	童万波
副书记	周　曦
院　长	蒲黔辉
副院长	富海鹰
副院长	王明年
副院长	陈　嵘
副院长	勾红叶

机械工程学院

职　务	姓　名
书　记	袁艳平
副书记	张江泉（—2022.12）
院　长	钱林茂
副院长	曾东红
副院长	田怀文
副院长	丁国富

电气工程学院

职　务	姓　名
书　记	罗乾超（—2022.11）
副书记	谢　力
副书记	王　轶（2022.05—）
院　长	陈维荣
副院长	何晓琼
副院长	解绍锋
副院长	陈民武
副院长	胡海涛

西南交大—中车时代微时代学院

职　务	姓　名
院　长	丁荣军（2022.06—）
副院长	刘国友（2022.11—）
副院长	宋文胜（2022.12—）

信息科学与技术学院

职　务	姓　名
书　记	马　征
副书记	马　琼（—2022.11）
副书记	傅尤刚（2022.11—）
院　长	闫连山
副院长	王小敏
副院长	邹喜华
副院长	周正春（2022.05—）

计算机与人工智能学院

职　务	姓　名
书　记	李天瑞
副书记	戴　齐（—2022.11）
副书记	肖　静
院　长	戴元顺
副院长	杨　燕（—2022.11）
副院长	龚　勋（2022.12—）

经济管理学院

职　务	姓　名
书　记	王　斌
副书记	夏显波（—2022.11）
副书记	杨宏毅
副书记	晏理斌（2022.12—）
院　长	杨　平
执行院长	郭　强
副院长	李　良
副院长	周嘉南
副院长	聂佳佳

外国语学院

职　务	姓　名
书　记	李卓慧（—2022.11）
书　记	李成坚（2022.11—）
副书记	余清秀
副书记	武　俊
院　长	李成坚（—2022.11）
院　长	俞森林（2022.12—）
副院长	王鹏飞
副院长	杨安文
副院长	易　红
副院长	黎　明（2022.11—）

交通运输与物流学院

职　务	姓　名
书　记	甘　灵
副书记	王正彬
副书记	刘继宗
院　长	刘晓波
副院长	蒋阳升
副院长	唐优华
副院长	闫海峰
副院长	蹇　明
副院长	韩　科
副院长	孙湛博

材料科学与工程学院

职　务	姓　名
书　记	陈　勇
副书记	章春军
院　长	朱旻昊（—2022.12）
院　长	陈　辉（2022.12—）
副院长	李　涛
副院长	冷永祥
副院长	王　勇

地球科学与环境工程学院

职　务	姓　名
书　记	关秦川
副书记兼副院长	许军华
副书记	傅尤刚（—2022.11）
副书记	郑　波（2022.11—）
院　长	Lutz Plümer（—2022.11）
院　长	刘国祥（2022.11—）
执行院长	刘国祥（—2022.11）
副院长	Okubo Shuhei（—2022.11）
副院长	赵晓彦
副院长	张玉春
副院长	龚正君
副院长	朱　军
副院长	高　贵

建筑学院

职　务	姓　名
书　记	吴晓雄（—2022.11）
书　记	胡　伟（2022.11—）
副书记	刘一杰
荣誉院长	李鸿源
执行院长	沈中伟
副院长	崔　叙
副院长	杨青娟

设计艺术学院

职　务	姓　名
书　记	闵光辉（—2022.11）
副书记	赵　煜
院　长	林家阳
执行院长	支锦亦
副院长	李芳宇（2022.12—）

物理科学与技术学院

职　务	姓　名
书　记	刘　玉
副书记兼副院长	郭　剑
副书记	魏振兴
副院长（主持工作）	贾焕玉
副院长	李相强
副院长	李金龙

人文学院

职　务	姓　名
书　记	向仲敏
副书记	郭立昌
执行院长	刘占祥
副院长	沈如泉
副院长	胡　红

公共管理学院

职　务	姓　名
书　记	高　凡
副书记	余小英
院　长	王永杰
副院长	雷　斌
副院长	雷叙川（—2022.11）
副院长	李华强

医学院

职　务	姓　名
书记兼副院长	李锦红
院　长	周绍兵（2022.12—）
副院长（兼）	李　暄
副院长（兼）	高　峰

生命科学与工程学院

职　务	姓　名
书　记	葛永明（—2022.11）
书　记	李卓慧（2022.11—）
副书记（兼）	朱　炜（2022.06—）
院　长（兼）	周先礼
副院长	李遂焰
副院长	封　顺
副院长	高　峰

化学学院

职　务	姓　名
执行院长	周祚万（2022.12—）
副书记	张春燕（2022.12—）

力学与工程学院

职　务	姓　名
书　记	栗　民
副书记	孔祥彬
院　长	康国政（—2022.02）
执行院长	李翔宇（2022.05—）
副院长	高芳清
副院长	李翔宇（—2022.05）
副院长	阚前华
副院长	李　鹏（2022.12—）

数学学院

职　务	姓　名
书　记	徐　革
副书记	黄　祥
执行院长	杨　晗
副院长	李志辉
副院长	潘小东
副院长	王　璐

马克思主义学院

职　务	姓　名
书　记	廖　军
副书记	熊　钰
院　长	邱海平
执行院长	田永秀
副院长	胡子祥
副院长	李学勇
副院长	谢　瑜
教育部高校思想政治工作队伍培训研修中心副主任	杨伟宾

心理研究与咨询中心

职　务	姓　名
书　记	刘咏梅
副书记	柯小君
主　任	陈　华
副主任	雷　鸣

牵引动力国家重点实验室

职　务	姓　名
书　记	庞烈鑫
副书记兼副主任	王　锋
副书记	李　莹
主　任	王开云
副主任	温泽峰
副主任	杨　冰
副主任	马光同
副主任	敬　霖

茅以升学院

职　务	姓　名
党总支书记	甘　霖
党总支副书记	王　霞
院　长（兼）	冯晓云（—2022.02）
院　长（兼）	康国政（2023.03—）
常务副院长（兼）	崔　凯

体育学院

职　务	姓　名
书　记	潘　喆
主　任	刘　江
副院长	李宏图
副院长	高　平
副院长	张春燕（—2022.12）

城市轨道交通学院

职　务	姓　名
书　记（兼）	蒲　云（—2022.02）
书　记（兼）	康国政（2022.03—）
副书记	罗妍妍
院　长	何正友
副院长（兼）	孙湛博
副院长（兼）	富海鹰（2022.12—）
副院长（兼）	丁国富（2022.12—）
副院长（兼）	胡海涛（2022.12—）
副院长（兼）	杨青娟（2022.12—）
副院长（兼）	闫海峰（2022.12—）
发展保障办公室主任	俞建海
人才培养办公室主任(兼)	代　宁
人力资源部部长	张艳阳
综合办公室主任	高江波
学生管理办公室主任	夏　夏

轨道交通国家实验室（筹）

职　务	姓　名
主　任（兼）	杨　丹
常务副主任（兼）	何　川
副主任兼多态耦合轨道交通动模试验平台项目部主任、超高速真空管道磁浮交通研究中心主任	郭　俊（—2022.12）
副主任兼综合办公室主任	徐志根（—2022.11）
副主任（兼）	高仕斌

续表

职　务	姓　名
副主任（兼）	康国政
副主任（兼）	王开云
多态耦合轨道交通动模试验平台项目部主任	李印川（2022.12—）
多态耦合轨道交通动模试验平台项目部副主任	李印川（—2022.12）
多态耦合轨道交通动模试验平台项目部副主任	周文祥
超高速真空管道磁浮交通研究中心副主任	熊嘉阳
超高速真空管道磁浮交通研究中心副主任	邓自刚
超高速真空管道磁浮交通研究中心副主任	毕海权
综合办公室主任	张　胜（2022.12—）
综合办公室副主任	周　南
综合办公室副主任	张　胜（—2022.12）

天佑铁道学院

职　务	姓　名
院　长（兼）	冯晓云（—2022.01）
院　长（兼）	康国政（2022.01—）
建设办公室主任	欣　羿

工程训练中心

职　务	姓　名
党支部书记	陈兴莲
主任	张祖涛
副主任	王　莉
副主任	张则强

唐山研究院（唐山办事处）

职　务	姓　名
书　记	刘　伟
院长（主任）	吴　刚（2022.03—）
副院长（副主任）（主持工作）	吴　刚（—2022.03）
副院长兼副书记	梁思颖（—2022.11）
副主任兼副书记	梁思颖（2022.11—）

桥梁隧道与线路结构安全实验室

职　务	姓　名
主　任（兼）	蒲黔辉

磁技术（暂定名）实验室

职　务	姓　名
主　任（兼）	陈维荣
常务副主任	罗世辉（—2022.11）

综合交通运输智能化工程实验室

职　务	姓　名
主　任（非校管兼职）	彭其渊
副主任（兼）	蒋阳升
副主任（非校管兼职）	邱小平

陆地交通地质灾害防治技术国家工程研究中心

职　务	姓　名
主　任（兼）	何　川
执行主任（兼）	蒲黔辉
副主任（非校管兼职）	赵灿晖

高速铁路运营安全空间信息技术国家地方联合共建工程实验室

职　务	姓　名
副主任（兼）	龚正君

轨道交通电气化与自动化工程技术研究中心

职　务	姓　名
主　任	高仕斌
常务副主任（兼）	陈维荣
副主任（兼）	何晓琼

交通运输工程学部

职　务	姓　名
主　任（非干部管理）	翟婉明
副主任（非干部管理）	刘建新
副主任（兼）	蒲黔辉
副主任（兼）	王开云
副主任（兼）	刘晓波
副主任（兼）	闫连山
副主任（行政）（兼）	庞烈鑫
办公室主任	邓　超

前沿科学研究院

职　务	姓　名
院　长	周祚万（—2022.12）
副院长	吴广宁（—2022.02）
副院长	夏　雨（2022.11—）

未来技术研究院

职　务	姓　名
院　长	吴广宁（2022.02—）

5. 所属企业

成都西南交通大学产业（集团）有限公司

职　务	姓　名
党委书记、董事长	陈天利
副书记	田　红
副总经理（主持工作）	张　骏
副总经理	车　伟
副总经理	王君秋
副总经理	刘兴宇
副总经理	钟　爽
副总经理	尚建勇
总会计师（兼）	周国强
副总经理（非校管兼职）	赵世春
副总经理（非校管兼职）	张洪涛
副总经理（非校管兼职）	康凯宁

成都西南交大科技园管理有限责任公司

职　务	姓　名
总经理	陈桂兵

成都西南交通大学设计研究院有限公司

职　务	姓　名
董事长（兼）	陈天利（2022.05—）

成都西南交大出版社有限公司

职　务	姓　名
党支部书记	覃　维（—2022.12）
总经理	王建琼
总编辑	阳　晓
副总经理	刘欣宇
副总经理	万　宇

（七）教师在国务院、教育部各学术委员会任职情况

在教育部2018—2022年高校教学指导委员会任职情况

序号	姓名	性别	教指委类别	职务
1	王顺洪	男	马克思主义理论类专业教学指导委员会	副主任
2	石　磊	男	新闻传播学类专业教学指导委员会	委　员
3	程谦恭	男	地质学类专业教学指导委员会	委　员
4	宁维卫	男	心理学类专业教学指导委员会	委　员
5	康国政	男	力学类专业教学指导委员会	委　员
6	董大伟	男	机械类专业教学指导委员会	委　员
7	支锦亦	女	工业设计专业教学指导委员会	委　员
8	林建辉	男	仪器类专业教学指导委员会	委　员
9	戴光泽	男	材料类专业教学指导委员会	委　员

序号	姓名	性别	教指委	职务
10	冯晓云	女	电气类专业教学指导委员会	副主任
11	杨丹	男	软件工程专业教学指导委员会	副主任
12	蒲黔辉	男	土木类专业教学指导委员会土木工程分委员会	委员
13	刘国祥	男	测绘类专业教学指导委员会	委员
14	胡卸文	男	地质类专业教学指导委员会	委员
15	高仕斌	男	交通运输类专业教学指导委员会	委员
16	邱延峻	男	道路运输与工程教学指导分委员会	委员
17	彭其渊	男	铁路运输与工程教学指导分委员会	副主任
18	米彩盈	男	铁路运输与工程教学指导分委员会	委员
19	王平	男	铁路运输与工程教学指导分委员会	委员
20	付茂海	男	铁路运输与工程教学指导分委员会	委员
21	沈中伟	男	建筑类专业教学指导委员会建筑学分委员会	委员
22	毕凌岚	女	建筑类专业教学指导委员会城乡规划分委员会	委员
23	江欣国	男	安全科学与工程类专业教学指导委员会	委员
24	张锦	男	物流管理与工程类专业教学指导委员会	副主任
25	莫光华	男	大学外语教学指导委员会	委员
26	吴平	女	大学物理课程教学指导委员会	委员
27	王广俊	男	工科基础课程教学指导委员会	委员
			工程图学课程教学指导分委员会	副主任
28	沈火明	男	力学基础课程教学指导分委员会	委员
29	李柏林	男	工程训练教学指导委员会	委员
30	郝莉	女	教学信息化与教学方法创新指导委员会	委员
31	高凡	女	图书情报工作指导委员会	委员

国务院学位委员会第七届学科评议组成员

单位名称	学科评议组组名	姓名
西南交通大学	交通运输工程	翟婉明
西南交通大学	土木工程	何川
西南交通大学	机械工程	周仲荣
西南交通大学	电气工程	冯晓云
西南交通大学	测绘科学与技术	朱庆

（八）教师在各民主党派、社会团体任职情况

教师在各民主党派任职情况

民主党派名称	届　期	职　务	姓　名
民革中央委员会	第十三届	委员	赵世春（2022.1—2022.12）
	第十四届	委员	张祖涛（2022.12—）
九三学社中央委员会	第十四届	常委	杨　丹（2022.1—2022.12）
	第十五届	常委	杨　丹（2022.1—2022.12）
民革四川省委员会	第十二届	副主委	赵世春（2022.1—2022.4）
		委员	张祖涛（2022.1—2022.4）
	第十三届	常委	张祖涛（2022.5—）
民盟四川省委员会	第十二届	副主委	高增安（2022.1—2022.4）
		委员	曾　京（2022.1—2022.4）
	第十三届	副主委	高增安（2022.5—）
民建四川委员会	第十届	委员	温泽峰（2022.5—）
致公党四川省委员会	第七届	副主委	罗　霞（2022.1—2022.4）
		委员	江欣国（2022.1—2022.4）
	第八届	委员	江欣国（2022.5—）
九三学社四川省委员会	第八届	主委	杨　丹（2022.1—2022.4）
		委员	蒲　云（2022.1—2022.4）
		委员	周先礼（2022.1—2022.4）
	第九届	主委	杨　丹（2022.5—）
		常委	周先礼（2022.5—）
民盟成都市委员会	第十五届	常委	陈　辉
		委员	支锦亦
		委员	李恒超
民建成都市委员会	第十二届	常委	温泽峰
民进成都市委员会	第十三届	委员	陈再刚
农工党成都市委员会	第十三届	常委	赵　锐
致公党成都市委员会	第八届	常委	江欣国
九三学社成都市委员会	第十三届	副主委	周先礼
		常委	舒泽亮
		委员	张志强

教师在各社会团体任职情况

社会团体名称	届 期	职 务	姓 名
四川欧美同学会·四川留学人员联谊会	第二届	副会长	罗 霞
		副会长	孙湛博
		青年工作专门委员会常务副主任	江欣国
		理事	卿安永
		理事	李恒超
四川知识分子联谊会	第四届	副会长	周仲荣
		理事	袁林果
四川省归国华侨联合会	第八届	委员	江欣国
成都欧美同学会·成都留学人员联谊会	第一届	会长	罗 霞
		副会长	杨 飞
		副秘书长	江欣国
		常务理事	赵 锐
		常务理事	翁 杰
		理事	杨维清
		理事	邹喜华
		理事	郑海涛
成都市党外知识分子联谊会	第二届	副会长	杨 飞
		常务理事	赵海全
		常务理事	袁林果
		理事	唐艳梅
		理事	朱 军
成都市归国华侨联合会	第五届	委员	江欣国
金牛区侨联	第五届	主席	江欣国
		常委	李子重
		委员	缪远莉
		委员	王 兴
		委员	杨 苹
金牛区党外知识分子联谊会	第一届	会长	袁林果
		常务理事	逯 鹏
		理事	袁 冉
		理事	梅 红
		理事	刘广宇
金牛区留学人员联谊会	第一届	副会长	邓开来（2022.10—）
		会员	刘 娜（2022.10—）
		会员	崔 闯（2022.10—）
		会员	王路昊（2022.10—）
郫都区党外知识分子联谊会	第三届	常务理事	王承竞
		常务理事	王衡禹

（九）教师担任党代表、各级人大代表、政协委员、政府参事等情况

名　称	届　期	职　务	姓　名
全国人大	第十三届	代　表	周仲荣
		代　表	罗　霞
四川省人大	第十三届	常　委	高增安
		代　表	赵世春
		代　表	潘　炜
		代　表	袁林果
四川省政协	第十二届	常　委	王顺洪
		副主席	杨　丹
		常　委	张祖涛
		委　员	王晓茹
		委　员	李恒超
		委　员	温泽峰
		委　员	郭春生
		委　员	杨维清
成都市人大	第十七届	代　表	韩旭东（—2022.01）
		代　表	翁　杰
		代　表	乐　佳
成都市政协	第十五届	委　员	卢世炬
		副主席	罗　霞
		常　委	江欣国
		常　委	周先礼
		委　员	陈　辉
		委　员	崔　珩
		委　员	赵　锐
		委　员	舒泽亮
		委　员	谢尚英
		委　员	杨　飞
金牛区人大	第八届	代　表	周绍兵
		代　表	袁林果

续表

名　称	届　期	职　务	姓　名
金牛区政协	第八届	常　委	周　南
		委　员	汤家法
		委　员	李　里
		委　员	李金阳
郫都区人大	第十九届	代　表	张祖涛
		代　表	王　璐
郫都区政协	第十一届	委　员	刘　鎏
龙泉驿区人大	第十九届	常　委	韩　科
都江堰市政协	第十六届	委　员	李　江
峨眉山市政协	第十五届	委　员	王　伟
		委　员	王小可
重庆市人民政府参事			杨　丹
四川省人民政府参事			叶子荣（2022.01—2022.03）
			赵世春（2022.8—）
			潘　炜
成都市人民政府参事			廖海黎
			高增安
			徐志根（2022.10—）
成都市监察委员会特约监察员			田雪梅
成都市交委特邀监察员			江欣国
成都市人民检察院特约检察员			周先礼
			江欣国

四、特载与专文

团结奋斗 传承创新
共同绘制西南交通大学发展新蓝图

——王顺洪书记在西南交通大学学生工作干部学习宣传贯彻党的二十大精神报告会上的讲话

同志们：

大家好！

学习宣传贯彻党的二十大精神，是当前和今后一个时期全党全国的首要政治任务。近段时期，我校也和全国教育系统一样，广泛掀起了学习宣传贯彻二十大精神的热潮。

今天，我要跟大家交流的，共四方面内容：一是深刻把握党的二十大总体情况和重大意义；二是全面把握党的二十大精神的核心要义；三是立足学校实际工作，把党的二十大精神落实到学校管党治党、办学治校各环节，开创学校办学事业高质量发展新局面；四是工作强调与工作嘱托。

一、深刻把握党的二十大总体情况和重大意义

党的二十大是在全党全国各族人民迈上全面建设社会主义现代化国家新征程、向第二个百年奋斗目标进军的关键时刻召开的一次十分重要的大会。大会对动员全党全国各族人民在新时代新征程夺取中国特色社会主义新胜利、全面建设社会主义现代化国家、全面推进中华民族伟大复兴具有重大现实意义和深远历史意义。

党的二十大取得的重大成果，主要体现在两个方面：

一是选举产生了新一届中央委员会和中央纪律检查委员会，选举产生了以习近平同志为核心的新一届中央领导集体。继续选举习近平同志担任中共中央总书记、决定习近平同志为中共中央军事委员会主席，这是党的二十大取得的最重要的政治成果。有以习近平同志为核心的党中央领航掌舵，风雨来袭时中国人民就有了最可靠的主心骨、定盘星，这个成果对党和人民的事业发展至关重要。

二是批准了习近平同志代表十九届中央委员会所作的《高举中国特色社会主义伟大旗帜，为全面建设社会主义现代化国家而团结奋斗》的报告，批准了十九届中央纪律检查委员会的工作报告，审议通过了《中国共产党章程(修正案)》。习近平同志的报告，深刻阐释了新时代坚持和发展中国特色社会主义的一系列重大理论和实践问题，描绘了全面建设社会主义现代化国家、全面推进中华民族伟大复兴的宏伟蓝图，为新时代新征程党和国家事业发展、实现第二个百年奋斗目标指明了前进方向、确立了行动指南，是党和人民智慧的结晶，是党团结带领全国各族人民夺取中国特色社会主义新胜利的政治宣言和行动纲领，是马克思主义的纲领性文献。

二、全面把握党的二十大精神的核心要义

学习领会党的二十大精神，首先就是要原原本本、逐字逐句学习党的二十大报告，既要整体把握、全面系统，又要突出重点、抓住关键。

习近平总书记参加党的二十大广西代表团讨论时强调，学习贯彻党的二十大精神，要做到"五个牢牢把握"。这"五个牢牢把握"是对党的二十大报告最精准的解读、最权威的辅导，是贯彻落实党的二十大精神的重要指引和行动指南。

一是要牢牢把握过去 5 年工作和新时代 10 年伟大变革的重大意义。习近平总书记强调，过去 5 年和新时代以来的 10 年，在党和国家发展进程中极不寻常、极不平凡。事非经过不知难，成如容易却艰辛。这 10 年，有涉滩之险，有爬坡之艰，有闯关之难，党和国家事业实现一系列突破性进展，取得一系列标志性成果。实践证明，党的十八大以来党中央的大政方针和工作部署是完全正确的，中国特色社会主义道路是符合中国实际、反映中国人民意愿、适应时代发展要求的，不仅走得对、走得通，而且走得稳、走得好。我们要坚定历史自信、增强历史主动，在新的赶考之路上向历史和人民交出新的优异答卷。

就拿这十年的铁路交通来说。新时代以来的 10 年，中国铁路迎来飞速发展的"春天"。截至 2022 年底，全国铁路营业里程达到 15.5 万公里，增长了 5.7 万公里，其中，高铁达 4.2 万公里，增长了 3 倍多。从"四纵四横"到"八纵八横"，初步实现"人享其行、物畅其流"。过去非常具有中国特色的繁忙的春运，一票难求的情况一去不复返了，"坐着高铁看中国"已成为国民享受美好生活的真实写照，这也是大家所能切身感受到的。

这十年，我们学校也为中国交通发展，特别是铁路事业发展，作出了重要贡献。比如，翟婉明院士牵头研制的新能源空铁，该项成果入选 2018 年度"中国高等学校十大科技进展"，这也是学校轨道交通领域的科技成果第四次入选。何川副校长主持的科技成果"复杂艰险山区高速公路大规模隧道群建设及营运安全关键技术"荣获国家科技进步一等奖，是学校第三次获得国家科技进步一等奖殊荣。李群湛教授牵头研发的同相供电技术，构建了第二代轨道交通牵引供电系统。

"交大磁浮"这张名片也越擦越亮、越叫越响。建成了世界首台高温超导高速磁浮工程化样车及试验线，标志着高温超导高速磁浮工程化研究实现了从无到有的突破。1991 年，江泽民同志亲临视察并指导交大运达的驾驶模拟器。1997 年，时任中央政治局常委、中央书记处书记胡锦涛同志参观"西南交通大学未来号"磁浮列车。2001 年 3 月 11 日，江泽民同志乘坐我校研制的世界首辆载人高温超导磁悬浮列车"世纪号"，亲切的教诲与关怀历历在目。江泽民同志曾为交通大学建校 100 周年题词："继往开来，勇攀高峰，把交通大学建设成世界一流大学"，时刻激励着交大人奋发前行。

在北京举办的"奋进新时代"主题成就展，我们学校有两项展品亮相，分别为我国第一份职务科技成果分割确权协议和真空管道高温超导磁悬浮车模型。在中央电视台"喜迎二十大"最重要的专题片《领航》中，也有我校开展职务科技成果权属混合所有制改革的报道。

此外，正在天府新区建设的多态耦合轨道交通动模试验平台，这也是学校历史上投资规模最大的科学试验装置，将引领超高速轨道交通科技发展。这样的例子很多，交大人在科研路上不断探索创新，助力国家高质量推进交通强国战略。

同样，高等教育也在快速发展的十年，迈出了非常坚实的一步。我国建成世界最大规模高等教育体系，高等教育毛入学率从 2012 年的 30%，提高至 2021 年的 57.8%，实现了从大众化到普及化的历史性跨越。通过"双一流"建设计划等，一批大学和一大批学科已经跻身世界先进水平，中国高等教育整体水平进入世界第一方阵。高校服务国家重大战略能力持续增强，获得了 60% 以上的国家科技三大奖励，承担了全国 60% 以上的基础研究、80% 以上的国家自然科学基金项目，高校为高铁、核电、生物育种、疫苗研发等重点领域提供了关键技术。

这 10 年来，学校事业也是快速发展。比如，交通运输工程学科连续位居全国第一，成功入选国家首批"双一流"建设序列，首轮建设成效评价的七个评估指标均处于第一档，总体上已进入世界前列。工程学、计算机科学、材料科学、化学、社会科学、地球科学、环境/生态学等 7 个学科进入 ESI 排名世界前 1%，工程学进入前 1‰。74 个专业进入一流本科专业建设"双万计划"，占全校本科招生专业总数的 92.5%，位居全国第 29 位。17 个专业通过工程教育认证与评估，并列全国第 9 位。50 门课程入选首批国家级一流本科课程，位居全国第 17 位。在 2017—2021 全国高校本科组学科竞赛中总成绩位列全国第 9 位。2009—2022 年，一共评选过三次国家级教学成果奖，我们共获得一等奖 2 项、二等奖 14 项，排在全国第 16 位，前 20 名里除了我们，都是"985"高校，可以说是硬实力的较量。10 年里，学校共向社会输送了 109 429 名毕业生，就业率连续保持在 95% 以上。学校荣获"全国首批深化创新创业教育改革示范高校""全国创新创业教育典型经验 50 强高校"等称号。

10 年里，学校主持获国家科技进步奖一等奖 1 项、二等奖 7 项，技术发明二等奖 2 项。获国家自然科学基金各类项目 1527 项，科研到账经费 54.49 亿元。6 个科研平台成功进入国家川藏铁路技术创新中心建设，主动服务国家重大需求；另外，陆地交通地质灾害防治技术国家工程实验室成功转建为陆地交通地质灾害防治技术国家工程研究中心；牵引动力国家重点实验室经科技部、教育部批准，成功重组为轨道交通运载系统全国重点实验室。

二是牢牢把握习近平新时代中国特色社会主义思想的世界观和方法论。并坚持好、运用好贯穿其中的立场观点方法，坚持人民至上、坚持自信自立、坚持守正创新、坚持问题导向、坚持系统观念、坚持胸怀天下。实践证明，充分运用新思想新理念蕴含的立场观点方法，就能够找到问题迎刃而解的"金钥匙"，就能够创造和取得经得起历史检验、实践检验和人民检验的发展实绩。

三是牢牢把握以中国式现代化推进中华民族伟大复兴的使命任务。人类的现代化进程已经 700 年了。数百年间，"西方式现代化"长期主导人类现代化进程，并主要体现出两个特点。一个是发达国家现代化因素不断积累，殖民地或欠发达国家落后因素积累。比如黑奴贸易、鸦片战争等等，都是一方进行现代化、另一方持续贫穷落后的铁证；另一个是在"西方式现代化"国家内部剥削问题普遍存在。早期英国"圈地运动"、美国"西进运动"就是对本国劳动阶级、印第安人等进行压迫剥削的典型例证。

区别于西方现代化发展模式，中国式现代化是中国共产党领导的社会主义现代化。既有各国现代化的共同特征，更有基于自己国情的中国特色。其本质是：坚持中国共产党领导，坚持中国特色社会主义，实现高质量发展，发展全过程人民民主，丰富人民精神世界，实现全体人民共同富裕，促进人与自然和谐共生，推动构建人类命运共同体，创造人类文明新形态。

我们举一个方面的例子，谈一下中国式现代化与西方现代化的区别。中国式现代化是人口规模巨大的现代化。这也是中国式现代化的首要特征。中国是世界人口第一大国，也是最大的发展中国家，人口规模庞大是中国的基本国情。据 2022 年相关人口资料，中国人口（约 14.13 亿）约占世界总人口的 18%，大致相当于 10 个俄罗斯（1.45 亿），3 个欧盟（4.468 亿），4 个美国（3.32 亿），世界上还未有如此巨大人口体量的国家进入现代化。迄今为止，世界上实现现代化的国家和地区不超过 30 个，总人口不超过 10 亿人。一个拥有 14 亿多人口的大国要整体迈进现代化，其规模超过现有发达国家的总和，将彻底改写现代化的世界版图。当然，其中的艰巨性、复杂性可想而知。我们没有可以参考的模板，必须立足国情，稳中求进、循序渐进、持续推进。此外，中国式现代化是全体人民共同富裕的现代化，是物质文明和精神文明相协调的现代化，是人与自然和谐共生的现代化，是走和平发展道路的现代化，这些都是我们与西方现代化不同的。

四是牢牢把握以伟大自我革命引领伟大社会革命的重要要求。自我革命，是我们党区别于其他政党最显著的标志，是跳出治乱兴衰历史周期率的第二个答案，也是我们党不断从胜利走向新的胜利的关键所在。我们党作为世界上最大的马克思主义执政党，要始终赢得人民拥护、巩固长期执政地位，必须时刻保持解决大党独有难题的清醒和坚定。

党的二十大报告提出五个"必由之路"，其中之一就是"全面从严治党是党永葆生机活力、走好新的赶考之路的必由之路"。习近平总书记强调："全党必须牢记，全面从严治党永远在路上，党的自我革命永远在路上，决不能有松劲歇脚、疲劳厌战的情绪，必须持之以恒推进全面从严治党，深入推进新时代党的建设新的伟大工程，以党的自我革命引领社会革命。"

五是牢牢把握团结奋斗的时代要求。团结才能胜利，奋斗才会成功。党的二十大报告中指出，"十年来，我们经历了对党和人民事业具有重大现实意义和深远历史意义的三件大事""这是中国共产党和中国人民团结奋斗赢得的历史性胜利""新时代的伟大成就是党和人民一道拼出来、干出来、奋斗出来的"。党的十八大以来，我们党紧紧依靠人民，稳经济、促发展，战贫困、建小康，控疫情、抗大灾，应变局、化危机，攻克了一个个看似不可攻克的难关险阻，创造了一个个令人刮目相看的人间奇迹。

三、立足学校实际工作，把党的二十大精神落实到学校管党治党、办学治校各环节，开创学校办学事业高质量发展新局面

（一）全校上下将认真学习宣传贯彻党的二十大精神，并与进一步深化捍卫"两个确立"，不断提升增强"四个意识"、坚定"四个自信"、做到"两个维护"的政治自觉紧密相结合

习近平总书记指出："要坚持和加强党的全面领导。坚决维护党中央权威和集中统一领导，把党的领导落实到党和国家事业各领域各方面各环节。"全校要坚持和不断加强党对学校的全面领导，始终听党话跟党走，始终按照总书记指引的方向前进，这是中国特色社会主义大学性质所决定的。我们要全面贯彻党的教育方针，坚持社会主义办学方向，全力建设让党放心、人民满意，能为中华民族伟大复兴不断作出新贡献的西南交通大学，以实际行动践行"两个维护"。在回答好"为谁办大学，办什么样的大学"这个根本问题上，坚决不能含糊。

（二）全校上下将认真学习宣传贯彻党的二十大精神，并与深入贯彻落实习近平总书记关于教育的重要论述，牢牢肩负新时代高等教育的职责使命紧密相结合

习近平总书记在党的二十大报告中指出："教育、科技、人才是全面建设社会主义现代化国家的基础性、战略性支撑。必须坚持科技是第一生产力、人才是第一资源、创新是第一动力，深入实施科教兴国战略、人才强国战略、创新驱

动发展战略，开辟发展新领域新赛道，不断塑造发展新动能新优势。"

报告首次专辟一章对"实施科教兴国战略，强化现代化建设人才支撑"进行阐述，深刻体现了总书记对教育的关心重视一以贯之，体现了对新时代新征程教育的基础性、先导性、全局性地位和作用的强调与期待，也标定了未来高等教育发展新的时代坐标。如何正确理解、精准把握教育的基础性、战略性、支撑性作用。教育部党组书记怀进鹏部长在10月25日的宣讲辅导报告中也作了深入阐述。

第一个层面，从二十大报告的结构和布局上看，二十大报告将教育从以往的社会建设与民生领域单列出来，在阐述"加快构建新发展格局，着力推动高质量发展"后，直接讲"坚持教育优先发展、科技自立自强、人才引领驱动"，更加突显教育对于全面建设社会主义现代化国家的基础性、战略性支撑作用，更加突显教育优先发展的战略定位。而且，首次强调教育、科技、人才"三位一体"，统筹安排，优先发展，放在更加突出的位置，具有重大意义。这既是理论和实践上的创新，更是我们在发展过程中对建设中国式现代化规律性的认识和把握。

第二个层面，从教育对于全面建设社会主义现代化国家的基础性、战略性支撑作用看，党和国家事业发展的每一阶段都有其主要矛盾和矛盾的主要方面。进入新时代，我国社会主要矛盾发生了重大变化，一方面强调教育是民生之首，我们要不断满足人民群众日益增长的教育需求。另一方面，教育特别是高等教育，不仅仅是民生问题，更事关国家富强、民族振兴的基础工程，基础不牢，地动山摇。

实现中华民族伟大复兴，必须靠教育、靠科技、靠人才。所以在中华民族伟大复兴战略全局和世界百年未有之大变局相互交织、相互激荡之际，"实施科教兴国战略，强化现代化建设人才支撑"是中国式现代化建设的必然要求，是达成第二个百年奋斗目标、实现中华民族伟大复兴的必然要求，也是人民群众当前现实利益和长远根本利益的根本结合点。对于高等教育来讲，肩负着促进教育公平和追求卓越、增强国家核心竞争

力的双重任务，一定要不负神圣使命，服务国家战略，为发展科技第一生产力、厚植人才第一资源、增强创新第一动力作出新的更大贡献。

第三个层面，从教育是民生之首，更是关系国家综合国力、人的全面发展上看，中国共产党人的初心使命就是为中国人民谋幸福，为中华民族谋复兴。二十大报告指出，全面建成社会主义现代化强国，总的战略安排是分两步走：从2020年到2035年基本实现社会主义现代化；从2035年到本世纪中叶把我国建成富强民主文明和谐美丽的社会主义现代化强国。

到2035年总体目标中，我们要建成教育强国、科技强国、人才强国、文化强国、体育强国、健康中国，国家文化软实力显著增强；人民生活更加幸福美好，居民人均可支配收入再上新台阶，中等收入群体比重明显提高，基本公共服务实现均等化，农村基本具备现代生活条件，社会保持长期稳定，人的全面发展、全体人民共同富裕取得更为明显的实质性进展。不论是五个"强国"建设，还是人民生活幸福美好，还是人的全面发展，教育都是其中一个重要方面、重要内容。

第四个层面，从发展规律上来看，教育具有先导性、支撑性作用，凡是人才集聚的地方，凡是高等教育发展的地方，都取得了较好的影响力和现代化建设成就，这既是社会发展与科技发展中心转移的情况，也是工业革命以来基本的现状和规律。第一次、第二次和第三次工业革命过程中，科学中心与教育中心紧密联系，科学中心的建立与大学的新兴、发育和成长，重大问题的展开和工业革命的并肩而行，取得了许多创造性的成果。我们也可以看到工业革命200多年来，产业的规律、经济发展的规律、对于教育和人才的依赖，看到科学中心的五次转移，看到教育的先导作用、全局作用和支撑性作用。

（三）全校上下将认真学习宣传贯彻党的二十大精神，并与推进新一轮"双一流"建设、实现学校高质量发展紧密相结合

党的二十大报告强调："加强基础学科、新兴学科、交叉学科建设，加快建设中国特色、世界一流的大学和优势学科。""双一流"建设是我国高等教育发展的引领性、标志性工程。今年，

第二轮建设工作正式启动。在新一轮"双一流"建设推进会上，教育部党组书记、部长怀进鹏同志也提了工作要求。他强调要积极探索中国特色、世界一流大学建设之路，不仅努力建设成为世界第一流，而且要努力成为世界第一个。

全校上下要精准把握"教育、科技、人才在全面建设社会主义现代化国家的基础性、战略性支撑作用"，精准把握"双一流"的建设要求，在"国之大者""党之大计"中，找定位、明责任、作贡献。要切实发挥学校在轨道交通领域学科专业齐全、基础研究深厚、前沿交叉创新、科教协同互动、产教融合发展、创新人才集聚等整体优势，扎扎实实建设轨道交通领域世界第一的西南交通大学。

（四）全校上下将认真学习宣传贯彻党的二十大精神，并与学校第十五次党代会精神的学习贯彻紧密相结合

党的二十大在十九大作出的分两步走全面建成社会主义现代化强国战略安排的基础上，进一步对2035年和本世纪中叶的发展目标作出宏观展望。我们要站在新时代党和国家事业发展全局的战略高度，深刻把握全面建成社会主义现代化强国战略安排，深刻把握高等教育发展的规律与特点，深刻把握新一轮"双一流"建设的机遇与挑战，深刻把握好学校改革建设发展的重大战略机遇期、实现交大复兴的关键跨越期，大力弘扬历史主动精神，锚定每一阶段的发展方向。

在学校第十五次党代会上，我们也对学校建校150周年之际的发展目标作了科学谋划：到2027年，高质量建成交通特色鲜明的高水平研究型大学。到2036年（建校140周年之际），建成轨道交通领域世界第一的西南交通大学。到2046年（建校150周年之际），基本建成交通特色鲜明的世界一流大学。我们要在一步步实现学校确立的发展目标过程中，主动担负起西南交大的职责使命，主动担负起我们这代人的职责使命，主动面向国家重大需求，精准对接国家战略、融入国家战略。

我们要回答好"新时代建设什么样的西南交通大学"这一重大问题，明确学校的总体办学思路，即"五个着力建设"：着力建设让党放心、

人民满意，能为中华民族伟大复兴不断作出新贡献的西南交通大学；着力建设助力"一带一路"倡议、服务构建人类命运共同体的西南交通大学；着力建设轨道交通领域世界第一的西南交通大学；着力建设兼容并包、百花齐放、各学科竞相进发的西南交通大学；着力建设师生员工人人皆有幸福感的西南交通大学。

我们要牢牢坚持贯穿学校改革建设发展全过程的办学治校基本准则，即"五个必须坚持"：必须坚持解放思想，实事求是；必须坚持走以质量提升为核心的内涵式发展道路；必须坚持有所为、有所不为，有所先为、有所后为；必须坚持重视基础学科，重视学科发展前沿与学科交叉；必须坚持全校协调发展，尤其是多校区协调发展。

我们要深刻全面回答"新时代怎样建设西南交通大学"，按照"三大实现路径"，即：谋发展、建一流，惠民生、聚民心，强化支撑与保障，共同实现新时代学校发展目标。

第一条路径是认真面对并解决"国家'交通强国''教育强国''一带一路'倡议对大交通人才和科技的需求与我校的有效供给不足的矛盾"，围绕人才培养、学科建设、科技创新、教育开放，谋发展、建一流。

第二条路径是认真面对并解决"师生和校友对美好生活的追求与学校给予的有效帮助不足的矛盾"，从回应全员发展成长需求，建设全员共治共建共享机制，构筑全员共有精神家园，凝聚校友力量4个方面惠民生、聚民心。

第三条路径是以人、财、物为资源，以内部治理能力提升为突破，营造精神高线，守住安全底线，"四位一体"强化谋发展、惠民生的支撑与保障。

我们要牢牢把握团结奋斗的时代要求，每一名西南交大人、每一个工作岗位都是学校事业发展的动力源，一个都不能少。学校第十五次党代会也提出，要大力弘扬"竢实扬华、自强不息"的交大精神，弘扬新时代交大奋进文化，锻造敢想敢干、敢于胜利、勇争第一的精气神。我们要团结起来，主动在学校事业发展中明责任、作贡献，主动在工作岗位上强本领、长才干，绝不能安于现状、绝不能习惯躺平，心往一处想，劲往一处使，从日常工作抓起，从做实做细每件小事做起，共同汇聚奋进新征程、建功新时代的交大力量。

四、工作强调与工作嘱托

一直以来，广大辅导员都冲在大学生思想政治教育、校园安全稳定一线，这三年来又叠加了疫情防控工作，加了无数的班，熬了无数的夜，处理了很多突发事件和舆情，非常不容易，我也是都知道的。在我心中，在全校师生心中，西南交大学工队伍是一支关键时刻靠得住、顶得上、敢担当、不掉链的队伍。特别是当前，高校学生工作面临许多新情况、新挑战，学工系统也承受着巨大压力，但我们都扛下来了、顶过去了，很好完成了我们的使命任务，真心为大家点赞，也衷心感谢大家。

第一就是要提高认识，提高站位。我们现在已经不是在温室里培养大学生了。立德树人工作面临更加复杂严峻的形势和环境。两个大局同步交织、相互激荡的大背景下，美西方敌对势力越来越不择手段，以中国为假想敌，对我开展全方位的对抗、竞争、渗透，不遗余力拱火，想在中国滋事，并试图在教育系统打开缺口，尤其是在大学校园找到薄弱点和突破口。加上疫情防控时间拉长，许多人的心理承受和忍耐程度达到极限。疫情引发的次生灾害，以及部分企业借机发疫情国难财，更严重冲击人民群众的心理防线。此次"11·24"火灾事故引发的网络舆情和线下聚集，就说明了这些。加上这两年严峻的就业形势。教育部统计，2023届全国高校毕业生将达1158万，同比增加82万。与此同时，受疫情影响，岗位需求比过去下降很多，学生求职遇到的各种困难也很多，学生受到就业人数增加、就业岗位减少，以及招聘应聘"拦路虎"增加等三重挤压，极易引发不稳定问题。此外，多种因素影响，大学生心理问题也呈上升趋势。所以，从安稳工作角度讲，我们是先头部队，要为校园和谐稳定负责。从立德树人角度讲，我们是学生的引路人，要为学生的成长发展负责。再大点讲，一个学生背后就是一个家庭，我们的工作事关和谐社会建设，事关人民幸福生活，事关第二个百年奋斗目标实现，所以辅导员使命无比神圣。

第二就是要深入学生，关心学生。辅导员的工作对象就是学生，我们要时时刻刻坚持以学生为中心，深入学生，关心学生。以前我们讲"抓两头，带中间"，现在不一样了，要坚持管好一切学生、学生的一切。这几年，辅导员"千条线一根针"的问题没有根本性解决，因为辅导员能干，学院什么事情，只要是与学生有关，都交给辅导员做，加上这几年疫情防控需要，辅导员责任无限大，工作无限多，太累了。学校也在想办法，不断补充新鲜血液和力量，充实辅导员工作力量。辅导员时间精力有限，很多就与学生成了QQ网友、微信好友，与学生见不到面，学生怎么能和辅导员亲呢？我们怎么才能摸清学生思想状况呢？关键时刻怎么才能听辅导员的话呢？所以我想强调的是，不论什么情况，都要深入学生，关心学生。整块时间没有，也可以利用一些碎片化时间，食堂吃饭、下班路上，聊聊学习情况、聊聊生活情况、聊聊恋爱情况，总之就是要和学生打成一片，才能方便工作。

第三就是要加强学习，增强本领。形势越是纷繁复杂，任务越是繁重，越是要抓好学习，增强应对各种情况的本领，越要给自己充电。首先就是要学习贯彻落实习近平新时代中国特色社会主义思想，学习贯彻习近平总书记关于教育的重要论述，学习习近平新时代中国特色社会主义思想的世界观和方法论。同时，还要不断积累，及时总结，不断提升工作本领和工作能力，努力把学习成效转化成工作实效。特别是在面对急难险重任务时，要把握规律、崇尚科学、注重技巧，不留工作"死角"和"盲区"，把工作做到点子上、落到关键处。

第四就是要关注健康，保重身体。我常常和学生讲，人生有许多重要的事业，健康是其中之一，有健康才有其他的一切。俗话说："身体是革命的本钱。"健康是1，是唯一；其他一切是0，有了健康这个1，加个0就是10，加两个0就是100。没有健康这个1，加再多的东西都是0。对辅导员也是一样的，三年了，辅导员们打了一个又一个大仗、硬仗，我们要关心好辅导员，辅导员都是年轻人，也有家庭，有的也有孩子，我也要求各学院合理安排、调配好时间，让辅导员们适度轮休，防止长期疲劳，确保大家身体健康、身心健康。

同志们！学习宣传贯彻党的二十大精神，是一个长期的渐进过程，必须深学细悟、常学常新。学习宣传贯彻党的二十大精神也是一项庞大的系统工程，全校上下必须要高度重视、深度参与其中，以更加昂扬的精神状态、更加务实的工作作风，把学习成效转化为干好本职工作、助推学校事业发展的强大动力，为扎扎实实建设轨道交通领域世界第一的西南交通大学，为全面建设社会主义现代化国家、全面推进中华民族伟大复兴，贡献智慧和力量。

谢谢大家！

抓学习 提能力 强素质 重实效
为建设好新时代西南交通大学而团结奋斗

——王顺洪书记在西南交通大学中层干部学习党的二十大精神研修班开班仪式上的讲话

同志们：

大家下午好！

干部队伍是事业发展的基石。毛泽东主席在党的六届六中全会上鲜明指出：政治路线确定之后，干部就是决定的因素。党的十八大以来，习近平总书记高度重视干部队伍建设并作出系列战略部署，多次强调：新时代，我们党要团结带领人民实现"两个一百年"奋斗目标、实现中华民族伟大复兴的中国梦，必须贯彻新时代党的组织路线，努力造就一支忠诚干净担当的高素质干部队伍。在全面建设社会主义现代化国家、全面推进中华民族伟大复兴的新征程上，必须把提高治理能力作为新时代干部队伍建设的重大任务，充分发挥好干部队伍的"头雁"作用，不断激发干部队伍干事创业的热情，不断提升干部队伍干事创业的能力水平。

学校党委高度重视干部队伍建设，过去也开展过不少干部培训工作，也分别送干部到井冈山、沂蒙山、阿坝、夹金山等地学习培训，总体上感觉学习内容和党性锻炼效果不错，但与目前党和国家对高等教育及其与之相适应的干部队伍建设要求相对照，还相距甚远，没有完全达到学习培训的预期目标。所以，我在深入思考后，以这次干部人才大学习、大选拔、大比选为序幕，借党的二十大胜利召开的东风，借学校第十五次党代会成功召开的东风，提出并规划了以这次干部培训为新起点的学校党委全面加强干部培训的系列工作安排，并且从今以后，学校党委要把全校干部学习培训作为制度性、常态化安排，要把各级干部学习培训的表现及成效纳入干部提拔的重要参考依据。这样安排的目的就是一个：要充分调动全校干部的学习积极性与主动性，坚持不懈用习近平新时代中国特色社会主义思想武装干部，并通过持续学习、深入学习不断提升全校干部的办学治校能力，不断强化全校干部的使命担当。

同志们！刚才，桂富强副书记通报了研修班的有关工作安排，时间紧凑，内容充实，层次鲜明。此次，我们面向全校中层干部，开办了两个研修班，一个是学习贯彻党的二十大精神暨领导干部政治能力提升专题研修班，另一个是学习贯彻党的二十大精神暨领导干部履职能力提升专题研修班，针对性和目的性非常强，就是要通过学习培训，强化理论武装，增强履职能力，提升治校水平，以高质量学习成果助推学校事业高质量发展。

下面，借今天这个机会，我跟大家讲三个方面的问题和希望：

第一个问题：深刻把握学习的极端重要性，不断增强学习的自觉性与自律性。

习近平总书记指出："中国共产党人依靠学习走到今天，也必然要依靠学习走向未来。"中国共产党就是一个重视学习、勤于学习、善于学习、强于学习的伟大政党。习近平总书记先后在不同场合反复强调学习的极端重要性，并把学习作为领导干部克服"本领恐慌"的重要途径，还曾举过这样一个例子："现代人才学中有一个理论叫作'蓄电池理论'，认为人的一生只充一次电的时代已经过去，只有成为一块高效蓄电池，进行不间断的、持续的充电，才能不间断地、持续地释放能量。"同时，总书记也为全党全军全国各族人民作出了示范表率，带头学习、率先学习，党的十八大以来，他主持近百次中央政治局集体学习，数十次踏访红色革命圣地，将中国革命历史视作"最好的教科书"，并始终把调查研究作为学习提高的方式和倾听民意、体察民情、解锁问题的"钥匙"。

我在很多场合也经常讲、反复讲，在座的同志们都听过很多遍了，选择学习就是选择进步，选择学习就是选择幸福，选择学习就是选择跟上时代，选择学习就是选择责任与担当，有什么样的学习态度就有什么样的人生高度和宽度。全校各级干部要争做讲学习的排头兵和先锋队，坚持以学益智、以学修身、以学增才，不断提升重学习、爱学习的自觉性和自律性，在全校范围内营造重视学习的良好氛围，锻造优良学风和校风。

同志们！回答好为何要重视学习这一重要问题，需要从宏观和微观两个层面。上来看：

从宏观层面上讲，重视学习是干部政治上成熟的重要表现。

第一，没有理论上的清醒，就不可能有政治上的清醒。旗帜鲜明讲政治，既是马克思主义政党的鲜明特征，也是我们党一以贯之的政治优势。广大党员和干部要做政治上的明白人，持续增强政治判断力、政治领悟力、政治执行力，就需要持之以恒强化理论武装，用马克思主义中国化时代化的理论成果武装头脑，在理论武装的过程中准确把握我们党的政治立场、政治方向、政治原则、政治道路，自觉与以习近平同志为核心的党中央保持高度一致。

第二，没有理论上的清醒，就没有理想信念的坚定。学习是我们从懵懵懂懂走向信念坚定的必然过程。习近平总书记强调：理想信念就是共产党人精神上的"钙"，没有理想信念，理想信念不坚定，精神上就会"缺钙"，就会得"软骨病"。理想信念动摇是最危险的动摇，理想信念滑坡是最危险的滑坡。实践一再告诉我们，学习真理、掌握真理、信仰真理、捍卫真理，是坚定理想信念的坚实根基。坚定理想信念，首先就需要不断强化理论学习、理论武装，做到学而信、学而思、学而行，进而树立正确的世界观、人生观、价值观。

第三，没有理论上的武装，就无法克服本领上的恐慌。马克思列宁主义、毛泽东思想、邓小平理论、"三个代表"重要思想、科学发展观、习近平新时代中国特色社会主义思想，作为中国共产党的行动指南和全国各族人民的行动指南，是一座座内涵丰富、意境深远的思想宝藏，蕴含着取之不尽、用之不竭的科学世界观和方法论。尤其是中国特色社会主义进入新时代，更需要从学深悟透习近平新时代中国特色社会主义思想中，不断汲取推动事业发展的智慧和力量，克服工作开展过程中的本领恐慌。

从微观层面上看，重视学习是干部锐意进取的重要表现。

第一，学习是人生发展不可或缺的重要组成部分。学习是人的一生中最重要的事情之一，学习可以增长才干，也可以改变命运。我们正身处一个知识快速迭代的崭新时代。根据知识折旧定律，一年不学习，一个人所拥有的全部知识就会折旧 80%。如果不坚持学习，就很容易被时代所淘汰、被社会所孤立、被他人所轻视，也就无法实现自己的人生价值，迷失了前进的方向。

第二，学习是实现事业进步的重要阶梯。全校各级干部在各自岗位肩负着学校事业发展的重任和使命，每人各守一段渠、各有责任田，可以说是使命光荣、责任重大。大家都优秀都努力都出彩，学校的改革建设发展才能日新月异、焕然一新，只要出现局部短板或个别疏漏，就可能功亏一篑，无法行稳致远。怎样才能优秀、出彩？

关键一招就是坚持不懈抓学习。解难题的方法从哪里来？工作上要上水平，源泉又从哪里来？都是从学习中来！从学习中释惑，从学习中增智，从学习中扩才，持续把学习的成效转化为现实生产力，推动复兴交大的宏大事业不断迈上新台阶。

第三，学习是陶冶情操、益于身心的重要途径。陆游有诗："读书有味身忘老，病须书卷作良医。"意思就是读书学习能帮人开阔视野，在读书学习中体会人生、增长本领、涵养情操、激发干劲，也有提神治病之功效。真正把读书学习作为一种生活态度和生活乐趣，可以让人更充实、更丰满、更上进，牌桌酒桌只能让人颓废堕落、不思进取、得过且过。同时，在家庭中营造重视学习的良好风尚，也有益于养成良好家风，促进家庭和睦，家和方能气顺，方能万事兴。

第二个问题：正确把握学习重点任务，筑牢信仰之基、补足精神之钙、把稳思想之舵、增强干事创业本领。

同志们！本次中层干部研修班，重点任务就是三个：一是认真学习贯彻党的二十大精神，二是深入学习贯彻学校第十五次党代会精神，三是进一步增强广大干部的党性修养。期待同志们通过本轮研修，在党性修养、理论素养、能力水平、综合素质等方面均能实现新提升。

第一，认真学习贯彻党的二十大精神，深刻领悟"两个确立"的决定性意义，持续增强"四个意识"，坚定"四个自信"，做到"两个维护"。习近平总书记在党的二十大上所作的政治报告，明确宣示党在新征程上举什么旗、走什么路、以什么样的精神状态、朝着什么样的目标继续前进，是我们党团结带领全国各族人民向全面建设社会主义现代化强国的第二个百年奋斗目标进军的政治宣言和行动纲领。

全校各级干部学习贯彻党的二十大精神，要坚持原汁原味学、原原本本学，认真研读习近平总书记在大会上所作的政治报告并作为首要政治任务，全面把握报告的文本结构，深刻领会报告的精神实质，深入体会报告的丰富内涵，把每一部分内容都要吃深吃透，尤其是要善于从国际国内大背景中精准感悟党中央的战略考虑、战略部署，由表及里、由浅入深、由此及彼，从党的二十大精神中汲取营养、增长智慧。

全校各级干部学习贯彻党的二十大精神，关键要进一步深刻领悟"两个确立"的决定性意义，不断提高政治判断力、政治领悟力、政治执行力，进一步增强"四个意识"，坚定"四个自信"，做到"两个维护"，进一步增强坚决维护习近平同志党中央的核心、全党的核心地位的思想自觉、政治自觉、行动自觉，进一步增强用习近平新时代中国特色社会主义思想武装头脑、指导实践、推动工作的思想自觉、政治自觉、行动自觉。

全校各级干部学习贯彻党的二十大精神，要立足本职扎根中国大地办好中国特色社会主义大学。党的二十大报告将教育、科技、人才放在了更加突出的位置之上，充分彰显出党和人民赋予教育、科技、人才的重大使命和光荣责任。习近平总书记多次强调，党和国家事业发展对高等教育的需要，对科学知识和优秀人才的需要，比以往任何时候都更为迫切。我们学校贯彻党的二十大精神，必须要贯彻落实好习近平总书记关于教育的重要论述，牢牢把握学校社会主义办学方向，紧紧围绕"为谁培养人、培养什么人、怎样培养人"这一教育的根本问题，立足"两个大局"心怀"国之大者"，牢记为党育人、为国育才的职责使命，把发展科技第一生产力、培养人才第一资源、增强创新第一动力更好结合起来，扎根中国大地建设轨道交通领域世界第一的西南交通大学，大力培养德智体美劳全面发展的社会主义建设者和接班人。

第二，深入学习习近平新时代中国特色社会主义思想，用当代中国马克思主义、二十一世纪马克思主义武装头脑、指导实践、推动工作。习近平总书记在二十大报告中指出，中国共产党为什么能，中国特色社会主义为什么好，归根到底是马克思主义行，是中国化时代化的马克思主义行。习近平新时代中国特色社会主义思想，科学回答了新时代坚持和发展什么样的中国特色社会主义、怎样坚持和发展中国特色社会主义，建设什么样的社会主义现代化强国、怎样建设社会主义现代化强国，建设什么样的长期执政的马克思主义政党、怎样建设长期执政的马克思主义政党等重大时代课题，是当代中国马克思主义、二十一世纪马克思主义，是中华文化和中国精神的时代精华，实现了马克思主义中国化新的飞跃。党的二十大把党的十九大以来习近平新时代中国特色社会主义思想新发展写入党章，以更好反映以习近平同志为核心的党中央推进党的理论创新、实践创新、制度创新成果。学习贯彻党的二十大精神，重心就是深入学习领会贯彻好习近平新时代中国特色社会主义思想。

新征程上深入学习习近平新时代中国特色社会主义思想，重点是要把握好习近平新时代中国特色社会主义思想的世界观和方法论，坚持好、运用好贯穿其中的立场观点方法，在新时代伟大实践中不断开辟马克思主义中国化时代化新境界。党的二十大在十九大、十九届六中全会提出的"十个明确""十四个坚持""十三个方面成就"概括了这一思想的主要内容的基础上，进一步提出"六个坚持"的重要论断，即：坚持人民至上，坚持自信自立，坚持守正创新，坚持问题导向，坚持系统观念，坚持胸怀天下。全校干部要持续不断地深入学习习近平新时代中国特色社会主义思想的主要内容，深入学习这一重要指导思想的世界观、方法论意见贯穿其中的立场观点方法，将"六个坚持"与学校事业发展深度融合，把深入学习领会习近平新时代中国特色社会主义思想的学习成效切实转化成推动学校事业高质量发展的强大动力。

第三，深入学习贯彻学校第十五次党代会精神，锻造敢想敢干、敢于胜利、勇争第一的精气神，大力推进学校高质量发展。经过全校党员干部、师生校友的共同努力，今年7月份我们成功召开了学校第十五次党代会，明确了学校今后五年乃至更长一个时期的办学思路、发展目标、基本准则、实现途径等，汇聚全校智慧科学回答了"新时代建设什么样的西南交通大学、怎样建设好西南交通大学"这一根本问题，为推动学校特色发展、高质量发展、实现交大复兴指明了前进的方向，在学校发展史上具有里程碑意义。

我代表学校第十四届党委所作的大会报告，凝聚着全校上下的集体智慧，承载着师生校友的热情期盼，凸显出学校党委的坚定意志，来之不易，全校上下务必要倍加珍惜，认真学习领会，抓好贯彻落实。新学期开学后，全校各级党组织和广大党员干部、师生员工按照学校党委要求，积极开展党代会精神宣贯工作，取得了初步成效。下一阶段，我们要把学习贯彻党的二十大精神和学习贯彻学校第十五次党代会精神有机结合起来，用党的二十大精神指引学校第十五次党代会精神的学习贯彻落实。

全校各级干部要带好头、走在前。大家务必要全面准确把握学校第十五次党代会精神的内涵实质，全面准确把握学校党委的长远考量与任务部署，不能蜻蜓点水、走马观花、浅尝辄止。全校各级干部要观大局、深思考。在学习贯彻学校第十五次党代会精神的过程中，务必要把自己和本单位摆进去，把职责摆进去，找准自身的准确位置，明确自己在谱写中华民族伟大复兴的西南交大新篇章中应该做什么、能够做什么、将要做什么，对照党代会确立的"时间表""路线图"，细化措施举措，制定好本领域、本单位的"施工图"。

全校各级干部要抓落实、见成效。学习贯彻学校第十五次党代会精神，关键在抓落实、见成效。大家在抓落实过程中，不能当"鸵鸟先生"，遇到难事急事，就把头埋到土里，要主动担当、敢于担当，善于搭台补位，强化工作协同；不能当"差不多先生"，要弘扬做成做优文化，做到精益求精、追求卓越；不能当"好好先生"，要发扬敢于斗争的精神，对损害学校发展根本利益的言行敢于亮剑、敢于说不、敢于制止；不能当"拉磨先生"，故步自封、原地转圈，要激发勇于创新的热情，创造性地抓落实，创新性见成效。

第三个问题：严格把握学习培训要求，实现学有所得、学有所获、学有所长。

同志们！从本周开始，大家就将分别在成都、峨眉或省内外的党性锻炼基地开展集中培训。关于培训期间有关注意事项，刚才学龙副书记已作了强调，大家要严格遵守。我再补充强调几点：

第一，严肃学习纪律，端正学习态度。同志们要以当小学生的姿态，谦虚谨慎、不骄不躁，认认真真学，踏踏实实学，把培训学习期间的纪律要求牢记在心，封闭培训期间，大家要坚持非必要不外出，特别是当前疫情防控形势依然严峻复杂，严禁聚集、严禁喝酒、严禁打牌，把全部时间和精力放在理论学习上、放在能力提升上。学习就要有个学习的样子，切不可松松垮垮、懒懒散散，要沉下心来、虚心求教，学习过程中多问"为什么？"把原理搞清楚，把道理想清楚，既要"知其然"更要"知其所以然"，坚决杜绝似懂非懂、不懂装懂。大家还要相互多交流、多探讨、多碰撞，针对一些重要问题进行广泛探究、互促共进，积极发扬我们党的"认真"精神，问题不弄清楚不罢休，道理不摆清楚不算完。

第二，坚持学以致用、学用相长。习近平总书记强调，要坚持理论和实践相结合，注重在实践中学真知、悟真谛，加强磨炼、增长本领。同志们要带着问题学，带着思考学，联系实际学，把理论学习与实践思考有机统一，运用科学理论的立场观点方法寻求破解学校事业发展中重难点问题的路径。在复兴交大的新征程上，一系列重大问题、重点任务需要全校上下共同努力去解答、去推进，要结合工作多思考怎么办，怎样办得更好、更优秀，比如说：党建和思想政治工作、"双一流"建设、人才强校主战略、经济工作以及多校区协调发展等等，学校各级干部要有强烈的紧迫感、责任感和使命感，带头担当起该担当的责任，在学习中解放思想、开阔视野、增长才干，站在更高的高度和更广的角度主动靠前思考谋划，积极为学校党委建言献策、出谋划策，为党委分忧、为发展尽力，用实践成果检验我们的学习成色、学习成效。

第三，拓展学习途径，养成学习习惯。集中学习培训是帮助大家提能强基的重要手段之一，仅仅是学习提升的加油站。同志们要通过多种方式、多种途径广泛学习、坚持学习，养成良好的学习习惯，真正把学习当作一份政治责任、一生价值追求、一种生活方式。一方面，要坚持向书本学习，平时多买点书，多看点书，把书本视为自己的良师益友,将碎片化学习与系统学习有机结合,不能只将移动新媒体等视为知识信息的主要获取通道,书本知识更系统、更全面、更深入。另一方面,要坚持向师生学习,经常深入基层、深入师生,甘当小学生,广泛听取师生的意见建议,并坚持带着问题开展调查研究,汇聚各方面的智慧,问需于师生,问计于师生,发现真问题、解决新问题。

第四,增强党性修养,强化责任担当。习近平总书记强调,党性教育是共产党人修身养性的必修课,也是共产党人的"心学"。党性是党员、干部立身、立业、立言、立德的基石,同志们在坚持学习、加强学习过程中,务必要重视党性修养的历练与提升,坚持把对党绝对忠诚挺在前面,牢记党员第一身份、为党工作第一职责,坚决与党中央保持高度一致;坚持贯彻以人民为中

心的发展思想,牢记"人民就是江山,江山就是人民",认真面对并解决"师生和校友对美好生活的追求与学校给予的有效帮助不足的矛盾",将民生放在与发展同等重要的位置来抓,把师生员工的根本利益牢牢放在心上,解民忧、纾民困、暖民心;坚持践行铁肩担重任的责任担当,磨炼能担事、敢任事的铁肩膀、真本领,认真落实好党中央和教育部党组决策部署,认真落实好学校党委的任务分工,以优异成绩回馈组织的信任和师生校友的重托。最后,希望全体干部学员珍惜学习机会,真正做到学有所获、学以致用、学用相长,努力实现个人的进步与提升,以更加扎实的学习成果,共同推动学校事业高质量发展,扎扎实实建设轨道交通领域世界第一的西南交通大学。

我就讲这么多,谢谢!

奋楫新征程　扬帆新时代

——杨丹校长在西南交通大学2022届学生毕业典礼暨学位授予仪式上的讲话

亲爱的 2022 届毕业生同学们,
各位来宾、各位老师:

大家上午好!

燃情仲夏,灼灼其华。今天,我们隆重举行西南交通大学 2022 届学生毕业典礼暨学位授予仪式,庆祝 7167 名本科生和 4377 名研究生顺利完成学业,欢送你们奔赴星辰大海、遨游苍穹大地,开启崭新人生篇章!

你们前路辽阔,未来可期。临别之际,首先要向毕业生同学致以母校和老师最衷心的祝贺!

在此,我也提议,全体毕业生同学怀着最诚挚的敬意、以最热烈的掌声,向辛勤培育、默默关爱你们的家长、师长,以及潜心耕耘在各个育人工作岗位上的全校教职员工们,表示最衷心的感谢!

此刻的交大,青春似火、流苏飞扬,满是依依不舍的眷念;此刻的你们,怀揣梦想、心向远方,即将带着岁月流转中无法割舍的交大

烙印,与过往道别,向未来出发。作为师长,我无比欣慰,从你们身上,我看到了新时代青年该有的样子。过去几年的交大光景,你们留下了踔厉奋发、幸福生长的人生轨迹,留在挥洒汗水的运动场上、书香浸润的图书馆里、日夜不息的实验台旁、晚风轻许的草坪音乐会舞台。……同样的大学之路,你们演绎得酣畅淋漓。面对国庆 70 周年大阅兵、中国共产党成立 100 周年,面对中国载人航天不断刷新历史的"超燃"时刻、冰雪凝聚的北京冬奥会再次"无与伦比"地呈现,你们心潮澎湃、感同身受,为强盛的中华民族自豪、为伟大的祖国母亲祝福。面对新冠肺炎疫情的持续考验,你们迎难而上、不负期许,克服了校门管控、减少聚集带来的诸多不便,适应了教学时空、交互范式的演进变化,风雨无阻、井然有序的核酸检测与疫苗接种,虽是无奈,但也是疫情之下交大最美的风景,你们是学校坚决打赢疫情防控阻击战当之无愧的中坚力量。在你们当中,有勇

救落水群众的陈建同学，有 CUBA（中国大学生篮球联赛）四川赛区冠军队的李佳洋、王竞一、刘昊南同学，有斩获学科竞赛特等奖和金奖的徐新权、魏宁、刘美桐、张翰生、郑星宇同学，有在国际顶级期刊上发表论文的赵晋生、尚艳磊、陆晓翀同学，有双双以专业第一成绩保研的双胞胎姐妹冯芊、冯禧同学，也有来自 T17-6087 宿舍的"学霸兄弟"、T15-1044 宿舍的"学霸姐妹"。还有许许多多默默无名的"交子"们，在用实际行动赓续着百年传承的"双严"传统，践行着百年铸就的交大精神，回应着德智体美劳全面发展的时代呼唤。你们与母校同心、为交大"代言"，正因为有你们，巍巍学府日新月异、生机盎然，朝着"交通特色鲜明的世界一流大学"昂首奋进；也正因为有你们，社会进步充满希望、强国伟业充满希望、人民对美好生活的向往充满希望。

同学们，你们成长于中国开启全面建设社会主义现代化国家新征程的伟大时代，同时也际遇着百年未有之大变局与世纪疫情的相互激荡。即将追梦远航的你们，将在风起云涌的世界之变、时代之变、历史之变中，感悟自身的角色之变、顺应发展的环境之变，承载着厚望与重托，继续出发。你们生逢其时、大有可为，但前路漫漫，道阻且长。与君离别意，同是交大人。又要启程了，惜别之时，我想以师长的身份再特别的叮嘱你们，一定要笃定信仰之"锚"、把稳自强之"楫"、高扬创新之"帆"，唯有如此，方能应对未知航程中数不尽的百转千回。

一是笃定信仰之"锚"。习近平总书记在"七一勋章"颁授仪式上指出："心中有信仰，脚下有力量。"信仰力量是中国共产党作为百年大党的显著标识与独特优势，中国共产党人的信仰源于远大理想的召唤与初心使命的鼓舞。从屈原的"长太息以掩涕兮，哀民生之多艰"，到张载的"为天地立心，为生民立命，为往圣继绝学，为万世开太平"，再到林则徐的"苟利国家生死以，岂因祸福避趋之"，中华民族虽历经磨难，但总会有为国为民的崇高信仰者，在关键时刻以不同的方式挺身而出。同样，在革命、

建设和改革的不同历史阶段，一批又一批先烈先辈，以生命赴使命、以热血铸忠诚，为了共产主义信仰、社会主义事业一往无前，为了民族复兴、国家富强、人民幸福鞠躬尽瘁。信仰是一个人内心坚守的价值高地，更是战胜千难万险的精神利器。俗话说，"锚"深不怕风浪急，只有定好信仰之"锚"，筑牢立身之魂，才能无惧风吹浪卷。特别是，置身今天这个大发展、大变革、大调整的时代，树立信仰、坚定信仰、践行信仰是一个不可回避的人生命题。文化的交织碰撞、技术的飞速更迭、万物的智能互联，以及网络思想的无情冲刷、西方思潮的冲击渗透，一些人的精神追求被金钱至上、功利主义扫荡，价值信仰被内卷躺平、娱乐堕化解构，信仰缺失、精神迷茫的危机若隐若现。习近平总书记强调："希望广大青年用脚步丈量祖国大地，用眼睛发现中国精神，用耳朵倾听人民呼声，用内心感应时代脉搏，把对祖国血浓于水、与人民同呼吸共命运的情感贯穿学业全过程、融汇在事业追求中。"作为社会主义的建设者和接班人，今后不论身在何处、身居何位，你们都要树立坚如磐石的崇高理想信念，从内心深处将爱国、爱党、爱人民、爱社会主义高度统一起来，做共产主义远大理想和中国特色社会主义共同理想的坚定信仰者、忠实捍卫者和积极传播者。

事实上，坚定的信仰镌刻在灵魂深处，经得住岁月的尘埃，抵得过风雨的侵蚀。正如我校校友、"两弹一星"元勋陈能宽学长，以"为国做事"为使命，整整 25 年杳无音讯，在与世隔绝的试验场、风沙呼啸的戈壁滩为中国核武器事业耗尽心血，其一生诚如其晚年所言："心事浩茫终不悔，春雷作伴国尊严。"这也是一代代交大人心系"国之大者"、与国偕行、为国效力的内心呐喊与生动注脚。他们以对党和人民的赤胆忠心，把对党和人民的忠诚与热爱，牢记在心中、落实在行动。我坚信，不管时代如何变迁，纵有狂风暴雨、惊涛骇浪，你们一定都能至信而执着、坚韧而深厚，不迷失自我、

不随波逐流，"用理想之光照亮奋斗之路，用信仰之力开创美好未来"。

二是把稳自强之"楫"。天行健，君子以自强不息；自强就是"自信人生二百年，会当水击三千里"的无量气魄，就是"踏平坎坷成大道，斗罢艰险又出发"的不懈奋斗。人生本就充满了不确定性，生活也不可能一帆风顺，在"新的赶考之路"上，无论顺境还是逆境，只有把稳自强之"楫"，凝聚奋进之力，才不至于打乱行进节奏、干扰前进方向。"自强不息"是百年交大精神的精髓所在。西南交大诞生于国运衰微、民族危亡之际，126 年来，从肇始榆关的筑路报国、兴学强国，到抗战期间的颠沛流离、饱尝磨难，再到迁校峨眉后的自力更生、艰苦创业，虽横跨三世纪风云变幻，办学之路跌宕起伏，但学校始终弦歌不辍、川流不息，不因险境所挡，不因艰难而阻，向世人展示着交通大学延绵不绝、鼓舞群伦的"自强之道"。作为交大人，要自爱自信自立，把"竢实扬华、自强不息"的交大精神，作为漫漫人生路上的精神标尺，将追求进步、勇毅力行作为一生的宝贵特质，在实践锻造中打磨自己、鞭策自己、温暖自己，让自己在面对失败时仍傲然挺拔，让自己在从头再来的拼搏中劈波斩浪。

自立自强，海阔天广。你们之中的"自强之星"获得者林其炜同学，承受着家庭经济困难的巨大压力，坚持"天道自为、人道自强"的信念，从初入大学几乎挂科的边缘，一跃到成绩排名年级前列，并成功保研，用四年的大学光阴，书写了在自强中逆袭、在奋进中超越的青春故事。同学们在校期间，也许经历过实验数据不理想，反复调试、辗转难眠，或许经历过求职不顺，四处奔走、焦虑不安，也许还曾在通宵自习室里，备战考研、挑灯夜读。然而，走出校门后，你们会猛然发现，前路中或许面临各种难度系数倍增的全新挑战。而自立自强仍将是你们对抗意志消沉、克服性格软弱，摆脱困境、超越自我的良方。衷心希望你们，始终保持积极向上的姿态和直面挑战的斗志，

凭借自身的定力、能力、实力，持续不断地追求卓越、创造价值，让奋斗成为最亮丽的人生底色。

三是高扬创新之"帆"。世界上唯一不变的就是变化，而应对变化的制胜法宝就是创新。当今世界，创新无处不在；人类社会，创新永无止境。在这样一个超越式、颠覆性的创新时代，你们只有高扬创新之"帆"，"凭风借力"塑造发展与进步的活力之源，才能顺应时代所需，才能在新的跨界融合和交叉重构中，找到立足于时代的强劲支点。一百年来，中国共产党带领中国人民，从没路的地方蹚出路来，从遍布荆棘的地方辟出路来，中国式现代化新道路在坚持开拓创新中形成和发展；无论是"祝融"探火、"羲和"逐日、"天和"遨游星辰，还是智能京张、科技冬奥，抑或是改革破浪、自贸启航，各个领域全力以赴地创新创造，使得神州大地万象更新、光芒四射。学校粒子天体物理团队，年复一年地潜心基础科学研究，持续不断地开展大量前沿性、原创性工作，助力我国大科学装置"高海拔宇宙线观测站"，在"激光光束标定宇宙线探测器"方面填补国际空白，斩获了"超高能伽马射线天文学"的新成果。国家的命运、大学的发展、个人的前途都与创新息息相关。对于你们而言，就是要不断强化自身的创新意识、创新思维、创新能力，敢于推陈出新、敢于探索试错、敢于以批判和理性的思维寻求真理、追求真知，自觉融入国家创新驱动发展的时代洪流之中，努力为中华民族伟大复兴贡献源源不断的创新力量。

创新不是少数人的专利，更不是与生俱来的天赋；创新不唯年龄、不唯学历、不唯职业，人人皆可创新。尤其是，对于有知识加持、学术傍身的你们来说，更应致力于成为执着的创新者、成为未来中国创新创业创造的主力军。习近平总书记强调，要"把科技自立自强作为国家发展的战略支撑"。选择继续学习深造和在高校科研院所工作的同学们，当下科技创新已经成为国际战略博弈的主战场，新一轮科技革

命和产业变革正在重塑全球创新版图。衷心希望你们，充分利用好人生当中思维活跃、潜能迸发的重要窗口期，主动进入学术研究的"无人区"、科技创新的"深水区"，不断拓展知识边界，不断推动更高层次的自主创新，在科技强国的"新长征"上，为突破关键核心技术，为国之重器、国之利器等国家战略科技力量的锻造，为中国科技不再受制于人，做出积极贡献。

亲爱的同学们：

你们是值得肯定的一代，也必将是造就未来的一代！请你们带上学校、学院为你们定制

的祝福"弹幕"，用信仰去筑牢立身之魂、用自强去凝聚奋进之力、用创新去激发活力之源，让梦想启航、让梦想成真、让梦想升华吧！

时光的河入海流，青春散场，不用诉离伤。离别的惆怅，化为母校对游子的思念。未来，在那些从未到过的地方，母校将与你们一同越洋渡海！九里堤和犀安路上的灯将永远为你们点亮回家的路！拥有"交大人"这张"身份证"，未来也会有无数的交大师长、校友和友人为你们护航！

最后，愿你们鲲鹏展翅，祝你们前程似锦！谢谢大家！

新时代"交子"的"交大之路"竢实扬华 致新致远

——杨丹校长在西南交通大学2022级学生开学典礼上的讲话

亲爱的 2022 级新同学们，

各位老师、各位家长、各位来宾：

大家上午好！

今天我们相聚于此，隆重举行西南交通大学2022级学生开学典礼。这是一场我们期待已久、姗姗来迟的见面！突如其来的高温天气和疫情，打乱了原本的开学与教学计划，各位新同学还未体验"入学礼"，就已经投入到了紧张的"疫情防控"和繁忙的"线上学习"之中。令人欣慰的是，面对一时之困，你们坦然面对、沉着有序、守望相助、共克时艰，用点滴行动诠释了对母校的热爱与包容、信任与理解，生动展现了当代青年"无畏风雨、坚韧勇毅"的青春风采。

首先，我谨代表学校王顺洪书记、代表交大全体师生员工和广大海内外校友，正式向 7369 名本科生、5293 名硕士生、704 名博士生新同学，表示最热烈的欢迎和最衷心的祝贺！特别地，还要向因为疫情无法参加典礼的新同学以及你们的家人，送去全体交大人最真诚的问候！

一路走来，同学们的成长进步，离不开父母的无尽关爱和老师的辛勤付出。让我们一起用最热烈的掌声，感恩你们的父母，感谢你们的恩师！

从进入交大学习深造的第一天开始，你们就

正式成为了"交子"中的一员。大家知道，"交子"是世界上最早使用的纸币，这一诞生于 1000 年前成都的开创性发明，也是中国人民创造精神的重要体现。用"交子"称呼各位同学，意喻同学们交大学子的身份，同时更是对你们传承创造精神、成为时代骄子的一份美好期许。

"交子"们，你们亲身经历和见证了新时代十年的伟大变革，国家、社会、个人的未来之路正在不断被刷新，你们学习发展的内在条件和外部边界已今非昔比。以智能化驱动的新一轮科技革命和产业变革正在加速演进，新冠病毒仍在全球肆虐，生产生活方式与交流交互模式，国际竞争范式和世界格局都在深刻变化。进入大学学习或考上研究生，你们又一次踏出了漫漫人生征途中的重要一步；你们不仅是中国千万考生中的幸运儿，也将是未来的拓荒者、引领者。在这样一个伟大而蓬勃的时代，与无数热血奔涌的优秀青年同行踏浪，你们的人生注定不会孤勇，新时代汇聚成流的磅礴力量将一直伴随你们、激励你们、成就你们。借今天的机会，我想谈谈自己关于理想、关于学习、关于奋斗的一些思考，权且当作帮助你们正确打开大学之门、尽情奔赴求学

之路的一些建议，与大家共勉。

第一，理想领航，目标向上。

青年如初春，如朝日，如百卉之萌动，如利刃之新发于硎。习近平总书记深刻指出："青年的理想信念关乎国家未来。青年理想远大、信念坚定，是一个国家、一个民族无坚不摧的前进动力。青年志存高远，就能激发奋进潜力，青春岁月就不会像无舵之舟漂泊不定。"同时还指出："广大青年要肩负历史使命，坚定前进信心，立大志、明大德、成大才、担大任，努力成为堪当民族复兴重任的时代新人。"广大年轻边防战士在皑皑雪山立下"清澈的爱，只为中国"的铿锵誓言，用生命捍卫守候；青年航天人在逐梦太空的征途上发出"待来日，去星辰大海，九天翱翔"的豪情壮志，一往无前；"两弹一星"元勋、我校1946届校友陈能宽院士，为实现国家核武器事业发展目标，在黄沙大漠中隐姓埋名三十年。他在1955年离开美国回国时，坚定地说："新中国是我的祖国，我没有理由不爱她。这种诚挚的爱，就像是被爱神之箭射中了一样，是非爱不可的。"立志而圣则圣矣，立志而贤则贤矣。古往今来，一切伟大成就的取得，任何历史功绩的实现，都离不开目标的指引、理想的引领。著名的吉格勒定律就告诉我们，做人做事一定要有目标，设定一个高目标就等于达到了目标的一部分，目标的高度决定了你能走多远。无数成功者也证明，有远大目标、有崇高理想的人生，将志向与国家未来和民族前途联系在一起的人生，平凡亦非凡、执着而深沉。

情有所归，方能心有所系、身有所往。穷尽一生，如果没有目标的导向，就会无所事事，惶惶不可终日。如果没有理想的鼓舞，生活就会变得空虚而渺小，前路不知归于何处。目标确立方位，理想决定格局。同学们，对于你们而言，大学阶段是定位新的成长坐标、锚定新的理想航程的最佳时期，新时代中国也将是同学们施展个人抱负、追逐人生梦想的最好舞台。新时代呼唤有理想、有抱负的青年。为国而立、与国偕行、学成报国，应当是你们这一代无怨无悔的选择。我希望，同学们从现在起，志存高远，明德笃行，厚植家国情怀、激发使命担当，与民族、与国家、与时代同频共振，让自己的人生在复兴强国之路

中焕发璀璨光芒。

第二，学如不及，创新不止。

宋代著名的理学家、思想家朱熹曾说："少年易学老难成，一寸光阴不可轻。"不管任何年代，学习都是走向未来最为确定、最为高效的选择，今日尤以创新性学习为要。大学之"学"犹如冰山，你们在书本中、课堂上、项目里之所见，不过是冰山一角。之所不见，如方法、思路、逻辑，特别是"授人以渔"的"渔"，才是"学"最为深邃、广袤的天地。可以说，比知识重要的是方法，比方法更重要的是思维。你们要跳出简单、机械、重复的知识学习，加快掌握科学辩证的方法，养成开阔丰满的思维，在新的环境中建构学习的信心、感受学习的快乐。需要强调的是，进入大学新的学习阶段，不管是理工还是文法，不论是本科生还是研究生，你们都应坚持和葆有面向未知纯粹的进取心、求知欲。大学是知识探究与创新的学术共同体，同学们既要加快转换学习方法、升格创新思维，转向更深层次、更高效率的自主学习、合作学习、探究式学习和研究型学习，更要锤炼创新精神，强化创新意识，养成批判性思维，研精覃思、臻善力学，让创新创造成为你们的秉性、本能。同学们，创新是制高点，更是话语权，关乎个人和国家命运。在中国式现代化的道路上，自立自强的科技创新是战略支撑，而科技创新需要依靠高水平的创新型人才，"交大之路"将是助推你们成为创新型人才、成就你们创新人生的坦途、大道。在创新迸发的新时代，你们更应感悟今日创新性学习和学术探究对于你们个人以及国家的至关重要性。因此，你们不仅要做知识的传承者，还应立志成为新知识的创造者、新技术的发明者、新学科的创建者。

同时，学科交叉的融合创新已然成为发展的新趋势、新热点，也将是你们成长道路上的新红利、新优势。据统计，百余年来的诺贝尔奖获奖者有41.02%属于交叉学科，尤其是21世纪以来，跨学科成果占半数以上。我希望，同学们都能超越专业所限，跨越学科壁垒，掌握和运用更多不同的学科知识、学术思想，加快构建多元多维的知识体系，加速养成跨界融合的创新能力。尤其是研究生同学们，更应舍我其谁，主动涉足相关前沿科技领域"深水区""无人区"，努力成为国

家实现科技自立自强、实现关键核心技术自主创新的"生力军"。

第三，奋斗为桥，不惧江海。

奋斗是时代永恒的话题，也是新生一代最根本的"成功之道"。中华民族从站起来、富起来到强起来的历史征程，离不开仁人志士牺牲奋斗，离不开改革先锋顽强奋斗，离不开众志成城接续奋斗，未来更有待于代代青年砥砺奋斗、团结奋斗、矢志努力不懈奋斗。钱学森"弹道"、袁隆平"水稻"、南仁东"天眼"……同学们记忆中那一张张成熟与伟大的脸庞，都曾把青春留给了奋斗，把芳华奉献给了时代，历经风霜雕刻，沉淀为家国责任、时代气质和民族气节。进入新赛道的你们，以奋斗者之名启程新奋斗，终将如同茅以升老学长、老校长搭建毕生奋斗之桥一样，人生因奋斗而升华。

我特别要提醒本科新同学，"上了大学就轻松了""想干什么都行"，是善意的谎言，二八定律存在于任何群体，无论你过去多么优秀，想要继续成为优秀者，成为二八定律中的那 20%，就定要有超过 80%人的付出。奋斗是达成目标、实现理想的钥匙，是争渡江河、不舍昼夜的豪情万丈，是风雨兼程、不畏苦难的孜孜不倦。百年来有"救国一代""图强一代"，今日有你们"追梦一代""复兴一代"，生逢中华民族发展的最好时期，赶上了极为难得的成长成才、建功立业的时代际遇，拥有精力和创造力最为充沛的青春年华，奋斗必须值得讴歌。"躺平一代"纯属话语陷阱，恰恰相反，这一代中国青年"平视世界当其时也"。未来大学这几年，你们的对手不是班上前几名，也不是 SCI、CSSCI 论文几篇，更不是仅仅为了拿到免研资格或是找份安逸工作。中国大学之奋斗，为党育人、为国育才；你们之奋斗，当以个人实力为底气，以国家和民族荣誉为最高价值。奋斗意味着艰辛，没有艰辛付出就不是真正的奋斗。奋斗意味着翻篇，是忘掉过往的辉煌与辛酸，向前看、再进取。奋斗者，意志坚韧不拔；奋斗者，行动积极向上；奋斗者，心态乐观豁达。时代召唤奋斗者，奋斗没有捷径，奋斗就是捷径！我希望，面对未知前途的不确定性和无限可能性，同学们不惧挑战、不怕挫折，朝着时代梦想的方向努力奔跑，做起而行之、持之以恒的爱国者、创新者、奋进者，保持从容自信的精神状态和一往无前的奋斗姿态，用涓涓不塞而具韧性的奋斗，交出一份新时代的精彩答卷。

同学们：

弦歌不辍、日新月异的西南交大，在竢实扬华、自强不息的交大精神指引下，正朝着复兴交大、创建"交通特色鲜明的世界一流大学"的奋斗目标不断迈进。你们是时代骄子，也是交大之子，接下来几年的"交大之路"，将是你们发现自我、实现自我、超越自我的重要人生阶段。你们将以新时代"交子"的身份，在交大这所百年高等学府里遨游畅学、丰满双翼。请你们从当下做起，珍惜大学时光，以志为帆，以学为桨，在奋斗与担当中，破浪前行，开启属于你们自己的大学时代！

谢谢大家！

五、党建及思想政治工作

（一）党代会工作

坚持抓总抓重抓要、谋实务实干实，为党代会胜利召开提供坚强保证。

1. **树立大局意识，精心组织大会筹备。** 坚持思想认识到位、工作部署到位、组织措施到位，制定周密的筹备工作方案，研究部署好每一项工作、每一道程序、每一个环节。组织发动5个专项工作组、39个二级党组织、614个党支部、9000余名党员参与相关工作，并多次向教育部人事司、四川省委教育工委请示报告，较好地发挥了整体组织协调作用，形成了"上下联动、左右协同、齐头并进"的工作局面，确保了大会筹备工作衔接有序、推进有力。

2. **充分发扬民主，扎实做好代表推选。** 加强工作指导，编制代表推荐提名工作指南，指导二级党组织严格按照规定程序，反复酝酿、逐级遴选，广泛听取各方面意见后确定代表候选人。在代表选举工作中，编制选举工作手册，提供标准化选举参考模板；召开选举工作布置会，解读政策要求、关键环节及突发情况应对预案；派出24个工作组指导各二级党组织选举，均实现了一次性选举成功，选出的266名代表均符合规定的产生程序。全校614个党支部参与党代表推选全覆盖，党员参与率平均达到99%，成为充分发扬党内民主的生动实践。

3. **严明工作纪律，稳步推进"两委"换届。** 严格按制度、按程序开展"两委"委员酝酿推荐，发动全校614个党支部开展2轮酝酿推荐，12个代表团开展3轮酝酿推荐，并提请学校党委常委会3次会议研究，最终确定了"两委"委员候选人初步人选，酝酿推荐工作充分体现了坚持加强党的领导与充分发扬党内民主的有机统一，为"两委"顺利换届打下了坚实基础。在换届工作中，严明换届纪律，确保换届风清气正，全程未收到一起关于候选人的违法违纪举报和情况反映，营造了良好的政治生态。

4. **加强谋划部署，推动大会精神落实。** 制定《中共西南交通大学委员会关于认真学习宣传贯彻学校第十五次党代会精神的通知》，部署好各级党组织、校内各单位学习宣传贯彻工作，推动学习宣传贯彻走向深入。将党代会精神纳入干部人才大学习、大选拔、大比选重要测试内容，激发广大师生学习热情。开展党代会精神知识竞答，推动师生党员原原本本读党代会报告、认认真真学党代会精神。面向全校部署开展"学习贯彻学校第十五次党代会精神"主题党日活动，激励广大师生党员在谱写中华民族伟大复兴的西南交大新篇章中展现担当作为。

（二）组织干部工作

【组织工作】

牢固树立大抓基层鲜明导向，以组织体系建设为重点，一体推进基层组织建设，不断增强基层组织政治功能和组织功能，凝聚高质量党建引领高质量发展的强大合力。

1. **坚持标本兼治，夯实组织基础。**一是全面开展贯彻落实《中国共产党普通高等学校基层组织工作条例》排查。强化工作指导和督促检查，推动基层组织切实扛起全面从严治党主体责任，促进基层党建与事业发展深度融合。二是开展党务工作问题专项清查整顿。清查基层党务工作中"一包了之"、党务信息和党员个人数据泄露风险等问题，一对一下达整改任务并销号，不断提高党建工作的政治性、严肃性、规范性。三是持续开展党支部排查整顿。定期排查基层党支部运转状况，对未按期换届、支委会消极履职、"超大""空壳"的党支部限期整改，全年整顿 37 个党支部，提出 45 条整改建议。四是加强党建工作常态化督导。制定《党建工作常态化督导办法》，结合党委巡察和日常检查，掌握基层党建工作情况，及时提出改进意见，推动基层党建提质增效常态化长效化。

2. **坚持重心下移，织密组织体系。**一是推动党的组织全覆盖。新成立化学学院、科发集团、设计院有限公司 3 个二级党组织，把坚持和加强党的全面领导落实到各领域党组织。二是加强二级党组织班子建设。交通运输与物流学院党委、物理科学与技术学院党委顺利完成换届，党委领导班子整体功能和合力明显增强。三是建强党务工作队伍。举办专职组织员学习贯彻党的二十大精神专题培训班，开展师生党支部书记集中轮训，进一步提升两支队伍理论水平和专业素养。教师党支部书记实现"双带头人"全覆盖，头雁作用更加显著。四是完善党支部联系指导机制。二级党组织委员联系指导基层党支部、辅导员编入（联系）学生党支部实现全覆盖。

3. **坚持示范引领，锻造先锋队伍。**一是开展"微党课进支部"活动。全校基层党支部书记讲授党的二十大精神专题微党课，推动党的二十大精神第一时间传达到每一位党员。二是激发党员奋进力量。开展"携手同心·共守校园"主题党日活动，"红色瞬间——翟婉明：中国铁路提速的'助推者'"微视频学习宣传活动，不断增强师生党员服务学校改革发展的思想自觉和行动自觉。三是激励党员争当先锋表率。在疫情防控中，500 余名教职工党员响应号召担任志愿者，开展核酸检测保障、集中观察人员饮食配送等志愿服务 1000 余人次；在迎新工作中，58 支党员服务队、2200 余名师生党员投身志愿服务；在研究生招生考试中，动员 115 名教职工党员参与备考服务，用实际行动诠释共产党员的初心和使命，起到了较好的示范带动作用。四是持续壮大党员队伍。严把党员发展入口关，加强从青年教师、学术骨干和优秀学生中发展党员工作，全年发展党员 3150 余名。

4. **坚持守正创新，激发党建活力。**一是深入推进党建示范创建和质量创优。土木工程学院道路与铁道工程系党支部获评第三批全国党建工作"样板"支部。开展优秀"支部工作法"推荐评比，遴选 38 个面向全校推广，发挥出较好的辐射作用。牵引动力国家重点实验室列线所党支部"三抓三筑三提升"工作法获评四川省高校优秀"支部工作法"。二是开展优秀党课推荐活动。围绕学习贯彻习近平新时代中国特色社会主义思想，面向全校基层组织书记、党务工作者、党员专家学者、先进典型、老党员征集 12 门优秀党课报告，进一步丰富了党员教育内容。1 门党课报告入选四川省党员教育资源库。三是为党员领导干部送上"政治生日"祝福。在党员领导干部"入党纪念日"发送祝福短信，送上组织的关怀，提醒干部铭记入党誓言、永葆先进本色。

【干部工作】

坚持把严的标准、严的程序和严的举措落实到干部工作全过程，进一步匡正选人用人导向，精心做好干部"选育管用"工作，为复兴交大锻造一支忠诚干净担当的高素质专业化干部队伍。

1. **着眼事业后继有人，深化优秀干部培养。**一是开展干部人才大学习、大选拔、大比选。310 名干部、教师踊跃报名参加测试，全校上下迅速掀起学习热潮，一批优秀的干部、人才脱颖而出。二是完善优秀年轻干部培养体系。将干部人才大学习、大选拔、大比选工作与优秀年轻干部工作有效衔接，赴 42 个二级单位对 94 名测试成绩优异的干部、人才开展了专项调研，把综合表现突出的"好苗子"选出来，分级分类充实优秀年轻干部库，为学校新时代事业发展提供充足干部储备和人才保证。三是搭建年轻干部成长平台。坚持加强历练、递进培养，选派优秀年轻干部到教育部、省市级党政机关、科研院所等挂职锻炼，丰富阅历、强化考验，帮助干部增长才干。对于表现突出的优先放到重要岗位历练，今年以来已选拔任用优秀年轻干部18人。

2. 加强干部制度建设，优化选任工作机制。一是大力提升干部工作效能。修订《中层领导干部选拔任用工作规定》，进一步吸收干部工作中探索形成的实践成果和新经验新做法，做实干部政治素质考察，优化干部调研推荐和考察环节，推进干部选拔任用工作更加科学高效。二是完善领导干部能上能下工作机制。修订《推进领导干部能上能下实施细则》《中层领导班子和领导干部年度考核办法》，进一步强化制度衔接，细化"下"的情形，规范"下"的程序，树立能者上、优者奖、庸者下、劣者汰的鲜明用人导向。三是推进专职组织员队伍专业化职业化建设。修订《专职组织员管理办法》，进一步分类界定岗位职责，突出专岗专责，加大激励力度，促进专职组织员队伍稳定发展。

3. 强化精准选人用人，选优建强干部队伍。一是坚持把政治标准放在首位。做深做实干部政治素质考察，将政治素质评价列为谈话考察、民主测评首项，严格执行"凡提四必"制度，确保干部队伍政治上信得过、靠得住、能放心。二是坚持事业为上选干部配班子。深入二级单位开展干部调研20余次，近距离了解班子运行情况，在充分调研的基础上为26个单位配备素养好、能力强的优秀干部41人，切实提升二级单位领导班子整体功能。统筹用好各年龄段干部，新提拔任用干部中"80后"接近50%，中层干部中"80后"超过30%，干部队伍基本形成青蓝相继的生动局面。三是扩宽干部培养渠道。选派2名干部参与援藏、乡村振兴工作，推荐10余人赴国家部委和地方政府挂职、驻勤，帮助干部在实践中砥砺意志、积累经验、增长才干。

4. 坚持重在日常经常，从严管理监督干部。一是严格规范党政领导干部在校兼职行为。制定《关于规范党政领导干部在校兼职的实施办法》，建立健全聘用、管理、考核、监督机制，及时帮助干部办结解聘手续，兼职工作程序更加规范。二是严格执行领导干部个人有关事项报告制度。持续优化工作流程，在干部填报结束后增

设3天"查缺补漏期"，延长干部填报核实期限，切实提高干部填报准确率。2022年查核一致率位居教育部直属高校前列，全年零处理。三是严格做好干部兼职审批管理。紧盯思想教育、审批备案、监督管理等重点环节，优化兼职管理模式，逐步推动兼职管理信息上网，及时提醒干部完成兼职换届审批，兼职管理更加科学。四是严格做好干部人事档案管理。协助人事处、档案馆等部门顺利完成干部人事档案专项审核工作，持续完善干部人事档案材料收集归档机制，提升干部人事档案管理的数字化水平。

【党校工作】

坚持把党的政治建设摆在首位，不断强化党员干部理论武装，教育引导广大党员干部争当忠诚拥护"两个确立"、坚决做到"两个维护"的排头兵。

1. 抓实干部教育培训，提升政治理论素养。把学习贯彻习近平新时代中国特色社会主义思想和党的二十大精神作为首要政治任务，开设中层干部学习党的二十大精神专题培训班8期，其中重点班次7期，专题班次1期；开展课程教学20次，其中专题学习辅导6次；组织专题学习研讨6次；开展培训2300余人次，实现中层干部学习教育全覆盖。同时，加强干部选拔、培养、管理、使用工作的统筹，通过开展谈心谈话、学员相互评价等方式，全方位了解学员表现，为选拔任用干部提供参考。依托中国干部教育网络学院、学校在线学习平台，全面启动中层、科职干部学习党的二十大精神网络轮训，实现网络培训全覆盖。

2. 强化党员党性锤炼，筑牢理想信念根基。指导二级党组织分期分批开展师生党员学习党的二十大精神专题学习、专题研讨、专题辅导，全校开办129个培训班，开展143次专题辅导，培训党员10 400余名，实现党员集中轮训全覆盖。组织开展8期学习党的二十大知识网上答题活动，6600余人参与。开展"喜迎党的二十大""学习二十大精神·争做新时代先锋""学习贯彻习近平总书记在中国人民大学考察、在庆祝中国共产主义青年团成立100周年大会上的重要讲话精神"主题党日活动，教育引导广大党员坚定理想信念，筑牢信仰之基。

3. **加强二级党校建设，拓宽党员发展源头。** 新设立二级党校 4 个，总数达到 27 个。党员发展对象培训全年滚动开班，培训学员 3461 人；开展 51 期入党积极分子培训，培训学员 5158 人。坚持理论教育与实践教学相结合，开展"以实际行动迎接党的二十大胜利召开""'不忘初心、不负韶华'大学生的使命担当"系列理论研讨及社会实践活动，教育引导入党积极分子和党员发展对象端正入党动机、坚定入党决心。入党积极分子和党员发展对象教育培训实现了"质""量"双升，为壮大党员队伍引入了"活水源头"。

（三）人才工作

坚持以习近平新时代中国特色社会主义思想为指引，认真学习贯彻落实党的二十大精神、中央人才工作会议精神以及学校第十五次党代会精神，围绕党建和思政、"双一流"建设两项牵总性工作，按照"十四五"发展规划目标，坚持党管人才，深入推进新时代人才强校主战略，聚焦"人才引进、人才培育、人才支持服务、人才支撑保障、内涵建设"，构建人才"引育用留"工作新格局，党管人才领导体制和工作机制不断完善，人才工作内涵建设形成合力，人才支持服务水平显著提升，学校国家级高层次人才总量创历史新高。国家级领军人才稳步增长，青年人才快速增长并取得连年突破，取得历年来最好成绩，高层次人才队伍建设实现量质双升，为新时代学校"双一流建设"和高质量发展提供坚强有力的人才支撑。

【坚持"五个注重"】

构建近悦远来、包容大气的人才引进工作体系，人才集聚效应显著增强。

1. **更加注重"品牌打造"，推进引才宣传进阶升级。** 一是制定全年引才宣传计划，协同、指导教学科研单位设计制作校院两级引才宣传系列产品，包括常规"求贤榜"招聘系列推文、引才宣传片、招聘折页、专业机构广告、"云视聘"专项招聘会等，全方位、常态化、多层次、多维度做好引才宣传，面向全球发布"心怀国之大者，逐梦西南交大""启航海外优青，圆梦西南交大"等专题推介 40 余篇，浏览量达 24 余万次。二是开展西南交通大学第六届"交天下菁英·通宇内鼎甲"全球学者论坛，线上线下相结合，设置主论坛和 19 场学科分论坛，吸引来自海内外 2190 余名专家、青年学者参加，学科分论坛围绕关键科学问题、发展现状、国家重大战略需求和国际科技前沿等内容于 12 月 17 日—22 日相继举行，收到应聘者简历 300 余份。

2. **更加注重"调查研究"，强化学科导向精准引才。** 一是坚持学科导向，协同图书馆、战略与学科处以及各教学科研单位，依托爱思唯尔 Scopus 等数据库，运用 SciVal、Vosviewer 等分析工具，结合国家及地方战略和产业需求、本校师资胜任力情况等，开展学科精准引才分析，绘制学科"人才图谱"和"人才地图"，建设全球高层次人才信息数据库，动态掌握全球高端人才分布情况，为精准引才提供科学依据，已在计算机与人工智能学院等多个学院进行试点研究并在全校推广开展。二是深入土木工程学院、电气工程学院、计算机与人工智能学院、材料科学与工程学院、医学院、马克思主义学院、经济管理学院、地球科学与环境工程学院、外国语学院、物理科学与技术学院、人文学院、利兹学院、城市轨道交通学院、未来技术研究院等 14 个教学科研单位，开展调查研究，了解情况，宣传政策，梳理问题，改进机制。

3. **更加注重"科学评价"，研发引才综合评价系统。** 持续开展人才评价研究，推动从以刊评文向突出创新、质量和贡献转变，从单一指标评价向综合评价转变，探索"1+1+X"人才评价方法，两个"1"是指师德师风"一票否决制"和"立德树人"成效，X 是指科研、服务等多维度评价，并建立持续改进机制。坚持破立并举，"五唯"破除力度持续加强，研发人才引进评价、评审系统，学术评价引入"小同行"和国际同行评价机制，深入研究不同层次、不同类型人才评价周期的科学性，以代表作为核心的人才评价体系逐渐形成，引才工作更为科学、高效。

4. 更加注重"特色引才"，完善全球引才荣誉体系。更大力度发挥社会各界，特别是交大校友的积极作用，打造特色引才文化，广开举贤荐能之路，面向全球再次发布"伯乐招募令2.0"，广泛发动海内外校友、引才机构平台等力量，根据2022年人才举荐情况，为学校人才引进工作做出突出贡献人员授予"伯乐勋章"，颁发"引才伯乐奖"奖杯。协同校友办，倡议海内外校友会将引才引智纳入校友会重要工作内容。

5. 更加注重"拓宽渠道"，广开引才聚才新路径。一是制定海内外引才工作站工作规程，加强新加坡、美国北加州和海内外校友会等引才工作站建设，组织全球线上专题推介2场，打造对外综合宣传平台，拓展和延伸引进海外高端人才的领域和空间。二是与学术桥、科锐福克斯、猎聘、零克猎头等猎头公司和人才服务企业接洽，采取市场化、专业化、国际化手段开展引才工作。三是积极对接四川省、成都市、金牛/郫都区等地方政府，参与第二十届中国西部海科会"直播带岗"和线上面试，收到100余份人才简历，正持续跟踪联络。四是坚持以才引才、以会引才、支持学院通过举办国际学术会议、开展学术合作交流、共建实验室等方式引进集聚海内外高层次人才和智力资源。

【坚持"五个突出"】

构建一体发展、顺畅有序的人才培育工作体系，人才自主培养能力显著增强。

1. 突出自主培养，"人才培育金字塔"持续完善。理顺与高层次人才岗位之间的关系，注重"面向全体"和"个性支持"相结合，从支持对象、支持方式、支持周期、支持力度等入手研究修订《人才培育管理办法》（正在征求意见），全力打造"战略科学家—领军人才—拔尖人才—优秀青年人才"有序衔接的人才成长梯队，对有潜力的储备人才和团队一对一配备培养导师，"一人一策""一团一策"制定个性化培育方案，提供全周期人才发展支持，打通人才成长通道。2022年，组织完成第七批培育计划126人遴选和评审工作，以及第四、五、六批培育计划348人的聘期及年度考核，针对基本合格的受资助人员，由评审专家多对一提出意见建议，本人提交

整改计划。全年共有11名人才培育计划资助者（占入选总数的69%）入选国家青年人才计划。

2. 突出人岗相适，"人才岗位金字塔"更加优化。理顺与人才培育计划之间的关系，秉持人岗相适原则，突出创新价值、能力、贡献，从岗位设置、岗位名称、岗位待遇等入手研究修订《高层次人才岗位管理办法》（正在征求意见），进一步优化不同类别高层次人才岗位设置，继续为"帽子热"降温，坚持破"五唯"，以岗定薪，按劳取酬，优劳优酬，健全岗位准入与退出机制，畅通晋升渠道，加强全过程动态管理，以质量、目标、成果导向激励人才。探索建立"双百计划"人才特色岗位和短期到校岗位，柔性引进海（境）内外高层次创新人才，做大做强高层次人才蓄水池。目前正在开展第一批33名高层次岗位的聘期考核和第二批次15人的中期考核工作。同时，已完成本年度15名高层次人才岗位的聘任。

3. 突出关怀指导，"三友"人才培育帮扶计划深入推进。一是实施"挚友"帮扶计划，加强对青年人才的关心、关怀和关爱，强化思想政治引领，制定联系清单，共为140余名人才一对一配备联系服务校院领导。二是实施"智友"帮扶计划，加强对青年教师科研规划、人才计划（项目）及奖项申报的指导，协同各教学科研单位共为126名青年储备人才一对一配备培养导师和科研团队。三是实施"知友"帮扶计划，完善咨询专家库建设，动态更新，为所有人才计划申报人进行全过程指导、服务，已建立由校内外高层次人才、有重要影响力的高水平学术带头人等320余人组成的专家数据库。

4. 突出需求导向，人才培育品牌活动更为丰富。围绕思想引领、人才培养、科学研究、技术攻关、团队建设等素养提升需求，打造"交子天下"特色人才培育活动品牌，分类开展"青年科学家""青年教育+""弘扬爱国奋斗精神、建功立业新时代"等系列沙龙、研讨、交流等活动6项。围绕人才计划（项目）、奖项申报答辩技巧、材料撰写等技能提升需求，开展研讨会、指导会、预答辩等活动，组织50余名专家与86名青年学者开展培育成果汇报和"一对一""多对一"交流指导，成效显著。

5. **突出问题导向，人才培育问诊把脉更加精准**。针对后备人才队伍现状、短板与问题，一是深入教学科研单位和国家人才计划入选者开展调查研究，分析各类人才计划对申报人业绩、条件等指标的要求，分析申报人现有业绩、优势及不足，帮助制定成长成才方案，一对一配备申报导师，有针对性地进行指导。协同教学科研单位成立人才计划工作组、建立校内外咨询专家库，指导、服务申报全过程。二是对标国家、部委、省市等各类各级人才计划（项目），及早筹划、提前部署 2 轮四类国家主要人才计划预申报工作，各类人才计划申报人数翻倍增长，为人才计划正式申报、推荐提供重要支撑并预留足够时间。

【坚持"五个围绕"】

构建需求导向、持续改进的人才支持服务工作体系，人才支撑引领作用显著增强。

1. **围绕国之大者，政治引领凝聚人心力量**。注重政治引领、固根守魂，深入学习习近平新时代中国特色社会主义思想，开展丰富多彩的政治理论教育培训、国情研修考察、党性教育等，引导人才坚定理想信念、增进政治认同、爱国奉献，截至目前，我校高层次人才中中共党员占比达64.9%，民主党派人士占比 13.9%，无党派人士占比 15.1%，外籍人士占比 6.1%，2022 年 6 月，国家高层次人才高国强教授转为中共正式党员。落实党委联系服务专家制度，建立联系名单和信息库，实行动态调整机制，通过面对面交流、走访谈心、座谈会、组织活动、专题讨论、咨询服务等形式，密切思想联系和感情交流，以尊重关心服务实现凝心聚力。坚持师德师风第一标准，对新入职人才开展师德师风、校史校情等的专题教育，引导争做师德表率。2022 年，组织 100余名人才，开展"学习贯彻党的二十大和学校第十五次党代会精神，谱写人才强校工作新篇章"等专题学习分享会 3 场。

2. **围绕协同推进，支持服务人才发展工作站发挥集成效应**。进一步加强支持服务人才发展工作站建设，协同人事处、科研院等 19 个成员单位和全体教学科研单位一体化推进，制定责任清单，改进办事流程，制定专项工作规程，强化支持服务人才发展相关工作的统筹、规划、协调、执行与监督等工作，分解细化成员单位工作任务，积极争取校内外各类政策及资源，推动人才持续快速发展。全年共帮助 55 位人才办理子女择校入学申请，协助 9 位人才认定地方人才购房资格，为 48 位人才办理天府英才卡和特约医疗证，为 52 位高层次人才提供优质的健康体检服务，协同科研院等部门组织人才科研经费校级论证 6 次，指导开展院级论证 38 次。

3. **围绕精准服务，派单机制打通人才服务最后一公里**。持续优化人才服务派单机制，制定"人才服务工作清单"，服务项目涵盖人才发展全周期，优化办事流程，缩短办理时限。工作站副站长单位根据人才需求提交人才服务工作单，相关部门原则上一周内办结，通过协调各方力量，为人才办实事，帮助沟通、解决难题，确保"凡事有交代，件件有着落，事事有回音"，建立工作台账，用更加优质、便捷、高效、暖心的服务激发人才创新发展动力，打通人才服务"最后一公里"。全年接受人才咨询解惑千余次，通过派单机制解决人才难题 19 件。

4. **围绕互动联通，线上线下"人才之家"温暖人心**。持续打造线上线下相结合、集中与分布相结合的"人才之家"。推进人才工作智慧体系建设，打造线上"人才之家"，开发人才互动联通的线上阵地，已完成一期建设，包括"人才之家"网站、微信公众号、引才评价系统、人才计划评价系统等，集成宣传、招聘、评审、活动等功能。在资实处等部门的支持下，与组织部、机关党委在综合楼 656 共建线下"人才之家"，为人才接待洽谈、人才沙龙、学术交流提供专属场地，建成以来，已开展各类人才活动 20 余场。在全校营造大胆创新、勇于创新、包容创新的良好氛围和识才爱才敬才用才的环境，加强先进典型宣传力度，2022 年共发布各类人才事迹、科研成果宣传 23 篇。

5. **围绕激发动能，人才作用发挥不断增强**。发挥人才培养主力军作用，高层次人才岗位任务设置教育教学板块。激励人才坚持"四个面向"，围绕国家轨道交通发展战略、学校"双一流"建设需求，开展基础研究、原始创新与理论突破，攻破"卡脖子"关键核心技术。协同科研院、文科处等部门，支持和鼓励人才积极投入地方建设。积极对接国家部委、省市部门，协同国际处推荐4名国际组织优秀储备人才，推荐1个集体及2名人才参评"成都市建设具有全国影响力的科技创新中心先进个人（集体）"。

（四）宣传思想工作

【学习宣传贯彻党的二十大精神】

开展全覆盖、全媒体、全方位学习、宣传、教育，深入推进党的二十大精神进教材、进课堂、进头脑，教育引领全校师生听党话跟党走，汇聚形成昂扬向上的奋进力量。成立学校学习贯彻党的二十大精神西南交通大学宣讲团、师生巡讲团，成员累计开展宣讲、巡讲27场，覆盖青年师生超5000人。上线学习党的二十大专题网站，开设专栏，推出专题栏目，全媒体、全方位报道学校学习贯彻党的二十大精神的情况。

【理论学习工作】

出台《中共西南交通大学落实"第一议题"制度的实施办法》，进一步明确把"传达学习习近平总书记重要讲话精神等内容，研究制订贯彻落实的具体举措"作为党委全委会、党委常委会、校长办公会、党委书记工作会等学校重要会议的第一议题，坚持用党的创新理论武装头脑、指导实践、推动工作，累计学习39次。制定《中共西南交通大学委员会关于深入学习贯彻落实习近平总书记在中国人民大学考察时重要讲话精神的工作方案》。面向全校各二级党组织、党支部、中层领导干部发放《习近平谈治国理政》第四卷、《习近平经济思想学习纲要》《习近平外交思想学习纲要》《习近平法治思想学习纲要》等8本书籍。

【意识形态工作】

根据修订出台《中共西南交通大学委员会贯彻落实<党委(党组)意识形态工作责任制实施办法>的实施细则》，进一步压实工作责任，明确任务举措。开展意识形态自查3次，与74个二级党组织、职能部门签订《意识形态工作目标责任书》，确保工作落实全覆盖、无死角。对学校拟提拔干部、拟推荐人才、拟推荐优秀单位、党代表候选人等开展意识形态审查369人（次）。做好形势报告会和哲学社会科学报告会、研讨会、讲座、论坛及读书会、学术沙龙审批备案工作，累计完成审批备案425项，开展抽查74项。严格执行"三审三校"制度，做好出版物重大选题备案制度，完成图书专项检查2次，完成出版物选题备案9批共701种，音像电子出版物年度选题备案10种；组织专家审读出版物23本，在全校开展8批涉党史领域境外有害出版物、政治性有害出版物查堵工作。

【思想政治工作】

1. 持续推动学校思想政治工作体系构建，稳步推进"大思政"育人工作。围绕《西南交通大学贯彻落实〈教育部等八部门关于加快构建高效思想政治工作体系的意见〉工作台账》8个体系具体目标，就学校2022年282项工作任务、2020—2022年336项工作任务落实情况进行梳理汇总。对22项学校思想政治工作精品示范培育项目开展结项检查。

2. 实施智慧思政"灵秀行动"，推进思想政治理论课创优，做好思政项目成果孵化。全面启动"智慧思政信息化系统一期"建设，进一步完善优化12个模块。做好校领导上思政课、听思政课工作，依托思政课督导组，不断加强思政课建设和督导，指导思政课教学与改革工作。积极组织教育部、四川省教育厅思政项目的申报、校内评审工作，完成高校思想政治工作质量提升综合改革与精品建设项目、四川省"三全育人"综合改革试点工作（第三批）、四川省高校思想政治工作精品项目（第三批）校内遴选和申报工作。

【网络舆情和网络信息安全工作】

全年检测、处置舆情2896条，编辑舆情专报33期，编辑整理《网络信息周报》45期，《"双一流"建设舆情专报》41期，有效应对化解重大舆情风险10余次。组建校院两级网评员队伍，与学生处联合开展3场舆情处置能力引导专题培训；加强与各级网信部门常态长效联动。向各二级单位党委发放《工作提示》20 余次。与信网处联合开展国家网络安全宣传周活动。

【融媒体平台建设】

持续推进大宣传格局实施意见及"1333"工作方案，着力建设融媒体平台，从技术支撑、内容分发、媒资共享等方面为其进行全方位赋能，打造移动客户端，进一步优化新闻信息发布流程，设计上线全新新闻网网站，实现内容改版升级，助力形成渠道丰富、覆盖广泛、传播有效、可管可控的传播矩阵。

【对外宣传工作】

围绕党的二十大、学校第十五次党代会召开、"双一流"建设等重大主题，携手光明日报、中央电视台、新华社等主流媒体，围绕学校中心工作，紧跟热点、精心策划，扎实做好对外宣传报道，进一步提升学校知名度、美誉度、影响力。据不完全统计，全年刊发外宣文字、视频报道356 篇（条）。中央广播电视总台播出大型电视专题片《领航》，第五集《改革攻坚》聚焦学校职务科技成果权属改革；中央电视台、新华社、中国青年报、科技日报"党旗在基层一线高高飘扬"专栏深入报道全国优秀共产党员、中国科学院院士翟婉明。《光明日报》《中国青年报》《教育导报》等媒体聚焦《西南交大举办"精神引领 强国有我"科学家精神主题展》。

【对内宣传工作】

《西南交大报》全年出版 9 期报纸，其中专版 28 个。校主页发布新闻1065 条，设计更新大图 60 余张。校广播台推出时长 2 万分钟广播节目，包含专题栏目十档、时长 60 分钟的原创广播剧《我们的体育时代》。校电视台为校外媒体提供视频素材20 余次，累计时长近 100 分钟，拍摄各类视频资料115 条，拍摄制作《川流不息——献给西南交通大学在川办学（更名）50 年》专题片，推出《入川》系列短视频，采访 1972年从唐山迁往四川的亲历者，讲述学校入川办学的感人故事，让"唐山风骨、峨眉风华、成都风采"百年精神文脉赓续绵延，凝心聚力，进一步砥砺师生弘扬爱国荣校的精神。

【新媒体工作】

交大新媒体全平台粉丝总量已经超过 200万人。官方微博更新博文3250 余条，多次以正面报道登上同城热搜，其中原创校庆话题"交大 126 周年"总阅读量突破3500 万，与2021年同期相比净增长超过 1000 万，收到了来自全国百余所高校的联动祝福。官方微信推送图文270 余期。在哔哩哔哩、抖音、快手三大短视频平台发布作品 300 余篇，产出图片素材 7500余张，原创设计图片2000 余张，手绘漫画 500余张。获评"2021—2022 中国大学官微百强""2021 年微博校园最具服务力学校"，新媒体作品获"第五届全国高校网络教育优秀作品新媒体类三等奖""工作案例优秀奖"、四川省年度十佳教育新媒体案例、成都新闻奖专项奖等。

【校园文化建设】

1. 围绕学校重点工作和党的二十大胜利召开等重大主题，制作学校道旗、桁架、电梯宣传牌，策划"迎接党代会 奋进新征程——学校第十四次党代会以来发展成就""光辉历程——西南交通大学历次党代会""奋斗正当时：迎接党的二十大 培根铸魂育新人——西南交通大学教师风采展"等各类主题展览，全力营造热烈喜庆的校园文化氛围，为奋进新征程凝聚团结奋进的交大力量。

2. 围绕"红色文化""交通文化""网络文化"，锻造文化品牌精品。

（1）依托明诚讲堂，推动师生理想信念教育常态化、制度化；推出"风华交大"文化专栏，讲述交大人爱党爱国故事，赓续学校红色校史文化。

（2）传承和弘扬"'两路'精神"，擦亮学校交通特色文化名片。联合全国高校思政网、中国大学生在线联合推出"中国共产党革命精神宣传"系列专栏之"弘扬两路精神 筑梦交通强国"专题网页，在全国高校思政网首页重点展示；联合"学习强国"四川学习平台、地学学院围绕"从川藏铁路看大国工程"主题，依托"明诚讲堂"，邀请川藏铁路建设一线专家、学者及优秀一线青年等开展系列思政讲座（5 期），亮相"学习强国"首页；围绕"成渝铁路建成通车 70 年"，以"原创文化精品+主题实践活动"相结合，策划推出《致敬 70 秩荣光 成渝铁路的"前世今生"》原创漫画，被"中国铁路"等主流媒体转载。同时，组织发起"重走成渝铁路"暑期"三下乡"社会实践,拍摄《青年说："桥"见成渝铁路》《"慢火车"满载成渝民生情怀》等短视频亮相学习强国"强国会客厅",被《中国交通报》、中国新闻社重庆分社、重庆法制报等媒体报道,让"成渝铁路精神"熠熠生辉。

（3）依托全国大学生网络文化节等,鼓励师生文化原创供给,大力培育网络文化品牌。按照教育部思想政治工作司要求,在全校范围内动员征集作品,组织专家评审,选拔推荐优秀作品参加第六届全国大学生网络文化节和全国高校网络教育优秀作品推选展示活动。不断丰富文化表达,创新成就宣传、典型宣传。

（五）纪检监察巡察工作

【突出政治监督】

坚定捍卫"两个确立",忠诚践行"两个维护",持续探索完善学校全面从严治党形势下推进政治监督具体化精准化常态化的有效途径。一是围绕"国之大者",持续完善以党委巡察牵总的学校政治监督工作体系,形成巡察监督、专责监督、职能监督、日常监督、民主监督等各类监督贯通协调,与上级纪检监察机关、巡视机构等上下联动的格局,促进各类监督有机贯通、形成合力。二是紧盯监督重点,聚焦学习宣传贯彻党的二十大精神,成立监督工作专班,制定专项监督工作方案,构建校院两级协同并进、条块结合的监督网格。聚焦意识形态、师德师风、"象牙塔"内官僚主义、疫情防控、定点帮扶、制止餐饮浪费等重点开展监督检查。三是突出"关键少数",纪检监察部门负责人全程列席和参加学校本年度党委常委会、校长办公会、校领导工作会、党委书记工作会、党委书记办公会等会议 120余次,纵深推进"一把手"和领导班子监督;修订完善校纪委委员联系二级党组织制度,实现对二级单位议事决策情况的监督全覆盖。严把选人用人关,从源头开始为学校选人用人进行全程把关;全年出具选人用人方面党风廉政意见 64 人次,在酝酿阶段叫停 1 人次。

【强化组织协调】

坚守协助党委推进全面从严治党职责定位,主动担当作为,当好参谋助手、提供有效载体,推动主体责任、监督责任贯通协同、形成合力。一是协助筹备召开学校第十五次党代会。跟进大会全过程、各环节,严肃会风会纪。认真研究起草第十四届纪委工作报告和关于第十四届纪委工作报告的决议,总结工作成效和经验做法,提出下一步的工作思路和打算。二是做好工作谋划。组织召开全面从严治党年度工作会议,制定出台《2022 年全面从严治党工作要点》《2022 年纪检监察工作要点》并细化任务分解。三是推动"两个责任"同向发力、同频共振,制定党委主体责任和纪委监督责任"4 张清单"以及二级纪检组织（委员）履行监督责任"6+X"任务清单,强化工作考核结果运用,加强学校纪委对二级党组织全面从严治党主体责任落实情况的监督指导。组织二级纪检组织研判本单位政治生态,为党委决策提供参考。四是推动廉洁文化建设。完善"互联网+"纪律教育模式,围绕廉洁从政、廉洁从业、廉洁从教、廉洁修身等,分层分类开展 2022 年"廉洁交大"宣传教育活动,积极营造风清气正校园氛围。

【深化党委巡察】

坚守巡察政治定位,全面贯彻中央巡视工作方针,强化巡察整改和成果运用,奋力推进西南交大特色巡察工作高质量发展。一是强化巡察工作基础建设。健全完善巡察制度 17 项,制定领导小组、巡察组、巡察办和被巡察单位党组织四方责任主体工作规则,修订巡察整改和成果运用办法、巡察干部管理办法,配套内控规范。完成研发"巡察工作信息管理系统（二期）",为智慧巡察提供有力数据支撑保障。二是高质量推进巡察"后半篇文章"。学校十四届党委第五轮、第六轮发现被巡察单位党组织

"四个落实"方面问题 235 个,移交收到的信访、收到或发现的问题及线索8件,分别给予2名被巡察单位主要负责人谈话诫勉、责令辞职处理,给予1名党员开除党籍处分,对7个基层师生党支部进行调整,两轮巡察整改集中整改阶段任务完成率分别为 100%、99.53%。三是全面总结提炼宣传巡察成果。出版专著《高校巡察工作的逻辑、现况与进路——以巡察效果分析为视角》,汇编《西南交通大学十四届党委巡察工作大事记》《利剑护航 交大担当——西南交通大学党委巡察故事(第二辑)》,向教育部党组巡视工作领导小组报送巡察工作案例 10 个。

【做实做细日常监督】

进一步做实做细日常监督,改进日常监督方式方法,推动监督下沉、落地,加强对权力运行的制约,全面提升监督效能。一是深入推进风险防控。督促全校各单位梳理建立年度高风险点台账,共报备急需解决高风险点 118 个。针对科研经费使用管理、招生考试等廉洁风险重点部位关键环节开展调研式监督,提出工作建议 10 余条。二是深化巡察、监察、督察"三察"统筹联动模式。紧盯学校党政重大决策部署,推进督查督办事项在线评估平台建设,联合学校党政办、组织部、人事处、宣传部、校工会、校团委等单位,共同针对学校 274 项党政重要决策及年度重点工作落实情况开展诊断、效果评估和督办,形成监督闭环。三是探索"大数据+"智慧监督。联合学校计财处、审计处等单位,通过经费监管大数据平台对各类经费使用异常数据及时分析、预警、分类处理,发现处理预警涉及184人的数据492条,推动经费使用监督关口前移。四是加强巡察整改日常监督。由纪检监察部门牵头,联合组织部门、巡察机构等开展十四届党委巡察整改落实情况"回头看"专项督查,明确"三查三看"监督重点,推动整改走深走实。专项督查显示巡察深化整改师生满意度为98.41%。

【狠抓作风督查】

持续加固中央八项规定堤坝,持之以恒纠治"四风",深化整治形式主义、官僚主义顽瘴痼疾,纠树并举弘扬新风正气。一是优化"神秘访客"双访制度,持续深化"一套指标、两支队伍、三全监督"作风监督模式,组织访客对学校机关职能部处和各教学科研单位实施暗访 5000 余次,并加强访查成果正反双向运用。二是深入开展"象牙塔"内的官僚主义问题专项自查自纠,针对媒体反映的官僚主义 4 类突出现象在学校的具体表现、师生反映的 70 条意见建议等,实施分层分类整治,督促建立任务清单,推动整改落实。

【严肃执纪问责】

坚决把纪律挺在前面,坚持执纪必严、违纪必究,对违纪违法行为做到零容忍、全覆盖、无禁区。坚持严管与厚爱结合、激励与约束并重,不断提升纪委硬实力,为党委从严管党治校提供关键支撑。一是从严从实执纪审查。全年受理各类问题反映共计53件,26件列为问题线索予以处置。综合运用谈话提醒、批评教育、责令检查、诫勉谈话等方式处理 50 余人次,给予党政纪处分9人次,移送司法1人,为学校追回损失 60 余万元。将思想政治工作贯穿于执纪工作全过程,开展受处分党员回访教育 10 余次,推动 2 名受到处分影响期满的同志恢复党员权利。新建谈话室、内网操作间,突出抓好"走读式"谈话安全。二是精准追责问责。严格落实"一案双查",开展问责调查9起,对8个党组织和29人次给予严肃问责。认真落实"三个区分开来",完善干部容错纠错机制和错告诬告澄清保护机制,开展澄清正名 20 余人次。三是扎实做好案件"后半篇文章"。制发纪检监察建议书 20 余份,通过整改为学校节约经费 100 余万元。针对易发多发案件背后的共性问题开展专项系统治理,推动招标采购代理等领域专项治理。编印《戒鉴Ⅱ——党的十九大以来学校查处违纪案例警示集》案例集,用身边事警示身边人。

【加强队伍建设】

严抓自身建设,着力打造"有担当的勇气、

有担当的本领、有担当的底气"的纪检监察铁军。一是带头加强党的政治建设。制定实施《西南交通大学纪检系统学习宣传贯彻党的二十大精神的若干措施》，抓紧抓实贯彻落实。加强党支部建设。组织开展政治理论学习31次，政治生日主题党日活动等特色活动6次，常态化开展青年学研小组集体研学交流。党支部及党支部书记在学校机关党委年度考核中均为"优秀"等次，党建引领部门在学校二级单位年度考核中被评为"一档"等次。二是持续强化组织建设。完善校纪委内控体系建设，修订纪委全体会议议事规则

等制度。强化二级纪检组织建设，选优配强专兼职纪检干部136名，推动6个二级单位增设纪委副书记岗位。编印二级纪委工作指南，构建"片组"学习交流平台，激活工作网格。三是着力加强能力建设。不断完善"20+"办案人才库和巡察干部人才库建设，选派专兼职纪检干部18人次到上级顶岗锻炼和培训学习，组织兼职纪检干部50余人次参与校纪委专项工作。组织专兼职纪检干部加强廉政理论与实务研究，获批四川省哲学社会科学规划重大项目、四川省科技厅科技计划项目各1项。

（六）统战工作

【提高政治站位，大统战工作格局更加完善】

1. 助力统战顶层设计。发挥牵头协调作用，协助学校党委做好统战工作顶层设计和研究部署，起草《关于加强新时代统一战线工作的实施意见》。助推完善大统战工作格局，厘清海外统战工作机制，进一步提升工作合力。

2. **推动工作重心下移。**持续开展"二级党组织统战工作示范项目创建"，提档升级"示范项目"中的"红石榴"专项，专项培育"铸牢中华民族共同体意识教育精品项目"，形成"示范项目"和"精品项目"双线并行的创建工作机制。目前，共有22个二级党组织参与第二批示范项目创建，较首批增加一倍，逐渐形成了"一院一品"格局，营造了"统战工作全党做"的良好氛围。

3. **携手地方借势发展。**深化与金牛区共同打造的全省首家归国留学人员"励行工作室""蓉城同心·智荟驿站""蓉城同心·侨之家"的平台建设，携手开展了党外知识分子联谊活动、涉侨法律宣讲和咨询、统战干部培训等，组织归国留学人员赴全国统战工作实践创新基地西部法律服务品牌创新中心实践交流。其中，共建"励行工作室"的创新举措获评全省统战工作实践创新优秀成果。与郫都区委统战部共同组织党外知

识分子足球比赛，以赛联谊。

【精准团结引领，共同思想政治基础更加牢固】

1. **紧扣学习贯彻"党的二十大"主线强化引领作用。**在全校统一战线工作中广泛开展"喜迎二十大 同心跟党走"主题活动，营造良好氛围。组织党外代表人士集中观看党的二十大开幕式并第一时间交流学习心得。同时，还将党的二十大精神学习与学校第十五次党代会精神贯彻落实相结合，通过组织集体学习、网络交流研讨、撰写学习感悟等多种形式引导广大统一战线成员与学校党委同心同德同向同行。

2. **深化联谊交友纾困解难。**坚持做有温度的统战工作，以常态化、有深度的联谊方式，主动帮助重点联系的青年党外知识分子、归国留学人员协调解决具体困难。依托传统佳节时点，慰问党外老同志、党外青年人才、港澳台师生代表等百余人次。组织学校外籍师生参加"全省高校外籍师生品悟之旅活动"。

3. **开展调查研究精准施策。**撰写两篇调研报告，分别获得全省统战理论政策研究创新成果二、三等奖。其中关于归国留学人员工作调研报告呈送中央统战部、省委常委和有关省领导，被省委统战部《调研参阅》专题刊发。与省委统战部合作，面向全省50余所高校开展全省高校党

外知识分子思想政治状况调研，助力全省高校党外知识分子工作高质量发展。

在全校党外知识分子中开展思想政治状况调研，掌握思想动态、主动回应诉求。例如，针对普通党外教师缺乏合作机会和展示平台的"发展焦虑"，搭建普通党外教师展示交流的院际平台，推动学校统战品牌活动"统一战线年度论坛"分众化、微型化、常态化。与材料学院党委合作举办首届党外知识分子"团结奋进大讲堂"之基层论坛，邀请学校人才办、教工部、研究生院、科研院和相关学院与党外教师深度交流、提供指导。该活动获得"中国网"报道关注。

【服务中心大局，统一战线贡献率显著提升】

1. 服务"双一流"建设，支持建功出实绩。 积极引导统一战线成员在立德树人、科研攻坚等方面发挥作用，服务学校"双一流"建设。学校 9 名党外人士主持或参与的 8 项成果获 2021 年度四川省科学技术奖，其中，3 项科技进步奖、1 项自然科学奖由党外人士领衔；学校党外人士主持或参与的 20 项成果获 2021 年四川省教学成果奖，占学校获奖总数的 62.5%，其中，1 项特等奖、2 项一等奖、2 项二等奖由党外人士领衔；学校 39 名党外人士申报的项目获国家自然科学基金资助立项，占学校立项总数的 21.2%，等等。

2. 服务地方经济社会发展，助力履职结硕果。 引导党外人士发挥自身优势，围绕地方发展大局建言献策，全年共提交提案议案 60 余篇，其中，民进会员、公共管理学院副教授徐兴祥的调研建议获民进中央副主席、科技部副部长张雨东肯定性批示；民进会员、交通运输与物流学院副教授王琳和生命学院副教授黄帅撰写的社情民意被民进中央采用；致公党党员、交通运输与物流学院教授江欣国参与的调研课题获成都市委书记施小琳充分肯定，并收到成都市公安局感谢信；农工党党员、电气工程学院教授王晓茹等撰写的 3 项提案获评四川省政协优秀提案；民革党员、工程训练中心主任张祖涛，九三学社社员、材料科学与工程学院教授杨维清获评四川省政

协履职优秀委员；致公党党员、医学院副教授王兴等 3 人获评致公党成都市委参政议政工作先进个人。此外，学校 18 名党外人士被聘请为成都市统一战线"同心智库"专家。

3. 服务统一战线人才培养，建好社院显成效。 受四川省委统战部委托，举办"第十四期、十五期全省新的社会阶层人士培训班"，填补了社会主义学院在新阶领域的培训空白，完善了社会主义学院培训体系。全年共举办校内培训班 2 期，校外培训班 8 期，培训统战干部和统战成员近 400 人。民盟盟员、学校社会主义学院副院长、经管学院教授高增安依托社院精品课程，获评全省首届"干部教育名师"。

【坚持守正创新，各领域统战工作提质增效】

1. 民主党派基层组织建设出成效。 以"政治性、代表性、年轻化"为导向，协助民革交大支部完成届中调整、民进支部完成换届工作；组织各民主党派基层组织开展"多党合作'十六字'方针专题学习"；支持各民主党派基层组织通过聆听主题报告、开展集中学习、举办校地座谈交流，赴全省爱国主义教育基地"四川荣军博物馆"慰问抗美援朝老战士等丰富形式，深入开展"学习中共二十大""矢志不渝跟党走、携手奋进新时代"政治交接主题教育。民进交大支部获评民进四川省委先进基层组织，致公党交大支部获评致公党成都市委参政议政工作、宣传思想工作先进集体。

2. 党外知识分子活力充分释放。 发挥欧美同学会、党外知识分子联谊会作用，联合四川省欧美同学会举办"心手相牵 共创未来"第三季青年联谊交友活动，面向新进党外教师举办"知联沙龙"活动，为青年党外教师搭建联谊交友平台；聚焦中心工作，开展"整合资源，服务学校国际化工作""热议第十五次党代会精神，积极建言献策"等活动。面向大学生举办"留学报国"分享会 3 场。组织海归代表走进龙江路小学揭秘桥梁建设，在青少年心中种下科技报国的种子。

3. 中华民族共同体意识不断铸牢。 培育首

批 10 个"铸牢中华民族意识教育精品项目"，切实将铸牢中华民族共同体意识融入师生思政工作、学生就业指导、学生"三下乡"实践、学生心理健康教育、学业帮扶中，融入办学治校、教书育人全过程，让"四川省民族团结进步模范集体"的旗帜继续飘扬。持续联合党委学生工作部、校团委，与地球科学与环境工程学院、物理科学与技术学院、外国语学院共同举办"红石榴"综合素质训练营、铸牢中华民族共同体意识主题演讲比赛、"喜迎二十大 奋进新征程"统战知识网络竞赛，加强民族团结进步教育。

4. 党外代表人士队伍建设形成全链条模式。持续完善党外代表人士队伍建设，做好"选育用管"各环节。举办区（市）县新任人大代表、政协委员培训班，开展第六批党外代表人士校内挂职工作；牵头做好外推党外人士的酝酿、提名、考察等工作，已推荐 24 人为新一届市级及以上人大代表、政协委员初步建议人选；6 人进入新一届各民主党派四川省委会；2 人受聘为四川省

人民政府参事；1 人受聘为成都市人民政府参事；1 人当选为金牛区留学人员联谊会副会长。起草《西南交通大学无党派代表人士"双走访""双报告"实施办法（试行）》，定期了解党外代表人士工作和思想状况。

5. 港澳台侨和海外统战工作创新推动。撰写《关于进一步关心支持大陆新生代台胞政治诉求的建议》，报送省委统战部，支持 1 名台胞当选为台盟成都市支部副主委。在省委统战部组织召开的高校海外统战工作调研座谈会上发言交流。联合国际教育学院，推荐致公党党员郭春生参加教育部留学服务中心专项任务。

一年来，学校统战工作亮点纷呈，中新网、中国网、"同心四川""四川知联会"等媒体共有 20 余篇新闻关注学校统战工作实绩和统战干部。新的征程下，学校党委统战部将继续笃行致远、惟实励新，更好地凝聚共识、凝聚人心、凝聚智慧、凝聚力量，不断开创学校统战工作新局面，为学校"双一流"建设贡献力量！

（七）教师思想政治工作

【教师思想政治与师德师风建设】

1. 规章与制度

成立党委教师工作委员会，进一步明确相关职能部门职责边界，发挥基层党组织战斗堡垒作用，压实学院主要负责人责任，初步构建学院层面专项工作队伍，切实加强党委对教师工作的全面领导。注重制度牵引，出台《中共西南交通大学委员会关于进一步加强新时代教师思想政治和师德师风建设的实施意见》，逐步完善"1+N"的制度体系，逐步形成教育培训、评优树典、底线约束、考核评价、督导检查"五维并进"的工作闭环，相关工作成果被教育部教育要情每日摘报和四川省教育厅工作简报编发。

2. 教师教育培训

（1）新入职教师专题教育。以思想引领为导向，将党的二十大精神学习、中华民族共同体意识、十项准则和国家安全等专题作为"规定动

作"融入其中，建立青年教师思想政治和师德师风教育常态化培训机制。

（2）师德师风大讲堂。先后邀请教育部思政课教学指导委员会委员，国家社会科学重大项目首席专家，中央"马工程"重大项目首席专家何云庵教授和四川省学术科技带头人、原成都市人民政府副市长傅勇林做专题讲座，并邀请校二十大精神宣讲团成员作专题宣讲。

（3）宣传贯彻《十项准则》。组织宣讲团深入基层开展师德警示教育专题宣讲、编发第二期师德师风警示教育手册，多渠道推进十项准则和警示教育的宣贯，用全"面"覆盖和多"线"并进的方式引导教师时刻筑牢底线约束。组织全校范围师德师风建设应知应会专题学习，统一编印学习资料，一人一册签收实现"应知"；结合各二级单位实际，同一时间维度、不同组织形式开展应知应会测试，以测促学巩固"应会"。

（4）**课程思政建设。**教工部联合教务处、研究生院和马克思主义学院成功举办第二期"立德树人"课程思政建设研讨班，覆盖全部教学科研单位的骨干教师代表，全面推进课程思政建设；邀请国家级教学名师、副校长沈火明教授，复旦大学石磊教授做课程思政的教学设计与实施路径、专业知识体系和思政元素的学理性融合等讲座；联合教务处、力学与航空航天学院，举办多期校级课程思政研讨会，充分发挥学校"国家级-省级-校级"多层次示范体系的示范作用。

（5）**首次暑期教师研修。**教工部牵头组织参加教育部等五部委组织的2022年暑期教师研修，校院两级动员部署，实际参与教师比例和结业人数名列高校前茅。

（6）**骨干教师研修选派。**先后选派4名骨干教师参加高校青年教师国情教育研修班和中西部高校新入职教师教学能力专业发展数字化培训，多渠道强化教师思政素质和职业道德素养的提升。

3. 教师评奖推优

（1）**选树优秀师德典型。**出台《西南交通大学奖教金项目管理办法》，丰富教师激励体系，设立西南交通大学"思国奖"奖教金项目，面向全校选拔10位一线优秀师德典型，讲好新时代师德师风故事，加强正向引导。

（2）**省部级及以上评奖推优。**组织开展校内推荐评审工作，推荐高仕斌教师参评"2022年度全国教书育人楷模"和2022年四川省首届"四有"好老师，推荐多位教师参评教育部"非凡十年·我的教育故事"，推荐土木工程学院人才培养管理团队和信息科学与技术学院马琼副教授参评2022年四川省"最美教师（团队）"。电气工程学院高仕斌教授荣获2022年四川省首届"四有"好老师。

（3）**筹办活动。**教师节期间筹办"奋斗正当时，西南交大2022年教师节光荣榜"，全方位展示2021—2022学年优秀师德典型和荣获省部级及以上奖项教师风采。

4. 教师考核评价

（1）**严把教师入职考察。**第四次修订《西南交通大学拟入职教师思想政治与品德综合考察工作规程》，巩固校院两级考察体系，优化思想政治和师德考察程序，全年累计考察200余人。

（2）**落实师德第一标准。**将师德师风建设要求贯穿教师管理全过程，切实做到"逢事必核"，严格实行"一票否决"，相关工作被《光明日报》等国家级媒体报道。

（3）**细化党建考核指标。**将教师思政与师德师风建设情况纳入党建工作布置、检查、总结、考核、反馈等全过程，形成闭环工作链条。

5. 教师支持与服务

2022年，完成218名教师的教师资格证认定工作。

2022年，完成158名新入职教师（川师）岗前培训的组织和服务工作。

【教师发展工作】

充分发挥国家级教师教学发展示范中心辐射作用，完善教师发展支持服务体系，持续实施教学提升、科研提升、专项研习、以赛促教和示范辐射五大教师发展行动，着力加强教师业务能力建设，引导教师精心育人，潜心治学，打造精通专业知识的"经师"，为学校一流教师队伍建设提供有力支撑。3月，省教育厅刊发单篇简报，报道了我校提升教师教学能力的多重举措。

1. 实施教学提升行动，支持教学发展继续发力

传承交大师培传统，完成第21期首次开课63名教师的跟踪培养工作，55名受培教师达到结业要求；启动第22期首开课76名教师的培训工作，全年开展9场培训活动助力首开课教师教学能力提升和教学科研融合推进。

锤炼研修品牌项目，秉持"激发教师对教学更深层次热爱"的理念举办第八届教师教学能力提升研修班，聚焦高教热点难点，邀请国家级教学名师等知名专家为43名教师开展了13场涉及立德树人理念、学习科学、混合式教学、信息技术促进有效学习及教育教学改革等主题的研修活动，并将4场教学学术活动嵌入研修，做到有的放矢，重在内涵，重视教研论文产出，全方位提升了教师教学能力，持续打造追求卓越教学的教师共同体。

2. 实施以赛促教行动，夯实育人功底成果显著

优化教师教学竞赛的选拔、培育、支持机制，我校在第六届四川省高校青年教师教学竞赛中取得历史性好成绩，获奖情况位居全省第一：建筑学院宣湟老师和体育学院陈曦老师获一等奖、马克思主义学院李渊博老师和数学学院乔高秀老师获二等奖、地球科学与环境工程学院杨情情老师获三等奖，学校获优秀组织奖，宣湟老师代表四川省参加全国高校青年教师教学竞赛决赛。

鼓励支持全校教师参加国家级、省部级高级别教师教学竞赛，配合教务处，提供各类培训资源，支持人文学院朱洁老师和交通运输与物流学院李力老师及其团队获全国高校教师教学创新大赛二等奖；支持地球科学与环境工程学院赵晓彦老师和建筑学院周斯翔老师及其团队荣获三等奖。助力学校在2022年全国普通本科院校教师教学发展指数中排名27位。

3. 实施专项研习行动，增强专业素养多措并举

邀请名师，为全校教师提供聚焦教育热点与难点、围绕教学创新和混合式教学新常态、满足教师需求的多层次讲座，举办"课程思政建设与推进""混合式教学""教育心理学""教学改革""教学学术""教学竞赛""全球化背景下教师创新研习"等各类讲座40场，3200余人次教师参加，切实提高了教师教育教学能力。其中，通过国内外专家聚焦数字化教学的主题讲座，有效促进教师开展混合式教学和对教学创新、一流课程建设的深入思考，提升了在线教学能力。持续建设"云端讲坛"品牌栏目。通过12期主题鲜明的讲座和品牌建设，将优质教发资源共享辐射至全国21所高校。

组织9位青年教师参加教育部2022年"中西部高校青年教师融合式教学进修数字化培训项目"，与清华大学、厦门大学同行深度学习交流，提升数字化教学能力。

4. 着力培养定位为"人师之锚，经师之翼"的教师发展师队伍初见成效

教师发展师通过共读教师发展经典书籍，参与研修活动，增强自身的引导力和示范力，并为全校教师举办6场讲座，推进教师发展可持续进行。

5. 发挥国家级教师教学发展示范中心辐射引领作用，贡献"服务大局"的教师发展力量

2022年，培养国内一般访问学者37人，西藏、新疆、内蒙古少数民族科技骨干特殊培养学员7人。暑期为北京第二外国语学院和四川警察学院骨干教师开展"师德师风与教学能力提升"专项培训。

结合2020年疫情期间建立的一站式在线教学指南系列、举办的"云端讲坛"，开辟的"战疫师说"，邀请国内外知名专家学者在线示范如何提高网络教学质量，帮助全校教师适应新型教学环境，熟练应用网上教学技能等。配合信网处，助力我校入选"2021年度网络学习空间应用普及活动优秀学校"。

对接中国教师发展基金会，克服疫情不利影响，做好计算机与人工智能学院8位教师参加2021年度"高校计算机专业优秀教师奖励计划"的支持与服务工作，其中，陶宏才教授入选并获得表彰。

加强学术交流，增强校际影响力。组织25位教师参加北京大学主办的第九届高校教学发展网络（CHED）年会，我校教师做5场分会场报告和前置工作坊；组织2位教师在复旦大学"教学学术分享日"作报告。

协调上传我校18门慕课课程至国家智慧教育公共服务平台，推广我校优质教学资源。

组织学院为参加职称评审的279位老师进行课堂教学效果评价，将专家评价及时反馈教师，实现以评促教。

2022 年研修活动表

序号	举办时间	研修讲座、工作坊主题	主讲人	面向对象/活动类别
1	11 月 3 日	交大·那些年 百廿交大的师道与师承	崔啸晨（西南交通大学）	2022 年新入职教师培训
2	11 月 16 日	传统文化与师德师风	何云庵（西南交通大学）	师德师风大讲堂
3	12 月 8 日	党的二十大精神学习暨师德师风大讲堂	傅勇林（西南交通大学） 刘 锋（西南交通大学）	师德师风大讲堂
4	3 月 16 日	新时代背景下基于师生赋能的混合式教学模式研究与实践	王 杨（西南石油大学）	第 21 期首开课 第 3 场
5	3 月 25 日	教学竞赛课程的设计与呈现	赵尚志（空军工程大学）	第 21 期首开课 第 4 场
6	5 月 18 日	混合式教学设计之持续改进	冯 菲（北京大学）	第 21 期首开课 第 5 场
7	5 月 31 日	新文科建设视域下的双语教学实践	邓 铭（云南大学）	第 21 期首开课 第 6 场
8	6 月 15 日	"教学需要勇气"教学研讨沙龙	郭永春（西南交通大学）	第 21 期首开课 第 7 场
9	10 月 9 日	立德修身 潜心治学 争当大学优秀教师	刘国祥（西南交通大学）	第 22 期首开课 第 1 场
10	10 月 26 日	功夫在课外——如何做好课程的教学设计（上下场）	唐 丹（西华大学）	第 22 期首开课 第 2 场
11	11 月 09 日			
12	11 月 15 日	一流课程背景下课程教学大纲撰写要素	朱志武（西南交通大学）	第 22 期首开课 第 3 场
13	1 月 11 日	从教改项目的选题、研究与实践到教学成果奖凝炼	孙康宁（山东大学）	第七届研修班 第 9 期
14	4 月 29 日	以高水平课程建设实现立德树人	冯晓云（西南交通大学）	第八届研修班 第 1 期
15	5 月 10 日	线上线下混合式教学中的教、学、评、测设计与实践	余建波（上海交通大学）	第八届研修班 第 2 期
16	5 月 25 日	上午：基于学习科学和学习理论的高效教与学方法 下午：输出式学习原理在高校教学中的应用	王 珏（北京师范大学）	第八届研修班 第 3 期
17	6 月 14 日	科学用声与语言表达技巧在课堂教学中的应用	柴芦径（中国传媒大学）	第八届研修班 第 4 期
18	9 月 27 日	课堂提问的技巧	邢 磊（上海交通大学）	第八届研修班 第 5 期
19	10 月 12 日	课程思政的教学设计与实施路径+专业知识体系和思政元素的学理性融合	沈火明（西南交通大学） 石 磊（复旦大学）	第八届研修班 第 6 期
20	10 月 24 日	教学研究问题提出与研究设计	宋 萑（北京师范大学）	第八届研修班 第 7 期
21	11 月 22 日	信息技术促进有效学习的教学设计	李斌锋（清华大学）	第八届研修班 第 8 期
22	11 月 30 日	从教学实践到教学研究	郝 莉（西南交通大学）	第八届研修班 第 9 期

续表

序号	举办时间	研修讲座、工作坊主题	主讲人	面向对象/活动类别
23	12月13日	教改论文的撰写与发表：作者的视角	贾蕃（西南交通大学）	第八届研修班 第10期
24	12月19日	如何养成教育实证研究思维与科研习惯——基于编辑与研究者的双重视角	魏志慧《开放教育研究》	第八届研修班 第11期
25	12月27日	把握教育发展趋势，积极进行教学改革	李艳梅（清华大学）	第八届研修班 第12期
26	6月22日	课程思政设计——从理论到实操一站式工作坊	景星维、何莎、吴敏睿、孙燕云（西南交通大学）	发展师第1期
27	6月27日	促进深层学与教的前传	张方（西南交通大学）	发展师第2期
28	11月3日	教师教学礼仪与个人形象管理	唐丽娟（西南交通大学）	发展师第3期
29	3月17日	挑战"惰性知识"，激活有效教学	曾琦（北京师范大学）	云端讲坛第23期
30	3月18日	1.PBL 应用于大学教学的设计与评价问题 2.财经类大学 PBL 教学开展的理论与实践	董艳（北京师范大学） 杨洋（北京师范大学）	云端讲坛第24期
31	4月15日	案例：硬核专业课的 PBL 教学探索——设计与实践 解析：项目式教学设计中的支架策略研究	张方（西南交通大学） 董艳（北京师范大学）	云端讲坛第25期
32	4月21日	课堂教学中的"取"与"舍"	周静（西南交通大学）	云端讲坛第26期
33	4月26日	以"学生为中心"的混合式教学 PBL 活动设计与实践	何聚厚（陕西师范大学）	云端讲坛第27期
34	5月13日	1. 以学生为中心的主动学习策略 2. 如何基于"雨课堂"设计课堂互动	刘广荣（山东大学） 汪静（学堂在线培训师）	云端讲坛第28期
35	6月23日	1. 清华大学融合式教学实践探索 2. 跨学科课程的融合教学探索 3.《全球史中的社会学》中的课程设计 4. 基于大中衔接的高等数学课程创新与实践 5. 学堂在线助力融合式教学	汪潇潇（清华大学） 杭敏（清华大学） 蒙克（清华大学） 朱文莉（西南财经大学） 吕秋亮（学堂在线副总裁）	云端讲坛第29期
36	9月14日	又快又好做出高颜值课件PPT	朱超（秋叶PPT训练营主讲老师）	云端讲坛第30期
37	9月15日	混合式的教学设计——以学生为中心问题驱动式的互动	王青（清华大学）	云端讲坛第31期
38	9月29日	教育学术写作的"道"与"器"——教师科研成果的提炼与表述	翁伟斌（上海市教育科学研究院研究员）	云端讲坛第32期
39	10月21日	数字化转型背景下教学创新的理念、思路与途径	何聚厚（陕西师范大学）	云端讲坛第33期
40	11月9日	场景化模拟技术在项目式教学中的应用	孟南希（美国北德州大学）	云端讲坛第34期

（八）学生党建及思想政治工作

【学生党建】

1. 学生党建

积极开展迎接、庆祝、学习党的二十大各类活动。以"青春献礼二十大 强国有我新征程""学习二十大 奋进新征程"等为主题，开展本研校级示范性学生党支部特色活动 70 项、研究生"领航先锋"工程活动 40 项，在红色驿站开展学生主题党日展示活动 23 场。开展"我们这十年——喜迎二十大 奋进征程""学习党的二十大，青春奋进正当时"主题党日活动数十项。组织开展"信仰"党课制作评选展示活动，紧紧围绕党的二十大，制作微党课参赛并打造了 20 门微党课精品。

组织学工队伍参加学校党委王顺洪书记主讲的学习贯彻党的二十大精神宣讲会。组织各学院辅导员代表集中收看党的二十大开幕会直播，第一时间学习领会党的二十大精神。组织学生党员参加各类宣讲报告会。开展"同心喜迎二十大 踔厉奋发向未来"游园，两校区数万人次参与。联合《中国研究生》杂志社开展"我是中国研究生 强国复兴有我"特色活动，被封面报道；联合教育部高校网络思想政治工作中心（四川）举办"喜迎二十大 致敬科学家"短视频大赛，结合学习科学家精神深化实效。培育创建研究生党支部头雁团队 11 个。倡导各学院在迎新、疫情防控等重大工作中组建党员先锋服务队，不断强化"我是党员我先上"的政治自觉。加强学生党员骨干队伍建设，选派学生党员骨干参与"省2022 高校基层党支部书记网络培训"。

及时贯彻学校第十五次党代会精神至各项工作中，做到"有谋划、有行动、有创新、有突破"。第一时间率领全校学生工作干部围绕学校第十五次党代会精神开展系列主题研讨会，各学院学生工作负责人、辅导员代表除围绕主题精心准备发言、认真开展研讨，结合学院特点、专业特点和学生特点，广泛深入交流了思想政治工作在人才培养中发挥的重要作用，在学生工作系统内掀起了大学习大讨论热潮。

以红色驿站、唐臣书院和筑梦园为载体，进一步推进"一站式"学生社区综合管理模式实践工作。以"唐臣书院"＋"筑梦园"形式建立"学生社区一站式育人基地"，打造教育管理服务基地、爱国主义教育基地、党史学习教育基地和三全育人综改基地。依托红色驿站打造党史学习宣讲阵地和学生自我服务阵地。创新设立 10 个学生园区特设党支部、21 个党小组，受到中青报等国内主流媒体广泛关注。创新打造音乐思政项目，组织部分学院和大学生艺术团，组建了 5 支"音乐里的故事"讲演团，用艺术之美点亮思政之光，得到了《光明日报》的宣传报道。组织成立我校研究生红路理论学讲团。联合清华大学、华中科技大学等开展学习宣传党的二十大精神研究生联学联讲活动；面向各学院、各学生党支部开展主题宣讲 30 场，覆盖近万人次；制作完成"这十年 青年讲"宣讲精品课程 8 门、"奋进新征程 勇担新使命"学习宣传党的二十大精神专题学讲课程 10 门；一人入选教育部全国高校学习宣传党的二十大精神师生巡讲团，我校成为四川省仅有的两所代表入选高校之一。

2. 日常思政

（1）以"铸魂工程"构建价值塑造工作体系

强化日常思政载体。完善"四季四月四周四日"日常思想政治教育工作体系，开展大学生思想政治素质训练计划项目（SITP）建设。成功举办 2022 届学生毕业典礼暨学位授予仪式，典礼上校友代表余锋发言、艺术团表演《不说再见》、毕业短视频《娹光浅谈》等被主流媒体广泛宣传、转发、关注，受到校内外一致好评。学校为 2022 届毕业生精心准备毕业礼物，深受同学们欢迎。克服高温、限电、疫情等原因，在两校区四场馆同步举行 2022 级学生开学典礼；为学生定制交大特色口罩；校党委王顺洪书记为新生讲授第一课，帮助学生尽快完成身份转变，实现从"陌生人"到"一家亲"的重要转变。

提升网络思政效力。继续办好"扬华微语""扬华研究生"微信公众号，加强《学工微谈》《扬华人物》等专栏建设，总阅读量突破 100 万。开通"扬华微语"视频号，制作并发布思政类短视频 24 个，累计浏览量近 15 万次。制定《大学生网络文化工作室建设管理办法》，面向各二级学院和相关部门，立项建设首批大学生网络文化工作室，立项 12 项，完成作品 149 份。

（2）以"导航工程"构建行为引领工作体系

强化学风建设实效。制定出台《关于进一步推进构建学生工作系统本科生学风建设工作体系的实施意见》，将学风建设工作开展情况作为关键指标纳入学院学生工作考核。推进学风建设工作督导，发布《学生工作系统本科生学风建设工作体系实施方案各学院工作任务分解》，明晰考核要求。组织申报本科教育教学研究与改革项目（学风建设专项），立项重点项目 4 项，一般项目 8 项，共计资助 16 万元提升辅导员抓学风、促学风的意识和能力。在全国高校首次提出并构建起纵向可较、横向可比、成绩可显、问题可见的学风建设数据监测体系。

五育并举整体革新、分类推进。制定出台《本科生综合素质评价办法》，创新德智体美劳过程性全方位评价，突出定性评价与定量评价相结合、坚持过程评价与结果评价相结合、注重自我评价与他人评价相结合。同时，强化结果运用，首次把本科生综合素质评价结果作为学年评奖评优的重要依据，顺利完成年度评奖评优工作。

认真推进落实《本科生艺术实践认定办法（试行）》和《本科生劳动实践认定办法（试行）》。组织指导各学院（中心）开展艺术实践项目 295 项，从管、办、评三个维度与学院联合推动学校美育发展和校园文化建设。构建"3+2+N"劳动实践体系，打造开心农场种植实践园、学生园区集体劳动实践区、校宠卫士实践基地三个校级劳动实践基地，拓展"中西烹饪""乡村振兴""农耕文化""花卉园艺""蜀绣创意"五个校外劳动实践研学实践班，在每年 4 月、11 月最后一个工作日，组织学生开展丰富多彩的劳动实践工作。开展第一期劳动教育实践项目申报和立项工作，大力培育一批特色鲜明的劳动实践项目（重点项目 6 项，一般项目 17 项）。

强化示范与约束。组织开展"竢实扬华奖章""忠忱班集体"等评选展示活动，注重示范带动效应。修订完善《学生纪律处分规定》，形成正向引导、反向约束。全年联合有关部门开展宿舍校级检查 16 轮，检查人员共达 110 余人次。严格违纪处理，按相关规定程序处理电器违章相关责任人 89 人，较去年同期下降 33%，实现全年安全责任事故次数为零。

（3）以"强基工程"构建能力提升工作体系

强化学生骨干培养。组织开展了全校层面"承唐新才"研究生骨干培训融智沙龙、精勤课堂、妙语茶香等活动 10 余次；进一步完善了"三新班"培训计划，组织开展赴大型企业参观学习，在工厂一线感受智能建造；组织前往中铁一局、中铁工服开展实践研学，在项目中感受大国重器。

狠抓"双率"促提升。强化与专业机构深度合作，恢复托福、雅思校内班，举办四六级专项提升、雅思口语公开课等相关讲座，把握考前重要时间节点进行四六级、雅思、托福模拟考试，营造学习氛围，提高考试通过率；举办留学深造讲座，帮助学生拓展视野，做好留学规划。立项研究生 PADP68 项，组织科学精神与学术道德宣传月活动。

（4）以"美心工程"构建文化浸润工作体系

打造文化精品。在九里和犀浦两校区开展"佳片有约"露天影院活动共 10 场，参与师生累计达 5000 余人次；依托大学生艺术团，组织举办"云音乐季"等线上校园艺术活动，并通过第二课堂面向全校本科生开课，覆盖面达 10 000 人次。组织策划了第九届大学生文化艺术节，立项高水平文化艺术活动 23 项，通过第二课堂面向全校本科生开课，覆盖面超过 10 000 人次；完成大学生文化艺术审美与创新训练计划（SCTP）30 项。繁荣校园文化，涌现一批以原创歌曲、原创微电影、文创产品为代表的优秀作品。

（5）以"暖心工程"构建资助弘志工作体系

精准资助更温馨。着力做好"奖、贷、助、勤、补、减、偿"和"绿色通道"等基础事务工作；开展"新生补助""疫情补助""灾害补助""暖冬补助"等资助项目，做好特殊困难学生及时救助。全年为 42 151 人次学生精准提供各类资助事务服务，金额共计 1.29 亿元。继续开展"励志青春·助梦成长"学生资助系列主题教育活动，组织实施资助育人示范项目，全年受益学生 2000 余人。更新制作《学生资助工作攻略》2022 年版，线上线下结合开展日常资助宣传；加强"小资小助宣讲团"建设，面向 19 个学院，开展 77 场学生资助政策线上宣讲，听众累计 17 000 余人次；持续做好教育部资助数据上报、年度工作考核工作，上报各类数据 50 000 余条；加强资助工作外宣，选送国家奖学金典型学生事迹材料，并于 5 月 4 日刊发在《人民日报》本专科生国家奖学金获奖学生代表名录。

（6）以"平安工程"构建安稳保障工作体系

疫情防控方面：始终冲锋在最前线，排查风险城市旅居史、高风险点位逗留史 55 次，服务有逗留史学生 2000 余人次。研究制定并严格落实重点地区学生返蓉返校政策，共计完成重点地区 300 余名学生返校工作。根据疫情防控形势动态调整防控策略，及时发布疫情防控有关通知 19 条。全年组织两校区全员及常态化核酸检测 200 余次、约 140 万人次。制定《校园突发新冠肺炎疫情学生管理应急处置预案》和《疫情防控（学生管理）应急处置组织架构图（2022 版）》。

日常安稳方面：继续落实"教育到位、掌控有力、信息畅通、处置得当"总要求，落实学生思想动态定期收集制度、安全稳定信息周报制度、信息报告制度、重点支持学生台账制度、研判会商制度、特定时点时段和重大保障期全员值班制度以及辅导员入住学生园区值班制度与"零报告"制度。

出现突发事件时，确保学生工作干部能够第一时间出现在学生园区，第一时间报告并进行有效处置，首次实行辅导员入住学生园区值班制度，全年共计组织辅导员 2810 人次入住学生园区值班。全年共计收集汇总、协调处置安全稳定信息 227 条，多次深夜处理安稳事件。

平稳完成宿舍倒迁工作，组织 1650 余名 2021 级研究生（学院定位在犀浦校区）顺利从九里校区返迁犀浦校区。定期开展 5·12 应急疏散演练和 11·9 消防演练，强化师生防灾意识、消防意识，增强师生自救、互救能力。采用安全微课等多种形式，线上线下结合围绕消防安全、网络安全、禁毒防艾主题开展宣传教育。

优化心理健康教育：组织抗疫"心"行动，开展新冠肺炎疫情下新生心理适应线上系列讲座。组织 2022 级本科生、研究生在线学习心理健康系列微课程。推出"心力成长训练营"，围绕人际关系、学业就业、心理探讨等专题组织开展了 10 场活动。为助力新生心理成长，在新生入学前组织开展了"研小扬新势力"心理训练营系列讲座，受到中国网、中华网多家媒体宣传。

（7）以"精益求精"加强学工队伍建设

一是优化人员配备。修订《免研辅导员管理办法》《兼职辅导员管理办法》，保证了免研辅导员队伍稳定性和工作的延续性。为免研、兼职辅导员购买意外伤害保险，毕业时出具就业推荐信等，进一步提高待遇保障。完成了 2023 届免研辅导员选聘工作，32 名免研辅导员已与用人单位双向选择，确定工作岗位，将于 2023 年 7 月正式上岗。完成了 40 名兼职辅导员选聘工作，已于 2022 年 7 月—11 月陆续上岗，持续优化辅导员队伍结构。

二是打造培训体系。制定了《2022 年辅导员培训方案》，共开展校内培训 9 期，培训 1300 余人次。为及时分析解决面临的新形势、新问题，累计开展"知行"辅导员工作沙龙 8 期，辅导员工作坊 2 期，为辅导员工作交流和研讨打造良好平台。开展素质拓展训练 2 次，增进了辅导员队伍的交流。

三是严抓履职尽责。修订《辅导员工作学生满意度评价问卷》。修改学生情况熟悉度测试考核内容，更加全面考核辅导员掌握学生基本信息情况。进一步加强辅导员深入学生联系学生"117"工程实施，进一步强化辅导员考核结果运用。

四是关心成长发展。有序完成了专职辅导员入事业编、职级认定、职称评审、"双肩挑"认定等工作。"双肩挑"辅导员 2 人晋升副高。第一批次 5 位"双肩挑"辅导员顺利完成三年聘期考核，4 人被认定为"双肩挑"辅导员。2022 年共立项科学研究基金（学生工作专项）41 项，共资助 17.6 万元支持学生工作干部发表专著 2 本。发放免研、兼职辅导员酬金和业绩奖励（辅导员专项）共计 600 余万元。

2022 年年底，开展了学生在线评价辅导员工作。共有 34 156 名学生对 231 名辅导员进行评价,学生评价参与度达 78.2%,全校辅导员"优秀"评价率 95.1%、"称职"评价率 3.5%、"基本称职"评价率 1%、"不称职"评价率 0.3%,

"优秀"评价率+"称职"评价率达到 98.7%,较上一年提高 2.3 个百分点。数据显示,学生对辅导员工作、学校学生工作整体评价较好。

（九）老干部及离退休工作

【离退工作基本情况】

截至 2022 年 12 月 31 日,全校退休职工 2414 人。其中,100 岁以上 1 人,91～100 岁 60 人,81～90 岁 543 人,71～80 岁 571 人,61～70 岁 870 人,60 岁以下 369 人。80 岁以上的高龄离退休老同志合计 662 人,占全校离退休老同志总数的 27%。

2022 年,党委老干部部（离退休工作处）以"让学校党政放心,让离退休老同志满意"为工作出发点和落脚点,围绕学校中心工作,全面贯彻落实《中共西南交通大学委员会关于进一步加强和改进离退休工作的实施意见》。坚持改革创新,扎实推进离退休老同志的思想引领,切实做好老同志服务保障,充分发挥老同志作用。离退休工作和关工委工作多次被教育部离退休干部局发文通报表扬,两次在四川省教育系统离退休干部工作座谈会和四川省教育系统关工委干部培训会上作典型经验发言。

【加强机制运行管理】

（1）建立健全离退处与二级单位离退休工作联系联动机制,推动形成全校上下齐抓共管、共同推进的离退休工作新格局:二级单位配齐、配强离退休工作负责人和联络员。建立健全联系制度和调研制度,加强对二级单位离退休工作的指导,离退休工作处班子成员定点联系 5 至 7 个单位,开展工作调研。建立完善考核制度和评选表彰制度,修订《二级党组织离退休工作考核办法》。搭建工作交流平台,建立离退休工作联络员微信群、西南交大关工委微信群和联络互助组组长微信群等,编制工作简报,推送单位亮点特色工作,形成比学赶帮超的工作氛围。建立健全部门协同、资源共享、活动联办机制,与 9 个单位联合举办活动。

（2）加强"信息化精准化规范化"建设,推进信息化建设与离退休工作深度融合。完成管理信息系统第三期建设,实现统计数据集成,增设生日祝福、重大节日慰问短信自动推送功能,实现生日、节日慰问全覆盖;完成离退处网页、微信公众号等改版升级工作,增设多项智慧助老功能,首次开通音频新闻播报功能。制定《离退休工作处关于宣传工作的管理办法》,宣传工作成效显著,全年发布通知、新闻 106 篇,校网发布通知、新闻 14 篇,多篇新闻在"教育部老干部之家"微信公众号中转载。

（3）探索建立针对孤寡、空巢、失能、重病、高龄等重点群体的精准服务机制,根据居住地点、身体状况、年龄情况和共居情况等划分帮扶等级,根据隶属关系进行分层分类管理,根据个性需求开展精准服务;针对老同志对离退休政策和办事流程等不清楚的情况,编制《离退休教职工服务手册》;针对疫情防控常态化下空巢、高龄等人员出行、生活不便等情况,编制《离退休教职工日常生活服务手册》;针对不同类别的养老服务需求,开展了养老机构校内联展、咨询服务和校内公益服务活动;针对生活困难人员,不断加大帮扶慰问力度,慰问帮扶经费呈逐年上升趋势;开展了假期志愿者送餐服务、送学上门、送爱上门等活动,疫情期间做到关心关爱全覆盖。

【扎实推进领航工程】

（1）根据疫情防控总体要求,采用线上线下相结合,集中学习与上门送学相结合的方式,认真抓好习近平新时代中国特色社会主义思想、学校第十五次党代会和党的二十大精神等的学习宣传贯彻活动。邀请王顺洪书记为离退休老同志宣讲党的二十大精神;组织召开"建言二十大"

"教育这十年""我看中国特色社会主义新时代""西南交通大学建校 126 周年暨在川办学 50 年""建言学校第十五次党代会"等座谈会；组织收看二十大开幕会直播并征集感言；开展送学上门活动 1 次，开展"晚晴讲堂"线上思政学习 7 场；组织校情通报会；完成支部换届工作。

（2）将思想教育融入"春华"及"秋实"晚晴文化活动，在校庆游园、重阳节、健身走等活动中融入思想政治教育引领元素；集体生日祝寿活动中，进行党员寿星"给党说句心里话"设计，制作 MV 现场播放；摘选党的二十大核心内容和重要精神，印制到老同志喜欢的学校日历中；在晚晴苑前后院宣传栏中展示学校第十五次党代会和党的二十大精神等。

【全面实施阳光工程】

（1）建立健全晚晴老龄文化活动体系，不断丰富内涵，拓展工作路径，实现"月月有大型活动，日日有小活动"，包括："耄耋之年共话发展 集体寿诞乐享晚晴"为主题的集体生日会、上半年"春华晚晴"系列活动之"乐龄阳光健身走""共同抗疫，送爱上门""喜迎十五次党代会，共庆学校 126 生日"游园及知识竞答；下半年"秋实晚晴"系列活动之"乐龄幸福健身走""喜迎二十大，奋进新征程"九九重阳书画摄影作品"云"展、"送学上门""交大感谢您"离退休教职工荣休会等活动。

（2）在疫情防控常态化下办好老年大学。调整办学主体，切实实现老年大学"管办分离"。开设 15 个班次课程，招收学员 459 人次。

【稳步推进健康工程】

（1）为退休教职工体检、住院、护理、医疗等报销办理 83 人次共计 41 596.62 元，完成直管离退休人员生活困难和长期不能自理困难补助的上报、发放工作，累计 360 人次 235 600 元；完成直管退休人员重大疾病医疗补助申报 9 人次 120 934.27 元；申报办理直管退休人员医疗互助保险补助 11 人次 6 120 元，发放离休干部家属生活补贴、生病住院、去世、节日等慰问金 162 人次 70 100 万余元。

（2）制定完善《离退休工作处疫情防控工作方案》，充分发挥联络互助组作用，实现上情下达、下情上达，确保老同志及时了解疫情防控要求和核酸检测情况，协调相关部门解决老同志的出行、核酸检测困难等问题；开展了"送爱上门"工作；棠蓉园封控期间，做到电话慰问全覆盖。

（3）离退处网页上开通"健康之窗"，推送健康知识 20 余篇；开设"晚晴讲堂"，线上组织健康类讲座 7 次。

（4）召开"爱心驿站工作交流会"，引进 6 家养老机构入驻"晚晴爱心驿站"，丰富多彩的特色活动深受老同志喜欢。

（5）举办晚晴讲堂"防跌倒"讲座，开展泰康溢彩"一根拐杖"公益活动。

【深入实施幸福工程】

（1）开展电话慰问 1300 余人次，住院慰问约 120 人次，去世慰问 66 人；通过短信推送平台，实现了生日以及重大节日短信慰问全覆盖。

（2）协调相关部门，落实（中华人民共和国成立）初期参加革命工作的退休干部医疗补助；为 19 名离休干部办理和更换新的特约医疗证；协助做好 752 位退休人员一次性补贴发放等。

（3）完成犀浦校区老年活动中心启用准备工作，为犀浦校区的离退休老同志提供了新的活动阵地。

【开拓实施银发工程】

（1）建立健全二级关工委组织，实现关工委组织建设全覆盖。走访二级关工委 9 个，达成合作项目 5 个，促成"五老"工作平台 4 个。

（2）首次采用项目化管理，推动实现师资共建、师资共享、活动共办，开设主题讲座 10 余门，受益师生校友达 3 万余人。

（3）开展"读懂中国""青蓝工程""扣好人生第一粒扣子""老少共话""院士回母校""杰出老校友回母校""大国工匠进校园""大手牵小手""交小苗"等活动。

（4）2022 年"晚晴之星"评选"晚晴有为之星"5 位：王金诺、邓介曾、姚令侃、贺威俊、藩启敬；"晚晴公益之星"3 位：艾莉、刘斌、余孝华。

（十）武装保卫工作

【安全稳定工作】

围绕学校安全稳定中心工作，夯实信息数据收集，加强重点人员管理，信息互通及时有效，确保校园安稳有序。一是及时更新、细化基础信息，确保数据翔实可靠。二是通过定期走访制度，加强重点人员动态管理。三是特殊时段加强校园巡逻工作，完善工作预案，确保及时处置突发情况。四是加强与公安、国安部门的工作衔接，全年配合相关工作75次。

【疫情防控】

一是从严从细管理校园。严格按照教育部党组、学校党委关于疫情防控通知要求，做到紧跟决策、提前部署、精细核查、规范执行，强力构筑疫情防控安全屏障。二是专人负责对接。做好校外人员车辆入校报备、对接工作，确保校内各单位能够正常开展相关工作。三是校地联动开展工作。协调做好学校和地方政府、公安机关的联防联控工作，通过岗位前置，及时上报高风险区返校人员信息，最大限度阻断疫情传播扩散渠道。

【消防管理】

一是进行常态化检查督导。全年组织、参加安全检查27次，下发整改通知书及现场警告9次，上报学校决策的消防管网隐患问题10余项。二是按照需求开展普消设施的配置工作。共完成普消器材配置3000余具，灭火器箱200余个，灭火毯200套，为全校实验室内部配置特种灭火器、灭火毯、沙箱等器材600余件/套。三是多措并举提升师生安全意识。2022级新生安全教育实现全覆盖，对防火重点部位人员开展10余起灭火演练，组织开展全校性的"119"消防宣传活动。

【治安管理】

一是广泛开展安全教育活动。全年开展34场反电信诈骗、反恐、防盗、禁毒防艾安全宣讲进学院，开展专题反恐宣传2次，组织反恐演练2次。2022年涉及学校电信诈骗案件76起，相比2021年发案123起，下降38%。二是"三防

结合"，赋能队伍高质高效发展。加强安保队伍培训，制定学校安防系统建设方案并有序推进，全年受理监控查询510起，查处线索222起，找到失联学生5人，找回各类物品80余件。通过联动，挡获3个盗窃团伙，各类嫌疑人11人，挡获各类物品62件，协助救助学生27人次；劝阻翻爬围墙人员60余人。三是规范日常管理，夯实平安基石。全年处置突发事件13起，专项检查45次，宣传摆放品审批检查150余份，配合资实处审核管制类化学药品购买150次，开具无犯罪记录364份；完成校内各项国考现场及试卷值守安全保障工作。

【交通管理】

一是加强对门岗的督导，严格校门管理。二是常态化开展"僵尸车"清理活动，清理废弃自行车410辆。三是通过有效管理，及时增补调控校内共享单车，并开展对教学区车辆乱停放的专项整治，使之真正方便师生出行。四是邀请交警进校执法，对改装摩托车等不规范交通行为进行查处。五是规范BOT从业人员入校管理。六是确保校内各项大型活动的交通组织和安保工作，全年执勤121次。

【办证服务】

一是推进校门人车出入口管理系统的改造工作，实现车辆及人员的统一管理、统一认证。二是加强保卫处"两微一端"建设，及时回应师生诉求，想方设法为其排忧解难。三是做好户政管理工作，由于疫情原因，针对部分毕业生和新生群体的特殊要求，共计完成毕业生户口迁出1300余人，2022级新生户口迁入1000余人。

【武装工作】

一是顺利完成本年度征兵工作任务，全年应征入伍18人。二是军事课教学工作出新招，通过开设第二课堂，联合校团委、马克思主义学院开展"爱我中华，心系国防"主题征文比赛等，提升大学生国防观念和爱国情怀。三是积极配合郫都区做好我校网络运维排民兵组建工作，开展

检验并发放基干证。四是成立退役大学生协会，与金牛区退役军人事务局开展合作为退役大学生搭建成长平台,成立战旗红志愿服务队西南交大大学生分队。

（十一）工会与教代会工作

【强化理论武装】

1. **强化思想政治引领。** 深入学习习近平新时代中国特色社会主义思想、习近平总书记关于工人阶级和工会工作的重要论述,用党的创新理论武装教职工,筑牢共同奋斗的思想基础;健全"第一议题"学习机制,带动工会系统强化政治理论修养、高扬理想信念旗帜,扛牢团结引领广大教职工听党话、跟党走的政治责任。全年开展党支部理论学习 19 次、部门工会主席例会集体学习 6 次,专题学习贯彻党的二十大精神、学校第十五次党代会精神。

2. **加强社会主义核心价值引领。** 坚持正确政治方向、舆论导向、价值取向,充分利用校工会微信公众号平台,广泛宣传社会主义核心价值观,把思想政治引领工作融入主题宣传、成就宣传、典型宣传中,不断激发教职工团结奋进的精神力量。一年来,工会微信公众号发布原创推文 100 余篇。

3. **组织开展喜迎党的二十大主题活动。** 结合部门工会品牌活动建设,开展"中国梦·劳动美——喜迎二十大,建功新时代"主题教育实践活动,探索"思政+文化"新模式,开展形式多样的主题教职工文化活动,浸润教职工、引领教职工、凝聚教职工,开展"奔向新征程"健步走活动,形成工会系统喜迎党的二十大浓厚氛围。

【民主管理】

1. **成功召开"双代会"。** 实现校院两级 33 个部门工会、教代会组织同期换届,构建学校新时代工会工作体系,实现二级教代会制度全覆盖,建立高效、规范、有序的教代会工作新格局。

2. **提案工作有新突破。** 征集提案 94 份,立案 68 份,提案数量创新高;加大提案办理力度,截至 12 月底,已有 63 份立案和 26 份意见建议办结完毕;通过团长联席专题会议推动历届老提案办理,10 年来尚未解决的九里校区经济适用房遗留问题关键环节打通落地,教职工关注度高、影响面大的 8 年来尚未办理完结的历史遗留提案办理完结。

【岗位建功】

1. **深化岗位建功活动。** 在第六届四川省高校青年教师教学竞赛决赛中获一等奖 2 项、二等奖 2 项、三等奖 1 项,创造历来的最好成绩,实现该赛事举办 12 年以来我校一等奖零的突破;建筑学院宣湟老师、体育学院陈曦老师两位老师分获工科组、文科组一等奖;宣湟老师代表四川省参加全国高校青年教师教学竞赛总决赛。开展"巾帼心向党,建功新时代"主题活动,为学校建设发展贡献巾帼力量,土木工程学院任娟娟教授获评四川省三八红旗手;土木工程学院易思蓉教授先进事迹入选省总工会编写的中国劳模工匠丛书《她从时代中走来——天府巾帼故事》。

2. **弘扬劳模精神、劳动精神和工匠精神。** 用劳模精神引领教职工潜心立德树人,宣湟老师荣获"四川省五一劳动奖章",实现因竞赛而获评省劳模的突破;成功推荐机械工程学院袁艳平教授创新工作室、材料科学与工程学院陈辉教授创新工作室入选第三批四川省教科文卫体系统劳模(职工技能人才)创新工作室;四川省教科文卫工会主要领导亲临学校为我校荣获"四川省职工'五小'活动先进单位"授牌,为劳模与技能人才创新工作室领衔人、生命科学与工程学院孟涛教授科研团队颁发四川省总工会授予的"四川省职工'五小'活动优秀成果"荣誉证书。

【帮扶救助体系】

1. **完善全方位帮扶救助体系。** 制定《西南交通大学工会关爱慰问教职工"九必访"工作制度（试行）》;开展 5000 余名教职员工生日蛋糕和节日慰问品的遴选和 2000 余名离退人员生日节日慰问金发放工作;开展"夏送清凉"活动;进一步完善教职工重大疾病医疗补助、互助补充保险、教职工困难补助、省总互助女工大病保险、离退休人员住院护理补助的全方位帮扶救助体系，41人得到重大疾病医疗补助，近1200人次女教职工参加省女职工大病互助保障计划。

2. "护航"青年教职工成长。 完成校工会青年教职工委员会换届；开展青年教师发展"鸿鹄计划"系列活动之"鸿鹄沙龙"和"鸿鹄行"活动，助力青年教师开启专注学术、锐意创新、热爱教学、健康生活的职业生涯，为青年教师成长服务、赋能；关心慰问新进教职工，关心单身青年教职工的生活。

3. 疫情防控常抓不懈。 积极开展健康教育，广泛宣传防控健康知识，推送体育锻炼教学视频，引导教职工养成文明健康的生活方式；四所交大工会协同联动，开展教职工战"疫"书画作品网络联展，举办"舌尖上的交大"特色线上直播（我校举办的实时教学川菜烹饪活动当天参与人数高达27000多人次），凝聚交大人抗"疫"正能量，鼓舞抗"疫"斗志，《人民日报》以《同根同源，同心同在！四所交大携手战"疫"》为题进行了专题报道。

【文体活动】

1. 丰富教职工文体活动。 积极开展"阳光体育"系列教职工排球、足球和篮球比赛；协助体育学院举办学校第二届"运达杯"体育节，组织教职工参加环校跑、足球、排球、羽毛球、乒乓球等赛事；支持和指导文体协会开展常规训练，举办各类教职工文体培训班；指导成立教职工骑行协会；承办四川省高校教职工足球邀请赛；组织教职工游泳队参加在蓉部属高校教职工游泳比赛。

2. 倾力关爱教职工子女。 创设"交小苗"科创平台，协同学校相关部门举办"交小苗"暑期创客实践营；"交小苗"科学探索营；"交小苗"桥梁模型比赛等活动，服务教职工子女成长，通过观摩、感知、体验等过程，培养他们对科学的好奇和兴趣，同时，提升教职工的获得感、幸福感和归属感。

【自身建设】

1. 持续推进建"家"工作。 优化"教职工之家"功能布局，在茅以升图书馆建设学校教职工之家分家；批准设计艺术学院、马克思主义学院、牵引动力国家重点实验室、峨眉校区管委会（教育培训学院）、计算机与人工智能学院等5家单位建设"教职工小家"，实现全校二级部门工会实体"教职工小家"全覆盖；制定《西南交通大学二级部门工会承办学校工会工作会议实施办法（试行）》，搭建校院二级工会互动平台，先后到图书馆、建筑学院、设计艺术学院、外国语学院工会开展交流学习，增进"建家"交流互鉴；学校工会荣获四川省教科文卫体系统"模范职工之家"称号，图书馆工会、公共管理学院工会荣获四川省教科文卫体系统"模范职工小家"称号，外国语学院工会主席武俊荣获四川省教科文卫体系统"优秀工会工作者"称号。

2. 加强二级工会建设。 开展工会品牌活动立项建设，支持20个部门工会开展思想引领、建功立业、民主管理、文化涵育、维权服务特色活动；充分激发基层工会内生活力，培育和打造一批有特色的文化品牌，其中"地学匠心"特色育人文化、"镜湖论道"教师学术赋能、"师生筑未来"闪亮师生合唱团、"工建促振兴121工作法"、"格物致知使命为本"青年教师成长、"语爱同行"、"创未来"交小苗创客培训、"峨眉之馨"、"言+爱师生风采家"平台创建、"心灵驿站"、"弘扬抗疫精神，助力生医拓展"等基层工会品牌脱颖而出。

（十二）共青团工作

【办好政治学校，引领青年思想进步】

1. 开展"青年大学习"。 制定发布学校共青团《关于认真学习宣传贯彻党的二十大精神的通知》《关于认真学习宣传贯彻学校第十五次党代会精神的通知》，策划推出《西南交通大学第十五次党代会精神》动画微视频，组织开展团员主题学习教育实践活动，全校 1482 个团支部 59 万余人次参与。开展"青年大学习"网上团课 27 期，累计参学人数超 90 万人次。"青年讲师团"全年推荐 10 余名青年讲师入选国家、省市级宣讲团，开展 40 余场讲座、30 余场集体学习。各级团组织、学生组织开展二十大精神宣讲 243 场，覆盖 4 万余人次。

2. 庆祝建团 100 周年。 集中收看庆祝中国共产主义青年团成立 100 周年大会，举行庆祝建团 100 周年青年座谈会、庆祝建团 100 周年暨 2022 年共青团工作表彰大会，开设庆祝建团 100 周年专题展览。通过专题社会实践、主题团日、升国旗仪式等多种形式，组织全校团员青年学习贯彻习近平总书记重要讲话精神。

3. 培养"青年政治骨干"。 开展第九期"青马工程"4 个班次的培训工作，校级团校学员 474 人，院级团校学员 3000 余人。定制大学生网络党校学习平台 90 门 270 课时网络课程。选派 35 名"青马工程"学员到金牛区、郫都区等地担任街道、部门团工委兼职副书记，并被《中国青年报》专题报道。选树青年典型，学校共青团表彰 166 个先进集体和 1817 名优秀个人，推荐 21 名集体（个人）获得"全国优秀共青团干部""中国大学生自强之星""铁路青年五四奖章"等荣誉称号。开展首届学校"青年五四奖章"评选工作。

4. 建设"网上共青团"。 校团委官微"交大有思"粉丝达 11 万人，依托中宣部全国首批 200 个高校思政类重点建设微信公众号、团中央全国 150 所高校共青团新媒体重点工作室，以"青年传媒"融媒体中心为牵引，全方位构建"互联网+青年思想引领"格局。牵头举办学校第四届文化创意产品设计大赛。举办第 18 届"传媒先锋记者月"系列活动。

【优化育人体系，着力培养时代新人】

1. 深化第二课堂"761"工程。 全年开设 7 个类别共计 2000 余个项目，为 2.8 万余名学生累计提供超过 58 万学时，学生覆盖率实现 100%。完成 7000 余名 2018 级本科生"第二课堂成绩单"认证，通过率达 99%。联合相关单位推出了多门思政、美育、劳动教育、心理健康课程，覆盖学生近 10 万人次。发表相关研究论

文 13 篇，出版图书《第二课堂成绩单——西南交通大学的试点与实践》《西南交通大学"立德树人"精品项目案例分析——七大模块育人实效及评价》2 本。

2. 构建实践育人"116 工程"体系。 2 个集体获得团中央社会实践表彰，4 个集体（个人）获得团省委社会实践表彰，4 个集体（个人）获得四川省青年志愿服务表彰。国旗班获评 2022 年度"四川省十佳志愿服务组织"。在四川省首届高校志愿服务项目大赛、第六届中国青年志愿服务项目大赛四川省赛中获得两金两银一铜的成绩。校团委 4 次荣获团中央全国大学生志愿服务西部计划"优秀等次项目办"荣誉称号。

3. 力促创新创业工作。 "挑战杯"创业大赛获省金奖 2 项、省银奖 6 项、省三等奖 5 项。"互联网+"青年红色筑梦之旅校赛共报名 281 项作品，评选出一等奖 6 项、二等奖 9 项、三等奖 27 项。配合科技园开展"赢在成都·创在金牛"金牛区 2022 年轨道交通就业创业大赛，学校项目获二等奖 3 项、三等奖 6 项，校团委获优秀组织奖。

【当好桥梁纽带，深化改革守正创新】

1. 深化基层组织改革。 评选 26 个"校级示范团支部""示范主题团日活动"等特色专项，2 个团支部分别获评四川省高校"活力团支部"最具服务力类第一名、最具组织力类第二名。办理 9504 名毕业生、9279 名新生团员团组织关系转接手续，以 100% 的完成率在全省率先完成该工作。完成首届学校"青年文明号""青年先锋岗"验收工作，启动第二届创建工作。落实共青团改革要求，共青团工作在考核学院党建工作中的分值从 7 分提高到 10 分。

2. 深化学生会（研究生会）改革。 成立学生会组织特设党支部，入选"强国有我 '核'你一起"千支大学生志愿宣讲团，组织开展专项社会实践，策划拍摄"大学生助力乡村振兴"等思政课视频。"交大青年说"开播 10 期累计观看达 100 余万人次。整合发布 27 项精品校园文化活动菜单，覆盖学生 39 万余人次。举办"校领导面对面"座谈会。全年受理同学提案 102 项。召开第三十二次学生代表大会和第十一次研究生代表大会。全校 17 个青年师生（集体）获

评"成都市优秀学生会组织（优秀工作人员）"。

3. 深化学生社团改革。 构建科学合理的分层分级管理机制，激发基层团委参与社团治理的热情。推进社团管理信息系统建设，社团管理更加精准规范。依托"社团文化节""毕业季社团party"等品牌活动，促进社团活力进一步增强。深化实施具有交大特色的"八个一"社团管理工程，全年103个学生社团立项活动162项，3.2万余人次参与。

【强化工作作风，切实为青年群众办实事】

1. 聚焦"交通强国"国家战略。 校团委担任全国铁路行业团指委副主任单位，积极与全国铁道团委、中铁成都局集团团委、中铁二局团委、成都通用机场公司、国网成都供电公司等兄弟单位、行业系统就交通事业发展、行业青年培养探索合作。组建全国首支由跨专业、多学科博士生组成的川藏铁路建设博士服务团，连续两年奔赴西藏开展科研攻关、技术创新和人文服务，实践成果受到新华社、光明日报等主流媒体广泛报道。连续九年组织开展"交通·公益"志愿服务季活动，全年278支队伍，11 835名志愿者紧密围绕交通特色，在校内校外广泛开展志愿服务活动。

2. 助力"乡村振兴"国家战略。 学生会组织特设党支部策划拍摄"大学生助力乡村振兴"主题思政课视频，获得第六届四川高校大学生讲思政课公开课二等奖。选派11批次80余名研究生支教团成员助力乡村振兴和教育帮扶。联合四川省科技扶贫基金会为广元市、马尔康市等地中小学生募集捐赠21万余元的物资。校团委4次荣获团中央全国大学生志愿服务西部计划"优秀

等次项目办"称号。

3. 开展"美丽交大"共治共建共享。 开展学生园区自习室建设，先后在两校区启用自习室62间，新增自习位2700个。组织全校22个学院学生会组织和500余名志愿者承担自习室的日常管理维护工作，积极开展学风建设活动。开展校园雕塑维护志愿服务活动，组建23支志愿服务队持续两年负责30座雕塑的常态化清洁维护。组织大学生志愿服务社区行动，全校23个学院200余支队伍深入金牛区、郫都区等学校驻地94个社区开展715次政策宣讲、环境治理、关爱帮扶等服务活动。2022年全校共1000余名志愿者参与核酸检测、疫苗接种、秩序引导等相关工作，累计志愿时长超15 000小时。

4. 切实为青年办实事。 开设"交大蓝团子"微信服务账号，在两校区增设团组织关系转接"服务咨询点"，及时为全校4万余名团员、1500余个团组织提供咨询服务，全年累计办结业务300余项，让同学"少跑路、好办事"。进一步完善团干部密切联系青年工作机制。全校100余名团干部通过"团干部上讲台""青年讲师团"等方式，深入团员开展200余场次理论宣讲。开展青年工作理论研究，设置相关课题13项，支持经费17.7万元。建立团内帮扶关爱机制，为生活困难的团员青年发放关爱金5000元。持续开展"青春就业大讲堂""团团微帮扶"，增设4个学时第二课堂课程帮助学生提升就业能力，100余名团干部精准帮扶200余名2022届毕业生成功就业。与后勤、学工等单位共同组织召开校领导与学生座谈会，组织学生代表为学校工作提出意见和建议，征集5000余份专项调研问卷，为学校决策提供参考。

（十三）安全、稳定、保密、疫情防控工作

【安全稳定与安全生产工作】

安全稳定方面。校园大稳定工作体制机制进一步完善，校园安全分级分类联动协同工作机制效能发挥明显，维稳处突应急处置预案已成体

系，"校—地—警"联防联动机制日趋牢固，维护正常教育教学秩序和校园长治久安。

安全生产方面。召开研判工作会议80余次，研判处置各类安全隐患90余项，组织开展

三校区安全联合检查 6 次,开展不定期检查和抽查 8 次,专项整治督查 6 次, "周巡日"检查 30 次,发现并建档整改安全隐患 3 个。

【保密工作】

做好年度保密工作自查自评相关工作,及时整改问题,落实我校保密自查自评工作。加强规范机要文件管理工作,全年领取接收各级文件电报 461 份,送领导阅示和接待二级单位阅文 6915 人次,对 113 份密码电报等急件进行特别处理,清退文件 211 份、移交归档 191 份。开展"4·15"国家安全日及国家保密宣传教育,为各二级单位订购宣传资料。抓好日常保密工作管理,做好涉密载体制作、收发、传递、借阅、销毁等审查审批,加强国家考试的保密管理。

【疫情防控工作】

坚持做好常态化疫情防控,做到文件宣贯落实到位,疫情排查精准到人,信息报送准确无误,迎检促改即知即行。面对情况多次反复,成立疫情防控工作专班,加强疫情防控形势研判,做好整体工作安排,稳定有序做好后勤保障供应。

（十四）机关党委与机关工会工作

【班子建设】

以政治建设为统领,带头落实"一岗五责"。全年召开了 10 次党委会议、4 次支部书记会议,研究部署各项党建重要工作。贯彻落实学校第十五次党代会工作部署,于 4 月 10 日在犀浦校区报告厅召开了党员大会, 400 余名党员参加会议,选举产生了 19 位机关党委党代表,讨论通过了学校党代会"两委"报告和"两委"候选人推荐人选名单。守好意识形态主阵地,通过支部书记会议强调特别时期安全稳定工作的重大意义,传达学校党委对新闻宣传工作要求,研判宣传工作形势,规范新闻审批机制,把好各单位宣传工作的政治关和质量关。

【理论学习与实践】

强化理论武装,筑牢信念根基。坚持贯彻落实会议"第一议题"制度,建立常态化政治理论学习机制。全年党委中心组开展专题学习 6 次,党支部开展政治理论学习 329 次。大力推广专题读书班和支部微党课学习模式,全年党委书记讲授专题党课 3 次,支部开展微党课 54 次。紧密结合本职工作,切实转化学习成果,通过为民办实事、精准扶贫、走访参观、交流学习、红色观影、支部联建等旗帜鲜明的主题和丰富多彩的组织形式,共开展主题党日活动 150 次。党的二十大召开期间,全力抓好党员教育和学习宣贯工作,开辟"聚焦二十大"新闻专栏,摘录领导干部、党员和入党积极分子的感悟 47 篇。在"红色微马"品牌党日活动中,把"踔厉奋发谋复兴 笃行不息启征程"定为本次活动的主题,把深入学习贯彻党的二十大精神,推进落实党的十五次党代会任务作为本次活动的主基调,融会贯穿到整个活动中,通过经典诵读、校园微马和线上答题等环节,充分展现出机关人敢于拼搏的精气神,致敬经典的铿锵誓言吹响了复兴交大的冲锋号。

【党风廉政建设】

深入推进党风廉政建设工作。在各级会议上传达上级文件精神,研判机关"四风"整治和防腐拒变态势,研究党风廉政建设工作。组织党员、职工集中学习上级组织关于全面从严治党、纠"四风"、树新风等文件精神和工作指示,观看《零容忍》等警示教育纪录片,通报教育部高校警示案例和学校纪委编印的《戒鉴》案例,开展主题党日活动等,保持高度警醒,严守纪律红线。畅通信访举报渠道,强化监督问责,紧盯关键节点、重要节日期间"四风"问题和违反厉行节约、反对浪费等要求的行为,坚决遏制不正之风反弹回潮。全年机关部处未发生一起违规违纪案例。

【基层党建】

抓党建有力度,关怀党员有温度。充分考虑支部班子成员构成,选优配强支部班子成员,全年指导了 12 个支部圆满完成换届选举工作,审批通过 5 个功能型党支部的成立事项。严格做好党员信息维护和统计工作，核验接收党员身份，全年办理党员关系转接 29 人次。积极吸纳机关部处年轻的骨干加入队伍。全年确定积极分子 4 名，发展对象 2 名。关心基层、关爱生活困难和身患重病党员，"七一"建党节期间，分别走访了保卫部和信网处，为迎战酷暑、奋斗在一线的员工送去清凉慰问，并向 9 位重病困难党员送去节日的问候，把党的关怀和温暖送到基层一线和党员心中。

【作风建设】

作风建设持续发力，正风肃纪不遗余力。组织党支部开展作风建设自查自纠专项工作，对照查摆问题、列出清单，立行立改，自省自新。分管校领导领衔，先后面向机关职工代表、学院行政管理人员、引进人才和教师、学生代表等不同群体，召开了 4 场作风建设系列座谈会，诚恳听取了师生和职工代表的意见。面向二级学院发放了 700 余份不记名问卷，全面征集师生对机关工作的评价。在经过大量数据汇总、研判和分析后，最终形成集中整治问题 70 项，报送学校党委、纪委。微知著见，充分发挥"神访"促进作用。进一步修订完善神秘访客的访查指标体系。全年派出 40 余名神秘访客，共开展 180 余次访查，帮助机关部处不断完善管理体制，优化办事流程，提升服务质量。

【工会工作】

严格按照组织规定，经由下而上反复酝酿，圆满完成双代会委员候选人的推荐，以及学校双代会相关工作。热切关心机关职工的身心健康，全年为重病困难职工办理困难补助 39 人次，累计补助金额 27 600 元，开展职工慰问 35 人次，累计慰问金额 8000 元。积极组织职工踊跃报名参加学校工会举办的体育赛事，均取得优异名次。

六、一流学科建设

全面完成学校新一轮"双一流"建设方案编制工作正式上报教育部,并将建设方案面向社会公开。深入推进新一轮"双一流"建设方案落实,出台《西南交通大学落实〈怀进鹏部长在新一轮"双一流"建设推进大会上的讲话〉精神重点任务清单》（西交党〔2022〕45 号）;以项目制度为抓手,开展学校新一轮"双一流"学科建设项目立项和建设工作。2022 年度学科建设项目经费共计 9000 万元。强化绩效管理,完成 2023—2025 年度中央高校建设世界一流大学（学科）和特色发展引导专项资金项目预算并上报教育部;重视数据量化,完成 2021 年度"双一流"监测平台学校整体建设与一流学科建设数据填报工作,完成 2022 年"双一流"建设绩效中期自评工作并上报教育部。配合完成四川省教育厅开展的省级财政资金政策支出绩效评价工作。围绕"双一流"建设,先后在《中国改革报》《中国企业报》等报纸发表《发挥行业高校教育科技人才优势 推动铁路行业创新驱动实现高质量发展》《在"双一流"建设中更加有效地开展有组织的科研》《辩证认识薪酬杠杆在"双一流"建设中的阶段性作用和必然性局限》等理论文章,对高质量建设教育强国进行深入思考,被"学习强国"平台等转载,产生良好社会影响。

总结五轮学科评估学校整体表现和各学科具体表现,展开多维分析,形成分析报告。完成高等教育评估改革工作中目前以学科评估为主的高校评估体系的利弊分析,为高等教育评估改革工作交流提供材料。围绕"十四五"规划目标和学科布局战略导向,为加强基础学科、拓展生医学科、促进交叉融合,经数十次各层面沟通与研讨,提出《关于材料、生命、医学、超导优化重组的建议方案》,先后提交校长办公会、校学术委员会、校党委常委会审议决策,为"十四五"学科规划开好局、起好步。2022 年,学校 ESI 学科再次实现突破,地球科学学科和环境/生态学学科两个学科首次进入 ESI 世界排名前 1%,目前共有工程学、计算机科学、材料科学、化学、社会科学、地球科学和环境/生态学 7 个学科进入世界前 1%。

七、人才培养

（一）办学层次

1. 学位授权一级学科

序号	学科代码	学科名称	层次	牵头学院
1	0823	交通运输工程	博士	交通运输工程学部
2	0814	土木工程	博士	土木工程学院
3	0305	马克思主义理论	博士	马克思主义学院
4	0802	机械工程	博士	机械工程学院
5	0808	电气工程	博士	电气工程学院
6	0810	信息与通信工程	博士	信息科学与技术学院
7	0812	计算机科学与技术	博士	信息科学与技术学院
8	1201	管理科学与工程	博士	经济管理学院
9	1202	工商管理	博士	经济管理学院
10	0801	力学	博士	力学与工程学院
11	0805	材料科学与工程	博士	材料科学与工程学院
12	0816	测绘科学与技术	博士	地球科学与环境工程学院
13	0811	控制科学与工程	博士	电气工程学院
14	0813	建筑学	博士	建筑与设计学院
15	0702	物理学	博士	物理科学与技术学院
16	0818	地质资源与地质工程	博士	地球科学与环境工程学院
17	0501	中国语言文学	博士	人文学院
18	0701	数学	博士	数学学院
19	0809	电子科学与技术	硕士	物理科学与技术学院
20	0835	软件工程	硕士	信息科学与技术学院
21	0502	外国语言文学	硕士	外国语学院
22	0833	城乡规划学	硕士	建筑与设计学院
23	1204	公共管理	硕士	公共管理与政法学院
24	1305	设计学	硕士	建筑与设计学院
25	0714	统计学	硕士	经济管理学院
26	0830	环境科学与工程	硕士	地球科学与环境工程学院

续表

序号	学科代码	学科名称	层次	牵头学院
27	0831	生物医学工程	硕士	材料科学与工程学院
28	1007	药学	硕士	生命科学与工程学院
29	0101	哲学	硕士	人文学院
30	0201	理论经济学	硕士	经济管理学院
31	0202	应用经济学	硕士	经济管理学院
32	0301	法学	硕士	公共管理与政法学院
33	0503	新闻传播学	硕士	人文学院
34	0711	系统科学	硕士	交通运输与物流学院
35	0834	风景园林学	硕士	建筑与设计学院
36	0837	安全科学与工程	硕士	交通运输与物流学院
37	0402	心理学	硕士	心理研究与咨询中心
38	0703	化学	硕士	生命科学与工程学院
39	0710	生物学	硕士	生命科学与工程学院
40	0807	动力工程及工程热物理	硕士	机械工程学院
41	1002	临床医学	硕士	医学院
42	0825	航空宇航科学与技术	硕士	力学与航空航天学院
43	0839	网络空间安全	硕士	信息科学与技术学院

2. 专业学位授权点一览表

序号	类别代码	专业学位类别	牵头学院	博士专业学位类别获批时间
1	0855	机械	机械工程学院	2019
2	0858	能源动力	电气工程学院	2019
3	0861	交通运输	牵引动力国家重点实验室	2019
4	1251	工商管理硕士	经济管理学院	
5	0851	建筑学硕士	建筑与设计学院	
6	1252	公共管理硕士	公共管理与政法学院	
7	1351	艺术硕士	建筑与设计学院	
8	0351	法律硕士	公共管理与政法学院	
9	1256	工程管理硕士	经济管理学院	
10	1253	会计硕士	经济管理学院	
11	0953	风景园林硕士	建筑与设计学院	
12	0551	翻译硕士	外国语学院	
13	0853	城市规划硕士	建筑与设计学院	
14	0453	汉语国际教育	外国语学院	

续表

序号	类别代码	专业学位类别	牵头学院	博士专业学位类别获批时间
15	0552	新闻与传播	人文学院	
16	0854	电子信息	信息科学与技术学院	
17	0856	材料与化工	材料科学与工程学院	
18	0857	资源与环境	地球科学与环境工程学院	
19	0859	土木水利	土木工程学院	
20	0860	生物与医药	生命科学与工程学院	
21	0452	应用心理学	心理研究与咨询中心	
22	0454	体育	体育学院	
23	1055	药学	生命科学与工程学院	

3. 本科专业设置

序号	专业代码	专业名称	所属教学单位	学制	学位
1	030101K	法学	公共管理学院	4年	法学
2	030201	政治学与行政学	公共管理学院	4年	法学
3	030503	思想政治教育	马克思主义学院	4年	法学
4	080203	材料成型及控制工程	材料科学与工程学院	4年	工学
5	080401	材料科学与工程	材料科学与工程学院	4年	工学
6	080407	高分子材料与工程	材料科学与工程学院	4年	工学
7	082601	生物医学工程	材料科学与工程学院	4年	工学
8	082502	环境工程	地球科学与环境工程学院	4年	工学
9	083102K	消防工程	地球科学与环境工程学院	4年	工学
10	081401	地质工程	地球科学与环境工程学院	4年	工学
11	081201	测绘工程	地球科学与环境工程学院	4年	工学
12	081202	遥感科学与技术	地球科学与环境工程学院	4年	工学
13	081403	资源勘查工程	地球科学与环境工程学院	4年	工学
14	080601	电气工程及其自动化	电气工程学院	4年	工学
15	080701	电子信息工程	电气工程学院	4年	工学
16	080604T	电气工程与智能控制	电气工程学院	4年	工学
17	080202	机械设计制造及其自动化	机械工程学院	4年	工学
18	080207	车辆工程	机械工程学院	4年	工学
19	080301	测控技术与仪器	机械工程学院	4年	工学
20	080501	能源与动力工程	机械工程学院	4年	工学
21	081002	建筑环境与能源应用工程	机械工程学院	4年	工学
22	081806T	交通设备信息工程	机械工程学院	4年	工学

序号	专业代码	专业名称	所属教学单位	学制	学位
23	120701	工业工程	机械工程学院	4年	工学
24	080205	工业设计	设计艺术学院	4年	工学
25	082802	城乡规划	建筑学院	5年	工学
26	082803	风景园林	建筑学院	5年	工学
27	120602	物流工程	交通运输与物流学院	4年	工学
28	082901	安全工程	交通运输与物流学院	4年	工学
29	081801	交通运输	交通运输与物流学院	4年	工学
30	081802	交通工程	交通运输与物流学院	4年	工学
31	080102	工程力学	力学与航空航天学院	4年	工学
32	082002	飞行器设计与工程	力学与航空航天学院	4年	工学
33	081302	制药工程	生命科学与工程学院	4年	工学
34	083001	生物工程	生命科学与工程学院	4年	工学
35	081001	土木工程	土木工程学院	4年	工学
36	081005T	城市地下空间工程	土木工程学院	4年	工学
37	081007T	铁道工程	土木工程学院	4年	工学
38	081006T	道路桥梁与渡河工程	土木工程学院	4年	工学
39	120105	工程造价	土木工程学院	4年	工学
40	080714T	电子信息科学与技术	物理科学与技术学院	4年	工学
41	080801	自动化	信息科学与技术学院	4年	工学
42	080703	通信工程	信息科学与技术学院	4年	工学
43	080903	网络工程	信息科学与技术学院	4年	工学
44	080905	物联网工程	信息科学与技术学院	4年	工学
45	080702	电子科学与技术	信息科学与技术学院	4年	工学
46	080802T	轨道交通信号与控制	信息科学与技术学院	4年	工学
47	080904K	信息安全	信息科学与技术学院	4年	工学
48	080704	微电子科学与工程	信息科学与技术学院	4年	工学
49	080901	计算机科学与技术	计算机与人工智能学院	4年	工学
50	080902	软件工程	计算机与人工智能学院	4年	工学
51	080717T	人工智能	计算机与人工智能学院	4年	工学
52	080503T	新能源科学与工程	城市轨道交通学院（智慧城市与交通学院）	4年	工学
53	082806T	城市设计	城市轨道交通学院（智慧城市与交通学院）	4年	工学
54	080213T	智能制造工程	城市轨道交通学院（智慧城市与交通学院）	4年	工学

续表

序号	专业代码	专业名称	所属教学单位	学制	学位
55	081008T	智能建造	城市轨道交通学院（智慧城市与交通学院）	4年	工学
56	081811T	智慧交通	城市轨道交通学院（智慧城市与交通学院）	4年	工学
57	120401	公共事业管理	公共管理学院	4年	管理学
58	120601	物流管理	交通运输与物流学院	4年	管理学
59	120102	信息管理与信息系统	经济管理学院	4年	管理学
60	120103	工程管理	经济管理学院	4年	管理学
61	120201K	工商管理	经济管理学院	4年	管理学
62	120203K	会计学	经济管理学院	4年	管理学
63	120801	电子商务	经济管理学院	4年	管理学
64	120901K	旅游管理	经济管理学院	4年	管理学
65	090503	森林保护	建筑学院	4年	管理学
66	082801	建筑学	建筑学院	5年	建筑学
67	020101	经济学	经济管理学院	4年	经济学
68	020301K	金融学	经济管理学院	4年	经济学
69	020401	国际经济与贸易	经济管理学院	4年	经济学
70	070504	地理信息科学	地球科学与环境工程学院	4年	理学
71	071003	生物信息学	生命科学与工程学院	4年	理学
72	100801	中药学	生命科学与工程学院	4年	理学
73	070101	数学与应用数学	数学学院	4年	理学
74	070102	信息与计算科学	数学学院	4年	理学
75	071201	统计学	数学学院	4年	理学
76	080910T	数据科学与大数据技术	数学学院	4年	理学
77	070202	应用物理学	物理科学与技术学院	4年	理学
78	071102	应用心理学	心理研究与咨询中心	4年	理学
79	050103	汉语国际教育	外国语学院	4年	文学
80	050201	英语	外国语学院	4年	文学
81	050203	德语	外国语学院	4年	文学
82	050204	法语	外国语学院	4年	文学
83	050207	日语	外国语学院	4年	文学
84	050261	翻译	外国语学院	4年	文学
85	050262	商务英语	外国语学院	4年	文学
86	050101	汉语言文学	人文学院	4年	文学
87	050304	传播学	人文学院	4年	文学
88	050303	广告学	人文学院	4年	文学

续表

序号	专业代码	专业名称	所属教学单位	学制	学位
89	130201	音乐表演	人文学院	4年	艺术学
90	130402	绘画	建筑学院	4年	艺术学
91	130502	视觉传达设计	设计艺术学院	4年	艺术学
92	130503	环境设计	设计艺术学院	4年	艺术学
93	130504	产品设计	设计艺术学院	4年	艺术学
94	130508	数字媒体艺术	设计艺术学院	4年	艺术学

4. 成人教育专业

专业代码	专业名称	培养层次	学习形式
080202	机械设计制造及其自动化	专升本	函授
080601	电气工程及其自动化	专升本	函授
080703	通信工程	专升本	函授
081001	土木工程	专升本	函授
081801	交通运输	专升本	函授
120103	工程管理	专升本	函授
120201K	工商管理	专升本	函授
120203K	会计学	专升本	函授
081007T	铁道工程	专升本	函授
080801	自动化	专升本	函授

5. 网络教育专业

专业代码	专业名称	专业方向	培养层次	学习形式
020301K	金融学		专升本	网络教育
080202	机械设计制造及其自动化		专升本	网络教育
080207	车辆工程		专升本	网络教育
080207	车辆工程	城市轨道交通	专升本	网络教育
080207	车辆工程	城市轨道交通车辆	专升本	网络教育
080601	电气工程及其自动化		专升本	网络教育
080601	电气工程及其自动化	城市轨道交通供电及其自动化	专升本	网络教育
080601	电气工程及其自动化	城市轨道交通自动化	专升本	网络教育
080601	电气工程及其自动化	电力机车	专升本	网络教育
080601	电气工程及其自动化	铁道电气化	专升本	网络教育
080801	自动化	铁道通信	专升本	网络教育
080801	自动化	铁路信号	专升本	网络教育
080901	计算机科学与技术		专升本	网络教育

续表

专业代码	专业名称	专业方向	培养层次	学习形式
081001	土木工程		专升本	网络教育
081001	土木工程	工程概预算	专升本	网络教育
081001	土木工程	工民建	专升本	网络教育
081006T	道路桥梁与渡河工程		专升本	网络教育
081007T	铁道工程		专升本	网络教育
081801	交通运输		专升本	网络教育
081801	交通运输	城市轨道交通	专升本	网络教育
081801	交通运输	高速铁路	专升本	网络教育
120201K	工商管理		专升本	网络教育
120201K	工商管理	人力资源	专升本	网络教育
120203K	会计学		专升本	网络教育
120601	物流管理		专升本	网络教育
120401	公共事业管理		专升本	网络教育
120103	工程管理		专升本	网络教育
600202	道路桥梁工程技术		高升专	网络教育
081001	土木工程		专升本	网络教育
120103	工程管理		专升本	网络教育
120201K	工商管理		专升本	网络教育
600102	铁道车辆		高升专	网络教育
500112	铁道交通运营管理		高升专	网络教育
500112	铁道交通运营管理	高速铁路	高升专	网络教育
500112	铁道交通运营管理	铁道运输	高升专	网络教育
500101	铁道工程技术		高升专	网络教育
500606	城市轨道交通运营管理		高升专	网络教育
440502	建设工程管理		高升专	网络教育
440301	建筑工程技术		高升专	网络教育
440301	建筑工程技术	工民建	高升专	网络教育
440501	工程造价		高升专	网络教育
460301	机电一体化技术		高升专	网络教育
600101W	铁道机车		高升专	网络教育
500107	铁道供电技术		高升专	网络教育
500107	铁道供电技术	城轨自动化	高升专	网络教育
500107	铁道供电技术	电力机车	高升专	网络教育
500107	铁道供电技术	铁道供电	高升专	网络教育
500110	铁道信号自动控制		高升专	网络教育
500110	铁道信号自动控制	铁道通信	高升专	网络教育

6.2022 年遴选招收博士生指导教师汇总表（2023 年上岗招生）

序号	姓 名	一级学科名称	职称	性别	工作单位
1	艾长发	交通运输工程	教授	男	土木工程学院
2	曹子君	交通运输工程	教授	男	智慧城市和交通学院
3	陈嵘	交通运输工程	教授	男	土木工程学院
4	杜彦良	土木工程、交通运输工程	教授/院士	男	石家庄铁道大学
5	何庆	交通运输工程	教授	男	土木工程学院
6	黄俊杰	交通运输工程	副教授	男	土木工程学院
7	蒋鑫	交通运输工程	教授	男	土木工程学院
8	刘凯文	交通运输工程	副教授	男	土木工程学院
9	刘先峰	交通运输工程	教授	男	土木工程学院
10	卢春房	交通运输工程、土木工程	教授/院士	男	中国铁道学会
11	罗强	交通运输工程	教授	男	土木工程学院
12	邱延峻	交通运输工程	教授	男	土木工程学院
13	任娟娟	交通运输工程	教授	女	土木工程学院
14	苏谦	交通运输工程	教授	男	土木工程学院
15	王平	交通运输工程	教授	男	土木工程学院
16	韦凯	交通运输工程	研究员	男	土木工程学院
17	肖世国	交通运输工程	教授	男	土木工程学院
18	徐井芒	交通运输工程	教授	男	土木工程学院
19	严贺祥	交通运输工程	教授级高工	男	国家铁路局
20	杨荣山	交通运输工程	教授	男	土木工程学院
21	赵才友	交通运输工程	副教授	男	土木工程学院
22	赵国堂	交通运输工程、管理科学与工程	教授	男	京沪高速铁路公司
23	赵坪锐	交通运输工程	教授	男	土木工程学院
24	郑世杰	交通运输工程	副教授	男	土木工程学院
25	周正峰	交通运输工程	副教授	男	土木工程学院
26	朱颖	交通运输工程	教授级高工	男	中铁二院
27	陈俊敏	土木工程	教授	男	地球科学与环境工程学院
28	付永胜	土木工程	教授	男	地球科学与环境工程学院
29	黄涛	土木工程	教授	男	地球科学与环境工程学院
30	林鹏	土木工程	教授	男	地球科学与环境工程学院
31	张建强	土木工程	教授	男	地球科学与环境工程学院
32	孙晓丹	土木工程	副教授	女	土木工程学院
33	杨长卫	土木工程	副研究员	男	土木工程学院
34	崔圣爱	土木工程	教授	女	土木工程学院

续表

序号	姓　名	一级学科名称	职称	性别	工作单位
35	李明水	土木工程	教授	男	土木工程学院
36	刘成清	土木工程	教授	男	土木工程学院
37	潘　毅	土木工程	教授	男	土木工程学院
38	孙玉平	土木工程	教授	男	日本神户大学
39	杨　成	土木工程	副教授	男	土木工程学院
40	余志祥	土木工程	教授	男	土木工程学院
41	岳清瑞	土木工程	教授级高工/院士	男	中冶建筑研究总院有限公司
42	赵世春	土木工程	教授	男	土木工程学院
43	陈新中	土木工程	教授	男	Texas Tech University（得克萨斯理工大学）
44	单德山	土木工程	教授	男	土木工程学院
45	高宗余	土木工程	教授级高工	男	中铁大桥勘测设计院集团有限公司
46	勾红叶	土木工程	教授	女	土木工程学院
47	郭　健	土木工程	教授	男	土木工程学院
48	郭　迅	土木工程	研究员	男	防灾科技学院
49	晋智斌	土木工程	教授	男	土木工程学院
50	李小珍	土木工程	教授	男	土木工程学院
51	李永乐	土木工程	教授	男	土木工程学院
52	廖海黎	土木工程	教授	男	土木工程学院
53	马存明	土木工程	研究员	男	土木工程学院
54	马中国	土木工程	教授	男	美国田纳西大学
55	牟廷敏	土木工程	教授级高工	男	四川省交通运输厅公路规划勘察设计研究院
56	蒲黔辉	土木工程	教授	男	土木工程学院
57	邵长江	土木工程	教授	男	土木工程学院
58	沈锐利	土木工程	教授	男	土木工程学院
59	施　洲	土木工程	副教授	男	土木工程学院
60	汪　斌	土木工程	副教授	男	土木工程学院
61	王　骑	土木工程	副教授	男	土木工程学院
62	卫　星	土木工程	教授	男	土木工程学院
63	魏　凯	土木工程	副教授	男	土木工程学院
64	向活跃	土木工程	副教授	男	土木工程学院
65	徐国际	土木工程	教授	男	土木工程学院
66	徐腾飞	土木工程	教授	男	土木工程学院
67	杨万理	土木工程	教授	男	土木工程学院
68	杨永清	土木工程	教授	男	土木工程学院

续表

序号	姓　名	一级学科名称	职称	性别	工作单位
69	占玉林	土木工程	教授	男	土木工程学院
70	张清华	土木工程	教授	男	土木工程学院
71	张　迅	土木工程	副教授	男	土木工程学院
72	赵灿晖	土木工程	教授	男	土木工程学院
73	郑东生	土木工程	教授	男	澳大利亚格里菲斯大学
74	郑史雄	土木工程	教授	男	土木工程学院
75	祝　兵	土木工程	教授	男	土木工程学院
76	曾艳华	土木工程	教授	女	土木工程学院
77	方　勇	土木工程	教授	男	土木工程学院
78	封　坤	土木工程	教授	男	土木工程学院
79	耿　萍	土木工程	教授	女	土木工程学院
80	郭　春	土木工程	教授	男	土木工程学院
81	何　川	土木工程	教授	男	校长办公室
82	蒋雅君	土木工程	副教授	男	土木工程学院
83	雷升祥	土木工程	教授级高工	男	中国铁建股份公司
84	马述起	土木工程	教授	男	土木工程学院
85	任辉启	土木工程	教授/院士	男	总参工程兵科研三所
86	申玉生	土木工程	教授	男	土木工程学院
87	孙克国	土木工程	副教授	男	土木工程学院
88	汪　波	土木工程	教授	男	土木工程学院
89	王　峰	土木工程	副教授	男	土木工程学院
90	王明年	土木工程	教授	男	土木工程学院
91	王士民	土木工程	教授	男	土木工程学院
92	徐国文	土木工程	教授	男	土木工程学院
93	晏启祥	土木工程	教授	男	土木工程学院
94	杨文波	土木工程	教授	男	土木工程学院
95	于　丽	土木工程	教授	女	土木工程学院
96	张俊儒	土木工程	副教授	男	土木工程学院
97	张志强	土木工程	教授	男	土木工程学院
98	章慧健	土木工程	副教授	男	土木工程学院
99	郑余朝	土木工程	教授	男	土木工程学院
100	周晓军	土木工程	教授	男	土木工程学院
101	Craig Herbert Benso	土木工程	教授/美国院士	男	University of Virginia（弗吉尼亚大学）
102	崔　凯	土木工程	教授	男	土木工程学院
103	刘家男	土木工程	教授	男	暨南国际大学

续表

序号	姓　名	一级学科名称	职称	性别	工作单位
104	王东元	土木工程	教授	男	美国德州大学
105	王复明	土木工程、交通运输工程	教授/院士	男	郑州大学
106	肖清华	土木工程	副教授	男	土木工程学院
107	杨　涛	土木工程	副教授	男	土木工程学院
108	余　炎	土木工程	教授	男	土木工程学院
109	张建经	土木工程	教授	男	土木工程学院
110	张迎宾	土木工程	教授	男	土木工程学院
111	富海鹰	土木工程	教授	女	土木工程学院
112	常志旺	土木工程	副教授	男	土木工程学院
113	周　强	土木工程	副教授	男	土木工程学院
114	刘艳辉	土木工程	副教授	女	土木工程学院
115	贾宏宇	土木工程	副教授	男	土木工程学院
116	孙延国	土木工程	副教授	男	土木工程学院
117	张明金	土木工程	高级工程师	男	土木工程学院
118	唐浩俊	土木工程	副教授	男	土木工程学院
119	李琼林	土木工程	副教授	男	土木工程学院
120	张　敏	土木工程	教授级高工	男	中铁二院
121	徐幼麟	土木工程	教授	男	土木工程学院
122	胡广地	机械工程、控制科学与工程	教授	男	机械工程学院
123	乐嘉陵	机械工程	研究员/院士	男	中国空气动力研究与发展中心
124	莫继良	机械工程	研究员	男	机械工程学院
125	欧阳华江	机械工程	教授	男	机械工程学院
126	何其昌	机械工程	教授	男	机械工程学院
127	黎　荣	机械工程	副教授	女	机械工程学院
128	卢耀辉	机械工程	教授	男	机械工程学院
129	郑　靖	机械工程	研究员	女	机械工程学院
130	刘启跃	机械工程	教授	男	机械工程学院
131	王文健	机械工程	研究员	男	机械工程学院
132	郭　俊	机械工程	研究员	男	轨道交通国家实验室（筹）
133	李奕璠	机械工程	副教授	男	机械工程学院
134	丁渭平	机械工程	教授	男	机械工程学院
135	王战江	机械工程	教授	男	机械工程学院
136	李俊言	机械工程	教授	男	机械工程学院
137	张祖涛	机械工程、交通运输工程	教授	男	机械工程学院

续表

序号	姓 名	一级学科名称	职称	性别	工作单位
138	张 剑	机械工程	教授	女	机械工程学院
139	肖世德	机械工程	教授	男	机械工程学院
140	江 亮	机械工程	副研究员	男	机械工程学院
141	丁国富	机械工程	教授	男	机械工程学院
142	崔树勋	机械工程、材料科学与工程	教授	男	机械工程学院
143	鲁彩江	机械工程	副教授	男	机械工程学院
144	刘伟群	机械工程	教授	男	机械工程学院
145	陈春俊	机械工程	教授	男	机械工程学院
146	张则强	机械工程	教授	男	机械工程学院
147	高宏力	机械工程	教授	男	机械工程学院
148	蔡振兵	机械工程	研究员	男	机械工程学院
149	余丙军	机械工程	副研究员	男	机械工程学院
150	李 炜	机械工程	研究员	女	机械工程学院
151	靳忠民	机械工程	教授	男	机械工程学院
152	宁 静	机械工程	副教授	女	机械工程学院
153	陈 磊	机械工程	研究员	男	机械工程学院
154	祝 乔	机械工程	教授	男	机械工程学院
155	钱林茂	机械工程、材料科学与工程	教授	男	机械工程学院
156	袁艳平	土木工程	教授	男	机械工程学院
157	董大伟	机械工程	教授	男	机械工程学院
158	周仲荣	机械工程、材料科学与工程	教授	男	校长办公室
159	支锦亦	机械工程、建筑学	教授	女	设计艺术学院
160	陈再刚	交通运输工程	研究员	男	牵引动力国家重点实验室
161	池茂儒	机械工程	研究员	男	牵引动力国家重点实验室
162	邓自刚	交通运输工程	研究员	男	牵引动力国家重点实验室
163	丁建明	交通运输工程	副研究员	男	牵引动力国家重点实验室
164	敬 霖	机械工程	研究员	男	牵引动力国家重点实验室
165	马光同	交通运输工程、电气工程	研究员	男	牵引动力国家重点实验室
166	马卫华	机械工程	研究员	男	牵引动力国家重点实验室
167	宋冬利	交通运输工程	高级实验师	女	牵引动力国家重点实验室
168	王开云	交通运输工程	研究员	男	牵引动力国家重点实验室
169	温泽峰	交通运输工程、机械工程	研究员	男	牵引动力国家重点实验室
170	邬平波	交通运输工程	研究员	男	牵引动力国家重点实验室
171	吴圣川	交通运输工程	研究员	男	牵引动力国家重点实验室
172	肖新标	交通运输工程	副研究员	男	牵引动力国家重点实验室

续表

序号	姓　名	一级学科名称	职称	性别	工作单位
173	杨　冰	交通运输工程、机械工程	研究员	男	牵引动力国家重点实验室
174	姚　远	机械工程	研究员	男	牵引动力国家重点实验室
175	赵春发	交通运输工程	研究员	男	牵引动力国家重点实验室
176	郑　珺	交通运输工程、电气工程	副教授	女	牵引动力国家重点实验室
177	周　宁	交通运输工程	副研究员	男	牵引动力国家重点实验室
178	朱胜阳	交通运输工程	副研究员	男	牵引动力国家重点实验室
179	张继旺	机械工程	研究员	男	牵引动力国家重点实验室
180	翟婉明	交通运输工程、机械工程	教授/院士	男	牵引动力国家重点实验室
181	曾　京	交通运输工程、机械工程	教授	男	牵引动力国家重点实验室
182	张继业	交通运输工程、机械工程	教授	男	牵引动力国家重点实验室
183	张卫华	交通运输工程	教授	男	牵引动力国家重点实验室
184	戴焕云	交通运输工程	研究员	男	牵引动力国家重点实验室
185	曾义凯	土木工程	副研究员	男	机械工程学院
186	付国强	机械工程	副教授	男	机械工程学院
187	牛纪强	机械工程	副研究员	男	机械工程学院
188	王　稳	机械工程	副研究员	男	机械工程学院
189	朱　涛	交通运输工程	副研究员	男	牵引动力国家重点实验室
190	彭金方	交通运输工程	副研究员	男	牵引动力国家重点实验室
191	凌　亮	交通运输工程	副研究员	男	牵引动力国家重点实验室
192	陈锦雄	交通运输工程、控制科学与工程	教授	男	George Mason University（乔治·梅森大学）
193	陈全芳	电气工程、材料科学与工程	教授	男	电气工程学院
194	江　奇	电气工程、材料科学与工程	教授	男	电气工程学院
195	王　豫	电气工程	教授	男	电气工程学院
196	朱　峰	电气工程	教授	男	电气工程学院
197	卿安永	电气工程	教授	男	电气工程学院
198	丁荣军	电气工程	教授级高工/院士	男	南车株洲电力机车研究所有限公司
199	冯晓云	电气工程	教授	女	电气工程学院
200	葛兴来	电气工程	教授	男	电气工程学院
201	马红波	电气工程	副教授	男	电气工程学院
202	舒泽亮	电气工程	教授	男	电气工程学院
203	宋文胜	电气工程	教授	男	电气工程学院
204	许建平	电气工程	教授	男	电气工程学院
205	周国华	电气工程	教授	男	电气工程学院
206	何晓琼	电气工程	教授	女	电气工程学院

续表

序号	姓　名	一级学科名称	职称	性别	工作单位
207	陈维荣	电气工程	教授	男	电气工程学院
208	戴朝华	电气工程	副教授	男	电气工程学院
209	高仕斌	电气工程	教授	男	电气工程学院
210	何正友	电气工程	教授	男	电气工程学院
211	胡海涛	电气工程	教授	男	电气工程学院
212	解绍锋	电气工程	教授	男	电气工程学院
213	李　奇	电气工程	教授	男	电气工程学院
214	李群湛	电气工程	教授	男	电气工程学院
215	林　圣	电气工程	教授	男	电气工程学院
216	刘　炜	电气工程	副教授	男	电气工程学院
217	刘志刚	电气工程	教授	男	电气工程学院
218	麦瑞坤	电气工程	教授	男	电气工程学院
219	钱清泉	电气工程	教授/院士	男	电气工程学院
220	童晓阳	电气工程	副教授	男	电气工程学院
221	王德林	电气工程	教授	男	电气工程学院
222	张雪霞	电气工程	副教授	女	电气工程学院
223	赵海全	电气工程	教授	男	电气工程学院
224	高国强	电气工程	教授	男	电气工程学院
225	吴广宁	电气工程	教授	男	电气工程学院
226	张血琴	电气工程	副教授	女	电气工程学院
227	周利军	电气工程	教授	男	电气工程学院
228	马　磊	电气工程、控制科学与工程	教授	男	电气工程学院
229	周克敏	控制科学与工程	教授	男	电气工程学院
230	陈　杰	控制科学与工程	教授	男	电气工程学院
231	黄德青	控制科学与工程	教授	男	电气工程学院
232	张昆仑	电气工程	教授	男	电气工程学院
233	曹晓斌	电气工程	副教授	男	电气工程学院
234	陈民武	电气工程	教授	男	电气工程学院
235	符　玲	电气工程	副教授	女	电气工程学院
236	秦　娜	控制科学与工程	副教授	女	电气工程学院
237	王　涛	电气工程	教授	男	电气工程学院
238	杨　平	电气工程	副教授	女	电气工程学院
239	王晓茹	电气工程	教授	女	电气工程学院
240	杨健维	电气工程	副教授	女	电气工程学院
241	韩正庆	电气工程	教授	男	电气工程学院

序号	姓　名	一级学科名称	职称	性别	工作单位
242	严仲明	电气工程	副研究员	男	电气工程学院
243	魏文赋	电气工程	副教授	男	电气工程学院
244	廖凯	电气工程	副教授	男	电气工程学院
245	肖嵩	电气工程	副教授	男	电气工程学院
246	杨顺风	电气工程	副教授	男	电气工程学院
247	于龙	电气工程	教授	男	电气工程学院
248	Udaya Madawala	电气工程	教授	男	The University of Auckland（新西兰奥克兰大学）
249	Turgay Celik	信息与通信工程	教授	男	信息科学与技术学院
250	陈向东	信息与通信工程、交通运输工程	教授	男	信息科学与技术学院
251	代彬	信息与通信工程	教授	男	信息科学与技术学院
252	范平志	信息与通信工程、交通运输工程	教授	男	信息科学与技术学院
253	方旭明	信息与通信工程、交通运输工程	教授	男	信息科学与技术学院
254	冯全源	信息与通信工程、交通运输工程	教授	男	信息科学与技术学院
255	顾国祥	控制科学与工程、交通运输工程	教授	男	信息科学与技术学院
256	郭进	交通运输工程	教授	男	信息科学与技术学院
257	郝莉	信息与通信工程	教授	女	信息科学与技术学院
258	和红杰	信息与通信工程	教授	女	信息科学与技术学院
259	类先富	信息与通信工程	教授	男	信息科学与技术学院
260	李恒超	信息与通信工程、交通运输工程	教授	男	信息科学与技术学院
261	刘刚	信息与通信工程	副教授	男	信息科学与技术学院
262	罗斌	信息与通信工程	教授	男	信息科学与技术学院
263	罗明星	信息与通信工程	教授	男	信息科学与技术学院
264	马征	信息与通信工程、交通运输工程	教授	男	信息科学与技术学院
265	潘炜	信息与通信工程	教授	男	信息科学与技术学院
266	唐小虎	信息与通信工程、交通运输工程	教授	男	信息科学与技术学院
267	王小敏	交通运输工程	教授	男	信息科学与技术学院
268	韦联福	信息与通信工程	教授	男	信息科学与技术学院
269	闫连山	信息与通信工程、交通运输工程	教授	男	信息科学与技术学院
270	叶佳	信息与通信工程	副教授	男	信息科学与技术学院

序号	姓　名	一级学科名称	职称	性别	工作单位
271	周正春	信息与通信工程、交通运输工程	教授	男	信息科学与技术学院
272	邹喜华	信息与通信工程、交通运输工程	教授	男	信息科学与技术学院
273	李　里	信息与通信工程	副教授	男	信息科学与技术学院
274	向乾尹	信息与通信工程	副教授	男	信息科学与技术学院
275	张文芳	信息与通信工程	副教授	女	信息科学与技术学院
276	郑　狄	信息与通信工程	副教授	男	信息科学与技术学院
277	华泽玺	交通运输工程、控制科学与工程	教授	男	信息科学与技术学院
278	谢小军	信息与通信工程	教授	男	信息科学与技术学院
279	邓　雄	信息与通信工程	副教授	男	信息科学与技术学院
280	郑宗良	信息与通信工程	副教授	男	信息科学与技术学院
281	李松斌	信息与通信工程	研究员	男	信息科学与技术学院
282	陈红梅	计算机科学与技术	教授	女	计算机与人工智能学院
283	戴元顺	计算机科学与技术	教授	男	电子科技大学
284	龚　勋	计算机科学与技术	教授	男	计算机与人工智能学院
285	韩　敏	计算机科学与技术	教授	女	计算机与人工智能学院
286	李天瑞	计算机科学与技术	教授	男	计算机与人工智能学院
287	林良才	计算机科学与技术	教授	男	计算机与人工智能学院
288	彭　博	计算机科学与技术	副教授	女	计算机与人工智能学院
289	孙林夫	计算机科学与技术	教授	男	计算机与人工智能学院
290	吴奇石	计算机科学与技术	教授	男	计算机与人工智能学院
291	吴　晓	计算机科学与技术	教授	男	计算机与人工智能学院
292	邢焕来	计算机科学与技术	副教授	男	计算机与人工智能学院
293	翟东海	计算机科学与技术	教授	男	计算机与人工智能学院
294	张家树	计算机科学与技术	教授	男	计算机与人工智能学院
295	邹益胜	计算机科学与技术	研究员	男	计算机与人工智能学院
296	刘　兵	计算机科学与技术	教授	男	University of Illinois at Chicago（伊利诺伊大学芝加哥分校）
297	徐常胜	计算机科学与技术	教授	男	中国科学院自动化研究所
298	徐　洁	计算机科学与技术	教授	男	University of Leeds（英国利兹大学）
299	郑　宇	计算机科学与技术	教授	男	京东科技控股股份有限公司
300	彭　强	计算机科学与技术	教授	男	计算机与人工智能学院
301	戴朋林	计算机科学与技术	副教授	男	计算机与人工智能学院
302	杜圣东	计算机科学与技术	副教授	男	计算机与人工智能学院
303	冯　力	计算机科学与技术	研究员	男	计算机与人工智能学院

续表

序号	姓 名	一级学科名称	职称	性别	工作单位
304	滕 飞	计算机科学与技术	副教授	女	计算机与人工智能学院
305	王红军	计算机科学与技术	副研究员	男	计算机与人工智能学院
306	徐 迅	计算机科学与技术	研究员	男	计算机与人工智能学院
307	龚宽平	计算机科学与技术	研究员	男	计算机与人工智能学院
308	武筱林	计算机科学与技术	教授	男	McMaster University（麦克马斯特大学）
309	郭劲宏	计算机科学与技术	教授	男	上海交通大学
310	李 康	计算机科学与技术	研究员	男	四川大学华西医院
311	王建琼	工商管理、管理科学与工程	教授	男	经济管理学院
312	肖作平	工商管理	教授	男	杭州电子科技大学
313	郝辽钢	工商管理	副教授	男	经济管理学院
314	汤 明	工商管理	教授级高工	男	中电建路桥集团有限公司
315	唐春勇	工商管理	教授	女	经济管理学院
316	周嘉南	工商管理	教授	女	经济管理学院
317	官振中	工商管理	教授	男	经济管理学院
318	蒋丹凌	工商管理	副教授	女	Florida State University（美国弗罗里达州立大学）
319	蒋玉石	工商管理、管理科学与工程	教授	男	经济管理学院
320	徐 飞	工商管理	教授	男	上海财经大学
321	刘 春	管理科学与工程	教授	男	电子科技大学
322	贾建民	管理科学与工程	教授	男	经济管理学院
323	陈 蛇	管理科学与工程	研究员	男	成都市社会科学院
324	廖楚晖	管理科学与工程	教授	男	公共管理学院
325	陈彦如	管理科学与工程	教授	女	经济管理学院
326	李妍峰	管理科学与工程	副教授	女	经济管理学院
327	刘 盾	管理科学与工程	教授	男	经济管理学院
328	谭德庆	管理科学与工程	教授	男	经济管理学院
329	袁红平	管理科学与工程	教授	男	广州大学
330	董大勇	工商管理	副教授	男	经济管理学院
331	李 军	管理科学与工程	教授	女	经济管理学院
332	朱宏泉	管理科学与工程、工商管理	教授	男	经济管理学院
333	陆绍凯	管理科学与工程	教授	男	经济管理学院
334	蔡小强	管理科学与工程	教授	男	香港中文大学
335	郭秀萍	管理科学与工程	副教授	女	经济管理学院
336	胡仁华	管理科学与工程	教授	男	The University of Utah（美国犹他大学）
337	李维萍	管理科学与工程	教授	男	数学学院
338	蒲 云	管理科学与工程	教授	男	校长办公室

续表

序号	姓　名	一级学科名称	职称	性别	工作单位
339	漆一宏	管理科学与工程	教授	男	大数据行为研究院
340	许钜秉	管理科学与工程	教授	男	台湾大学
341	张　兵	管理科学与工程	教授	男	南京农业大学
342	周国华	管理科学与工程、工商管理	教授	男	经济管理学院
343	聂佳佳	管理科学与工程	教授	男	经济管理学院
344	郭　强	管理科学与工程、工商管理	教授	男	经济管理学院
345	刘继才	管理科学与工程、工商管理	教授	男	经济管理学院
346	代　颖	管理科学与工程、工商管理	教授	女	经济管理学院
347	黄登仕	管理科学与工程、工商管理	教授	男	经济管理学院
348	廖少毅	管理科学与工程、工商管理	教授	男	香港城市大学
349	马祖军	管理科学与工程、工商管理	教授	男	经济管理学院
350	叶　勇	管理科学与工程、工商管理	教授	男	经济管理学院
351	刘人怀	工商管理	教授/院士	男	暨南大学
352	耿　维	管理科学与工程	副教授	男	经济管理学院
353	杨　平	工商管理	教授	男	经济管理学院
354	马　锋	管理科学与工程	副教授	男	经济管理学院
355	高增安	管理科学与工程	教授	男	经济管理学院
356	徐　进	管理科学与工程、工商管理	副教授	男	经济管理学院
357	冯　琳	管理科学与工程	副教授	女	经济管理学院
358	李华强	管理科学与工程	教授	男	公共管理学院
359	刘　鑫	管理科学与工程	副教授	男	公共管理学院
360	李志义	管理科学与工程	教授级高工	男	国铁集团
361	吕红霞	交通运输工程	教授	女	交通运输与物流学院
362	刘　澜	交通运输工程	教授	男	交通运输与物流学院
363	倪少权	交通运输工程	教授	男	交通运输与物流学院
364	彭其渊	交通运输工程	教授	男	交通运输与物流学院
365	帅　斌	交通运输工程	教授	男	交通运输与物流学院
366	何　娟	交通运输工程	教授	女	交通运输与物流学院
367	刘晓波	交通运输工程	教授	男	交通运输与物流学院
368	江欣国	交通运输工程	教授	男	交通运输与物流学院
369	蒋阳升	交通运输工程	教授	男	交通运输与物流学院
370	杨　飞	交通运输工程	教授	男	交通运输与物流学院
371	马　剑	交通运输工程	教授	男	交通运输与物流学院
372	梁宏斌	控制科学与工程	教授	男	交通运输与物流学院
373	郑芳芳	交通运输工程	教授	女	交通运输与物流学院

续表

序号	姓 名	一级学科名称	职称	性别	工作单位
374	蒋朝哲	交通运输工程	副教授	男	交通运输与物流学院
375	刘昱岗	交通运输工程	教授	男	交通运输与物流学院
376	甘 蜜	交通运输工程	副教授	女	交通运输与物流学院
377	文 超	交通运输工程	副教授	男	交通运输与物流学院
378	鲁工圆	交通运输工程	副教授	男	交通运输与物流学院
379	罗 霞	交通运输工程	教授	女	交通运输与物流学院
380	韩 科	交通运输工程	教授	男	交通运输与物流学院
381	孙湛博	交通运输工程	教授	男	交通运输与物流学院
382	张小强	交通运输工程	副教授	男	交通运输与物流学院
383	郭孜政	交通运输工程	教授	男	交通运输与物流学院
384	谢 军	交通运输工程	副教授	男	交通运输与物流学院
385	贺政纲	交通运输工程	教授	男	交通运输与物流学院
386	杨 达	交通运输工程	教授	男	交通运输与物流学院
387	陈钉均	交通运输工程	教授	男	交通运输与物流学院
388	赵 军	交通运输工程	副教授	男	交通运输与物流学院
389	李国旗	交通运输工程	副教授	男	交通运输与物流学院
390	潘卫军	交通运输工程	教授	男	中国民用航空飞行学院
391	邱 建	建筑学	教授	男	四川省住房和城乡建设厅
392	沈中伟	建筑学、交通运输工程	教授	男	建筑学院
393	崔 叙	建筑学	教授	男	建筑学院
394	舒 波	建筑学	教授	男	西华大学
395	张樱子	建筑学	教授	女	建筑学院
396	于 洋	建筑学	教授	男	建筑学院
397	毕凌岚	建筑学	教授	女	建筑学院
398	杨青娟	建筑学	教授	女	建筑学院
399	刘弘涛	建筑学	副教授	男	建筑学院
400	袁 红	建筑学	副教授	女	建筑学院
401	付 飞	建筑学	副教授	男	建筑学院
402	杨林川	建筑学	研究员	男	建筑学院
403	葛昌纯	材料科学与工程	教授/院士	男	北京科技大学
404	陈 辉	材料科学与工程	教授	男	材料科学与工程学院
405	陈俊英	材料科学与工程	教授	女	材料科学与工程学院
406	樊小强	材料科学与工程	副教授	男	材料科学与工程学院
407	范希梅	材料科学与工程	教授	女	材料科学与工程学院
408	苟国庆	材料科学与工程	教授	男	材料科学与工程学院

续表

序号	姓 名	一级学科名称	职称	性别	工作单位
409	郭 星	材料科学与工程	教授	女	材料科学与工程学院
410	胡春峰	材料科学与工程	教授	男	材料科学与工程学院
411	姜 欣	材料科学与工程	副教授	男	材料科学与工程学院
412	冷永祥	材料科学与工程	教授	男	材料科学与工程学院
413	李 琦	材料科学与工程	教授	男	材料科学与工程学院
414	李孝红	材料科学与工程	教授	男	材料科学与工程学院
415	李远星	材料科学与工程	副教授	女	材料科学与工程学院
416	鲁 雄	材料科学与工程	教授	男	材料科学与工程学院
417	罗胜年	材料科学与工程、物理学	教授	男	材料科学与工程学院
418	吕 军	材料科学与工程	教授	男	材料科学与工程学院
419	欧建臻	材料科学与工程	教授	男	材料科学与工程学院
420	屈树新	材料科学与工程	教授	女	材料科学与工程学院
421	孙强强	材料科学与工程	副教授	男	材料科学与工程学院
422	汤礼军	材料科学与工程	主任医师	男	材料科学与工程学院
423	万国江	材料科学与工程	教授	男	材料科学与工程学院
424	Salvatore Grasso	材料科学与工程	教授	男	材料科学与工程学院
425	王 进	材料科学与工程	教授	女	材料科学与工程学院
426	王 勇	材料科学与工程	教授	男	材料科学与工程学院
427	翁 杰	材料科学与工程	教授	男	材料科学与工程学院
428	翁亚军	材料科学与工程	教授	女	材料科学与工程学院
429	熊 俊	材料科学与工程	教授	男	材料科学与工程学院
430	杨 苹	材料科学与工程	教授	女	材料科学与工程学院
431	杨 涛	材料科学与工程	副教授	男	材料科学与工程学院
432	杨维清	材料科学与工程	教授	男	材料科学与工程学院
433	余 敏	材料科学与工程	副教授	女	材料科学与工程学院
434	张海涛	材料科学与工程	副教授	男	材料科学与工程学院
435	张英波	材料科学与工程	副教授	男	材料科学与工程学院
436	赵安莎	材料科学与工程	教授	女	材料科学与工程学院
437	周绍兵	材料科学与工程	教授	男	材料科学与工程学院
438	朱旻昊	材料科学与工程、机械工程	教授	男	材料科学与工程学院
439	朱宗涛	材料科学与工程	副教授	男	材料科学与工程学院
440	李国平	材料科学与工程	主任医师	男	成都市第三人民医院
441	王 杨	材料科学与工程、机械工程	教授	男	前沿科学研究院
442	戴尅戎	材料科学与工程	教授	男	上海交大附属九院
443	封 顺	材料科学与工程	教授	男	生命科学与工程学院

续表

序号	姓　名	一级学科名称	职称	性别	工作单位
444	高　峰	材料科学与工程	教授	男	生命科学与工程学院
445	李卫东	材料科学与工程	教授	男	生命科学与工程学院
446	茆灿泉	材料科学与工程	教授	男	生命科学与工程学院
447	孟　涛	材料科学与工程	教授	男	生命科学与工程学院
448	彭　羽	材料科学与工程	教授	男	生命科学与工程学院
449	邱忠平	材料科学与工程	教授	女	生命科学与工程学院
450	谭　睿	材料科学与工程	教授	女	生命科学与工程学院
451	王雅雯	材料科学与工程	教授	女	生命科学与工程学院
452	张兴栋	材料科学与工程	教授/院士	男	四川大学
453	呼永河	材料科学与工程	主任医师	男	西部战区总医院
454	树海峰	材料科学与工程	主任医师	男	西部战区总医院
455	杨永健	材料科学与工程	主任医师	男	西部战区总医院
456	周先礼	材料科学与工程	教授	男	研究生院
457	郭泰林	材料科学与工程	副教授	男	医学院
458	雷　涵	材料科学与工程	副教授	男	医学院
459	尹冬弟	材料科学与工程	副教授	男	材料科学与工程学院
460	孟凡彬	材料科学与工程	副教授	男	材料科学与工程学院
461	徐小军	材料科学与工程	副教授	男	材料科学与工程学院
462	吴明雨	材料科学与工程	副教授	男	生命科学与工程学院
463	张　岚	材料科学与工程	副教授	男	生命科学与工程学院
464	廖　海	材料科学与工程	副教授	男	生命科学与工程学院
465	刘雁军	材料科学与工程	主任医师	男	成都市第三人民医院
466	裴海峰	材料科学与工程	主任医师	男	西部战区总医院
467	孙红玉	材料科学与工程	副教授	女	西部战区总医院
468	张　勇	物理学	研究员	女	电气工程学院
469	羊新胜	物理学	副研究员	男	电气工程学院
470	赵　勇	物理学、电气工程	教授	男	电气工程学院
471	刘其军	物理学	副教授	男	物理科学与技术学院
472	倪宇翔	物理学	副教授	男	物理科学与技术学院
473	王红艳	物理学	教授	女	物理科学与技术学院
474	谢　东	物理学	教授	男	物理科学与技术学院
475	王　辉	物理学	副教授	女	物理科学与技术学院
476	马小娟	物理学	副教授	女	物理科学与技术学院
477	刘福生	物理学	研究员	男	物理科学与技术学院
478	周勋秀	物理学	教授	女	物理科学与技术学院

续表

序号	姓　名	一级学科名称	职称	性别	工作单位
479	祝凤荣	物理学	副教授	女	物理科学与技术学院
480	贾焕玉	物理学	教授	男	物理科学与技术学院
481	贾文志	物理学	副教授	男	物理科学与技术学院
482	刘四明	物理学	教授	男	物理科学与技术学院
483	刘　煜	物理学	教授	男	物理科学与技术学院
484	王先驱	物理学	副研究员	男	物理科学与技术学院
485	许宇鸿	物理学	教授	男	物理科学与技术学院
486	程　钧	物理学	研究员	男	物理科学与技术学院
487	廖　成	物理学	教授	男	物理科学与技术学院
488	王邦继	物理学	副教授	男	物理科学与技术学院
489	彭建平	物理学	副教授	男	物理科学与技术学院
490	钟选明	物理学	教授	男	物理科学与技术学院
491	李相强	物理学、电气工程	教授	男	物理科学与技术学院
492	张　渝	物理学	教授	女	物理科学与技术学院
493	张政权	物理学	副研究员	男	物理科学与技术学院
494	刘海峰	物理学	副教授	男	物理科学与技术学院
495	乐　源	力学	教授	男	力学与航空航天学院
496	李映辉	力学	教授	男	力学与航空航天学院
497	康国政	力学	教授	男	校长办公室
498	阚前华	力学	教授	男	力学与航空航天学院
499	朱志武	力学	教授	男	力学与航空航天学院
500	蒋　晗	力学	教授	男	力学与航空航天学院
501	李翔宇	力学	教授	男	力学与航空航天学院
502	刘金铃	力学、材料科学与工程	教授	男	力学与航空航天学院
503	张　旭	力学	教授	男	力学与航空航天学院
504	袁江宏	力学	副教授	男	力学与航空航天学院
505	杨翊仁	力学	教授	男	力学与航空航天学院
506	冯志强	力学	教授	男	力学与航空航天学院
507	杨　杰	力学	教授	男	力学与航空航天学院
508	沈火明	力学、土木工程	教授	男	校长办公室
509	于　超	力学	教授	男	力学与航空航天学院
510	李　鹏	力学	教授	男	力学与航空航天学院
511	杨　洋	力学	副教授	男	力学与航空航天学院
512	包　陈	力学	副教授	男	力学与航空航天学院
513	李志林	测绘科学与技术	教授	男	地球科学与环境工程学院

续表

序号	姓　名	一级学科名称	职称	性别	工作单位
514	朱　庆	测绘科学与技术	教授	男	地球科学与环境工程学院
515	刘国祥	测绘科学与技术	教授	男	地球科学与环境工程学院
516	徐　柱	测绘科学与技术	教授	男	地球科学与环境工程学院
517	朱　军	测绘科学与技术	教授	男	地球科学与环境工程学院
518	陈　强	测绘科学与技术	教授	男	地球科学与环境工程学院
519	袁林果	测绘科学与技术	教授	男	地球科学与环境工程学院
520	范美坤	测绘科学与技术、土木工程	教授	男	地球科学与环境工程学院
521	赵　锐	测绘科学与技术、土木工程	教授	男	地球科学与环境工程学院
522	高　贵	测绘科学与技术	教授	男	地球科学与环境工程学院
523	逯　鹏	测绘科学与技术	副教授	男	地球科学与环境工程学院
524	陈　军	测绘科学与技术	教授	男	国家基础地理信息中心
525	黄　波	测绘科学与技术	教授	男	香港中文大学
526	刘纪平	测绘科学与技术	研究员	男	中国测绘科学研究院
527	张福浩	测绘科学与技术	研究员	男	中国测绘科学研究院
528	曹云刚	测绘科学与技术	副教授	男	地球科学与环境工程学院
529	周乐韬	测绘科学与技术	副教授	男	地球科学与环境工程学院
530	胡卸文	地质资源与地质工程	教授	男	地球科学与环境工程学院
531	程谦恭	地质资源与地质工程	教授	男	地球科学与环境工程学院
532	巫锡勇	地质资源与地质工程	教授	男	地球科学与环境工程学院
533	张玉春	地质资源与地质工程、土木工程	教授	男	地球科学与环境工程学院
534	赵晓彦	地质资源与地质工程	教授	男	地球科学与环境工程学院
535	丁明涛	地质资源与地质工程	教授	男	地球科学与环境工程学院
536	王　虎	地质资源与地质工程	副教授	男	地球科学与环境工程学院
537	唐菊兴	地质资源与地质工程	研究员	男	中国地质科学院矿产资源研究所
538	丁雨淋	测绘科学与技术	副教授	女	地球科学与环境工程学院
539	叶沅鑫	测绘科学与技术	副教授	男	地球科学与环境工程学院
540	张　涵	测绘科学与技术、土木工程	副教授	女	地球科学与环境工程学院
541	张　瑞	测绘科学与技术	副教授	男	地球科学与环境工程学院
542	陈　敏	测绘科学与技术	副教授	男	地球科学与环境工程学院
543	游　为	测绘科学与技术	副教授	男	地球科学与环境工程学院
544	胡　翰	测绘科学与技术	教授	男	地球科学与环境工程学院
545	尹高飞	测绘科学与技术	副教授	男	地球科学与环境工程学院
546	马　军	土木工程	教授/院士	男	哈尔滨工业大学

续表

序号	姓名	一级学科名称	职称	性别	工作单位
547	多吉	地质资源与地质工程	教授级高工/院士	男	西藏自治区地质矿产勘查开发局
548	李清泉	测绘科学与技术	教授	男	深圳大学
549	SAEID PIRASTEH	测绘科学与技术	副教授	男	地球科学与环境工程学院
550	龚正君	地质资源与地质工程、土木工程	教授	女	地球科学与环境工程学院
551	何毅	地质资源与地质工程	副教授	男	地球科学与环境工程学院
552	王玉峰	地质资源与地质工程	副研究员	女	地球科学与环境工程学院
553	范东明	测绘科学与技术	教授	男	地球科学与环境工程学院
554	葛旭明	测绘科学与技术	副教授	男	地球科学与环境工程学院
555	王晓文	测绘科学与技术	副教授	男	地球科学与环境工程学院
556	汪启明	中国语言文学	教授	男	人文学院
557	吕鹏志	中国语言文学	教授	男	人文学院
558	刘玉珺	中国语言文学	教授	女	人文学院
559	段从学	中国语言文学	教授	男	人文学院
560	胡志红	中国语言文学	教授	男	人文学院
561	刘占祥	中国语言文学、马克思主义理论	教授	男	人文学院
562	王长才	中国语言文学	教授	男	人文学院
563	余夏云	中国语言文学	教授	男	人文学院
564	安燕	中国语言文学	教授	女	人文学院
565	李成坚	中国语言文学	教授	女	外国语学院
566	俞森林	中国语言文学	教授	男	外国语学院
567	莫光华	中国语言文学	教授	男	外国语学院
568	曾虹	中国语言文学	教授	女	外国语学院
569	李孝英	中国语言文学	教授	女	外国语学院
570	杨洋	数学	教授	男	数学学院
571	范翠玲	数学	教授	女	数学学院
572	唐家银	数学	副教授	男	数学学院
573	刘品	数学	副教授	男	数学学院
574	潘小东	数学	副教授	男	数学学院
575	黎定仕	数学	教授	男	数学学院
576	杨晗	数学	教授	男	数学学院
577	郑海涛	数学	教授	男	数学学院
578	刘军	数学	Reader	男	Ulster University（阿尔斯特大学）
579	王璐	数学	副教授	男	数学学院

序号	姓　名	一级学科名称	职称	性别	工作单位
580	林伯海	马克思主义理论	教授	男	马克思主义学院
581	李春梅	马克思主义理论	教授	女	马克思主义学院
582	宁维卫	马克思主义理论	教授	男	心理研究与咨询中心
583	李学勇	马克思主义理论	教授	男	马克思主义学院
584	谢　瑜	马克思主义理论	教授	女	马克思主义学院
585	颜　军	马克思主义理论	教授	男	马克思主义学院
586	王炳林	马克思主义理论	教授	男	北京师范大学
587	田永秀	马克思主义理论	教授	女	马克思主义学院
588	胡子祥	马克思主义理论	教授	男	马克思主义学院
589	张雪永	马克思主义理论	教授	男	文科建设处
590	杨先农	马克思主义理论	研究员	男	四川省社会科学院
591	陈井安	马克思主义理论	研究员	男	四川省社会科学院
592	吴　江	马克思主义理论	研究员	男	中国人事科学院
593	王顺洪	马克思主义理论、管理科学与工程	教授	男	党委办公室
594	田雪梅	马克思主义理论	教授	女	马克思主义学院
595	王　菁	马克思主义理论	教授	女	马克思主义学院
596	李启明	马克思主义理论	副教授	男	心理研究与咨询中心

（二）办学规模

1. 2022 年省（自治区、直辖市、特别行政区）招生人数

省（自治区、直辖市、特别行政区）	招生人数
安徽	212
北京	45
重庆	429
福建	122
甘肃	288
广东	156
广西	190
贵州	252
海南	11
河北	265
河南	336
黑龙江	124

省（自治区、直辖市、特别行政区）	招生人数
湖北	235
湖南	264
吉林	102
江苏	316
江西	207
辽宁	146
内蒙古	107
宁夏	50
青海	73
山东	327
山西	221
陕西	191
上海	20
四川	1848
台湾	4
天津	67
西藏	52
香港	4
新疆	202
云南	217
浙江	285

（注：按拼音首字母排序。）

2. 2022 年各专业硕士研究生招生统计表

学院代码	学院名称	专业代码	专业名称	招生人数
001	土木工程学院	081401	岩土工程	21
001	土木工程学院	081402	结构工程	24
001	土木工程学院	081406	桥梁与隧道工程	100
001	土木工程学院	082301	道路与铁道工程	48
001	土木工程学院	085900	土木水利	335
001	土木工程学院	086100	交通运输	26
002	机械工程学院	080200	机械工程	79
002	机械工程学院	080204	车辆工程	26
002	机械工程学院	080700	动力工程及工程热物理	19

学院代码	学院名称	专业代码	专业名称	招生人数
002	机械工程学院	081404	供热、供燃气、通风及空调工程	24
002	机械工程学院	085500	机械	266
003	电气工程学院	080800	电气工程	110
003	电气工程学院	0808Z1	轨道交通电气化与信息技术	8
003	电气工程学院	0808Z2	电磁悬浮与超导工程	7
003	电气工程学院	081100	控制科学与工程	29
003	电气工程学院	085400	电子信息	59
003	电气工程学院	085800	能源动力	180
004	信息科学与技术学院	080900	电子科学与技术	12
004	信息科学与技术学院	081000	信息与通信工程	53
004	信息科学与技术学院	0810Z1	信息安全	13
004	信息科学与技术学院	081101	控制理论与控制工程	6
004	信息科学与技术学院	082302	交通信息工程及控制	26
004	信息科学与技术学院	085400	电子信息	153
004	信息科学与技术学院	086100	交通运输	59
005	经济管理学院	020200	应用经济学	18
005	经济管理学院	120100	管理科学与工程	36
005	经济管理学院	120201	会计学	7
005	经济管理学院	120202	企业管理	16
005	经济管理学院	125100	工商管理	519
005	经济管理学院	125300	会计	52
005	经济管理学院	125601	工程管理	30
005	经济管理学院	125602	项目管理	21
005	经济管理学院	125603	工业工程与管理	59
007	交通运输与物流学院	071100	系统科学	8
007	交通运输与物流学院	082303	交通运输规划与管理	62
007	交通运输与物流学院	0823Z1	物流工程	16
007	交通运输与物流学院	0823Z2	交通工程	10
007	交通运输与物流学院	083700	安全科学与工程	6
007	交通运输与物流学院	085700	资源与环境	23
007	交通运输与物流学院	086100	交通运输	192
007	交通运输与物流学院	125604	物流工程与管理	40
008	建筑学院	081300	建筑学	23
008	建筑学院	083300	城乡规划学	12

续表

学院代码	学院名称	专业代码	专业名称	招生人数
008	建筑学院	083400	风景园林学	9
008	建筑学院	085100	建筑学	51
008	建筑学院	085300	城市规划	33
008	建筑学院	095300	风景园林	19
008	建筑学院	135100	艺术	10
009	材料科学与工程学院	080500	材料科学与工程	76
009	材料科学与工程学院	083100	生物医学工程	10
009	材料科学与工程学院	085500	机械	33
009	材料科学与工程学院	085600	材料与化工	129
010	生命科学与工程学院	070300	化学	20
010	生命科学与工程学院	071000	生物学	17
010	生命科学与工程学院	086000	生物与医药	73
010	生命科学与工程学院	100700	药学	61
011	物理科学与技术学院	070200	物理学	92
011	物理科学与技术学院	080900	电子科学与技术	24
012	力学与航空航天学院	080100	力学	86
013	外国语学院	045300	汉语国际教育	14
013	外国语学院	050200	外国语言文学	30
013	外国语学院	055101	英语笔译	32
014	地球科学与环境工程学院	081600	测绘科学与技术	52
014	地球科学与环境工程学院	081800	地质资源与地质工程	28
014	地球科学与环境工程学院	083000	环境科学与工程	26
014	地球科学与环境工程学院	085700	资源与环境	115
014	地球科学与环境工程学院	085900	土木水利	88
015	体育学院	045200	体育	25
018	人文学院	010100	哲学	7
018	人文学院	050100	中国语言文学	41
018	人文学院	050300	新闻传播学	27
018	人文学院	055200	新闻与传播	26
019	公共管理学院	030100	法学	10
019	公共管理学院	035101	法律（非法学）	9
019	公共管理学院	035102	法律（法学）	24
019	公共管理学院	085700	资源与环境	17
019	公共管理学院	120400	公共管理	73

学院代码	学院名称	专业代码	专业名称	招生人数
019	公共管理学院	125200	公共管理	260
021	牵引动力国家重点实验室	080204	车辆工程	39
021	牵引动力国家重点实验室	082304	载运工具运用工程	50
021	牵引动力国家重点实验室	086100	交通运输	111
040	数学学院	070100	数学	50
040	数学学院	071400	统计学	25
042	心理研究与咨询中心	040200	心理学	14
043	马克思主义学院	030500	马克思主义理论	59
044	医学院	100200	临床医学	45
044	医学院	107200	生物医学工程	9
046	唐山研究院	085400	电子信息	30
046	唐山研究院	085500	机械	25
046	唐山研究院	085800	能源动力	25
046	唐山研究院	086100	交通运输	9
046	唐山研究院	125604	物流工程与管理	11
048	计算机与人工智能学院	081200	计算机科学与技术	60
048	计算机与人工智能学院	083500	软件工程	15
048	计算机与人工智能学院	085400	电子信息	160
049	设计艺术学院	0802Z2	工业设计与工程	2
049	设计艺术学院	085500	机械	15
049	设计艺术学院	130500	设计学	22
049	设计艺术学院	135100	艺术	22
合计			5278 人	

3. 2022 年各专业博士研究生招生统计表

学院代码	学院名称	专业代码	专业名称	招生人数
001	土木工程学院	081401	岩土工程	7
001	土木工程学院	081402	结构工程	4
001	土木工程学院	081405	防灾减灾工程及防护工程	2
001	土木工程学院	081406	桥梁与隧道工程	54
001	土木工程学院	082301	道路与铁道工程	24
001	土木工程学院	086100	交通运输	37
002	机械工程学院	080201	机械制造及其自动化	5
002	机械工程学院	080202	机械电子工程	11

续表

学院代码	学院名称	专业代码	专业名称	招生人数
002	机械工程学院	080203	机械设计及理论	20
002	机械工程学院	080204	车辆工程	13
002	机械工程学院	081404	供热、供燃气、通风及空调工程	5
002	机械工程学院	085500	机械	20
002	机械工程学院	086100	交通运输	3
003	电气工程学院	080800	电气工程	42
003	电气工程学院	081100	控制科学与工程	5
003	电气工程学院	085800	能源动力	20
003	电气工程学院	086100	交通运输	1
004	信息科学与技术学院	081000	信息与通信工程	20
004	信息科学与技术学院	0810Z1	信息安全	6
004	信息科学与技术学院	082302	交通信息工程及控制	8
004	信息科学与技术学院	085800	能源动力	4
004	信息科学与技术学院	086100	交通运输	13
005	经济管理学院	120100	管理科学与工程	20
005	经济管理学院	120200	工商管理	11
007	交通运输与物流学院	082303	交通运输规划与管理	25
007	交通运输与物流学院	0823Z1	物流工程	3
007	交通运输与物流学院	0823Z2	交通工程	5
007	交通运输与物流学院	086100	交通运输	16
008	建筑学院	081300	建筑学	9
009	材料科学与工程学院	080500	材料科学与工程	42
009	材料科学与工程学院	085500	机械	4
010	生命科学与工程学院	080500	材料科学与工程	13
011	物理科学与技术学院	070200	物理学	19
012	力学与航空航天学院	080100	力学	24
012	力学与航空航天学院	085500	机械	1
013	外国语学院	050100	中国语言文学	3
014	地球科学与环境工程学院	081403	市政工程	7
014	地球科学与环境工程学院	0814Z1	工程环境与景观	1
014	地球科学与环境工程学院	081600	测绘科学与技术	17
014	地球科学与环境工程学院	081800	地质资源与地质工程	8
014	地球科学与环境工程学院	086100	交通运输	12
018	人文学院	050100	中国语言文学	9

学院代码	学院名称	专业代码	专业名称	招生人数
019	公共管理学院	120100	管理科学与工程	2
021	牵引动力国家重点实验室	080204	车辆工程	5
021	牵引动力国家重点实验室	082304	载运工具运用工程	38
021	牵引动力国家重点实验室	085500	机械	3
021	牵引动力国家重点实验室	086100	交通运输	9
040	数学学院	070100	数学	10
043	马克思主义学院	030500	马克思主义理论	24
048	计算机与人工智能学院	081200	计算机科学与技术	20
048	计算机与人工智能学院	086100	交通运输	9
049	设计艺术学院	0802Z2	工业设计与工程	1
049	设计艺术学院	085500	机械	2
合计				696 人

4. 2022 年各教学单位全日制本科生入学、毕业、在校人数

院、系（所）	毕业人数	入学人数	本科在校生人数
总计	6642	7233	28 808
材料科学与工程学院	274	350	1330
地球科学与环境工程学院	435	603	2063
电气工程学院	578	634	2553
公共管理学院	198	194	811
机械工程学院	706	590	2782
计算机与人工智能学院	199	309	989
建筑学院	194	202	996
交通运输与物流学院	534	453	2123
经济管理学院	359	371	1440
力学与航空航天学院	136	175	701
利兹学院	254	306	1166
马克思主义学院	38	51	207
人文学院	262	218	1023
设计艺术学院	202	197	582
生命科学与工程学院	205	273	984
数学学院	149	179	740
土木工程学院	925	783	3528
外国语学院	258	245	1059

续表

院、系（所）	毕业人数	入学人数	本科在校生人数
物理科学与技术学院	271	294	1198
心理研究与咨询中心	37	35	181
信息科学与技术学院	428	279	1543
城市轨道交通学院（智慧城市与交通学院）	0	492	809

5. 2022 年各专业硕士研究生毕业、在校人数

专业名称	专业代码	年制	毕业生数	授予学位数	在校生数			
					合计	一年级	二年级	三年级
合计	硕士研究生	2/3	3756	4035	16 434	5274	6772	4388
合计	学术学位硕士研究生	3	1498	1557	5552	1892	1830	1830
哲学	010100	3	7	7	21	7	6	8
理论经济学	020100	3	1	1	3	0	1	2
应用经济学	020200	3	21	19	54	18	17	19
法学	030100	3	11	12	30	10	11	9
马克思主义理论	030500	3	48	48	176	59	56	61
心理学	040200	3	18	18	60	14	24	22
中国语言文学	050100	3	49	51	126	41	43	42
英语语言文学	050201	3	1	3	0	0	0	0
德语语言文学	050204	3	1	1	0	0	0	0
外国语言文学	050200	3	26	25	91	30	29	32
比较文学与跨文化研究	0502Z1	3	2	3	0	0	0	0
翻译学	0502Z2	3	0	2	0	0	0	0
新闻传播学	050300	3	25	27	80	26	26	28
数学	070100	3	32	33	141	49	48	44
理论物理	070201	3	1	1	1	0	0	1
凝聚态物理	070205	3	0	1	0	0	0	0
光学	070207	3	1	4	0	0	0	0
无线电物理	070208	3	0	1	0	0	0	0
物理学	070200	3	51	52	262	92	87	83
化学	070300	3	0	0	39	20	19	0
生物化学与分子生物学	071010	3	2	7	0	0	0	0
生物学	071000	3	0	0	57	17	21	19
系统科学	071100	3	0	0	17	8	7	2

续表

专业名称	专业代码	年制	毕业生数	授予学位数	在校生数			
					合计	一年级	二年级	三年级
统计学	071400	3	20	20	70	24	24	22
力学	080100	3	50	50	240	85	76	79
机械工程	080201	3	56	56	216	79	69	68
车辆工程	080204	3	52	55	189	66	60	63
城市轨道交通技术与装备	0802Z1	3	2	2	3	0	0	3
工业设计与工程	0802Z2	3	1	1	6	2	2	2
材料科学与工程	080500	3	60	65	222	77	73	72
动力机械及工程	080703	3	2	3	0	0	0	0
动力工程及工程热物理	080700	3	0	0	43	19	14	10
电气工程	080800	3	91	91	319	111	109	99
轨道交通电气化与信息技术	0808Z1	3	7	7	28	8	8	12
电磁悬浮与超导工程	0808Z2	3	5	5	19	7	6	6
物理电子学	080901	3	0	1	0	0	0	0
电路与系统	080902	3	7	10	10	0	6	4
微电子学与固体电子学	080903	3	3	4	17	0	9	8
电子科学与技术	080900	3	13	13	86	35	24	27
信息与通信工程	081000	3	48	52	156	52	51	53
信息安全	0810Z1	3	9	9	34	13	10	11
控制理论与控制工程	081101	3	5	5	17	6	6	5
控制科学与工程	081100	3	22	21	81	29	28	24
计算机科学与技术	081200	3	45	50	170	60	57	53
建筑学	081300	3	21	20	77	23	25	29
岩土工程	081401	3	13	13	59	21	21	17
结构工程	081402	3	16	16	70	24	22	24
供热、供燃气、通风及空调工程	081404	3	38	40	76	24	23	29
防灾减灾工程及防护工程	081405	3	1	1	0	0	0	0
桥梁与隧道工程	081406	3	81	81	277	100	89	88
测绘科学与技术	081600	3	37	38	153	52	53	48
地质资源与地质工程	081800	3	28	29	80	27	26	27
道路与铁道工程	082301	3	40	40	137	48	47	42
交通信息工程及控制	082302	3	19	19	72	25	22	25
交通运输规划与管理	082303	3	55	56	186	62	62	62
载运工具运用工程	082304	3	34	35	140	50	49	41
交通工程	0823Z2	3	12	11	33	10	11	12

续表

专业名称	专业代码	年制	毕业生数	授予学位数	在校生数			
					合计	一年级	二年级	三年级
物流工程	0823Z1	3	12	13	49	16	16	17
环境科学与工程	083000	3	19	20	78	26	25	27
生物医学工程	083100	3	18	14	58	19	19	20
城乡规划学	083300	3	13	14	39	12	14	13
风景园林学	083400	3	6	8	26	8	9	9
软件工程	083500	3	12	12	46	15	16	15
安全科学与工程	083700	3	1	2	17	6	6	5
临床医学	100200	3	38	36	145	45	49	51
药学	100700	3	67	69	200	60	58	82
管理科学与工程	120100	3	23	21	104	37	36	31
会计学	120201	3	7	5	20	7	6	7
企业管理	120202	3	9	6	47	16	15	16
技术经济及管理	120204	3	0	1	1	0	0	1
公共管理	120400	3	62	79	207	73	64	70
设计学	130500	3	21	22	71	22	20	29
合计	专业学位硕士研究生	2/3	2258	2478	10882	3382	4942	2558
法律（非法学）	035100	3	16	17	40	9	13	18
法律（法学）	035100	3	12	15	56	24	17	15
体育	045200	3	0	0	45	25	20	0
汉语国际教育	045300	3	19	21	68	15	24	29
英语笔译	055101	3	30	30	86	32	26	28
翻译	055100	3	1	3	0	0	0	0
新闻与传播	055200	3	0	0	78	26	26	26
建筑学	085100	3	50	47	158	51	51	56
城市规划	085300	3	25	21	87	33	27	27
通信工程（含宽带网络、移动通信等）	085402	3	0	0	104	0	44	60
集成电路工程	085403	3	7	10	24	0	11	13
计算机技术	085404	3	112	117	357	0	179	178
软件工程	085405	3	26	27	49	0	19	30
控制工程	085406	3	33	38	4	0	2	2
人工智能	085410	3	0	0	8	0	7	1
电子信息	085400	3	72	82	596	402	105	89

续表

专业名称	专业代码	年制	毕业生数	授予学位数	在校生数			
					合计	一年级	二年级	三年级
机械工程	085501	3	183	191	169	0	91	78
车辆工程	085502	3	53	57	42	0	13	29
工业设计工程	085507	3	14	20	28	0	13	15
智能制造技术	085509	3	0	0	2	0	1	1
机器人工程	085510	3	0	0	15	0	7	8
机械	085500	3	3	3	818	339	222	257
材料工程	085601	3	91	90	7	0	1	6
材料与化工	085600	3	26	25	358	129	119	110
环境工程	085701	3	41	43	90	0	44	46
安全工程	085702	3	41	42	114	0	52	62
地质工程	085703	3	39	42	61	0	24	37
资源与环境	085700	3	66	68	210	155	28	27
电气工程	085801	3	185	194	422	0	204	218
能源动力	085800	3	0	0	205	205	0	0
土木工程	085901	3	0	0	419	0	201	218
水利工程	085902	3	0	0	1	0	1	0
市政工程（含给排水等）	085905	3	0	0	1	0	0	1
土木水利	085900	3	316	347	816	424	202	190
制药工程	086002	3	10	13	5	0	2	3
生物与医药	086000	3	15	14	199	73	60	66
轨道交通运输	086101	3	0	0	1	0	1	0
道路交通运输	086102	3	0	0	1	0	0	1
交通运输	086100	3	280	287	1215	399	396	420
风景园林	095300	3	10	10	48	19	15	14
工商管理硕士	125100	2	0	1	0	0	0	0
工商管理	125100	2	194	249	2263	519	1744	0
高级管理人员工商管理硕士	125100	2	0	4	0	0	0	0
公共管理	125200	2	134	158	954	259	695	0
会计	125300	2	62	70	111	52	59	0
工程管理	125601	3	0	1	91	30	30	31
项目管理	125602	3	1	20	65	21	22	22
工业工程与管理	125603	3	39	42	168	59	55	54
物流工程与管理	125604	3	52	59	130	50	37	43
艺术	135100	3	0	0	93	32	32	29

注：摘自 2021/2022 学年《教育事业综合统计报表》（教基 3331 续表）

6. 2022 年各专业博士研究生毕业、在校人数

专业名称	专业代码	年制	毕业生数	授予学位数	在校生数				
					总计	一年级	二年级	三年级	四年级
合计	博士研究生	4	252	343	3060	696	613	575	1176
合计	学术型博士研究生	4	251	342	2661	542	511	496	1112
马克思主义理论	030500	4	0	0	88	24	20	22	22
马克思主义基本原理	030501	4	4	4	9	0	0	0	9
思想政治教育	030505	4	2	3	14	0	0	0	14
中国语言文学	050100	4	7	9	79	12	14	14	39
数学	070100	4	1	1	39	10	10	8	11
物理学	070200	4	6	6	82	19	18	16	29
力学	080100	4	10	14	115	24	22	18	57
工程力学	080104	4	0	2	0	0	0	0	0
机械制造及其自动化	080201	4	3	5	12	5	4	1	2
机械电子工程	080202	4	8	9	36	11	8	6	12
机械设计及理论	080203	4	23	26	121	20	23	26	53
车辆工程	080204	4	8	9	117	18	21	17	61
城市轨道交通技术与装备	0802Z1	4	0	0	1	0	0	0	1
工业设计与工程	0802Z2	4	1	3	14	1	2	2	9
材料科学与工程	080500	4	17	25	245	55	54	49	87
电气工程	080800	4	37	43	202	42	37	47	80
电气系统控制与信息技术	080800	4	0	2	0	0	0	0	0
轨道交通电气化与信息技术	0808Z1	4	0	0	2	0	0	0	2
电磁悬浮与超导工程	0808Z2	4	0	0	4	0	2	0	2
电磁场与微波技术	080904	4	2	1	0	0	0	0	0
信息与通信工程	081000	4	13	21	103	20	21	13	49
通信与信息系统	081001	4	0	2	0	0	0	0	0
信息安全	0810Z1	4	1	1	25	6	5	7	7
控制科学与工程	081100	4	3	5	25	5	5	4	11
控制理论与控制工程	081101	4	1	1	4	0	1	2	1
系统工程	081103	4	0	1	2	0	0	0	2
计算机科学与技术	081200	4	11	13	86	20	18	15	33
计算机应用技术	081203	4	0	2	0	0	0	0	0
建筑学	081300	4	1	0	41	9	8	8	16
岩土工程	081401	4	2	5	44	7	8	9	20
结构工程	081402	4	0	1	35	4	7	8	16

专业名称	专业代码	年制	毕业生数	授予学位数	在校生数				
					总计	一年级	二年级	三年级	四年级
地质资源与地质工程	081403	4	1	1	0	0	0	0	0
市政工程	081403	4	6	10	32	7	3	8	14
供热、供燃气、通风及空调工程	081404	4	3	4	33	5	5	5	18
防灾减灾工程及防护工程	081405	4	1	2	8	2	2	2	2
桥梁与隧道工程	081406	4	19	32	262	54	46	51	113
工程环境与景观	0814Z1	4	1	1	9	1	3	3	2
测绘科学与技术	081600	4	5	10	94	17	16	18	44
地质资源与地质工程	081800	4	3	5	45	8	9	7	21
道路与铁道工程	082301	4	6	8	110	24	22	22	44
交通信息工程及控制	082302	4	1	2	37	8	7	9	14
交通运输规划与管理	082303	4	9	13	120	25	29	20	47
载运工具运用工程	082304	4	10	12	137	38	28	21	50
物流工程	0823Z1	4	2	1	20	3	2	5	10
交通工程	0823Z2	4	2	2	29	5	3	5	16
管理科学与工程	120100	4	13	14	92	22	16	16	38
工商管理	120200	4	8	8	69	11	12	12	34
企业管理	120202	4	0	3	0	0	0	0	0
合计	专业型博士研究生	4	1	1	399	154	102	79	64
机械	085500	4	0	0	70	30	17	15	8
能源动力	085800	4	0	0	60	24	13	12	11
交通运输	086100	4	1	1	269	100	72	52	45

注：摘自 2021/2022 学年《教育事业综合统计报表》（教基 3332 续表）。

7. 成人高等学历教育办学规模

年份	毕业人数	入学人数	在校生数
2022 年	1302	1931	4380

8. 网络教育办学规模

年份	毕业人数	入学人数	在校生数
2022 年	33 301	12 509	60 136

（三）教育质量及水平

1. 教育质量

（1）四川省第三批高等学校省级课程思政示范项目入选名单（排名不分先后）

2022年，"大国动力""景观设计"等14门课程获批省级课程思政示范课程，"材料力学教学团队"等3个团队获批省级课程思政示范教学团队，"交通运输"等2个专业获批省级课程思政示范专业，学校课程思政教学研究中心获批省级课程思政教学研究示范中心。

序号	项目	课程/团队/专业名称	负责人	类别
1	示范课程	景观设计	王　玮	普通本科教育
2	示范课程	运动、科技与智慧人生	宋爱玲	普通本科教育
3	示范课程	计算机学科前沿导论	杨　燕	普通本科教育
4	示范课程	材料科学基础	蒋小松	普通本科教育
5	示范课程	轨道交通概论	付茂海	普通本科教育
6	示范课程	通信学科前沿导论	马　征	普通本科教育
7	示范课程	自动控制原理（含实验）	赵　舵	普通本科教育
8	示范课程	基础工程	富海鹰	普通本科教育
9	示范课程	计算机程序设计基础	刘　霓	普通本科教育
10	示范课程	大国动力	康国政	研究生教育
11	示范课程	职业道德与工程伦理	夏　嵩	研究生教育
12	示范课程	公共政策分析	王永杰	研究生教育
13	示范课程	铁路桥梁	李远富、樊　敏	继续教育
14	示范课程	大学英语	张露蓓	继续教育
15	示范教学团队	材料力学教学团队	朱志武	普通本科教育
16	示范教学团队	工程地质课程群教学团队	赵晓彦	普通本科教育
17	示范教学团队	大学物理教学团队	孙燕云	普通本科教育
18	示范专业	交通运输	彭其渊	普通本科教育
19	示范专业	电气工程及其自动化	陈维荣	普通本科教育
20	教学研究示范中心	西南交通大学课程思政教学研究中心	西南交通大学	普通高等教育

（2）第三批省级线上、虚拟仿真实验教学一流本科课程

获批第三批省级一流课程35门，其中线上课程25门、虚拟仿真实验教学课程10门。

序号	课程名称	课程负责人	其他主要成员	主要建设单位	课程类别
1	土力学	崔凯	张俊云、毛坚强、杨兵、袁冉	土木工程学院	线上课程
2	基础工程	富海鹰	冯君、彭雄志、张迎宾、杨涛	土木工程学院	线上课程
3	建筑结构设计	林拥军	李彤梅、张晶、葛宇东、李力	土木工程学院	线上课程
4	结构力学（二）	罗永坤	蔡婧、马珩、齐欣、李翠娟	土木工程学院	线上课程
5	混凝土结构设计原理	赵人达	徐腾飞、占玉林、张育智、卢立恒	土木工程学院	线上课程
6	建筑材料	李固华	崔圣爱、李福海、陈昭、蒲励耘	土木工程学院	线上课程
7	电机学	葛兴来	邱忠才、刘黎、郭冀岭、王嵩	电气工程学院	线上课程
8	电力电子技术	蒋启龙	未文胜、石章海、陆可、沙金	电气工程学院	线上课程
9	芯动力——硬件加速设计方法	邱志雄	胡香荣、白天蕊、叶文霞	信息科学与技术学院	线上课程
10	区块链技术与应用	赵其刚	李天瑞、王红军	计算机与人工智能学院	线上课程
11	创新创业创青春	苗苗	康明惠、代宁、高恒、高桓	经济管理学院	线上课程
12	中级财务会计	周奇志	胡杨、诸波	经济管理学院	线上课程
13	大学法语与法国文化	左天梦	鲁长江、王婷婷、温杨	外国语学院	线上课程
14	学术素养英语	沈一新	张露蓓、张睿、夏玉立、胡霞	外国语学院	线上课程
15	《红楼梦》海外译介与传播	任显楷	张粲、何俊、钱亚旭、郭玉洁	外国语学院	线上课程
16	比较文学视野下的世界文学	曾虹		外国语学院	线上课程
17	铁路旅客运输组织	倪少权	陈钉均、陈韬、黄鉴、潘金山	交通运输与物流学院	线上课程
18	土木工程制图Ⅰ	杨万理 王广俊	王宁、赵莉香、韩大昌	土木工程学院	线上课程
19	国学经典导读	沈如泉	汪启明、崔罡、向仲敏、洪同华	人文学院	线上课程
20	生涯发展与职业心理素质提升训练	陈华	杨兴鹏、汪小容	心理研究与咨询中心	线上课程
21	设计心理学：体验与创意	冯缙	冯永婧	心理研究与咨询中心	线上课程
22	实验心理学：学会研究身边的现象	冉俐雯	高飞、冯果、徐建	心理研究与咨询中心	线上课程
23	隔网的智慧——乒羽两项	宋爱玲 王新星	陈错、杨春梅、赵丰超	体育学院	线上课程
24	大学足球	张岳	马朗、郭海阳、孙国欣	体育学院	线上课程

续表

序号	课程名称	课程负责人	其他主要成员	主要建设单位	课程类别
25	奥运裁判带你鉴赏赛事	刘江	阳海英、刘静霞、刘剑荣、卢立宝	体育学院	线上课程
26	高铁司机作业安全适应性评估与训练虚拟仿真实验	郭孜政	张光远、史磊、刘晓波、张南	交通运输与物流学院	虚拟仿真实验教学
27	地铁驾驶空间布局及适配虚拟仿真实验	向泽锐	李然、支锦亦、王超、许永生	设计艺术学院	虚拟仿真实验教学
28	川藏铁路施工组织动态优化虚拟仿真实验	樊敏	宋世军、李远富、尹紫红、梁东	土木工程学院	虚拟仿真实验教学
29	地铁车站候车空间环境色彩与导识系统设计虚拟仿真实验	王玮	王俊、万置、陈立民、周华溢	设计艺术学院	虚拟仿真实验教学
30	自动驾驶环境感知和路径规划控制虚拟仿真实验	邹应全	邓涛、张翠芳、冯军焕、卫龙	信息科学与技术学院	虚拟仿真实验教学
31	地铁车站防水虚拟仿真实验	蒋雅君	赵菊梅、王萃娟、占玉林、李国庆	土木工程学院	虚拟仿真实验教学
32	微电子智能制造虚拟仿真实验	龙绪明	黄昊、袁磊、李春茂、严仲明	电气工程学院	虚拟仿真实验教学
33	信用风险VaR模型虚拟仿真实验	董大勇	李良、李从容、马锋、郭姝辛	经济管理学院	虚拟仿真实验教学
34	高海拔超高能宇宙射线探测虚拟仿真实验	祝凤荣	刘四明、何钰、王阳、陈龙	物理科学与技术学院	虚拟仿真实验教学
35	高速铁路牵引供电系统运维虚拟仿真实验	解绍锋	何金强、曾晓红、徐可佳、林圣	电气工程学院	虚拟仿真实验教学

（3）2022年省级一流本科课程

获批四川省 2022 年省级一流本科课程 78 门，其中线上课程 32 门、线下课程 7 门、线上线下混合式课程 26 门、虚拟仿真实验教学课程 7 门、社会实践课程 4 门。

序号	课程名称	课程负责人	其他主要成员	主要建设单位	课程类别
1	结构力学基础	蔡婧	江南，齐欣，李翠娟	土木工程学院	线上课程
2	铁路选线设计	易思蓉	张家玲，曾勇，何庆	土木工程学院	线上课程
3	土木工程试验与量测技术	崔凯	杨梅，冯岚，蔡宏儒，彭地	土木工程学院	线上课程
4	机械设计基础	潘亚嘉	罗大兵，张祖涛，赵婧，陈鹏	机械工程学院	线上课程
5	电路分析AI	付聪	杨利，王颖民，刘淑萍，马冰	电气工程学院	线上课程
6	信号与系统	郭爱	刘志刚，荣海娜，范文礼，韩志伟	电气工程学院	线上课程
7	市场营销学	蒋玉石	张红宇	经济管理学院	线上课程
8	管理会计学	周奇志	沈俊宏	经济管理学院	线上课程
9	国际工程承包和管理实务英语	戴若愚	陈林	外国语学院	线上课程
10	世界遗产在中国（World Heritage Sites in China）	杨琼	史迹，胡光金，周琳	外国语学院	线上课程

序号	课程名称	课程负责人	其他主要成员	主要建设单位	课程类别
11	国际礼仪场景英语	但鸽	刘波，王慧，钱亚旭，陈小鸥	外国语学院	线上课程
12	城市设计	唐由海	史劲松	建筑学院	线上课程
13	创业商务谈判	何德文		公共管理学院	线上课程
14	数学建模精讲	王璐	梁涛，卢鹏，徐昌贵，张兴元	数学学院	线上课程
15	一生的健康锻炼	孙国欣	石金丽，周绪栋，陈曦，樊西娜	体育学院	线上课程
16	可修塑形体的运动魔方-体育舞蹈及瑜伽两项	王彦		体育学院	线上课程
17	网球学习的根与魂	何江明王锐	张立新，张问宇，周绪栋	体育学院	线上课程
18	大学生排球运动与女排精神的归一	苏华成	冯斌，曲衍圣，沈佳炘	体育学院	线上课程
19	奥运裁判教你学规则	刘江	任挽澜，卢立宝，董又祯	体育学院	线上课程
20	大学生水上生存能力培养	洪霏	赵晔，易述鲜	体育学院	线上课程
21	体质健康智慧教程	张问宇李宏图	廖智君，刘强，曾秀君	体育学院	线上课程
22	太极功夫	刘剑荣	张春燕，陈曦，樊西娜，王锐玲	体育学院	线上课程
23	户外攀登技术与绳结实用教程	李增强	祝岷虹，徐国涛	体育学院	线上课程
24	大学生的智慧篮球	侯磊闻杨	黄德健，乔九全，阳海英	体育学院	线上课程
25	引领世界的中国乒乓	周绪栋杜力平	孙国欣，陶思宇，陈龙灿	体育学院	线上课程
26	心理健康教育实践（含技术）	徐建	刘娣	心理研究与咨询中心	线上课程
27	心理健康教育概论	汪小容	高燕	心理研究与咨询中心	线上课程
28	异常心理与危机干预	张学伟	冉俐雯，钟玉洁	心理研究与咨询中心	线上课程
29	发展与教育心理学	何立群	张涛	心理研究与咨询中心	线上课程
30	心理健康传播与普及	雷鸣	雷鸣，王琛，胡睿，曾馨，史可心	心理研究与咨询中心	线上课程
31	心理学工作伦理与督导	田瑞琪		心理研究与咨询中心	线上课程
32	从大学生到团队领导的36项修炼	李泽尧		工程训练中心	线上课程
33	土力学	张俊云	崔凯，富海鹰，毛坚强，袁冉	土木工程学院	线下课程
34	机械工程制图 I	田怀文	田怀文，张胜霞，曾明华，郭仕章	机械工程学院	线下课程
35	现代通信原理	刘刚	郝莉，刘林，类先富，杨柳	信息科学与技术学院	线下课程

续表

序号	课程名称	课程负责人	其他主要成员	主要建设单位	课程类别
36	火灾科学与消防技术	张玉春	刘 静，陈 娟，赵乘寿，李 涛	地球科学与环境工程学院	线下课程
37	风景园林设计初步	杨青娟	杨青娟，傅 娅，李 翔，杨 娇，黄 瑞	建筑学院	线下课程
38	天线原理与设计	李相强	陈凯亚，程友峰	物理科学与技术学院	线下课程
39	中国近现代史纲要	田永秀	胡子祥，汪 澎，曾 淼，钟勇华	马克思主义学院	线下课程
40	路基工程A	苏 谦	苏 谦，刘凯文，刘先峰，王 迅，黄 俊	土木工程学院	线上线下混合式
41	城市地下空间规划与设计	蒋雅君	蒋雅君，郭 春，孙吉祥，金 虎，马龙祥	土木工程学院	线上线下混合式
42	轨道工程	王 平	杨荣山，赵坪锐，任娟娟，徐井芒	土木工程学院	线上线下混合式
43	路基路面工程	艾长发	艾长发，刘红坡，任东亚，蒋 鑫，阳恩慧	土木工程学院	线上线下混合式
44	机械工程制图	孙丽丽	安维胜，陈天星，兰纯纯，尹海涛	机械工程学院	线上线下混合式
45	制造技术A	张 剑	梁红琴，彭新宇，张亚丽，江 磊	机械工程学院	线上线下混合式
46	电路与电子技术基础	李冀昆	张丽艳，张 丽	电气工程学院	线上线下混合式
47	电力系统分析A(含实验)	王晓茹	刘 炜，张雪霞，符 玲，童晓阳	电气工程学院	线上线下混合式
48	电工技术B	徐英雷	朱晋梅，何圣仲，曹保江	电气工程学院	线上线下混合式
49	数字电子技术B	郑 狄	康 萍，易安林，叶文霞，郑宗良	信息科学与技术学院	线上线下混合式
50	铁路信号基础	王小敏	杨武东，谢 刚，刘 全，刘利芳	信息科学与技术学院	线上线下混合式
51	计算机网络	谭献海 张新有	邢焕来，罗寿西，陈剑波	计算机与人工智能学院	线上线下混合式
52	生产管理学	郭 强	周国华，赵正佳，戴 杨，马祖军	经济管理学院	线上线下混合式
53	法汉互译Ⅱ	左天梦	王婷婷	外国语学院	线上线下混合式
54	交通运输经济	帅 斌	李 明，胡 骥，霍娅敏，王多宏	交通运输与物流学院	线上线下混合式
55	铁路站场及枢纽	鲁工圆	殷 勇，何必胜，李雪婷，王顺利	交通运输与物流学院	线上线下混合式
56	货物运输组织	李宗平 汤银英	黄兴建，李雪芹，蔡正洪	交通运输与物流学院	线上线下混合式
57	供应链管理	蹇 明	聂佳佳，邱小平，刘思婧，郑海莎	交通运输与物流学院	线上线下混合式

续表

序号	课程名称	课程负责人	其他主要成员	主要建设单位	课程类别
58	交互产品设计	李芳宇	李芳宇，杨柳，董磊，丁磊，许永生	设计艺术学院	线上线下混合式
59	数学物理方法	祝凤荣	郭晓磊，陈起辉，周涛	物理科学与技术学院	线上线下混合式
60	国学经典导读	沈如泉	赵旭，魏刚，汪启明，洪闰华	人文学院	线上线下混合式
61	药品与生命的奥秘	孙会丽	李萍，田原，孔琳	生命科学与工程学院	线上线下混合式
62	复合材料力学	张娟	康国政，王小萌	力学与航空航天学院	线上线下混合式
63	理论力学	葛玉梅	鲁丽	力学与航空航天学院	线上线下混合式
64	体育健康课程 I ——隔网的智慧	宋爱玲 王新星	杨春梅，赵丰超，祝岷虹	体育学院	线上线下混合式
65	压力管理的艺术	高飞		心理研究与咨询中心	线上线下混合式
66	工程训练	文小燕	杨志军，周丹，陈林秀，王衡	工程训练中心	线上线下混合式
67	信息检索	陈晓红	邓发云，张祖涛，杨勇，何雪梅	图书馆	线上线下混合式
68	桥梁结构振动台测试和损伤检测虚拟仿真实验	洪彧 蒲黔辉	王武斌，贺剑，申玉生	土木工程学院	虚拟仿真实验教学
69	工程现场伦理问题之桥梁工程虚拟仿真实验	夏嵩	肖平，闻毓民，刘丽娜，郭永春	土木工程学院	虚拟仿真实验教学
70	高铁自动驾驶与节能虚拟仿真实验	邹喜华	谢刚，杨武东，王小敏，高红梅	信息科学与技术学院	虚拟仿真实验教学
71	危险废物全生命周期处理与处置虚拟仿真实验	王东梅	龚正君，李启彬，张胜利，刘建	地球科学与环境工程学院	虚拟仿真实验教学
72	轨道交通 TOD 环境景观设计虚拟仿真实验	王玮	支锦亦，赵菁，周华溢，齐文溥	设计艺术学院	虚拟仿真实验教学
73	高速列车空气动力学特性分析虚拟仿真实验	高芳清	刘娟，沈火明，罗会亮，范晨光	力学与航空航天学院	虚拟仿真实验教学
74	心理潜能开发虚拟仿真实验	宁维卫	马岳德，董洁，肖放，杨睿	心理研究与咨询中心	虚拟仿真实验教学
75	设计调查程序与方法	支锦亦	景春晖，张静，吴永萌，李科平	设计艺术学院	社会实践
76	新闻评论	梅红	石磊，刘爽，黄昕恺，王小杨	人文学院	社会实践
77	悦读与旅行	郭立昌	黄春蓉，余卉，李艳梅，杨都强	人文学院	社会实践
78	自行车旅行之道	陈锴	李君	体育学院	社会实践

（4）2022年MOOC上线项目

2022年，在中国大学MOOC、智慧树、学堂在线等共上线课程163门，其中4门为第一次开课。

序号	课程名称	课程负责人	教学单位	上线平台	备注
1	建筑施工技术	杨玉容	土木工程学院	中国大学MOOC	
2	土木工程试验与量测技术	崔凯	土木工程学院	中国大学MOOC	
3	基础工程	富海鹰	土木工程学院	中国大学MOOC	
4	钢结构设计原理	唐继舜	土木工程学院	中国大学MOOC	
5	结构力学基础	蔡婧	土木工程学院	中国大学MOOC	
6	桥梁工程	李亚东	土木工程学院	中国大学MOOC	
7	土木工程制图Ⅰ	王广俊	土木工程学院	中国大学MOOC	
8	土力学	崔凯	土木工程学院	中国大学MOOC	
9	建筑材料	李固华	土木工程学院	中国大学MOOC	
10	工程流体力学	杨庆华	土木工程学院	中国大学MOOC	
11	结构力学（专题部分）	蔡婧	土木工程学院	中国大学MOOC	
12	建筑结构设计	林拥军	土木工程学院	中国大学MOOC	
13	轨道工程	王平	土木工程学院	中国大学MOOC	
14	铁路选线设计	易思蓉	土木工程学院	中国大学MOOC	
15	地下铁道	高波	土木工程学院	中国大学MOOC	
16	结构力学（二）	罗永坤	土木工程学院	中国大学MOOC	
17	结构力学（一）	罗永坤	土木工程学院	中国大学MOOC	
18	高速铁路桥梁与隧道工程	王英学	土木工程学院	中国大学MOOC	
19	高速铁路运营与维护	王平	土木工程学院	中国大学MOOC	
20	高速铁路建设管理	李远富	土木工程学院	中国大学MOOC	
21	高速铁路规划与选线	易思蓉	土木工程学院	中国大学MOOC	
22	高速铁路工程	易思蓉	土木工程学院	中国大学MOOC	
23	混凝土结构设计原理	赵人达	土木工程学院	中国大学MOOC	
24	混凝土桥结构理论	赵人达	土木工程学院	智慧树	
25	轨道结构与轨道力学	杨荣山	土木工程学院	智慧树	
26	制造技术	张剑	机械工程学院	中国大学MOOC	
27	液压传动与控制	邓斌	机械工程学院	中国大学MOOC	
28	机械原理	谢进	机械工程学院	中国大学MOOC	
29	机械设计基础	潘亚嘉	机械工程学院	中国大学MOOC	
30	机械工程概论	董大伟	机械工程学院	中国大学MOOC	
31	车辆工程	付茂海	机械工程学院	中国大学MOOC	
32	大学生创新与创业实践	张祖涛	机械工程学院	中国大学MOOC	
33	大学生科技创新课程之起重机创意大赛	张祖涛	机械工程学院	中国大学MOOC	
34	大学生科技创新课程之中美青年创客大赛	罗大兵	机械工程学院	中国大学MOOC	

续表

序号	课程名称	课程负责人	教学单位	上线平台	备注
35	大学生科技创新课程之"互联网+"创新创业大赛	张祖涛	机械工程学院	中国大学 MOOC	
36	大学生科技创新课程之交通科技大赛	张祖涛	机械工程学院	中国大学 MOOC	
37	大学生科技创新课程之智慧城市技术与创意大赛	张祖涛	机械工程学院	中国大学 MOOC	
38	大学生科技创新课程之节能减排社会实践与科技竞赛	张祖涛	机械工程学院	中国大学 MOOC	
39	大学生科技创新课程之"挑战杯"课外学术科技作品竞赛	张祖涛	机械工程学院	中国大学 MOOC	
40	大学生科技创新课程之机械创新设计大赛	张祖涛	机械工程学院	中国大学 MOOC	
41	高速铁路动车组技术	李芾	机械工程学院	中国大学 MOOC	
42	机械设计	吴鹿鸣	机械工程学院	中国大学 MOOC	
43	供电系统	解绍锋	电气工程学院	中国大学 MOOC	
44	电路分析 A II	徐英雷	电气工程学院	中国大学 MOOC	
45	信号与系统	刘志刚	电气工程学院	中国大学 MOOC	
46	高电压技术	吴广宁	电气工程学院	中国大学 MOOC	
47	电机学	葛兴来	电气工程学院	中国大学 MOOC	
48	电力牵引传动与控制	葛兴来	电气工程学院	中国大学 MOOC	
49	电力电子技术	蒋启龙	电气工程学院	中国大学 MOOC	
50	高速铁路牵引供电系统	陈维荣	电气工程学院	中国大学 MOOC	
51	电路分析 AI	付聪	电气工程学院	中国大学 MOOC	
52	电力系统分析	王晓茹	电气工程学院	中国大学 MOOC	2022 年首次开课
53	芯动力——硬件加速设计方法	邸志雄	信息科学与技术学院	中国大学 MOOC	
54	轨道交通信号基础	王小敏	信息科学与技术学院	中国大学 MOOC	
55	高速铁路信号系统	郭进	信息科学与技术学院	中国大学 MOOC	
56	区块链技术与应用	赵其刚	计算机与人工智能学院	中国大学 MOOC	
57	"人才的力量"——基于素质模型的创业人才管理	苗苗	经济管理学院	中国大学 MOOC	
58	工程经济与管理	张敏	经济管理学院	中国大学 MOOC	
59	审计学	饶翠华	经济管理学院	中国大学 MOOC	
60	创新创业创青春	苗苗	经济管理学院	中国大学 MOOC	
61	创业路演	苗苗	经济管理学院	中国大学 MOOC	
62	生产管理学	郭强	经济管理学院	中国大学 MOOC	
63	中级财务会计	周奇志	经济管理学院	中国大学 MOOC	

续表

序号	课程名称	课程负责人	教学单位	上线平台	备注
64	基础会计学	胡杨	经济管理学院	中国大学 MOOC	
65	管理会计学	周奇志	经济管理学院	中国大学 MOOC	
66	财务管理	胡杨	经济管理学院	中国大学 MOOC	
67	成本会计学	段宏	经济管理学院	中国大学 MOOC	
68	管理学原理	范莉莉	经济管理学院	中国大学 MOOC	
69	市场营销学	蒋玉石	经济管理学院	中国大学 MOOC	
70	组织行为学	敬永春	经济管理学院	中国大学 MOOC	
71	微观经济学	郑亚非	经济管理学院	中国大学 MOOC	
72	管理沟通	周静	经济管理学院	中国大学 MOOC	
73	服务与运作管理	官振中	经济管理学院	智慧树	
74	大学法语与法国文化	左天梦	外国语学院	中国大学 MOOC	
75	世界遗产在中国 World Heritage Sites in China	杨琼	外国语学院	中国大学 MOOC	
76	职场英语	杨安文	外国语学院	中国大学 MOOC	
77	全球化与中国文化	王俊棋	外国语学院	中国大学 MOOC	
78	学术素养英语	沈一新	外国语学院	中国大学 MOOC	
79	《红楼梦》海外译介与传播	任显楷	外国语学院	中国大学 MOOC	
80	西方现代化视野下的英美文学	李成坚	外国语学院	中国大学 MOOC	
81	国际礼仪场景英语	但鸽	外国语学院	中国大学 MOOC	
82	国际工程承包和管理实务英语	戴若愚	外国语学院	中国大学 MOOC	
83	比较文学视野下的世界文学	曾虹	外国语学院	中国大学 MOOC	
84	铁路站场及枢纽	鲁工圆	交通运输与物流学院	中国大学 MOOC	
85	物流系统规划	张锦	交通运输与物流学院	中国大学 MOOC	
86	物流系统仿真	邱小平	交通运输与物流学院	中国大学 MOOC	
87	物流中心规划与设计	徐菱	交通运输与物流学院	中国大学 MOOC	
88	交通运输规划管理	杨飞	交通运输与物流学院	中国大学 MOOC	
89	供应链管理	蹇明	交通运输与物流学院	中国大学 MOOC	
90	货物运输组织	李宗平	交通运输与物流学院	中国大学 MOOC	
91	铁路旅客运输组织	倪少权	交通运输与物流学院	中国大学 MOOC	
92	交通运输经济	帅斌	交通运输与物流学院	中国大学 MOOC	

续表

序号	课程名称	课程负责人	教学单位	上线平台	备注
93	铁路行车组织	彭其渊	交通运输与物流学院	中国大学 MOOC	
94	高速铁路运输组织	彭其渊	交通运输与物流学院	中国大学 MOOC	
95	高速铁路概论	彭其渊	交通运输与物流学院	中国大学 MOOC	
96	环境工程概论	彭道平	地球科学与环境工程学院	中国大学 MOOC	
97	误差理论与测量平差基础	游 为	地球科学与环境工程学院	中国大学 MOOC	
98	土木工程地质	郭永春	地球科学与环境工程学院	中国大学 MOOC	
99	高速铁路环境影响评价	贺玉龙	地球科学与环境工程学院	中国大学 MOOC	
100	城市设计	唐由海	建筑学院	中国大学 MOOC	
101	城市文明演变与遗产保护	田 凯	建筑学院	中国大学 MOOC	
102	城乡规划方法	毕凌岚	建筑学院	中国大学 MOOC	2022年首次开课
103	交互设计	李芳宇	设计艺术学院	学堂在线	
104	人机工程学	苟 锐	设计艺术学院	学堂在线	
105	新媒体概论	石 磊	人文学院	中国大学 MOOC	
106	Python 编程与新媒体文本挖掘	蒋宁平	人文学院	中国大学 MOOC	
107	中国衣裳——传统服装文化	李任飞	人文学院	中国大学 MOOC	
108	工程伦理学	肖 平	人文学院	中国大学 MOOC	
109	中华名相之管仲管理思想	李任飞	人文学院	中国大学 MOOC	
110	国学经典导读	沈如泉	人文学院	中国大学 MOOC	
111	音乐与人生	甘 霖	人文学院	中国大学 MOOC	
112	传播学数据分析方法	刘林沙	人文学院	中国大学 MOOC	2022年首次开课
113	网络新闻评论	梅 红	人文学院	智慧树	2022年首次开课
114	工程伦理（硕士版）	肖 平	人文学院	学堂在线	
115	媒介与社会	杨 琴	人文学院	学堂在线	
116	创业营销	唐志红	公共管理学院	中国大学 MOOC	
117	创业商务谈判	何德文	公共管理学院	中国大学 MOOC	
118	疲劳与断裂力学	康国政	力学与航空航天学院	中国大学 MOOC	
119	弹性力学	王 弘	力学与航空航天学院	中国大学 MOOC	
120	理论力学	鲁 丽	力学与航空航天学院	中国大学 MOOC	

续表

序号	课程名称	课程负责人	教学单位	上线平台	备注
121	材料力学	龚 晖	力学与航空航天学院	中国大学 MOOC	
122	工程力学	沈火明	力学与航空航天学院	中国大学 MOOC	
123	振动力学	李 鹏	力学与航空航天学院	中国大学 MOOC	
124	塑性力学	杨 杰	力学与航空航天学院	中国大学 MOOC	
125	复合材料力学	张 娟	力学与航空航天学院	中国大学 MOOC	
126	数学建模精讲	王 璐	数学学院	中国大学 MOOC	
127	中国近现代史纲要	田永秀	马克思主义学院	智慧树	
128	大学足球	张 岳	体育学院	中国大学 MOOC	
129	体质健康智慧教程	张问宇	体育学院	中国大学 MOOC	
130	大学生的智慧篮球	闻 杨	体育学院	中国大学 MOOC	
131	可修塑形体的运动魔方-体育舞蹈及瑜伽两项	王 彦	体育学院	中国大学 MOOC	
132	一生的健康锻炼	孙国欣	体育学院	中国大学 MOOC	
133	大学生排球运动与女排精神的归一	苏华成	体育学院	中国大学 MOOC	
134	隔网的智慧——乒羽两项	宋爱玲	体育学院	中国大学 MOOC	
135	奥运裁判带你鉴赏赛事	刘 江	体育学院	中国大学 MOOC	
136	奥运裁判教你学规则（排球篮球）	刘 江	体育学院	中国大学 MOOC	
137	太极功夫	刘剑荣	体育学院	中国大学 MOOC	
138	户外攀登技术与绳结实用教程	李增强	体育学院	中国大学 MOOC	
139	光影律动校园健身操舞	李 鸿	体育学院	中国大学 MOOC	
140	大学生水上生存能力培养	洪 霏	体育学院	中国大学 MOOC	
141	网球学习的根与魂	何江明	体育学院	中国大学 MOOC	
142	引领世界的中国乒乓	杜力平	体育学院	中国大学 MOOC	
143	异常心理与危机干预	张学伟	心理研究与咨询中心	中国大学 MOOC	
144	心理健康教育实践（含技术）	徐 建	心理研究与咨询中心	中国大学 MOOC	
145	心理健康教育概论	汪小容	心理研究与咨询中心	中国大学 MOOC	
146	心理学工作伦理与督导	田瑞琪	心理研究与咨询中心	中国大学 MOOC	
147	实验心理学：学会研究身边的现象	冉俐雯	心理研究与咨询中心	中国大学 MOOC	
148	当代青年心理学（三）青年自我意识篇	宁维卫	心理研究与咨询中心	中国大学 MOOC	

序号	课程名称	课程负责人	教学单位	上线平台	备注
149	当代青年心理学（二）青年身心发展篇	宁维卫	心理研究与咨询中心	中国大学 MOOC	
150	当代青年心理学（一）认识青年篇	宁维卫	心理研究与咨询中心	中国大学 MOOC	
151	探索心理学	宁维卫	心理研究与咨询中心	中国大学 MOOC	
152	走进心理学	宁维卫	心理研究与咨询中心	中国大学 MOOC	
153	心理咨询理论和技术	马淑琴	心理研究与咨询中心	中国大学 MOOC	
154	心理健康传播与普及	雷鸣	心理研究与咨询中心	中国大学 MOOC	
155	幸福心理学	雷鸣	心理研究与咨询中心	中国大学 MOOC	
156	发展与教育心理学	何立群	心理研究与咨询中心	中国大学 MOOC	
157	设计心理学：体验与创意	冯缙	心理研究与咨询中心	中国大学 MOOC	
158	人格与社会心理学	陈华	心理研究与咨询中心	中国大学 MOOC	
159	生涯发展与职业心理素质提升训练	陈华	心理研究与咨询中心	中国大学 MOOC	
160	心理育人	宁维卫	心理研究与咨询中心	智慧树	
161	从大学生到团队领导的 36 项修炼	李泽尧	工程训练中心	中国大学 MOOC	
162	从大学生到经理人的 36 项修炼	李泽尧	工程训练中心	中国大学 MOOC	
163	信息检索	陈晓红	图书馆	中国大学 MOOC	

（5）第三批一流本科专业"双万计划"建设点入选名单（排名不分先后）

2022 年，教育部公布了第三批国家级和省级一流本科专业建设点名单，18 个专业进入第三批国家级一流专业建设点，19 个专业进入第三批省级一流专业建设点，累计 74 个本科专业进入一流本科专业建设"双万计划"，占招生专业数的 92.5%，获批总数位居全省第二、全国前列。

序号	专业名称	学院	级别
1	城市地下空间工程	土木工程学院	国家级
2	铁道工程	土木工程学院	国家级
3	道路桥梁与渡河工程	土木工程学院	国家级
4	测控技术与仪器	机械工程学院	国家级
5	能源与动力工程	机械工程学院	国家级
6	工业工程	机械工程学院	国家级
7	电子科学与技术	信息科学与技术学院	国家级

续表

序号	专业名称	学院	级别
8	工商管理	经济管理学院	国家级
9	德语	外国语学院	国家级
10	安全工程	交通运输与物流学院	国家级
11	环境工程	地球科学与环境工程学院	国家级
12	风景园林	建筑学院	国家级
13	环境设计	设计艺术学院	国家级
14	应用物理学	物理科学与技术学院	国家级
15	电子信息科学与技术	物理科学与技术学院	国家级
16	生物工程	生命科学与工程学院	国家级
17	统计学	数学学院	国家级
18	数据科学与大数据技术	数学学院	国家级
19	工程造价	土木工程学院	省级
20	微电子科学与工程	信息科学与技术学院	省级
21	自动化	信息科学与技术学院	省级
22	人工智能	计算机与人工智能学院	省级
23	金融学	经济管理学院	省级
24	经济学	经济管理学院	省级
25	法语	外国语学院	省级
26	汉语国际教育	外国语学院	省级
27	高分子材料与工程	材料科学与工程学院	省级
28	生物医学工程	材料科学与工程学院	省级
29	遥感科学与技术	地球科学与环境工程学院	省级
30	地理信息科学	地球科学与环境工程学院	省级
31	消防工程	地球科学与环境工程学院	省级
32	政治学与行政学	公共管理学院	省级
33	飞行器设计与工程	力学与航空航天学院	省级
34	智能建造	智慧城市与交通学院	省级
35	智能制造工程	智慧城市与交通学院	省级
36	城市设计	智慧城市与交通学院	省级
37	新能源科学与工程	智慧城市与交通学院	省级

（6）国家工程教育专业评估认证

2022年，土木工程（复评）、材料成型及控制工程（复评）、制药工程（初评）3个专业通过国家专业评估认证，累计17个专业通过，全国并列排名第9；机械设计制造及其自动化、电子信息工程两个专业，率先代表国家参加《华盛顿协议》对中国工程教育认证体系的周期性检查（全国仅4个专业），圆满完成了现场考查工作，我校也是全国唯二两所参加检查的学校之一。

序号	专业名称	所属学院	备注
1	土木工程	土木工程学院	
2	建筑学	建筑学院	专业评估
3	城乡规划	建筑学院	专业评估
4	交通运输	交通运输与物流学院	
5	电气工程及其自动化	电气工程学院	
6	机械设计制造及其自动化	机械工程学院	
7	工程管理	经济管理学院	专业评估
8	计算机科学与技术	计算机与人工智能学院	
9	交通工程	交通运输与物流学院	
10	建筑环境与能源应用工程	机械工程学院	专业评估
11	环境工程	地球科学与环境工程学院	
12	车辆工程	机械工程学院	
13	测绘工程	地球科学与环境工程学院	
14	材料成型及控制工程	材料科学与工程学院	
15	材料科学与工程	材料科学与工程学院	
16	地质工程	地球科学与环境工程学院	
17	制药工程	生命科学与工程学院	2022年年初次通过

（7）四川省省级校外实践教育基地建设单位

2022年6月，四川省教育厅公示了2021年省级大学生校外实践教育基地建设项目名单，我校"智慧交通管控实践教育基地"等5个基地获批省级校外实践教育基地建设单位，获批总数位列全省第一。

序号	基地名称
1	西南交大-国网四川省电力公司校外实践教育基地
2	智慧交通管控实践教育基地
3	西南交大-九洲工程实践教育基地
4	基础设施建设与环境治理工程实践教育基地
5	交通思政校外实践教育基地

2. 教学成果

（1）2022年本科生学科竞赛

2022年，我校入选全国首批国家级创新创业学院（全国仅100所）；共获得全国周培源大学生力学竞赛团体赛特等奖、全国大学生交通科技大赛一等奖3项、中国大学生机械工程创新创意（起重机）大赛一等奖8项、全国高校BIM毕业设计创新大赛一等奖13项、首获"学创杯"全国大学生创业综合模拟赛一等奖等一系列标志性成果；在国际"互联网+"大学生创新创业大赛全国总决赛中取得1金2银5铜的优异成绩，实现了我校在"互联网+"大赛金奖零的突破。学校在2022年发布的"全国普通高校大学生竞赛排行榜（本科）"中居全国第五，在"全国普通高校大学生竞赛六轮总榜单（本科）"中居全国第九，取得了我校在大学生竞赛总排行榜中的最好成绩。

序号	项目	国家级				省级				备注
		一等奖	二等奖	三等奖	优秀奖	一等奖	二等奖	三等奖	优秀奖	
1	中国国际"互联网+"大学生创新创业大赛	1	2	2		5	5	2		金奖突破
2	全国大学生数学建模竞赛	3	9			36	25	6		
3	全国大学生交通运输科技大赛	3	1			/	/	/	/	历史最佳
4	全国大学生智能汽车竞赛	3	1			4	3	1		
5	全国大学生物流设计大赛	/	/	/	/	2				
6	全国大学生机械创新设计大赛	3	3	1		7	8	7		
7	全国大学生市场调查与分析大赛	3		5		27	13	1		优秀组织奖
8	中国大学生服务外包创新创业大赛	1	9	20		10	20	18		优秀组织奖
9	全国大学生先进成图技术与产品信息建模创新大赛	40	26	4		40	16	7		优秀组织奖
10	全国高校BIM毕业设计创新大赛	13	4	3		/	/	/	/	特等奖
11	全国大学生集成电路创新创业大赛		2	1	2	4	4	2		
12	全国大学生程序设计竞赛（ACM）		4	5		2				
13	中国大学生机械工程创新创意（起重机）大赛	8				/	/	/	/	全国第一、好设计提名
14	未来设计师——全国高校数字艺术设计大赛	4	7	4	1	53	75	80		卓越贡献奖
15	全美大学生数学建模竞赛	4	20	35		/	/	/	/	
16	全国大学生广告艺术大赛	2	3	7	20	14	43	67	32	
17	中国大学计算机设计大赛	3	12	5		8	11	20		
18	"蓝桥杯"全国软件专业人才设计与创业大赛	7	6	20	23	62	81	145		历史最佳
19	全国大学生金相技能大赛	1	3			3	2	8		
20	全国大学生嵌入式芯片与系统设计大赛	1						3		
21	"大唐杯"全国大学生移动通信5G技术大赛	2	5	4	2					首获金奖
22	中国机器人及人工智能大赛		1				1			
23	全国大学生物理实验竞赛（创新）		2	3		/	/	/	/	
24	全国大学生光电设计竞赛			1		2	2	4		
25	米兰设计周—中国高校设计学科师生优秀作品展	7	10	13		34	39	55		

续表

序号	项目	国家级				省级				备注
		一等奖	二等奖	三等奖	优秀奖	一等奖	二等奖	三等奖	优秀奖	
26	中国好创意暨全国数字艺术设计大赛	2	4	6		1	2	5		
27	中美青年创客大赛			2		2	2	8		
28	全国大学生"创意、创新及创业"电子商务挑战赛		1			2	1			
29	中国大学生机械工程创新创意（材料热处理创新创业）大赛		2			/	/	/	/	
30	中国高校智能机器人创意大赛	3	2	3		4	7	13		历史最佳
31	全国大学生节能减排社会实践与科技竞赛	1	1	5		/	/	/	/	优秀组织奖
32	"学创杯"全国大学生创业综合模拟大赛	1				2	4			
33	全国大学生信息安全竞赛						2	2		
34	"西门子"中国智能制造挑战赛						1			
35	"中国软件杯"大学生软件设计大赛		1	1						最佳学校组织奖
36	全国大学生地质技能竞赛									
37	全国三维数字化创新设计大赛	2	1	2		7	4	1		
38	全国大学生电子设计竞赛		1			6	4	4		
39	全国周培源大学生力学竞赛	1				/	/	/	/	全国第一特等奖
40	中国高校计算机大赛-团体程序设计天梯赛	1		2		1	2			
41	全国"挑战杯"大学生课外科技作品竞赛					2	6	5		
43	全国大学生化工设计竞赛		1	1		1	3	3		
44	全国大学生机器人大赛-RoboMaster、RoboCon	1	7	3	4	1	2			
45	中国大学生工程实践与创新能力大赛	/	/	/	/	12	17	6		
46	全国大学生生命科学竞赛	1	1	2		2	3	12		
47	外研社杯全国大学生英语挑战赛（UChallenge）					1	6	5		
48	CATTI杯全国翻译大赛					2	5	10		
	总计	128	161	199	255	320	552	720	54	2389

3. 2022 年毕业生就业情况

学校 2022 届毕业生共计 11631 人，其中本科生 7077 人，硕士生 4174 人，博士生 380 人（不含国际学生）。截至 2022 年 8 月 31 日，本届有就业意愿毕业生的总体毕业去向落实率为 93.58%，分学历来看，博士生毕业去向落实率最高，达到 96.71%，其次是硕士生 95.32%、本科生 92.44%。

截止到 8 月 31 日，2022 届本科毕业生升学比例为 40.96%，前往"双一流"建设高校深造的比例为 94.13%；毕业研究生前往"双一流"建设高校深造的比例为 95.87%。2022 届本科生出国出境深造的目的地相对较集中，主要是去往英国、中国香港、美国、新加坡、日本、德国、澳大利亚，比例最高的是英国，占比为 40.95%。研究生出国出境深造的目的地相对较分散，主要是去往中国香港、英国、日本、德国、美国、新加坡、荷兰、法国、丹麦、新西兰，其中比例最高的是中国香港，其次是英国、日本和德国。

学校 2022 届毕业生在世界 500 强和中国 500 强企业就业的比例达到 42.77%，其中本科生占比为 50.02%。毕业生就业比例最高的城市是成都，其次是北京和深圳，就业比例最高的十个城市均是我国的中心城市或区域中心城市，包括东部的北京、上海、广州、深圳、杭州、济南，西部的成都、重庆、西安，中部的武汉，前往这十个城市就业的毕业生比例达到 65.36%。2022 届毕业生在央企的就业比例较高，总体占比为 39.9%，在央企中的主要就业单位是轨道交通类央企，比例为 17.82%，本科生在轨道交通类央企的就业比例达到 29.96%。

八、科学研究

（一）科研概述

【理工生医类】

1. 科研项目及经费

2022 年，理工生医类（含国防）竞争性到位经费首次突破 10 亿元、达到 10.46 亿元（其中横向 5.91 亿元、纵向 3.87 亿元、军工 0.68 亿元），比 2021 年全年增加 12.79%。其中纵向到位经费 3.87 亿元，比 2021 年全年增长 17.27%。科研院大力推进有组织科研，强化与行业龙头企业等重点单位的科研合作，来自中车集团的到位经费达 1.79 亿元。国家自然科学基金再创新高，2022 年集中申报期共计申报各类项目 701 项、申报总量突破 700 项，形式审查通过率首次达到

100%；全年获批项目总数量突破 200 项，截至目前获批 202 项；获批经费总量预计突破 1.5 亿元；项目获批率（28.81%）位列全省第一，高出全国平均资助率（16.73%）十余个百分点；获批重点类项目数量首次达到 15 项，其中重点项目 4 项、联合基金重点支持项目 11 项。国家重点研发计划各项工作稳步推进。2022 年学校牵头申报国家重点研发计划项目 31 项，获批项目 3 项、课题 14 项，国拨经费 6750.5 万元。

2022 年科研经费到位情况一览表　　　　　　　　　　单位：亿元

类别	经费
纵向到位经费	3.87
横向到位经费	5.91
军工到位经费	0.68
合计到位经费	10.46

2022 年科研项目情况一览表

序号	项目类别	数量	备注
1	国家重点研发计划	17 项	主持项目 3 项、主持课题 14 项
2	国家自然科学基金项目	202 项	面上 101 项，青年 75 项，优青 3 项，优青（海外）6 项，联合基金 12 项，重点项目 4 项，国际(地区)合作与交流项目 1 项
3	四川省科技计划项目	206 项	四川省自然科学基金重大项目 1 项，四川省自然科学基金重点项目 4 项，四川省自然科学基金面上项目 46 项，四川省青年基金项目 53 项，杰出青年科学基金项目 9 项，四川省自然科学基金创新研究群体项目 4 项，重点研发项目 25 项，省院省校合作项目 3 项，区域创新合作项目 4 项，国际和港澳台合作项目 12 项，软科学项目 26 项，科技创新创业人才及苗子工程 5 项，国外高端人才引进 2 项，中央引导地方 9 项，中央在川高校院所重大科技成果转化推荐项目 3 项。

2022 年国家重点研发计划总体情况一览表

序号	负责人	单位	项目名称	专项名称	级别
1	许宇鸿	物理科学与技术学院	非托卡马克等离子体性能改善的新方法和新技术研究	国家磁约束核聚变能发展研究	项目
2	谢小军	信息科学与技术学院	超大带宽光电探测器	信息光子技术	项目
3	廖 凯	电气工程学院	交通自洽多类能源技术效能评估方法研究	交通基础设施	项目
4	王轶文	物理科学与技术学院	低损耗电介质及动态电感探测器工艺研发	引力波探测	课题
5	叶 佳	信息科学与技术学院	微波光子芯片全流程建模与仿真设计	信息光子技术	课题
6	袁艳平	机械工程学院	零碳建筑太阳能高效蓄能输配与末端技术及产品研发	城镇可持续发展关键技术与装备	课题
7	林 鹏	地球科学与环境工程学院	建筑与市政公用设施智慧运维综合决策理论与智能管控技术	城镇可持续发展关键技术与装备	课题
8	徐 柱	地球科学与环境工程学院	群智感知数据自动获取与质量评估	地球观测与导航	课题
9	邓自刚	牵引动力国家重点实验室	永磁悬浮系统用磁体磁路结构设计模拟及悬浮效用研究	稀土新材料	课题
10	胡 翰	地球科学与环境工程学院	便携式文物彩色三维扫描软硬件研制	文化科技与现代服务业	课题
11	张清华	土木工程学院	焊接截面耐候桥梁钢和复合板构件及节点力学性能研究	先进结构与复合材料	课题
12	刘 艳	材料科学与工程学院	大尺寸精密复杂构件增材制造后处理技术研究	增材制造与激光制造	课题
13	朱 军	地球科学与环境工程学院	灾害现场信息快速获取与智能判别装备	重大自然灾害防控与公共安全	课题
14	陈再刚	牵引动力国家重点实验室	高端装备关键性能退化与失效动力学建模及特性分析	高性能制造技术与重大装备	课题
15	蔡振兵	机械工程学院	多因素耦合下简单构件性能建模理论与方法研究	高性能制造技术与重大装备	课题
16	蔡 晗	信息科学与技术学院	网络化通信服务的容量度量及最优编码方法	数学和应用研究	课题
17	彭其渊	交通运输与物流学院	多专业协同与运力动态配置的智能综合调度指挥技术	交通载运装备与智能交通技术	课题

2022 年四川省科技计划重点、重大项目情况一览表

序号	负责人	单位	项目名称	专项名称	金额（万元）
1	何正友	电气工程学院	高速动态非接触式供电基础理论研究	四川省自然科学基金重大项目	100
2	张晓博	计算机与人工智能学院	矿山智慧化综合监管关键技术与应用	重点研发项目	100
3	刘 颖	地球科学与环境工程学院	长江上游典型小流域污染物溯源减控及生态扩容技术研究与示范	重点研发项目	100
4	陈俊敏	地球科学与环境工程学院	基于三维场景的危险化学品泄漏事故危害范围态势模拟预测及应急救援与疏散双向路径智能规划关键技术研究	重点研发项目	100
5	杨万理	土木工程学院	引大济岷工程区大型跨河建筑物抗震设计关键技术研究	重点研发项目	100

2022年重大横向科研项目情况一览表

序号	项目名称	金额（万元）	项目负责人
1	内嵌式磁浮列车牵引控制系统研制	450	张昆仑
2	广西电网有限责任公司电力科学研究院输电线路关键组件状态感知与智能诊断技术研究科技项目技术服务合同	636	苟先太
3	包神铁路包神公司2022年基于声波传感实时监测的铁路钢轨状态和接触网定位分析系统研究	875.32	王 平
4	卡瓦式修复套筒及环氧套筒无损检测技术研发项目	351.23	成志强
5	轨道交通柔性供电系统研究与技术咨询	1000	何晓琼
6	铝电解电容的阳极材料制造工艺技术开发	300	杨维清
7	焊接机器人结构设计及基于机器视觉的焊接参数智能匹配研究	409.94	何朝明
8	中山黄圃至翠亨高速公路（中山东部外环高速公路一期工程）项目香山大桥钢锚箱及钢混结合段试验研究	352	张清华
9	重载列车群组运行控制系统技术研究与应用	1503.78	翟婉明
10	绿色可回收高可靠性智能干式配电变压器的研制与应用	405.5	周利军
11	四川内江高新技术产业开发区管理委员会西南交通大学产学研合作	500	孟祥印
12	重载铁路中间站安全智慧管控系统研究与应用技术开发（委托）合同	2343.24	郭孜政
13	CW2100转向架构架振动服役环境及可靠性提升技术研究	355.35	曾 京
14	研究平台开发技术合作项目	564.44	闫连山
15	多电力电子设备与高电缆化率配网宽频带 建模技术开发合同	369.7	李朝阳
16	2022年电科院面向电流在线监测的新型低功耗传感器关键技术研究（课题3—基于微纳工艺的磁敏线圈及低功耗传感器研究）委托技术开发合同	315	余丙军
17	特大直径盾构隧道管片结构力学性能与结构抗火原型试验	704.2	何 川
18	2022年电科院复杂条件下自供能电流传感器关键技术研究委托技术开发合同	842.5	鲁彩江
19	高海拔高地温超长大规模电站隧洞群施工通风关键技术研究技术服务合同	425.31	何 川
20	高品质高温合金相关新材料与新技术开发	500	徐 轶
21	川藏铁路影响线路方案泥石流专题研究（昌都至伯舒拉岭段落NSL-1）	390	胡卸文
22	基于大数据分析的线路轴重提升及线路薄弱区段优化方案研究	375.5	翟婉明
23	基于既有高铁线路运用边界的时速400公里动车组关键技术研究及产品研制项目"先进材料-拓扑结构-先进工艺"一体化技术研究	568	刘 艳
24	重载铁路轨道状态声学检测系统研制	520	张卫华
25	G104京岚线济南黄河公路大桥扩建工程施工监控项目	300	唐茂林
26	智能制造工业物联网关键技术研究及管理平台研发项目	500	高宏力
27	重载铁路线路表面状态视景检测系统研制	576	丁建明
28	光伏组件智能安装设备客户样机研发合同	1950	黄松和
29	民航飞行学院天府校区建设工程高原体质与体育干预实验室采购合同（A包）	2255.74	韦洪雷
30	盾构隧道管片与内部结构一体化设计及试验研究	385	何 川
31	盾构隧道同步注浆原型试验研究	500	何 川
32	芝加哥地铁CAT7000车辆项目车辆线路动力学试验	390	罗 仁
33	中老跨境铁路磨丁至万象线友谊隧道盐岩段运营结构安全控制技术研究	502.78	王志杰
34	科技城集中发展区科技城大道二期涪江大桥（一期）科研课题研究合同书	576	蒲黔辉
35	超级电容器苎麻多孔碳材料的规模化制备技术	550	邓维礼
36	G4216线屏山新市至金阳段高速公路项目中都河特大桥桥梁施工监控服务	331.29	庄卫林
37	新朔铁路巴准线贯通式同相供电工程化技术研究与应用	1260	李群湛

（1）大科学装置获"交通强国建设试点"支持。总投资 5.8 亿元的"多态耦合轨道交通动模试验平台"正式开工建设、一期投资达 2.47 亿元的"中国首台准环对称仿星器"装置项目成功获批建设。2022 年 9 月，学校提交《交通强国建设西南交通大学试点实施方案》获交通运输部批复、获批"交通强国建设试点单位"，其中"多态耦合轨道交通动模试验平台"获得交通强国建设试点支持。

（2）平台重组申建取得新突破。牵引动力国家重点实验室成功重组为轨道交通运载系统全国重点实验室；可持续城市交通智能化教育部工程研究中心获教育部批准建设；复杂艰险山区铁路防灾减灾、智能牵引供电、先进结构材料 3 个铁路行业重点实验室获国家铁路局批准建设；陆地交通地质灾害防治技术国家工程研究中心、高速铁路安全运营空间信息技术国家地方联合工程实验室获四川省发改委创新能力提升项目支持 1300 万元；5G 车联网创新基地获中国科协批准建设；陆地交通防灾减灾科普基地获交通运输部、科学技术部批准建设；四川省高温超导磁浮交通工程研究中心获四川省发改委批准建设。

（3）平台能力建设取得新提升。充分利用约 6.5 亿元的"教育领域扩大投资专项"资金开展 10 个科技平台的创新能力提升建设。与计财处、资实处密切配合，顺利完成 16 个创新能力建设项目的全套材料整理；完成招投标系统采购计划审核 306 条、合同系统中合同审核 185 条；协助召开专项贷款工作会议 6 场；完成专项贷款科研类的各级各类支撑材料收集归档工作并做好推进进度记录。

（4）平台运行管理取得新成效。综合交通大数据应用技术国家工程实验室顺利通过国家发改委竣工验收；系统可信性自动验证国地联合工程实验室通过省发改委竣工验收；现代轨道交通车辆设计与安全评估技术国家国际科技合作基地、轨道交通运维技术与装备四川省重点实验室，信息编码与传输四川省重点实验室、四川省轨道交通智能运输组织工程技术研究中心、无线通信与信息编码创新引智基地等五个科研平台获评四川省科技创新工作先进平台。四川省轨道交通智能运输组织工程技术研究中心获评优秀。

2022 年科研基地新增情况一览表

序号	基地名称	批准部门
1	光电融合集成与通信感知教育部重点实验室	教育部
2	可持续城市交通智能化教育部工程研究中心	教育部
3	四川省高温超导磁浮交通工程研究中心	省发改委
4	西南交通大学陆地交通防灾减灾科普基地	交通部　科技部
5	智能牵引供电铁路行业重点实验室	国家铁路局
6	复杂艰险山区铁路防灾减灾铁路行业重点实验室	国家铁路局
7	先进结构材料铁路行业重点实验室	国家铁路局

3. 科研人才与团队

第二届"科技新星"计划，入选 7 人。通过深入交流、强化指导、精准服务，效果进一步显现，两届共 28 名"科技新星"中已有 6 人成为"四

青"人才，6 人获得科协"青托"资助。获批省杰青项目 9 项，省创新群体项目 4 项。

4. 科研成果

（1）论文方面，实现自 2012 年以来的 10

连增，2021 年全校 SCI 论文收录 2151 篇，较 2020 年 1758 篇增长 22.4%，EI 收录 2521 篇。

（2）科技奖励稳中有升，2022 年，学校主持获得教育部一等奖 4 项（已公示）；主持获得四川省、一级学会一等奖 7 项（已公示）；翟婉明院士荣获陈嘉庚科学奖，高仕斌教授荣获第十四届光华工程科技奖。

2022 年度理工类获奖项目清单（主持）

序号	成果名称	单位	第一完成人	奖励名称	奖励等级
1	高烈度区高陡边坡抗震关键技术及工程应用	土木工程学院	富海鹰	四川省科学技术奖	一等奖
2	高端装备核心部件主动适配型智能运维关键技术及应用	机械工程学院	高宏力	四川省科学技术奖	一等奖
3	基于生物技术的中药资源利用与质控新方法及运用	生命科学与工程学院	谭睿	四川省科学技术奖	二等奖
4	地铁减振轨道结构多功能协调设计关键技术及工程应用	土木工程学院	赵才友	四川省科学技术奖	二等奖
5	高速铁路运行环境安全保持关键技术与应用	土木工程学院	杨长卫	四川省科学技术奖	二等奖
6	分散式风电规模化接入区域电网的主动协同控制技术及应用	电气工程学院	廖凯	四川省科学技术奖	二等奖
7	高速列车关键焊接结构残余应力检测关键技术及应用	材料科学与工程学院	苟国庆	四川省科学技术奖	三等奖
8	超光滑晶圆表面原子级材料去除机理研究	机械工程学院	钱林茂	高等学校科学研究优秀成果奖（科学技术）	一等奖
9	350km/h 高速铁路道岔结构及安全保障关键技术	土木工程学院	王平	高等学校科学研究优秀成果奖（科学技术）	一等奖
10	轨道交通非接触供电关键技术	电气工程学院	何正友	高等学校科学研究优秀成果奖（科学技术）	一等奖
11	大型缆索承重桥梁时变力学状态监控评估关键技术及工程应用	土木工程学院	郭健	高等学校科学研究优秀成果奖（科学技术）	一等奖
12	移动式大型钢轨铣磨车高性能刀具关键技术与应用	材料科学与工程学院	陈辉	高等学校科学研究优秀成果奖（科学技术）	二等奖
13	快速轨道交通环境振动长效控制关键技术及应用	土木工程学院	赵才友	中国发明协会发明创业奖创新奖	一等奖
14	大功率高性能氢燃料电池动力系统关键技术及应用	电气工程学院	陈维荣	中国发明协会发明创业奖创新奖	一等奖
15	复杂装备系统多学科可靠性分析及优化设计技术	电气工程学院	胡海涛	中国发明协会发明创业奖创新奖	二等奖
16	高位崩塌落石灾害防护理论与关键技术	土木工程学院	余志祥	中国岩石力学与工程学会科学技术奖	一等奖
17	基于振动模态监测和闭环调控的精密智能轧制关键技术及应用	材料科学与工程学院	杨维清	中国振动工程学会科学技术奖	二等奖
18	路面层状结构粘韧提升关键技术及工程应用	土木工程学院	艾长发	中国公路学会科学技术奖	一等奖
19	沿海大型桥梁典型危险源识别及致灾风险评估关键技术	土木工程学院	郭健	中国公路学会科学技术奖	一等奖
20	《亚东桥话》	土木工程学院	李亚东	中国公路学会科学技术奖（科普类）	二等奖

续表

序号	成果名称	单位	第一完成人	奖励名称	奖励等级
21	高速列车运行动态模拟关键技术及装备	电气工程学院	冯晓云	中国铁道学会科学技术奖	一等奖
22	高速列车人机环境系统设计理论、关键技术及应用	设计艺术学院	支锦亦	中国铁道学会科学技术奖	一等奖
23	高原铁路牵引供电系统接地回流安全评价关键技术及应用	电气工程学院	陈民武	中国铁道学会科学技术奖	二等奖
24	高速铁路大型车站钢结构安全隐患快速排查与监测预警关键技术与应用	土木工程学院	杨长卫	中国铁道学会科学技术奖	二等奖
25	珠三角城际铁路调度指挥体系构建及应用	交通运输与物流学院	朱健梅	中国铁道学会科学技术奖	三等奖
26	光子学微波信号频域测量理论与方法	信息科学与技术学院	邹喜华	中国电子学会科学技术奖	二等奖
27	智能物联网关键技术及应用	信息科学与技术学院	冯全源	中国电子学会科学技术奖	二等奖
28	复杂环境下可重构自适应滤波理论与方法	电气工程学院	赵海全	中国电子学会科学技术奖	三等奖

2022 年论文情况一览表

序号	类别	数量（篇）
1	SCI	2151
2	EI	2521

5. 科研合作与成果转化

（1）不断增强科技成果转移转化能力。继续深化职务科技成果权属混合所有制改革，推进科技部等十部委"科技成果评价改革试点"，《西南交通大学科技成果评价试点实施方案：建立科技成果转化尽职免责机制》获科技部批准。四川省跨高校院所新型中试研发平台建设稳步推进；组织申报"未来轨道交通未来产业科技园建设试点"并获科技部、教育部批准，成为全国 10 家高校建设试点单位之一，着力打造国家级科技创新基地、建设国家"未来轨道交通"产业集聚区。

（2）异地科研机构治理整顿取得重大进展。根据《教育部办公厅关于加强高等学校异地科研机构规范管理的通知》要求，技转院牵头对学校异地科研机构进行了全面梳理，理清各异地科研机构的运行现状，形成《异地科研机构治理整顿情况的报告》，完成异地科研机构备案工作并上报教育部；经学校党委常委会（扩大）会议批准，出台《西南交通大学异地科研机构管理办法（试行）》，为进一步规范和加强学校异地科研机构的建设与管理提供制度保证。

（3）科技合作不断拓展。通过设立技术转移工作站，不断扩大与地方企业的合作面，今年拜访了近 20 个地方科技局，加强沟通交流，建立产学研合作关系；通过设立科技合作联络总师制度，巩固与战略合作单位和重点企业的科技合作，走访主机厂及重点企业，进一步拓展合作领域，加深合作关系；通过签订科技合作专项协议，不断深化与企业科技合作，支持学科发展，与运达科技、四川铁发、交大设计院、唐源电气等企业签订科技合作协议，为学校争取科技合作专项资金 5 年共 8000 万元。

（4）成果转化成效显著。持续推进国家发改委、科技部"以先投后股方式支持科技成果转化试点"，科技部、教育部"高校专业化国家技术转移机构建设试点单位"等工作，完成科技部组织的建设试点工作中期汇报，持续高质量建设教育部"首批高等学校科技成果转化和技术转移基地"；获批四川省知识产权服务促进中心第一批专利转化供给促进项目、专利转化绩效奖补项目，资助金额 50 万元；成功申报成都高价值专利培育中心项目（300 万元，待公示）；签订成果转让合同 16 项，转化金额 296.77 万元；专利质量不断提升，国内专利申请总数 1228 件、授权总数 1548 件；其中，发明专利申请 1067 件，较 2021 年同比增长 22%，授权 1149 件，较 2021 年同比增长 23%；国际专利数量达到 19 个，较 2021 年同比增长 46%；获批首批成都市专利快速预审服务备案单位。

2022 年专利情况一览表

序号	类型	申请数量（项）	授权数量（项）
1	专利	1228	1548
2	发明专利	1067	1149

6. 科研政策

持续加大对科技成果的培育资助力度。一方面，出台《西南交通大学科技成果前置项目资助管理办法》，通过对学校有重大科学发现、有较强行业影响力的科技成果以项目形式予以资助，助力学校科技成果高质量持续增长。另一方面，通过"新型交叉学科培育基金"鼓励中青年教师瞄准世界科技前沿和国家重大需求，组建校内前沿交叉研究团队，开展前沿科技、未来技术等科技创新研究，鼓励发表"CNS"等高水平论文、申请重点重大项目等，目前已支持 3 个引进高端人才科技创新能力建设项目，85 个前沿科技培育项目（含 5 个 CNS 培育计划），8 个前沿交叉研究团队项目。

【文科类】

1. 科研项目及经费

2022 年，学校文科立项总经费 0.2867 亿元（其中纵向 0.0555 亿元；横向：0.2312 亿元），其中获批国家社科基金重大招标项目 1 项，新增教育部哲学社会科学研究后期资助重大项目 1 项，完成了我校在人文社科类国家级重大项目的全覆盖。

获批国家社科基金各类项目 18 项（其中重大项目 1 项，重点项目 1 项，一般项目 4 项，青年项目 5 项，西部项目 4 项，后期资助 2 项，研究专项 1 项），总经费 415 万元。获批教育部人文社会科学研究项目 12 项（其中一般项目 2 项，青年项目 7 项，专项项目 3 项），总经费 116 万元。获批四川省哲学社会科学规划项目 31 项（重大项目 4 项、规划项目 13 项、专项项目 9 项、基地项目 3 项，普及项目 1 项，后期资助 1 项），总经费 93.5 万元。

2022 年高级别科研项目立项情况一览表

1	国家社会科学基金项目	18 项	重大项目 1 项，重点项目 1 项，一般项目 4 项，青年项目 5 项，西部项目 4 项，后期资助 2 项，研究专项 1 项
2	教育部人文社会科学研究项目	12 项	其中一般项目 2 项，青年项目 7 项，专项项目 3 项
3	四川省哲学社会科学规划项目	32 项	重大项目 4 项，规划项目 13 项，专项项目 9 项，基地项目 3 项，普及项目 1 项，后期资助 1 项

2022 年文科重大项目情况一览表

序号	负责人	校内单位	项目名称	项目类别
1	林伯海	马克思主义学院	"全人类共同价值"的马克思主义理论基础研究	国家社科基金重大招标项目
2	汪启明	人文学院	中国考据学发展研究	教育部哲学社会科学研究后期资助重大项目
3	吴江	公共管理学院	四川建设人才高地的策略与举措研究	四川省哲学社会科学重大项目
4	田雪梅 张学龙	马克思主义学院	解决大党独有难题的理论与实践研究	四川省哲学社会科学重大项目
5	刘荣刚 冉绵惠	马克思主义学院	中国共产党对待马克思主义的科学态度研究	四川省哲学社会科学重大项目
6	颜军	马克思主义学院	促进全体人民共同富裕历史逻辑研究	四川省哲学社会科学重大项目

2. 科研基地与平台

文科拥有教育部示范中心（培育）、教育部国际司备案基地（四川国别研究中心）、四川省哲学社会科学重点研究基地、四川省哲学社会科学重点实验室等省部级以上平台 14 个，完成了预定目标，起到了良好的示范效果。其中，顺利完成 3 个四川省哲学社会科学重点研究基地和 1 个研究团队的考核评估工作。新文科实验室是我校统筹建设的实验室集群，以此为主体培育孵化的跨学科实验室——人工智能与社会意识实验室，入选四川省首批哲学社会科学重点实验室。人工智能与社会意识实验室瞄准智能社会的未来发展方向，对人工智能发展的前沿以及它对社会意识的影响做出前瞻性研究与预判，为智能时代的治理提供前沿学术支撑。该实验室是我校实现"文理""文医"交叉融合的典型的案例，为我校文科实现跨学科交叉融合发展打开了良好局面。

3. 科研人才与团队

文科新增国家级高层次青年人才 2 人，天府金融精英 1 人。

4. 科研成果

本年度共发表 CSSCI 论文 116 篇。

（二）科技产业

职务科技成果权属混合所有制改革向纵深推进。持续推进科技部等九部委"赋予科研人员职务科技成果所有权或长期使用权试点"，国家发改委、科技部"高校和科研院所职务科技成果单列管理试点"，科技部等十部委"科技成果评价改革试点"，完成科技部组织的相关试点工作汇报；着力突破"没有成熟成果可转"第三道关隘，"四川省跨高校院所新型中试研发平台"在学校顺利揭牌，制订完成中试项目孵化相关制度，征集 26 家高校院所 42 个项目进入中试项目库。

学校职务科技成果权属混合所有制改革签订的我国第一份职务科技成果分割确权协议书在"奋进新时代"主题成就展展出；央视综合频道播出专题片《领航》第五集《改革攻坚》聚焦西南交通大学职务科技成果权属改革。

（三）高等教育研究

1. 建设新型特色教育智库，提升决策服务能力

（1）精准支持学校办学治校。

紧扣国家"双碳"战略布局开展新学科新专业研究。全面梳理国家、教育部关于"双碳"人才培养的政策性文件，深入分析部分高校"双碳"专业建设申报、机构设置、人才培养、科学研究、平台建设等方面情况，结合我校实际情况，开展我校"双碳"建设工作研究，并形成《加强"双碳"教育人才培养体系建设研究报告》，共计 2 万余字。提出与我校学科专业建设相关的 8 个"双碳"学科 40 个专业，建议围绕"低碳交通运输""轨道交通新材料与新能源""智慧交通能源""低碳交通软科学"四个方面形成"双碳"专业新方向；建议学校积极申建国家级、省部级低碳零碳交通运输科研平台，设置碳中和实体教学科研机构，赋予异地研究院"双碳"建设职责，适时开展"双碳"中外合作平台建设。

紧扣学校异地办学工作难点，努力解难题谋发展。为推动唐山研究院高质量发展，2021 年 7 月至 2022 年 5 月，高教院组建课题组围绕河北省唐山市经济社会建设发展需要，紧扣学校"十四五"期间及长远发展布局，全面梳理唐山研究院发展历程，深入分析唐山研究院当前及今后面临的机遇与挑战，多方位实地调研其他高校异地办学情况，系统研读国家、省、市的教育、产业、人才等相关政策，深度挖掘教育、科研、社会服务方面的数据信息，针对客观实际情况，形成唐山研究院（唐山研究生院）发展规划建议方案，即一个总报告、4 个专项研究及 6 份数据分析，共计 5 万余字。研究成果丰富翔实，为唐山研究院建设发展提出了针对性强、操作性强、建设性强的对策建议。

（2）持续提升国际化研究资政服务能力。

推动中外人文交流研究资政决策。一是参与研制教育部中外人文中心《互联网+人文交流项目实施指南》《中外课程共建共享项目实施指南》，已由教育部中外人文交流中心发布实施，效果较好。二是接受成都市金牛区委托开展了中外人文交流特色学校评价指标体系研究，并在成都市教育对外交流中心、金牛区教育局联合召开的发布会进行了发布和讲解，该指标体系被应用评价金牛区建设特色学校工作，为国内首创，获得一致好评。

国际科技组织研究成果转化取得新进展。一是两份建议被教育部、中国科协部分采纳，其中建立国际组织联合研究院的建议被写入教育部怀进鹏部长讲话。二是初步建成"全球主要国际科技组织信息库""全球交通类国际科技组织信息库""全球具有联合国咨商地位的非政府组织信息库"。三是接受成都市科协委托，完成中国科协第四届世界科技与发展论坛"基础科学促进可持续发展倡议"起草和发布视频制作。四是完成教育部科技司、中国科协研究课题 3 项，提交了国际科技组织调研报告 158 篇；出版《重要国际科技组织概览》《国际科技组织名录》（2020 版）《交通类国际组织研究》等专著 3 部，发表高水平学术研究论文 4 篇，持续提升学校影响力。

（3）积极服务地方教育发展。

参与四川省教育考试院普通高校招生艺术类专业统考（面试）技术改革标准制定及平台设计服务项目研究。负责《四川省普通高校艺术类专业统考（面试）技术改革专项方案可行性报告》《四川省普通高校艺术类专业统考（面试）技术改革专项方案》设计和规划，完成《艺术类专业

统考面试考场建设标准》《艺术类专业统考面试录制标准》《艺术类专业统考面试存储标准》《艺术类专业统考面试评分标准》的研制和论证，承担了技术架构设计、数据库设计、安全方案设计等技术攻关。目前，相关技术标准和信息平台已通过四川省考试院验收，将在 2023 年四川省普通高校艺术类专业统考（面试）中投入应用。相关研究成果得到教育部考试中心高度认可，并纳入全国普通高校艺术类专业统考（面试）改革的核心标准内容。

服务地方取得新突破。受四川省教育厅高教处委托，参与起草教育部学习贯彻二十大精神面向高等教育战略谋划的专题调研报告，负责并高质量完成"实施科教兴国战略""开展协同创新""推进教育数字化"3 个章节撰写任务，占总报告的 60%，获得高度评价。

2. 打造新的特色研究方向，提升服务学校中心工作的能力

（1）开展"学生学习与发展"系列研究。

与清华大学教育研究院合作，开展大学生学习与发展（CCSS）追踪调查研究，本年度已完成 7000 名学生学情数据收集，通过学生、教师、学校不同维度尤其是学生就学感受、学生活动参与、学生学习投入等指标的深度比较分析。积极争取教务处支持，立项开展"Z 世代大学生学习风格及创新能力研究""大学生阅读认知与阅读习惯调研研究""大学生在校现实表现与其学业发展成效的关联研究""通识课学习自组织模式设计与实践""新工科背景下工科学生劳动教育课程的设计与研究"等，通过对大学生学习动机、学习策略、学习习惯、认知方式、学习行为等不同角度研究，帮助学校更好了解学生的学习现状与感受，为学校人才培养、本科教学评估等中心工作、重点工作提供基础分析和决策研判，为学校迎接下一轮"双一流"评价提供更多支撑。

（2）开展"高等工程教育史"系列研究。

积极争取教务处支持，立项开展"近代中国工程教育研究史料汇编及工程教育观念综述""中国近代桥梁工程教育史研究""西南交通大学工程教育史料汇编"等研究，以学科专业发展为视角，聚焦近代中国高等工程教育兴起、新中国高等工程教育建设与发展、新时代新工科建设与发展三个历史时期，立足我校具有较长发展历史的工程学科专业，以教学理念、教学组织、教学设计、实践实习、教材教具建设等方面的重要发展变化为素材，系统梳理工科学科专业发展规律，进而聚焦高等工程教育重要问题和关键问题，不断继承创新，探索构建工程教育中国模式，从而推动新工科建设实施与工程人才培养质量提升。

（3）开展卓越工程师培养与新工科建设研究。

深入分析麻省理工学院（MIT）发布的 NEET（新工程教育变革）计划研究报告《工程教育的全球现状》，对美国、英国、澳大利亚、智利、新加坡等的十余所国外高校，以及国内 10 所获批首批卓越工程师学院的高校开展的工程教育改革案例开展深入研究，同时组织教师对重庆大学、电子科技大学等进行实地走访。基于上述研究，创新性地提出了新时代工程教育改革应关注的指导性原则与平衡性问题，并总结提炼了可能的改革模式与实施途径，形成《卓越工程师培养改革调研报告》提交学校，并受邀在"首届南科大新工科教育论坛-共同探索工科教育新范式"上进行交流。同时，针对工程教育改革对学生多维能力的需求，对我校通识教育情况进行了全面分析并提出了重构通识教育体系的途径，形成《本科通识教育研究报告》提交学校，并在川渝通识联盟大会上对通识课程建设作了报告。

（4）开展教师质量胜任力与教学学术能力发展研究。

基于研究创新提出，如果希望持续推动教学质量提升，就需要将教学学术、质量保障与教师教学发展三项工作融合，构建持续合作和实践的学习社区，打造教学质量发展共同体，提升教师等质量主体的质量胜任力。以相关研

究为基础，在北京大学主办的第九届"高校教学发展网络"（CHED）年会上，提交的"促进质量胜任力提升的教师教学发展活动设计"入选前置工作坊，并做分论坛发言。进一步，与学校教师工作部合作，开设了"促进深层学习教学策略""从教学实践到教学研究"等多场讲座与工作坊，从理论到实践全面开展教师教学学术能力与质量胜任力发展研究。

（5）推动跨学科教育助力人才培养。

1.优化跨学科教育工作架构。一是建立咨询专家组，首批聘请肯·贝恩夫妇（《超级课程：教育与学习的未来》作者）、吴国珍（《教学勇气：漫步教师心灵》译者)和余东升（《高等工程教育》常务副主编）四位教授担任咨询专家，诊断把脉教研室建设。二是邀请10余个校外合作共建单位，包括高校、学会、联盟、创客中心、企业、出版社。三是邀请近30个的校内支持单位和合作单位。四是面向校内外发展近1000名个人会员。

构建校内跨学科教育虚拟教研组织打造全新教学文化和生态。以校内、校外教师为对象，组建跨学校、跨学院和跨学科专业的教学团队，助力高质量跨学教学研究团队，吸引了来自超过20所高校、校内超过20个学院的200余位老师参与，初步建成跨学科基层虚拟教研组织10余个，构建了课程孵化建设共同体，实现了课程共建共享，打造了全新的教学文化和教研生态。

设立跨学科课程建设研究项目。面向校内外教师，发布跨学科课程建设研究项目研究指南，有31个项目进入立项，全部完成结题，依托研究项目开展教研活动近50次，相关研究成果均应用于课程建设和教育教学。

（6）构建教育教学共享资源。

初步建成教研问题池与知识库。从教学实践出发，收集不同学校、学科教师各类问题与回答，逐步形成教学创新"问题池"；依托教师教研报告、论文、研究成果等，逐步形成支持教学研究和创新的"知识库"，提升服务教师教育教学的科学性和精准性。

打造了课程资源库推动资源共享。一是以课程建设为牵引，建设了一大批教学案例资源库，经过精心培育、孵化，已有首批30门跨学科课程入驻，有效应用于同步开课，极大地推动全校跨学科教育开展。二是以各类教研活动为依托，收集各类视频资源近100个，供教研室成员观摩学习使用。

（7）推动有组织教学研究制度化常态化。

新设校级高等教育研究类研究项目。与教务处合作，依托本科教改研究项目新设高教研究项目，科学设计了高等工程教育史和学生学习与发展2个研究领域，9个项目进入立项，研究进展顺利，促进了教师教研积极性科学性，提升了教师教育教学能力和成效。

优化工作路径形成教研新增长点。以解决人才培养中的关键问题为突破，开展文献调研、机关业务部调研和院系教师调研，不断凝练布局新的教研方向，稳步推动实施5个研究方向，即与教务处、文科处合作，组建跨学院教师团队，探索通识课程建设途径；与图书馆、公管学院等合作，探索以阅读为载体的通识教育体系；与科研院等合作，建立工程教育案例库；与心理中心合作，基于学习科学开展教学研究实验；与教务处、教师发展中心持续合作，推动教师行动研究；与清华大学教育研究院合作，开展大学生学习与发展追踪调查研究。进一步明确了研究问题、组织和人员，提升了研究的规划学、预测性、精准性和可转化性，共形成10余份高质量研究报告，获得四川省级教改研究重点项目2项，相应成果已广泛应用于教师教育教学，取得了良好效果。

3. 强化外联合作，提升了影响辐射力

（1）高质量完成两个专委会秘书处工作。

牵头成立四川省高教学会高教研究专委会，做好教学质量保障专委会、高教研究专委会秘书处工作，顺利完成两个专委会学术年会召开。研制四川高等职业学校评价指标体系，参与完成了第二届全国教师教学创新大赛四川赛区相关组织统筹工作，统筹组织完成省高教学会20次哲社奖初评工作，增强了学校在全省

高教领域的学术影响力和话语权。

（2）打造虚拟教研室新品牌扩大辐射影响。

打造特色教研品牌活动。一是开展教学共读品牌活动。精心组织策划，邀请来自校内外40余位教师领读《教学勇气》《超级课程》，全年共组织共读活动30余次，吸引1000余位参与者参与共读，打造了阅读虚拟共同体和共读文化。二是开展特色课程建设分享。以教研室师范课程为依托，邀请课程团队成员分享课程建设经验，全年举行线上、线上分享会近20次，吸引超过1000名校内外教师参与，打造了教学研究和经验交流分享共同体。

优化教研室宣传矩阵，提升传播实效。教研室打造了以教研室公共数据库为依托，微信公众号、钉钉、CCtalk、腾讯会议、微信视频号等多平台协同交流宣传矩阵。微信公众号共发布各类信息近200条，关注人数1488人，单篇阅读量最高达到1649次；依托钉钉软件发布各类信息近100条，跨学科关联微信视频号发布信息100余条，依托腾讯会议、CCtalk开展交流分享活动50余次，教研室课程建设分享、对外交流合作等方面发挥着重要的"窗口"和渠道作用，展示教研室课程建设成果，发挥了示范作用。据教育部虚拟教研室秘书处评价，教研室活动运营数据进入前100（全国共700个），教研室作为模范建设单位供兄弟教研室学习观摩。

（3）打造创新型人才培养校地企融合互通的"社区+社群"品牌。

与重庆大学明月湖科创基地、蜀源社区合作共建科创基地，充分借助各方资源平台，开展"项目设计+跨学科+工程文化"人才培养新链条的理论与实践创新研究，致力于培养高素质创新创业人才，推动成果转化，不断形成新的品牌效应。

（4）强化对外咨询和信息服务参考。

强化思想输出。在第九届"高校教学发展网络"年会开设"促进质量胜任力提升的教师教学发展活动设计"工作坊，并作题为《促进深层学习的在线课程质量标准框架探索》的报告；为内蒙古工业大学、北京第二外国语学院、四川省警察学院等高校做《以学为中心开展课程教学设计，为学生创造有意义学习经历》报告以及工作坊7场，以《依托信息化平台，开展以学为中心的课程质量评价》为题，为新疆高校做数字化应用能力培训；在川渝地区通识教育联盟会议上作《新工科背景下通识课程建设的思考与实践》的主题报告。

强化信息参考。围绕高教领域的重点热点，面向全校编发《高教参考》20期，近22万字，受到机关部门和教学科研单位的欢迎，较好地发挥了信息参考作用。此外，通过四川省高教学会面向省内高校发布，扩大了影响。

（四）期刊工作

（1）翟婉明院士为主编的 Railway Engineering Science（铁道工程科学，RES），作为中国第一本轨道交通类英文学术期刊,采取精品发展战略。邀请全球轨道交通领域35位顶级专家组建了阵容强大而活跃的编委团队,扎根于轨道交通工程科学学术前沿,谨遵学术伦理规范,严把期刊学术质量。借助 Springer Nature 的国际化平台进行 OA 出版,打造全球轨道交通国际学术交流平台,建设轨道交通全领域中国品牌世界一流学术期刊。RES 坚持宁缺毋滥，所有发表的文章都经过2至3轮国内外同行专家严格审稿，2022 年刊登了众多高影响力学者的高质量论文。

2022 年共收稿 126 篇，Scopus 数据库中 CiteScore Tracker 从 2021 年的 3.5 提升至 2022 年的 8.2，2020—2021 年所发文章至目前为止在 WoS 的篇均被引频次为 9.09，预估影响因子为 5.10，ESCI 数据库 Transportation Science &

Technology 类目下位列第一。国内目前具有权威参考价值的中国知网和清华大学图书馆联合研制的《中国学术期刊国际引证年报》，根据我国学术期刊被国际期刊引用的他引总被引频次（TC）、他引影响因子（IF）和影响力指数（CI）等重要的期刊评价指标，遴选 CI 排名 TOP5～10%的期刊为"中国国际影响力优秀学术期刊"，RES 国际他引总被引频次 743、国际他引影响因子 4.745、国际影响力指数 CI 89.677，从 2021 年的"中国国际影响力优秀学术期刊"榜单（共 175 种期刊）第 57 位升至 2022 年第 6 位。

2022 年 RES 依托第二届国际轨道交通学术会议（ICRT2021），基于大会主旨报告策划出版了 *Plenary Presentations of Second International Conference on Rail Transportation* 专刊（2022 第 3 期）。在该专辑中，来自瑞典、葡萄牙、科威特、荷兰和中国的研究团队提供了他们在该领域的设计思想和新理念，介绍了最新的数值和实验研究成果，产生极大影响力，并由此获得四川省期刊协会颁发的 2022 年"四川期刊年度优秀策划"奖。

自 2020 年 1 月更名后，RES 已被 ESCI，Scopus，Inspec 等国际知名数据库收录，学术影响力达到了国际交通类高影响力期刊水平，且仍在不断上升，显示出强劲的发展潜力和强大的国际影响力，正在成长为轨道交通领域的全球标杆顶级学术期刊。

（2）*Biosurface and Biotribology* 影响力持续上升。2022 年全年出版 4 期，共发表 30 篇研究及综述论文，单篇平均下载量超 1000 余次。期刊继续保持 Scopus，Ei compendex 检索，以及《机械工程领域高质量科技期刊分级目录》T2 期刊级别。截至 2022 年 12 月 1 日，根据 Web of Science 的数据，BSBT 单篇论文被 SCI 检索引用平均次数大于 10 次。Citescore 2022 为 1.5，较 2021 年上涨 7%（注：由于 2019 年进入 Scopus 收录，2015—2018 年发表文章的影响力无法被 Citescore 考量）。

为进一步扩大期刊在仿生科学与工程领域的影响，吸引仿生研究方向的高水平论文，BSBT 编委会王钻开教授（香港城市大学）、韩志武教授（吉林大学）和鲁雄教授（西南交通大学）作

为共同客座主编组织专刊 *Bioinspired Surfaces and Materials*，邀请到 10 余位国内外青年学者，特刊共收录 9 篇综述和研究论文，于 2022 年 6 月出版。2022 年 08 月，期刊主编周仲荣教授被任命为国际摩擦学理事会副主席(Vice President of International Tribology Council)。国际摩擦学理事会于 1973 年成立，是各国摩擦学学术团体联合组成的国际性学术组织，在工程、材料、能源、交通等领域具有崇高声望和广泛影响，在全球工业化进程中扮演着重要角色，这将极大程度提升期刊在摩擦学领域的国际影响力，吸引到更多国际稿源和优秀编委。

（3）与土木学院共同创办的国际期刊 *Advances in Bridge Engineering*（桥梁工程进展，ABE）稳步发展提升。稿件系统文章处理 180 余次，年度录用论文 29 篇，已在线出版 20 篇。论文单篇最大下载次数突破 10 000 次，Google Scholar 单篇最大引用次数 21 篇、年引用次数 124 次。充分发挥编委的国际影响力、全面发动桥梁系教师，面向 500 余位行业知名学者开展了多层次多途径邀稿；与 TrendMD 国际公司合作，开展大数据推算服务，增加期刊文章阅读与关注量；对于发表的英文论文，撰写中文摘编稿，通过期刊微信公众号推送微信稿；与澳大利亚科廷大学，日本东京大学，葡萄牙波尔图大学，美国路易斯安那州立大学、加州大学、科罗拉多大学，我国东南大学、同济大学的专家学者合作，组建 3 期专刊；参与校内、Springer 出版组织的期刊研讨活动 5 次；印制 2021 年期刊合辑，20 年 28 篇文章共 604 页，筹备印刷 22 年期刊合辑；2022 年 12 月被 Scopus 数据库收录，并已提交 EI 检索申请。

（4）为提升新兴交叉学科，以建成交通人工环境交叉学科方向世界一流期刊为目标，与机械学院共同创办的国际期刊 *Energy and Built Environment*（能源与人工环境，EBE）自创刊以来，发展迅速，国际影响力显著提升。截至 2022 年 11 月，共收到来自 34 个国家的 179 篇投稿，其中国外投稿占比 75%，接收 41 篇，拒稿 115 篇，拒稿率为 74%；2022 年出版文章 120 篇（Volume 1-3），ScienceDirect 上线文章 207 篇；基于 Web of Science 核心合集数据库，已出

版的 120 篇文章共被引 1235 次，篇均被引次数 10.292；微信公众号"能源与人工环境"关注量增至 5015 人，推文篇均浏览量达 1849 次；国际推广平台 LinkedIn 关注量增至 16 042 人，推文篇均浏览量达 2265 次；2022 年新增 3 位海外院士加入 EBE 编委团队，目前 EBE 编委团队由来自 17 个国家的 39 位国际知名学者组成，其中外籍编委 22 位，占比 56%；拟从 2023 年起由季刊变更为双月刊；2022 年被 Ei Compendex 数据库收录，Scopus 数据库获得第一个 CiteScore 6.2，CiteScore Tracker 11.3（2022 年 11 月）。

（5）积极组织各刊参加期刊相关项目申报评选，各刊继续保持高质量发展。

为切实提升四川省科技期刊的学术水平和科技影响力，助力四川科技期刊高质量发展，期刊社高度重视、精心组织参加四川省科协组织实施的 2022 年"天府期刊卓越行动计划"项目申报。《西南交通大学学报》《铁道工程科学》2 本刊同时成功入选 "天府期刊卓越行动计划"一流期刊项目。

继续保持 Biosurface and Biotribology 位列《机械工程领域高质量科技期刊分级目录》T2 级别，《西南交通大学学报》位列《铁道运输领域高质量科技期刊目录》T1 级别，Railway Engineering Science 位列《铁道运输领域高质量科技期刊目录》T2 级别，Advances in Bridge Engineering 位列 T3 级，表明我校科技期刊不断扩大国内外影响力。其中《西南交通大学学报》2022 年又成功入选《公路运输领域高质量科技期刊分级目录》T1 级别，进一步提升了我校在相关学科领域的高影响力，持续推动我校一流期刊建设。

围绕中国科学技术协会"2022 年世界一流科技期刊建设工作要点"，积极组织国际期刊 EBE《能源与人工环境》参加中国科技期刊卓越行动计划有关项目的申报。通过申报，对期刊发展跟踪评估和引导培育，进行专题调研并制定出针对性建设举措。指导期刊聚焦目标，精准发力，不断优化办刊策略。依托专业第三方机构，强化大数据挖掘分析，精准把握期刊发展态势。加大媒体宣传，塑造品牌声誉，为期刊高起点发展打下坚实基础。

（6）不断提高管理服务能力，保质保量完成期刊社各刊全年的编辑出版工作，期刊出版水平显著提升。

①《西南交通大学学报》

继续被 EI、《中文核心期刊要目总览》、CSCD、中国科技论文统计源期刊等重要数据库收录；

根据《2022 年中国学术期刊影响因子年报（自然科学与工程技术版）》，复合影响因子（2.277）在工程技术综合类期刊中排名第四，位列工程技术综合学科 Q1 区；

入选 2022《中国学术期刊影响因子年报》统计源期刊；

RCCSE 中国权威学术期刊 A+；

2022 年入选《公路运输领域高质量科技期刊分级目录》T1 级别；

《铁路运输领域高质量科技期刊分级目录》保持 T1 级别；

根据《科技期刊世界影响力指数（WJCI）报告（2022）》，位列工程综合学科 Q1 区；

入选四川省科协 2022 年"天府期刊卓越行动计划"一流期刊；

2022 年度"西牛计划"优秀中文科技期刊；

荣获第五届四川省高校精品科技期刊；

编辑部 1 人成功获批 2022 年度四川学术成果分析与应用研究中心 "四川期刊发展研究专项"课题；

编辑部 1 人获 2022 年"四川期刊优秀编辑"。

②RES《铁道工程科学》。

继续被 ESCI 及 Scopus 等数据库收录；

EI 数据库检索处于评估阶段；

入选四川省科协 2022 年"天府期刊卓越行动计划"一流期刊；

荣获 2022 年度中国高校科技期刊建设示范案例库优秀科技期刊；

《铁路运输领域高质量科技期刊分级目录》T2 级别；

继续入选"2022 中国国际影响力优秀学术期刊"，并从 2021 年的"中国国际影响力优秀学术期刊"榜单（共 175 种期刊）第 57 位升至 2022

年第 6 位；

根据《科技期刊世界影响力指数（WJCI）报告（2022）》，位列交通运输工程综合学科 Q2 区；

《中国科学院文献情报中心期刊分区表》运输科技类 4 区；

获 2022 年"四川期刊年度优秀策划"；

荣获第五届四川省高校精品科技期刊；

编辑部 1 人获第五届四川省高校科技期刊优秀编辑；

编辑部 1 人获 2022 年"四川期刊优秀编辑"；

编辑部 3 人获四川省期刊协会主办的"喜迎二十大·四川省期刊协会创新发展主题论文大赛"优秀论文二等奖。

③BSBT《生物表面与生物摩擦学》。

保持 Scopus、EI 检索；

《机械工程领域高质量科技期刊分级目录》T2 级别。

④EBE《能源与人工环境》。

2022 年被 EI 数据库收录；

保持 Scopus 检索；

ESCI 数据库检索处于评估阶段。

⑤ABE《桥梁工程进展》。

2022 年被国际知名数据库 DOAJ 收录；

2022 年被 Scopus 数据库收录；

《铁路运输领域高质量科技期刊分级目录》T3 级别；

EI 数据库检索处于评估阶段。

九、师资工作

（一）教职工队伍结构

1. 教职工人员结构

单位：人

指标名称	教职工数	专任教师	行政人员	教辅人员	工勤人员	专职科研人员	其他附设机构人员	校外教师	行业导师	外籍教师	离退休人员	附属中小学幼儿园教职工
总计	4382	2741	898	481	123	0	139	636	0	0	2396	135
在编人员	3793	2344	783	409	119	0	138	—	—	—	—	127

2. 专业技术人员学历年龄结构

单位：人

指标名称		代码	合计	29岁以下	30-34岁	35-39岁	40-44岁	45-49岁	50-54岁	55-59岁	60-64岁	65岁及以上
甲		乙	1	2	3	4	5	6	7	8	9	10
总计		01	2741	107	383	453	602	489	334	323	36	14
#女		02	985	61	119	158	257	194	127	66	3	0
#获博士学位		03	1843	39	343	402	380	295	167	176	30	11
#获硕士学位		04	781	66	39	51	192	176	137	114	6	0
按专业技术职务分	正高级	05	534	0	7	45	82	106	89	164	32	9
	副高级	06	1009	2	102	204	233	189	150	128	1	0
	中级	07	1049	38	246	195	275	182	86	27	0	0
	初级	08	86	60	13	0	5	4	4	0	0	0
	未定职级	09	63	7	15	9	7	8	5	4	3	5
按学历（学位）分	博士研究生	10	1820	39	343	400	373	289	163	172	30	11
	#获博士学位	11	1820	39	343	400	373	289	163	172	30	11
	#获硕士学位	12	0	0	0	0	0	0	0	0	0	0
	硕士研究生	13	732	66	39	51	176	162	122	110	6	0

续表

指标名称		代码	合计	29 岁以下	30-34 岁	35-39 岁	40-44 岁	45-49 岁	50-54 岁	55-59 岁	60-64 岁	65 岁及以上
按学历（学位）分	#获博士学位	14	0	0	0	0	0	0	0	0	0	0
	#获硕士学位	15	732	66	39	51	176	162	122	110	6	0
	本科	16	189	2	1	2	53	38	49	41	0	3
	#获博士学位	17	23	0	0	2	7	6	4	4	0	0
	#获硕士学位	18	49	0	0	0	16	14	15	4	0	0
	专科	19	0	0	0	0	0	0	0	0	0	0
	#获博士学位	20	0	0	0	0	0	0	0	0	0	0
	#获硕士学位	21	0	0	0	0	0	0	0	0	0	0
	高中阶段以下	22	0	0	0	0	0	0	0	0	0	0

（二）专任教师增减变动情况

单位：人

指标名称	上学年初专任教师数	增加教师数	招聘	#应届毕业生	#师范生	调入	#外校	校内变动	减少教师数	本学年初专任教师数
高等教育学校	2705	125	120	59	3	5	5	0	0	0
#女	979	33	33	19	0	0	0	0	0	0

（三）人才工作情况

截至 2022 年 12 月 31 日，学校共有中国科学院和中国工程院院士（含双聘院士）27 人，IEEE FELLOW 6 人，国家高层次人才计划入选者 182 人次，国家部委人才计划入选者 115 人次，四川省及成都市人才计划入选者 575 人次。

（四）博士后科研流动站一览表

序号	流动站名称	主要研究领域	批准时间
1	力学	1. 固体的强度、损伤与破坏 2. 现代非线性动力学 3. 高速冲击动力学 4. 流固耦合振动 5. 接触力学 6. 新兴交叉力学 7. 成型制造力学与数值模拟 8. 计算流体力学等	1988

续表

序号	流动站名称	主要研究领域	批准时间
2	交通运输工程	1. 交通运输规划与管理 2. 交通工程 3. 物流工程 4. 系统工程 5. 安全科学与工程 6. 系统科学等	1991
3	土木工程	1. 桥梁工程 2. 隧道工程 3. 道路与铁道工程 4. 岩土工程 5. 结构工程 6. 防灾减灾工程与防护工程等	1998
4	机械工程	1. 表面与界面 2. 微纳制造 3. 车辆及城市轨道装备 4. 起重运输与物流装备 5. 机电液系统设计与可靠性 6. 现代机电测试及控制技术 7. 暖通空调及工业空气动力学 8. 数控技术及虚拟制造 9. 新能源汽车与内燃机创新设计 10. 机器人机构学及设计自动化等	1999
5	电气工程	1. 电气工程 2. 控制科学与工程 3. 电子信息工程等 4. 固态锂电池技术 5. 燃料电池技术	1999
6	管理科学与工程	1. 服务管理 2. 物流与供应链管理 3. 金融工程理论与应用 4. 产业发展理论与应用 5. 项目管理与投资分析 6. 工程组织与管理 7. 数据科学与方法等	2001
7	信息与通信工程	1. 信息编码理论及应用 2. 移动通信理论与技术 3. 信息光子与通信 4. 网络与信息安全 5. 信号及信息处理理论与应用	2003

续表

序号	流动站名称	主要研究领域	批准时间
8	测绘科学与技术	1. 大地测量学与测量工程 2. 遥感科学与技术 3. 地图制图学与地理信息工程等	2007
9	地质资源与地质工程	1. 地质灾害与防治工程 2. 高速滑坡机理及其早期识别 3. 黑色岩层特性及其致灾机理等	2009
10	计算机科学与技术	1. 工业互联网平台与互联智能 2. 大数据分析与挖掘 3. 智能信息处理 4. 计算智能与未来网络 5. 跨媒体智能与智能交通 6. 科技云服务与务联网	2012
11	工商管理	1. 市场科学与行为 2. 会计与公司财务 3. 运作与服务管理 4. 投资决策与风险管理 5. 企业战略与组织行为 6. 工商管理中的大数据研究等	2014

（五）博士后出站人员名单

力学： 樊智辉

交通运输工程： 刘峰博

土木工程： 胡中波、姚超凡

机械工程： 王宏林、刘伟群、邓星桥、王庆相、刘颖帅、李　飞

电气工程： 肖　嵩

管理科学与工程： 刘文文

测绘科学与技术： 戴　卿

地质资源与地质工程： 周　帅

计算机科学与技术： 权　伟

信息与通信工程： 全　欣、罗寿西

（六）在聘名誉教授名单

任辉启	杨先农	王建国	聂建国	闫楚良	吴以岭	樊代明	黄润秋
隋森芳	陈木法	李安民	卢春房	岳清瑞	常　青	陈湘生	谢先启
陈　军	周绪红	吴志强	马　军	崔　愷			

（七）在聘顾问教授名单

蒋兴宇	马国伟	包亦望	周延春	张喜刚	宫　鹏	倪一清	王　宁
戴琼海	涂善东	汤　涛	卢春房	周　济	高宗余		

（八）在聘兼职教授名单

谭新亚	闫浩文	吴桂毅	蒋振雄	熊国斌	杨　斌	张　鸿	周泳涛	杨怀志
张鹏程	李志宏	吴玉韶	戚建淮	岳光荣	孙红霞	闫子才	张　飙	刘玉强
李志义	贾晋中	田四明	胡　昂	吴佳晔	刘杰文	田宝华	易伦雄	刘　高
彭元诚	李　蓉	朱东敏	王清勤	汤国安	邱小勇	郭秀萍	杨志禄	潘卫军
钟　宁	李秋义	唐　勇	何　成	呼永河	王孝国	李　康	郭劲宏	于松伟
刘洪生	林文斌							

十、学院工作

（一）土木工程学院

【党建及思想政治工作】

土木工程学院党委现有党员 2105 名，其中教职工党员 313 名，其中在职教职工党员 245 人，退休教职工党员 68 名，学生党员 1792 名。学院党委下设 3 个党总支，共有 64 个党支部（其中 12 个教职工党支部，52 个学生党支部）。2022 年，我院党委共发展 532 名学生党员。

土木学院党委认真学习贯彻党的二十大精神，以习近平新时代中国特色社会主义思想为指导，以党建为引领，全面落实党的教育大会精神，积极开展多项党内活动。全学院师生参与主题活动达 1000 余次，参与人数 2 万多人次，学习读书班 90 多次；组织师德师风建设应知应会专项学习，对全院教师进行《十项准则》应知应会测试；引导全院师生开展学习二十大"凝心聚力谋发展 建功立业新时代"系列学习，组织师生党支部开展"学习二十大精神·争做新时代先锋"主题党日活动。

【师资队伍建设】

土木工程学院深入贯彻实施党的二十大报告中习近平总书记提出的科教兴国战略、创新驱动发展战略、人才强国战略，持续落实学校第十五次代表大会"人才强校"主战略，结合学院"十四五"规划和"双一流"建设要求，加大领军人才引进力度，优化师资评价激励机制，建设跨学科、高水平、创新型一流师资队伍。改革评价考核制度，优化成果认定机制，完善人才激励和保障机制，调动全院教师申报高层次人才计划和国家级科研项目的积极性。2022 年各类人才项目申报引进，新增国家海外引进高层次人才 1 人；四青人才 5 人；青年托举人才 1 人，天府峨眉计划等省级人才 9 人；雏鹰计划 1 人，青苗计划 7 人；雏鹰双百研究

员 1 人，特聘副研究员 3 人。截至目前四青及以上国家级高层次人才 30 人，省级人才 43 人。

【人才培养】

学院在校学生总计 5790 人，其中在校本科生 3549 人，在校研究生 2171 人，在籍留学生 70 人。新增博导 10 名，博导总数达到 128 名；新增硕导 15 名，硕导总数达到 237 名。本年度新招收 98 名工学博士，其中 7 名为国际学生；37 名工程博士；硕士研究生 560 名，其中 6 名为国际学生。本年度共计授予工学硕士学位 151 人；工程硕士学位 334 人（含非全日制工程硕士学位 27 人）；授予工学博士学位 71 人。

学院紧紧围绕立德树人根本任务，探索土木类人才培养智能、融通、创新之路，以名师-名课-名教材为建设主线，全面布局、系统建设，成效显著。新增主持获 2021 年四川省教学成果特等奖 1 项，一等奖 1 项，二等奖 1 项，主持申报 2022 年国家级教学成果奖 3 项；新增城市地下空间工程、铁道工程、道路桥梁与渡河工程 3 个国家一流专业建设点，智能建造与工程造价专业 2 个四川省一流专业建设点；新增中国高等教学学会首批高校数字思政精品项目 1 项（全国仅 13 项），四川省 2021—2023 年高等教育人才培养质量和教学改革项目 10 项，校级教育教学改革研究项目 4 项；新增省级"天府名师"1 名，校"思国奖"优秀教师 1 名；新增四川省课程思政示范课程 3 门，四川省一流本科课程 18 门，校级一流本科课程 10 门；新增校外实习实践基地 5 个，艰难险重工程"三全育人"实践基地 1 个，实习实践基地总数累计达 47 个；新增高水平教改论文 19 篇，出版教材 11 部，本科教育教材建设项目 17 项，22 项校级教材及课程案例库建设项目进展顺利；新增中国公路学会优秀博士

学位论文 1 篇，优秀硕士学位论文 3 篇。

建立人才培养质量保障长效机制，发挥学科优势、吸引优质生源，举办的"伟大新征程：行进的川藏线"——2022 年全国大学生学术夏令营，吸引了来自全国 127 所高校的 611 名大学生报名。

【科学研究】

积极开展基金组织申报工作。2022 年度共申报自然科学基金项目 95 项，获批 37 项，包括面上项目 24 项，青年基金 9 项，优青（含海外优青）项目 3 项，联合基金 1 项。申报青年科学家项目 2 项，政府间国际合作项目 3 项。主持 CZ 铁路第二批重点专项课题 3 项，子课题 38 项，承担国家级重大工程相关课题 73 项。新增国家级项目 37 项，省部级课题 25 项，横向课题 278 项，其中含经费超 500 万元的重大横向课题 4 项。

新增 SCI 论文 360 余篇，相比去年增长 10.9%，其中，新增 ESI 前 1%高被引论文 5 篇，中科院大类一区论文 51 篇，二区论文 114 篇，二区及以上论文较上一年度增长 32%。新增授权发明专利 113 项，国际专利 3 项，软件著作权 21 项，授权数量达到 205 项，获四川省专利创新创业奖一项。实现专利转化 5 项。出版学术专著 18 部，参加各类规范标准编写 9 部，其中国家标准 2 部，行业标准 1 部。

获得省部级和全国一级学会、协会科技奖励共计 28 项。主持教育部高等学校科学研究优秀成果科技进步一等奖 1 项，技术发明一等奖 1 项。主持了四川省科技进步一等奖 1 项、二等奖 2 项，参与四川省科技进步一等奖 1 项、二等奖 2 项、三等奖 2 项；参与山西省科技进步奖 1 项、西藏自治区科技进步奖 1 项。主持中国岩石力学与工程学会科技进步一等奖 1 项，参与二等奖 2 项；获全国各类一级协会科技进步奖 13 项。获四川省杰出青年科学技术创新奖 1 项。

【重大平台与实验室建设】

依托土木工程学院构建的重点科研平台体系与重点实验教学平台体系，新增省虚拟仿真实验教学一流本科课程 2 门；立项校实验教改项目 27 项，其中 40%为自制仪器类（总数居全校之首）。陆地交通地质灾害防治技术国家工程研究中心获批"国家交通运输科普基地"，名称为"西南交通大学陆地交通防灾减灾科普基地"。设立"111 引智基地办公室"，并制定了《111 引智基地建设管理办法》。建立"土木工程绿智融创实验教学中心"，助力土木工程学科新台阶攀升。

依托大平台，全面提高人才培育质量，不断扩大高水平国、省赛事获奖面。组织学院师生开展和参加各级别学科竞赛活动 17 余项，其中包括 3 项学校 A 类学科竞赛，全年竞赛获国家级 73 项，省级 35 项。承办四川省大学生先进成图技术与产品信息建模创新大赛与第十四届全国大学生先进成图技术与产品信息建模创新大赛（全国规模最大的全国性图学竞赛），首次连续三届获得团体第一名；第八届中国国际"互联网+"大学生创新创业大赛高校主赛道全国银奖，实现土木学院"零突破"；《Tenacious' Concrete Slab——Stimulate New Driving Forces for the Development of Tenacious Concrete Industry》斩获国际赛道全国铜奖，实现蝉联。

【管理服务】

1. 学生管理

土木工程学院以"立德树人"为根本任务，持续打造有土木特色的"红土"文化育人体系，搭建全方位的思政教育格局，着力培养红心向党、红志报国、红业强基、红行赋能的"四红"土木人，顺利完成 5774 名学生（本科生 3599 名，硕士 1587 名，博士 558 名）的日常事务管理、思想政治教育以及综合素质培养工作。

规范高效开展学院评奖评优工作，完成各类评奖 2405 人次、评优 1208 人次；以"资助育人"理念为家庭经济困难学生提供支持保障，完成贫困生认定 1230 人，各类助学金评定 990 人。引导学生树立正确的就业观。获批"教育部供需对接就业育人项目" 2 项。

2. 资产管理

土木工程学院对印刷厂进行装修改造，进一步提升学院办公环境。逐步调整优化土木馆师生办公布局，持续改善办公环境。

【对外合作交流】

依托岩土及地下工程智能建造与安全学科创新引智基地（111 基地）平台，开展了创办国际期刊（ITI）、举办国际会议（ICASS、IBTC）、组建国际交叉合作团队等三类活动，并邀请国外知名专家为广大师生开办了近百场线上专题讲座或学术指导活动。

"土木工程学科海外一流学科伙伴行动计划"项目为首批入选学校"KP 行动计划"的 A 类资助项目。依托 KP 行动计划，开展了暑期国际课程周、中法博士学校、学生交流等多项工作，

项目 2022 年度考核中取得第一档"优"成绩。

在中国-印尼高铁联合研究中心示范引领的作用下，申报四川省科技厅常规性科技援助项目典型案例和中国-巴基斯坦铁道工程联合研究中心。

（二）机械工程学院

【党建及思想政治工作】

2022 年，学院党委发挥基层党组织的政治功能和核心作用，持续推进巡察整改成果，狠抓落实基层党建工作，统一思想、凝心聚力，以党的建设推动学院各项工作全面进步、蓬勃发展。

（1）把政治建设摆在首要位置。深入学习贯彻习近平新时代中国特色社会主义思想和党的二十大精神，贯彻"第一议题"制度。一是班子成员带头学，发挥"头雁"效应。二是以党支部为载体，发挥"阵地"作用。

（2）强化组织功能。一方面，加强党支部和党员队伍建设。开办两期分党校，培训入党积极分子 575 名，发展党员 329 名；另一方面，延伸党组织触角，深入群众。解决老师及学生成长过程中最为急难愁盼的问题和需要。

（3）始终坚持"人民至上"，持续推进惠民生、聚民心工作。

（4）疫情期间通过"3×3"多举措保障教工、学生生活安全稳定，通过下沉师生群体、配置防疫物资、开展系列线上活动三项措施，做到工作有序。

（5）院领导带头深入迎新点、入学教育、寒暑假、招聘会等学生学习生活环节，学生工作队伍深入宿舍、课堂、学生活动和网络阵地，累计谈心谈话 3282 人次，以"严、细、深、爱"的工作态度，深入了解学生全面情况。

（6）成功举办 2022 年中国大学生机械工程创新创意大赛物流技术（起重机）创意赛国赛。学院学生科研竞赛硕果累累，共获国家级奖项 61 项，同比增长 22%，其中国家一等奖 30 项，同比增长 114%。

（7）学生成长成效显著，涌现出以忠忱班集体获得者车辆 2019-03 班为代表的 20 个优秀班集体，817 名优秀个人，623 人次获得奖学金，

李晓玉入选《人民日报》刊发本专科生国家奖学金获奖学生代表名录（全国仅 100 人），孙舰凯获 2021 年度"中国大学生自强之星"奖学金。

【学科建设】

以"双一流"建设为牵总，以成绩、成果、成效为导向，积极推进机械工程学科建设工作。

（1）机械工程 US News 世界大学国际学科排名全球第 16 位，软科排名进入前 10%。

（2）投入 600 万元建设经费，完成 2022 年"双一流"学科建设工作，成效显著。

（3）凝练布局智能制造前沿技术、机器人前沿技术、精密制造前沿技术等 3 大机械工程前沿技术研究工作，为学科发展注入新动力。

（4）申请获批 6000 余万教育领域扩大投资建设经费，有力支撑了机械工程学科的建设。

【师资队伍】

积极推进青年人才引培工作，通过建设科研团队带动"四青"人才培育。

（1）国家级青年人才入职 1 人；新增入选四川省 2021 年度天府青城计划 1 人和人才引进计划 4 人、2022 年度博士后创新人才支持项目 1 人、自然科学基金创新研究群体项目 1 人以及学校 2021 年度人才师资队伍培育计划 13 人。袁艳平技能人才创新工作室获评劳模创新工作室（全校 2 个）。

（2）申报国家青年人才上会 2 人。

（3）为促进学院传统优势学科引进优秀青年才俊，结合学院实际需要，出台《机械工程学院中力特聘岗位管理办法》。

（4）举办西南交通大学 2022 年"交天下菁英，通宇内鼎甲"学者论坛机械工程学科分论坛——智能制造前沿技术论坛。

（5）2021 年度专业技术职务评审通过 22 人，其中正高 5 人、副高 14 人。

（6）特聘副研究员和一般师资共 14 人，新入职 8 人。

【科研合作】

围绕科研工作的目标，重点抓团队建设、基础研究、平台申建、重要项目和科研奖励的组织申报等关键性工作。

（1）主持教育部自然科学一等奖和四川省科技进步一等奖各 1 项。

（2）全年到校经费首次过亿，军工合同和到校经费全校第一。

（3）获自然科学基金项目 22 项，其中重点项目 1 项，区域重点 1 项，面上和青年项目各 10 项，基金获批数全校第二。

（4）主持获批"轨道交通低碳建筑技术"111 学科创新引智基地、四川省轨道交通低碳人工环境国际联合研究中心。牵头提出的"能否实现材料表面原子尺度可控去除"入选 2022 年中国科协 10 大前沿科学问题，撰写的"推动原子级制造发展建议"得到中央主要领导批示。

（5）对外合作交流：与内江市高新区签订了智能制造联合创新中心合作项目协议，与中电九天公司签署了"卡脖子"的工业软件联合开发合作协议。

（6）期刊建设：期刊 BSBT 继续保持 Scopus，Ei compendex 检索，以及《机械工程领域高质量科技期刊分级目录》T2 期刊级别，2022 年 8 月，期刊主编周仲荣教授被任命为国际摩擦学理事会副主席（Vice President of International Tribology Council）；期刊 EBE 2022 年被 Ei Compendex 数据库收录，Scopus 数据库获得第一个 CiteScore 6.2，CiteScore Tracker 11.3（2022 年 11 月），EBE 从 2023 年起由季刊变更为双月刊。

【人才培养】

（1）组织机械设计制造及其自动化专业完成中国工程教育认证及迎接加入国际工程教育认证华盛顿协议周期性检查。

（2）组织申报并获批新增国家一流专业建设点 3 个：工业工程、测控技术与仪器、能源与动力工程。

（3）建筑环境与能源应用工程受理工程教育认证，测控技术与仪器提交工程教育认证。

（4）组织开发完成课程目标达成度评价支持系统，助力专业工程教育认证工作，明确并有效帮助专业负责人、课程负责人及任课教师落实认证工作主体责任，为教学质量评价常态化提供了平台支撑。

（5）开展本科毕业设计教学改革，并组织研发毕业设计管理系统，支撑改革举措的实施，促进教学质量提升。强化系所审题和院系审题环节，从源头把好质量关；选题系统中增设学生专业方向，按照专业和专业方向进行选题、管理等，落实毕业设计质量监控管理。

（6）深化本科教学制度优化建设，有效实施工程教育认证理念，修订本科教学管理制度 25 个，完成制度汇编一本。

（7）组织完成教育教学项目申报，获批四川省 2021—2023 年高等教育人才培养质量和教学改革项目 4 项，学校本科教学教改项目 4 项。

（8）组织申报并获批四川省思政示范课程 1 门（轨道交通概论），组织完成申报四川省一流课程 4 门。

（9）组织完成 2021 届本科毕业设计/论文 763 份的全国抽检送检工作。

（10）协同国际处，组织完成（马来西亚）车辆工程专业留学生培养方案制定。

（11）协助推进四川省、成都市 2 项产教融合项目的落地实施，组织相关专业教育教学改革、教材编写以及教学资源建设。

（12）协调申报国家级教学成果奖 1 项。

（13）协助组织召开 2022 年四川省机械类专业教指委员会年会。

（14）制订机械工程学院 161 教学实验室建设规划，获批贷款专项支持本科实验教学设备购置经费 1000 万元。

（15）获批校级本科实验室教学研究与改革项目 14 项。

（16）博士招生 77 人，比去年增长 18%，其中学术博士 54 人，工程博士 23 人，工程博士的增幅超过 50%；硕士招生 414 人，正式录取博士留学生 5 人，商务部援助发展中国家学历学位教育项目招收 10 人。

（17）新增博士生导师 5 名，硕士生导师 20 名，开展了新导师新教师培训暨党内外青年教师交流论坛。

（18）完成博士 47 人、硕士 329 人授位。

（19）完成 2022 级硕士博士的学业奖学金评选和往届生的审核评定工作，评选 2022 级博士扬华新秀奖 3 人，评选国家奖学金博士生 5 人，硕士 15 人。

（20）顺利通过学校对研究生改革实施以来课程教学、研究生过程环节培养的质量监督检查。

（21）主办的国际学术期刊 *Energy and Built Environment* 进入 EI 核心检索，Citescore 达到 6.2。

【国际化建设】

（1）推进机械工程海外一流学科伙伴行动计划建设工作，成效显著，通过学校年度考核。

（2）积极推进国际化合作办学工作，启动了与德国东威斯特法伦利普应用科技大学的合作办学申报程序，修订与奥斯特法利亚应用科技大学"2+2"的双学位项目协议。

（3）开展 2022 年"暑期国际课程周"，邀请来自英国诺森比亚大学、意大利佛罗伦萨大学、澳大利亚伍伦贡大学、美国南密西西比大学等教授线上开设"机械产品生命周期设计和开发""机械工程前沿讲座Ⅰ-铁路运维技术""机械工程前沿讲座Ⅱ-复杂系统问题探讨"等 3 门课程，学生参与人数 748 人次，为全校选课最多的院系，233 名学生选修"机械工程前沿讲座Ⅰ-铁路运维技术"，为全校选课人数最多的课程。

（4）主持申报"轨道交通低碳建筑技术"111 学科创新引智基地、四川省轨道交通低碳人工环境国际联合研究中心，已完成答辩并等待认定结果。

（5）推进 *Biosurface and Biotribology*、*Energy and Built Environment* 国际期刊的建设工作。

（三）电气工程学院

【党建及思想政治工作】

电气工程学院党委下设 60 个党支部，其中：教工支部 6 个、退休教工支部 1 个、本科生支部 9 个、研究生支部 44 个。截至 2022 年 12 月底，共有党员 1237 名，其中教职工党员 163 名，退休教职工党员 32 名，学生党员 1042 名。

2022 年，学院党委以贯彻落实学校第十五次党代会精神和党的二十大精神为主线，构建年度工作重心，巩固和拓展党史学习教育成果，构建领导讲、专家讲、书记讲、学生讲的有梯度、有层次的"四讲"队伍，开展主题宣讲 26 次，专题学习 100 余场次；领导干部上专题党课 16 人次，微党课 89 次。推荐 10 名青年干部和教师参加学校"干部人才大学习、大选拔、大比选"工作，并取得佳绩。

传承电气精神，加强精神文化建设。组织建立党员志愿服务队，参与学校核酸检测志愿服务达 40 余人次，扎实做好常态化疫情防控工作。"电气·传承"——青年党员走访老教授活动持续开展。选聘 11 名优秀青年教师和学生，成立首批"电气传承讲述人"，在全体本硕博新生中开展讲述，将曹老的故事代代相传。

实施"温暖工程"，群团工作取得佳绩。组织开展教职工慰问，36 人次得到学院生育、结婚、子女升学等慰问；工会获得校工会特色活动重点项目支持；胡海涛教授被授予第二十一届"铁路青年五四奖章"；韩莹老师获得"全国铁路青年岗位能手"称号，7 人次获"全国铁路青年科技创新奖"。

【师资队伍建设】

师资队伍建设成绩突出。高仕斌教授获评中国工程院光华工程科技奖，陈维荣教授入选俄罗斯工程院外籍院士；首次获批海外优青 1 人、首次获得青年拔尖人才 2 人、获茅以升铁道科技奖 1 人、入选中国科协青年人才托举工程 3 人，四川省杰出青年基金 1 人，四川省人才引进计划 2 人、四川省青城计划 1 人。

2022 年，新入职教师 7 人；新增博导 5 人、硕导 10 人。

【学科和专业建设】

电气工程及其自动化专业、电子信息工程专业持续开展国家一流本科专业建设。电气工程及其自动化专业提交工程教育专业认证复评申请并通过；电子信息工程专业完成工程教育专业认证进校考查同时接受《华盛顿协议》国际观察员的观摩；电气工程及其自动化专业入选省级课程思政示范专业;建设国家首批现代产业学院——"中车时代微电子学院",中国工程院院士丁荣军出任首任院长。

【科学研究】

科研成果再创佳绩。首次获得教育部技术发明一等奖 1 项,首次获批中国电源学会科技一等奖 1 项;首次获批中国发明协会创新一等奖 1 项、二等奖 1 项;获中国铁道学会科技一等奖 1 项,二等奖 1 项;获四川省科技进步二等奖 1 项。我院首获中央在川高校院所重大科技成果转化项目(干线铁路与城市轨道交通同相供电关键技术成果转化项目)。

科研项目经费持续增长,到账科研经费达到 1.13 亿元,其中:纵向经费 3889.55 万、横向经费 6803.24 万;JG/GF 经费 610 万元。合同经费 1.47 亿元,超过去年同期 80%。国家自然科学基金获批数量保持高位,获批国家自然基金 18 项;获批学院首个国家重点研发计划青年科学家项目;获批"十四五"J口十大重大项目 1 项。

【人才培养】

1. 教育教学

教育教学成果突出。建设省级思政示范课程 2 门;新增省级一流本科课程 4 门;获批四川省教学成果一等奖 2 项、二等奖 1 项,2 项教学成果推荐申报国家教学成果一等奖;主持的教育部第二批新工科研究与实践项目提交结题资料并验收;获批省级教改项目重点项目 3 项,一般项目 9 项;获批校级教改项目 4 项。

学生科创再创佳绩。获第八届中国国际"互联网+"大学生创新创业大赛金奖 1 项(实现学校金奖"零"的突破)、铜奖 2 项;A类学科竞赛国家级一等奖获奖 34 人次,比上一学年增长 3.4 倍;省部级以上获奖 295 人次,创学院历史最好成绩;完成 10 项国创、18 项省创、49 项校级 2020 年 SRTP 项目结题;完成 10 项国创、18 项省创、51 项校级 2021 年 SRTP 项目立项。

2. 学生工作

学院始终围绕培养德智体美劳全面发展的社会主义建设者和接班人这一目标,结合专业特色,实施"五育并举"育人工程,助力学生全面成长成才。

成功申报四川省思想政治教育研究重点课题 1 项,获批学生工作相关课题 9 项;本科生学习力工作室成果在国家级媒体《高校辅导员在线》上展播,《"深潜"和"升维",构建文化育人新模式》案例获全国高校思想政治工作优秀案例,《面向未来,服务交通强国战略的"创新电气 135 计划"创新实践育人体系》获四川省高校思想政治工作精品项目推荐;张异获 2022 年高校辅导员年度人物提名。

2022 年招收本科生 543 名、研究生 394 名、博士生 68 人。本科生升学率达 36.44%,毕业生本科 579 人、研究生 382 人,学院整体就业率达 94.18%,继续保持高质量就业率。

【实验室建设】

电气工程基础国家级教学示范中心接受教育部评估准备工作进展顺利,已提交评估报告;成立西南交通大学—百度飞桨人工智能联合创新实验室;获批国家铁路局—智能牵引供电行业重点实验室。

国家轨道交通电气化与自动化工程技术研究中心规划建设综合型的轨道交通电气化与自动化创新能力提升平台(7000 万);磁浮技术与磁浮列车教育部重点实验室创新能力建设专项(2000 万);电气工程基础国家级教学示范中心设备购置专项(1000 万);现代产业学院实验教学平台设备购置专项(800 万);2022 年新设立 14 项开放课题。

【交流与合作】

在中外合作办学方面,英国伯明翰大学"2+2"双学位项目持续开展,2022 年学生已赴英留学;首届电气埃塞国际班本科生教学工作顺利开展;策划组织"交通赋能,筑梦电气"国际学术交流月系列活动,邀请 10 名海外知名学者做线上学术报告和交流;与新西兰奥克兰大学签订院级 MOU,同步跟进研究生级别和本科生级别联合培养;与英国萨塞克斯大学、英国斯旺西大学表达合作意向,协商研究生级别联合培养方案。

主办 2022(首届)轨道交通能源与动力系统技术发展大会;承办第 17 届 IEEE 工业电子与应用国际学术会议(ICIEA 2022);承办 IEEE PCCC 女工程师委员会 2022 年会;承办 IEEE 第十一届数据驱动控制与学习系统会议(DDCLS'22);主办第六届"交天下菁英,通宇内鼎甲"青年学者电气分论坛。申请并成功获批 IEEE

ECCE-ASIA 2024 年国际会议的主办权，拟于 2024 年 5 月在成都由中国电工技术学会主办，西南交通大学承办。

全年获捐赠到账经费 650 万元。

【管理服务】

以"成绩、成果、成效"为导向，继续推进岗位责任考核、绩效工资改革等综合改革，电气工程学院绩效考核管理系统（网站）成功上线；全力做好疫情防控及师生安全稳定工作；组织离退休老师及困难教职工慰问；按照学校要求，进一步推进学院房屋资源优化配置；积极组织开展实验室安全生产工作。

（四）信息科学与技术学院

【党建及思想政治工作】

学院党委充分发挥政治核心作用，认真履行管党治党、意识形态工作主体责任，统筹协调学院党建工作与业务工作深度融合，不断推进学院党建工作和思想政治工作取得实效。认真贯彻执行民主集中制，坚持"三重一大"集体决策制度，定期召开学院党委会、党政联席会，班子成员精诚团结，始终以集体智慧推动学院建设与发展。本年度，以宣传学习贯彻党的二十大精神和学校第十五次党代会精神活动开展为契机，在学院发展与建设工作中，不断加强顶层设计、改进工作机制，强化监督指导，形成工作合力，学院在"三全育人"综合试点改革工作开展中，重点推进了将立德树人工作融入创新创业实践教育工作方法探索，着力打造了"红芯"思政文化。

【师资队伍建设】

全院实施科研团队管理模式：以学科带头人的培养，来带动人才队伍建设；以教师队伍整体素质的提升，来完善人才队伍建设；以管理干部队伍素质的提高，来强化人才队伍建设；以学院人事分配制度改革，来促进人才队伍建设。同时，解放思想，挖掘潜力，以教学部建设为契机，强化教师在教学与科研工作中的定位与分工，形成教研相长、相互支撑的教师队伍新格局。以科研育人和引才为抓手，学院人才引育工作成效显著：入选国家海外优青 2 人、中国科协青年托举人才 1 人、四川省杰青 1 人，四川省青年人才 1 人，新增专任教师 7 人，具有海外留学（研修）或工作经历的教师占教师总数的57.14%，组织实施西南交通大学"交天下菁英，通宇内鼎甲"学者论坛——"信息引领、智能交叉"信息学院分论坛。

【学科专业】

完成"通信工程"本科专业工程教育认证入校考察工作；新增电子科学与技术（微电子技术方向）国家级一流本科专业建设点；新增"自动化""微电子科学与工程"两个四川省一流本科专业建设点；顺利通过"微电子科学与工程"专业新增学士学位授权审核专家评估；积极筹备网络空间安全一级学科博士点和电子信息专业博士学位点的申报工作，同时完成新增"网络空间安全"本科专业的申报准备工作。

【人才培养】

本科教育。顺利完成疫情防控下的常规性教学工作。切实提高本科教学质量，组织完成全院所有课程的课程质量标准制定；获批省级一流课程 3 门、省级思政示范课 1 门、省级一流课程虚拟仿真实验 2 项，完成 15 门校级一流课程结题；深化产教融合，持续优化 15 门华为智能基座合作课程，"机器学习"课程荣获 2022 年教育部-华为"智能基座"优秀课件，5 人获教育部-华为智能基座"栋梁之师"，其中 1 人获 2022 年度教育部-华为"智能基座"优秀教师；创新性实施 4 门课程"回归第一课堂计划"。有组织开展教育教学改革，获批教育教学改革项目 4 项（重大项目 1 项、重大培育项目 2 项、拔尖创新人才培养项目 1 项）、高水平育人课程教改项目 11 项、实验教学类项目 10 项（自制仪器重点项目 1 项、实验教改重点培育项目 2 项、一般项目 7 项）。

学位与研究生教育教学。积极落实研究生院相关培养政策，保障研究生日常工作运行平稳、有序。完成各类研究生招生工作；积极推进双盲评审，确保研究生论文质量；举办了"兆易创新杯"第十七届中国研究生电子设计竞赛西南赛区竞赛；研究生参加各类科创竞赛 85 项，国家级竞赛获奖达 33 项；新增联合培养人才专项基地 1 个；申请并获批了校级教改项目 6 项（其中视频课程 1 项）；获批了西南交通大学"2022 年建侯研究生科创竞赛培育项目"28 项。正式启动了网络空间安全一级学科硕士点招生工作，顺利完成"网络空间安全"硕士研究生培养方案计划和课程大纲修订。研究生质量培养取得突出成绩：闫连山教授指导的博士生李鹏获得 2022 年 IEEE 光子学会研究生奖"最佳博士生奖（Graduate Student Fellowship）"（全球仅 10 名）；唐小虎老师指导的博士生朱金宝获得"中国电子学会信息论分会 2022 年度优秀博士论文奖"（本年度唯一）；唐小虎教授培养的博士研究生蔡晗依托我院申报并成功入选海外优青。闫连山教授培养的博士研究生郭迎辉获 2022 年基金委优秀青年科学基金资助。

【科学研究】

2022 年度学院科研经费再创新高：全院到账科研经费 6128 余万元、立项经费 8840 余万元。国家自然科学基金获批立项 16 项，获批经费 1627 万元，高居全校第 2。面向国家重大需求开展有组织科研，新增 9 项国家重大/重点项目：国家级重大项目 1 项（国家重点研发计划项目-青年科学家项目）、重点课题 3 项（国家自然科学重点/联合重点 3 项、国家海外优青项目 2 项、国家重点研发计划课题 1 项、173 等军口重点课题 3 项）。获中国电子学会科学技术奖二等奖 2 项（自然科学二等奖 1 项，技术发明二等奖 1 项）。

【实验室建设】

有序组织推进"轨道交通信息工程与技术"国家级实验教学示范中心的评估验收筹备工作，完成 2022 年教育部修购计划项目；完成中央贴息贷款本科实验教学设备（1000 万元）的规划论证、分包招投标和预付款工作。推进各类科研平台的建设和申报工作，包括："光电融合集成与通信感知"教育部重点实验室申报与答辩，鹏城国家实验室"网点"建设战略合作，"未来通信与网络"西南交通大学-华为未来联合创新研究中心、"轨道交通安全"2011 协同创新计划新一轮建设方案。组织申报并通过 JG 装备承制资

格认证，成为校内第一批 4 家单位之一。

【学生工作】

围绕信"芯"领航、铸"芯"培基、强"芯"健体、XIN 空间·"芯"美育、匠"芯"寻梦等五大板块学生培养工作，全过程、全覆盖夯实理论学习，组织主题党日 66 场，3 个（11 个）支部获批校级（院级）"领航先锋"工程子活动，4 个（4 个）支部获批校级（院）示范性学生党支部特色活动。学风建设成效显著，大一学生四级通过率从全校第 17 跃居理工科学院第 1、全校第 5，六级通过率上升 8%，退学减少 50%，退学预警减少 40%，毕业率提升 6%。通过不同表现形式增加审美素养，开设第二课堂 13 个，覆盖学生 2656 人次。聚焦劳动能力提升，青年志愿者覆盖率 100%，劳动课程与项目 60 余个，覆盖 2300 余学生，1 支队伍获评全国大学生科技志愿服务示范团队，2 支队伍获评校级优秀实践队。1 人获评全国优秀共青团干部，1 人入选二十大精神四川省委宣讲团新时代文明实践宣讲分团，1 人入选交大非凡十年故事展，获得十佳传媒、就业一等奖、五四红旗团委等，工作实践在《光明日报》《中国青年报》《央视频》等媒体 9 次报道。

【管理服务】

做好西南交通大学第八届教代会暨第二十一届工代会会务服务工作，围绕"健康体魄、快乐运动""心手相牵、创意团建""砥砺奋进、携手成长"等系列活动的开展，系统建设"信风貌，正青春"——信息学院青年教职工起航工程，充分营造了信息科学与技术学院有活力、有凝聚力、有潜力的教职工发展环境。组织发放各类节日慰问品，组织教职工积极开展的文体活动，参加学校师生运动会、健身跑步、排球比赛、乒乓球赛等活动，提高身心素质，增强凝聚力，展现信息科学与技术学院教职工风采。其中，在 2022 年西南交通大学阳光体育系列活动——教职工排球赛中获得亚军；在教职工乒乓球比赛中获得第 2 名。

【廉洁教育】

学院全面落实从严治党战略部署中党委主体责任和纪委监督责任。在学院各类会议中开展纪委工作研讨和纪律学习环节，加强纪律政策和理念的宣贯。聚焦"两个维护"，强化对落实上

级和学校重大决策部署的政治监督：通过日常监督、专项监督的方式，着力发现政治建设方面存在的问题，及时反馈；在学院内明确"谁主管谁负责，谁落实谁负责"的工作原则，分层负责、

各尽其责。通过对标检查、警示教育、温馨提示、明察暗访等多种方式加强对贯彻落实中央八项规定及其实施细则精神情况的监督检查。

（五）计算机与人工智能学院

【党建及思想政治工作】

一年来，计算机与人工智能学院党委坚持以习近平新时代中国特色社会主义思想为指导，深入学习贯彻党的二十大精神，围绕学校第十五次党代会提出的未来五年乃至建校 150 周年办学治校的总体思路、发展目标、基本准则，积极发挥党委政治核心作用，带领全院师生努力奋斗、抗击疫情，以基层组织标准化建设为抓手，以队伍建设为牵引，推动党建与中心工作融合发展，学院建设与发展迈上新台阶。

学院党委以查促建，夯实组织基础，全年共开展学院党建工作专项清查 5 次。针对学院党务工作者举办"基层党务工作者综合能力提升班" 9 期，开展党务培训、支部沙龙、支部书记座谈会等共计 18 次。扎实开展入党积极分子、党员发展对象专题培训和实践教育 20 余次，实现"质""量"双升。一年来，学院引进人才共 6 人，包括高层次人才 1 人（非全职）、师资补充专任教师 5 人。做好与业务部门跨支部共建，以党建交流促进事业发展。2022 届本科毕业生签约率位居全校第一，软件工程专业工程教育认证顺利通过联合专家组的线上集中考查，获批可持续城市交通智能化教育部工程研究中心，国家自然科学基金获批项目数量实现翻一番，荣获"成都软件 20 年影响力人才基地"，以及 1 名教师入选"高校计算机专业优秀教师奖励计划"等。

【师资队伍建设】

全院教职工 120 人（含 4 名全职博士后），其中专任教师 90 人，专任教师中教授 20 人，副教授 26 人，博导 21 人，硕导 52 人。学院围绕学校人才强校战略和学院一流学科建设需要，积极吸引海内外高层次人才，优化师资队伍结构，师资与人才队伍建设成绩显著，新增高层次人才 1 人、正高级职称教师 1 人和年轻教师 4 人。同时，学校职称评聘工作中正高级职称评审通过教师 2 人，副高级职称评审通过教师 5 人。

1 人担任国家重点研发计划"工业软件"重点专项实施方案编写专家组组长和重点专项总体专家组组长；1 人担任科技云服务产业技术创新战略联盟理事长；2 人入选爱思唯尔中国高被引学者；5 人入选全球前 2%顶尖科学家榜单；1 人担任 QS、泰晤士全球学术声誉调查专家；2 人担任国家重点研发项目会评专家；1 人担任国家科学基金项目会评专家；1 人担任国际期刊主编、4 人担任国际期刊副主编/编委。

【学科专业建设】

学院高度重视学科专业建设，加快推进学校"双一流"建设，促进学校内涵发展、特色发展、高质量发展。2022 年，学院计算机科学与技术学科进入 ESI 全球排名前 2‰。获批学校第二轮"双一流"学科建设经费支持，积极筹备申报智能科学与技术一级学科。计算机科学与技术、软件工程 2 个专业已获批"双万计划"国家级一流本科建设点，人工智能专业新获批四川省省级一流本科专业建设点。软件工程专业顺利通过教育部高等教育教学评估中心和中国工程教育专业认证协会联合专家组的线上集中考查，开办的利兹学院计算机科学与技术专业获得英国计算机协会（BCS）认证，有效期 5 年。

【实验室建设】

学院申请了教育领域扩大投资设备购置项目，获批专项资金 389.6 万元用于改善学院本科实验教学设备。同时，为了更好推进创新型人才培养，加快了科创基地建设，申请了创新创业实训基地建设项目，购置设备经费 65 万元。另外，学院在上一年度实验室建设国拨项目、中央高校改善基本办学条件专项资金项目投入的基础上，给予配套经费支持，用于购置实验桌椅等教学基础设施累计投入 22.68 万元，实验室得到了极大改善。学院教学实验室（中心）共 6 个，包括：

本科实验教学中心 4 个，大学生科创基地 1 个，面向国际办学的实验室 1 个（西南交通大学-利兹计算机实验室）；科学研究平台（实验室）共 16 个，包括：4 个国家级平台（共建），6 个省级科研平台和 6 个研究型实验室。学院在现在的实验室基础上，申请并获批了"可持续城市交通智能化"教育部工程研究中心，为学院实验室建设提供了新的平台。

【科学研究】

学院在计算机和人工智能领域国际顶级期刊 *IEEE TPAMI*、*IEEE TKDE* 和国际顶级会议 ACM MM、CVPR 和 INFOCOM 等发表一批高水平研究成果，共发表 SCI 论文 122 篇（入选 ESI 高被引论文 7 篇，热点论文 2 篇）以及 CCF-A 类期刊和会议论文 15 篇。获批发明专利 50 项。出版《非能动梭式结构智能控制技术》《三支决策与三层分析》专著 2 部。申报国家自然科学基金项目 22 项，获批 8 项。到校科研总经费 1629 万元。

【交流合作】

以"KP 伙伴计划"项目的实施为抓手，与克劳斯塔尔工业大学（UTC）和悉尼科技大学（UTS）计算机相关学科所在院系建立伙伴关系。在合作办学方面，围绕 SWJTU-TUC 双学位本科层面合作办学项目与对方进行沟通，就合作办学达成初步意向，正等待签署 MoU。在国际合作方面，与 UTS 合作举办和承办高水平国际会议 3 次、协办高水平国际会议 1 次，与 UTS 专家创建国际期刊 *Human-Centric Intelligent Systems*（*Springer*）并担任共同主编、联合培养 1 位我校博士生获得 UTS 与 SWJTU 双博士学位，拓展国际学术交流和科研合作机会。在举办有届次国内外重要会议方面，学院主办 PAKDD2022、ISSSR2022、DSInS2022 等 3 场、承办 BigData2022、CCIS20222 等 2 场、协办 4 场。特别是 CCIS2022 会议在线观看人数达 32 万，为提升学院国际知名度和学科国际影响力发挥积极作用。获批教育部人文交流中心"中国高校人工智能人才国际培养计划"高校人工智能教学研讨班项目。

【人才培养】

本科教育：构建卓越拔尖人才培养体系，着力造就拔尖创新人才，设立首席导师和学术导师制度，制定实施细则。有序推进疫情防控常态化下的教育教学，2022 年度共开设课程 62 门，按教学计划正常开课率为 100%，教授为本科生授课 100%。强化毕业设计规范，注重毕业设计过程管理，评选校级优秀毕业设计 4 个，院级优秀毕设 7 个。持续开展"以能力培养为核心，融合课程思政元素，培养学生创新意识和能力"的课程改革，2022 年，新生研讨课"计算机学科前沿导论"和"计算机程序设计基础"被评为四川省课程思政示范课程。学院持续推进课程建设，"数据库原理""计算机程序设计基础""计算机网络"和"区块链技术与应用"获评省级一流课程，"计算机网络""操作系统""高级语言程序设计""计算机组成原理 A"和"数据挖掘"获校首批高水平育人课程。积极推进校企协同合作，举行华为"智能基座"对标会，新增 6 门协议课程。获批四川省重点教改项目 1 项、一般项目 2 项，校级教改项目 10 项。学院荣获"成都软件 20 年影响力人才基地"。软件工程系获校本科教育优秀基层教学组织。

研究生教育：学院 2022 年招收全日制硕士研究生 235 人、全日制博士研究生 29 人、外国留学研究生 29 人，在校研究生 827 人。2022 年授予硕士学位 185 人（含留学生 2 人），博士学位 18 人（含留学生 1 人）。获西南交通大学 2022 年度优秀硕士学位论文 3 篇、优秀博士学位论文 1 篇。研究生参加学科竞赛获国家级奖 1 项，省级奖 10 项，实践成果获专利授权 28 项。研究生参加国际学术会议（线上、线下）75 人次，做报告 13 人次。国家公派留学博士研究生 3 人。获批 2022 年西南交通大学学位与研究生教育教学改革建设类项目 2 项、研究类项目 1 项。

【学生工作】

2022 年，学院学生工作组认真学习贯彻党的二十大精神，推进落实学校第十五次党代会精神，协同学院教学、科研、管理团队，常抓辅导员队伍建设、全力保障安全稳定、扎实推进班风学风建设，为培养德才兼备、专业突出、心系国家发展的计算机类专业人才聚势赋能。以腾讯、北京思特奇两项教育部就业育人基地项目、校级学风建设专项课题、思想政治工作精品示范培育项目等平台建设及课题研究为抓手，促进辅导员深入学习研究新时代思政工作特点，逐步提高队伍职业化发展水平。全体辅导员深入细致、用心用情工作，受到学生广泛认可，学生满意度 99% 以上，中国青年报以《这批兼职辅导员 跟学生成了兄弟姐妹》为题，整版宣传报道学院育人工作。

学生工作开展始终以学生学习为中心任务，全面发展纵深推进。持续加强党建工作对思想政治工作的引领，建强学院微信公众号党建专栏宣传主阵地。通过"新生第一堂党课""毕业生党员集体谈心"等形式，帮学生系好人生第一颗扣子。"五四""国庆"等重要时间节点组织观看升旗仪式、看红色展览等活动，61 个团支部累计开展相关活动 300 余次。把握建军、建党节等关键时间节点，对师生中"退役军人"群体进行系列报道、开展特色支部活动，用学生自己的军旅故事引导学生将个人发展与祖国发展需要相联系。通过组织"企业家进校园"系列讲座活动、组织学生前往相关企业走访等。

以创新创业教育为依托，鼓励中高年级学生参与企业调研与科创赛事，促进学生工程实践及应用能力。学生学科竞赛获奖率为 22.5%（国家级奖项 59 项，省部级奖项 85 项），创作的"方块交大"（在虚拟世界复刻校园并用于学生思想政治教育的学生科创项目）阶段性成果，被《人民日报》《中国大学生在线》等媒体转发，累计浏览量超过 50 万。

对毕业班学生精准分类，为拟升学学生做好支持及服务工作。面向就业学生推送招聘信息 300 余条，组织"企业家进校园""HR 进讲堂"等活动，集中修改简历并指导模拟面试 10 余次，有力保障学院 2022 届本科毕业生签约率位居全校第一。

【管理服务】

学院行政人员开展专题业务学习 3 次，不断提升管理服务水平，简化师生办事流程，提高办事效率，得到学院师生一致好评。学院办公室主动作为、积极协调，进一步推进学院房屋资源优化配置，在公共用房管理与服务方面，积极解决师生困难，加强与校内职能部处协调，开设了研究生公共科研实验室，为大学生科创基地配置用房，使教职工办公、科研用房紧张问题得到了进一步缓解。统筹协调做好疫情防控工作，为师生采购口罩、消毒酒精及药品等防疫用品，学院共有 11 名教师参加学校疫情防控志愿服务，总服务时长 96 小时。修订完善《计算机与人工智能学院绩效考核方案》。

2022 年学院工会立足服务广大教职工，继续促进和谐学院建设，活跃校园文化生活。申报获批了学校品牌建设项目"言+爱·师生风采家"平台创建，获专项经费资助 8000 元。依托品牌建设项目，逐渐打造学院工作平台，完成了 4 个阳光体育运动队的组建（师生排球队、师生篮球队、师生羽毛球队、师生乒乓球队）、一个师生合唱团（"言 + 爱红声合唱团"）的组建。依托品牌活动平台，组织开展了文体活动，增加了师生互动活动，效果良好。其中，学院女排获得了阳光体育之教职工排球赛第一名，男排获第四名；羽毛球队获得了"运达杯"体育节羽毛球团体赛冠军。学院积极推进工会小家建设，2022 年度申请学校职工之家建设项目，获得校工会资助 2 万余元，完善了职工之家基础设施及服务功能，方便教职工课余交流、休息、召开小型沙龙等活动。在关心、服务教职工方面，学院工会讨论制定了"九必访"试行细则，学院领导及工会主动慰问离退休教师、高层次人才、生病教职工，积极解决老师们急难愁盼问题。

（六）交通运输与物流学院

【党建和思想政治工作】

学院党委学习贯彻落实习近平新时代中国特色社会主义思想和党的二十大精神，夯实党建基础，发挥党委政治功能、组织功能，推动党建工作和学院事业发展互融互促协同发展。一是学习贯彻党的二十大精神和习近平新时代中国特色社会主义思想，组织学习党的二十大精神、二十大党章修正案，领导班子成员围绕交通现代化理解中国式现代化等专题讲授党课，学科带头人宣讲微党课，党支部书记围绕 10 个专题宣讲党的二十大精神。组织开展党的二十大精神知识竞赛、演讲、征文等支部活动；通过学院理论中心组、党委会和党政联席会"第一议题"，领导班子专题学习习近平总书记重要讲话和重要批示指示精神，组织各党支部开展专题学习。领导班子为联系部门、党支部讲授学校第十五次党代会精神专题党课，党支部组织专题学习、实践研学。

二是夯实党建基础性工作。认真贯彻基层组织工作条例，履行政治责任，"一岗五责"落实到位；推进党支部标准化建设，选优配强支部书记，教工党支部"双带头人"全覆盖；开展入党积极分子党课培训400余人，发展对象培训374人，转正党员347人，发展党员309人；获批四川省"三全育人"综合改革试点，完成"头雁计划"1项，校级示范性党支部特色活动4项，"领航先锋"5项，思想政治工作精品示范培育项目结题1项；树立示范典型，推出彭其渊教授交大故事，与峨眉电影厂合作首发韩科教授专访纪录片反响热烈；认真开展意识形态研判工作，严把教材、各类讲座关，严把教师"引进关""职称关"，全年无意识形态、师德师风、安全生产、网络安全及保密责任事故发生；落实"两个责任"，推进全面从严治党，纪委开展专题专项监督17次，专题教育及警示案例宣传60余场，监督学院决策会议的重大议题执行落实。

三是战疫情争当先锋。学院党委扛起疫情防控主体责任，开展疫情防控研判宣传、师生心理抚慰等工作，保障教学工作高质量运行；静默期间联系校友筹集爱心饭盒900余套、32 000只口罩、3000瓶消毒凝胶及100支体温枪支援学院；多名党员教师争当志愿者，为学校和所在社区居民服务；6名专家教授为物流畅通向有关部门建言献策，在校外履职省市物流协会主要负责人的学院教师充分发挥协会功能，为省市保通保畅发挥积极作用。

【师资队伍建设】

公开招聘新进师资及调入师资8人，入选校人才师资队伍培育计划6人；晋升教授3人，晋升副教授5人，积极组织申报各类国家级和省市级高层次人才项目，举办"数据驱动，智通天下"青年学者分论坛。围绕一流学科建设需要，优化师资队伍结构，提升教学科研水平，依托现有平台，加强高水平科研团队和教学团队的建设，加大对学院青年师资的培育力度，优化考核机制。积极发动海内外学者、校友等资源引进青年教师，做好师资补充工作。

【学科专业】

组织开展系统科学一级学科建设，并助力推动交通运输规划与管理二级学科的建设发展；着力增强学术交流与学科影响力建设，成功承办"气候变化挑战国际交通网络研讨会"，举办"第18届亚太智能交通论坛之青年论坛"；切实促进产学融合，发掘学科增长极，积极推动建立"西南交通大学—龙泉驿区产学研合作创新平台"，促进高校与企业的需求对接，为学校青年教师成长服务、发展赋能。《交通运输工程与信息学报》持续在稿源、影响力、审稿过程、发表质量、可见度等方面全方位提升综合水平和影响力。在"中国学术期刊影响因子年报（自然科学与工程技术.2022版）"中，学报影响力指数首次跻身前40（39/149）。安全工程专业入选国家级一流专业建设，至此，学院5个本科专业均入选国家级一流专业建设。2022年软科中国大学专业排名中，交通运输和交通工程两个专业全国排名第一（A+）、物流工程全国排名第六（A）、物流管理全国排名第六（A+）、智慧交通全国排名第二（A+）。

【人才培养】

1. 本科生培养

2022年共招收本科生453人，转入55人，毕业565人，推荐免试研究生117人。组织申报、课程思政示范课、一流课程、慕课建设及申报工作；组织本科实习基地建设工作；组织开展全国高校教师教学创新大赛活动；组织全国本科教学成果奖申报工作；积极推进教材建设、教改工作，并组织实施教材与教改项目的立项、检查等工作；组织实施完成了本科选用教材审查工作；组织实施交通运输、物流工程微专业校内试运行；组织开展跨校区异地同步教学试点和慕课西行活动。

获批省级教育教学改革项目5项；交通运输专业获批四川省课程思政示范专业；"智慧交通管控实践教育基地"获批省级大学校外实践教育基地；申报国家级一流课程6门；申报国家级本科教学成果奖1项；获批教育部教指委安全科学

与工程类专业课程思政指南建设课程 3 门；获批省级一流课程 4 门；出版教材 11 部；发表教育教学改革论文 11 篇；学院教师荣获第二届全国高校教师教学创新大赛国家级二等奖 1 项、省级一等奖 1 项。

2. 研究生培养

推进课程思政工作，通过师德师风建设、文化建设、教学改革、课程建设等多种途径，实现课程思政全覆盖。招收学术型博士研究生 33 名、工程博士 16 名、硕士研究生 357 名。本年度，博士六年毕业率首次达到 70%；在校博士生人均发表高水平学术期刊论文 2.08 篇；在校学术型硕士发表高水平学术论文人均 0.88 篇；新增博导 4 名，硕导 8 名，较往年有大幅提升；完成积累的 800 余名超期工程硕士的答辩、授位、清退等分流工作；完成 155 名优秀应届本科毕业生免试攻读硕士研究生复试及拟录取工作，推免人数和优质生源质量名列全校前茅。

3. 学生工作

以党的二十大精神为引领推进学生工作高质量发展，五学联动学习贯彻党的二十大精神及学校第十五次党代会精神微课堂。围绕二十大开展系列主题党、团日活动、系列讲座、读书班、实地研学、竞赛等；构建以学风督查为抓手的"五级"学风建设体系和 "四维一体"的学术文化体系，营造了比学赶超的优良学风氛围；全面开展第二课堂及志愿服务活动，学生科创竞赛参与率达 80%，获奖超 620 人次，获省部级以上奖项 450 余人次，专利授权 61 项，发表高水平论文 150 余篇。开设志愿服务及劳动项目 64 项；拓展文化沁润平台，开展美育类活动 18 项，运营学校交通之美工作室，完成实地调研 8 次，拍摄交通实景 7000 余张，举办各类院级体育活动 7 项，获得校级太极拳、排球赛比赛第一名；积极审慎奖助以弘志，全年助困类资助千余次；以四会四制、四讲五多"117 工程"着力推动提升学工组整体工作效能和文化建设。2022 年度学生工作组获得全国高校思想政治工作优秀案例，完成学校思想政治工作精品项目 1 项，承担校级课题 5 项。

【科学研究】

科研经费到账首次突破 6000 万元。获批国家自然科学基金 9 项，参与 1 项重点项目，在基金委管理学一处获批数量排名全国 11，国家重点研发计划项目"轨道交通调度控制一体化与联程运输服务技术"主持课题 1 项，参与课题 2 个，到校总经费 1000 余万元，产学研取得重大进展，获国家能源集团单个项目经费近 2400 万元，积极参与国铁集团、铁道学会标准建设，1 项主持、1 项参与纳入标准计划。依托重点研发课题，上报 3 项国铁集团标准。发表 SCI/SSCI 论文 102 篇，其中 A++4 篇，A+15 篇，质量数量保持稳定。成立科技创新平台管理办公室，统筹管理学院多个科研平台，协助清华大学完成交通运输部重点实验室的申报工作；完成了四川省科技厅、教育厅多个平台的年度考核评估工作。"四川省轨道交通智能运输组织工程技术研究中心"在四川省科技厅省级工程技术中心验收和评估中获"优秀"。开展"四川省成渝地区双城经济圈综合交通工程技术研究中心"建设工作。

【交流合作】

完成 2022 年富山大学、利兹大学等项目选拔工作，本年度共选拔录取了 5 名硕士研究生、13 名博士研究生；与西北大学、利兹大学、悉尼大学等 11 所大学合作申报 "交通运输工程海外一流学科伙伴行动项目"；基于与美国西北大学的合作协议，申报了"第二批留学基金委创新项目"。成功举办了首届国际暑期课程周之"智慧交通系列课程与讲座"；共接收各类留学生 18 名；组织教师参加国际铁路联盟 UIC 与 ESCAP 联合举办的研讨会、国际铁路联盟"第 33 届亚太地区大会 APRA"；组织学院教师进行了 2023 年度国际铁路联盟项目申报工作；新增国家博管办国际交流计划引进项目"基于人工智能的智能网联汽车协同决策控制方法研究"、四川省科技厅人才引进项目"四川省科技厅城市交通-环境监测和解析关键技术研究"两项国际合作科研项目。

对外交流工作方面，与顺丰等 13 家企业签署了合作协议（备忘录）；通过与商务部 APEC 合作开拓了国际合作；组织参与了商务部与匈牙利的第二次中匈数字贸易会谈；尝试以合作带动社会引资，全年通过合作为学院引资 100 余万元；推进了学院参加九省市高校联合发起的黄河流域交通运输科创联盟的相关工作；承办了中国国际车联网技术大会。

对外培训累计开展培训班 8 个，培训管理干部、技术干部等各层次人员 576 人，开展了往年同等学力学员的现场确认工作；组织了 21 位教师承担的 11 门课程线上教学。

【管理服务】

抓学院安全生产、网络安全的制度化管理，落实安全生产、网络安全的"月自查、季抽查、重大节假日、重要时间节点的大排查"工作，全年组织安全生产检查 8 次。网络安全工作做到早发现、早提醒、早整改，全年无一例安全生产和网络安全事故发生；推进学院信息化建设，提升服务教职工水平；学院启用了企业微信，办事效率显著提升；坚持规范管理，定期梳理工作制度和流程，规范管理各项事务；持续推进学院工作环境改造工作。

【实验室建设】

1. 综合交通运输智能化国家地方联合工程实验室

持续开展实验室各平台建设。完成大型仪器设备管理、运行维护，特种设备的管理和年度检查等工作，支撑交通运输先进科技前沿领域的高水平研究，培育高水平科研项目和论文。组织完成重点实验室开放项目等学生科技创新活动。

2. 综合交通大数据应用技术国家工程实验室

完成各级管理部门的各类总结及 CZ 铁路创新中心实验室支撑材料、智慧交通与物流四川省国际科技合作基地年度考核材料；积极配合北航完成国家发改委对实验室的竣工验收材料准备工作并顺利通过国家验收，完成省发改委对实验室验收所需的验收、审计报告；校内研究生创新实践基地在校内研究生实践基地以全校考核第一名的成绩完成验收；持续优化校外成果转化基地建设，推进了校地补充协议签订，支撑省科技进步奖报奖工作；不断推进产学研合作，获批省科技厅成果转化项目 1 项；完善实验室大数据平台的服务。

3. 实验教学中心

组织完成本科实验教学、实习任务；完成实验教材编写工作；完成省级科普基地申报、现场考察活动；完成"2022—2024 年中央高校改善基本办学条件专项资金"和"贴息贷款"项目遴选、申报、购置等工作；推进实验室安全工作和日常安全检查；开展示范中心验收准备工作，完成了示范中心技术委员会换届、实验室相关更新改造工作、示范中心网站建设、宣传册印制等工作；阶段性解决了虚拟仿真实验平台安全漏洞问题。

（七）经济管理学院

【党建及思想政治工作】

加强学习贯彻党的二十大精神和学校十五次党代会精神的学习，认真开展政治理论学习，强化政治引领，结合主题学习，开展系列主题活动。建设"网上共青团"，形成"互联网+青年思想引领"格局。深化第二课堂"761"工程。依托寒暑假社会实践、大学生志愿服务，开展校企合作，推进实践育人"116 工程"体系。

做好全面从严治党工作，深入落实中央八项规定及实施细则精神，纠正"四风"绝不止步，加强教职工思想政治教育及师德师风建设工作，对学院重要廉政风险点加强监督。

开展 11 个党员教职工"课程思政示范教学团队"项目建设。制定教育教学改革研究培育项目、一流本科课程建设培育项目、优秀教材培育项目、优秀课程思政示范课培育项目实施方案并完成中期检查。

【师资队伍建设】

推进人才引进与招聘工作，接收简历约 200份，组织教授委员会试讲 26 人次，政审谈话 22人次，入职 6 人，新进博士后流动站 10 人。天府学者、高层次留学人才回国资助、四川省各类专家库等各类人才计划近 10 项。3 名教师当选省学术和技术带头人后备人选；1 名教师获省首届"干部教育名师"称号。颁布和规范准聘制教师（人才）管理办法。引进 6 名短期人才。

完成本年度28名博士生导师、47名学术型硕士生导师的招生资格材料复审。新增2名博士生导师，1名硕士生导师。

【学科专业建设】

旨在确立学科发展目标，凝练学科方向，建设师资队伍，提高学术影响力，学院成立学科发展小组。完成经济管理学院管理科学与工程、工商管理、理论经济学、应用经济学、MBA、MEM及MPAcc 7个学位授权点合格评估的年度报告。

【人才培养】

重视学科发展与人才培养的良性互动，紧密围绕学科建设方案，完成研究生培养过程质量院级督查和校级检查，启动学术水平资格考试，完成新培养方案非课程培养环节过程实施。完成学位授予工作，共有32名研究生获博士学位，887名研究生获硕士学位。

专业学位教育工作成效稳步提升。完成MBA招生录取449人、专硕162人、EMBA 70人，其中MBA生源中本科学生数量达90%以上，EMBA保证了93%的入学率；MEM、MPAcc推免生录取中，意向征集学生占录取学生的66%，本科211生源占比36.11%。成立培养质量督导组，持续推进研究生培养课程体系建立和完善。首次运用线上导师双选功能完成导师分配，运用论文管理模块实现论文开题及答辩的线上过程管理。注重学生道德品行和素质能力的培养，我院获第三届国际商学院演讲挑战赛（西南赛区）赛区赛事"优秀组织奖"、2名学生分获一等奖和三等奖。我院获第六届西部TOPMBA睿创大赛三等奖。2个学生团队分获首届西南MBA创新创业大赛中一等奖和优胜奖、学院获最佳组织奖。MBA联合会对口秦安县和平小学设立"西南交大MBA励志奖学金"。举办第六届MBA微电影大赛颁奖典礼品牌活动，呈现37部作品，共收获浏览21万余次、点赞2万多次。学院MBA项目入榜年度"中国商学院最佳MBA项目TOP100"；学院"交通管理"MBA项目获"中国商学院特色MBA项目奖"；2名学员获"中国商学院教育盛典杰出校友奖"。

本科教育共开设各类课程251门，其中全英文课程2门，双语课程7门。组建实习队22个，派出指导教师20人，参与实习的学生共1037人。27位老师为本科生开出111个创新讲座。全面推进学院本科教学质量标准建设工作。完成课程质量标准共计94份。获批学校毕业设计（论文）质量标准建设项目。获批本科教改项目重点、重大、重点培育项目各1项。获批高等教育研究类项目1项、实验教学改革项目5项。获教育教学改革项目3个省部级奖项，其中1个教学成果奖，2个教育教学改革项目。学院工商管理专业获批国家级一流本科专业建设点，金融学、经济学获批省级一流本科专业建设点，实现获批率100%。完成工程管理专业的住建部复评估工作。获批4项校级本科教育教材建设和研究课题，其中1项新形态教材、1项精品教材、2项一般教材项目。获批立项9项"双语教学课程建设""双语教学示范课程建设""全英文教学课程建设"项目。

完成13个EDP培训班项目市场开发与培训实施，实现年收入360.209万元。完成同等学力148人导师分配。组织同等学力开题7次，通过人数70人；组织同等学力答辩2次，通过人数33人。同等学力毕业人数大幅提升，年收入达57.6万元。

【科学研究】

加大科研工作搭平台、促发展的力度。组织62人次参与国家自然基金，社科基金、教育部人文社科基金和四川省自然科学基金项目申报，获批3项国家自然科学基金，1项国家社科基金项目，2项省自然基金面上项目，2项省自然基金青年项目。1位老师获省杰出青年科技人才项目，1位老师获市第15次哲学社会科学优秀成果奖三等奖，1位老师入选2022年度科睿唯安全球高被引科学家，1位老师入选2022年爱思唯尔中国高被引学者（理论经济学），2位老师入选2022年度全球前2%顶尖科学家，2位老师受邀担任SSCI副主编。

全年新立项项目55项，合同经费1124.79万元。其中纵向项目21项，合同经费371.6万元；横向项目34项，合同经费753.19万元。累计入账科研经费1118.14万元。截至12月1日，在CNKI查询到我院全年公开发表的中文学术论文共142篇，在Web of Science查询到我院全年公开发表的英文论文共190篇，以第一作者或通讯作者发表ABS-3论文40篇，ABS-4 3篇，其中 1 篇为 UTD-24 期刊；中文 A 类 1 篇，B 类 33 篇，C 类 17 篇（按照《西南交通大学哲学社会科学期刊分级目录（2022）》）。出版专著 2 本。

组织学术讲座 46 场。其中境外学者 3 场、国内学者 43 场、学系教师研讨会 7 场。

制定《学院关于组织重要科研项目申请的工作部署及 2022—2023 年度日程安排》和《学院关于申报科研项目和科研优秀成果奖的激励办法（试行）》，组织 3 场国家级项目申报动员会和经验分享会。

服务科学与创新重点实验室新增主持 5 项国家级项目、6 项省部级项目和 1 项局级项目，合计新增科研经费 246.6 万元；团队发表有省重署名的学术论文 58 篇，含 SCI/SSCI 收录论文 26 篇、EI 论文 3 篇和国内核心期刊 21 篇；出版学术专著 3 部。实验室成员马祖军获省科学技术进步奖二等奖，刘继才获省社会科学优秀成果奖二等奖，黄登仕和李杰分获省社会科学优秀成果奖三等奖。本年度引进 6 名博士全职加入团队，培养 28 名博士和 71 名学术型硕士。实验室主办省级学术会议 1 次、行业学术会议 1 次；实验室成员在国际性、全国性会议上作报告 24 次，在省、行业学术会议上作报告 1 次。实验室开放课题资助重点课题 6 项、一般课题 9 项。

【交流合作】

完成 AACSB 最终版自评报告及附属文件，完成现场访视纸质及线上支撑材料撰写，顺利完成专家线上现场访视。完成 2021 学年学习保障表格收集、整理、调整、测量和评估，对 AOL 表格进行闭环统计；完成 2022 年学院 111 名教师师资界定工作。向 AMBA 认证官方提交 MBA 2021 级学生 application & enrolment 数据和 BGA 项目信息汇总表。

和英国拉夫堡大学就报名流程、申报专业、要求等达成一致。开展多样化线上国际交流。近 200 名学生报名国际暑期班第 2 期"职业规划与非职权影响力"，学习反馈热烈。分别与犹他大学和纽约州立大学石溪分校代表召开 2 次国际合作项目交流会。

【管理服务】

院工会积极主动了解教职工基本情况，做到"九必访"。开展"教职工小家"建设，组织足球赛、排球赛、跳绳比赛等工会活动。组织参加第二届"运达杯"体育节各项活动。更新院工会之家健身器材。

颁布《学院关于各类项目及团队建设经费报销的补充规定》和《学院财务管理办法》等文件。

先后与省第一建筑工程有限公司、第四建筑、第十五建筑、四川华西集团、四川西南工程项目管理咨询有限责任公司、中铁二局集团建筑有限公司、中建西南设计研究院河北雄安分公司、中铁三局桥隧工程有限公司签署产学研合作协议与实习基地。

（八）外国语学院

【党建及思想政治工作】

外国语学院党委设有 11 个党支部，其中教工党支部 6 个，学生党支部 5 个。截至 2022 年 12 月，学院共有党员 413 名；其中，在职教工党员 113 名，退休教工党员 15 名，学生党员 285 名。2022 年共发展党员 106 名，转正 112 名。

2022 年，学院党委强化政治功能，严格履行政治责任，全面加强党的建设和思想政治工作，引导师生党员深刻领悟"两个确立"的决定性意义，不断增强"四个意识"，坚定"四个自信"，做到"两个维护"，自觉在思想上政治上行动上同党中央保持高度一致；深入贯彻落实党的二十大精神和学校第十五次党代会精神；扎实推进"三进"工作，将习近平新时代中国特色社会主义思想系统融入外语核心课程。

【师资队伍建设】

截至 2022 年 12 月，学院共有教职工 193 人，其中专任教师 175 人，专任教师中教授 12 人，副教授 35 人。学院围绕一流学科建设，加大人才引进力度与现有师资队伍培育力度。2022 年接收知名大学青年博士 3 人；引进副教授 1 人。4 个学科方向团队的结构和梯队趋向合理，青年教师全部进入团队。

【学科与专业建设】

1. 学科建设

外国语言文学学科在第五轮学科评估中成功晋级升位，获得 B-等级。依托学校交通特色，基于现有学科基础，以（工程）翻译为核心，以外国文学、语言学、区域国别学为重点，打造特色鲜明、国内一流的外语学科平台，全面提升外语学科"四个面向"服务能力，为学校交通运输一流学科建设提供强力支撑。

2. 专业建设

在 2022 年全国本科专业排名（武大榜）中，外国语言文学大类专业全国排名第 45 位（前 4.47%），省内排名第一；翻译专业排名全国第 17 位（前 6.5%，省内第一）；英语专业全国排名第 52 位（前 5.6%），省内第二。在 2022 年软科专业排名中，四个专业被评为 A 类专业：翻译（第 12 位），英语（第 43 位），商务英语（第 18 位），日语（第 39 位）；两个专业评为 B 类专业：德语（第 26 位），法语（第 36 位）。

2022 年新增一流专业建设点 3 个，其中国家级一流专业建设点 1 个（德语）、省级一流专业建设点 2 个（法语、汉语国际教育）。累计获批国家级一流专业建设点 3 个、省级一流专业建设点 3 个。

【人才培养】

坚持立德树人，将思政教育贯穿人才培养全过程。2022 年入选四川省"三全育人"综合改革试点院（系）。新增省级课程思政示范课 1 项，立项校级本科思政专项项目 2 项。与外研社联合举办了以"新时期外语专业教学与课程思政"为主题的"新时代英语类专业核心课程教学改革研讨会暨教学开放周"：通过直播形式展示开放课堂，真实授课惠及全国教师，对我院课程思政建设、"金课"打造、专业教师教学能力提升方面等起到了重要推动作用。以教育部新文科建设项目开展为抓手，推动各专业落实《习近平谈治国理政》多语种版内容进入课程体系和实践体系，融入外语专业人才培养的全过程；跨专业组建"三进"教学团队，组织召开"三进"工作推进及外语人才培养专题研讨会；与上海外国语大学语料库研究院就《习近平谈治国理政》多语种数据库综合平台的建设与应用开展合作。开辟"院史撷英"专栏，从学校外语教育史中挖掘立德树人资源，创新思政育人新渠道。

（1）学生规模。2022 年外国语学院在校生 1307 人，其中博士研究生 18 人，硕士研究生 213 人，本科生 1076 人。

（2）课程建设。新增一流课程 9 门。累计建成省级以上一流课程 28 门，其中国家级 5 门、省级 23 门。一流课程建设规模在省内高校外语学科中位列第一。

2022 年新增省级一流课程一览表

序号	课程名称	主持人	类别
1	大学法语与法国文化	左天梦	省级一流课程
2	学术素养英语	沈一新	省级一流课程
3	《红楼梦》海外译介与传播	任显楷	省级一流课程
4	比较文学视野下的世界文学	曾虹	省级一流课程
5	网络教育大学英语	张露蓓	省级课程思政示范课程
6	国际工程承包和管理实务英语	戴若愚	省级一流课程
7	世界遗产在中国	杨琼	省级一流课程
8	国际礼仪场景英语	但鸽	省级一流课程
9	法汉互译Ⅱ	左天梦	省级一流课程

（3）教学改革。推进课堂教学改革，以学生的学习和发展为中心，以教改推动课程教学质量的提升。2022 年，"探索外语课程思政新路径，构建三维一体育人新模式"获四川省教学成果奖二等奖；"以国际传播能力培养为导向的新文科双创教育体系研究与实践"立项四川省 2021—

2023 年高等教育人才培养质量和教学改革项目重点项目；获校级教改项目 5 项，其中重大项目 1 项，重点项目 2 项。

（4）大学英语。英语学习中心辅导团队全年为全校学生提供公益性四六级辅导和考研英语系列讲座，利用"外语学习中心"微信公众号推送优质学习资源，举办考研英语专题讲座 68 场（136 小时），整理、推送考研英语在线视频课程 290.8 小时；为专业学院学生提供英语学习诊断服务。全校 2021 级非外语专业本科生第一学年四级考试通过率达 96.19%，平均分 514 分，四级通过率、优良率创历年级同期最高。

（5）学生科创。2022 年 SRTP 结题 24 项，其中国家级优秀 1 项、省级优秀 5 项、校级优秀 2 项；SRTP 项目获批 24 项，其中国创 1 项、省创 5 项、校级 18 项。学科竞赛获奖再创新高：2022 年获"外研社·国才杯"大学生英语挑战赛全国总决赛一等奖 1 项、二等奖 3 项，四川省大学生英语挑战赛一等奖 1 项、二等奖 6 项、三等奖 5 项。获首届四川省"高教杯"大学生用外语讲中国故事优秀短视频大赛二等奖 2 项、三等奖 1 项。各类外语学科竞赛获奖达 100 项，其中国家级 2 项、省级 27 项、校级 71 项。

研究生发表学术论文 36 篇，其中 A&HCI 文章 2 篇，SCI 期刊 1 篇，SSCI 期刊 6 篇，CSSCI 期刊 5 篇，外文期刊 2 篇，北大核心 1 篇。全年参加学术会议 10 人次。

（6）学生工作。以"三全育人"为导向，依托学校第二课堂平台，结合学科特色，打造新工科背景下"外语+"文化育人体系，在各类学生活动中融入传统文化、交通文化。2022 年，武俊获"全国铁路向上向善好青年"称号，韩沁儒入选教育部"全国高校学习宣传党的二十大精神师生巡讲团"，陈军朋入选四川省"大学生年度人物"（全省 10 人），钟珊、陈澍树获 2022 年西南交通大学"竢实扬华奖章"，程思颖等 10 人获本科生国家奖学金，钟珊等 5 人获研究生国家奖学金，周玲玉等 14 人获省级优秀毕业生称号，2021 级学硕班获校忠忱班集体称号，王艳阳等 2 人入选西南交通大学学习宣传党的二十大精神师生巡讲团，杨婷慧等 3 人入选西南交通大学研究生"红路"理论学讲团，外国语学院"三下乡"实践分队获成都市暑期大学"三下乡"优秀社会实践队。

【科学研究】

学院制定了《国家级科研项目申报支持办法》，积极推动有组织的科研，进一步激发教师申报国家社科和教育部人文社科项目的积极性，科研水平稳步提升。

2022 年新增国家社科基金项目 3 项，教育部人文社科项目 1 项；新增 SSCI、A&HCI 和 CSSCI 论文 30 篇；出版专著、译著和教材 10 部；建成新文科实验室：智能化语言数据处理与应用实验室。

2022 年新增国家级科研课题列表

序号	项目名称	类别	主持人
1	基于语料库的中医药文化负载词英译认知研究	国家社科一般项目	李孝英
2	澳大利亚华裔新生代语言生活和中华文化认同研究	国家社科西部项目	张露蓓
3	中国史前考古学史研究（1895—1949）	中华学术外译项目	马亚雯
4	语言接触视角下近代中日新动词生成演变与交流研究	教育部青年项目	杨驰

【国际化与社会服务】

（1）师生交流。2022 年度，出国（境）参与交流学习的学生 37 人；赴国（境）外参加交流、访学教师为 3 人。举办 2022 暑期国际课程周，邀请国外知名高校学者授课，校内参与学生人数达 274 人。

（2）国际合作。与马来西亚马来亚大学合作开设"中国古典诗歌""华人通俗文化"网络学分课程；与苏格兰孔子学院合作开设"四川熊猫"课程；获批国家科技部 2022 年"一带一路"创新人才项目 2 项；举办"中外青年云对话"（教育部中外语言交流合作中心支持的创新型中华文化国际传播项目）系列网络直播活动 6 场。

（3）社会服务。完成献礼省十二次党代会力作——《天府四季交响》2022 四川中英双语形象片英语翻译与审校，服务四川国际传播；与四川省委宣传部合作开展"四川省情多语种标准化术语库建设"项目，向世界讲好"四川故事"；14 门慕课资源面向社会免费开放，学习者累计达 33.5 万人；举办中铁武汉电气化局集团有限公司国际化经营及项目管理培训班，服务企业"走出去"，推动共建"一带一路"高质量发展。

（九）材料科学与工程学院

【党建及思想政治工作】

学院党委落实"第一议题"，及时学习领会习近平新时代中国特色社会主义思想和习近平总书记相关重要论述精神；认真学习学校第十五次党代会和党的二十大会议精神，邀请学校宣讲团专家在两校区开展全覆盖宣讲。院班子和系所支部开展理论学习 300 余次，党委委员参加基层党支部、教学团队等活动 30 余次。加强意识形态领域管理，组织专项检查 2 次，筑牢"三微一端"阵地。

（1）学院班子受到好评。党政密切配合、协调运转、规范决策，全年召开党委会议 17 次、党政联席会议 21 次。院领导落实一线规则，带头做好人才寻访、基金辅导、项目对接、来访接待、深入学生等工作。2022 年监察处"神秘访客"调查，对我院"班子作风与服务意识"的评价位居全校前列。

（2）切实抓好基层党建。一是抓好关键人。定期开展支部书记培训，党委书记定期检查支部工作记录本，加强对支部工作的指导。二是抓好关键事。扎实推进党建示范创建和质量创优工作，获批多项校级"示范性学生党支部特色活动"和"领航先锋"工程项目。三是抓好结合。结合实验室安稳任务重等实际，组建党员巡查队，党建与业务有机融合，效果显著。

（3）基层统战扎实有力。一是结对子。党委委员与统战对象结成对子，帮助他们解决实际困难。二是抓项目。成功获批 2022 年统战工作特色示范项目，持续推进"维清工作室"建设。三是搭平台。成功承办学校首期党外知识分子"团结奋进大讲堂"之基层论坛，打造基层统战工作平台。四是育人才。积极向上级推荐党外干部；邀请杨维清教授、李金阳副教授等党外知识分子在校内外开展学风建设宣讲等工作。

（4）教工思政工作扎实。学院党委将 2022 年作为"教师思政工作强化年"，持续推进师德师风建设。一是宣传引导。推送《师德师风案例通报》11 期，从正反两个方面加强引导。二是积极选树先进典型。开展"青年教师风采展""劳动者的一天"系列推送，树立身边的榜样 20 人（次）。全院教职工始终胸怀"国之大者"，忠实践行"为党育人，为国育才"的初心使命。在认证评估、安全稳定、学生思政、疫情防控等工作中，许多教职工冲在一线。其中，32 人（次）担任防控志愿者，展现了新时代交大人的大局意识和精神风貌。陈辉教授荣获学校首届"思国奖"。

【师资队伍建设】

（1）师资队伍不断壮大。2 名教师成功"上会"，其中 1 名获评国家级青年人才；3 名教师获评四川省杰青（全校共 8 名）。10 名教师入选"终身科学影响力排行榜（1960—2022）"，占全校 24.2%；15 名教师入选"2022 年度科学影响力排行榜"，占全校 17.2%。2 名教师获得詹天佑专项奖。2 名青年教师获得第二届"科技新星"计划。

（2）更加重视青年教师。一是院领导与新入职教师定期沟通，帮助解决实际困难。二是举办青年教师沙龙 5 期，助力青年教师发展，为他们扩大朋友圈。三是动员 14 位青年教师参加"赛马"行动，支持 1 名科级干部担任驻村第一书记，向校机关输送科职干部 1 名，向统战部门推荐干部 1 名，提任科职干部 2 名，为青年教师搭建了发展平台。

在 2022 年，邱慧、兰强、戴虹、骆德阳 4 名老师退休；韦炜离职；柴海伟、孟云飞、吴影 3 名老师新入职。

【学科专业】

材料科学 ESI 排名稳步提升，全球排名第 231 位，较去年同期提升 30 位，进入 2‰行列。根据最新 ESI 高被引论文统计显示，材料科学与工程学院入选高被引论文 56 篇，在全校高被引论文贡献度中占比 28.67%。此外，由学院重点支撑的化学学科 ESI 排名继续稳步提升，较去年同期提升了 111 位。

2022 年度软科中国大学排名中，"材料成型及控制工程"排名全国第 17 位，"高分子材料与工程"第 26 位，"材料科学与工程"第 28 位，"生物医学工程"第 38 位。先进结构材料铁路行业重点实验室、军民融合四川省重点实验室成功获批，为学科建设奠定了更为扎实的基础。

"高分子科学与工程"和"生物医学工程"入选四川省一流本科专业，进一步完善了一流专业布局。认真组织、精心筹划，积极申报学校第二轮"双一流"学科建设项目，并获得持续资助。

2022 年 4 月 8 日，《四川省人民政府关于公布 2021 年四川省教学成果奖的通知》（川府函〔2022〕85 号）发布，学院获得四川省第九届高等教育教学成果奖一等奖 1 项，二等奖 1 项。

【人才培养】

本科生升学率连续 6 年实现提升。2022 届升学率为 57.99%，同比增长超过 7 个百分点，名列全校第 1 名（利兹学院、茅以升学院除外）。优质生源工作成效显著，报考本校人数高达 44 人，创历年新高，是 2019 届的 3 倍。持续实施"大学生英语四六级提升工程"，通过率连续三年实现增长。学业退学预警人数进一步下降，过去两年累计下降超过 60%，课程一次性通过率有提升，过去两年累计提高 2.26%。

大学生科创工作有成绩。2022 年度，92 人次获国家级、省部级奖项 39 项。获得全国金相大赛一等奖 1 项，"互联网+"大学生创新创业大赛省部级一等奖 1 项。经佩佩（博士研究生）、张小路（本科生）获"竢实扬华奖章"，2020 级硕士三班获评"忠忱班集体"。

2022 年度获 6 项本科实验教学研究与改革项目支持，较 2021 年度增加 4 项。自 2017 年后在"'互联网+'大学生创新创业大赛"再一次取得佳绩，获第八届中国国际"'互联网+'大学生创新创业大赛铜"奖 1 项。参与科创项目和学科竞赛的人数逐年增加，2022 年度 434 人次参与学科竞赛，较 2021 年度增加 122 人次；379 人次参与科创项目，较 2021 年度增加 58 人次。选派的选手参加国家级和省部级的比赛获得一等奖 12 人次，二等奖 15 人次，三等奖 21 人次，获奖学生人数 48 人次。

【科学研究】

2 名教师获得詹天佑专项奖，1 名教师获得四川省科技进步三等奖。累计申请自然科学基金项目 78 项，获批自然科学基金项目 11 项。2 名青年老师获得第二届"科技新星"计划。截至 11 月底，总项目到账经费合计 2224 万元，其中纵向 1284 万元，横向 960 万元，总项目批准经费合计 7252 万元。孙强强老师获得学校科研院 255 万元专项经费支持；曾迎、蔡创、杨静晖、谢超鸣、汪琴 5 位老师获得学校新型交叉学科基金的支持。陈辉团队老师在 *Nature Communications* 上发表了研究性论文，是我院传统合金材料首次在 NC 上以第一单位发表论文。

【交流合作】

参加学校国际合作交流周课程活动，组织开设了一门国际交流课程——先进材料研究技术，邀请国际知名高校 Fayetteville State University（费耶特维尔州立大学），Georgia Institute of technology（佐治亚理工学院）的 2 位教授 Prof./Dr. Zhiping Luo、Dr. Yong Ding 主讲 16 学时课程，百余位师生参加了课程学习。

选拔 4 位生物医学工程专业本科生到新加坡国立大学进行 1 年联合培养，目前项目进展顺利。

【管理服务】

（1）持续为师生办实事。一是完成对工业中心、热处理实验室、3 号楼、"小白楼"等周边照明升级改造，育人环境不断优化。二是强化机关服务，在会议筹备、接待来访、场地管理、审批盖章等方面不断加大对师生特别是科研团队的服务力度，受到广泛好评。三是在学生公寓落实"材子出门三件事"和玻璃门防撞条，用心做好特殊学生的走访与关爱。

（2）安全工作平稳零事故。一是利用相关节点关心关爱、"活血化瘀"，成功确保某突发事件的后续安稳。二是加强了研究生自习区、学生公寓、3号楼及周边管控，联合后勤成功处理安全隐患。三是用心做好疫情防控工作。

（3）离退工作更加用心。一是定期开展走访慰问。2022年坚持以"五个一"（一封慰问信、一份慰问金、一条红围巾、一副红对联、一个大礼包）开展慰问。二是在学院重组工作中及时向老同志传递信息，明确离退休老同志的服务工作仍由学院负责。三是在老同志住院等特殊节点及时上门看望，定期做好慰问补助等工作。

2022年12月26日起，朱旻昊同志不再担任材料科学与工程学院院长，陈辉同志任材料科学与工程学院院长。

（十）地球科学与环境工程学院

【党建及思想政治工作】

2022年，地球科学与环境工程学院（后简称"地学学院"）党委以"学习二十大，贯彻党代会，蓄势新征程"为主线，充分发挥学院党委政治核心、总揽全局、协调各方、凝聚人心的作用。一是通过强化政治引领，坚定信念锻造"红色引力"。围绕学懂弄通，在全院落实好"十个一"学习清单，在党委和班子成员完善"四个一"党课宣讲工作；围绕主体责任，按照地学"12345678"工作体系，立体化开展党建工作。二是强化思政引领，守正创新激发"内生引力"。围绕工作主线，全面丰富学习载体，确保培根铸魂有深度；围绕制度保障，修订出台18项制度文件，确保规范管理有力度。三是强化品牌引领，时代元素集聚"幸福引力"。科学搭建学院党委"地心引力"、学院行政"地学匠心"和群团"地新引力"三个品牌，提高党政工团学的凝聚力、向心力，积极构建宽厚开放的工作氛围，营造良好生态。此外，学院党委带头落实全面从严治党政治责任，持续深化纠"四风"，加强新时代廉洁文化建设，党政班子成员无违纪违规现象；高度重视统战工作，20余名党外教师在各民主党派、统战团体中发挥作用；重视党员发展、教育工作，2022年学院发展中共党员221名，分党校开展培训4500余人次。

【师资队伍建设】

2022年学院引进全职教师13人，其中教授1人(外籍)、副教授1人(外籍)一般师资11人，年度教师招聘计划执行率为100%。2021年聘请中外合作办学项目授课外籍教师18人。引进国家优秀青年科学基金获得者1人，1人入选省人才引进计划；获批四川省自然科学基金创新研究群体1个。新增博士生导师2名、硕士研究生导师8名（含外籍3名）。20人申报国家、省级海外引进人才计划 3人申报学校第八批人才师资队伍培育系列支持计划雏鹰计划项目。

【人才培养】

1. 本科生教学方面

学院全年完成本科课堂教学385门，完成学院31个教学班1405人和土木工程学院1950人的实习教学工作，获校级优秀实习队伍2项；完成本科毕业设计（论文）424项，获西南交通大学2022届"百篇优秀本科毕业设计（论文）"7项。新增环境工程专业国家一流专业建设，遥感科学与技术、消防工程、地理信息科学专业省一流专业建设；新增中外合作办学项目环境工程本科专业，安全工程专业中外合作办学项目顺利完成了教育部组织的周期性评估工作。获批四川省教学改革项目重点项目1项、一般项目3项，获批西南交通大学教学改革重大培育项目1项、重点项目2项、重点培育项目1项。深化本科教育教学改革，建立了专家绩效评估与动态调整的地学本科教学质量保障委员会；教师积极开展教学创新工作，学院赵晓彦老师获第二届四川省普通本科高校教师教学创新大赛一等奖、国赛三等奖，学校正高组唯一；杨情情老师作为学校推选的 2 名工科组参赛选手,获省青年教师教学竞赛三等奖。学科竞赛获得突破,全国大学生测绘学科创新创业智能大赛获全国特等奖 2 项、一等奖 5 项、二等奖 6 项;全国大学生地质技能竞赛全国二等奖 2 项;第八届中国国际"互联网+"大学生创新创业大赛,获四川省金奖、全国银奖,为我校本科学生获得该项目的最高奖项。

2. 研究生教育教学方面

2022 年学院在岗博士生导师 50 人,硕士生导师 143 人,导师团队发表 SSCI/SCI 论文 401 篇,其中新增高被引论文 6 篇,发表各类教改类论文 10 篇,地球科学、环境与生态学进入 ESI 世界前 1%,超过 17 位导师在各种学术期刊担任主编、副主编、编委等,导师国际化视野与学术影响提升显著;2022 年硕士优质生源率为 62%,博士优质生源率为 76%,全年硕士授位 250 人,博士生授位 28 人,人均 SCI/SSCI 论文 2.7 篇,人均高水平中文论文 1.4 篇,参加校级抽样的研究生学位论文全部合格;2022 年新增校级研究生教改项目 5 项（重点 2 项）,4 项研究生教改项目顺利结题;承办 2022 第十届高校 GIS 论坛,共有院士、长江、杰青及四青人才 30 余人参会,显著提升了学校学科影响力;获得全国高校 GIS 论坛创新创业大赛特等奖等竞赛奖、优秀学位论文奖、教学成果奖等 13 项,共 13 人获得建设高水平大学公派研究生项目资助,覆盖国家及地区共 8 个。

3. 实验教学方面

全年开设实验教学 53 门,实验项目 411 个,受益学生 40 377 人次,完成实验教学学时 132 436 人时数;全院 2022 暑期实习队共计 36 个,参与学生 3605 人,实习教学学时 168 356 人时数;综合设计型、研究创新型实验比例超过 65%;开设个性化实验及重点实验室项目 22 项;主办校级实验竞赛 8 项;参加国家级、省级知识技能大赛 4 项,获团体一等奖 1 个,团体二等奖 1 个,单项奖特等奖 1 个,一等奖 6 个,二等奖 8 个,三等奖 6 个,6 名教师被评为优秀指导教师。获批省级虚拟仿真实验教学一流课程 2 门,本科实验教学研究与教改项目 7 项（2 项重点、5 项一般项目）。

4. 学生育人工作方面

以学习宣传贯彻党的二十大精神为主线,结合建团百周年、学校第十五次党代会等有关精神,落实立德树人根本任务,融合地学优势特色,聚焦组织育人、专业育人、文化育人、安全育人,着力打造"地新引力"思政育人品牌。

以"五化一创"和"八有党建"助推党团思政,凸显组织育人的引领力。制定并实施《地学学院青春献礼二十大暨地新引力主题教育系列活动策划方案》,组织开展"喜迎二十大·奋进新征程""学优秀党员·树成长榜样"系列讲座、"青春学习二十大·培根铸魂育新人"一站到底知识竞赛等系列特色活动强化学生政治引领。倾力打造"地新引力"特色品牌,从川藏铁路看大国工程讲座,暑期博士服务团,"红石榴"综合素质训练营等工作被中国交通报、全国高校思政网、学习强国平台等主流媒体报道。以"青春献礼二十大·书写志愿新篇章"为主题,搭建党性锻炼和志愿服务平台,累计开展志愿服务 60 余次,参与人次 700 余人,服务对象 8000+人次。全年党建工作卓有成效,累计立项校级示范性学生党支部特色活动 5 项,研究生领航先锋工程子活动 7 项,首届研究生信仰微党课大赛一等奖 1 项,优秀奖 2 项,优秀组织奖 1 项,1 项活动入选研究生十佳主题党日活动。

举学风创新和升学就业驱动学生深造,强化专业育人的牵引力。着力实施学习与生涯双驱动的学生成长模式,落实"以深造工作为重点,助推学生高质量就业"的总思路,连续 3 年取得近 50%深造率,居全校前列。编印《悉熙递学》学习科创经验手册、考研经验手册。利用新媒体平台,创建"悉熙递学"学风建设专栏,及时发布学情分析、学习资讯、优秀典型事迹,帮助学生把握学习最新动态。以"地学学风建设月、地学科技月"为活动载体,强抓"四度五率",实现科研竞赛新突破,学院本科代表队 11 月荣获第八届"互联网+"大学生创新创业大赛全国银奖。全年开展 4 项学科科创竞赛和各类科研竞赛经验分享 30 余场,吸引十余个学院,近 500 名学生参赛。

对标综合素质评价体系和国际化办学要求,增强文化育人的感召力。树立"以礼立人、以文化人、以美育人、以劳成人"的文化工作理念,把握新生入学、毕业离校、传统节日等重要时间节点,开展共赏中秋音乐会、端午传统文化体验系列活动，"感念师恩·毕业生献花礼""榕树下·毕业歌会"等学生喜闻乐见的美育活动，传承和弘扬中华优秀传统文化与美德。结合中外合作办学的育人实际，挖掘国际化办学资源，持续开展"星海计划"系列活动，提高了学生跨文化沟通能力和国际化视野。通过"爱院荣校"劳动实践，进行作物栽种、除草行动、清洁打扫、单车摆放、安全知识讲座及消防演练活动等活动帮助学生树立正确劳动观念、提升劳动能力、培育劳动精神。

构筑"一网双联三账四书"安稳保障体系，提升安全育人的保障力。以学院 17 名专免兼辅导员，640 名学生干部骨干队伍为主体，在学生党员与学生骨干中甄选 556 名网格员，实现安稳、学情信息快速响应、研判、干预。依靠学工一张网，线上下联合推进疫情、心理、安稳工作，疫情期间每日报送学生健康信息，排查风险区域旅居史 55 次，协助开展全员核酸 10 余次，做到涉疫零事件。落实落深 117 工程"三台账"制度，准确掌握学生思想动态。强化"四书"安全宣传教育，有效防范化解各类舆情和风险。

【科学研究工作】

学院 2022 年度继续深化有组织的科研，初步形成了有组织的行为模式、有组织方向凝练、项目申报、奖项申请等科研规划和实施方案，面向国际前沿科学问题和国家重大需求，以国际化示范学院建设和海外专家引进为契机，各学科在科研团队建设和科学技术攻关方面取得了良好成绩。

2022 年，全院科研经费超 8090 万元，全院新增授权发明专利 48 项、美国发明专利 1 项、实用新型专利 52 项；参编规范 2 项（包括 CZ 铁路空天地智能规范 1 项）；获西藏自治区科学技术一等奖 1 项、中国铁道学会科学技术三等奖 1 项。

本年度获批国家自然科学基金项目 21 项，其中重点基金 3 项，学院连续 10 年保持较高获批数量，本年度获批数量位居全校第三；在研纵横向重大科研项目 3 项，获批国家重点研发计划项目"CZ 铁路"重点专项课题 3 项、子课题 7 项、参与 7 项。

学科间大地学团队科研项目取得突破，获批四川省科技厅项目 1 项，并由俄罗斯籍全职教授 Inna Safonova 担任负责人，参与人员涵盖地质、测绘、环境三个学科，形成了外籍全职教授承担省级及以上纵向科研项目的良好开端，为后续科研团队的建设打下了坚实基础。

【管理与服务工作】

1. 学生日常管理

用心用情服务学生成长，立标对标向管理要绩效，提升管理的服务效能与制度优势。积极回应学生成长需求，创建"一心双环"团学组织格局，优化党团班学生组织矩阵化，以 9 个学生组织、3 个专业社团、8 个兴趣小队为载体，全年完成 180 多场线上线下各类型活动，服务超 25 000 人次。优化管理工作体系与台账，规范管理辅导员"三台账"制度（《深入联系学生月报表台账》《重点支持学生管理台账》和《谈心谈话台账》），以网格化模式统筹"六大安全"，强化学生安稳保障。辅导员全年共计开展谈心谈话 2700 余人次，实行"周小结、月督促、季通报、年考评"，及时准确掌握学生思想动态，有效防范化解各类舆情和风险。

2. 实验室日常管理

签署院系安全责任书，出台实验室安全管理文件，加强了本科生和研究生使用危化品的管控工作；全年无安全事故发生。选派教师参加高校实验室安全管理研讨培训会，荣获实验室安全管理优秀单位、优秀实习队、大仪管理优秀机组、大仪管理优秀个人、校级实践教学先进个人、竞赛优秀指导教师等多项荣誉。

3. 产学研合作情况

与四川省自然资源厅、成都市生态环境局、康定市自然资源局、峨眉山天秀环境集团有限公司签署了战略合作框架协议，并达成落实了联合申报科研平台、科研技术合作、人才培养等具体事项：以第一单位身份与四川省国土空间生态修复与地质灾害防治研究院联合申建自然资源部工程技术创新中心；与成都市生态环境局在人才培养、重大项目申请等方面开展了实质性合作；深化了与阿坝州的科研合作，联合申报四川省科技计划项目 1 项，并进一步完善了康定市资勘专业实习基地，成功完成了第二届本科生实习，并建立了与川藏铁路参建单位间的产学研合作关系；与峨眉山天秀环境集团有限公司形成了污水处理节能降耗工艺、地下水治理、土壤修复生态环境修复等领域的实质合作。

4. 国家级平台建设与管理

国地实验室完成年度总结及发展规划，获批四川省发改委工程研究中心（工程实验室）创新能力建设项目（总金额1200万元，其中国拨经费300万元，自筹经费900万元）。持续建设四川省国际科技合作基地(轨道交通安全运营空间信息技术国际科技合作基地)、高速铁路地球科学与工程四川省实验教学示范中心，完善实验室管理组织架构及平台网站。实验教学示范中心改善教学仪器设备购置情况：2022年获批执行2023年度地球科学与环境工程学院实验教学示范中心设备购置项目1项，获批金额510.71万元，执行金额502.57万元，获批政府贴息2022年度地球科学与环境工程学院实验教学示范中心设备购置项目1项，获批金额208.69万元，执行金额208.05万元。实验教学示范中心实验室及试验场地改造建设情况：2022年学院环境工程实验中心，消防工程实验中心完成馆外实验室升级改造，测绘科学与技术实验中心完成X4247、X4249实验室升级改造及新综合测量实习场地建设与搬迁。

【国际化示范学院建设与中外合作办学】

稳步推进国际化示范学院申建工作和中外合作办学项目拓展扩容。2022年学院持续推进国际化示范学院申建工作，进一步完善学院外籍教师管理、专家团队建设；外籍教师通过"进课堂、组团队、有项目、出成果"，全面融入学院的教学、科研等工作；积极组织并开展"外籍专家中文俱乐部"项目，使外籍专家了解中国语言和文化、更好地服务学院的发展和学校的"双一流"建设。

2022年西南交通大学与美国俄克拉荷马州立大学环境工程专业合作办学项目成功获得教育部批复，安全工程和环境工程两个专业2022年招生人数分别扩大至70人/年。2022年完成对项目网站的改版、项目招生宣传片的制作，完成对项目办公室、会议室、专用教室的装修改造，继续推进OSU中外合作办学项目实验室建设工作，项目办学质量稳步提升。

【其他工作】

学院继续切实提升自主募集办学资金能力，自筹资金完成了4号教学楼办公区5楼、实验区5楼、OSU项目部办公区及教室、外籍专家工作间的改造。同时，正在进行的馆外实验室环境改造项目也即将完成，帮助学院进一步改善教育教学基础设施，持续优化育人环境。

（十一）建筑学院

【党建及思想政治工作】

建筑学院党委深入学习贯彻党的二十大精神，落实学校第十五次党代会精神，全面贯彻党的教育方针，落实立德树人根本任务，旗帜鲜明坚持社会主义办学方向，充分发挥政治核心作用，推进学院各项事业持续高质量发展。

2022年度学院开展党的二十大精神学习、学校第十五次党代会学习成果丰硕。开展中心组学习12次、专题党课8场、基层支部开展"学习二十大精神·争做新时代先锋""踔厉奋发、砥砺前行""我言我心·初心向党"等主题党日活动30余次。组织深入社区、乡村开展社会调研、创新创业分享等活动56场。开展"讲述抗疫故事""学四史"等主题党日和系列活动150余次。

落实立德树人根本任务，发扬党员先锋模范作用，研城乡规划党支部获"信仰"——研究生微党课评选展示活动三等奖，研建筑学专硕党支部获"十佳主题党日活动"，研风景园林党支部、本科联合党支部成功立项"学习二十大奋进新征程"校级示范性党支部。配合宣传部、校纪委等开展廉洁文化建设，承办"奋斗青春·廉洁同行——设计艺术展"。牵头学校纪检系统第四小组专题学习。

【师资队伍建设】

2022年，学院以探索"人才基本格局，实施多维度引才、育才途径，推动学科进一步建设"为总体思路，以高端求才、海外聚才、院内培才为实施途径，进一步落实人才管理工作的相关举措，做好各类人才的引进、申报、服务。本年度，获评国家级青年拔尖人才称号1人（再创佳绩）；获自然资源部（国土空间规划行业）领军人才、青年人才称号各1人；获四川省人才引进计划青年项目2人，获全球前沿科技青年科学家1人，拟提名四川省"五一劳动奖章"1人。引进特聘研究员1人，特聘副研究员1人，新增助理教授5人。新增校级兼职教授1人。本年度，学院师资队伍结构进一步优化，晋升教授1人，副教授7人；晋升教师岗、管理岗、其他专技岗职级共14人。学院现有教师129人，其中专业教师110人，行政实验室学生工作教师19人。

【学科建设】

以"聚一流师资、办一流专业、建一流学科、育一流人才"为发展思路，积极应对第五轮学科评价标准和碳达峰、碳中和，国土空间规划等国家相关政策。

学科和学位点申报：积极开展城乡规划学博士点申报筹备，邀请国务院城乡规划学科评议组成员进行指导，并完成了城乡规划学一级学科博士点申报论证工作；积极开展风景园林专业学位博士点申报筹备，并完成了相关资料的收集、整理工作。

"双一流"学科建设：完成西南交通大学第二轮"双一流"学科建设项目申报。

学术活动举办：围绕学科建设与发展，开展了多项学术活动。主办"人居环境视野下的地下空间规划及设计"，"公园城市创新与实践交流系列论坛"协办世界科技与发展论坛等学术活动。

【人才培养】

1. 本科生教学

城乡规划学以本硕双优通过专业教育评估。在软科专业排名方面，我院建筑学专业排名24/156，城乡规划专业排名17/118；风景园林专业排名19/102。风景园林专业获批国家级一流专业建设点，建筑类三个国家一流专业建设点。

有4门课程正在国家级一流课程评审中，新增四川省一流课程2门。一名教师获第二届全国高校教师教学创新大赛三等奖、第二届四川省普通本科高校教师教学创新大赛一等奖；一名教师获四川省高校青年教师教学竞赛一等奖第一名。

承办第八届花园杯植物景观设计竞赛、第二届四川省微景观设计大赛等专业竞赛重要赛事。在"未来设计师全国高校数字艺术设计大赛"、米兰艺术周等A类竞赛，累计获奖90人次。

2. 研究生教学

建筑学一级学科博士点招生工作顺利进行，共招收11人（含2名外籍学生）。全国优秀大学生暑期夏令营顺利举办，来自重庆大学、北京交通大学等全国100多所高校近300份入营申请，并由美国华盛顿大学沈青教授等国内外知名专家开展了5场高端学术研习讲座。与清华大学、沈阳建筑大学一起完成了建筑学专业学位论文标准的制定。

2022届硕士研究生参加竞赛获奖50项，其中国家级和省部级竞赛获奖27项，获奖率78.4%。

【科学研究】

本年度学院教师获批国家自然科学基金项目的数量和获批比例均创历史新高。立项总数7项，其中面上项目4项，青年科学基金3项。项目总体资助率达35%，高出我院相关学科全国平均资助率20余个百分点。从分布来看，我院建筑学、城乡规划学、风景园林学三个学科均有项目获批。

论文发表方面，学院本年度新增SCI、SSCI、A&HCI收录论文共计37篇，高水平（ESI 1%）论文8篇。此外，还有70余篇各类中文期刊论文发表。

标准编制方面，西南交通大学参与、学院三位教师参编的中华人民共和国交通运输行业标准《综合客运枢纽设计规范》已提交交通运输部审查。

科研平台方面，学院持续建设"四川省轨道交通站点低碳节能工程研究中心"。

【对外合作】

2022年，学院一直恪守国家防疫政策，积极调整了国际化对外合作思路和管理。学院以云端形式参与国际学术论坛、专题学术报告、联合设计工作坊等多种形式的国际学术交流与合作，教师参加国际主流学会（协会）惯例性学术年会以及作大会报告（交流）60人次。我院举办有影响力的高水平国际学术会议3场，持续提升国际影响力。录取国际留学生2名（博士研究生），国际化课程建设取得新的进展。全力推进国际化人才引进工作，引进海外高层次人才2人。本年度45岁以下教师全外文授课能力比例提高至

21%。与境外高水平高校、科研院所建立国际科研合作伙伴关系5项（密切伙伴）。

【管理服务】

1. 学生工作

2022年，全年顺利完成本研1505名学生和54个班级的思政工作和日常事务管理等工作。

本年度学院共培养入党积极分子233名，发展中共预备党员96名。完成党建领航先锋工程项目子项2项，获"十佳主题党日活动"1项，成功结项双创培育"头雁计划"，2个支部立项校级特色活动。学院团委获得"全国铁路五四红旗团委"称号。本年度全体本研学生获得个人荣誉称号186项，其中荣获"竢实扬华奖章"和"忠忱班集体"荣誉各1项，省级及以上荣誉称号16项，PADP优秀建设案例3项。全年共开展文体学术活动100余项，较2021年增加约15.6%。申报校级志愿项目4项，15支队伍立项校级活动，与省内8个街道社区合作建立志愿服务基地。共组织512人次参与寒暑期"三下乡"，其中获评校级优秀队伍1支、优秀指导老师2人、优秀队员2人。

2. 学院行政办公及工会工作

协调组织疫情期间疫情防控及防疫物品购买储备工作；做好各项日常工作，为学院教学、科研、学科建设以及师生等做好服务工作。

一年来，学院工会做好民生工作，关爱生病职工、老年同志等，全年共看望生病教工及退休教师共计20余次。牵头开展新进教师座谈会活动及退休教工荣休典礼。积极组织教职工参加学校各项文体比赛，并屡获佳绩。

3. 资产与实验室工作

顺利完成2022中央财政贴息贷款支持本科教学项目申报、立项、招标采购工作，合同金额279.64万元；配合完成校级贴息贷款改善建筑学院办学环境项目，为全院专业教室更新桌椅，安装安防设备、大屏多媒体设备等，项目金额近200万元。

完成2022年课外创新实验竞赛的组织、评奖、布展与校内推荐工作，并获校级金奖1项、银奖1项、铜奖2项、优秀奖5项，优秀指导教师6人；完成10项个性化实验项目的结题考核，新申报项目10项；实践教学改革项目获批4项；制定建筑学院仪器设备管理办法、实验室突发事故应急处理预案，开展安全培训、安全检查12次，全年实验室安全零事故；完成年度实物资产的盘点工作。

（十二）设计艺术学院

【党建及思想政治工作】

认真学习宣传贯彻党的二十大精神和学校第十五次党代会精神。制定《学习宣传贯彻党的二十大精神工作方案》，组织专题读书班研学，在党委会、党政联席会、支部书记会进行专题学习。同时，全年还开展了学习习近平总书记来川视察重要讲话精神等20多个专题的学习，坚持用习近平新时代中国特色社会主义思想武装头脑、指导工作。抓好学校第十五次党代会精神的宣传落实，将贯彻落实党代会精神与学院学科建设紧密结合，落实"+交通""+智能"，主动推动学科交叉融合，努力提高人才培养质量。加强对支部的指导，落实《中国共产党普通高等学校基层组织工作条例》，开展对支部书记、支委的培训，调整优化教工支部设置，开展"学习二十大精神 争做新时代先锋"等主题党日活动。本年度共推荐入党积极分子99名、发展对象48人，吸收45人入党。抓好党风廉政建设，认真贯彻落实中央八项规定及其实施细则，坚持不懈纠正"四风"。加强奖助学金、评优评先、研究生复试等方面的监管力度。健全警示教育机制，强化党性教育、廉洁教育和警示教育。

【师资队伍建设】

外引内培优化师资结构。引进国内外知名院校博士6人，有3人已入职。新聘海外客座教授1人。积极开展教师培训，通过举办第43届全国设计大师班暨"双一流"建设工作研学班，邀请国内知名专家学者，结合"双一流"建设及新文科建设等方面开展集中培训。本年度1位教师获评校思国奖。学院新晋升1位教授、4位副教授，引进副教授1人。4人于国内外学术机构任职。

【学科专业】

学科和专业步入新台阶。本年度设计学的教

育部评估首次跃升进入 B 档，产品设计和环境设计专业双双获评国家级一流专业建设。新建数字媒体艺术专业，以此带动学科交叉和数字化转型，力争建设成国家级数字媒体艺术科创平台。组织交叉学科沙龙、设计学科博士点建设专家咨询会等。成立数字媒体系。获批校级"数智+交通"设计学前沿创新技术"双一流"平台建设。深入推进"双一流"建设，构建合理、高效和特色的学科生态体系，完成设计艺术学院高级职称新聘岗任务书制定。圆满完成西南交通大学2022 年"交天下菁英，通宇内鼎甲"学者论坛—设计学学科分论坛，做好学院引才工作。

【人才培养】

1. 本科生教学

学院坚持以人才培养质量为核心，切实开展教育教学改革。"创新引领，校企协同，交通特色艺术设计人才培养模式的探索与实践"获得四川省教学成果二等奖；获得省级教改重点项目 1项；教育部产学研协同育人项目 5 项；"景观设计"获评省级课程思政示范项目 1 项；新增省级一流课程 3 门；校级课程思政建设 1 项。积极为学校美育工作贡献设计力量。成立校级"设计·未来"创新创意美育基地，开设美育课程 6 门，举办服务全校美育的线下展览 6 次，开展第二课堂"艺术体验与审美修养"类项目 20 余项；积极参加各类设计比赛，取得了国家级奖项 30 余项，省级奖项 200 余项的好成绩，提升全校师生审美素养、厚植人文情怀、激发创新创造活力。积极组织学校实验教学竞赛活动，取得校级金奖 1个，并获得优秀组织奖。

2. 研究生教学

全年获研究生校级教改项目立项 2 项。完成2 项国家研究生智慧教育平台课程，2 项校级精品课程获一等奖。成立院级研究生教育督察小组，积极开展师德师风和教学检查工作。成立院级研究生论文质量检查小组，做好学位论文开题、中期检查、论文答辩和授位管理等系列过程环节，严把学位论文质量关。积极组织研究生参加科研实践、设计实践和高水平竞赛，获国家级一等奖 2 项，全国二等奖 4 项，全国三等奖 10项，省级特等奖 1 项，省级一等奖 33 项，省级二等奖 51 项，省级三等奖 5 项。获得 2022 年教育部产学合作协同育人项目 4 项。圆满完成线上

研究生复试工作，高质量举办暑期学术夏令营，吸引优质生源。获得校级优秀硕士学位论文 1篇。研究生发表 SSCI 1 区论文 1 篇，核心期刊8 篇。按要求实施研究生学术素养提升计划，积极申请并组织各类校级学术素养提升活动，建侯项目立项 10 项，组织创源大讲堂 5 次。

【科学研究】

学院按照科研项目入主流的要求，贯彻学校"+交通"和"+智能"的学科发展路径，通过项目更好汇聚科研力量，服务国家重大战略需求。工业设计团队参与的京张高铁智能复兴号"瑞雪迎春"和"龙凤呈祥"一经亮相就广受好评。全年新立项省部级纵向项目 8 项，横向项目 13 项，合同总金额为 670 余万元。组织开展了"艺工融合"新型交叉学科培育基金项目等有组织科研，服务高素质人才培养和"双一流"建设，形成学院科研的特色品牌。全年发表高质量论文 10 篇。EI 期刊论文 2 篇，CSCD 期刊论文 3 篇，中文核心期刊 5 篇。本年度全院科研诚信与作风学风情况良好，无违反学术规范情况出现。

【交流合作】

学院积极拓展国际化工作思路，全年主要以线上网络形式参与国际学术论坛、主题演讲、专题报告等形式的国际学术交流。继续履行与英国玛丽女王大学合作协议，共同组织 2022 暑期课程。积极开展与英国、日本、意大利、西班牙、墨西哥等国设计类高校的联系，拓展对外合作，提升学生国际化培养比例。1 人出国留学攻读学位，3 人参加学校暑期交换项目，1 人参与国家公派交流项目。邀请英国布鲁内尔大学、意大利米兰理工大学开展学术专题报告。积极申请加入国际最具影响力的设计联盟 Cumulus，并与来自西班牙、墨西哥等国的 4 所全球顶尖设计院校建立联系。初步完成国际化英文网站，学院国际化合作交流逐渐起色。

【管理服务】

1. 学生工作

学院学生工作组较好地完成了 583 名本科生、214 名研博学生的思想政治教育、日常事务管理等工作。成功申报校级示范性学生党支部特色活动 3 项；推动构建"艺术+思政"协同育人体系，全方位、多层次开展理论学习教育活动50 余次。全年开展"设计·未来"创新创意系列

学术讲座 18 场、"朋辈新语"等活动 20 余次；学生国家级以上竞赛获奖 44 项，地区性竞赛获奖 161 项；开展"社会实践与志愿服务"类项目 36 项，覆盖人数 1500 余人次；开展"艺术体验与审美修养"类项目 15 项，覆盖人数 2000 余人次。全年学生共获各类奖助学金 235 人次，"竢实扬华奖章"1 人，三好学生、优秀学生干部等评优 149 人次。

2. 学院行政办公及工会工作

行政管理服务方面，全年组织了 4 次全院教职工大会，协助组织举办各类论坛、交叉学科沙龙、建设专家咨询会等。牵头制定了学院《党委会议事规则》《党政联席会议事规则》《印章使用管理办法》《新冠肺炎疫情防控应急处置预案》等规章制度。落实疫情防控责任，及时在学院发布相关重要防控要求，协助为师生提供防疫物资药品。

做好工会和离退休工作。在学院建成实体"教职工之家"，组织教职工参加学校足球赛、健步走等活动，及时发放教职工节日慰问品。成立学院关心下一代工作委员会，联合离退处开展"共同抗疫 送爱上门"活动，邀请老教授开展专题报告培训，看望慰问退休老同志，组织退休教职工参加党的二十大精神学习报告会等。

3. 实验室工作

实验中心每月对教室与实验室进行安全检查 1 次；对全院 199 名新生开展实验室安全教育；组织实验中心专职教师参加各类线上线下安全学习和培训 6 次；全年实验室安全零事故。完成第十四届课外创新实验竞赛，获校级金奖 1 件，银奖 2 件，学院荣获优秀组织奖；组织开展安全宣传海报比赛、安全宣传短视频创意大赛等。完成 2022 年设计艺术学院设备更新改造贷款项目申报及 2023-2025 年中央高校改善基本办学条件专项国拨经费项目申报；制定"十四五"实验室建设规划；完成十五期个性化实验项目结题 4 项，十六期个性化实验项目申报并立项 8 项。完成新学院整体环境装修升级、部分家具设备的购买更新；完成专业教室旧投影仪的升级。

（十三）物理科学与技术学院

【党建和思想政治工作】

学院党委全面贯彻新时代党的建设总要求，以高质量基层党建引领"双一流"建设，推进内涵式发展。通过分析学院发展现状、短板弱项和努力方向，设计好未来发展的"四梁八柱"，顺利召开党员大会，完成党委换届选举。

（1）突出思想建党，强化政治引领。坚持以习近平新时代中国特色社会主义思想和党的政治建设为统领，构建党建思政双向融合机制，多措并举加强政治理论学习，提高学习质量，重点解决政治理论学习"上热中温下冷"现象，真正把党的思想政治建设抓在经常、严在日常，保证上级党委的决策部署在本单位得到贯彻。学院共有 16 名党员干部和教职工参加学校干部"大学习、大比拼"考试，学校对其中 6 名教授进行了后备考察。

（2）注重高点定位，提升组织功能。学院党委认真抓好班子建设，注重干部队伍能力提升，持续增强干事创业本领，确保决策部署落地生根，推进学院中心工作顺利开展。坚持严格按照规定和程序集体研究重大问题，做到民主决策、科学决策，全年召开党委会 22 次，党政联席会 21 次。

（3）细化组织建设，焕发组织活力。强化党员教育与管理，规范党员发展和入党材料，注重党员发展数量与质量并举；认真做好学院分党校教育培训工作。本年度培训入党积极分子 177 名，发展对象 129 名，发展学生党员 128 名。认真落实"三会一课"制度，党委委员到联系支部开展学习督导和指导，创新工作方法，培育"标杆支部"，提升支部学习和活动的效能。

落实意识形态责任制，做好学院宣传平台的建设和管理，定期开展研判，密切关注师生思想动态。本年度未出现重大意识形态责任事故。开展有针对性的思想政治教育和引导，严把政审关。建立重点支持师生工作台账，分类开展教育和帮扶工作。

定期开展安全教育与培训、安全隐患排查和整改，树牢安全责任和防范意识。认真落实人才安全办法，严格保密督查和事项审查。

（4）推进党风廉政，推动生态净化。进一步落实党风廉政建设责任制,健全惩防体系和廉政风险防控机制,明师德师风要求,定期开展警示学习教育。深入开展廉政风险排查工作,重点对科研经费、招生等重点领域过程加强监督。与学校机关党委纪监巡党支部开展家风主题党日活动。

（5）凝聚各方合力,构建和谐学院。加强党外代表人士队伍建设工作,推动完善大统战工作格局。积极推荐2名党外代表人士作为校内挂职人选。关心教职工生活,组织开展素质拓展、庆祝三八节、教师节等活动,丰富教职工业余生活。申报立项学校工会品牌活动一项。工会组织开展主题为"厚积薄发,致新致远"的青年教师座谈会,广泛听取青年教师的心声,为青年教师答疑解惑。积极发挥离退休老同志"传帮带"作用,举办与青年教师座谈会,影响和启发青年教师成长。加强对离退休老同志关爱和服务,开展"读懂中国"等主题活动,拍摄党史教育主题纪录片,教育部关工委进行了相关报道。强化对共青团领导,加强新时代共青团建设。深入挖掘、铸造、传承学院优秀文化。

（6）做好疫情防控,发挥组织作用。做好疫情防控工作,严格执行疫情防控措施,及时做好防疫信息相关统计和上报,组织好师生开展核酸检测工作。学院师生积极报名参加疫情防控志愿者。

【师资队伍建设】

多措并举,推进人才强院。精准剖析,切中关键,制定《2022—2025年师资队伍建设计划》。坚持引进和培养并重的原则,不断充实和加强人才队伍建设。2022年引进国家级人才1人,2人通过学校师资遴选,即将入职。教师职称结构进一步改善,新晋升教授2名,副教授7名;组织申报国家级人才项目申报2项,省级项目4项;组织申报西南交通大学"思国奖"评选;组织申报2022年度"人才师资队伍培育系列支持计划";1人入选四川省学术和技术带头人后备人选,1人入选学校雏鹰学者,1人获批四川省杰出青年基金项目。

【学科专业】

（1）以学科为基础,以深化改革为动力,深入推进一流建设。按照创建一流物理学科、实现学院理科强基的发展目标,坚持统筹兼顾,深入推进一流建设。物理学科在第五轮学科评估中升为B-,进入ESI前1%的潜力值超过80%。2022年"应用物理学"和"电子信息科学与技术"两个专业全部获批国家级一流本科专业建设点,实现专业全覆盖。

（2）注重特色发展,主动服务国家战略需求。瞄准国家重大战略和国际科技前沿,大力推进学院有组织科研,充分发挥各科研团队的力量,在新增立项、到账经费、学术论文、实验平台建设等方面都取得较大的进展。2022年我院获批各类科研项目20项,到校科研总经费3029.97万元;发表论文159篇,其中SCI论文119篇。

（3）四川省重大科学基础设施"准环对称仿星器"项目完成立项,项目总经费约2.5亿元,建设周期36个月。参与完成高海拔宇宙线观测站（LHAASO）相关设备的运维,成立稻城西南交大物理天文研学基地,促成国内最大光学波段2.5米太阳望远镜即将落地稻城。

【人才培养】

学院党委着眼于立德树人根本任务,以"强化班风学风建设,提升升学率、就业率"为目标导向,以"师生融合联动共建"为运行模式,建立"院-系-班导师-学工"联动三全育人协同工作机制。

着重加强辅导员队伍、班导师队伍和学生骨干队伍建设,在学院的支持下,辅导员参加专业技能培训2人次并获职业资格认证,学生工作组内部开展工作培训3次,与其他学院交流3次;班导师培训1次;学生骨干队伍培训3次。

贯彻落实《"大思政"育人工作实施方案》,实现了学生课程教学、院情通报、学情反馈、专项评奖、日常教育的一体化。学院共9个班集体获特色班集体等集体荣誉,361人次获各类个人荣誉,785人次获各类奖学金。坚持"资助"与"育人"相结合,"助困"与"立德"相结合,"依法依规"与"人文关怀"相结合,为共计791余名同学提供资助。坚持五育并举,提升育人实效;认真组织开展大学生社会实践、志愿服务等活动,探索和建立物理特色的劳育和美育实践项目,不断丰富学生第二课堂内涵,实现学生全覆盖。开展心理健康教育和重点支持学生的帮扶活动，全年无学生安全稳定事故。

夯实教学基础，提升人才培养质量。深化物理基础课程教学改革，开展理论与实验相融合及与专业相结合的教学模式探索。积极拓展探索形成覆盖本科生培养全过程科研育人和实践育人模式，提高人才培养质量。全力推进"项目导向专业课程"的建设工作，完成了6个团队共12门课程的首轮开课，制定了课程质量标准和质量管理办法，开展了课程设计海报汇演、总结研讨会。

参与获得四川省教学成果奖特等奖1项；获批校级教改项目2项；获批教材建设项目2项；发表中文核心期刊教改论文2篇。

2022届毕业生升学率再创新高，达到56.23%，位居学校前列。

组织学生参与各类学科竞赛，共获得国家级一等奖6项、二等奖2项、三等奖4项。2022年SRTP项目结题23项、立项37项、个性化实验项目及重点实验室项目16项。

申请博士学位研究生发表高水平期刊37篇，人均4.1篇；申请硕士学位研究生创新成果102篇，人均1.46篇；均列全校第一。

【科学研究】

（1）以科研改革推动学院有组织科研活动，规范科研团队管理，在科研项目申报获批、学术成果发表以及平台建设等方面取得了进展。学院与各科研团队签订科研目标任务。

2021年学院总共获批科研项目36项；申报自然科学基金27项，获批6项。周期内发表SCI论文325篇，超20%完成既定目标（270篇）；到校科研经费共计7200余万元，完成既定目标（7000万元）。

学院作为LHAASO重要合作单位，2次世界重大发现在 *Science* 上发表。"磁约束等离子体物理与工程研究基地"在四川省科技厅国际科技合作基地考核中被评为优秀基地；学院粒子天体物理团队获得高海拔宇宙线观测站工程建设"优秀团队奖"；天府新区仿星器建设项目规划工作取得重要进展。

（2）完成了学校物理学科和部分电子科学与技术学科学术期刊分级目录修订，形成了新的期刊分级目录，正在进入使用阶段。

（3）以科研改革带动研究生教育教学改革，取得了积极成效。

修订研究生招生指标分配办法，本年度优质生源率提高到70.6%。

优化培养方案，加强对研究生培养过程管理和考核。2021年度获得校级研究生教学成果一等奖和二等奖各1项；交大首批4名理学博士顺利毕业，规定学制年内博士授位率36.4%，硕士授位率95.8%，2021年实际毕业68名硕士研究生发表SCI学术论文68篇，其中一作（含导师一作）52篇。2021年学院获得校级优秀博士学位论文1篇（全校10篇）、优秀硕士学位论文1篇。

加强班风和学风建设及研究生日常管理，发挥评奖评优的引导作用。2021年研究生参加学科竞赛获国家级三等奖1项，省级三等奖3项；评奖评优顺利完成；2021届研究生就业率98.6%。

积极推进专业学位研究生招生和培养。学校原则上已同意学院开展专业学位硕士研究生的培养，预计2023年开始招生。

【国际合作】

获批学校首批"海外一流学科伙伴行动计划"项目1项；承担国家级外专项目3项，相关专家12名，项目经费90万元；深入推进无损检测中德合作办学项目；组织协调国外资源参加国际暑期课程周，开设课程2门，有100余名学生进行了选修。

（十四）人文学院

【党建及思想政治工作】

深入学习贯彻习近平新时代中国特色社会主义思想，认真学习贯彻党的二十大精神和学校第十五次党代会精神。人文学院将学习党的二十大精神和学校第十五次党代会精神纳入党委会、党政联席会"第一议题"，党委委员轮流领学、汇报学习心得、结合学院发展实际开展讨论，积极将思想认识转化为真抓实干的动力。结合学院专业学科特色，精心策划"中国共产党人的精神谱系""国家安全教育""争做时代先锋""非遗保护与乡村振兴"等"党的二十大精神主题党日"系列活动，邀请学校宣讲团专家多次进院开展宣讲，举办党的二十大精神系列培训3期。举全院之力高标准完成巡察整改"回头看"各项工作，得到巡察组好评。坚守意识形态工作阵地，强化政治纪律和政治规矩，全年完成42场、53人次的人文社科讲座及论坛审核备案，组织新闻报道规范宣讲会，对教师引进、课堂教学、教材选用等工作开展全面把关。

探索基层党建创新，打造思政铸魂精品。全面打造党建品牌项目、支部联动两个党建创新平台，鼓励引导支部结合专业学科特色开展党建工作，提升党支部"自运行"能力。构建发展党员工作闭环机制，修订更新《人文学院发展党员工作手册》，积极推进党员发展工作程序标准化、材料标准化、验收标准化。全年校级示范性学生党支部特色活动本研累计立项4项，"领航先锋"工程累计立项2项，1个支部获学校首届研究生微党课评选展示活动二等奖，1个支部入选学校第二批研究生党建"头雁计划"名单（全校10个）。网络思政教育实效显著，全年向新华网、中青报等校内外媒体推送新闻50余篇，"艺点"公众号阅读量再创新高，人文媒体中心获评2022年"十佳校园媒体"、"艺点"工作室被列为全校首批网络文化培育工作室。

【师资队伍工作】

学院落实人才强院战略，扎实推进师资队伍建设。

精准引才，持续激活领军人才"引擎"。经过学院反复协调，国家社科重大项目首席专家李军教授已于2022年底签约交大，加盟人文学院。

精心育才，选拔锻造青年人才"先锋"。余夏云教授入选2022年度国家级人才支持计划，周珉佳副教授入选2022年度省级人才计划。

服务聚才，强劲激发师资人才"活力"。校内人才称号方面，李任飞副教授荣获学校首届思国奖教金，吴杨老师获西南交通大学"青苗"计划。3名教师获得职称晋升，21名教师获得职级晋升。

【学科科研工作】

学院不断提升学科科研水平，打造基础文科高地。

第五轮教育部学科评估结果再创新高，中国语言文学：C+，传播学：C。

科研项目、高级别论文及著作：2022年，学院教师获批国家社科基金等国家级A类项目1项，获批教育部后期资助重大1项，获批教育部项目5项。全院师生在CSSCI来源刊物发表论文44篇。

学术交流踊跃，学术影响力彰显：2022年度，由汪启明教授主持的"语言与文献名家"国际高端论坛，共组织学术讲座（线上）19期。哲学所举办"现存《永乐北藏》研究""《真诰》有待无待歌诗解读"等学术交流，传播系举办"后疫情时代网络舆情的危与机""新闻采访的'零'突破"等线上讲座，人文学院师生及全国乃至全球知名专家、学者等累计近5000人参与互动，极大地提升了学科的国际影响力。

【人才培养工作】

1.本科教学

"双万计划"国家级一流本科建设专业稳步进行。学院主办"新闻传播一流专业建设与人才培养高峰论坛"，多位新闻传播学科的专家教授共聚云端，探讨新闻传播一流专业建设和卓越新闻人才培养，为学院一流专业建设传经送宝。

新增3门省级一流本科课程，目前学院共4门课程获批国家一流本科课程建设，11门省级一流本科课程。2门校级本科教育双语课程建设，1门双语示范课程建设。

朱洁副教授获第二届四川省普通本科高校教师教学创新大赛一等奖，第二届全国高校教师教学创新大赛部属高校二等奖。

2022全年合计开设250门课程，336个教学班。其中，面向全校开设通识课情况：全年开设37门课程，共75个教学班。获批学校本科教育教学研究与改革项目重大项目1项，高等教育研究专项1项，学风建设研究专项1项。发表教改论文3篇。第16期SRTP共19项结项。其中，省级优秀 1 项，校优 3 项。第 17 期立项共 21 项，其中国创 1 项，省级 3 项，校级 17 项。

课堂教学与比赛实践结合，人才培养质量提升。第 14 届中国大学生广告艺术大赛（大广赛）成果丰硕。人文学子荣获全国一等奖 2 项，二等奖 3 项，三等奖 7 项，优秀奖 20 项，共计 32 项。由音乐系师生担任主力的 1896 合唱团，在第十六届中国国际合唱节中被评为青年学生组一级团队。

学院发挥学科专业优势，为交大的美育工作及人才培养作出了贡献。学校以人文学院为建设依托单位，设立"交心通乐"美育基地。康国政副校长及相关部处领导出席揭牌仪式，为 30 余位美育教师颁发聘书，美育工作开创新局面。

"2022 年度人文学院实验教学平台设备购置"项目获批 300 万元，主要用于智慧传播实验室、影视传播实验室、音乐教学实验室建设。设备已经全部采购完毕，陆续投入使用，将有力支撑相关学科及专业建设。

2. 学位与研究生教育

2022 年因为疫情影响，学院在线招生录取硕士研究生 101 人，录取博士研究生 9 人。硕士研究生毕业 92 人，博士研究生毕业 8 人。

不断修订、完善了《人文学院研究生学业奖学金评选细则》《人文学院硕士研究生学位论文平台送审管理办法》《人文学院中文一级学科博士生导师招生指标分配办法》等管理规定，力求管理规范细致。

举办了第二届人文学院暑期国际课程周，共开设 2 门暑期国际课程（汉语史专题、面向全球的中国语言文学系列讲座），全院 115 名学生选课，效果良好。

学院教师获得校级研究生精品课 1 门（全校 5 门），校级研究生"十四五"规划教材立项 1 项（全校 15 项），校级研究生教材立项 4 项（全校 21 项），校级研究生专著建设立项 7 项（全校 60 项），校级优秀硕士论文 1 篇（全校 46 篇），校级优秀博士论文 1 篇（全校 10 篇）。

【管理与服务工作】

1. 学院治理力求规范，统筹谋划提升管理

水平学院

党政联席会本年召开 17 次，严格执行"三重一大"决策制度。

理顺组织架构。顺利实现人文学院学位分委会换届，人文学院教授委员会委员增补并成立教学督导组。

谋划三年周期发展。制定《人文学院绩效分配方案（2022—2024）》，此事意义重大，决定学院未来发展晋位和每一位教职工的切身利益和事业前途。方案制定需要兼顾多学科的现实背景及教师不同的发展路径，坚持成绩成果成效的导向，集中全院力量和力量，历经九个月，数十次研讨，数次征求各方意见，修改完善，于 2022 年 9 月 29 日人文学院教代会通过。

完善学院规章制度。2022 年，新增制定了《人文学院绩效分配方案（2022—2024）》《人文学院班导师工作管理办法》《人文学院本科教学运行管理办法（试行）》《人文学院教学督导组章程（试行）》《人文学院印章使用管理规定（试行）》等近 10 项规章制度，汇编《人文学院规章制度》2022 版，使得学院管理更加规范。

强化学科、科研统筹规划，加强动员指导。学院组织召开国家社科基金申报动员大会，并邀请了学校职能部处领导专家动员指导，50 余名教师受益匪浅。组织开展了 2 次纵向科研项目绩效考核答辩评审会，共计 20 名教师参加答辩评审。

2. 学生管理

学院注重对学生组织的管理引导，本年度获得"十佳学生会""十佳研究生会""十佳青年志愿者协会""十佳校园媒体"荣誉称号，再次获得了学生组织的十佳大满贯。同时在网络思政教育上持续发力，"艺点"工作室被列为全校首批网络文化培育工作室（全校 10 个）。

落实对学生深造和就业方面的指导，校级精品训练营"研途之路"连续开展 3 年（全校仅 5 个），帮扶考研同学 1000 余人次。1 人入选研支团（占比 10%），2 人入选国家基层就业项目（占比 50%），4 人入选大学生志愿服务西部计划（全校 14 个），1 名学生入选四川省青马工程（全校 2 人），1 名本科生入选成都市青马班（全校 2 人），5 人选聘到金牛区和郫都区各部门挂职（全校第 1）。

加强辅导员队伍建设，本年度学工队伍获"成都市学生会组织优秀指导教师""共青团实践育人优秀指导老师""就业工作先进个人""优秀共青团干部""四川省一流课程""校级一流精品课程"一等奖、校科学研究基金（学生工作专项）立项等 20 余项荣誉。

（十五）公共管理学院

【党建及思想政治工作】

履行党建责任，做好政治引领。公共管理学院党委认真学习贯彻党的二十大和校第十五次党代会精神，落实主体责任；学院荣获"四川省家庭工作先进集体"荣誉称号，是获奖中唯一的高校参评单位；学院工会被命名为"四川省科教文卫系统模范职工小家"；学院获评成都市 2021 年度法学研究先进单位；学生工作获得校一等奖。

【师资队伍建设】

师资整体层次有所提升。公共管理学院高凡老师入选四川"天府名师"；雷叙川老师被评为正高职称，张倩雯等 5 位老师被评为副高职称，朱冬梅等 11 位老师职称职级晋升；新进王双双博士后。

【学科专业】

学科建设取得新进展。政治学与行政学专业成为四川省"双万"一流专业；主持获得省教学成果奖二等奖 1 项、参与 1 项；获四川省 2021—2023 教改项目立项 3 项；"公共政策分析"课程成为省级课程思政示范课程、"创业商务谈判"被认定为省级一流本科课程（线上课程）；开始在公共政策与社会治理方向进行博士生培养。

【人才培养】

人才培养量与质双提升。2022 年录取全日制研究生 128 人（含博士生 2 人），公共管理硕士（MPA）260 人，招生数创历史新高；授位全日制研究生 111 人，非全日制公共管理硕士（MPA）202 人，共 313 人；授位全日制本科生 200 人；新增 2 位硕士研究生导师和 1 位博士研究生导师；开设 24 场研究生学术素养提升系列讲座；研究生被抽检到的论文合格率为 100%，本科生被抽检论文合格率为 100%。

【科学研究】

有组织的科研工作业绩突出。获得国家自科基金项目 1 项；国家社科基金项目 4 项。有组织的科研在国家基金项目申报中初步形成了"开题指导+专家辅导+优化提升"的三阶段工作制；积极开展 2022 年学院自设课题研究，培育国家级项目；鼓励可持续交通背景下的文工融合研究，发表高水平论文 30 余篇；省哲学社会科学重点研究基地老龄事业与产业发展研究中心、省高校哲学社会科学重点研究基地成渝双城经济圈交通与城市发展研究院参加评估验收。

【交流合作】

国际国内交流与合作活跃。承办了西南交通法治论坛学术研讨会、中国城市轨道交通 TOD 发展政策指数研讨会和四川老龄学界 2022 年度学术会议，提高学科的影响力；选送本科生参加了香港理工大学交换生项目和美国康奈尔大学 2022 年秋季学期全球治理线上课程；5 名师生参加国际主流学会或作报告（交流）；完成学院 2022 暑期国际课程周项目，所有专业全覆盖参与率位列学校第一；王思琦老师出国访学。

【管理服务】

优化教师办公条件，拓展教授工作间，并进一步鼓励教师 Office Hours 制度；四川省干部教育培训高校基地顺利通过学校审计、教育部自查和省委组织部的评估；共举办各类干部和专业化培训 93 期，培训 6383 人。

（十六）医学院

【党建及思想政治工作】

一年来，学院党委按照新时代党的建设总要求和学校党委工作部署，对标"五个到位"，以学习宣贯党的二十大和学校第十五次党代会精神为重点，以"五抓五促"为具体举措，推进学院党建及事业高质量发展。

一抓支部建设，促进学院基层党组织工作质量提升。制定了《基层党支部工作规范》《基层党支部选举工作实施办法》等 5 份制度文件，制作了学院党员发展、党支部换届全过程材料模板。按照"一支部一品牌"建设思路，在临床第一党支部初步形成了以"学习先锋、服务先锋、技术先锋"为重点的"三先锋"工作法，在临床第二党支部初步形成了以"故事化、项目化、可视化"的医者人物故事制作为特色的"三化"工作法。

二抓学习研讨，促进学习宣传贯彻党的二十大精神和学校第十五次党代会精神落地见效。学院党委负责人和专职组织员认真参加学校党委组织的各类学习培训，并通过中国干部网络学院系统学习了卫生健康领域通识课程，学习了马克思主义经典著作及辩证唯物主义世界观方法论、党的二十大精神网上专题班等方面的视频，累计完成 20 余门课程学习。组织召开理论中心组集中学习 12 次，全体教职工政治理论学习 18 次，业务学习 18 次，各类会议"第一议题"学习 21 次，各党支部开展各类学习活动 40 余次；围绕学校第十五次党代会、党的二十大精神，结合医学院学科特色，组织开展了《卫生健康事业这十年》成就展，开设"喜迎二十大、医学师生说"和"学习二十大 奋进新征程"专栏，开展了学习二十大知识竞答及"青春遇上二十大 交大医学青年说"主题演讲等主题宣传活动；围绕贯彻落实学校第十五次党代会、党的二十大精神，就如何推进"生医拓展、交叉融合、智能引领"的学科建设布局、如何加强医工结合、如何培养医学领域的创新拔尖人才等内容，组织开展了分层分类的专题研讨 6 次。

三抓学科思政，促进学生坚定"精医报国"人生理想。结合医学院学科特色，系统设计并构建了医学类学科思政实施方案：梳理党的卫生健康事业发展历程及其伟大成就，制作了《党的卫生健康事业伟大成就》微课，开设《大国医路——党的卫生健康大事记》线上线下展览，开展"大国医路"知识竞答比赛；制作《习近平总书记关于卫生健康工作的重要论述及对医学生的希望》等微课，开设《谈谈理想信念》专题党课，精心设计并在新生班级中召开"我的医学梦"主题班会，引导学生探寻自己"精医报国"人生理想并制定研究生阶段学习目标和规划；开展"医者"——医学家故事微视频制作活动，本年度完成了林巧稚等 9 个医者微视频作品，目前已形成了 18 名医学家故事视频库。

四抓风险防范，促进学院安全平稳运转。学院党委负责人切实履行"一岗五责"的责任，坚持底线思维，抓牢抓实学院各类风险研判和防范，坚持学院机关每周一例会制度，对学院各类风险进行分析研判；组织开展师生思想动态调查 2 次、专题研究 2 次，教职工政治理论专题学习 1 次，师德师风警示教育 5 次。随堂（含线上课程）听课 7 次。认真落实学院公众号、官网监管和信息发布双人审稿制度，加大正面宣传，发布各类院级新闻 177 篇，推送至学校 15 篇；围绕党风廉政建设，组织召开学院全面从严治党专题党员大会，理论中心组专题学习研究 1 次，开展警示教育 3 次，党支部专题研讨会 4 场；组织开展师生实验室安全教育 1 次、安全专题会议 2 次、消防安全教育及演练 2 次。建立了《实验室安全巡查台账》，定期开展日常抽查及各节假日前安全检查、落实危化品"五双"管理制度，抓实实验室安全工作。

五抓作用发挥，促进学院发展，为学校师生健康服务。一年来，学院党委注重发挥党支部战斗堡垒作用和党员先锋模范作用，积极组织学院党员师生，发挥医学院学生专业特色，为全校师生健康服务。组织学院党员先锋服务队开展急救知识培训 11 场，服务师生 500 余名。组织师生积极参与九里校区疫情防控志愿服务。在学校校医院建立了劳动教育实践基地，为学校师生健康服务。

【师资队伍】

推荐上报 4 人参加 2021 年度职称评聘，获批教授 1 名、副教授 1 名（先聘后评）。推荐上报"雏鹰学者"A 类计划候选者 2 名。报经学校批准，西部战区总医院原主任医师呼永河聘为学院兼职教授。

2022 年 11 月 28 日，学院牵头组织召开了医学院高层次人才及师资队伍建设工作会，邀请学校分管领导、相关职能部门领导和两家附属医院领导及专家四十余人，围绕师资双聘、高层次人才共引共享、平台共建等建言献策，形成工作联动机制，积极推动相关工作。

根据 2022 年 12 月 31 日《西南交通大学关于组建化学学院和优化调整材料、生命、医学、超导等教学科研机构的通知》（西交校人〔2022〕34 号）精神，材料科学与工程学院生物医学工程系调整至医学院，优化调整后学院师资队伍有专任教师 35 人（教授 15 人、副教授或副研究员 18 人、讲师 2 人）、其他专业技术人员 4 人（高级工程师 2 人、工程师 2 人）。其中，国家级人才 2 人，省部级人才 6 人。

【学科专业建设】

与附属医院联合共建实验室取得新进展。完成了"肥胖与代谢医工结合实验室"方案设计及论证和基础装修改造工程建设招标，预计 2023 年 3 月投入使用。

科研工作有力推进。学院连续三年获批面上项目（每年均为 2 项），新增省级项目 2 项，新增科研经费 340 万元。全年发表论文 45 篇（SCI 论文 23 篇），授权专利 3 项。

积极协调推进附属医院与学校各学科常态化互动交流、组建学术团队、共同开展科学研究。全年开展各类学术交流活动 10 余场次，主持/参与申报"医工结合专项"课题 29 项。组织附属医院依托学校申报国家自然基金 14 项，获批 1 项。

【人才培养】

2022 年新增研究生导师 27 人，总数达到 141 人。招收硕士研究生 53 人（其中生物医学工程专业 9 人、临床医学 44 人），毕业 50 人，现有在校研究生 176 人。2022 年毕业生学位论文抽检合格率 100%，就业率 95.92%。

学院学生以第一作者发表科研论文 67 篇，其中 SCI 37 篇（创学院办学以来的新高），最高影响因子 11.322。2020 级临床 2 班研究生赵治戎获评"竢实扬华奖章"。谭欢老师指导学生参加了中国研究生乡村振兴科技强农+科技作品竞赛荣获三等奖。

学校思政工作精品培育项目《医学类学科思政构建与实践》顺利结题。

【科学研究】

2021 年新增国家自然基金面上项目 2 项，新增省科技厅等项目 7 项。获批科研经费人均 39.67 万元。全年发表论文 85 篇，其中 SCI 论文 39 篇，EI 论文 1 篇，CSCD 论文 28 篇，申报专利 2 项，公开 2 项，授权专利 1 项。

配合科研院积极组织附属医院依托学校申报国家自然基金 15 项，获批 1 项。积极推进医工交叉融合，协调附属医院与学校各学科互动交流，开展各类学术交流活动 10 余场次，主持申报"医工结合专项"课题 11 项，获批立项 11 项。

【管理服务】

认真落实科学决策制度，推进学院各项工作。制定了《医学院实验室管理制度》《医学院印章管理办法》《医学院班导师设置与考核办法》等管理制度，制定和完善了《医学院学生管理规定》《医学院评奖评优综合成绩计算办法》《医学院学业奖学金评定办法》等 6 项与学生相关的规定、条例。全年召开党政联席会 12 次，党委会 19 次，教授委员会 9 次。

建立了学院机关每周一例会制度，交流、研究、推进学院各项工作。组织开展学院机关业务学习活动，一年来，围绕思维方法、工作方法等方面开展学习活动 8 次。

严格落实疫情防控要求，指定专人定期进行环境消杀，查验健康码、场所码，测体温等工作，为工作人员发放了口罩和手消毒液。与附属医院联动，加强学生疫情防控。

（十七）生命科学与工程学院

【党建及思想政治工作】

2022 年生命科学与工程学院党委以习近平新时代中国特色社会主义思想为统领，围绕学习贯彻党的二十大精神、学校第十五次党代会精神，全面加强党的政治建设、思想建设、作风建设、纪律建设、制度建设和党风廉政建设，以良好的精神面貌推动学院高质量发展不断迈向新台阶。

严格落实党委会和党政联席会议事规则，全年召开党委会 16 次，党政联席会议 23 次，中心组学习 12 次。加强师德师风建设，定期进行警示案例宣讲，实现警示教育全覆盖，引导教师自觉遵守《新时代高校教师职业行为十项准则》，弘扬高尚师德。强化意识形态阵地管理，班子成员严格履行"一岗双责"，学院全年无意识形态安稳事件。扎实做好分党校工作。生命学院现有党员 354 人，本年度发展党员 90 人。学院分党校举办积极分子培训班 2 期，培训 284 人；举办发展对象培训班 2 期，培训 162 人。申报校级示范性学生党支部特色活动 3 项、研究生党建"领航先锋"工程子活动 3 项。设立本科生"驻班党员"服务队，选派优秀党员深入基层团支部开展微党课，充分发挥党支部战斗堡垒和党员先锋模范作用。面对疫情防控特殊形势，学院党委书记、院长带头走进学生寝室关心慰问，发放防疫大礼包，组织校友捐赠药品服务全校师生，引导全体师生增强抗疫必胜的信心，让党旗在疫情防控一线高高飘扬。

【师资队伍建设】

截至 2022 年 12 月 30 日全院在职教职工 102 人，其中专任教师 90 人，教授 13 人，副教授 49 人（含副研究员等），博士生导师 17 项（含兼职），硕士生导师 186 人（含兼职），70% 的教师具有博士学位，50% 以上的教师具有国外学习或工作的经历。专任教师中有双聘院士 1 名，国家级、省部级人才 10 余名。

2022 年 12 月 31 日，根据学校学科调整优化，生命科学与工程学院化学化工系和化学教学实验室调整至化学学院。调整后在职教职工 73 人，其中专任教师 62 人。教授 9 人，副教授 35 人（含副研究员等）。

【学科专业】

学院积极做好学科专业规划布局，现有材料科学与工程博士点（药物及载体材料方向）招生，药学、生物学和化学三个一级学科硕士学位授予点，生物与医药、药学两个专业学位授权类别，化学学科已进入 ESI 前 1%。

学院现有生物工程和制药工程二个本科专业，制药工程本科专业获批"国家级一流专业建设点"，顺利完成中国工程教育认证专家组进校进行现场考查；生物工程本科专业获批"四川省一流专业建设点"。学院与美国佐治亚州立大学设立（3+1）生物工程本科中外合作办学项目和（1+2）研究生联合培养项目。

【人才培养】

1. 本科教学工作

学院构建教学质量保障体系，开展教学检查、教师自评、师德师风考核等工作，"三全育人"全覆盖，课程思政全覆盖，优良率达到总课程的 90% 以上。

制药工程专业成功提交 2022 年度工程教育专业认证持续改进报备材料。生物工程专业成功提交工程教育专业认证申报材料，完成认证申请。按照认证要求，组织 35 门相关课程制订了新的课程质量标准。

获批校级本科教育教学研究与改革重大项目 1 项，重点培育项目 1 项，校级一流课程建设项目 2 项，校级高水平育人课程教学改革项目 3 项，校级本科教材建设研究项目 1 项。正式出版教材 1 本，教师发表教改论文 10 篇。教师参加教学竞赛和教学能力提升培训 19 次，获西南交通大学第十届青年教师教学竞赛一等奖 1 项。

2. 研究生教学工作

2022 年共招收博士研究生 13 人，硕士研究生 171 人。授位硕士研究生 85 人。学院研究生在 2022 年共计发表论文 103 篇，其中 SCI65 篇（一区文章 26 篇）、CSCD31 篇、核心期刊 5 篇，申请发明专利 11 项、授权 5 项。新增博士生导师 3 人，硕士生导师 9 人。承担国家级研究生教育教学改革项目 1 项，省部级教改项目 1 项，校级教改项目 4 项。

成功举办了 2022 年优秀大学生暑期学术夏令营、第三届研究生"生命之星"科技竞赛、实验室安全专题讲座、国际视野及学科前沿分享会、"研究生科研之路"学术讲座等系列交流活动。

【科学研究】

学院获批国家自然基金 8 项，其中面上项目 5 项，青年基金 3 项；获批省级科技项目 9 项。纵向项目批准经费 866.5 万元，横向项目合同金额 327.99 万元。荣获 2022 年度四川省科学技术进步二等奖 1 项。获批校级新型交叉学科培育基金 245 万元。发表 SCI 论文 88 篇，新增 ESI 论文 1 篇。主编出版专著 1 本。教师在国际组织、学术机构、国际期刊任职或兼职新增 2 人。

【交流合作】

西南交通大学与美国佐治亚州立大学（Georgia State University, GSU）联合举办生物工程中外合作办学项目"十周年庆典活动"。两校连续四年联合组队参加国际基因工程机器大赛（International Genetically Engineered Machine Competition, iGEM），今年再次斩获铜奖，该系列成果荣获教育部中美青年创客交流中心优秀工作案例，并发表教改论文 1 篇。

获学校首批"海外一流学科伙伴（Key Partner）行动计划"（简称"KP 行动计划"）支持，邀请外籍专家参与"全球化背景下教师创新研习系列讲座"，与伙伴高校联合举办"暑期国际课程周"2 期，参与学生 112 名。本科生出国（境）交流 5 人次，参加线上国际交流项目 15 人次。积极与国内企业开展产学研合作，新增 2 项专业奖学金。

【管理服务】

1. 学生工作

生命学院坚持"五育并举""三全育人"，以"党建引领+"构建"五个 3"学生工作管理、服务和育人体系，以培养德智体美劳全面发展的社会主义建设者和接班人为目标，着力造就有格局、有情怀、有视野、有担当的新时代西南交大生命人。

本年度组织团课学习 300 余次，开展"青春告白祖国"主题团日活动 45 次，荣获西南交通大学优秀主题班会 1 项，荣获 2022 年五四红旗团委荣誉称号。

搭建生命学科人才培养四级提升模式，承办校级选拔赛 5 项。获全国大学生生命科学竞赛国家级奖项 17 项，获四川省大学生化工设计竞赛等省级奖项 12 项。打造特色服务支队 2 支，建立特色志愿服务基地 18 个；开展志愿服务活动 90 余项，服务对象 55 000 余人次；2022 年暑期"三下乡"活动获评四川省社会实践优秀品牌项目 1 项，校级优秀 2 项，院级优秀 2 项。与成都市 4 家医药龙头企业签订《校企合作培养实习就业基地协议》。开展职业生涯规划教育、就业指导活动，实现 100%覆盖。在九里校区牵头举办首场生物医药专场招聘会。

学院设立资助管理平台，坚持物质资助和精神资助相结合。承办 2022 年西南交通大学"自强之星"评选活动，1 人获评"自强之星"。评选各类奖学金 658 人次，评选个人荣誉称号 368 人次，集体荣誉称号 13 项，其中获评"忠忱班集体"1 项，"竢实扬华奖章"2 人，实现学院历史新突破。

2. 工会工作

工会品牌活动"弘扬交大生命科学团队抗疫精神，助力学校生医拓展"入选学校立项建设项目。硕士研究生党支部联合开展"读懂中国"致敬"五老"活动之慰问采访老教师。

3. 实验室工作

本年度完成实验教学课程 39 门（含课内实验课 9 门），7000 余名学生的实验教学工作，组织申报个性化实验项目 59 项和重点实验室项目 7 项。成功举办了第十四届课外科技创新实验竞赛。组织申报了 2022 年本科实验教学研究和改革项目，获批资助 6 项（重点培育项目 1 项，一般项目 5 项）。

修订《西南交通大学生命科学与工程学院实验室安全手册（2022）》，编写《西南交通大学生命科学与工程学院实验室生物安全预案》。构建立体化、多元化实验室安全保障体系，获评学校安全管理先进单位。

（十八）力学与航空航天学院

【党建及思想政治工作】

一年来，学院党委履行把方向、管大局、抓班子、带队伍、作决策、保落实的责任，坚持以习近平新时代中国特色社会主义思想为指导，深入学习贯彻党的二十大精神，切实践行学校第十五次党代会精神，坚持党对学院工作的全面领导，做到"五个到位"，推进全院各项事业高质量内涵式发展。

学院立足新发展阶段，以学校第五次巡察整改为契机，进行了学院三系一中心教工党支部调整，成立了本研联合党支部，基层党支部设置更加优化。

学院党委围绕学院中心工作，精心统筹安排每周四下午的政治和业务学习，做到周周有学习和研讨。同时持续宣传组织全院党员弘扬"双严"传统，以"先锋力"行动，切实发挥党员的模范作用和党支部的战斗堡垒作用。

举办党的二十大、学校第十五次党代会精神系列培训，分批组织党员师生开展专题学习研讨，积极引导基层党支部通过三会一课、主题党日等形式抓好党常态化学习。

贯彻落实党的二十大精神，举办青年教师座谈会，发挥青年人才第一资源作用。举办统战工作会议，将学院基层统战工作和党建工作统筹协调。开展了毕业生党员喜迎七一重温入党誓词牢记政治生日主题党日活动。赴淮州机场开展航空报国主题教育实践活动，组织教师党员参观学习"精神引领 强国有我"科学家精神主题展。邀请歌曲《共和国之恋》讲演团为全院师生带来一场视听教育新体验，积极探索"思政教育+艺术"的育人新模式。录制了"党的二十大精神的宣讲设计与效果提升"课程，已经在中国教育干部网络学院上线使用。

1个团支部获评"全国铁路五四红旗团支部"、1名学生获"全国铁路向上向善好青年"荣誉称号。学院团委获"西南交通大学五四红旗团委创建单位"荣誉称号，2个班团支部、1名教师、41名学生获得共青团校级相关荣誉。

【师资队伍建设】

队伍建设效果明显。2022年学院1名教师获国家自然科学基金优秀青年基金项目资助，1人获国家自然科学基金优秀青年基金（海外项目）资助，3人入选青年托举工程，1人获批博士后国际交流计划引进项目，1人入选四川省人才引进计划，1人入选四川省学术与技术带头人，1人入选四川省学术与技术带头人后备人选。2名教师入选西南交通大学"雏鹰学者A类"计划。接收"双一流"建设高校毕业生9名。

【学科专业】

积极参与学校"双一流"建设项目，加强力学学科建设，着重推进飞行器设计与工程系的后续持续发展。加强导师队伍建设，现有博导18人，硕导41人。建设力学学科平台，应用力学与结构安全省重点实验室2022年周期评估优秀。

【人才培养】

专业和学位点建设稳步推进：飞行器设计与工程入选省级一流专业，航空宇航科学与技术获批一级硕士学位点，完成了研究生学位点年度报告。顺利推进校院两级质量保障体系建设，完成毕业论文质量标准建设。

教育教学改革成果突出："材料力学"入选首批国家级虚拟教研室，"理论力学""复合材料学""高速列车空气动力学特性分析虚拟仿真实验"获批省级一流本科课程，获批四川省教改项目3项，校级重大教改项目2项，重点教改项目3项，教材建设项目3项，发表教育教学改革论文4篇。出版数字化教材1部（2册）、数字化课程1门，创新创业类教材1部，《走进高铁》科普读物1部，出版了高等学校工科基础课程思政教学论文和优秀案例汇编1部。

课程思政建设成效显著："材料力学"课程团队入选四川省课程思政示范团队，"大国动力"获评四川省"课程思政"示范课程，承办了4期课程思政工作坊，入选全国高等学校力学类专业优秀课程思政优秀案例1个。

本科生学科竞赛再创佳绩：参加了2022年

第十三届全国周培源大学生力学竞赛,获团体赛特等奖 1 项,为交大参赛以来最佳成绩;参加第三届国际大学生工程力学竞赛亚洲赛,获团体特等奖 1 项,个人赛特等奖 3 项,一等奖 5 项;获 2022 年中国飞行器设计创新大赛飞行竞赛三等奖 1 项,第二届四川省大学生未来飞行器大赛二等奖 1 项;举办了第三届有限元建模与分析大赛,来自 12 个单位的 200 余名学生参加了比赛,评选出各类奖项 40 项;共 6 名教师获优秀指导教师奖;1 名本科生获 2022 年中国力学学会全国徐芝纶力学优秀学生奖;6 名本科生获教育部专业教学指导委员会优秀论文奖。

研究生创新能力培养硕果累:1 名研究生获第三届川渝科技学术大会优秀论文一等奖;新增校优秀博士论文 1 篇,优秀硕士论文 1 篇。

【科学研究】

加强高层次平台、项目、成果的组织策划和过程管理,2022 年没有经费外流,经费使用规范。师生发表 SCI 论文 111 篇;出版专著 2 部,授权软件著作权 2 项、发明专利 7 项、实用新型专利 1 项。新增国家级项目 13 项,省部级项目 12 项,国家自然科学基金面上项目 6 项,青年基金 5 项,优秀青年科学基金项目 1 项,优秀青年科学基金项目(海外)1 项。总到账经费 2355.77 万元,其中纵向 989.3 万元、横向 1366.47 万元。获中国科协第七届青年人才托举工程项目 2 人,博士后国际交流计划引进项目 1 人,1 篇论文获第三届川渝科技学术大会优秀论文一等奖。

【交流合作】

学院更名为力学与航空航天学院后,聚焦航空宇航学科发展,2022 年与中航成飞民机、成飞集团、淮州机场、广汉飞机修理厂、国家超算成都中心等单位签订了战略合作协议,加入了中国航空教育学会高校联盟航空英才实训基地,并与相关单位开展了联合培养学生及科研合作,学院发展迎来了新的篇章。

我院应用力学与结构安全四川省重点实验室在 2022 年科技活动周期间圆满开展"科技创新、你我通行"公众开放活动,面向全校师生、大中小学生、科研院所工作者和社会公众开放,4000 余人(次)参加。获四川省科技厅考评为"优秀",是我校获得的 3 个考评为"优秀"的单位之一。

师生积极参加国内外学术交流,共参加国内学术会议 60 余人次(含线上),国外学术会议 10 余人次(含线上);积极承办西南交通大学 2022 年"交天下菁英,通宇内鼎甲"学者云论坛之分论坛"航空航天中的力学";组织"创源大讲坛"4 次;举办留学沙龙 5 次。

【管理服务】

依托四川省首批"三全育人"综合改革试点院系项目,深入实施力航学工"五力育人"工程,切实做好 1068 名学生(本科生 705 人、硕士研究生 246 人、博士研究生 117 人)、39 个班级、7 个学生组织的各项学生工作。

不断加强党支部、团支部和班集体建设,学生党员"先锋力行动"持续推进,学业帮扶"努力班"中的学困生人数从 2019 年的 65 人下降至 15 人;疫情期间设立的爱心共享药箱得到师生们积极响应,切实帮助了同学们;党员作用发挥好评率从 2019 年的 89.2%上升至 93.0%。2019 级力学拔尖班获学校"忠忱班集体"答辩第 1 名,获批全国铁路五四红旗团支部,被学校推荐参评全国五四红旗团支部。

持之以恒弘扬"双严"学风,升级实施"萌新的朋友"2022 新生导航计划,依托该计划开展了一系列高数线代答疑会、校友分享会等活动,并辅之以统一早晚自习、关键节点班会,积极举办新生杯篮球赛、足球赛、宿舍运动会和毕业季师生篮球友谊赛、师生羽毛球赛等活动,在校内举办第三届基础力学课程最美笔记作业评选等活动,联合清华、北航等校举办了第三届高校航院大学生优秀总结计划评选活动(今年哈尔滨工业大学、北京理工大学、大连理工大学、上海交通大学、复旦大学、同济大学、厦门大学也加入了这个活动),协同多位老师第三轮开设研究生新生导引课"大国动力"入选四川省课程思政示范课程。

继续实施深入学生联系学生"三因工作法",全年学工组老师与学生活动常常见、查课查寝经常性、谈心谈话全覆盖,学生好评率(优秀)从 2019 年的 76.9%上升至 93.8%。1 门二十大宣讲辅导课程在国家教育行政学院平台上线使用,个人受邀进行了教育部 24365 就业公益直播课,有 20 多万收看量,个人获批中国高等教育学会

2022 年度重点课题，参与学工部牵头的弘扬科学家精神项目获批教育部 2023 年度高校思想政治工作精品项目。

积极访企拓岗，重点与成飞、淮州机场等开展了院级层面战略合作，在全院师生共同努力下，2022 届毕业生深造率 55.2%，实现了推免学生留校率 66% 新高。学院在"三全育人""大思政课"建设、学生党员作用发挥、学生工作课程化等方面做法在全国学工系统有较好评价，相关做法案例在中国高教学会大学素质教育研究分会年会、国家教育行政学院以及武汉大学、南开大学、重庆大学等校做了分享。

（十九）数学学院

【党建及思想政治工作】

着力政治思想建设，落实立德树人根本任务，把握正确政治方向，落实党委中心组和教职工政治理论学习制度，坚持第一议题制度，认真学习贯彻党的二十大精神和学校第十五次党代会精神。强化思政引领，坚持不懈用习近平新时代中国特色社会主义思想凝心铸魂，以理想信念和核心价值观教育铸牢思想根基。立足发展大局，以思政与"双一流"为牵总，聚焦学院"基础+应用+特色"建设目标，统筹推进"双一流"建设。强化责任落实，全年召开 15 次党委会、16 次党政联席会，安排部署各项工作和推进重点任务。落实各项管理制度，完善风险防控工作机制，将意识形态安稳工作贯穿始终。着力基层组织建设，增强党建活力，发挥党员和支部的重要作用。教工党支部围绕"立德树人课程思政、教学科研实践育人"开展"培根铸魂育新人"和青年教师成才成长等系列主题活动，学生党支部开展"踔厉奋发扬新貌、数耀中华向未来""奋进新征程'数'说青年梦"等系列主题活动。

聚焦突出问题，解决师生关切，疫情防控不松懈，凝心聚力促发展。疫情期间，统筹协调确保全校公共数学和学院教学秩序，确保师生安全；关注师生情绪，主动引导化解舆情；审批教师外出 300 余项，报备建台账；组织 12 位老师参加学校核酸检测志愿服务队，组织 7 位党员教师报名全国研究生招考后备监考志愿者；妥善安置九里校区 16 名研究生的隔离。学院党外知识分子思想政治工作体系建设入选学校 2022 年统战工作特色示范项目。推荐多人到学校党外知识分子联谊会、欧美同学会任职。召开学院年度教代会，审议通过学院绩效分配修订方案。组织开展各项有益身心健康活动，实施"九必访"慰问和节假送温暖等活动。组织离退休教职工开展活动，通报院情校情。党建带团建，指导团委和学生社团组织开展活动，积极参加"挑战杯""互联网+"大赛、暑期"三下乡"调研实践和校园活动，获学校 2022 共青团工作"五四红旗团委"、3 个"十佳"（学生会、青年志愿者和数学建模协会）表彰；党员教师梁涛获学校首届"思国奖"、杨洋团队获"青年五四奖章集体"表彰。

【师资队伍建设】

学院现有教职工 143 人，其中专任教师 127 人，拥有博士学位的教师 108 人。在职教授 12 人、副教授 58 人，讲师 57 人。顾问教授 1 名，四川省人才计划入选者 7 人。

【学科专业】

以国地实验室平台为支撑，以凝练的四个方向（基础、应用、计算、统计与数据科学）科研团队为核心，以教育教改项目和课程教材建设为抓手，不断推进学科专业发展。

第五轮学科评估，数学学科从第四轮的 C 提升为 B-，统计学科从 C 提升为 C+，进步明显。数学与应用数学、统计学、数据科学与大数据技术三个本科专业全部获评国家一流专业建设。

【人才培养】

本科日常教育教学管理工作运行平稳、有序，管理成效明显。本

年度，学院共完成 428 个本科教学班的教学任务，覆盖学生 33 802 人次。本科专业建设取得重要进展。统计学专业和数据科学与大数据技

术专业获批国家级一流本科专业建设点。至此，学院 3 个本科专业全部获批国家级一流本科专业建设点。本科教育教学改革成效明显。作为第一完成单位，主持获得四川省高等教育教学成果二等奖 1 项。3 位老师分别作为主要完成人，获四川省高等教育教学成果特等奖 1 项、一等奖 1 项、二等奖 1 项。同时，2 位老师作为主要完成人，参与申报国家级教学成果奖 1 项。本科生学科竞赛再创佳绩。全国大学生市场调查与分析大赛，我校获全国一等奖 3 项，全国三等奖 5 项；省级一等奖 27 项，省级二等奖 13 项。全国大学生数学建模竞赛，我校获得全国一等奖 3 项，全国二等奖 9 项；省级一等奖 36 项，省级二等奖 25 项，省级三等奖 6 项。获得省部级以上奖项学生超过 450 人次。数学学习中心运行情况良好，服务成效比较明显。本年度数学中心为我校考研学生组织了近 30 场考研专题讲座，并组织了模拟考试和线上考试，共计服务我校应、往届考研学生 4000 多名，学生考研成绩提升不低于 6 分。

研究生生源质量和培养质量显著提升。研究生建模竞赛取得佳绩，获奖 73 队（一等奖 3 队，二等奖 46 队，三等奖 24 队），研究生毕业论文抽检全部合格，评价为良好。

青年教师教学能力得到持续提升。组织参加"首届全国高校大学数学课程教学创新示范交流活动"，冯颖老师获中级组全国二等奖；组织参加第六届四川省高校青年教师教学竞赛(决赛)，乔高秀老师获理科组省级二等奖；组织参加第二届四川省普通本科高校教师教学创新大赛，刘赫老师获副高组省级三等奖。在 2022 教育部大学数学课程群虚拟教研室大学数学类课程思政教学名师和优秀教学案例评选中，王璐老师获评课程思政教学名师，卢鹏老师获优秀教学案例特等奖，我校获评优秀组织单位。

【科学研究】

2022 年新增国家自然科学基金面上项目 3 项和青年基金 5 项，取得近三年最好成绩。整体资助率为 29.62%，高于全校总体资助率 27.44%，远高出全国平均资助率 16.51%。同时到本年度为止学院青年基金项目资助率达到了 55.56%，位列全校第 3 位。

四川省科技计划项目获批 2023 年杰出青年基金项目 1 项，四川省自然科学基金面上项目 2 项，四川省青年基金项目 3 项，国际港澳台合作项目 1 项，中央引导地方科技发展资金项目 1 项。发表 SCI/SSCI 论文 139 篇，较 2021 年增加 28 篇。高质量论文（中科院 2 区及以上论文）60 篇。科研到账经费近 600 万元，超过去年同期水平。

【交流合作】

积极推进产学融合，系统可信性国地实验室分别与江苏知安云安全科技有限公司、四川信息职业技术学院签订合作协议，成立"国地实验室江阴研发中心""国地实验室川信分中心"。作为联系与承办单位，推动我校与成都探马网络科技有限公司、新华文轩出版传媒股份有限公司、成都体育学院等三家单位签署校级合作协议；同时积极落实与星辰天合（北京）数据科技有限公司等合作单位的合作，全年到账奖教奖学金 60 万元、到账科研经费 645 万元。

组织举办全国"逻辑与智能"专题学术研讨会暨非经典逻辑与计算专委会与人工智能基础专委会联合学术年会；受科技园、产业处委托出席 2022 中国成都第一届数字安全和网络安全大会并作交流报告；在"2022 天府数字经济峰会"上，国地实验室与新华文轩、长虹虹微集团联合布展"数字生活智能穿戴设备展台"，反响热烈。

【管理服务】

系统可信性自动验证国家地方联合工程实验室正式获得项目竣工验收（川发改创新高技函〔2022〕50 号），参与制定的"信息安全技术-工业控制系统安全防护技术要求和测试评价方法"国家标准（GB/T 40813-2021）于 2022 年 5 月 1 日颁布实施。

依托国家教育贷款项目申建并获批"2022 年度数学学院国家一流本科专业大数据云实验室实验教学平台设备购置项目"，全面启动更新"大学生公共数学基地""大学生数学建模基地"硬件设备，并新建"大数据处理与仿真控制实验室"专业实验室。

着力打造西南交大"数学文化节"（第 13 届）、"数学建模专题培训"等品牌项目，提高学生学术素养，培养学科兴趣。开展"妙语茶香"系列讲座、"东南竹箭"优秀朋辈学涯经验分享会、学术交流讲座、研究生论坛共 56 场。获先进班集体 4 个，"镜堂团支部"数学 2020-02 班团支部推荐为校级特称团部，1 名学生获评"焕实扬华奖章"，2 支"挑战杯"参赛队伍荣获校级三等奖。扎实开展暑期"三下乡"及返乡调研，"行在仟陌，点亮微光""追寻红色足迹，传承革命精神"两支实践队伍荣获学校优秀实践队称号。

（二十）马克思主义学院

【党建及思想政治工作】

学院坚持以政治建设为统领，强化政治功能，履行政治责任，全力保障学院教学科研各项任务扎实完成，推动学院党建和思政工作、学科建设工作共创一流。

（1）深入学习宣传贯彻党的二十大精神。一是制定《学习宣传贯彻党的二十大精神活动方案》，以"马上学"吃透精神、"马上研"深入研究和"马上讲"宣传阐释，得到《中国教育报》头版、教育部网站等多家主流媒体专题报道；二是开展"党的二十大精神进大中小学思政课"集体备课会，受到四川新闻网等多家媒体报道；三是第一时间展开二十大精神的研究阐释和理论宣讲，田永秀、林伯海、何薇、冉绵惠 4 名教师入选党的二十大精神四川省委宣讲团专家库，3 名学生入选四川省委学生宣讲团。

（2）在学校党委领导下加强学院领导班子建设，严格落实民主集中制，全年召开党委会 19 次，党政联席会 26 次，集体研学 14 次，党政配合密切、沟通顺畅、勇于担当，有力推进了学院各项工作进展。

（3）加强制度建设、组织建设和作风建设，出台学院《新闻信息宣传工作管理办法》等 6 个制度，提升学院办学治院管理水平。

（4）加强安全稳定工作，全年未发生违反党风廉政现象，未出现意识形态和安全稳定事件。在今年全校二级党组织党建考核中，考核结论为优秀，位居全校第二。

【师资队伍建设】

学院坚持以"引育并举"为宗旨，加强师资引进，改善师资结构。举办菁英人才论坛、学术会议等，积极搭建人才引进平台；积极引导、鼓励、支持教师评定职称，努力改善职称结构。新增教授 2 人，副教授 3 人；新增硕导 5 人，博导 1 人；新进教职员工 2 人。

【学科专业建设】

学院组织精干力量开展了博士后流动站和党史党建一级学科预申报工作。

序号	二级学科	优势与特色
1	马克思主义基本原理	致力于综合性地研究马克思主义的理论体系和基本内容，形成特色与优势：①马克思主义及其教育规律研究，侧重于马克思主义经典著作阐释研究。②马克思主义与当代研究，侧重于意识形态研究。
2	马克思主义中国化研究	探讨马克思主义实现中国化的历程、规律和理论成果，形成特色与优势：①习近平新时代中国特色社会主义思想研究，侧重于社会主义核心价值观研究。②中国共产党革命精神研究，侧重于长征精神、抗震救灾精神和科学家精神研究。
3	思想政治教育	研究人们思想品德形成的规律和对人们开展思想政治教育的规律，形成特色和优势：①当代社会思潮与青年教育研究，侧重于当代西方社会思潮批判。②思想政治教育原理与方法研究，侧重于高校思想政治工作规律、教书育人规律研究、大学生成长规律研究。
4	中国近现代史基本问题研究	研究近现代中国的历史发展及其规律，形成特色与优势：①"四史"研究，侧重于中国共产党创立、共产国际与中国革命、苏区史、隐蔽战线史。②铁路与民族复兴研究，侧重抗战与铁路建设、中华人民共和国铁路建设与制度自信。
5	党的建设	探索揭示中国共产党建设与执政的规律，形成特色与优势：①马克思主义政党建设理论研究，侧重于习近平关于党的建设与组织工作重要思想研究。②党风廉政建设研究，侧重于廉政与治理的理论与实践研究。

【人才培养】

发挥学科优势，创新育人机制，取得明显成效。依托问道论坛、中铁隆大讲堂等平台邀请专家名师开设专题讲座和辅导报告 22 次，举办全国博士后学术论坛、纪念成渝铁路建成通车 70 周年等全国学术研讨会；"中国精神"系列慕课作为首批课程上线教育部国家研究生教育智慧平台，受到广泛赞誉；获得"我心中的思政课"微电影展示四川省特等奖 1 项，获得"大学生讲思政课"公开课展示四川省特等奖 1 项、一等奖 1 项、二等奖 1 项；3 名学生入选四川省委学生宣讲团，累计外出宣讲 76 场次；作为四川省唯一牵头单位申报并成功获批教育部大中小学思想政治理论课一体化建设共同体；朱铃教授荣获首届全国思政课优秀教师一等奖（全国仅 7 人，四川唯一）；李渊博获四川省高校青年教师教学竞赛二等奖，刘锋获四川省高校教学创新大赛二等奖；吴昊获全国首届马克思主义理论学科学生奖（全国仅 10 名）；成功获批四川省首批名辅导员工作室。

【科学研究】

学院林伯海、胡子祥、饶世权、唐登然、曲成举、罗敏获国家社科基金 7 项（其中重大 1 项，重点 1 项）；胡子祥、马先睿获教育部社科项目 2 项；冉绵惠、田雪梅、吴江、颜军等 10 名教师获四川省社科规划项目；谢瑜教授获"四川学校思政课教师年度人物"，刘锋副教授获"四川学校思政课教师年度人物"提名；发表著作 4 部，高水平文章十余篇；成功申报了四川省人文社会科学重点实验室。

2022 年高水平论文统计表

序号	题　目	发表刊物	作者
1	社会主义分配理论的创新发展	马克思主义与现实	邱海平
2	关于社会主义利用资本的几个理论问题	经济学动态	邱海平
3	习近平关于工匠精神重要论述的生成、意蕴及实践路径	思想教育研究	林伯海 马　宁
4	社会主义基本经济制度中的所有制问题研究	马克思主义理论学科研究	邱海平
5	新时代高校管理育人知情意行协同探析	思想教育研究	林伯海 张善喜
6	世纪疫情下讲好中国故事的国际传播能力建设	思想教育研究	朱　炜
7	中国共产党资本政策百年变迁析论	社会主义研究	田永秀 张雪永
8	营造天朗气清的网络空间	人民日报	景星维
9	大数据时代技术治理的情感缺位与回归	自然辩证法研究	谢　瑜 谢　熠
10	以高质量发展推动共同富裕取得实质性进展	社会科学辑刊	邱海平
11	"中国经济学"建设笔谈	中国经济问题	裴长洪 胡家勇等
12	传中华家训家教家风 树新时代文明新风	红旗文稿	林伯海
13	从进步到异化：美国身份政治检视	国外社会科学	林伯海
14	国外学者关于欧洲民粹主义若干问题的研究进展	国外理论动态	范丽丽 林伯海
15	新时代中国价值国际传播的战略考量	湖南师范大学社会科学学报	冯　刚 邢　斐
16	重塑边城：抗战时期贵阳旅行指南中的城市书写	都市文化研究	孟　浩

续表

序号	题 目	发表刊物	作者
17	马克思历史哲学的运思逻辑 ——基于《路易·波拿巴的雾月十八日》文本考察	北京联合大学学报 （人文社会科学版）	颜 军 熊智鹏
18	网络"躺平"现象与青年奋斗精神培育	中国青年研究	熊 钰
19	媒介使用、假定影响与中国公众的政治支持 ——媒体偏见感知作为调节效应的分析	湖北大学学报 （哲学社会科学版）	陈从楷 王 菁
20	"银龄行动"助力民族地区乡村振兴的生成逻辑及实证研究	民族学刊	陈 娟 朱 江 廖 宇
21	以人民为中心：习近平法治思想体系的价值旨归	河南师范大学学报 （哲学社会科学版）	刘占祥 左红娟
22	新科技革命背景下的人类劳动形态变迁	经济学家	郜清攀
23	中国共产党领导创建人民铁路的初步实践	四川师范大学学报 （社会科学版）	刘雨丝
24	马克思社会发展理论视阈下当代青年人才发展困境及其治理	四川师范大学学报 （社会科学版）	刘长军 谢 瑜 谢 熠

【交流合作】

"全人类共同价值传播"等 2 个决策咨询建议被中联部、教育部等国家部委采纳，精心打造交通强国科学家精神教育基地，依托基地开展思政教育活动 50 余次，观展超 5 万人，光明日报、"四川新闻"等多家权威媒体聚焦报道。

【管理服务】

学院继续以"五星工程"评选活动为抓手，加强学院各方面的建设与管理服务，评选出 2021 年度五星工程奖，教学明星：郭海龙、马先睿；科研明星：李渊博、景星维；服务明星：田岚冰；学子明星：林煊、李聪昊、高依丹、魏敏、李祥瑞、胡海利；系室明星：研究生思想政治理论课教研部。

通过"五星工程"奖的评选，学院内部各方面工作凝聚了正能量，形成比学赶超拼的良好氛围。

（二十一）体育学院

【党建及思想政治工作】

（1）强化理论武装。通过会议传达、专家讲座、主题活动等方式，加强全院师生和党员的政治思想理论学习和党性修养，重点学习党的二十大精神和学校十五次党代会精神，开展"学习贯彻二十大，强国有我新征程"系列主题教育活动。

（2）强化班子建设。进一步明晰分工，强化培训学习，全年组织中心组学习 12 次。

（3）强化体制机制建设。重新修订规范《体育学院党委会议事规则》《党政联席会议事规则》等，完善党委发挥政治核心作用的体制机制。

（4）强化组织领导。强化意识形态、疫情防控、安全稳定、党风廉政建设、师德师风建设等各项工作的主体责任。

（5）重构基层党支部架构，优化党组织设置。在原党小组基础上，以系（室）为单位成立 5 个教工党支部和 1 个研究生党支部。选优配强党务工作队伍，系（室）主任担任教工党支部书记，实现"双带头人"培育要求。分管学生工作的院领导任研究生党支部书记，强化对青年党员的教育引导。

（6）探索创新党支部建设的方式方法，理顺支部职责。加强支部书记和支委培训指导，加强积极分子培训和推优入党工作，新发展9名研究生党员，完成1名教师党员转正，确定入党积极分子20名。

（7）强化阵地建设，抓好"三会一课"和主题党日活动。组织开展党课、专题讲座等14次；各支部开展"喜迎二十大 奋进新征程"绿色健康骑行活动、"磨盘山公墓扫墓缅怀革命先烈"等主题党日活动；连续两年申报并完成学校基层党建统战工作特色示范项目。

【学科建设工作】

立足师资队伍建设，专业人才培养、科学研究、对外交流、学科平台建设、社会服务等学科内涵开展建设工作。包括：新增1名健将教师；建设一级硕士学位授权点，招收25名专业硕士研究生；全面构建西南交通大学体育课堂思政、竞赛育人、实践育人、"慕课+体育健康超市"的创新模式；建设23门国家级、省级一流课程；立项省级哲学社会科学重点基地课题2项；省级重点教改课题2项；校级项目13项，教材立项2项；发表高质量论文5篇，其中SSCI1区1篇，3区1篇，4区1篇，SCI2区1篇（通讯作者），中文南大核心1篇；国际学术会议收录论文2篇，一般英文期刊2篇，一般中文期刊6篇；获教育部大学生体育协会主办的比赛冠军3项，季军3项，省级比赛冠、亚、季军多项；执裁世界比赛一次，洲际裁判一次。建设"西南交通大学体育学院-德国科隆体育大学"海外中心，一名教授被大理大学聘为客座专家教授，和国内10余所高校开展学术交流活动；建设1个省运动训练基地、6个教学实践基地，建设师生健康体质提升等3个实验室。官网发送宣传新闻62篇，微信公众号推送27篇。

【教学工作】

（1）持续加强课程质量建设，全面增强课程教学效果。

2022年体育学院有十五门慕课面向全社会开放，选课人数近10万。组织开展线上线下混合式课程专项教学检查，严格把控教学效果和质量。加大宣传与指导，组织全院教师积极参加一流本科课程建设、线上线下混合式实践教学经验交流等。

（2）强化体育课程思政育人，持续优化人才培养效果。

制定了《本科生体育课程思政建设工作方案》，从课程思政教学体系、课程思政教学方法、教师课程思政育人能力、质量保障等方面统筹开展课程思政工作，扎实推进各项建设任务落地落实。

（3）保质保量圆满完成全校体育课程任务。

2022年犀浦、九里两校区大一至大三本科生开设6门必修课程，授课教师61人，教学内容涉及25个运动项目，其中有跨学科通识课程3门、双语课程和全英文课程各1门。体育必修课程938个教学班，个性化特色选修课15个教学班，授课学生24 000余人。

（4）教学获奖情况。

建设国家级、省级一流体育课程10门，居体育学科全国前列；陈曦老师荣获第六届四川省高校青年教师教学决赛中文科组一等奖，这是西南交大首次荣获青教赛省级一等奖；刘江院长荣获2022年西南交通大学首届"思国奖"（全校仅10人），为体育学科争得了荣誉；刘江院长、洪霏老师荣获2022年第六届四川省高校青年教师教学竞赛"优秀指导教师"称号；全国高校教师教学创新大赛中宋爱玲老师荣获四川省一等奖和全国二等奖；洪霏老师荣获2021—2022学年西南交通大学本科教学优秀管理与服务工作者。

【课内外一体化工作】

为师生办实事，构建"一校多品"丰富多彩的特色竞赛体系，群体活动欣欣向荣，做到月月有比赛，周周有活动，办赛水平获好评。全年承办省部级体育竞赛3项，主办校级特色体育竞赛34项，指导体育协会27个，协助各学院开展各项体育活动26项；协助统战部举办"统一战线"教职工趣味运动会等。

本学年2学期的健康超市开设情况总体情况良好。本学年共开设超市16周，（因为疫情延迟开学较以往减少了2周）每周共有162个班的超市锻炼，全年每周：一年级144个太极班，二年级85个单项超市，13个健身跑超市班，163万人次学生走进健康超市锻炼身体、健身跑总里程2 034 000公里；体育健康超市学生评价满意率达到 97.3%以上；尤其面对疫情体育健康超市助推完成体测任务。特别推出重点体育超市：为体质测试专门推出的针对性辅导超市——体质强化超市；每天不同舞种的超市——校园舞蹈超市；不能跑步、不能剧烈运动的同学——氧吧健步走超市。

【研究生工作】

2022 年度根据研究生院深化研究生教育教学创新改革指导思想和实施方案，对标教育部研究生合格评估指标，重点进行体育专业硕士点的软、硬件建设工作，包括研究生优质生源培育；研究生教学质量建设；研究生科研和实践基地建设；研究生导师队伍建设；研究生综合素质和学术力影响提升等五个工程的建设工作。具体工作包括：（1）招收了 2022 级 25 名体育专业硕士研究生；（2）围绕人才培养质量提高工作，对研究生教学大纲、进度、内容、评价等进行修订，重点对研究生培养环节课程进行了新建、质量检查工作；（3）新增 2 名导师，建立了 11 个导师团队；（4）建立 2 个校内和 6 个校外实践基地；（5）组织国内专家进行 2 次学术报告，研究生 1 次论文报告会；（6）完成了 2021 级 20 名研究生开题工作；（7）研究生参加竞赛取得 1 项全国冠军，4 项省级冠军，发表科研论文 10 余篇。

【实验室工作】

建立科学、公正、准确、满意的国家学生质健康测试服务体系。形成了分级负责、上下合力、执行到位、保障有力的国家学生体质健康测试工作运转机制；建立了"一表""一图""一方案"的工作模式。2022 年国家体质健康测试准备工作充分，在全体体育学院教师的共同努力下完成全校学生 28 830 人测试工作，共计测试 43 万人次。

【高水平运动队工作】

2022 年我校高质量承办了四川省"贡嘎杯排球赛""四川省大学生田径比赛"等重大赛事，获得省教厅及兄弟院校的好评；因疫情影响，全国比赛未举行，无参赛。在已参加的省级比赛中，获 16 项冠军、17 项亚军、8 项季军；普通学生阳光组比赛，获 20 余项第 1 名，10 余项第 2 名以及第 3 名。

2022 年我校竞赛工作在全省高校中位居前茅。

【工会工作】

在 2022 年，院工会积极组织教职工参加学校的各项活动。如教职工排球赛、羽毛球赛，健步走，退休教师"荣休"仪式，运达杯网球赛，四川省气排球赛等各项文体活动，并取得了优异的成绩，展现了体育学院教职工良好精神面貌。

【国际交流合作】

加强国际交流合作，2022 年西南交通大学与德国科隆体育大学、爱尔兰利默里克大学体育教育与科学研究学院签署合作协议。

（二十二）心理研究与咨询中心

【党建及思想政治工作】

1. 抓理论学习，筑牢政治引领

中心党委把学习宣传贯彻党的二十大精神作为当前和今后一个时期的首要政治任务，按照学校总体要求，制定学习十五次党代会精神和二十大精神实施方案，做到原原本本学、原汁原味学。

（1）示范学、全面学。班子成员率先垂范，带头学、带头讲，发挥好示范引领作用。全年开展中心组学习 12 次，教职工政治理论学习 24 次，党委书记讲党课 7 次，专家辅导报告 2 次。

（2）及时学、联系学。组织师生集体收看"二十大"开幕式，开展知识问答活动，参观科学家精神教育基地、重点实验室，开展"大力弘扬科学家精神、牢记立德树人使命""学习二十大精神·争做新时代先锋"等主题党日活动。成功申请校级"示范性学生党支部特色活动"，组织"初心永恒——中国工农红军在四川标语特展"参观实践学习。

（3）调研学、联合学。与利兹学院党委开展中心组联合学习，共话中外合作办学心理健康教育工作方案，实施"学习二十大 凝聚青年心 团结向未来"——"利心伙伴计划"。

2. 抓规范化建设，筑牢战斗堡垒

严肃党内政治生活，强化规范化建设。全年共召开党委会17次，党政联席会15次。严格按照《基层组织工作条例》，完成各党支部的建设工作。加强队伍建设，开展党支部书记技能提升专题培训。承担基层党组织统战工作特色示范项目1项。研究生党员党史读书班、"旗帜小组"、马克思主义理论学习小组3个"领航先锋"项目立项。党员发展工作取得成效：全年教师预备党员转正2名，发展教师预备党员1名；发展学生入党积极分子73名、预备党员32名、党员转正32名。

3. 抓意识形态，筑牢安稳防线

严格落实意识形态工作责任制，中心党委会专题研判中心意识形态工作4次，建立"一审二盯三跟四导"工作机制。"一审"：建立形势报告会、教材使用等常态化审核机制，制定《信息新闻宣传工作管理办法》，强化宣传网络阵地责任制管理。全年共审核讲座报告46场。"二盯"：盯住关键环节、重点节点、重点岗位，梳理工作流程，加强廉政提醒，防范廉政风险。"三跟"：跟踪重点人群，建立一人一台账，通过谈心谈话、朋辈帮扶等及时疏导，防范发生各类风险。"四导"：指导学生各类组织，开展学生干部和心传媒团队专题培训，提升学生媒介素养，把好社团活动政治关，弘扬主旋律，站稳主阵地。

4. 抓思政工作，筑牢党建+育心育德育人体系

（1）把好入学关、毕业关，用理想信念铸魂。中心党委书记以《坚定理想信念 勇担时代使命》为题给全体新生上开学第一课；以《让奋斗成为青春最亮丽的底色》为题给全体新生上思政课；以《学党史 悟初心使命》《学习二十大 悟初心使命》为题给入党积极分子上党课；以《青春心向党 奋斗启新篇》为题给毕业生上最后一次党课，加强学生理想信念教育。

（2）把好过程培养关，用红色基因领航。在学生园区红色驿站开展"学思践悟二十大、踔厉奋发向未来"主题党日活动，中心党委书记以《学习二十大 开启新篇章》为题给学生党员宣讲二十大精神。开展喜迎二十大"我把祝福献给党"

"重温入党誓词""同绘中国梦""青年红色筑梦之旅"等主题实践活动，贯穿三全育人理念，激发广大青年感党恩、跟党走。

【师资队伍建设】

2022年，招聘国内知名高校助理教授1名。中心现有13位教师成为中国心理学会、中国心理卫生协会注册心理咨询师。全年中心教师参加省级以上行业学会的专业培训，共计680学时，参加专业督导460学时，专业技术能力在不断提升。

【学科专业】

突出心理健康特色，高质量地持续推进心理健康课程集群建设。中心有15门心理健康慕课入驻国家高等教育智慧教育平台，"心理育人""疫情下考试焦虑怎么办？"入驻"心理健康"专栏，入选数量居全国高校首位；3门课程获批四川省线上一流课程；2门跨学科课程入驻教育部"跨学科课程教学创新改革虚拟教研室"；构建本科新生、研究生新生心理健康慕课体系。持续推进教学改革创新，重点推进混合式教学+改革，建设心理健康虚拟教研室，获得省级教改项目2项，校级重点项目3项，一般项目5项。推进心理健康精品优秀教材建设，着力建设心理健康服务微专业系列教材。

推进跨学科、跨领域专业实习基地群建设，与成都外国语学校附属小学建立实习基地。

【人才培养】

1. 应用心理学专业人才培养效果显著

本科生课程一次通过率97.36%，英语四、六级优秀率55.43%；奖学金获奖比例近20%，优秀学生比率43%，有1人获"竢实扬华奖章"，先进和优秀班集体4个；获评1个校级"优秀主题班会"、1个"校级示范团日活动"。在学科竞赛方面，获得包括APMCM亚太地区大学生数学建模竞赛、中国大学生服务外包创新创业大赛在内的国际级、国家级奖励8项，省级13项，以及"互联网+"校级三等奖1项，红旅赛道校级一等奖1项。2022届初次毕业去向落实率超过全校平均水平，深造率达35.14%，考研和出国率较2021届提升了5.76%。

2. 实践育人走心走实，取得丰硕成果

本科生2019级1班获评校级优秀主题班会，

研究生 2020 级团支部获评校级"活力团支部"称号。研究生志愿服务团队在宁维卫教授带领下赴马尔康开展震后心理健康疏导，共青团中央官网、中国青年报等主流媒体聚焦报道，取得积极社会影响，获评全国大中专学生志愿者暑期文化科技卫生"三下乡"社会实践优秀队伍，获得校级优秀实践队伍称号；本科志愿服务团队赴甘肃秦安县开展心理调研活动、赴自贡市沿滩区九洪乡三和村开展农村心理健康现状调研，《中国青年报》"中国网"等媒体平台报道，获得校级优秀实践队伍称号。

3. 营造心理健康校园文化，加大心理健康教育普及力度

打造品牌特色，从 2022 年起，启动"9·25（久爱我）"大学新生心理健康节活动，开展"9·25（久爱我）照亮前行的路"新生心理健康系列活动。强化"3·25（善爱我）"品牌效应。开展"3·25（善爱我）"十年回眸纪念活动，向全省大中小学发起"五个一"心理健康促进行动倡议。开展心理健康传播与普及跨学科研究与课程建设。

经过几年发展，形成"3·25（善爱我）""5·25（我爱我）""9·25（久爱我）"覆盖全年度的心理健康文化活动，发挥作为国家级、省级示范中心的引领作用。

【科学研究】

提升科学研究水平，助力心理健康工作高质量发展。2022 年中心教师作为第一作者和通讯作者总共发表学术论文 20 篇，其中高水平论文为 13 篇（A 类期刊文章 5 篇，B 类期刊 3 篇，C 类期刊 5 篇）。纵向科研项目为 22 项（国家自科基金面上项目 1 项，科技厅项目 3 项，四川省社科重点研究基地重大项目 1 项，成都市科技局项目 1 项）。

强化智库功能，《构建社会心理应急服务体系》一文在《中国社会科学报》发表，学习强国、中国社会科学网等媒体都进行转载。1 篇决策咨询信息被教育部办公厅采用。

【交流合作】

扎实推进大中小心理健康教育一体化工作，与四川省心理学会共同倡议"五个一"心理健康促进行动，参与四川省山区中小学心理健康护航工程活动，与雷波县黄琅中学结对进行定点帮扶，持续开展秦安中小学、幼儿园心理健康辅导教师培训活动。承担成都市公安局民辅警心理技能培训。

加强沟通联系。前往电子科技大学、西南财经大学就心理健康教育工作进行调研交流，北京航空航天大学、重庆医科大学、成都理工工程技术学院等到中心参观交流。

【管理服务】

1. 服务全校师生心理健康

中心全年开设"大学生心理健康"等 12 门心理健康通识课程、100 个教学班，《思维训练与学习方法进阶》等 3 门跨学科通识课程、6 个教学班。同时，开设 6 门在线心理健康通识慕课、9 门心理健康服务微专业系列慕课。选课学生人数累计超过万余人。

组织各学院对全校 12 239 名本科和研究生新生进行心理健康测评，筛查心理问题倾向学生一级 849 人，二级心理问题倾向 1890 人；分层完成上述重点学生人群的约谈。

全年共接待心理咨询学生 2152 人次。全年共干预心理危机 34 起，有效缓解了校园安稳问题的发生。

2. 分类施策分类指导，强化过程管理，抓早抓小

分类分层精准引导。针对新生，集中开展《呵护心灵 陪伴成长——致 2022 级新生及家长的一封信》，发放《本科/研究生新生心理适应小贴士》，举办研究生新生线上心理适应训练营，依托中国大学 MOOC，开启"走进大学：新生活·心适应"本科新生微课程、"研究生新生心适应"系列微课程、举办新生家长讲座，开展"以舞娱心"等团体辅导活动。针对心理委员，强化心理委员培训，加强应用心理学专业研究生、本科生对全校学生的朋辈心理辅导，开设朋辈团体心理辅导 30 场。针对辅导员，为全校辅导员举办讲座 16 场，为新进辅导员举办讲座 3 场。针对教职工，发挥职工心灵驿站作用，组织开展"亲子沟通，从心开始""放飞心灵，用心歌颂"等工会品牌活动。

做好重点人群监管，完善预警机制，健全"心理中心/学工部—学院—班级—宿舍"四位一体

联动机制。充分发挥学院联系人制度作用，加强协同联动，指导联系学院开展心理健康工作交流会共计108场。

3. "疫"路同行，用心构筑心理防护网

2022年疫情此起彼伏，为帮助师生克服疫情可能带来的各种负面影响，中心第一时间启动了心理应急工作预案，多措并举，多管齐下，在多个时段积极统筹部署"守护心灵 同心抗疫"心理应急服务工作：组织10场"用心抗疫激发正能量"主题讲座、46场空中课堂、推送《"勤力同心战'疫'共学"：给全体学生的倡议书》《"抗击疫情我们一起从'心'出发"》《职工"心灵驿站"伴你同心抗疫》《教师节的特别礼物"关爱自我心理赋能"》《疫情当前如何应对"阳"》等30余篇推文、开展"心心与你相伴"社团活动、推送"与你相伴"系列热线等资源。积极应对关注疫情下师生的心理变化和心理需求，有效舒缓全校师生心理焦虑情绪。

（二十三）牵引动力国家重点实验室

【党建及思想政治工作】

2022年，在学校党委的正确领导下，实验室党委坚持以习近平新时代中国特色社会主义思想为指引，深入贯彻落实党的二十大精神，准确把握国家重点实验室改革的历史机遇，抓党建、把方向、聚民心、促发展，持续推进党建标准化建设，以高质量党建引领实验室高质量发展，取得丰硕成果。继续推行"全局谋划、分布赋能、责任传导、规范管理"的党建动车模式，高标准通过全国党建工作标杆院系建设验收。列线所党支部的"三抓三筑三提升"支部工作法获得四川省优秀支部工作法（全校唯一）。实验室团委获金牛区"五四红旗团委"荣誉称号。高速铁路科普基地成功获批教育部"大思政课"科学精神专题育人实践教学基地。学生就业率再次达到100%，为全校第一。2022年党建满意度测评满意率达98.8%，得到师生高度认可。

【师资队伍】

实验室现有教职员工95名，其中专任教师74名，正高职38名、副高职33名，博士生导师28名、硕士生导师58名，教师中博士学位比例达到93%。截至2022年12月，实验室在职教师有中国科学院院士、美国工程院外籍院士1名，其他高层次人才9名，全国创新争先奖状获得者3名，中国科协青年人才托举工程入选者2名，腾讯科学探索奖获得者2名，省级人才5名，校扬华学者5名和雏鹰学者8名。

【学科专业】

2022年，实验室紧密围绕学校第十五次党代会提出的"着力建设轨道交通领域世界第一的西南交通大学"发展目标，在学科建设上着力依托交通运输工程、机械工程、电气工程等特色学科，不断强化轨道交通领先优势，持续提升相关学科水平和核心竞争力，持续为学校特色高质量发展做出贡献。一是在2022年公布的第五轮学科评估结果中，学校交通运输工程学科以第一名的成绩继续获得A+，实验室的成果贡献率达到40%以上，是交通运输工程A+学科的主要贡献单位。二是根据轨道交通领域国家重大需求和学校"双一流"学科建设目标，认真组织开展了"双一流"建设项目规划和申报立项工作，实验室共有5个项目获得学校一流学科建设支持，总经费8310万元，2022年度经费2500万元；各项目按计划完成年度建设任务。

【人才培养】

2022年，实验室继续将教师人才队伍建设，特别是青年人才培养作为年度重要工作之一，多名教师和团队获得省部级及以上的人才项目或荣誉称号。翟婉明院士获陈嘉庚科学奖—技术科学奖，这是我校历史上首次获此殊荣，也是全国交通运输工程领域第一位获奖者。1人获其他高层次人才，何庆烈入选国家博士后创新人才支持计划项目。翟婉明院士领衔的"轨道交通系统动力学教师团队"入选第二批"全国高校黄大年式教师团队"和四川省"天府青城计划"创新团队；马光同负责的"超导电动磁悬浮列车动力学团队"入选四川省自然科学基金创新研究群体。在

研究生培养方面,实验室本年度招收博士研究生55人（含工程博士12人）,毕业25人;招收硕士研究生200人,毕业163人。实验室研究生会获评校"十佳研会",9人获省级优秀毕业生荣誉称号,1名博士生获评校学生个人最高荣誉"竢实扬华奖章",1个博士生班级获评校集体最高荣誉"忠忱班集体",1个硕士生班级获评校"优秀班集体",1名博士生获国际先进材料学会青年科学家奖。

【科学研究】

2022年,实验室继续围绕轨道交通领域世界前沿和国家重大需求,开展基础科学及其应用技术研究。新增国家自然科学基金13项,包括优秀青年科学基金1项、铁路联合基金重点项目2项,资助率接近40%,直接经费总额1100余万元;新增国家重点研发计划课题2项,主持100万元以上的企业委托课题90余项。本年度到校科研经费再次突破2亿元大关,达到2.05亿元,约占学校总经费的20%。研究成果在 Nature Communications 等国内外重要学术期刊上发表论文300余篇,其中SCI检索180余篇,并有9篇论文入选ESI高被引榜单,获授权发明专利40件（其中美国专利2件、欧盟专利1件）。实验室5名教师入选Elsevier中国高被引学者（翟婉明、金学松、张继业、邓自刚、陈再刚）,11名教师入选全球前2%顶尖科学家榜单（沈志云、翟婉明、张卫华、王开云、金学松、张继业、温泽峰、吴圣川、邓自刚、陈再刚、朱胜阳）。本年度,实验室共设自主研究课题13项,总经费260万元。

【交流合作】

2022年,新增国际学术组织委员2人次,国内学术组织委员8人次;新增国际学术期刊编委3人次、客座编辑2人次,国内学术期刊编委3人次、专刊主编2人次。参加国际学术会议并作口头报告33人次,其中特邀报告7人次;参加国内学术会议并作口头报告30人次,其中特邀报告15人次。新增国际合作项目2项,在研国际合作项目5项;批准资助12项开放课题,经费合计120万元;在国际合作项目和开放课题

资助下,与海外学者合作发表SCI论文45篇,另有7篇论文入选本年度ESI高被引论文。实验室在传播科学知识、科学普及、提升公民科学素质等方面做了大量工作,新增中国科学技术协会"全国科普教育基地",共开展活动23场次,受众约1900人次。

【管理服务】

2022年,国家交通运输部批复《交通强国建设西南交通大学试点实施方案》,实验室具体负责高速列车安全保障关键理论与技术、多态耦合轨道交通动模试验平台建设。继续加强完善服务管理体系和党政办公室的优化调整,促进装备办、综合办、学工组、教务办等之间的联动协同,顺利完成机车车辆滚动振动试验台的升级改造工作,实现了700 km/h的最高滚振试验速度,稳步推进实验室大型设备购置和平台建设工作,积极推动大仪共享,提高实验室对外科技创新成效,荣获学校2021—2022学年大型仪器设备开放共享先进集体。持续推进"以横向养纵向"相关制度实施,提高实验室高水平基础研究能力和青年教师队伍综合素质。顺利通过中国合格评定国家认可委员会（CNAS）复评审,起草并发布了CNAS检测报告撰写指南,2022年度审查签发检测报告201项,合同金额2600余万元。进一步健全和完善了实验室安全管理体制机制,成立了新一届实验室安全工作领导小组,组织实验室师生开展了消防安全培训及逃生演练,39名师生完成了高校实验室安全与管理专题研修学习。

【国重重组】

2022年科技部全面推进国家重点实验室重组任务,年初实验室成立以书记、主任为双组长的国家重点实验室重组任务工作组。工作组先后向四川省科技厅、交通运输部、教育部等上级部委和地方政府提供各类材料十余次,参加交通运输部、教育部和四川省科技厅组织的国重重组交流汇报会。2022年6月,实验室顺利进入了国家重点实验室重组指南,8月21日完成了国重重组答辩工作,2022年底,牵引动力国家重点实验室顺利通过了国重重组,即将更名为"轨道

交通运载系统全国重点实验室"。

（二十四）西南交大-利兹学院

【党建及思想政治工作】

1. 学院党委认真学习党的二十大和学校第十五次党代会精神

学院党委根据学校统一安排，结合学院自身特点，制订详细学习计划，通过原汁原味学、联系实际学、邀请专家做辅导报告、开展中心组系列专题研讨、组织师生测试巩固学习成效等方式，认真学习宣传贯彻党的二十大精神，认真贯彻落实学校第十五次党代会的决策部署。

2. 学院党委履行政治责任，发挥战斗堡垒作用

认真贯彻落实《中国共产党普通高等学校基层组织工作条例》，强化党组织政治功能、履行政治责任，推进实施"四全"工作，牢牢把握意识形态工作主导权，确保了中外合作办学政治安全；以创建师生样板支部为契机，细化支部建设工作流程，强化基层党支部战斗堡垒作用；继续实施"旗帜工程"，成立"托举"党员工作室，师生党员在防疫抗疫等急难险重任务中勇挑重担，冲锋在前，充分彰显了师生党员先锋模范作用。

3. 学院党委开展党建共建，服务学生成长成才

学院党委与工程训练中心党支部紧密合作，建成"工程实践与创新国际联合中心"；与心理研究与咨询中心党委合作，建设"心灵驿站"，启动"利心伙伴计划"；与设计艺术学院党委联合开展"工程美学"系列课程建设；与土木、机械、电气和计算机等学院联合打造"科研与科创导师团队"，全力支持学生成长成才。

4. 学院党委加强班子队伍建设，敢于担当作为

党政班子团结协作，相互补位，主动作为。面对2022年学费大幅调整、新冠疫情持续影响给招生带来的严峻挑战，全体师生员工冒酷暑参加招生宣传，赢得了较好的生源；面对线上教学、线上考试可能会给学风、学术诚信带来风险，班子果断决策，改革我方成绩评定方式，建设高速网络，集中开展线上考试；面对我校军训、返乡学习的教学与考试安排变化，紧急与利兹大学协商，高效率解决了相关问题；学院与学校资实处、国际处、接待中心沟通对接，高效率落实下学期利兹大学来校任课教师住宿安排，得到利兹大学方面高度认同。深入师生，了解师生，坚持每周四上午"院长书记接待日"制度，开展院长午餐会、书记下午茶，全体班子成员、中心主任担任2022级新生班主任，开展单学籍"一帮一"服务。

【师资队伍建设】

1. 广纳英才，大力推进"青年优才"特聘教授/副教授计划

通过召开"融汇中西，工筑未来"利兹学院学者论坛、在"泰晤士高等教育"（THEunijobs）栏目上刊登招聘启事、编写"青年优才"招聘宣传册等一系列措施，广泛宣传"青年优才"特聘教授/副教授计划。本年度已有67人应聘"青年优才"特聘教授/副教授岗位。通过同行专家评议和院级面试评审，择优选拔3名到学校师资遴选委员会审议，目前已有4名师资加入学院。

2. 加大支持，全方位助推"青年优才"教师成长

通过设置科研秘书、专职财务人员、与专业学院和学校职能部门加强沟通与交流等一系列举措，给予学院青年优才教师有力支持和帮助。学院大力推荐青年优才积极申报各类省校人才项目（包括"天府峨眉计划""雏鹰计划""青苗计划"，其中3位青年优才入选学校"青苗计划"，2位获得国家自然科学基金资助。

3. 凝心聚力，提升教职工幸福感

开展"闪亮"师生合唱团活动，圆满完成2022年西南交通大学工会品牌项目建设；制定"教职工之家"暖心活动实施办法，开展三八节工会活动、学院团建等一系列活动，深化学院"教职工之家"内涵，激发了全院教职工的工作热情，增强学院的凝聚力。

4. 密切沟通，落实利兹大学选派教师到院开展长期教学

与利兹大学密切沟通合作，从工作岗位、来华签证、在校食宿等几个方面进行具体落实，切实保证了利兹大学选派教师在2023年3月到学院开展长期教学，进一步提升中外合作办学质量。

【人才培养】

1. 坚持以生为本，持续打造五位一体学生支持体系

坚持立德树人根本任务，整合资源、加大投入，聚力打造基于个人导师、研究生助教等"TAFSS"五位一体的学生支持体系升级版，全面开展"三全"育人，全力为学生的成长成才服务。2022年，学院进一步加强和完善了"TAFSS"五位一体支持体系建设，强化个人导师服务能力，组建思政导师团和科创导师团，为学生提供思政教育、生涯发展、科创活动指导等。

（1）保障教学运行，提高教学质量。

回应师生关切，教学运行保障有力。在2022年疫情反复情况下，教学形式面临多次应急调整。学院积极沟通师生、联络利兹大学，及时传达学校政策，第一时间发布给学生、助教、辅导员、督导专家。在成都静默期间，学院密切关注教学动态，全力保障教学运行，帮助解决师生遇到的各类问题。学院始终与师生站在一起，共克时艰，获得老师和学生的信赖和好评。

加强师资培训，提升教学水平。联合学校教工部，举办全英文教学水平观摩及研讨会；联合利兹大学语言中心，举办全英文教学（EMI）能力提升培训，200余人次参加培训，为学校和学院培养了一批全英文教育教学师资力量；制定《利兹学院教学研讨制度》，推动各专业及一年级教师团队积极开展教育教学研讨和教学示范活动；组织教师参加学校"全英文教学示范课程建设"项目申报，7门课程获得立项，立项数占全校近80%。持续深化教育教学改革，立足学院积极开展教育教学研究，2022年度获批省级教改课题2项、校级教改课题4项。

启动课程评估，覆盖全部专业课程。借鉴学校课程质量保障工作经验，制定《西南交通大学-利兹学院学院课程评估实施办法》和《全英文教学课堂教学质量评价表》，启动对学院开设的专业基础课、专业核心课开展为期三年一轮的课程评估。本年度四个专业及一年级参与初评课程29门，共聘请41位评估专家参与该项工作。

持续深化工程教育改革。贯彻落实"学生中心、产出导向、持续改进"的理念，从新工科、国际胜任力、数字化转型等角度探索和构建学院创新人才培养体系，持续深化工程教育改革。作为11所中外合作办学机构/项目代表之一，参与教育部国际司牵头组织的"数字化转型背景下中外合作办学工程教育人才培养现状调查及成效案例征集"项目试点工作。

计算机科学与技术专业通过国际认证。在2021年电子信息专业通过英国工程技术学会（IET）认证的基础上，本年度计算机科学与技术专业顺利通过英国计算机学会（BCS）认证。

2. 积极谋划布局，提升学院办学能力

申请新增合作办学"材料科学与工程"本科专业，申请资料已提交教育部国际司审批，可望在2023年3月获得批准。积极推进西南交通大学-利兹大学"双博士学位"人才培养项目实施，"双博士学位"博士生已于2022年9月入学，在两校双注册。

3. 大力支持学校成都东部（国际）校区建设

学院积极为城市轨道交通学院国际化发展出谋划策、牵线搭桥，助力我校东部（国际）校区的中外合作办学向着创新型、高质量、学科交叉融合的方向推进。

【管理服务】

1. 优化管理

进一步规范、优化党委会、党政联席会、院务会议事规则，提高了决策质量和效率。根据学院发展需要，成立国际事务中心（ISO），负责全球人才招聘、学生出国深造支持、外籍教师管理服务。学院四个中心团结高效，各司其职，在学院党政领导下高效推进学院的各项工作。本年度新设立专业教学秘书岗位，优化专业负责人、一年级负责人职责，启动四大专业品牌建设。

2. 主动服务

在学院党政的带领下，学院各中心日常管理秉承一切为了师生的原则，基于中外合作办学的特点，结合学院师资队伍现状，在日常管理中一手抓科学管理，一手抓主动服务。面对学生和任课教师的需求，耐心热情，主动服务，收获了学生的信任，家长的支持和老师们的高度赞扬。

3. 打造一流育人环境

学院立足全新的办学地点，进一步打造设备齐全、功能完备、高智能化的教育教学环境。改造后的学院高速无线网络迅捷稳定，有力地保障了学院高频率、多人次线上教学和考试等需求；

电子班牌管理系统为学生提供便捷的智能化预约签到服务，同时便于教务实现大数据管理；电子阅览室实现了学生预约自习和人脸识别门禁；环形报告厅及同传会议室建设将于近期完成。更新学院门户中英文网站，展示学院风采，彰显办学成就。

4. 深入师生一线

学院领导深入一线，采用院长午餐会、书记下午茶等多种形式与学生开展面对面交流。在学院领导的带领下，全院教职员工积极深入一线，深入学生，深入教师，深入园区，关心关爱师生员工，着力推进安全教育，保障学院办学和管理安全稳定。

（二十五）茅以升学院（唐臣书院）

【党建及思想政治工作】

2022年，茅以升学院（唐臣书院）在学校党委的坚强领导下，在全校各单位的大力支持下，以党建工作为统领，人才培养工作为核心，书院建设工作为保障，全体教职工深入学习贯彻党的二十大精神和学校第十五次党代会精神，与各专业学院协同、与各部门联动，遵循"融入学生、服务学生、引领学生、成就学生"的育人理念，建设唐臣书院与筑梦园"一院一园"内外交互、多功能、一体化的书院制"沉浸式"思政融合示范基地，系统落实立德树人根本任务，努力实现"为党育人，为国育才"教育使命。

党建引领、培根铸魂，精耕"沉浸式"思政融合文化育人。学院党总支以学促改、以学促建，组织师生党员线上线下学习，举办"学习二十大精神，争做新时代先锋"系列学习实践活动，开展专题研学4次，中心组理论学习12次，书记讲党课4讲，主题党日活动4次，以及每周驻院导师例会的问题导向学习。通过学习，进一步提高了政治站位，更加自觉捍卫"两个确立"、做到"两个维护"，更加深刻理解马克思主义基本原理同中国具体实际相结合、同中华优秀传统文化相结合对马克思主义中国化时代化的伟大意义。学院党总支发挥书院的优势，运用"沉浸

式"思政融合文化育人，立足文化传承与精神引领，聚焦以文化人、培根铸魂，让中华优秀传统文化、革命文化和社会主义先进文化以沉浸的方式在书院中滋长、发扬和创新性发展。同时，组织学生园区第九特设党支部、成立唐臣党员志愿服务先锋队、设立党员先锋示范岗，发挥党员先锋模范带头作用，构建书院特色党建文化。

两育贯通、三点发力，打造"沉浸式"思政融合实践育人。开展"德育、美育两育贯通，科创训练、身心健康与劳动实践三点发力，德智体美劳五育融合"的"沉浸式"思政融合实践育人活动。科创类有"卓越讲堂"和科研实验室研学系列活动；文艺类有校级美育精品项目"筑梦者"朗诵艺术大赛、"唱响青春"毕业歌会、"扬华杯"主持人大赛，举办"孔子学堂"和"争鸣杯"辩论赛，以及"唐臣诗会""橙读品鉴""唐臣书圈"、院刊《唐臣青年》等；身心健康类有"唐臣杯"篮球赛、荧光夜跑、师生共练等体育活动，以及心理健康沙龙、"奥尔夫音乐治疗"等心理辅导活动；志愿服务类有楼长、亭长、单车摆放规范员等"最美守护者"，书院绿植养护的"最美护花使者"，新生筑梦劳动体验、"一条小路"创意筑路劳动实践等。通过体系化、常态化实践育人，以实践育德、增智、强体、创美，充分践行茅以

升先生"习而学"的工程教育思想，将理论实践化、教育生活化，形成书院"沉浸式"思政融合实践育人的鲜明特色。

一体共建、共育共享，促进"沉浸式"思政融合协同育人。按照"一体共建、共育共享"理念，依托唐臣书院聚合统筹各方面育人资源和育人力量。立项建设"一站式"学生社区综合管理服务试点区、"三全育人"综合改革试点区、书院制"沉浸式"思政融合示范基地、"学生社团育人基地"等一批"共建、共育、共享"的协同育人平台。同时，不断与合作专业学院共同完善双院协同育人长效机制，全面推动书院协同育人工作新发展。

【学科专业建设】

双院协同，聚焦书院制荣誉学院建设发展。组织开展"学院进书院"工作，邀请涉及茅以升学院办学的专业学院教学负责人、系主任、教务员等到唐臣书院答疑，与学生深度交流。组织开展2018级"班导师教务员辅导员"工作协调会。配合专业学院选拔招录土木工程专业、机械类、电气工程及其自动化专业、计算机大类和人工智能专业、交通运输专业、测绘类、材料类、建筑学专业2022级茅以升班新生，学生集中入住唐臣书院。茅以升学院聚焦书院制荣誉学院的建设发展，与专业学院协同开展工作。

【人才培养】

科创育人，做好教务管理与创新工作。举办"中国铁路发展的三个高度及新时代的交大人使命"科创讲座，组织茅以升学院奋斗科创社同学到交通运输国家实验教学示范中心、综合交通运输智能化国家地方联合工程实验室、高原沉积物分析实验室研学。组织茅以升学院奋斗科创社"学术论文讲座"辅导活动。

全员导师，强化学生日常管理。以全员导师制为依托，继续细化深入实施"117工程"，做人生导师与知心朋友。深入班级、团支部，深入学生党支部，深入学生课堂，深入学生宿舍，深入学生社会生活，做学生的良师益友。筑牢平安工程，做好安稳保障工作。高度重视安稳工作，不断健全机制，坚持"寝室—班级—学院"防控机制，强化安全管理，定期走访学生寝室，开展专题教育，强化同学们的安全责任意识。打造亮点活动，构建美丽唐臣书院，开展"规范单车摆

放，共建文明书院"志愿服务活动，开展"整风塑貌，清新唐臣"书院清扫活动，组织各班投入"班花班草"行动，贯彻"唐臣书院是我家，美丽和谐靠大家"的理念。

【管理服务】

融入学生、全息覆盖，实施"沉浸式"思政融合全员育人。实施"驻院导师"管理团队"一站式"综合管理全员育人。设置党务导师、政务导师、教务导师、学工导师、全务导师和总务导师。结合导师特长，组织线上开展"甘霖润语""霞思云想""Kelly说""梦梦笔谈""丹新教务""莉姐有话说"导师个性化思政教育、综合服务专栏；线下开展"导师谈心室"、小型讲座、师生座谈，与学生一起读书分享、劳动、锻炼、参观、巡楼、巡园，共同解决问题，全方位融入学生、服务学生、引领学生。育人工作从宏观到具体，从模糊到精准，从漫灌到滴灌，师生朝夕相伴、亦师亦友，实现了师生交流无距离、管理服务无死角，精神引领无障碍、文化滋养细无声。

优化生态、美化空间，提升"沉浸式"思政融合环境育人。人是环境的产物，根据学生成长的内在需求，持续打造书院人性化育人环境，空间布局与景观设计力求体现人的正向精神外化形态。书院在内部环境提升的基础上，又添置了建筑学院捐赠的"奋斗桥""融和门""升华阁"三个户外人文景观，持续打造了含有六亭（初心亭、沁心亭、百年亭、共青亭、卓新亭、筑梦亭）、两台（筑梦台、圆梦台）的党建文化园——"筑梦园"，修缮了"明德台""博学台"两个防腐木文化平台，增添了富有生机活力的花卉绿植，书院内部"六大主题走廊+党史百年阶梯"的"六横一纵"育人空间与"筑梦园"构成"一院一园"内外交互、全景化书院育人场，为师生提供了良好的学习交流环境，成为各项校级院级思政育人活动项目的空间载体，赋予书院一种"沉浸式"思政融合环境育人的美学底色。

引领兴趣、培养爱好，拓展"沉浸式"思政融合社团育人。专业学院以班级为单位，依托课堂教学开展教育，书院以学生社团为抓手，依托学生园区第九特设党支部、学生社团组织，根据学生的兴趣爱好和"五育"要求，成立科创、文艺、身心健康和志愿服务四大类学生社团。科创类社团包括"奋斗科创社"；文艺类社团包括"卓

尔国学社""唐臣文学社""辩论队"等兴趣社团；身心健康类社团包括书院体育联合会、心力社等；志愿服务类社团包括唐臣党员志愿服务先锋队、书院志愿服务中心、楼长、亭长、护花使者、护园队等志愿服务团。同时，负责指导校级社团：交大 Kelly 说协会、镜湖文学社、承唐歌友会、演讲与口才协会，共同构成书院"沉浸式"思政融合社团育人的四梁八柱。

2022 年，在党的二十大精神和学校第十五次党代会精神的激励下，在我校各项事业发展进入快车道的鼓舞下，茅以升学院全体师生满怀豪情、精神昂扬，以爱国荣校的情怀、以奋斗奉献的精神，践行初心使命、创新教育模式，为党育人、为国育才，不辜负学校的重托、领导的关怀和各兄弟单位的支持。

（二十六）智慧城市与交通学院（城市轨道交通学院）

【党建及思想政治工作】

落实"第一议题"制度，学习领会习近平新时代中国特色社会主义思想，系统开展党的二十大和学校第十五次党代会精神学习宣传贯彻落实，组织学习实践和专题研讨 60 余次，把学习成效转化为落实学校改革发展任务的强大动力。

完善基层组织建设，成立学院分党校，新设立学生第一、第二 2 个党支部。严肃党内政治生活，落实"三会一课"制度。

贯彻执行民主集中制原则，修订发布党委会和党政联席会议议事规则。做好党务公开、院务公开。

建立"党委领导、组长负责、组员实施、全员参与"党员发展工作体系，副校长康国政、原副校长蒲云和学院全体党员领导干部、教师党员参与学生党员发展，产生首批入党积极分子 222 人。

做好意识形态、统一战线和群团工作，获批学校统战工作特色示范项目 1 项（全校 12 项），学院团委召开第一次团员代表大会暨第一次学生代表大会。开展多样活动促进教职工融合协作，提升归属感、幸福感。

加强干部队伍建设、团队建设、师德师风建设，新聘任科职 1 人、免研辅导员 2 人、兼职辅导员 2 人，输出中层正职干部 1 人。在疫情防控、心理健康教育等工作中，教职员工特别是学生团队主动挺在前面，凸显工作的精度、温度与团队战斗力。

承接学校中层领导干部专题研修班赴东部（国际）校区校情学习，展示校园建设新面貌和开拓性办学新愿景。做好对外宣传和招生专项宣介，学院 11 名教职工和其他学院教职工在全国11 个省、17 个市开展线上线下招生宣讲 20 余场，生源质量稳步提高。

【师资队伍建设】

作为学校人才特区纳入 2022 年度学校人才招聘整体规划并强化自主招聘，优化杰出人才、领军人才、青年英才、特聘研究员、特聘副研究员、助理教授六类教师岗位体系设置，以及落地东部（国际）校区的增量待遇发放标准、发放条件。完善人才引进机制。

启动新一轮师资自主招聘，线上线下广泛宣介、精准推广。组织学院学术专家组评议 2 次，提交学校师资遴选 5 人、过会 4 人。年内新入职师资 9 人，其中教授 2 人、助理教授 7 人，师资人数达到 17 人。1 人获学校"伯乐勋章"和"引才伯乐奖"奖杯。

人才培育、人才成长取得初步成效。获批海外优青 1 项。入选四川省人才引进计划青年人才项目 1 人。入选校级第七批雏鹰计划 1 人、校级第七批青苗计划 4 人。

【人才培养】

新增智慧交通本科专业。5 个专业年度本科招生 500 人，新增学士学位授权审核获得通过。启动研究生招生培养。

落实小班制等改革举措，加大公共课、基础课资源和经费投入，年度投入约 500 万元。打造"跨学科创新方法与实践""工程创新实训"等跨学科创新实践课程。实施首届暑期国际课程周，组织国内外 20 余位专家，开设国际化暑期课程 3 门、系列讲座 15 场。参与学校《交叉学科国际化创新人才联合培养计划》。

加强教材建设，获批学校教材建设项目 5 项、教材建设研究重点项目 1 项。支持建设虚拟仿真实验项目 1 项（电化学虚拟仿真实验）、线上课程建设项目 1 项（大学物理学）。

加强教学科研平台建设，首批建成大学物理实验室、增材制造与切割加工实验室、电工电子实验室等 3 个个性化实验室，设备数超过 300 台套。

5.加快教育教学改革探索步伐，获批四川省 2021—2023 年高等教育人才培养质量和教学改革一般项目 1 项，校级本科教育教学研究与改革项目重大培育项目 1 项、重点培育项目 2 项。

【学生管理】

持续深化"教-学-管"三位一体学业支持模式，多途径搭建师生交流、教育教学研讨平台，激活内生动力，营造良好育人氛围。

强化学习驱动，学生基础课程一次性通过率、优秀率、平均分以及四、六级通过率名列学校前茅。"青年大学习"参学比持续位列全校第一。

以"早进实验室、早进项目、早进竞赛""三早"理念推动学生全员科创。学生获批校级 SRTP 项目 5 项；各类学科竞赛获奖累计 100 余人次，其中国家级二等奖 1 项、省部级奖项 4 项，第八届互联网+竞赛省级银奖 1 项。

校地、校企共建校内外实践平台 8 个，在深圳腾讯、学校宜宾研究院建立 2 个实习基地，与自贡市、学校图书馆共建 4 个社会实践与志愿服务基地。志愿服务 1000 余人次，获校级实践育人奖项 9 项，实现大满贯。

【科学研究】

实现项目申请零的突破，获批国家自然科学基金项目 6 项（何正友、李义兵、曹子君、赵朝阳、李颖雄、文扬东），命中率 50%。获批四川省自然科学基金面上项目 1 项（李义兵）、青年基金项目 3 项（赵朝阳、赵志俊、汪红波）。获 2022 年度中央高校基本科研业务费科技创新项目 8 项（王绪婷、文扬东、赵志俊、王双不、陶宏伟、李颖雄、梅洁、李义兵）。获 2022 年度全国博士后管委会办公室国际交流计划引进项目 1 项（嵇昂）。

科研经费超过 1000 万元。凌明祥教授获 IFToMM CCMMS 2022"启先"最佳论文奖，曹子君教授荣获国际岩土工程安全学会青年科学家奖、入选全球前 2%顶尖科学家，孙湛博教授当选四川省第十三届政协委员。获教育部技术发明一等奖 1 项、中国智能交通协会科技进步奖二等奖 1 项等奖励。

【交流合作】

形成 2022 年度 1.5 亿元共建经费申请方案并提出申请，推动成都轨道集团启动和履行拨付程序。推动学校用好首笔 0.5 亿元共建经费，落实专业系启动经费 900 万元。

密切政府关系，与成都东部新区保持常态化沟通，争取政府支持将学院纳入新区建设规划。完成首批次政府人才资格认定，推进蓝绸带人才公寓项目选房。

推进产教合作，推动学校与腾讯、百度 Apollo 头部机构建立合作关系。推动学校成为中国城轨协会副会长单位，与凯迈新能源建立联合实验室。新增盛锴科技、易思维等合作伙伴，新增协议捐赠金额 450 万元；累计合作伙伴达到 14 家，合作经费超过 1470 万元。首批设立宇视科技奖学金、交控科技奖学金、金茂绿金奖学金奖励学生 18 人。

【校区建设】

高质量高效率推进工程建设，完成产值 5.5 亿元。一期工程 10 万平方米于 11 月 20 日主体结构全部封顶。二期、三期工程顺利推进，林栖公园空中田径场启动建设。

持续深化校园建筑设计和室内装饰设计，完成一期、二期室内装饰设计施工图和三期装饰设计方案。完成校园景观概念方案和一期施工图设计。

推动成都轨道集团、设计院加快推进智慧校园施工图设计。完成东部（国际）校区校园门禁系统总体规划。

【办学探索】

学校第十四届第 191 次常委会（扩大）会议决定"西南交通大学成都东部（国际）校区"命名（3 月 7 日），明确第四校区、国际校区建设方向。学校决定康国政副校长兼任学院党委书记。

推动学校出台《高质量推进城市轨道交通学院建设的意见（试行）》（西交校〔2022〕11 号），明确城轨学院综合管理机构定位和专业学院办学责任，专业学院组建 5 个专业系，确定首批双聘师资 93 人，专业学院（专业系）副院长（常务副系主任）兼任城轨学院副院长。

推动学校城轨学院建设领导小组两次会议，研究和推进学院及校区专业系组建及师资双聘、人才引进与师资队伍建设、平台规划与建设论证、校区功能分布与学生规模等议题，形成常态化运行机制。

启动国际化办学谋划，在学校暑期务虚会汇报东部（国际）校区国际化思考，申报第二轮"海外一流学科伙伴行动计划"项目。

（二十七）天佑铁道学院

【党建及思想政治工作】

2022年度，天佑铁道学院学习、宣传和贯彻学校第十五次党代会精神，贯彻落实党的二十大精神，以政治建设为统领，坚持定时开展政治学习，掌握国际国内发展态势，在实际工作中提高政治判断力、政治领悟力、政治执行力。学院的党员同志在教务处党支部参加组织生活，全年认真参与了支部安排的各项学习及实践活动。坚持从严治党方针，切实加强廉政建设，持续推进党性、党风、党纪及廉政教育，筑牢拒腐防变思想防线；认真践行中央"八项规定"，在事业经费管理、办公用品采购、活动经费使用等方面，严格审查、规范执行，没有违规违纪行为。坚持问题导向、目标导向、效果导向、质量导向，不断加强工作作风建设，切实改进工作方法，深入育人一线、管理一线，有效提升了部门协同能力与服务师生水平。

与交通运输部管理干部学院、招商局集团公司、詹天佑基金会等合作单位紧密联系和配合，改进思想政治工作，推进理想信念教育，推动"2022全球交通青年英才研修项目暨招商局C-Bule优才计划"的实施。持续深化爱国主义教育、全面开展党史学习教育，引导学生坚定信仰信念，以詹天佑班为依托，持续致力于面向"一带一路"培养具有国际视野和全球胜任力的新时代复合型、跨文化轨道交通国际人才。为深入贯彻落实党的十九大和十九届历次全会精神，以及中央对科普工作的重要指示精神，服务全民科学素质提升，实现铁路科普事业高质量发展，总结交流经验，以实际行动迎接党的二十大，詹天佑科学技术发展基金会开展2022年科普日活动，学校各级詹天佑班学生代表在线参加了此次活动，深刻感受中国速度，认识中国力量，自觉树立社会主义核心价值观。

【人才培养】

作为新历史时期以学校交通特色精准服务"一带一路"倡议和"交通强国"战略的"高精尖缺急"人才培养示范性基地，天佑铁道学院积极践行人才强校主战略和国际化战略，继续通过实施詹天佑班、国际工程班、埃塞俄比亚班等标志性人才培养改革项目，加快推进和实践新工科建设，统筹开展"一带一路"输出型和共建国属地化两类（中外）铁路国际人才的成建制培养，切实提升人才培养的显示度和契合度，全方位输出中国铁路高等工程教育理念、模式与标准，以人才培养的显著成效有力支撑学校"双一流"建设。重塑国际工程教育组织形式与运行机制。以"天佑铁道学院"为牵引，以"'一带一路'铁路国际工程教育联盟"为载体，构建交叉融合、跨界协同、开放共享的育人平台和面向全球共建共享共用教育合作网络。推动"一带一路"铁路工程人才培养落地实施，提升了中国深度参与世界国际工程教育的能力。

【交流合作】

1. 持续推进海外天佑落地计划

天佑铁道学院的重点任务为"海外天佑"建设计划与实施，即针对"一带一路"国内输出型、沿线国本地化"两类人才"培养需求，借助教育部语言合作中心工作平台，构建语合中心、高校、企业协作和专业、职业、产业贯通的特色天佑铁道学院国际人才教育新体系、新模式和新机制，全方位、全链条、全周期开展跨文化、复合型铁路国际人才教育、开发与合作，通过面向"一带一路"的西南交通大学"天佑系"国际化高等工程教育品牌建设，规划布局以"一带一路"沿线国家铁路人才需求为支撑的系列海外天佑铁道学院，加速推动中国国家软实力和铁路硬实力的国际传播。

2022 年，面对新冠疫情持续的国际态势，天佑铁道学院努力克服国际联络和交流障碍，转变策略、优化海外天佑铁道学院规划、建设及落地方案，与学校国际合作与交流处通力合作，广泛布局、重点突破，讨论、起草和修订了《中国·西南交通大学与泰国·孔敬大学关于设立"孔敬大学-西南交通大学天佑铁道学院"的合作协议》，已正式向泰国孔敬大学提交。与泰国孔敬大学校方工作团队多次开展线上工作会议，稳步推进"孔敬大学-西南交通大学天佑铁道学院"建设计划。

同期，天佑铁道学院代表学校参与了中国国家铁路集团有限公司科技研究开发计划项目"基于中泰高铁项目运维全岗位培训规划及研究"，以中泰高铁合作项目泰方全岗位运维人员培训工作任务为例，通过调查研究泰国运输部门和人员岗位实际情况，提出中泰高铁运营维护部门和岗位设置需求方案，并充分结合中国高铁成熟运营经验和项目建设实际情况，提出一套切实可行的、具有可操作性的培训实施方案，编制一套符合泰方实际的系列高铁规章，对境外项目运营维护的培训工作，提供一定的理论支持。

2. 持续深化对外联合协作

2022 年起，由我校轮值"'一带一路'铁路国际人才教育联盟"秘书处。天佑铁道学院作为联盟秘书处执行单位，从年初起开启轮值相关工作，包括联盟成员拓展、信息梳理与更新、联盟工作总结和联盟发展调研等，在此基础上规划、研究、商议并启动了联盟年度重点项目"一带一路"铁路国际人才教育联盟大会暨在线课程共享平台建设。项目启动会于 6 月在线上顺利召开。包括西南交大在内的 28 家联盟成员院校、近 200 名代表参加会议。作为联盟年度重点项目，在线课程共享平台将围绕"一带一路"国内输出型、沿线国属地化铁路及相关人才的本、硕、博学历教育和专业培训，开展教育教学课程资源共享平台建设和资源共享项目落地实施。项目将鼓励联盟成员高校和教育机构发挥学科专业优势和现代教育技术优势，建设与"一带一路"专业相关、内容质量高、教学效果好、适合在线学习的在线开放课程，最大限度地实现优质课程资源的共享

共用。该项目致力于发挥"一带一路"铁路国际人才教育联盟作用，遴选资源优势突出、同类高校认可的课程，优先推荐，推广应用。整合优质教育资源和技术资源，强化共建共享。为规范在线开放课程建设、应用、引进和对外推广程序，秘书处已完成"一带一路"铁路国际人才教育联盟在线课程专家委员会的组建工作，专委会将做好在线课程质量审核把关工作，并推动课程质量持续改进。项目将加强教学过程和平台运行监管，防范和制止有害信息传播，保障平台运行稳定和用户、资源等信息安全。

3. 在行业性国际组织中发挥更大影响力

2022 年，天佑铁道学院代表学校开展与铁路合作组织 OSJD 及其成员国间专项合作，全程参与铁路合作组织铁路职业教育培训机构——"铁组学院"章程、标准等核心文件制定工作。协助规划和支持了 UIC TrainRail Hackathon 全球决赛，在线参加国际铁路联盟第六届 UIC 全球铁路培训大会（WCRT），就我校铁路国际培训经验做大会主旨发言。

（1）代表学校在线参加铁路合作组织 OSJD 铁路运输领域职业教育/培训问题临时工作组第二十一、二十二、二十三次会议，参与铁组学院标准文件制定。

2022 年 3 月 9 日至 11 日，代表学校以视频会议的形式参加了铁组铁路运输领域职业教育/培训问题临时工作组第二十一次会议。会议重点商议了《铁组学院和教学大纲所有者之间关于授权使用铁组批准教学大纲的标准协定》草案，对《铁路运输领域职业培训问题铁组词表》和《铁组学院参加者提交的教学大纲由铁组进行批准和对其进行落实的办法》进行了修改和补充，商定了临时工作组工作进展报告草案（2021 年 3 月—2022 年 3 月），讨论了临时工作组 2023 年及以后年度工作纲要草案，就后续工作进行了安排。

2022 年 7 月 12 日至 14 日，代表学校以视频会议的形式参加了铁组铁路运输领域职业教育/培训问题临时工作组第二十二次会议。会议重点商议了《铁组学院和教学大纲所有者之间关

于授权使用铁组批准教学大纲的标准协定》草案，认为不宜继续编制该文件，因为教学大纲所有权的问题由教学大纲所有者和教学大纲提议者之间进行协调。此外，《铁组学院参加者提交的教学大纲由铁组进行批准和对其进行落实的办法》第三条规定需由提议者提交文件，该文件确认作者或作者集体同意由铁组学院使用教学大纲。临时工作组成员讨论并商定了截至 2022 年 7 月 14 日的铁路运输领域职业培训问题铁组词表的修改和补充事项，以便在铁组领导机构会议上核准。

2022 年 11 月 22 日至 24 日，代表学校以视频会议的形式参加了铁组铁路运输领域职业教育/培训问题临时工作组第二十三次会议。会议编制并初步商定了《铁路运输职业教育和培训领域铁路合作组织（铁组）信息网络资源的规定》草案、《铁路运输职业教育和培训领域铁路合作组织（铁组）信息网络资源编辑委员会的工作规定》草案。此外，临时工作组成员讨论并商定了截至 2022 年 11 月 24 日的铁路运输领域职业培训问题铁组词表的补充事项，以便在铁组领导机构会议上核准。与会者研究并商定了铁组铁路运输领域职业教育/培训问题临时工作组 2023 年的工作计划草案以及第二十四次会议的初步议程。

（2）代表学校协助国际铁路联盟 UIC 策划、组织并在线参加国际铁路联盟 UIC 全球创客大赛决赛。2022 年 11 月 29 日，国际铁路联盟(UIC)首届铁路创客大赛 TrainRail Hackathon 全球总决赛在法国巴黎 UIC 总部举办。本次总决赛主题为"疫情之下，铁路行业如何保持活力"。通过项目展示和现场答辩环节，最终我校学生代表队以《虚拟铁路体验解决方案》荣获 TrainRail Hackathon 全球总决赛"最佳推荐奖"。在总决赛中，我校继续发挥 UIC TrainRail 副主席单位的引领作用，参与搭建决赛组织框架，编制决赛评审文件和评议表，受邀并派出 2 名专家评委参加决赛评审工作；代表学校在线参加国际铁路联盟第六届 UIC 全球铁路培训大会（WCRT），就我校铁路国际培训经验做大会主旨发言，获得各与会单位的一致好评。

【教学科研】

1. 构建国际工程人才全人教育体系

由天佑铁道学院牵头申报和实施的第二轮教育部新工科研究与实践项目——《基于"一带一路"新工科教育共同体建设的铁路工程教育能力提升研究与实践》推进顺利，已向教育部提交结题报告和支撑材料。本项目基于"一带一路"新工科教育共同体平台建设，立足培养铁路国际工程卓越人才，系统开展"一带一路"铁路工程人才需求矩阵分析，深化国际化背景下的工程教育改革，形成了提升中国铁路工程教育能力的总体方案和实施路径。项目协同化构建了合作平台，打造全球共建共享的教育网络，构建交叉融合、跨界协同、面向全球共建共享的"一带一路"铁路国际工程教育联盟，以"天佑铁道学院"为基、联盟章程为纲、秘书处为核，共建共享国际化师资库、场景化实践基地、联盟课程平台、铁路创客社区等优质教育资源，首创 UIC 全球创客大赛。出任铁盟培训委员会副主席，全程参与铁路教育标准制定，全面提升中国铁路工程教育全球话语权和影响力。项目创新了工程教育理念，制定核心素养标准、重构人才培养方案；聚焦核心素养标准，构建跨学科课程体系、形成具体实施方案；体系化建设了教学资源，革新教学方法，支持大规模人才培养。项目解决了铁路工程教育能力提升的四个方面问题：解决了国际工程人才教育理念不新、培养目标不明、核心素养标准欠缺和培养模式不适应等问题；解决了跨学科教育不足，跨学科课程体系构建难、课程建设与实施难问题；解决了铁路特色核心资源不足且未体系化、难以实现持续大规模培养"高精尖急缺"铁路国际工程人才问题；解决了缺少平台和机制，国际权威铁路组织深度合作难，无法支撑"一带一路"铁路国际工程人才培养的持续效度问题。

2. 牵头申报四川省教学成果奖

2022 年，天佑铁道学院牵头报奖的教改项目"'一带一路'铁路工程人才培养研究与实践"获得四川省教学成果一等奖。基于以上省级教学成果一等奖和校内各相关单位的关联成果，天佑铁道学院牵头申报了"2022 年高等教育（本科）国家级教学成果奖"，申报题目为"服务'一带一路'重大需求，深化工程教育改革，培养铁路国际工程卓越人才"。项目团队坚守"为党育人、为国育才"初心使命，争当中国铁路工程教育"走出去"排头兵，依托2项工程院重大咨询项目和3项教育部新工科项目，需求牵引问题导向，创新"回归工程、学生中心、全人教育、交叉融合"工程教育理念，优化人才培养目标、制定核心素养标准，面向国内"输出型"和沿线国"本土化"两类人才，打造"本研衔接、订单培养、终身学习"三种模式，重构八大铁路核心专业人才培养体系；提出工程领域"五维度"跨学科教育模型，构建跨学科课程体系及实施方案；打造一流国际化师资和核心教育资源体系；加强与国内外铁路管理部门、龙头企业、特色高校和国际铁路联盟的深度合作，牵头构建交叉融合、跨界协同、面向全球共建共享的国际教育合作平台。实施大规模、多层次、多类型铁路国际工程卓越人才培养，提升了中国深度参与国际工程教育的能力。成果实施以来，打造了千余名国际化师资，建成体系化核心教育资源，完成万余名铁路国际工程人才培养，海内外20余万人参加线上学习。8个专业均入选国家一流专业建设点，入选国家一流课程20门，一项新工科项目结题"优秀"，获教育部首批虚拟教研室并进入活跃度百强。通过援建非洲铁道学院和实施"本土化"人才培训，将成果应用于"一带一路"沿线国家，被中南大学等百余所高校借鉴，得到国家部委企业、沿线国政府高度认可。成果第一完成人出任国际铁路联盟（UIC）培训委员会副主席，全程参与UIC铁路工程教育标准制定，显著提升了中国铁路工程教育的全球话语权和影响力。

【管理服务】

1. 埃塞俄比亚班教学管理

在教务处的指导及土木工程学院、电气工程学院的全力配合下，协调、组织做好埃塞俄比亚班线上线下毕业设计选题、开题、中期答辩等工作。就6名境外埃塞俄比亚学生无法返校的特殊情况，逐个协调毕业设计导师，通过网络交流答疑等方式，单独开展线上毕业设计辅导。埃塞俄比亚班30名学生均同步有序完成毕业设计安排，有效确保了埃塞班正常教学秩序。主动协调推进了埃方培养经费到校及校内课酬分配有关事宜，人性化、规范化地妥善处理学生学习、考试及补考相关的个人事项。

2. 詹天佑班建设管理

在詹天佑基金会指导下，制订工作计划，高标准做好6个詹天佑班班级管理工作。支持我校2020级、2021级詹天佑班（交通运输）代表西南交大全体詹天佑班学生，携手另外四所高校詹天佑班代表，共同录制二十大祝福视频；组织学校各级詹天佑班学生代表在线参加詹天佑科学技术发展基金会开展的2022年科普日活动。根据各詹天佑班所取得的成绩及实际开展活动情况，评选出优秀班级；根据全体詹班学生个人综合表现，评选出5名优秀个人奖，由基金会统一颁发奖学金。

3. 国际工程班管理

结合2021级铁建国际工程班全英文授课特点以及学生上课的实际情况，制定了阶段式、渐进式授课方式。就班级情况与企业相关负责人积极沟通，协助学生们与企业交流。根据工程班学生的综合表现，完成铁建企业奖学金等级评比及奖学金发放。

（二十八）工程训练中心

【党建及思想政治工作】

2022年，工程训练中心（后简称"工训中心"）党支部认真贯彻落实学校党委各项决策部署，围绕"党建引领，立德树人"这一主线，把深化巡察整改，学习贯彻落实党的二十大精神和学校第十五次党代会精神作为党支部今年工作的一项重要政治任务来抓，认真组织开展各项政治理论学习，抓好意识形态和师德师风建设工作，将基层党建各项工作抓细抓实抓落地，党建引领，有力推动发展。

（1）党支部持续推动深化整改相关工作，并及时通过多种方式将整改情况向党员、教职工进行通报，做好党务政务公开，接受监督整改，筑牢工训中心事业高质量发展基础。

（2）加强干部队伍和师资队伍建设，努力打造一支团结和谐、干事创业的干部和教师队伍，中心上下凝心聚力，共谋发展，党政班子以团结和谐干事创业的良好实绩得到了职工群众的充分肯定。

（3）牵头组织学习贯彻中国共产党第二十次全国代表大会和西南交通大学第十五次党代会报告精神等重大活动，学做结合，党政互融，办实事开新局，推动发展取得积极成效。

（4）认真履行意识形态、党风廉政建设、安全稳定等主体责任，做好党员职工政治理论学习、思想教育和纪律监督，加强师德师风宣传教育，切实发挥党支部思想教育、监督保证作用。

【师资队伍建设】

中心党政合力，对内通过组织教师开展教学研究、业务技能培训、竞赛交流合作、与校内学院高水平师资合作等各种方式促进师资水平持续提升；对外积极争取学校人事引进的政策支持，师资引进工作取得一定成绩。新进博士师资1名，高学历师资引进取得新进展。教师参加新设备教学技能培训、综合训练课程交流共80人次，教师"一人多岗、一专多能"业务基础不断夯实。新入职教师参加学校2022年师资培训活动，职业道德规范水平、教育教学技能和实践教学能力得到提升。

【人才培养】

圆满完成各项教学任务。

（1）基础训练教学：实训学生共计3469人，人时数达329 480人学时。其中：校内：2938人，308 760人学时，涵盖了机械、力学、电气、信息、计算机、材料、建筑与设计、生命、心理中心、城轨、经管、利兹学院等12个学院共31个专业。校外531人，人时数20 720，包含四川师范大学工学院、材料学院，四川旅游学院学生。

（2）综合训练：2022年共完成电气、信息、城轨、利兹四个学院1594人的综合训练，共计135 872人学时。

（3）个性化实训：开展计算机学院76人开源无人驾驶小车实训。

（4）联合授课：与利兹学院开展学生联合培养工作，完成了"设计与制造1""设计与制造""增材制造"3门课程教学工作，覆盖学生325人；与城轨学院联合开展"跨学科创新方法与实践I"课程教学，完成智能制造专业4个班98名学生的机械制造基础实践教学。

积极开展创新实践活动，助力学校创新人才培养。中心在学生创新实践和学科竞赛成效显著，在科创竞赛获奖质量与数量上均取得了重要突破：获包括中国高校智能机器人创意大赛一等奖、全国大学生机械创新设计大赛一等奖、全国工业工程应用案例大赛一等奖、中国城市轨道交通科技创新创业大赛创新奖、中国研究生数学建模竞赛二等奖等在内的全国竞赛奖10项，省级竞赛奖35项，显著提升了中心服务学生及高级别科创竞赛的能力。成功承办2022中美青年创客大赛成都赛区比赛。大赛以线上线下结合的方式开展，选拔出5个优秀团队晋级总决赛，并在总决赛中获得二等奖1项、三等奖3项，其中本校团队获得三等奖2项。2022年8月，中心教师指导参赛队参加全国大学生机械创新大赛决赛获一等奖（最高级别）2项，指导学生参加第五届中国高校智能机器人创意大赛获一等奖1项，实现工训中心新突破。成功承办2022年工训大赛四川赛区比赛，我校参赛队在省赛中取得佳绩，共35支队伍获奖，其中一等奖12项、二等奖17项、三等奖6项，工训中心老师作为第一指导老师指导获奖分别为10项、15项、5项，为中心历年参赛最好成绩。

积极推进教育教学改革，深入挖掘工训育人要素。持续推进工程训练课程的线上线下混合式教学改革，中心课程"工程训练"获省级一流课程重点立项建设。张祖涛主任因长期从事一线本科教学工作，教学成果和教育质量突出，获2022年教育部霍英东教育教学奖殊荣和表彰。工程训练新形态教材《工程训练》建设完成，将于2023年新学期投入使用并极大助力工程训练教学质量进一步提升。三项省级教改项目获批立项，其中重大项目、重点项目、一般项目各1项。中心教师积极申报2022年校级实验教学研究与改革项目，共获批6项，其中重点项目1项，一般项目5项。完成学校2021—2022年度9个SRTP

项目的结题验收。组织中心教师申报 2022—2023 学年 SRTP 项目，共获批 11 项，其中省级 3 项，校级 8 项，数量和级别创新高。《大学生创客教育与实践》已经完成学校新形态教材立项，并通过高教社立项认证。

依托创客空间平台，开拓双创教育教学。完成"从代码到实物"课程两期三个教学班教学，参加学习 182 人；支持了智慧城市与轨道交通学院"跨学科创新方法与实践"课程的研发和教学开展；支持了"运动、科技与智慧人生""从艺术到设计"跨学科选修等课程的教学开展，覆盖学生 70 人；与华为公司合作开展《华为云开源 AI 推理框架 ModelBox 实战工作坊》，50 名学生参加。分别面向人工智能与计算机学院的人工智能专业以及利兹学院电子信息、计算机专业，开展了三期暑期工程实习课程"无人驾驶小车制造与控制实践"及"基于 ROS 系统的智能小车制作与控制实践"，覆盖学生 192 人。

【管理与服务工作】

工训中心根据《工程训练中心"十四五"规划》制定了《2023—2028 年实验室建设规划》，修订完善了《工程训练中心支委会议事规则》《工程训练中心党政联席会议议事规则》；出台了《工程训练中心党支部关于落实和加强意识形态工作责任制的实施办法》《中共西南交通大学工程训练中心支部委员会关于落实"第一议题"制度的实施办法》《中共西南交通大学工程训练中心党支部党务公开制度（试行）》，管理制度体系逐步健全。

完成第二批空调进实训室及无线网络全覆盖建设工作，规划并改造 A316 成为新的激光加工实训室，313、314 成为科创作品制作调试场地，整体教学环境得到极大改善。

工训中心定期开展及接受安全检查，定期开展消防设施及设备用电安全检查，确保消防和用电安全；严格实施安全准入机制，对实训学生开展入场安全教育培训和实训安全知识考核；积极组织教师参与实验室安全答题活动及实验室安全培训；与中心职工签订《工程训练中心 2022 年安全工作目标责任书》，进行常态化安全考核。2022 年中心在全体教职工的共同努力下实现了全年无实验室安全事故的目标，确保教学安全有序开展。

根据工训中心实验室建设规划，完成了"2022—2024 年改善基本办学条件项目申报"并获 216 万元经费支持，现已完成设备采购。贴息贷款实验室建设申报项目获批金额 300 万元并开始招标，以上项目实施将持续提升中心实验室设备硬件水平。

（二十九）唐山研究院（唐山办事处）

【党建及思想政治工作】

2022 年，我院坚持以习近平新时代中国特色社会主义思想为指引，深入学习贯彻党的二十大精神，全面贯彻党的教育方针，始终将思想政治教育作为工作的首要任务，着力提升异地培养研究生思想政治工作水平。本年度院党委进一步强化了"精准思政"工程和"三全育人"工程内容，严格落实以思政课、教职工政治理论学习、党支部学习、党员教育培训、党课为主的理论学习体系，完善"1+1+1+1"学习计划，同时坚持以"学习强国"等平台为抓手，不断强化师生线上的理论学习，全体师生的思想水平得到不断提升。

继续深化"寻根铸魂""红色研学"两大实践活动体系建设，让师生在实践中不断坚定理想信念。以党的二十大召开、建团 100 周年、学校第十五次党代会召开为契机，2022 年共计组织开展各类实践活动 40 余次，将党建与学生成长成才全方位融合。通过形式多样的实践活动，坚定了师生扎根人民、奉献国家、肩负时代重任的使命意识。

我院力求在学生培养的全过程做到"精准化"。领导干部带头与学生逐个谈心交流，辅导员每天深入学生了解思想动态和实际困难，全院教师全员参与学生思政工作，全方位、精准掌握学生的思想动态、性格特点、学业规划和现实诉求。通过细致的思想政治工作，形成了全院教师爱生如子、全院学生爱院如家的良好氛围，师生的思想水平不断提升，理想信念笃实坚定。

【师资队伍建设】

2022年，我院建立并实施了班导师制度，在新组建研究生班导师队伍的基础上，继续完善了包含校内导师、班导师、驻院导师、培指委专家在内的多师培养模式，对研究生的思想、学业、科研的指导更加细致有效。同时，为充分发挥各相关学科高水平博士资源的优势，提升我院研究生自主学习的能力，组建产生了首支高水平驻院博士生队伍。本年度，继续按照"团队化、本地化"的原则，对现有导师队伍进行系统梳理，"团队化"培养模式逐步形成。

【学科专业】

2022年，唐山研究院招收全日制专业学位硕士研究生100名，其中包含机械25人、物流工程与管理11人、交通运输9人、能源动力25人、电子信息30人。在2022年录取考生中，有21%的考生来自"985""211"院校，生源质量明显提高。同时，本年度非全日制办学平稳延续，报考人数较去年有所提高。

【人才培养】

2022年，为有效应对人才培养模式的变化，唐院广泛征集多方意见，对新生培养方案进行了优化和完善，着重对课程体系与课程设置科学性与合理性进行了论证，实现了新版培养方案的有序推行。一年来，继续坚持强化学位论文过程管理，从抓好开题到严格中期检查，通过完善可行的质量保障体系和认真落实执行来进一步保证研究生培养质量。同时，针对新版培养方案增设的非课程培养环节，唐院制定了多项管理办法，确保非课程培养环节落实到位。

为进一步增强学生的科研实践能力，培养高质量应用型人才，我院鼓励学生立足问题，深入企业，产研结合，提升能力。本年度，共计56人分别前往百度、腾讯、字节跳动、网易、中车等39家企业开展科研实践工作。同时通过基本科研项目资金支持，最大程度激发了学生比学赶超的科研劲头。本年度研究生基本科研项目立项共191项，科研立项经费合计287万元。在浓厚

的科研氛围下，唐院学子佳绩频出，2022年我院学生发表学术论文数、申请专利数、参与竞赛数和往年同期相比均有不同程度的增长。

我院实施全面摸底、全员动员、定点帮扶的"精准就业工程"，经全院通力协作，精准支持，2022届毕业生初次毕业去向为96.25%，位列全校第二。学生就业结构及就业领域多样，除考取选调生、考取博士继续深造外，其余学生多签订在网易、阿里、携程、小米等大厂以及成飞、大桥院、桥梁院等国企、设计院。

【科学研究】

本年度，我院充分发挥研究院的桥梁作用，以学校的师资团队为依托，积极对接主管部门并联系学校相关教师开展课题申报。2022年共报送推荐16个项目参评河北省自然科学基金，获批立项5项，包含1项优青项目、4项面上项目，获批科研经费共计60万元。与此同时，报送推荐3个项目参评唐山市重点科研项目，拟立项2项，预计获批科研经费40万元，均为历史突破。

与河北港口集团、曹妃甸区委区政府、曹妃甸现代供应链科技有限公司、中铁实业股份有限公司等单位深化合作，本年度累计新增横向科研经费260余万元。与此同时，本年度为河北省科技厅引进1名科技特派团团长，为唐山市引进4名高水平技术专家，各位专家将在省市相关的科技称号、科技计划、产业交流等方面发挥积极作用。

【交流合作】

1. 广开渠道路径，合作深度再上新台阶

按照"向车面海"的发展思路，与河北港口集团联合组建了"智慧港航与国际供应链创新中心"、研究生实践创新基地，积极拓展我校在海洋领域合作发展的渠道。与北京交通大学、北京理工大学紧密协作，筹备举办首届驻唐研究院院长联席会议，不断提升自身影响力。充分发挥研究院的桥梁纽带作用，协助做好我校生命科学与工程学院、电气工程学院在生物医药、氢能源建设领域的科研成果在唐山落地转化工作；积极落实唐山主要领导指示精神，推进校地在医疗领域、优质生源基地建设等方面的合作，着力搭建校地合作新平台。

2. 依托优势资源，多元发展又添新领域

2022年，唐院贯彻"多元发展"理念，开

拓非学历教育和高端培训领域。为了更好地服务地方，依托学校优势资源，举办了唐山工业职业技术学院管理人员与骨干教师专题研修班和创新创业专题研修班，参培学员达 200 人。同时洽谈跟进其他非学历教育项目 7 个，涉及唐山市政府、企业及高校等多家单位。此外，积极与学校网络教育学院及各职能部处结合，探索联合开展高端研学游项目。

3. 凝聚校友力量，校友工作再有新成效

在唐校友工作稳步推进，校友联谊活动丰富热烈。本年度开展了"新老校友新园区寻根""校友与 MBA、MPA 学子面对面"等活动，协调学校和校友办开展了"茅以升塑像的捐赠倡议"活动，得到广大校友的鼎力支持，完成募捐 40 万元，既凝聚了学校校友力量，也增加了园区建设资源。

【管理服务】

唐院不断优化在唐离退休教职工的服务工作，全年共组织座谈会、茶话会、运动会等活动 8 次，走访看望老同志 60 余次。多次为党员老同志送学上门，在党的二十大召开之后，第一时间采用快递形式为离退休老同志送去了学习材料，把党中央的指示精神快速准确传达到位。

面对 2022 年疫情防控的复杂形势，离退休服务人员坚持每 5 天对所有离退休同志进行电话慰问，了解每位老同志的生活状况与身体健康情况，及时解决老同志的生活问题，对于部分在唐孤寡离退休教职工实行日访制，通过电话或微信进行每日生活随访；在疫情比较严重的时期，通过快递为每一位老同志送去慰问品和防疫物资，受到了老同志们的一致好评。

【西南交通大学唐山园区建设工作】

本年度，在唐山市和学校的支持下，唐院全体员工克服了疫情、环保、政策、资金等不利因素的影响，通过不断争取，多方协调，谈判协商，新园区的工程建设、室内装修、景观绿化等方面进展顺利，目前园区已竣工，正在进行验收。

与此同时，我院积极做好唐山交大纪念馆的室内展陈和文案设计工作，做好老唐院地标建筑、地标景观的还原工作，尤其是协助做好了老唐院的古树和遗址的保护工作。此外，积极协调市政府，将唐山新园区纳入南湖—开滦矿山 5A 级景区博物馆群落，确保落成后的园区能够更好展示中国近代工程高等教育发源地的深厚文化底蕴，成为全体交大人的精神家园和唐山市历史文脉传承的新地标。

十一、合作与交流

（一）对外/对港澳台合作与交流

学校聚焦"双一流"建设方案、"十四五"规划重点任务，贯彻第十五次党代会精神，适应教育对外开放新形势，强化顶层设计，推进制度创新，坚持精耕细作，高质量开拓国际合作交流新局面。

1. 加强顶层设计和归口管理，践行国际合作新理念

成立由党委书记任组长、相关单位负责人为成员的外事工作领导小组，确保学校党委在外事工作中统揽全局、协调各方。以"学校为主导、学院为主体、学生为主角"的工作理念，建立了学校、学院、部处协同联动的共同参与管理机制，以精准服务"双一流"建设为导向，以更高的标准提升国际交流合作层次。

围绕学校中心工作，加强外事管理队伍建设，打造"政治坚定、业务精湛、作风过硬、纪律严明"的管理队伍，促进思维模式和工作方式的转变，提振干事创业的"精气神"。

2. 服务国家战略，加强全球合作布局

（1）拓展全球合作交流网络，以广泛、深入联结全球高校为关键行动，提升开放办学、融合资源能力，新签署校际合作协议11份，其中1所为全球百强名校（韩国延世大学）、2所为200强名校（澳大利亚悉尼科技大学、美国匹兹堡大学）。

助力"一带一路"倡议，在全球互联互通中提供"交大方案"，重点推进与泰国、老挝、巴基斯坦、俄罗斯等的高校和科研机构开展合作。

① 锚定海外设立天佑铁道学院分支机构目标，与泰国孔敬大学就设立"孔敬大学-西南交大天佑铁道学院"，开展高铁人才联合培养项目达成一致意见，获教育部中外语言交流合作中心（原国家汉办）支持（参照孔子学院）。联合中泰

两国9所单位签署中泰高铁教学计划、中国-泰国轨道交通"一带一路"共建实施联合实验室谅解备忘录。与老挝工业与贸易部标准化与计量司签署《铁路技术标准和验证工作合作谅解备忘录》。

② 与老挝国立大学签署《共建中老标准验证和检验认证中心合作协议》。

③ 拓展与巴基斯坦国立科技大学战略合作，推进"中国-巴基斯坦铁道工程联合研究中心""巴基斯坦国立科技大学—西南交大天佑铁道学院"等领域开展重点合作。

④ 推进与俄罗斯秋明国立大学学生交换项目。助力国家援外事业发展，获批援外学位学历项目1个，录取援外学位学历生共计30人，服务中国高铁"走出去"，增强援助国学员对中国的了解和感情。

（2）助力深化两岸融合发展，推进港澳台侨师生融入国家发展大局。与香港浸会大学签署合作协议。圆满完成港澳台侨生联合招生工作，招收来自港澳台应届高中毕业生8人。完成2022年港澳与内地大中小学师生交流计划申报工作1项。开展16场港澳台侨学生国情教育活动。1名台籍教师获得"川台交流融合突出贡献台湾同胞"称号。

（3）保障师生双向交流，全年共完成50个团组、57人次的教师因公临时出国（境）审批。组织申报中国教育国际交流协会"中国—中东欧国家高校联合教育项目"2项，"'一带一路'教育国际交流专项课题"2项。

3. 提高人才培养质量，服务学校"双一流"建设

以国家公派出国留学工作为牵引，聚焦提质

增效，立足学科优势和发展需要，和世界一流高校、一流学科、一流师资联合培养高层次人才，通过搭建平台、政策引导和经费支持，鼓励和资助学生赴世界名校、实验室、国际组织等进行交流学习。新获批国家留学基金委"创新型人才国际合作培养项目"1项。

大力推进"在地国际化"，暑期国际课程周共开设41门在线国际课程，选课学生超过3000人次。新开设"高水平示范性国际公共通识课程""碳中和国际化人才实训项目""PBL交叉学科国际化创新人才培养项目"等在线国际课程/项目，为学生提供多元教育选择，提高学生对多元文化的理解力、跨文化交流的沟通协作能力，培养兼具中国情怀和世界格局的全球胜任力人才。

4. 加强海外人才引进，建设国际师资队伍

（1）外专引智工作基地、项目、经费、外籍教师数量实现新增长。完成"轨道交通低碳建筑技术学科创新引智基地"申报工作。全年外籍教师达到50人，获批国家外专项目16项，获资助417万元，申报学科达16个。

引智项目助推高层次国际人才引进，获批国家自然科学基金委外国学者研究计划、科技部青年外国学者计划等入选人员创新高。执行期内的5项"111"基地执行单位，2022年度共获拨款55万元。

（2）推进落实"国际合作交流专员/顾问"制度，海外引才实现新突破。聘任国际合作交流顾问24名、专员15名，引进基础学科国家高层次人才特殊支持计划科技创新领军人才1人、推荐申报海外优青项目10余人、普通师资及引进人才15人次。

（3）创新工作举措，做好教师引进、发展、涉外管理与服务。首次通过"泰晤士高等教育"（THE）发布外籍教师国际招聘公告，重点聚焦基础学科发展和人才队伍建设。共收到求职资料114份，其中基础学科90份，已确定引进基础学科师资1人，博士后进站1人。举办"全球化背景下教师创新研习系列讲座"，搭建我校教师与国际同行对话交流平台，助力提升我校教师队伍建设和国际化水平。优化客座教授聘任流程、确定评审机制，首次在全校范围征集客座教授专家人选，搭建完成客座教授评审专家库。完成外籍教师（师资补充序列）进校和续聘相关流程和材料清单、外籍博士后有关进校流程和招聘广告（英文版），优化更新2022年度国际学者（专家）工作手册（中英文版），完善"西南交大外专引智"微信公众号平台，加强涉外管理和服务专业化和精细化，探索实施了"青年外籍教师半月谈"活动。

（4）加大典型外国专家工作宣传，营造良好工作氛围。推荐4位外籍专家申报四川省人民政府"天府友谊奖"，参与人数位列川内高校第一，利兹学院院长、英国籍专家靳忠民教授获表彰（全省仅5人获奖）。德国籍教授Bernd Ulrich Wuennemann参加四川省委人才办和四川省科技厅举办的端午节文化活动，日本籍副教授Futoshi Yagi接受四川日报社采访，英国籍博士后Jamie Francis Townsend参加四川省委统战部"美丽四川"参访活动，伊朗籍助理教授Ali Rahman接受江苏省习近平新时代中国特色社会主义思想研究中心邀请参与录制"二十大报告金句诵读"活动等，受到地方政府有关部门认可和积极评价。

5. 拓展优质办学资源，构建全球一流伙伴体系

（1）以"海外一流学科伙伴行动计划"抓手，创新高水平全球合作组织模式，提升汇聚国际优质资源能力，逐步建立起以学院为主体开展高水平全球合作新机制。首批立项10个"海外一流学科伙伴行动计划"项目，资助10个学院的12个一级学科对标本学科全球一流高校、一流学科开展合作。与海外伙伴高校在人才培养、师资队伍建设和科学研究等方面的交流合作逐见成效，签署4份院际合作备忘录，拓展合作领域。启动第二轮项目申报立项，新增4个"海外一流学科伙伴行动计划"项目。

（2）以新增中外合作办学项目、专业为路径，构建高质量国际化人才培养体系。向教育部申报1个中外合作办学项目并获批（与美国俄克拉荷马州立大学合作举办环境工程专业本科教育项目），填补了我国西部省份在该学科领域中外合作办学为零的空白。项目首届招收64人。持续推进利兹学院提质扩能，向教育部申报新增1个本科专业（材料科学与工程专业）。有序推进与德国德累斯顿国际大学合作举办无损检测专业硕士研究生教育项目协议续签工作。

（3）以东部（国际）校区建设为重点，打造集聚全球优质办学资源新平台。聚焦智慧城市、智慧交通，拓展与美国亚利桑那大学、加利福尼亚大学圣克鲁兹分校、德州农工大学、德国克劳斯塔尔工业大学、德国亚琛工业大学、德国杜伊斯堡-埃森大学、英国斯旺西大学、新西兰奥克兰大学、日本千叶大学等10余所全球知名高校交流合作，持续推进"一对多"合作，谋划推进国际教育合作园区建设。

6. 持续优化来华留学生结构，推进来华留学质量建设

（1）加强项目拓展，吸引全球优质生源。2022年在校学历及进修国际学生543人。在疫情持续影响的情况下，积极拓展形式多样的招生渠道，高质量完成录取工作。2022年录取110名（其中研究生为109名，占比99%）包含中国政府奖学金生、商务部援外学历学位生、校长奖学金生及自费生。

提升"留学交大"品牌国际知名度。制作新版《来华留学生招生宣传简章》、来华留学生招生PPT（中英文版），及时在"Study at SWJTU"微信公众号、Facebook等社交媒体发布招生宣传信息，制作中国政府奖学金等5大类项目年度招生简章，全年开展18场线上宣讲会，共计千余人收看。积极鼓励学院开展自主招生工作。

（2）深化合作，优化结构，合理布局。积极拓展3个成建制本科生项目：沙特阿拉伯政府奖学金项目、马来西亚吉隆坡大学"3+2"本科学历项目、泰国孔敬大学"3.5+1"本科非学历项目。与东盟十国教育部长联盟技术教育中心推进职校教师学历提升项目。同时，继续与海外中资企业保持紧密联系，推进企业奖学金项目，积极联系中土、中港湾、中国电建等企业。

（3）加强质量建设。启动全校来华留学全英文课程及专业建设工作，大力支持优势学科的全英文课程及专业建设。开展研究生培养过程质量检查，以国际汉语水平为参考标准规范各学期汉语课授课及考核标准，初步建立起校内国际汉语水平分级认定体系。

（4）厚植来华留学生知华友华爱华情感。线上、线下组织开展了"家在成都""在蓉高校留学生感知中国""文化天府行""知行中国——全球青年领袖计划""2022世界交通运输大会线上论坛""感知中国2022年活动""全球交通青年英才研修项目"等23场丰富多彩的活动。

（5）加强学校与行业协会之间的沟通与交流。作为四川省高教学会外国留学生工作专业委员会理事长单位，组织了2021年年度和2022年年度评优工作、配合教育厅开展川渝系列活动、与西南石油大学联合举办征文大赛，完成专委会招募会员工作。

（6）做好疫情防控与境外学生返校工作。开展每日学生健康统计6万余次，与金牛区、郫都区等属地政府协调两校区国际学生完成第三针疫苗接种，扎实开展核酸检测、精准掌握学生去向，多措并举应对全年多轮本土疫情。以安全稳定为底线，妥善开展境外学生返校工作，累计处置入境航班57个（累计入境学生97人）、接待来校学生38批（累计到校学生85人）。

（7）进一步加强规范化管理工作。制定《国际学生签证与居留许可材料签发工作管理办法（试行）》，完成导师手册、学生手册编制工作，强化了留学生教育教学管理的规范化。

7. 加强国际传播，讲好中国故事，发出"交大声音"

（1）创新推进国际中文教育工作。积极组织学院申报教育部中外语言交流合作中心国际中文教育项目，全年推荐选派14名学生作为国际中文教育志愿者赴6个国家开展中文教学和中国文化传播工作。与教育部中外语言交流合作中心与签署"资助外派国际中文教育志愿者"项目合作协议，定向资助学生赴苏格兰中小学孔子学院任教。向教育部中外语言交流合作中心申报获批"英国'中文培优'项目学生暑期在线夏令营"，1500余名英国中学生参与，美联社等360余家海外媒体予以报道。教育部中外语言交流合作中心资助的"中外青年云对话YOUTH LINK"项目由《人民日报》（海外版）、人民网、光明网等主流媒体报道。

（2）加强海外宣传工作。与全球知名大学排名机构"泰晤士高等教育"（THE）合作开展学校国际声誉提升工作，借助其海外平台提升我校国际形象，优化学校介绍页面、发布11篇科研成果报道、留学生招生英文宣传片。持续做好学校英文网站更新。

（3）以国际标准制定为导向，为专家学者搭建国际组织工作平台，在制定轨道交通国际标准中发出"交大声音"。组织我校专家学者积极参加铁路合作组织（OSJD）和国际铁路联盟（UIC）会议。组织教学科研单位积极参与UIC亚太区科研项目，完成结题1项，申报6项（拟立项1项）。组织专家及团队申报"2022年UIC国际可持续轨道交通奖"和"铁路优秀出版物奖"。组织专家对OSJD及成员单位编制的备忘录及草案研提意见，主持或参与国际铁路相关标准制定。

（二）境内合作与交流

2022年，学校推动"双一流"建设与国家战略部署、区域经济社会发展和行业企业需求深度融合，创新开展"云对接""云签约""云服务"，通过新模式、新技术、新理念加强对外合作工作。签署对外合作协议37项。合作协议达成设立科研专项经费1.375亿元，捐赠经费2130万元、捐赠设备价值210万元，联合共建5G应用联合实验室、锂电池系统安全评价联合实验室等创新平台22个，人才培养、实习实训基地17个。

在校地合作方面，围绕"成渝地区双城经济圈"等国家区域发展战略，加强落实与四川省人民政府、成都市人民政府等地方政府签订的合作协议，完成与达州市人民政府、重庆市黔江区政府等地方政府战略合作协议签约。建设四川省跨高校院所新型中试研发平台，该平台前期投入2亿元；与四川天府新区合作共建准环对称仿星器项目，该项目第一阶段投入约2.35亿元。在校企合作方面，与四川邮政、腾讯、顺丰等龙头企业共建四川省轨道交通应用创新中心、智慧交通创新实验室、数字文创与互动媒体实验室等实验室，与交大铁发、唐源电气等公司共同设立科技合作专项，开展科技攻关，促进行业技术发展。四川拓及轨道交通设备股份有限公司投入近1亿元共建研发中心；绿盟科技集团股份有限公司投入不少于500万元用于合作共建工业互联网安全联合实验室等。

截至2022年底，董事会单位共93家。

（三）社会服务

1. 定点帮扶

2022年，学校巩固脱贫攻坚成果，落实教育部、四川省的要求，着力在乡村风貌升级、改善基础教育环境、开拓养老项目等方面上下功夫，推动乡村全面振兴。学校将乡村振兴工作列为年度重点工作，制订了2022年度定点帮扶工作计划，并拨付300万元用于支持相关工作开展。全年共召开定点帮扶领导小组专题会议8次，组织协调校领导赴帮扶点开展对接、调研、督导15人次，组织相关人员赴帮扶点开展工作100余人次。

学校高质量提前完成教育部下达的各项指标，投入帮扶资金205.3万元，完成率102.5%；完成引进帮扶资金202万元，完成率101%；完成农产品采购202万元，完成率101%；帮助销售农业产品400.8万元，完成率200.4%；干部培训440人次，完成率达220%；培训教师及人才269人次，完成率达135%。

学校结合当地特点，在阿坝县稳步推进的旅游产业发展规划，启动麦尔玛镇风貌改造项目；在秦安县建设农村互助老人幸福院，举办秦安县劳务品牌项目（养老护理员）培训班，做好6个村庄和1个镇区的乡村规划项目，开展林果全产业链研究；在盐源县开展了国家乡村振兴盐源县科技特派团指导活动。

通过引进帮扶资金，捐赠价值105万元的图书，助力秦安县7所乡镇中小学的"书香校园"建设。支持秦安县多所学校多媒体教室建设，捐赠校车支持秦安县王尹学区山区教师走教项目。与Intel产品成都有限公司合作，建设阿坝县麦尔玛镇中心校图书室，捐赠书架、图书、计算机、教学投影等资源。

2. 对口支援

学校从讲政治、讲大局、讲奉献的高度，继续积极开展对口支援工作。在援藏工作方面，继续与西藏大学深入实施开展人才联合培养，接收西藏大学40名本科学生和4名硕士生来校联合培养和交流学习，联合培养学生超过500人。与西藏大学、新疆工程学院同时开展异地同步教学，提升西藏大学人才培养质量和教师教学能力，选派2名教师赴西藏大学开展授课工作。2名教师通过线下和线上相结合的方式，高质量完成6门课程的教学任务。与西藏大学开展了物理学科建设等相关交流座谈会。

在援疆工作方面，选派1名教师挂职新疆大学交通运输工程学院副院长。助力新疆工程学院建设自治区首个铁道工程专业，新疆工程学院土木工程和测绘工程专业成功获批自治区一流专业建设点，《土木工程智慧建造》虚拟仿真项目获批自治区一流课程。组织专家团队助力新工院本科合格评估和应用型人才培养改革。联合20家实践教育合作企业，助力新疆工程学建立BIM与智能建造产教融合研究中心和绿色交通材料与智慧建造研究所。

在对口支援兰州交通大学方面，按照教育部的要求，积极对接兰州交通大学相关对口支援需求和方案，已配合兰州交通大学完成从教育部申请单列在职研究生指标10人等相关工作。

（四）基金会工作

学校发挥基金会公益交流平台作用，不断扩大公益项目自主品牌影响力，"感恩中国近现代科学家奖助学金"项目入选2022年中国高校基金会优秀公益项目案例。2022年基金会接收捐赠收入1451万元，获批教育部专项配比经费363万元。近5年平均每年支持学校发展经费超过3000万元。

学校发挥自身公益慈善优势，启动了"心动西南交大——腾讯平安校园急救计划项目"，筹集AED设备30台，完成九里校区和犀浦校区的设备布设工作，累计招募近600名急救志愿者。累计向定点帮扶地甘肃秦安县捐赠69.5万元帮扶资金，其中捐赠20万元用于设立"竢实扬华奖学金"，捐赠49.5万元用于购买救护车，以及价值135万元的实物。

（五）教育培训工作

学校按照上级部门有关要求，在川内率先施行继续教育"管办分离"，以"深学活用、规范办学"为原则，以"管得住、管得好"为目标，以实现学校继续教育高质量内涵式发展为己任，积极探索符合我校实际的继续教育"管办分离"业务模式。

在非学历教育方面，全校累计立项各类非学历教育项目236期次，较2021年的122期次增长93.4%；实际培训学员21 825人次，较2021年的9575人次增长127.9%。为各办学单位统一印制并免费提供非学历教育结业证书专用模板2万份。

在学历教育方面，完成2021年度高等继续教育发展报告编制上报、校外教学点审批设立和专项整治、网络教育2022年春季招生、成人教育2022年招生录取、自学考试2022年秋季招生和各批次组考等自学考试、成人教育、网络教育各类学历继续教育的相关管理及业务工作，确保教育教学工作的有序开展。2022 年，网络教育招生注册 12 508 人，成人教育招生注册1991人，自学考试招生注册7363人。网络教育和成人教育招生注册规模与2021年同期基本持平，自学考试招生注册规模较去年增长（2021年招生注册 5506 人）23.7%。

十二、校友工作

学校进一步凝聚校友力量，创新多元化工作模式，校友工作影响力进一步提升，校友会官微粉丝超过 42 379 人，年增长超过 5000 人，年增长率超 10%，在全国高校校友会公众号综合榜排名第 7 位，最具传播力排名第 4 位，最勤奋榜排名第 9 位，蝉联西南地区高校冠军。

全年推动成立了 4 个校友会，包括德阳、无锡地方校友会，交通运输与物流校友会，利兹学院院友会，校友会总数达到 82 个。完成了苏州、厦门和天津交通大学校友会等 3 个校友会换届；推动筹备了徐州校友会和长沙、四川校友会换届。发布"126 校庆书单"，面向校友开展阅读打卡活动，超 1000 人次参与，推动了北京、青岛等 2 个地方成立"扬华跑团"；帮助厦门校友会成立骑行协会。

以"喜迎二十大、迎接党代会、在川办学 50 年"为主题，开展了 12 项建校 126 周年暨在川办学 50 年系列纪念庆祝活动。包括：组织建校 126 周年暨在川办学 50 年座谈会；完成学校在川办学（更年）50 年系列访谈与口述历史；展出了"50 年 50 件"——在川办学 50 年档案文库；完成峨眉校区校友之家装修并揭牌等。开展"云"校庆、"云"返校系列线上校庆活动，3000+校友参与线上互动，校园总点亮总次数 44 253 次，组织各地校友会开展活动喜迎校庆等，录制 126 校庆祝福视频。

发挥校友育人作用，助力学生成长成才。邀请 10 余人次知名行业校友回母校为在校生开展线上线下讲座，在毕业典礼上做主题发言等，拓宽学生视野，进行职业规划指导。协助知名导演周立军校友团队拍摄《一所大学的抗战》校史纪录片，发布了《1988 青春启程》歌曲，丰富校园文化。在学生毕业季，聘任校友班级理事 354 名，首次在毕业典礼上邀请校领导为毕业生校友代表颁发聘书，搭建毕业生与各地校友沟通桥梁，为毕业生事业起步奠定基础。

十三、财务收支情况

（一）2022年决算收入情况

学校预算收入总额为 509 032.43 万元。其中：财政拨款预算收入 167 205.66 万元，占收入总额 32.85%；事业收入 181 458.01 万元，占收入总额 35.65%；其他收入 160 368.76 万元，占收入总额 31.50%。

学校实际取得收入 509 032.43 万元，比本年预算收入增加 99 976.77 万元，预算执行率 124.44%。收入预算执行情况及原因具体分析如下：

事业收入增加 2458.01 万元，主要原因是：本年度非同级中央科研经费拨款增加。

其他收入增加 97 518.76 万元，主要原因是：本年度学校根据发改委、人民银行、教育部等职能部门相关通知进行设备更新改造贷款 71 638.97 万元，同时学校恢复正常教学科研活动，办班等相关其他收入有所增加。

（二）2022年决算支出情况

学校预算支出总额为 412 668.78 万元，其中基本支出 298 980.41 万元，占支出总额的 72.45%；项目支出 113 688.37 万元，占支出总额 27.55%。

学校实际支出 412 668.78 万元，比本年预算支出减少 55 962.70 万元，支出预算执行率 88.06%。支出预算执行情况及原因具体分析如下：

基本支出减少 13 609.11 万元，其中：

人员经费支出减少 29 831.68 万元，主要原因是：在预算编制时决算支出为全校人员经费支出，口径不一致，明年申报时我校将注意人员经费申报口径问题。

公用经费支出增加 16 222.57 万元，主要原因是：由于预算申报人员经费及项目类经费挤占公用经费，申报时公用经费额度较低，但决算支出是全校实际公用经费支出，两者之间存在差异，我校在明年预算申报时将加以关注并调整。

十四、审计工作

（一）经济责任审计

1. 首次开展"任中审计"，加强领导人员履职监督

首次开展学校二级单位任中审计，逐步建立起以"任中审计"为主的经济责任审计工作新格局。将经责审计关口前移，通过任中审计设置预警关，为学校构筑起了一道预防腐败的"防火墙"；促进领导干部提升绩效管理水平，充分发挥审计"免疫系统"作用。

2022年完成校内领导人员经责审计27人次，审计金额61.53亿元，出具经济责任审计报告22份、结果报告22份、发现报告10份，管理建议书2份，共发现问题101个，需关注问题10个，提出审计建议111条。

2. 做好审计后半篇文章，以审促建

强化经济责任审计结果运用，紧盯审计问题整改环节。本年度推进完成校内审计整改40项，部分整改35项，整改完成率过半。以整改为契机，促使7家单位完善了"三重一大"等各项制度建设15项、5家单位规范了合同管理、2家单位完善了会议记录、7家单位规范了资产管理、3家单位规范了印章使用管理，促进收回借款4 302.92万元、冲销往来借款11 374.93万元。

3. 担当作为，牵总组织完成"党政同审"工作

（1）配合教育部完成2022年"党政同审"工作。

2022年6月，教育部审计组进校开展对我校主要领导同志的经济责任审计，该项工作时间紧、任务重，在接到审计通知的第一时间审计处立即制订了学校"党政同审"工作部署方案，并协同相关部门召开了由校领导主持的工作部署会，成立工作组，压实工作。牵头负责协调准备审计资料近千份、上万页，跨越三个校区安排审计调研、访谈近百次。持续跟进项目进展，积极和审计组、教育部密切沟通，顺利完成了教育部对学校的审计工作。

（2）持续推进2018年"党政同审"整改。

2018年教育部"党政同审"发现的47个问题整改一直是我校的重点工作。随着整改工作的不断深入，后续问题的整改日益呈现难度大、销号难的特点，学校全力推进整改工作，2022年度，正在整改的5项问题均取得了不同程度进展，总销号率达87%。

（二）专项审计

1. 首次开展人才经费专项审计，助推学校人才工作

为推动学校人才工作质量，促进学校人才政策实施效果和人才专项资金绩效管理，本年度开展人才经费专项审计1项，审计金额1001.08万元，发现问题3个，提出审计建议3条。通过人才经费专项审计，促进学校人才政策的不断优化，提升资金使用效益，助推学校发展。

2. 首次开展二级单位专项管理审计，促进管理提升

以二级单位内部管理、经济活动为对象，开展了专项审计2项。审计金额16.03亿元，出具专项审计报告2份，共发现问题29个，提出审计建议29条。通过专项审计，较为全面地考查

了被审计单位的工作情况，帮助被审计单位在目标责任履行、内部控制、业务活动执行等方面提高效能。

3. 为保障科研经费"放得下、接得住"，开展科研经费专项审计

本年度开展科研经费专项审计，审计金额754.67万元，提出审计建议2条。科学把握着力点，在落实科研"放管服"的同时，坚持监督与服务并重，预警并防范风险，确保资金使用的合理性、合法性和有效性。

4. 深化落实审计整改，降低经济活动风险

2022年督促相关单位对不具备轮岗条件的岗位专项审计和科研经费专项审计中发现的问题进行整改落实，优化了相关管理工作的内部控制流程，加强了内部监督管理，清退不合规报销款118.2万元，把审计监督成效更好地转化为治理效能，有效降低了学校经济活动中的风险。

（三）工程审计

1. 稳步开展工程结算审计，推进学校基础建设发展

2022年完成工程送审项目审计120项，送审总额19 231.49万元，审定金额17 951.74万元，审减金额1 279.75万元。

2. 做好全过程跟踪审计，护航学校大工程建设

紧扣学校"双一流"建设，有力促进学校大工程项目稳步推进：继续积极探索EPC模式下的全过程跟踪审计，保障多态耦合轨道交通试验平台"建成建优"；稳妥跟进犀浦校区现代交通先进装备创新研究基地项目结算审核和财务决算审计；积极推进犀浦校区大学生创新创业项目跟踪审计，确保审计事项全覆盖。

2022年，审计处共出具"跟审意见书"13份，审签各类合同18份，参加技术论证15次及现场收方等工作，实时提出审计建议，促进堵塞管理漏洞，提高资金使用效益。

3. 攻坚克难，协同解决历史遗留问题

按照统一部署，审计处努力克服了九里校区经济适用房补充竣工财务决算审计事项中面临的诸多困难，如事项停滞超10年、涉及多家法人单位、账务复杂、项目公司销户、经办人员缺失等，通过查阅历史资料，咨询知情人员，协调原项目决算审核事务所及主审人员，持续推进材料审核、会商沟通等系列工作，圆满地完成了审核任务，为学校解决民生历史遗留问题奠定了坚实基础。

（四）审计管理

1. "数字审计"——积极推进审计信息化建设

（1）首次实现工程审计业务线上全流程办理

建成学校工程审计信息系统（一期）。实现了项目立项、分配、资料提交、流转、资料补充、报告下载、表单打印、进度查询等，为工程审计全面信息化奠定了支撑平台。系统与学校OA办公平台衔接，提高了审计资料流转的及时性、安全性及可分析性。截至2022年11月，工程审计新立项项目上线率已超80%。

（2）首次实现审计整改业务线上全流程办理。

建成经济责任审计整改信息系统。通过该系统，明确牵头整改部门、汇总整改台账、持续跟踪整改落实情况、研判整改完成情况、开展数据统计形成分析报告，为学校决策提供部分参考依据。截至12月15日，已有11家整改单位在线上完成了资料提交和审核。

2. "管理审计"——探索建立年度审计报告制度

全面贯彻落实学校对审计工作的要求，充分发挥内部审计"经济体检"作用。撰写了学校首个年度审计报告——《2021年度审计报告》。报

告归纳了所开展各类审计的工作发现：有亮点（二级单位的 6 项工作）；有不足（经济类审计发现 6 大类 83 个问题；工程审计发现 2 大类 7 种典型问题）；有建议（向领导层提出改善学校内部管理 9 项建议）。报告从工作体制、机制、内部管理制度健全与执行有效、工作流程规范等方面建言献策，为学校健康发展保驾护航。

3. "标准化规范化"——提高审计工作质量

加强审计风险管控，建立工程审计工作标准化，规范化。结合学校实际，出台了《工程审计业务流程》（试用版）以及《工程审计业务指导文件汇编》，对 23 个审计节点下的 157 种审计流程进行了统一，实现了审核标准化、权责清晰化；修改形成《工程审计管理审核报告》标准格式，使报告内容更精练、问题更聚焦、披露更充分。

十五、采购与招标工作

（一）2022年政府采购基本情况

1. 政府采购预算情况

2022 年，我校政府采购信息统计报表范围内的采购计划金额为 92 138.3593 万元，均为一般公共预算。其中，货物预算金额为 81 812.4704 万元，工程预算金额为 7463.7689 万元，服务预算金额为 2862.1200 万元。

2. 采购预算执行情况

2022 年，我校政府采购信息统计报表范围内的实际采购金额为 89 406.383 751 万元。其中，货物采购金额为 79 523.935 646 万元，工程采购金额为 7 110.630 305 万元，服务采购金额为 2 771.817 8 万元（见附图 1），共节约资金 2 731.975 549 万元，其中，货物采购节约资金 2288.534 754 万元，工程采购节约资金 353.138 595 万元，服务采购节约资金 90.302 200 万元。

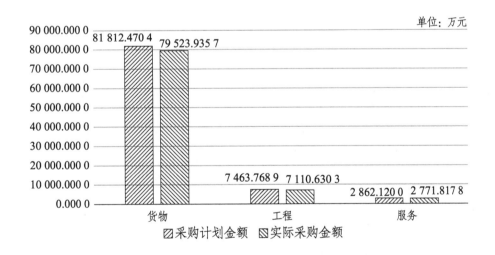

图 1　采购预算与执行情况

3. 采购主体、采购组织形式情况

我校为事业单位，预算均为中央级预算。2022 年，我校政府采购实际采购金额为 89 406.383 751 万元，其中集中采购金额 652.498 150 万元，分散采购金额 88 753.885 601 万元（见附图 2）。

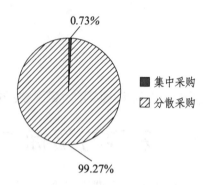

图 2　采购组织形式

4. 采购方式情况

2022 年，我校采用公开招标方式采购金额为 67 943.011 141 万元、竞争性磋商方式采购金额为 12 275.331 210 万元、单一来源采购方式采购金额为 8 437.910 000 万元，其他方式采购金额为 750.131 400 万元（其中协议供货470.890 000万元、电子卖场110.241 400万元、竞争性谈判 169.000 000 万元）（见附图 3）。综上，可以看出公开招标为我校政府采购的主要采购方式，对于达到公开招标数额标准的采购项目，需要采用公开招标以外采购方式的，在采购活动开始前，严格履行报批手续，经财政部批复同意后才开展采购活动。对于未达到公开招标数额标准的采购项目，根据采购项目具体情况合理选择采购方式。我校建立采购人采购需求管理制度，合理确定政府采购需求，不断加强内控管理，加强风险防控，充分发挥政府采购的效能，极大地提高了采购效率。

单位：万元

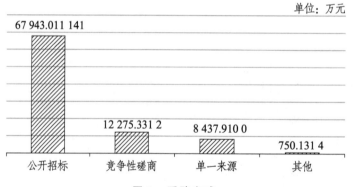

图 3　采购方式

5. 采购合同授予情况

2022 年，我校政府采购合同授予国内厂商 73 129.001 155 万元，占采购总金额的 81.79%；授予国外厂商 16 277.382 596 万元，占采购总金额的 18.21%（见附图 4）。2022 年我校政府采购的进口产品来源于美国、德国、英国、丹麦、新加坡、日本和加拿大等国家。

采购合同授予大型企业 44 841.735 046 万元（占比为 50.15%）、中型企业 6 160.135 586 万元（占比为 6.89%）、小微企业 30 826.483 119 万元（占比为 34.48%）、其他 7578.03 万元（占比 8.48%），见附图 5。其中，采购合同授予中小微企业占比共计 41.37%。我校的政府采购项目向中小微企业、监狱企业、残疾人福利性单位倾斜，对其产品价格给予 6% ~ 10% 的扣除，用扣除后的价格参与评审。扶持不发达地区和少数民族地区，投标人为不发达地区或少数民族地区企业的，给予加分。对于项目预算低于 200 万元的货物和服务项目、预算低于 400 万元的工程项目，原则上均专门面向中小企业进行采购。

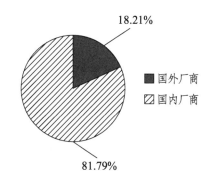

图 4　采购合同授予情况——按性质划分

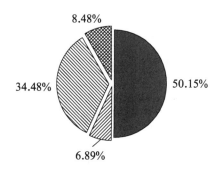

■大型企业 ☑中型企业 ☒小微企业 ☒其他

图 5　采购合同授予情况——按规模划分

6. 政府采购品目情况

2022 年，我校政府采购货物类采购金额为 79 523.935 646 万元（其中门槛价以上采购金额为 75 430.457 596 万元，门槛价以下采购金额为 4 093.478 050 万元），占采购总金额的 88.95%；工程类采购金额为 7110.630 305 万元（均为门槛价以下），占采购总金额的 7.95%；服务类采购金额为 2771.8178 万元（均为门槛价以上），占采购总金额的 3.10%。（见附图 6）

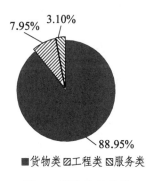

■货物类 ☑工程类 ☒服务类

图 6　采购品目分类

7. 节能节水产品情况

2022 年，我校政府采购涉及节能节水产品的采购总金额为 1 720.349 450 万元，实际采购节能节水产品金额为 1 720.349 450 万元，所占比重为 100%。

8. 环保产品情况

2022 年，我校政府采购涉及环保产品的采购总金额为 6622.839 050 万元，实际采购环保产品金额为 6479.166 650 万元，所占比重为 97.83%。

（二）2022年政府采购工作情况

我校严格执行政府采购的相关法律法规，严格落实节约能源、保护环境、扶持不发达地区和少数民族地区、促进中小企业发展等政府采购政策。年度数据主要有以下变化：

（1）2022年，我校采购金额占比最大的为货物项目，而2021年占比最大为工程项目。导致该变化的原因主要有两个：一是新增教育贴息贷款项目提高了货物采购金额；二是2022年我校没有基建项目，其他工程类项目较少。

（2）我校2022年政府采购合同授予中小企业的比例达到了41.37%，比2021年提高了近10个百分点。原因在于，一方面我校加大了专门面向中小企业项目预留份额的比例，另一方面提高了评审因素中对小微企业价格分的扣除比例。

（3）2022年我校采购进口产品金额占比为18.21%，比2021年有较大幅度提升。我校严格落实国内自主创新产品的采购政策要求，绝大多数政府采购合同授予国内厂商。导致进口产品金额占比提升主要有两个因素：一是我校在2022年采购了一套可移动地震模拟振动台试验系统，由于是项目二期建设，为了与一期建设采购的MTS产品匹配，报财政部审批同意后采用单一来源方式继续采购了进口产品，合同金额7298万元，占比8.16%；二是由于科研需要，国产类似产品在关键技术指标、性能功能上无法满足要求，经进口论证并备案后采购了进口产品。

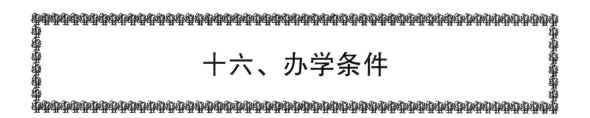

十六、办学条件

（一）校舍构成情况

序号	类别	学校产权校舍建筑面积（单位：平方米）				
		共计	其中			
			九里	犀浦	峨眉	唐山
1	一、教学及辅助用房	647 221.33	199 873.49	378 200.84	69 147	0
2	教室	152 598.06	22 383.95	104 129.11	26 085	0
3	#艺术院校专业课教室	0	0	0	0	0
4	实验实习用房	199 444.87	41 393.46	138 716.41	19 335	0
5	专职科研机构办公及研究用房	131 440.22	83 024.12	38 276.1	10 140	0
6	图书馆	61 249.18	18 166.96	36 727.22	6 355	0
7	室内体育用房	53 235	7 180	45 963	92	0
8	师生活动用房	17 174	2 785	14 389	0	0
9	会堂	12 840	5 700	0	7 140	0
10	继续教育用房	19 240	19 240	0	0	0
11	二、行政办公用房	161 904.18	41 491.89	105 085.07	14 044	1283.22
12	校行政办公用房	33 100.99	940.52	24 590.25	6287	1283.22
13	院系及教师办公用房	128 803.19	40 551.37	80 494.82	7757	0
14	三、生活用房	723 943.92	200 049.3	410 697.87	112 703.7	493.05
15	学生宿舍（公寓）	514 748	127 863	324 685	62 200	0
16	食堂	42 686	7750	26 645	8291	0
17	单身教师宿舍（公寓）	51 915.43	25 281.68	6795	19 345.7	493.05
18	后勤及辅助用房	114 594.49	39 154.62	52 572.87	22 867	0
19	四、教工住宅	0	0	0	0	0
20	五、其他用房	213 943.49	159 574	41 802.62	11 020	1546.87

（二）实验室分布一览表

截至2022年12月31日，全校登记备案的各级各类实验室169个（面积23.42万平方米），分布于63栋楼的1710间房屋。其中，教学实验室80个，占47%；科研基地89个，占53%。

按照"国家级、省部级、校院级、其他"的"1-2-4"实验室结构体系进行分类管理，现有国家级实验教学示范中心 8 个、四川省高校重点实验室 16 个、省级实验教学示范中心 13 个、校院级教学实验室 45 个、其他教学实验室 20 个。详表见下：

序号	实验室名称	实验室类别	所属单位	所在校区	所在楼宇
1	土木工程国家级实验教学示范中心	[教学]国家级实验教学示范中心	土木工程学院	犀浦校区	土木工程实验教学中心|4 号教学楼|犀浦校区抗震工程实验室
2	高速铁路线路工程教育部重点实验室	[科研]国家级科研平台	土木工程学院	九里校区	轨道实验室|高铁线路实验室
3	交通隧道工程教育部重点实验室	[科研]国家级科研平台	土木工程学院	九里校区	交通隧道工程教育部重点实验室研发大楼
4	风工程四川省重点实验室	[科研]省级科研平台	土木工程学院	犀浦校区	XNJD-3 风洞
5	结构工程试验中心	[科研]校、院级科研平台	土木工程学院	九里校区	结构试验中心
6	岩土工程试验中心	[科研]校、院级科研平台	土木工程学院	九里校区	岩土工程试验中心
7	图学及 BIM 研究所	[教学]校、院级实验室	土木工程学院	犀浦校区	4 号教学楼
8	道路工程四川省重点实验室	[科研]省级科研平台	土木工程学院	九里校区	交通隧道工程教育部重点实验室研发大楼
9	智能土工离心机试验中心	[科研]校、院级科研平台	土木工程学院	九里校区	离心机实验室
10	陆地交通地质灾害防治技术国家工程研究中心	[科研]国家级科研平台	土木工程学院	犀浦校区|九里校区	XNJD-3 风洞|轨道实验室
11	土木工程材料研究所	[科研]校、院级科研平台	土木工程学院	犀浦校区	犀浦校区抗震工程实验室
12	深水大跨桥梁研究中心（建设中）	[科研]校、院级科研平台	土木工程学院	九里校区	交通隧道工程教育部重点实验室研发大楼
13	抗震工程技术四川省重点实验室	[科研]省级科研平台	土木工程学院	九里校区	1 号教学楼
14	机械基础实验中心	[教学]国家级实验教学示范中心	机械工程学院	犀浦校区	5 号教学楼|7 号教学楼
15	机电测控实验中心	[教学]校、院级实验室	机械工程学院	犀浦校区	5 号教学楼|6 号教学楼
16	现代制造技术实验中心	[教学]校、院级实验室	机械工程学院	九里校区|犀浦校区	先进设计与制造技术研究所|馆外
17	物料搬运机械实验室	[教学]校、院级实验室	机械工程学院	九里校区	工程机械实验室
18	车辆热能动力机械实验室	[教学]校、院级实验室	机械工程学院	犀浦校区	馆外|5 号教学楼
19	机车车辆实验室	[教学]校、院级实验室	机械工程学院	九里校区|犀浦校区	机车车辆工程系|馆外
20	起重运输与工程机械实验中心	[教学]校、院级实验室	机械工程学院	犀浦校区	馆外|5 号教学楼
21	摩擦学研究所	[科研]其他科研平台	机械工程学院	九里校区	分析测试中心楼|馆外实验室
22	热工与建筑环境实验教学中心	[教学]校、院级实验室	机械工程学院	犀浦校区	5 号教学楼
23	四川省绿色人居环境控制与建筑节能工程实验室	[科研]省级科研平台	机械工程学院	九里校区	0 号教学楼|工程机械实验室
24	新型驱动技术四川省高校重点实验室	[科研]省级科研平台	机械工程学院	九里校区	2 号教学楼|柴油机实验室

续表

序号	实验室名称	实验室类别	所属单位	所在校区	所在楼宇
25	电气工程基础实验中心	[教学]国家级实验教学示范中心	电气工程学院	犀浦校区	6号教学楼
26	电气工程专业实验中心	[教学]校、院级实验室	电气工程学院	犀浦校区	10号教学楼|6号教学楼|国家轨道交通电气化与自动化工程技术研究中心综合实验楼B栋
27	国家轨道交通电气化与自动化工程技术研究中心	[科研]国家级科研平台	电气工程学院	犀浦校区	10号教学楼|国家轨道交通电气化与自动化工程技术研究中心综合实验楼B栋
28	铁道电气化与自动化铁道部重点实验室	[科研]省级科研平台	电气工程学院	犀浦校区	10号教学楼
29	磁浮技术与磁浮列车教育部重点实验室	[科研]国家级科研平台	电气工程学院	犀浦校区	国家轨道交通电气化与自动化工程技术研究中心综合实验楼B栋|10号教学楼
30	先进能源牵引与综合节能铁路行业重点实验室	[科研]国家级科研平台	电气工程学院	犀浦校区	1号教学楼
31	电工电子系实验室	[科研]校、院级科研平台	电气工程学院	犀浦校区	6号教学楼|10号教学楼
32	电子信息系实验室	[科研]校、院级科研平台	电气工程学院	犀浦校区	10号教学楼|6号教学楼
33	电力系统及其自动化系实验室	[科研]校、院级科研平台	电气工程学院	犀浦校区	地下室|6号教学楼
34	电力电子与电力传动系实验室	[科研]校、院级科研平台	电气工程学院	犀浦校区	10号教学楼|6号教学楼
35	现代产业学院功率半导体器件实验中心	[教学]校、院级实验室	电气工程学院	犀浦校区	1号教学楼
36	电子技术基础实验室	[教学]校、院级实验室	信息科学与技术学院	犀浦校区	9号教学楼|6号教学楼
37	自动化综合实验室	[教学]校、院级实验室	信息科学与技术学院	犀浦校区	9号教学楼
38	铁道信息工程系铁路信号实践基地	[教学]其他实验室	信息科学与技术学院	峨眉校区	信号楼|老中学楼
39	铁道信息工程系大学生科创开放性实验室	[教学]其他实验室	信息科学与技术学院	峨眉校区	老中学楼|网络中心楼
40	移动通信实验室	[科研]省级科研平台	信息科学与技术学院	九里校区	0号教学楼
41	信号与信息处理实验室	[科研]省级科研平台	信息科学与技术学院	犀浦校区	9号教学楼
42	信息编码与传输四川省重点实验室	[科研]省级科研平台	信息科学与技术学院	九里校区|犀浦校区	0号教学楼|9号教学楼
43	交通信息工程及控制	[科研]省级科研平台	信息科学与技术学院	犀浦校区	9号教学楼
44	信息光子与通信研究中心	[科研]其他科研平台	信息科学与技术学院	犀浦校区	9号教学楼
45	智能传感器与微系统	[科研]其他科研平台	信息科学与技术学院	犀浦校区	9号教学楼

续表

序号	实验室名称	实验室类别	所属单位	所在校区	所在楼宇
46	微电子研究所	[科研]其他科研平台	信息科学与技术学院	犀浦校区	9号教学楼
47	智能系统与先进控制实验室	[科研]其他科研平台	信息科学与技术学院	犀浦校区	9号教学楼
48	信息量子技术实验室	[科研]其他科研平台	信息科学与技术学院	九里校区	0号教学楼
49	通信工程实验室	[教学]校、院级实验室	信息科学与技术学院	犀浦校区	9号教学楼
50	信息安全与国家计算网格实验室	[科研]省级科研平台	信息科学与技术学院	犀浦校区	9号教学楼
51	无线通信与列控研究中心	[科研]国家级科研平台	信息科学与技术学院	犀浦校区	南区浴室改造
52	轨道交通信息传输与处理技术平台	[科研]省级科研平台	信息科学与技术学院	犀浦校区	南区浴室改造
53	无线通信与编码高等学校学科创新引智基地	[科研]省级科研平台	信息科学与技术学院	犀浦校区	南区浴室改造
54	高速光信息传输处理及传感应用四川省国际科技合作基地	[科研]省级科研平台	信息科学与技术学院	犀浦校区	9号教学楼
55	现代交通通信与传感网络国际联合研究中心	[科研]国家级科研平台	信息科学与技术学院	犀浦校区	6号教学楼|南区浴室改造|9号教学楼
56	信息协同与物联网工程实验室	[科研]省级科研平台	信息科学与技术学院	犀浦校区	9号教学楼
57	轨道交通信息工程与技术实验室	[教学]国家级实验教学示范中心	信息科学与技术学院	峨眉校区|犀浦校区	信号楼|1号实验大楼|9号教学楼
58	交通安全检测与管控平台	[科研]省级科研平台	信息科学与技术学院	犀浦校区	9号教学楼
59	创新创业实验中心	[教学]其他实验室	信息科学与技术学院	犀浦校区	9号教学楼
60	四川省列车运行控制技术工程研究中心	[科研]省级科研平台	信息科学与技术学院	犀浦校区	7号教学楼|9号教学楼
61	铁道信息工程系实验中心	[教学]其他实验室	信息科学与技术学院	峨眉校区	网络中心楼
62	计算机科学与技术实验教学中心	[教学]校、院级实验室	计算机与人工智能学院	犀浦校区	9号教学楼
63	计教中心公共教学实验室	[教学]校、院级实验室	计算机与人工智能学院	犀浦校区	7号教学楼
64	四川省网络通信技术重点实验室	[科研]省级科研平台	计算机与人工智能学院	犀浦校区	9号教学楼
65	软件工程实验教学中心	[教学]校、院级实验室	计算机与人工智能学院	犀浦校区	7号教学楼
66	视觉感知与机器智能研究中心	[科研]校、院级科研平台	计算机与人工智能学院	犀浦校区	9号教学楼
67	西南交通大学中国土地信息大数据研究院	[科研]校、院级科研平台	计算机与人工智能学院	犀浦校区	9号教学楼

序号	实验室名称	实验室类别	所属单位	所在校区	所在楼宇
68	四川省现代服务科技工程技术研究中心	[科研]省级科研平台	计算机与人工智能学院	犀浦校区|九里校区	3号教学楼|0号教学楼
69	制造业产业链云服务平台技术协同创新中心——第一批四川2011协同创新中心	[科研]省级科研平台	计算机与人工智能学院	犀浦校区|九里校区	3号教学楼|0号教学楼
70	四川省现代服务科技研究院	[科研]其他科研平台	计算机与人工智能学院	犀浦校区|九里校区	3号教学楼|0号教学楼
71	云计算与智能技术四川省重点实验室	[科研]省级科研平台	计算机与人工智能学院	犀浦校区	9号教学楼
72	制造业产业链协同与信息化支撑技术四川省重点实验室	[科研]省级科研平台	计算机与人工智能学院	犀浦校区|九里校区	3号教学楼|0号教学楼
73	信号与信息处理四川省高校重点实验室	[科研]省级科研平台	计算机与人工智能学院	犀浦校区	9号教学楼
74	软件工程技术研究中心	[科研]其他科研平台	计算机与人工智能学院	犀浦校区	9号教学楼
75	西南交通大学-利兹计算机实验室	[教学]校、院级实验室	计算机与人工智能学院	犀浦校区	9号教学楼
76	智能车与机器人科创基地	[教学]其他实验室	计算机与人工智能学院	犀浦校区	6号教学楼
77	人工智能实验教学中心	[教学]校、院级实验室	计算机与人工智能学院	犀浦校区	7号教学楼|6号教学楼
78	生命学院本科实验中心	[教学]其他实验室	生命科学与工程学院办公室	犀浦校区	6号教学楼
79	生命学院科研实验中心	[科研]其他科研平台	生命科学与工程学院办公室	九里校区|犀浦校区	3号教学楼|6号教学楼|工业中心C座
80	交通运输与物流实验中心	[教学]国家级实验教学示范中心	交通运输与物流学院	犀浦校区	5号教学楼
81	西南交通大学全国铁路列车运行图编制研发培训中心	[科研]省级科研平台	交通运输与物流学院	九里校区	4号综合楼
82	货物运输包装实验室	[教学]其他实验室	交通运输与物流学院	犀浦校区	交运楼
83	综合交通运输智能化国家地方联合工程实验室	[科研]国家级科研平台	交通运输与物流学院	犀浦校区	交运楼
84	综合交通大数据应用技术国家工程实验室	[科研]国家级科研平台	交通运输与物流学院	犀浦校区	5号教学楼
85	环境科学与工程实验中心	[教学]校、院级实验室	地球科学与环境工程学院	犀浦校区	环境科学与工程实验室|犀浦馆外
86	测绘科学与技术实验中心	[教学]校、院级实验室	地球科学与环境工程学院	犀浦校区	4号教学楼|6号教学楼
87	地质工程与地质资源实验中心	[教学]省级实验教学示范中心	地球科学与环境工程学院	犀浦校区	4号教学楼|6号教学楼
88	消防工程实验中心	[教学]其他实验室	地球科学与环境工程学院	峨眉校区|犀浦校区	西山梁车辆实验室|环境科学与工程实验室

续表

序号	实验室名称	实验室类别	所属单位	所在校区	所在楼宇
89	高速铁路运营安全空间信息技术国家地方联合工程实验室	[科研]国家级科研平台	地球科学与环境工程学院	犀浦校区	4号教学楼
90	外语教育技术实验中心	[教学]校、院级实验室	外国语学院	犀浦校区|九里校区	1号教学楼|2号教学楼|4号教学楼
91	物理实验中心	[教学]国家级实验教学示范中心	物理科学与技术学院	犀浦校区	3号教学楼|5号教学楼|6号教学楼
92	量子光电实验室	[科研]校、院级科研平台	物理科学与技术学院	九里校区	0号教学楼
93	电磁场与微波技术实验室	[科研]校、院级科研平台	物理科学与技术学院	九里校区	0号教学楼
94	高压（凝聚态物理）科学与技术实验室	[科研]省级科研平台	物理科学与技术学院	九里校区	超导及高温高压物理实验室|工业中心数控车间
95	高功率微波技术实验室	[科研]校、院级科研平台	物理科学与技术学院	九里校区|犀浦校区	0号教学楼|分析测试中心楼|3号教学楼
96	无损检测（光电工程）实验室	[科研]校、院级科研平台	物理科学与技术学院	犀浦校区	3号教学楼
97	中日联合等离子体物理实验室	[科研]校、院级科研平台	物理科学与技术学院	九里校区	0号教学楼
98	纳米材料与计算物理实验室	[科研]校、院级科研平台	物理科学与技术学院	犀浦校区	2号教学楼
99	仿真计算实验室	[科研]校、院级科研平台	物理科学与技术学院	犀浦校区	2号教学楼
100	粒子天体物理实验室	[科研]校、院级科研平台	物理科学与技术学院	犀浦校区	2号教学楼|3号教学楼
101	物理实验中心（电子信息科学与技术专业实验室）	[教学]校、院级实验室	物理科学与技术学院	犀浦校区	3号教学楼|5号教学楼
102	电磁技术及应用实验室	[科研]校、院级科研平台	物理科学与技术学院	犀浦校区	3号教学楼
103	材料科学与工程实验教学中心	[教学]国家级实验教学示范中心	材料科学与工程学院	九里校区|犀浦校区	3号教学楼|5号教学楼|工程训练中心（材料实验室）|2号教学楼
104	现代焊接技术实验室	[科研]其他科研平台	材料科学与工程学院	九里校区	材料热处理实验室
105	材料先进技术教育部重点实验室	[科研]国家级科研平台	材料科学与工程学院	九里校区	3号教学楼|材料先进技术教育部重点实验室|0号教学楼|工业中心D座
106	人工器官表面工程实验室	[科研]其他科研平台	材料科学与工程学院	九里校区	0号教学楼
107	材料动态行为研究所	[科研]其他科研平台	材料科学与工程学院	九里校区	2号教学楼
108	四川省先进焊接及表面工程技术研究中心	[科研]省级科研平台	材料科学与工程学院	九里校区	3号教学楼
109	四川省低维复合材料工程技术研究中心	[科研]省级科研平台	材料科学与工程学院	九里校区	3号教学楼

续表

序号	实验室名称	实验室类别	所属单位	所在校区	所在楼宇
110	高分子材料研究所	[科研]其他科研平台	材料科学与工程学院	九里校区	3号教学楼
111	建筑物理实验室	[教学]校、院级实验室	建筑学院	犀浦校区	馆外艺传实验室
112	建筑造型实验室	[教学]校、院级实验室	建筑学院	犀浦校区	8号教学楼
113	材料与构造实验室	[教学]校、院级实验室	建筑学院	犀浦校区	8号教学楼
114	虚拟现实技术实验室	[教学]省级实验教学示范中心	建筑学院	犀浦校区	8号教学楼
115	数字建造实验室	[教学]校、院级实验室	建筑学院	犀浦校区	馆外艺传实验室
116	数字设计实验室	[教学]校、院级实验室	建筑学院	犀浦校区	8号教学楼
117	雕塑壁画实验室	[教学]校、院级实验室	建筑学院	犀浦校区	8号教学楼|馆外艺传实验室
118	摄影实验室	[教学]校、院级实验室	设计艺术学院	犀浦校区	8号教学楼
119	图形图像实验室（艺术实验教学中心）	[教学]校、院级实验室	设计艺术学院	犀浦校区	8号教学楼
120	三维雕刻实验室（艺术实验教学中心）	[教学]校、院级实验室	设计艺术学院	犀浦校区	馆外艺传实验室
121	陶瓷艺术与工艺实验室（艺术实验教学中心）	[教学]校、院级实验室	设计艺术学院	犀浦校区	馆外艺传实验室
122	装帧实验室（艺术实验教学中心）	[教学]校、院级实验室	设计艺术学院	犀浦校区	馆外艺传实验室
123	纤维艺术工作室（艺术实验教学中心）	[教学]校、院级实验室	设计艺术学院	犀浦校区	馆外艺传实验室
124	人机工程学实验室（艺术实验教学中心）	[教学]校、院级实验室	设计艺术学院	犀浦校区	馆外艺传实验室
125	模型实验室（艺术实验教学中心）	[教学]校、院级实验室	设计艺术学院	犀浦校区	馆外艺传实验室
126	现代设计与文化研究中心	[科研]校、院级科研平台	设计艺术学院	犀浦校区	8号教学楼
127	绿色建筑研究与评估中心	[科研]校、院级科研平台	建筑学院	犀浦校区	8号教学楼
128	世界遗产国际研究中心	[科研]校、院级科研平台	建筑学院	犀浦校区	8号教学楼
129	交通建筑设计与规划创新实验平台	[科研]校、院级科研平台	建筑学院	犀浦校区	8号教学楼
130	金工实验室（艺术实验教学中心）	[教学]校、院级实验室	设计艺术学院	犀浦校区	馆外艺传实验室
131	丝网印刷实验室	[教学]校、院级实验室	建筑学院	犀浦校区	馆外艺传实验室
132	绘画创作实验室	[教学]校、院级实验室	建筑学院	犀浦校区	馆外艺传实验室
133	语言工程实验室	[教学]其他实验室	人文学院	犀浦校区	3号教学楼
134	影视传播实验室	[教学]其他实验室	人文学院	犀浦校区	3号教学楼
135	音乐教学实验室	[教学]其他实验室	人文学院	犀浦校区	北区田径场|体育场
136	智慧传播实验室	[教学]校、院级实验室	人文学院	犀浦校区	3号教学楼
137	数学实验实践中心	[教学]其他实验室	数学学院	犀浦校区	3号教学楼|5号教学楼

续表

序号	实验室名称	实验室类别	所属单位	所在校区	所在楼宇
138	系统可信性自动验证国家地方联合工程实验室	[科研]国家级科研平台	数学学院	九里校区|犀浦校区	0号教学楼|3号教学楼
139	数学专业实验室	[教学]其他实验室	数学学院	犀浦校区	3号教学楼
140	公共数学教学研究基地	[教学]其他实验室	数学学院	犀浦校区	3号教学楼
141	数据分析与统计建模实验室	[教学]其他实验室	数学学院	犀浦校区	3号教学楼
142	数据处理与仿真控制实验室	[教学]其他实验室	数学学院	犀浦校区	3号教学楼
143	数学与信息交叉实验室	[科研]校、院级科研平台	数学学院	犀浦校区	7号教学楼
144	金融大数据实验室	[科研]校、院级科研平台	数学学院	犀浦校区	2号教学楼
145	金融大数据研究院	[科研]校、院级科研平台	数学学院	犀浦校区	7号教学楼
146	力学实验中心	[教学]国家级实验教学示范中心	力学与航空航天学院	九里校区|峨眉校区|犀浦校区	工业中心B座|10号教学楼|3号教学楼|5号教学楼|7号教学楼
147	应用力学与结构安全四川省重点实验室	[科研]省级科研平台	力学与航空航天学院	九里校区|犀浦校区	0号教学楼|3号教学楼|5号教学楼|馆外实验室
148	飞行器设计与工程实验中心	[教学]校、院级实验室	力学与航空航天学院	犀浦校区	3号教学楼
149	电子政务实验室	[教学]校、院级实验室	公共管理学院	九里校区	0号教学楼
150	模拟法庭实验室	[教学]校、院级实验室	公共管理学院	九里校区	0号教学楼
151	刑事侦查实验室	[教学]校、院级实验室	公共管理学院	九里校区	0号教学楼
152	成渝地区双城经济圈交通与发展研究院	[科研]省级科研平台	公共管理学院	九里校区	0号教学楼
153	经济管理实验中心	[教学]省级实验教学示范中心	经济管理学院	九里校区	0号教学楼
154	服务科学与创新四川省重点实验室	[科研]省级科研平台	经济管理学院	九里校区	0号教学楼
155	人体机能实验室	[教学]其他实验室	体育学院	犀浦校区	体育场|北区田径场
156	心理健康教育实验中心	[教学]省级实验教学示范中心	心理研究与咨询中心	犀浦校区	5号教学楼
157	应用心理学专业实验室	[教学]省级实验教学示范中心	心理研究与咨询中心	犀浦校区	5号教学楼
158	应用心理学研究院	[教学]省级实验教学示范中心	应用心理学研究院	犀浦校区	5号教学楼
159	牵引动力国家重点实验室	[科研]国家级科研平台	牵引动力国家重点实验室	九里校区	电磁仿真工作间|应用超导实验室|明诚堂|牵引动力大厅-工具室|超导及高温高压物理实验室|国实大厅-脱轨机理试验台控制室
160	利兹学院计算机房	[教学]其他实验室	西南交大-利兹学院	犀浦校区	7号教学楼

续表

序号	实验室名称	实验室类别	所属单位	所在校区	所在楼宇
161	工程训练中心	[教学]省级实验教学示范中心	工程训练中心	犀浦校区	工程训练中心 A 座|工程训练中心 B 座
162	新医工结合交叉学科研究中心	[科研]校、院级科研平台	医学院	九里校区	工业中心 A 座
163	分析测试中心	[科研]校、院级科研平台	资产与实验室管理处（分析测试中心）	九里校区	分析测试中心楼
164	样品制备室	[科研]校、院级科研平台	资产与实验室管理处（分析测试中心）	九里校区	分析测试中心楼
165	X 射线荧光光谱仪室	[科研]校、院级科研平台	资产与实验室管理处（分析测试中心）	九里校区	分析测试中心楼
166	色谱、质谱仪器室	[教学]其他实验室	资产与实验室管理处（分析测试中心）	九里校区	分析测试中心楼
167	超导与新能源科研实验室	[科研]其他科研平台	超导与新能源研究开发中心	九里校区	3 号教学楼|1 号教学楼
168	新文科实验室	[教学]校、院级实验室	文科建设处	九里校区	0 号教学楼
169	健康监测公共平台	[教学]其他实验室	医幼及场馆服务中心	犀浦校区	体育场

（三）新增教学科研仪器设备统计

单位	数量	金额（万元）
材料科学与工程学院	222	491.53
超导与新能源研究开发中心	8	40.29
智慧城市与轨道交通学院	189	267.43
川藏铁路研究院	8	15.44
地球科学与环境工程学院	399	873.90
电气工程学院	688	1020.15
工程训练中心	169	415.07
公共管理学院	40	26.47
轨道交通国家实验室	39	20.42
机械工程学院	560	913.69
计算机与人工智能学院	1056	723.69
建筑学院	40	53.56
交通运输与物流学院	163	178.17
茅以升学院（与教务处合署）	5	12.10

续表

单位	数量	金额（万元）
经济管理学院	54	57.32
力学与航空航天学院	167	1004.67
马克思主义学院	29	11.38
牵引动力国家重点实验室	394	4373.61
前沿科学研究院	17	57.70
人文学院	14	8.14
设计艺术学院	68	121.27
生命科学与工程学院	64	58.56
数学学院	43	45.62
体育学院	23	23.71
土木工程学院	780	2899.55
外国语学院	57	46.91
网络教育学院	117	133.22
物理科学与技术学院	197	197.33
西南交通大学-利兹学院	73	56.44
先进技术与装备研究院	7	1.58
心理研究与咨询中心	6	9.43
信息科学与技术学院	694	1132.58
医学院	3	2.42
资产与实验室管理处（分析测试中心）	74	54.34
合计	6467	15347.72

（四）新增大型仪器设备

单位	数量（台套）	金额（万元）
材料科学与工程学院	2	138.2
地球科学与环境工程学院	3	163.2
电气工程学院	1	47.58
机械工程学院	4	378.36
力学与航空航天学院	2	314.5
牵引动力国家重点实验室	12	3347.63
土木工程学院	9	1760.88
信息科学与技术学院	3	242.40
信息化与网络管理处	1	48.35

（五）多媒体课室情况

校区	总课室数（间）	多媒体课室数（间）	总座位数（个）	多媒体课室座位数（个）	多媒体课室座位数百分比（%）
九里	144	126	12 777	11 951	93.54
犀浦	474	349	37 601	31 604	84.05
峨眉	106	92	10 079	9 039	89.68
合计	724	567	60 457	52 594	86.99

备注：多媒体课室不含语音教室。

（六）图书馆年度经费

项目	金额（万元）
本年度文献资源购置费	2005
购纸质资源	383.28
中文图书购置费	299.46
外文图书购置费	42.23
中文报刊购置费	13.46
外文报刊购置费	28.13
电子资源购置费	1621.72
购中文电子图书	36.41
购外文电子图书	57.5
购中文电子期刊	76.96
购外文电子期刊	679.17
购其他电子资源	771.68

（七）图书馆馆藏文献

项目		计量单位	数量
文献累积量	文献资源累积总量	册（件）	20 129 222
	图书累积总量	册	19 160 296
	纸质图书累积量	册	3 176 027
	中文纸质图书累积量	册	2 917 056
	外文纸质图书累积量	册	258 971
	电子图书累积量	册	15 984 269
	中文电子图书累积量	册	12 655 552
	外文电子图书累积量	册	3 328 717
	电子期刊累积量	册	968 863

续表

项目		计量单位	数量
文献累积量	中文电子期刊累积量	册	492 433
	外文电子期刊累积量	册	476 430
	其他电子资源累积量	个	66
当年新增文献量	当年购置图书	册	15 319 422
	当年购置中文纸质图书	册	53 690
	当年购置外文纸质图书	册	511
	当年购置中文电子图书	册	12 003 916
	当年购置外文电子图书	册	3 261 305
	当年购置报刊	份	49 859
	当年购置中文纸质报刊	份	714
	当年购置外文纸质报刊	份	52
	当年购置中文电子报刊	册	871 265
	当年购置中文电子报刊	份	33 739
	当年购置外文电子报刊	册	311 881
	当年购置外文电子报刊	份	15 354
	当年购置其他电子资源	个	60
	其他来源新增文献	册	5338
	当年剔除、注销文献	册	59

（八）图书馆服务

项目			数量
文献传递	传入量		169
	传出量		10
信息服务	查新		284
	定题服务		1
	查收查引		1700
用户教育	信息检索课	开课学时数	528
		学生数量	920
	素质教育讲座	专题讲座（次）	110
		培训人次	16 812

（九）档案馆、校史馆服务

【档案工作服务状况】

2022年综合档案新增材料共计 24 169 卷、约 36 254 件；服务广大师生、校友查阅借阅档案资料共 2822 卷，2379 人次。重点协助学校各部门查阅学校历届党代会会议资料、报告文件及声像资料等；在教学方面，完成四川省教育厅学历核查 63 份；制作校友老成绩单 47 份；协助校友办查阅文件 340 卷；协助教务处学历核查 130

多卷。

2022年度人事档案现库存档案75 629卷，其中学生档案库存为67 818卷，教职工档案库存7811卷。2022年转递档案数量共计11 291件，其中学生档案转递量为11 266件，教职工档案转递量为25件。全年接收进馆档案数量为13 737件，其中接收学生档案数量为13 343件，接收教职工档案数量为394件。全年人事档案库存净增量为2446件。

截至2022年12月31日档案馆馆藏情况如下表：

项目			单位	数量
馆藏档案情况统计	综合档案	明清档案	卷	3
		民国档案	卷	2053
		新中国成立后档案	卷	199 440
	人事档案	教工档案	卷	8170
		学生档案	卷	653 43
本年度进馆档案			卷	379 06
本年度转递档案			卷	112 91
馆藏资料			册	2713
档案编目情况	机读目录	案卷级	条	15.05 万
		文件级	条	28.31 万

【校史服务情况】

持续构建"思想库"工作格局构建，进一步发掘校史文化育人功能，讲好交大故事，在持续上好通识核心课程"走进交大历史文化"的基础上，先后进行校史校情宣讲10余次，校史馆年参观量约5000人，网上校史馆点击量逾万人。

助力"大思政"育人工作，积极推进校史知识竞赛。为加深广大师生特别是新入职教职工和新生对校史的掌握和了解，坚定文化自信，弘扬爱国爱校的交大传统，于11月举办"西南交通大学校史知识线上竞答活动"，合计3期。

受邀参加"聚'交'新青年 献礼二十大"四所交大联合专题党课，并做《交大·那些年——百廿历史征程回望》主题讲座。

9月完成唐山老校址唐山纪念馆图文资料的编辑整理工作。

积极筹备我校信息学科创始人潘启敬教授油画展。

10月底配合推出"精神引领 强国有我"科学家精神主题展。

积极协同国内合作与教育培训管理处，完成了峨眉校区校友之家建设。

积极配合《一所大学的抗战》摄制组回校拍摄，为摄制组提供包括1930—1940年代我校师生使用过的测量仪器，师生在贵州平越（今福泉）使用过的桐油灯，我校学生报考国民政府军事委员会译员训练班名单、师生参加世界反侵略大会宣言等珍贵档案，积极宣传校史文化。

与机械工程学院合作，推出"弘文励教、桃秾李郁——吴鹿鸣教授珍贵资料展"大力弘扬吴先生"爱国荣校甘奉献、钟情一生为教学、教书育人勇创新"的精神。

（十）信息化与网络建设

全面落实推进教育数字化战略，依托"云、大、物、移、智"等技术，升级打造数字化智能育人环境和信息化公共服务体系，有效助学、助教、助研、助管，为学校高质量发展、建设交通特色鲜明的世界一流大学提供重要支撑。

一是教育数字化办学支撑环境更加全面。① 主动响应国家智慧平台会议精神，优化完善虚拟仿真实验室、虚拟教研室等智慧化硬件资源，升级"实体智慧教室+云端学习平台"的智慧教室，开课数突破 100 门，被教育部评为网络学习空间普及活动优秀学校，为新技术条件下的"互联网+教育"模式变革奠定基础。② 升级扩容交大"超算中心"，先后服务 30 个团队、17 个学院、11 个学科领域，有力支撑十余项重大科研任务，有效助力科学研究和学科建设。③ 建成高速互联的"云网"环境。校园网完成 IPv6 规模化部署，可访问率达 98%，教育部评分 99 分，位居四川省高校第一名。认真贯彻《基于 5G+智能交通协同的创新实验示范应用项目》，交大 5G 专网初步成型。扩容数据中心容量达 800TB，为财务、迎新、招生等 200 余个系统提供高可靠、高性能的云支撑环境。

二是治理能力现代化水平更加完善。① 升级交大全域数据中心，"一数一源"共享机制更趋成熟，建成数据治理三期工程，实现教师、学生、资产、教学、科研、财务等 7.26 亿条全域数据的规范共享，为 21 个业务系统提供高质量的数据开放服务，实现数据资产全面规范共享，全力打破"信息孤岛"。② 建成"一号通、一网办、全覆盖"交大政务大厅平台和企业微信，促进管理服务增质提效，覆盖人事、教务、学工、资产、财务、教务等近 32 个业务系统，109 个应用服务，企业微信移动端覆盖服务 48 类，师生使用率 90%以上，逐步实现各类管理服务"应上尽上"，所有办事流程"一网通办"。③ 依托电子政务大厅建成网络理校平台，畅通师生、校友意见建议反映渠道，妥善解决合理诉求。

三是信息化公共服务更加高效。① 发挥数据再生价值，面向 2022 届毕业生发布了精准又有温度的毕业生数字档案，获 4 家媒体报道和毕业生一致好评。发布新生大数据报告，助力 2 万新交大人乐享"无忧入学"被多家主流媒体报道。② 大数据助力疫情精准防控，建成人脸中台和大数据疫情防控平台，通过人脸信息的统一采集、统一集成和统一下发，支撑 10 万余不同类型校园人群的校园进出管理，从严从紧、科学精准助力校园防疫。③ 开通可信电子证明服务，有效解决学生异地、远程办理成绩单和在校证明等难题。④ 建设教师主页二期工程，打造智能化、国际化教师学术宣传新名片。⑤ 推广校园一卡通无卡化应用，真正实现"一码在手，走遍全校"。⑥ 提供多项免费服务，上线万能表单系统，向全校教师免费开放安全、可靠、存储量大的 200T 交大云空间，向 5 万名师生免费提供微软和 Matlab 正版服务，向全校师生提供 25 万次 VPN 访问服务，切实解决师生"急难愁盼"问题。

学校网络运行情况

网络信息点数（个）		电子邮件系统用户数（个）	数据中心存储量	学校总出口带宽（G）
计	其中：无线接入			
62 142	8452	311 82	400 TB	123 G

十七、后勤与基建工作

（一）基建工作

1. 2022 年主要建设工程基本情况

学校建设工程主要分为基本建设项目、中央改善基本办学条件专项项目和大型自筹修缮项目。

（1）基本建设计划在建项目共计 4 个。其中，正在施工项目 2 个，包括犀浦校区现代交通先进装备创新研究基地、犀浦校区北区基础设施配套；准备启动项目 1 个，犀浦校区大学生创新创业教育中心；待摊土地征购项目 1 个，犀浦校区教学实验科研园区征地。

（2）中央改善基本办学条件专项项目共计 7 个。其中，房屋修缮类 4 个，包括成都两校区校舍修缮（六期）、犀浦校区图书馆修缮工程（一期）、九里校区原工业中心片区修缮（四期）；基础设施改造类 3 个，包括成都两校区市政配套改造及绿化修复（二期）、成都两校区食堂改造（一期）、成都两校区消安防建设（六期）。

（3）大型自筹修缮项目共计 1 个，包括犀浦校区南区体育场片区改造（一期）。

2. 2022 年申报立项及争取国拨资金情况

（1）2022 年争取到国拨资金 8540 万元，其中中央预算内投资 3041 万元，用于犀浦校区大学生创新创业教育中心项目，中央改善基本办学条件专项资金 5499 万元。

（2）完成 2023 年度 3 个中央改善基本办学条件专项资金项目（基础设施改造类）申报文本的报告编制、审核和申报工作，并顺利通过了教育部的评审，最终评审金额 2709 万元。

3. 2022 年主要建设工程项目完成情况

（1）犀浦校区现代交通先进装备创新研究基地项目建设顺利推进，已于 2022 年 12 月完成竣工验收，计划 2023 年完成审计结算。

（2）犀浦校区大学生创新创业教育中心项目完成项目用地地勘、图纸设计及优化调整，完成了项目用地文勘、推进规划许可证办理、初设评审、专项审查等工作，计划 2023 年暑期开工建设。

（3）犀浦校区北区基础设施配套项目完成犀浦校区现代交通先进装备创新研究基地项目周边总平及科研征地土地平整，计划 2023 年上半年竣工。

（4）多态耦合轨道交通动模试验平台项目，完成水土保持方案编制评审和审批，取得水土保持方案的批复，取得项目土地证；完成场坪施工图、大柏路上跨桥施工图、管廊桥施工图设计和图纸审查，正在办理规划许可证。

（5）准环对称仿星器项目，配合政府完成了项目选址，用地勘测工作。

4. 2022 年项目完成投资及资产交付情况

（1）全年完成基建投资 883 万元，含中央预算内投资 308 万元。

（2）全年完成 7 个中央改善基本办学条件专项项目任务，完成投资 6616 万元，含中央改善基本办学条件专项资金 5499 万元。

（3）基本建设项目在建面积 67 565 平方米，主要是犀浦校区大学生创新创业教育中心和现代交通先进装备创新研究基地项目；本年度竣工建筑面积合计为 35 040 平方米，主要是现代交通先进装备创新研究基地。

（二）饮食服务

饮食服务中心现有员工404人，其中事业编制员工17人，社会聘用员工387人，中心下设4个保障部门（综合事务部、质量监督部、经营拓展部和运行保障部）、1个加工配送中心、15个食堂（餐厅）及1个便民超市。作为学校后勤服务实体（业务部门），负责为全校师生员工提供餐饮服务与保障。2022年，中心实现营业总收入9347.22万元。

（1）餐饮保障和疫情防控。根据疫情形势，不断完善并优化疫情防控工作方案、应急预案和各阶段供餐方案，建立健全食堂疫情防控常态化响应机制，做好食堂人员管理、采购运输、加工制作、菜品销售、就餐管理、环境卫生消杀、冷链管理、疫情排查、信息报送、应急处置等工作。全年为学校隔离点、核酸检测点以及校内各单位提供保障用餐送餐服务3万余人次。在校园封控管理期间，中心全体员工闻令而动、全员返岗，在食堂席地而卧，不眠不休坚守岗位，确保生产不停歇、物资不断供、菜品不涨价、质量不降准、服务不打烊，确保疫情期间食堂正常有序高效运转，确保师生餐饮正常供应。

（2）为师生办实事、做好事。全年推出新菜品90余道；完善饭菜价格体系和主副食投料标准控制；统一早餐品名及价格；完成犀浦一食堂、二食堂后厨部分区域改造；建设启用西招简餐部；筹资金近200万元，更换或添置食堂炉灶、冰箱、消毒柜、筷子机等设备；完成食堂燃气泄漏报警装置维修改造；增加1台少数民族特色菜品流动供餐车；继续向师生校友供应月饼、粽子等交大特色自制食品；以九里校区扬华餐厅、犀浦校区五食堂为基础，扎实推进教师餐厅建设，配合完成教师餐厅土建改造和装饰装潢，完善教师餐厅运营服务方案，两校区教师餐厅将于2023年年初正式启用，以自助餐模式向广大教职工提供高品质餐饮服务。

（3）完善内部治理体系。根据内部合规性审计要求加强工作整改，推进制度完善和流程再造，进一步完善内部治理体系；修订完善中心议事规则和一系列涉及中心人财物等重要风险点的规章制度办法等；完善中心成本核算与绩效考核分配办法、印章使用管理办法、员工宿舍管理办法；制定实施中心工作考核实施办法；优化便民超市售价定价机制和简餐部、便民超市成本核算与绩效考核分配办法；深化人事分配制度改革，完成一线生产部门员工考核定级和全员岗位聘任。

（4）食品安全和安全生产工作。完善食品安全、安全生产与安全稳定工作的运行机制、应急预案和管理制度，狠抓采购、贮存、加工、配送、供餐等关键环节质量监管；全年参加全省高校食品安全知识远程培训、"天府食安"食品安全网上培训和地方政府主办的专题培训200余人次；参加"安全生产月"安全生产法、食品安全、燃气使用及设备操作等培训350余人次；接受政府监管部门监督检查和指导20余次；开展食堂食品和餐具采样检查3次；开展农残兽残27批次、490个样品抽样检测，全年未发生食品安全、安全生产和安全稳定责任事故。

（5）开展2022年世界粮食日和全国粮食安全宣传周系列活动，通过完善制度、加强食堂运行和现场管理、优化供餐服务、摸排食堂餐饮浪费情况、建立餐饮节约行为考评制度等举措，加强制止餐饮浪费长效机制建设。

（6）全年累计投入100余万元，集中采购蔬菜、面粉、珍珠米等农副产品65万余斤，为学校扶贫工作贡献力量。

（三）物业服务

物业服务中心现有员工 219 名，其中事业编制员工 10 人，社会聘用员工 209 名，中心下设 5 个保障部门（综合事务部、运营管理部、公寓及楼宇服务部、园林绿化服务部、学生生活服务部）。作为学校后勤服务实体（业务部门），负责成都两校区委托范围内（不含社会化区域）教学办公楼宇、学生公寓物业服务工作，校园植物养护、校园绿化、美化、人工湖湖面清理，监督环卫公司做好大环境保洁及生活垃圾收运处置，负责做好相关经营管理工作。2022 年，中心实现营业总收入 3418.74 万元。

（1）疫情防控。编制《物业中心常态化疫情防控工作实施方案》《物业中心应急响应预案》，并汇总制作防疫工作手册，组织员工学习并一一落实相关工作安排；组织安排员工 400 余人次参与疫苗接种、核酸检测、消毒消杀等服务保障工作；成都静态管控期间，中心各部门员工 24 小时坚守岗位，多方筹措防控物资近百吨，垃圾转运近百车，为学校正常教学、生活秩序运行提供了强有力的保障；11 月，九里校区发生疫情，物业人员坚守岗位、冲锋在前，积极协调安排，为 600 余名学生的安全转移提供了有力保障。

（2）环境治理。完成两校区大环境清扫及垃圾处置外包招标工作；组织员工 600 余人次开展两校区季节性枯枝落叶清理，共计清理 50 余吨；清理两校区学生公寓、教学楼宇、大环境生活垃圾 6000 余吨、非生活垃圾 100 余车；清理学生公寓园区废旧自行车 1000 余辆；组织开展两校区路面消洒、抑尘处置 200 余次；联合学生处组织开展"校园卫士"劳动实践活动。

（3）美化绿化校园。根据中心美丽校园建设五年实施方案进行环境治理及改造。对九里镜湖开展清理淤泥、疏通给排水管道、治理镜湖排污、泼洒生石灰消毒消杀等工作，为栽种荷花做好前期准备。在犀浦南区一二组团之间种植虞美人 1500 多平方米，建植混播草坪 3000 平方米，栽植麦冬 2790 平方米，硬化修补路面 2000 平方米，增设垃圾房间 2 处。对综合楼前剪股颖草坪进行改造，共清理原草坪 7192 平方米，彻底清除原有杂草，微耕机耕地 3 遍，回填种植土 92 车共计 2208 方，清运绿化垃圾、建渣共计 150 余方，新增排水系统，重新铺设喷管设施 70 余处。

（4）内部管理。按照"责权清晰、运转顺畅、保障有力、廉洁高效"的原则，中心将原质量保障部的职责进行划分，成立运营管理部，形成"2+3"运行模式，即以综合事务部、运营管理部为主体的中心管理服务部门，以学生公寓服务部、园林绿化服务部、学生生活服务部为主体的中心日常运行部门。完善中心人事管理制度、分散采购管理实施办法、中心日常疫情防控实施细则、学生生活服务区一服务区回收方案、重大事项决策机制以及日常事务议事办法、员工校内住宿管理办法等 20 余条管理制度。

（5）后勤服务保障。2022 年共计为两校区 10 155 名同学顺利办理退宿离校手续，清理毕业生房间 3249 间；为两校区 11 738 名新同学顺利办理入住手续，搬运床上用品入户 3133 套，完成新生入住钥匙、水卡、温馨提示信封分装及发放 11 738 份；组织安排毕业季、迎新季安全巡逻 16 次；投入经费近 30 万元增设洗衣设备，投入经费 10 万余元开展洗衣设备清洗消毒工作，处理洗衣设备故障 1876 次；研究制定九里校区快递集散地建设方案并推进实施；全年为九里校区老同志提供订报送报服务 100 余次。

本年度，1 人荣获"全国绿化劳动模范"称号。

（四）医幼及场馆服务

医幼及场馆服务中心现有员工163人，其中事业编制员工39人，社会聘用员工124人，下设5个保障部门（校医院、幼儿园、综合事务部、运营管理部、运行保障部）。作为学校后勤服务实体（业务部门），负责师生医疗保障服务、公费医疗、师生医保、预防保健、公共卫生防疫等工作，负责学校职工子弟的学前教育，负责体育场馆和大学生会堂等运动场所的运营管理、服务保障等工作，负责成都两校区文整印务保障工作。

（1）疫情防控。全年做好疫情常态化防控、学校防疫物资采购和保管、核酸检测服务、健康观察区医疗服务保障、防疫"大锅汤"供应、发热门诊启动、"帐篷医院"医疗服务、十大症状患者健康监测等工作，全年开展重点人员、全校师生员工核酸采样197 068人次，收治隔离观察人员2065人。

（2）内部管理。加大力度引进管理岗位、医技、教师等12名核心技术岗位人才；通过劳务派遣、服务外包以及项目合作等方式解决了中心40多个岗位用工问题，进一步降低了用工风险。

（3）校医院。2022年5月，西南交通大学红十字会正式成立。

2022年5月30日，校医院加入成都体育学院附属体育医院骨伤与运动康复专科联盟；医学院、校医院共同成立劳动教育实践基地；两校区基本医疗接诊23 190人次，各类大型活动医疗巡诊服务69次；完成22 000名学生参保、1500名学生医保报销及15 976人次学生医保、8503人次职工医保清算，完成292人次离休人员医疗费审核报销，完成异地就医医保报销180人次；在疫情形势瞬息变化的情况下，依托成大附院、363医院高质量完成3937人次在编教工的健康体检、电子健康档案，9265人次毕业生体检，12 415人次新生体检以及研究生复试体检、入职体检和驾驶员等体检工作。

（4）幼儿园。改造幼儿园屋顶防水，维修风雨操场钢结构，改造旗台和种植园，改造托育班教室和卫生间，装修四个室内功能室；加强园本课程建设和班本课程实践，提高科研和游戏水平，开展丰富多彩的大型活动；开展了高师幼比、高课程质量、高保教水准的优质托育服务。

（5）场馆保障。2022年5月，西南交通大学"互联网+"智慧场馆系统正式上线；承接各类常规课程（含体育超市）22 070余课次、承接学生处和团委各类学生社团活动818余场次、承接教职工各类协会活动328余场次、学校大型活动20余次、成都两校区封控期间及大型核酸检测现场服务保障工作。

（6）文整服务。自2022年3月开始营业以来，九里文印店累计服务校内师生员工6万人次；犀浦文印店共印制试卷150万张、教学日历卡3.5万张、学生档案5万份、教辅材料印刷3.6万册、交大校历5000本。

（7）计划生育。完成全校人口与计划生育报表数据统计，及时报送流动人口月报、半年报、年报。

本年度，西南交通大学红十字会"大学生艾滋病宣传教育项目"获得四川省性病艾滋病防治协会审批立项；西南交通大学幼儿园参与课题《幼儿园游戏质量区域整体提升机制的创新与实践》荣获2021年四川省教学成果奖；西南交通大学幼儿园在金牛区安全教育赛课评比中获得一等奖；幼儿园区级课题研究成果在《金牛教育》12月刊公开发表；幼儿园5名教师在成都市2021—2022年度基础教育课程改革优秀论文（报告）评选中荣获一等奖；幼儿园2组老师在金牛区教玩具设计比赛中获得二等奖；幼儿园有26篇论文、随笔等在第二十届"当代杯"全国幼儿教师职业技能大赛中获奖。

（五）维修、水电及运输服务

维修、水电及运输服务中心现有员工 147 人，其中事业编制员工 28 人，社会聘用员工 119 人。中心下设 5 个服务保障部门（综合事务部、运营管理部、维修服务部、水电保障部、运输服务部）。作为学校后勤实体（业务部门），负责九里、犀浦两校区供水、供电保障服务工作；负责校内水、电设备及基础设施的维修、抢修工作；负责校内各单位委托的各类修缮及改造工程工作；负责校区间交通运输服务、犀浦校园内交通运输服务、学生实习、会议等大型活动的交通运输服务工作；负责学校公务用车的管理工作。2022 年，中心实现营业总收入 2576 万元。

（1）疫情防控和安全稳定。坚持定期研判制度，把隐患排查作为重点，建立健全安全管理制度和应急预案、严格落实安全管理层级责任制，全年完成安全隐患排查 16 次，统筹有序推进疫情防控和保障服务工作。

（2）维修服务保障。全年完成日常零星维修 2.3 万余次，各项应急抢修、突发抢修、项目维修、改造工程和大环境路面修复工程共计 350 余项；完成成都两校区 3696 间毕业生房间及倒迁房间内的各项零星维修和门锁更换、厕所漏水修补等工作；承接完成校内委托各类工程 36 项。

（3）水电服务保障。全年成都两校区共回收水电费 2600 余万元，回收率达到 55%；全年完成测漏 80 余次，抢修爆管 50 余处，节约水量 50 余万吨，节约水费 150 余万元；全年投入 120 余万元更换了 42 台老旧空气源热泵机组；完成更换犀浦校区主环路、东大门、综合楼和家属区高杆路灯灯头 130 余套，庭院灯灯头 110 余套。

（4）运输服务保障。全年交通车共运行 7230 趟次，安全行驶 38 万余公里，服务师生 38 万余人次，其中免票服务 70 岁以上离退休教职工 1 万余人次；公务车出行 952 趟次，安全行驶 9 万余公里，全年无一起安全责任事故。

（六）学术交流服务

学术交流服务中心现有员工 78 人，其中事业编制员工 3 人，社会聘用员工 1 人，购买服务人员 74 人。下设 5 个部门（综合事务部、客房部、餐饮部、前厅部、安保部）。作为学校后勤服务实体（业务部门），负责成都两校区各类来访、会议、餐饮、住宿等的综合接待服务工作，为学校教学、科研提供良好的集会务、住宿、餐饮、车务、票务等五位一体的一站式全过程学术交流服务保障平台。2022 年，中心实现营业总收入 683 万余元。

（1）将 2022 年作为"服务质量建设年"，制定《2022 年学术交流服务中心服务质量提升工作实施方案》，围绕 5 个重点任务，聚焦 17 个重点业务，推动中心专业化、标准化、规范化建设。

（2）面对疫情对住宿餐饮行业的影响，通过经营战略调整、资源调配、业务重组等，多措并举、多渠道开展卤菜、外卖、洗车、冷淡杯、物业保洁等新业务，满足师生日益增长的个性化、差异化、多样化需求。

（3）精心组织、周到安排，重点做好"装备承制单位资格现场审查会议""教育部党政同审工作组""院士访校""学校第十五次党代会"等有关接待服务工作，以服务学校发展大局为出发点和落脚点，全力为学校"双一流"建设当好接待员、服务员、宣传员。

（4）制订《学术交流服务中心安全检查情况汇编》《学术交流服务中心"安全生产月"系列活动方案》《2022 年学术交流服务中心消防宣传工作方案》，建立安全生产管理台账，常态化开展安全生产监督检查。

（5）专门委托中国人事科学研究院原院长、学校特聘专家吴江研究员牵头成立中心组织机构和薪酬方案课题组，梳理中心组织设计和薪酬制度，综合现代酒店业人力资源评价管理机制，结合学校后勤和中心发展现阶段实际，通过充分论证，形成了中心《岗位绩效考核办法》《岗位工资系数方案》《组织机构方案》，即将形成中心《绩效工资方案》《人力资源发展诊断报告》等，共5个系列课题成果。

（6）加强业务技能培训，全面提升服务水平。对内组织开展全员培训，针对不同岗位安排相关理论课和实操课，课程设置主题明确、内容丰富，针对性、实用性强；对外积极学习先进经验，组织团队到江南大学、厦门大学等同行高校和社会酒店认真学习人事管理、后厨组织、菜肴创新等。

（7）为解决学生住宿缺口，学校调整学术交流服务中心B座（即西招）为西门学生公寓，中心第一时间响应学校要求，立即着手研究制订宾馆改宿舍工作方案，积极筹备并配合相关部门落实配备宿舍设施设备，确保了2022级新生学生按时顺利入住。同时，建立健全宿舍管理机制，安排专人负责学生宿舍的日常管理和安全检查，确保西门学生公寓日常运转安全稳定。

（8）两次紧急启动九里校区健康观察区工作预案，迅速、精准落实有关部署要求，第一时间完成A座布草清洗、铺设、相关物品筹备工作，按照学校和社区防疫有关要求，切实履行好隔离区域消杀任务，全力做好隔离人员服务工作，统筹协调好疫情防控物资的购买、申领、发放工作，确保疫情防控隔离点措施精准、服务到位、师生满意。

（9）精心组织，周密安排，中心成功申请加入四川省旅游饭店行业协会。这也是目前为止，川内唯一一家登陆行业协会的高校宾馆，为加快中心专业化、标准化建设奠定了专业的组织基础。

十八、资产管理与实验教学

（一）实验教学

（1）大力推进虚拟仿真实验课程建设。新增省级虚拟仿真实验教学一流课程 10 门。精心打造校级虚拟仿真实验教学中心建设方案，将虚拟仿真、人工智能、大数据和 5G 等新一代信息技术与实验教学活动深度融合，沉浸式教学体验实现人才培养模式改革创新。

（2）着力提升实验教学队伍能力。重新启动实验教学改革项目，以高素质实验教师队伍支撑人才培养高质量发展，紧紧围绕"双一流人才培养核心指标"、学校"十四五"规划和国家最新要求，突出交叉和质量导向，解决学校实际问题，同时培育实验教学成果，为国家级和省级教学成果做好储备，2022 年立项 155 个，其中教学改革类 128 项、自制仪器类 27 项。

（3）课外实验活动成果丰硕。十四届大学生课外创新实验竞赛活动成功举办。通过 21 个教学单位精心组织，832 名竞赛教师悉心指导，13 478 名本硕生共同参与了 113 项主题丰富的课外科技创新实验竞赛，制作完成比赛作品 7996 件。"喜迎二十大、奋进新征程"之际，确定活动的英文名称，同时启动首届课外科技创新实验竞赛活动 LOGO 设计征集大赛。第十六期个性化实验项目立项 259 项和第二十一期重点实验室向本科生开放项目立项 100 项，共吸引 240 名指导教师及 1364 名本科生参与其中。

（4）教学管理常抓不懈，"提升金课，淘汰水课"。2022 年实验教学课程开设 481 门，其中独立设课 170 门，非独立设课 311 门，实验项目总数 2827 个，其中独立设课项目 1221 个，非独立设课项目 1606 个，涉及学生 507 643 人次。以"专项检查+学院检查+教师自查+每日巡查"方式开展实验教学质量检查，开展实验教学检查 18 361 节次，加强实验教学过程管理，确保良好的实验教学秩序。

（二）房屋资源

（1）紧密围绕学校战略及学科发展，克服学校房屋总量不足、用途结构不合理的困难，科学规划，利用增量及到位调整盘活存量房屋资源，保障学校决策高效落实到位。

① 新成立学院资源保障有序推进，积极落实学院调整方案，统筹协调，保障落实计算机学院、信息学院、建筑学院、设计艺术学院、城市轨道交通学院资源调配到位，启动化学学院、材料科学与工程学院、生命科学与工程学院、医学院房屋调整配置方案。

② 人才引进、重大项目物理空间有效保障，高水平人才团队发展、重大项目启动、课题项目等工作用房顺利配置实施，为高水平人才、团队、平台建设提供启动工作空间，为学校人才引进和人才培养，提供优质的教学及科研空间。

（2）房屋资产宏观管理综合改革工作。

① 科学合理地推进并落实定额配置、超额有偿使用制度。实现公有房屋的定额核算，全面

落实"符合定额无偿配置、超出定额有偿使用、少于定额适度补贴"的思路执行管理，转变房屋使用和管理思路，促进房屋的科学使用，提高房屋使用效率。根据学校发展实际及面临的新形势，提出公房定额核算调整的建议及调整方案，推动公房有偿使用管理落地。

② 注重房屋效益产出。采用契约化管理模式，引入市场机制，提高科研用房的周转效率和使用效益。提高各类用房使用效率监管，并将使用效率、使用效益纳入有偿使用核算，动态调整定额核算面积。

③ 持续推进定位到位工作。在力学与航空航天学院、数学学院、物理科学与技术学院、利兹学院、外国语学院、人文学院、城市轨道交通学院、计算机与人工智能学院、马克思主义学院等9个教学科研单位顺利入住3号教学楼的基础上，协调推进档案馆、保卫处、建筑学院、设计艺术学院的到位搬迁。

④ 加强房屋巡查力度，杜绝闲置，有效盘活闲置低效资源，并及时调整房屋用途，投入到教学、科研使用。加强巡查完成全校公房专项巡查3次，日常巡查96次，发现并回收使用效率低下的房屋261间，共11 065平方米。

⑤ 统筹考虑各类房屋资源用途及房屋建设工作，对教室、会议室、公共学习研讨空间等的建设与修缮、设备购置等联动，统筹规划，避免浪费。

（3）学生公寓管理工作。

与职能部门联动，做好2022级新生入住安排建议方案，针对2022年秋季新生入学后九里校区床位缺口问题，做好后备方案，加强宿舍条件建设、保障学生住宿条件，保证学生安心就学。

① 充分测算学生宿舍床位缺口，提出床位缺口解决方案。

② 做好学生毕业腾退房间、倒迁腾挪房间、漏水房间的维护维修，为两校区900个房间的床板进行了加固、维修或更换，给新入住学生创造了良好的居住环境。

③ 在学校临时决定利用九里成教学生公寓楼、调整西招用途作为学生宿舍时，协调学工、后基、信网等部门细化需求，争分夺秒对临时投入使用的190个房间进行条件建设，解决了因校区定位调整及研究生连年扩招等原因造成的床

位缺口，增加了525个床位，最终保证2022年新生全部顺利入住，同时有效化解网上舆情，维护了学校声誉。

④ 收回犀浦、九里宿舍园区内物业用房，建设8间辅导员值班室，为学生管理提供良好的条件。

（4）公共区域学习研讨空间建设。

聚焦师生需求，高标准打造"温馨家园"。从高质量服务师生的角度出发，综合考虑房屋功能布局、设施设备配套的同时，重视营造现代、温馨、舒适的教学科研环境，开展一系列家园建设系统工程，通过精心打造学生自习之家、辅导员值班之家、青年教师之家、学生科创之家、党员之家、人才之家、干部之家、文科建设发展之家等，持续为师生学习、工作、交流提供良好的环境，提升教学研氛围，丰富校园精神文化，推动了新型校园建设管理体系的构建。

① 在犀浦校区1号教学楼高效率、高质量地为我校广大青年教师倾心打造出包括5个室内空间及3个公共区域共计1500平方米的青年教师之家，解决我校青年教职工备课交流、课间休息、答疑讨论等需求。

② 在犀浦校区1号、2号、4号教学楼公共区域及宿舍园区拓展自习空间，新建了近800个公共自习位。两年来，教学楼公共区域自习区覆盖了犀浦校区所有教学楼及九里校区4号教学楼，累计增加座位1200余个，宿舍园区自习室座位累计增加2000余个。同时与校团委、材料（科学与工程）学院等单位建立联合管理制度落实自习区域的运行管理机制，为学生学习提供了更充足的空间，良好的学习环境，提升了校园学习氛围。

（5）周转住房管理工作。

① 修订周转住房管理办法，盘活部分闲置、漏水住房，解决周转住房供需。

② 改善两校区教师公寓住宿条件，为鸿哲斋10号楼教师周转住房更换床垫88套，分期分批完成鸿哲斋10号楼、扬华斋10号楼教师公寓空调的安装；对两校区教师公寓近30个房间的墙面漏水痕迹进行维护处理，提升房间的完好率，增加了可用房间；提升教师公寓物业服务标准，让周转住房卫生条件焕然一新，持续改善教师公寓居住环境。

③ 倒迁 40 名扬华斋 9 号楼博士生及访学教师，推进 2022 年国拨修缮项目，改善我校博士后住宿条件。

④ 完成南北园周转住房样板间装修的家具、文化布置与装饰工作，实现拎包入住。

⑤ 盘活存量、引入增量，挖掘政策，提出利用学校在诸葛庙片区的自有土地与金牛区政府联建保租房的工作思路，力争拓展学校周转住房房源。

⑥ 稳步推进住房货币化政策，积极与人事处、人才办沟通特殊人员及特殊用工方式的住房补贴发放，明确按人事处报增人员发放住房补贴，做好我校 2022 年教职工住房补贴的发放及 2023 年住房补贴的预算工作；认真梳理住房补贴系统需求，全力推进房补系统开发。

⑦ 推进九里校区经济适用房分户产权办理工作，关乎民生的九里校区经济适用房分户产权办理取得新突破，困扰教职工多年的九里校区经济适用房分户产权办理的问题有望得到解决。

（6）房屋资产管理信息化工作。

① 优化完善所有房屋的图文数据，根据各单位用房调整及时进行维护更新，将图纸数据及实物使用信息一一对应。

② 在周转住房引入智能门锁管理的基础上，部分科研周转房引入智能门锁管理。实现远程密码管理，假期也能远程办理入住、房屋配置等手续，提高管理效率，提供更及时的服务。

③ 在学生宿舍及床位数据统一后，与学工、物业管理三方共用一套数据，为学校战略决策提供准确数据支撑。

（三）设备家具

1. 优化验收流程、把好资产入口

出台《西南交通大学设备、家具资产验收管理办法（试行）》（西交校资实〔2022〕8 号），不断优化工作流程。一是简化填写材料，通过提供现成的中标商家投标文件、采购合同等材料对验收内容进行佐证；二是材料线上提交，审核无误后与经办老师联系查看现场，相关纸质材料直接在现场收取；三是网络视频初验，对合同标的物的数量、规格型号通过网络视频初验，根据情况开展现场实地验收，节约老师时间、减轻基层工作量。

2. 强化资产调剂、提高资源效益

为避免国有资产闲置浪费，进一步创新拓展资产调剂工作思路，推动内部资源整合利用，最大限度节约财政资金，发挥资产效益，学校积极开展资产调剂工作，对于拟报废或无使用需求资产，进行专业鉴定，在确保能够继续使用且资产账实清晰的前提下，做好资产调拨、拆卸、搬运等工作，再次发挥闲置资产价值。2022 年，已调剂计算机近 500 台，空调 50 余台，会议桌椅 10 余套，沙发、茶几、文件柜等办公家具若干。

3. 加强资产盘点、重点组织抽查

根据国家国有资产管理系列办法，开展年度固定资产清查盘点工作，制订清查盘点工作方案，形成年度盘点工作报告，做到账账、账实相符。2022 年初，已针对全校开展了年度盘点工作，各二级单位开展了实物盘点，针对盘亏、盘盈情况进行了详细梳理。同时，重点抽查了土木工程学院、力学与航空航天学院，开展了盘点抽查工作，并委托第三方事务所出具了清查报告，形成了年度总结报告，以后将此项工作常态化。

（四）资产运行监管

西南交通大学资产运行在保障学校教学科研以及事业发展的需求下，努力探索和研究 BOT 项目和出租出借项目管理方式，在学校国有资产管理制度主题框架下，现行的主要管理制度和文件规章有：《西南交通大学 BOT 项目资产管理办法（试行）》（西交校资实〔2016〕33 号）、《西南交通大学国有资产出租出借（有偿使用）管理办法（修订）》（西交校资实〔2018〕27 号）

和《西南交通大学 BOT 资产经营行为日常管理细则》（西交校资实〔2019〕18 号）。

按照资产在形成过程中的具体情况，目前西南交通大学资产运行存在两种模式，一是 BOT 项目管理模式；二是资产出租出借模式。2022 年出租出借资产账面原值总计 163.97 万

元，全部属于固定资产中房屋类资产，资产性质上，全部属于事业资产。2022 年资产出租出借取得的收入 299.63 万元。

（五）公共资源

大型仪器设备共享。强化共享政策体系建设，修订印发《西南交通大学大型仪器设备开放共享管理办法》（西交校资实〔2022〕5 号），健全长效管理机制。优化大仪开放共享平台，完善开放机制，与国家网络管理平台实时对接。2022 年纳入平台管理的大型仪器年度预约使用 13 602 次，212 679 样，335 602.36 小时。制定颁布《西南交通大学大型仪器设备开放共享测试基金管理办法》（西交校资实〔2022〕6 号），设立大仪开放测试基金，资助 62 人次、124 万元，支持新入职青年科研人才和青年实验技术人员

成长。

事业资产管理。依据事业资产管理的新形势下，修订印发《西南交通大学图书资产管理办法》（西交校资实〔2022〕7 号）；优化植物资产、文物及陈列品资产、图书资产及软件、专利权等无形资产入账平台与流程，完成财务资产与实物资产的核查工作。完成 2022 年 374 项专利权无形资产、585 项无形资产软件入账审核工作，涉及金额约 1188 万元；完成 2022 年文物及陈列品资产 11 万元、图书资产 341 万元新增入账。

（六）实验室建设

1. 本科教学实验室建设

2022 年中央高校改善基本办学条件专项 6 大项 21 个子项的 2210 万元经费投入本科教学实验室，用于改善或新增涉及 5 个学院的 1465 台套本科教学实验室设备，新设备投入实验室后可增开实验项目 64 项、更新实验项目 114 项，改编实验指导书 40 门。

2. 科研实验室建设

经统计，2022 年投入非国家拨款经费 5.1 亿元，全年为 16 个教学科研单位的实验室新增

相关大型仪器设备 259 台（套），提升实验室的数智化水平和科研硬件能力，为科研实验室建设与人才培养提供有力支撑。

3. 实验室信息化建设

进一步优化实验室综合管理平台功能，简化办事流程，缩短办事时间，基本实现了实验室建设相关日常业务的线上办理，进一步完善了实验室数据链条，真正实现"数据多跑路 师生少跑路"。

（七）实验室安全

（1）顺利完成教育部 2022 年度高等学校实验室安全检查工作。3 月 24 日学校召开 2022 年度高等学校实验室安全检查启动会。6 月 24 日，教育部实验室安全检查组来我校开展实验室安全现场检查。通过实地检查和查阅档案资料，专家们对我校实验室安全管理工作给予肯定，整体评价良好。

（2）依法建章立制，完善实验室安全制度体

系，出台了《西南交通大学实验室危险废弃物管理办法》（西交校资实〔2022〕4 号）、《西南交通大学实验室安全专项行动实施方案》（西交校资实〔2022〕12 号）。

（3）全面落实实验室安全责任体系。加强顶层设计，调整学校实验室技术安全委员会（西交校资实〔2022〕2 号）。压实教学科研单位主体责任，全年签订各类各级安全责任书 934 份，实

现学校、教学科研单位、实验室三级管理责任层层落实到位。

（4）完善实验室分级分类管理体系。学校组织教学科研单位对所属1665个实验室开展风险源识别，根据不同风险等级，确定专业化安全管理要求和防护措施。

（5）持续开展实验室安全排查整治。全年开展实验室安全检查40余次，其中校领导带队检查3次、公安部门及地方政府进校检查4次、聘请校外第三方专业机构检查3次，向相关学院下发《安全隐患整改通知书》25份、《安全风险提示书》14份，通过学校、学院、实验室三方共同努力消除安全隐患，全年未发生重大安全事故。

（6）持续加大智慧化实验室的建设投入，对157间实验室新加装监控设备，截至目前，全校实验室内安装监控1285个，门禁212个，已经覆盖九里、犀浦校区有危化品、大仪设备的重点区域480间实验室，实现了远程控制、实时监控、开放预约等功能。

（7）加大重要危险源管理力度。在危险化学品管理方面，全年审核易制毒化学品544.5 kg，易制爆化学品179.5 kg；积极推进"三废"处置，处置生命、材料、地学等学院危险废弃物26吨；组织危险化学品从业人员参加新训和复训，121位师生取得危险化学品从业证书。在高压气瓶管理方面，全面实施实验室气瓶"租赁"模式，加强对实验室新增使用气瓶审批环节；委托成都市计量检定测试院对322个气瓶压力表进行检测。在辐射安全管理方面，摸清家底，委托成都市辐射院对Ⅱ类射线装置工作场所进行环境评价；组织13位老师参加辐射安全管理培训，取得辐射安全与防护考核证书。

（8）强化实验室安全教育体系建设。做好新生入学安全教育，向2022级本科生及研究生发放《实验室安全手册》14 060本；着力抓好"安全教育第一课"，组织教学科研单位完成新生进入实验室前的安全教育；严格落实实验室安全准入制度，新进师生11 620人通过学校统一组织的通识类安全准入考试；丰富学习途径，新增"VR安全培训平台"；加强知识能力培训，组织开展安全教育培训4场，近750人次参加；推进实验室安全课程建设，面向全校首次开设实验室安全选修课"实验室安全与防护"。

（9）启动"2022年度实验室+"安全教育系列活动，面向全校师生开展"实验室安全知多少"有奖知识竞答，全年共24期，2万余人次参与；组织开展了实验室安全演练活动9场1300人次参加，包括应急疏散、消防技能演练、化学品泄漏等；组织师生参加校外实训基地的实验室安全应急技能训练；招募第二届实验室安全大使，大使们进行实验室安全宣讲活动30余场，覆盖人数达到1500余人；组织开展了实验室安全宣传海报创意设计大赛和实验室安全微视频创作大赛，产生80多幅创意海报和10个微视频；对2021年度实验室安全工作中成绩突出的单位和个人给予表彰（西交校资实〔2022〕1号），在全校范围内宣传先进事迹。

（八）分析测试中心

（1）分析测试中心以现有大型仪器设备为依托，助力学校创新型人才培养。全年开展各类大型精密分析仪器培训、交流活动14次，来自7个教学科研单位，800余名同学参加，71名同学获得了自主上机资格，39名同学加入中心助管队伍。持续助力研究生培养质量提升，完成2021年秋季立项59个项目结题答辩，2022年春季项目立项82个，同比增长37%。充分发挥中心协同育人功能，协同生命学院共同指导学生从事高性能电化学材料制备工作，协同物理学院老师完成本科教材《仪器分析原理与技术》编写工作，协同教务处完成大学生创新创业训练计划项目（SRTP）的参观活动。成功举办西南交通大学首届水质离子检测竞赛及第五届显微摄影大赛，并承办了"2022年首届四川省电子显微摄影大赛"，该赛事使更多的学生有机会了解、接触大型仪器设备。

（2）不断加强科研人才培养力度，本年度为

225 个课题组提供分析测试服务，较 2021 年同比增长 23%。大力推进学院合作共建，力学与航空航天学院的场发射扫描电镜和原子力显微镜搬迁至中心，并顺利开放共享。制定《分析测试中心责任教授管理细则》，针对 8 台大型仪器选聘了 8 位老师与中心工程师共同开展分析测试方法学研究。

（3）充分挖掘分析测试中心校级共享平台支撑潜力，推行仪器夜间+周末闲时使用机制，为 6 个课题组青年教师提供闲时优惠，闲时开放总计时达 3400 小时。持续开展设备开放月活动，共开放 12 台大型仪器，期间免收测试服务费 4.5 万元，测试样品 425 个。

（九）信息化建设

1. 建成西南交通大学第一个实验室标准数据集并投入使用

在夯实基础，全面实现全业务系统集成和数据融合的基础上，进一步加强数据中心的建设，建成第一个实验室标准数据集。这是在 2021 年公用房标准数据集基础上，第二个校级标准数据集。实验室标准数据集目前包含 28 个接口，内容涵盖实验室房间数据、专职实验人员数据、实验室学科数据、实验项目数据、实验室危化品数据、实验室特种设备数据、实验室贵重仪器数据等。

2. 大力促进资实处各类管理系统的数据交互

本年度共新建、管理各类标准 Json 数据 API 接口 60 多个，涵盖资实处 12 个业务系统，资实处的数据集在西南交通大学数据中心人、财、物、教学、科研、外事管理等数据交互长期领先。

3. 西南交通大学校级会议室预约管理系统建成投入使用

西南交通大学会议室预约管理系统在 2022 年 1 月上线了并正式投入使用，系统由 PC 端和移动端两个部分组成，目前涵盖了学校公共会议室、报告厅、马克思主义学院、教师发展中心、分析测试中心等共计 55 个会议场所。整个系统运行顺畅，用户反馈良好。

4. 西南交通大学校级教室运管维平台上线

西南交通大学教室资源运管维系统于 2022 年 3 月上线，通过与学校数据中台对接，实时数据交互，囊括了全校公房系统中的教室数据，教学系统中的排课数据，并将两者有机结合起来，并结合物联网设备，对教室资源的使用情况进行实时展示和分析。

5. 西南交通大学实验教学管理系统初步建成进入试用阶段

实验教学管理系统涵盖了实验课程排课、选课、成绩、评价以及实验项目全过程管理等功能，真正意义上实现了实验教学全过程管理。目前由物理科学与技术学院、信息科学与技术学院、电气工程学院三个学院在进行试用，待试用完善后，全面铺开。

6. 西南交通大学智能资产移动管理平台建成并投入使用

建成投入使用西南交通大学智能资产移动管理平台，平台是通过移动端 H5 页面形式，集成了资产的查看、入账、调拨、报废、盘点以及各类资产管理中的流程审核功能的手机端应用。建设移动端引入了智能算法和发票扫描，能够根据西南交通大学的资产数据历史库和老师使用过程中积累的使用数据库，自动推荐数据，带入到需要填报的表单中，减轻老师们的填报工作量。同时，利用发票扫描入账，提取发票数据带入表单。极大地提升了西南交通大学资产管理水平和服务质量，获得了师生们的一致好评，并获得了教育专家的肯定。

7. 推进住房补贴系统建设

住房补贴系统进入建设阶段，系统包括 PC 端和手机移动端，涵盖了住房补贴从补贴申请、预算编制、补贴发放、决算编制以及文件存档等全过程管理。

十九、附属学校

（一）附属中学

西南交通大学附属中学始建于1940年，其前身是国立交通大学唐山工程学院兼办平越中山中学高中班。1986年被首批命名为"四川省重点中学"，1988年被命名为"四川省校风示范学校"，2013年被四川省教育厅命名为"四川省二级示范性普通高中"，同年被评为"四川省阳光体育示范学校"，2018年，被教育部认定并命名为"全国青少年校园篮球特色学校"。办学80多年来共培养出4名四川省文理科高考第一名，17名市、区理科高考第一名。

1. 办学基本条件

学校建有理、化、生标准化实验室，设置了通用技术专用教室、信息技术教室、"茅以升"班专用教室及其他功能室，学校每间教室均配置了教学需要的多媒体设施设备。学校图书馆藏书7万余册，有100平方米的学生阅览室，有报纸杂志100多种，建有250米塑胶田径运动场、3个标准化篮球场、1个排球场、1个足球场，学校建有标准化学生公寓，学生食堂由西南交大饮食服务中心管理，为师生提供安全、可口、实惠的饮食。

2. 专业师资队伍情况

2022年全校教职工有111人，专任教师103人，其中高级教师37人，硕士毕业生及研究生学历20人，教师学历达标率100%。金牛区学科中心组成员17人，中青年学科带头人、骨干教师53人。特聘西南交通大学院士、西南交通大学首席教授翟婉明为附中名誉校长。

附中以"分层培养、层级递进"原则，依托"金字塔"培养模式，积极参加金牛区"名优教师队伍建设""名师闪耀工程"等项目。本学年杨伶老师成立了金牛区第四届名师工作室，1名老师被评为金牛区教育拔尖人才，1名老师被评为金牛区学科带头人，4名老师的精品课被金牛区推选出参加成都市的精品课评选。通过市、区、校三级培训，加强教师对"新课标、新教材、新高考"的学习研究，通过深挖新课标，吃透新教材，探索课堂教学新模式，使学科核心素养扎根于课堂。全校教师信息技术应用能力提升工程2.0培训，100%通过省，市，区考核。

附中现有1个省级课题在研，一个市级课题在研，1个区级规划课题结题，2个区级小课题结题，我校自主创立的"竢实扬华"教育品牌建设荣获金牛区一等奖。

教师积极撰写论文获奖率高。其中国家级获奖9名，省级获奖4名，市级获奖20名，区级获奖5名。

3. 办学规模

2021年学校占地面积25 333 m²，建筑面积13 741 m²，学校设置有党政办公室、教师发展中心、教务处、德育处、总务处5个部门结构，教学班25个，学生1076人。

4. 教育教学业绩

（1）教学工作业绩。

以"竢实扬华"教育品牌创建为切入口，依托交大的优质教育资源和优势，围绕"一个核心、两条路径、三思文化"，坚持开展高中茅以升班课程、七中网班课程、詹天佑选课走班等"十二大课程"体系。

围绕"五项管理"和"双减"的国家政策要求，初中阶段实行"5+2"课后服务模式，疫情期间，为保障教学开设直播同步课堂，实现每节课内容、场景的实时共享，实现教学过程可持续和教育质量有保障。

2022年高考实现低进高出的优异成绩，一本上率线61.5%，本科上率线92.3%；代培的5

名马尔康籍学生有 4 名上一本院校。中考取得较好成绩，161 人参加中考，最高分 633 分，上 600 分以上 20 个，上重点线人数 74 人，重点率 45.96%，一次性合格人数 145 人，一次合格率 90.06%，另有 39 名成绩优异同被选拔进入附中的"詹天佑选课走班训练营"。

（2）德育工作业绩。

依托交大优势资源，凸显附属中学特色，持续打造"走进交大"生涯规划活动、"思源大讲堂"专题讲座、优秀校友交流会等德育特色品牌，践行五育并举，浸润核心素养，培养学会学习、健康生活、实践创新、责任担当的时代新人。

开展内容丰富的社团活动，多名同学的作品入选成都市第 38 届青少年科技创新大赛科幻画作品系列、成都市"文化传承、强国有我"青少年书画传习大会并获奖，5 位同学参加西南交大"双建杯"科普讲解大赛，分别荣获一等奖、三等奖和优胜奖。

加强与金牛区体育局、少体校的合作，篮球队屡创佳绩。学校女篮参加四川省第十四届运动会获第三名，参加成都市青少年运动会篮球比赛获第三名，参加金牛区青少年篮球赛获第一名，1 名同学入选四川省篮球集训队。

关注学生心理健康，与华西医院、交大心理中心签订协议开展心理帮扶合作，坚持对全体新生定期进行心理测评；通过设置班级"男女双心理委员"制度、心理健康集体辅导、交大学长解忧信箱等多种形式，为学生身心健康保驾护航。本期选送 2 名老师参加金牛区班主任"心理危机识别与处置"专业化培训，1 名老师在成都市 2022 年中小学心理健康教育优秀成果评选中荣获一等奖。

组织学生利用寒暑假积极参加社会实践活动，结合实践活动成果，推出了"主题小报、摄影作品、家务劳动"等多系列展评活动，评选优秀作品 100 余件，"非遗融入生活，红色铭刻于心"等学生寒假实践活动被"川观新闻"等媒体进行了广泛报道。

（二）子弟小学

2022 年，学校共有学生 731 人，其中子弟 445 人，占比 61.3%。作为民生和人才战略保障的直属单位，我们聚焦核心素养，培育五爱少年。在"爱以及国、学以生问、知以行为"理念下，不断实践创新思问教育模式，以优质的教育教学服务大学，真正解决教职工后顾之忧。为国家培养有交大烙印的"爱家国、爱读书、爱运动、爱劳动、爱思问"的五爱少年。

1. 办学基本条件

学校占地 14 亩，建筑面积 4165 平方米。新扩建操场一个，新改建图书馆一个，学校拥有党建及少先队室、自然科学实验室、创客室、微机室、音乐专用教室、美术专用教室、校园广播电视台、心理咨询室等。本年度，学校硬件全面升级，校园环境全面改善，网络全部更新升级，办学条件全面提升。

2. 师资队伍建设

学校现有教师 46 名，本科及以上学历占比 100%（硕士研究生 11 人），高级教师 4 名，一级教师 34 名，市学科带头人 1 名，区学科带头人 6 名，省级骨干教师 2 名，区教育专家 2 名，区拔尖人才 1 名，全国优秀班主任 1 名，成都市优秀班主任 3 名，区优秀班主任 1 名，区优秀青年教师 3 人，区教坛新秀 1 名，区师德先进个人 6 名。"坚守初心，倾情帮扶"感动峨边人物 1 人。

3. 办学规模

学校目前有 17 个教学班，学生 731 人，其中校内子弟 445 人。

4. 教育教学业绩

（1）学校获奖：学校集体获组织获、荣誉奖等共 18 项。其中，科创类全国奖 3 项；党建工作市级三等奖 1 项；艺术类市级三等奖 1 项；体育类市级奖二等奖 1 项，三等奖 1 项；区级学生各类活动一等奖 33 项。

（2）教师获奖：教师获奖共 41 项。科研课题获奖 3 项；国家级刊物论文发表 1 篇；教育教学论文获奖：共计 14 篇；专业比赛：省级奖项 1 个，市级奖项 2 个，区级奖项 7 个；有 12 人次获得国家级，省、市、区级"优秀指导奖"、

"优秀教练员"奖；12名教师获市、区级表彰。

（3）学生获奖：学生获奖共17项，261人次。其中，科创比赛：国家级获奖共11人次；学科竞赛省市特等奖各1个；艺术体育类，市三等奖10人次；区一等奖107人次，二等奖40人次；综合比赛：共计85人次获奖。其中省级奖项7人次；市级奖项74人次；区级奖项4人次。

2018级1班章正宁同学，在"用英语讲好中国故事"的爱国主义主题活动中，获四川省"特等奖"，成都市"特等奖"，金牛区"最佳口才奖"。学校周平昭老师被金牛区教育局评为第七届教育专家。教育满意度调查各项指标均获得优秀；获得大学目标考核二等奖；获得金牛区教育局教学质量综合评价优秀等级。学校的影响力和美誉度大幅提升。

5. 品牌创建

（1）本年度，确立了新的品牌创建目标：在去年成功创建成都市新优质学校的基础上，努力申建四川省义务教育阶段优质教育共同体领航学校。

（2）本年度投入资金新修校门、建立创客教室、安装教室空调、进行书香校园空间打造等，更好地改善了办学硬件条件和师生学习生活的环境，为申建奠定了坚实的基础。

（3）本年度创新特色发展，促进高品质发展。一是课程育人，五育共进；二是践行思问，课堂提质；三是塑造品牌，特色发展。本年度"虹桥"品牌课程纳入课程表中实施，并新增《高铁动车》教授讲堂。深受学生及家长喜爱。推进科创特色实施。依托大学工科优势资源，在西南交大工会和土木工程学院等院系的支持下，今年6月2日，学校举办了首届"交小苗"杯科创节桥梁模型比赛，大学和教育局领导出席。姚发明副校长高度肯定此次活是贯彻习近平总书记关于科技创新科技普及与教育的重要指示精神，培养交大少年科学兴趣，挖掘青少年科学研究的一次重要科创活动，也是我们学校创新探索如何利用大学资源协同开创科技活动的新形式。本次活动得到了四川教育电视台、成都锦观新闻、成都日报、红星新闻、金牛融媒体等主流媒体的宣传点赞，极大地扩大了学校科创活动的知名度。

（4）围绕学生减负，创新落实"五项管理"。一是实施"周五无作业日"制度；二是提高作业设计及管理水平；三是加强阅读，积极营造书香校园。本年度学生体质健康合格率99.31%，优秀率56.87%居全国领先水平，同时学校也在不断丰富大课间活动，保障学生每天体锻一小时。学校"课后服务"优秀做法已作为"落实双减课后服务工作典型案例"在区域推广。

（5）围绕学生身心健康，创新开展教育帮扶活动。一是压实防控责任，确保师生健康安全和教学质量；二是用大学生的青春活力和正能量激励小学生健康成长；三是与心理机构第三方签订合作协议，加强对学生心理健康教育；四是开展"全校教师进千家"家访工作。学校被评为2022年金牛区"三星"家访学校。

6. 党建与德育工作

2022年我校党建工作坚持以习近平新时代中国特色社会主义思想为指导，以庆祝子弟小学建校50周年为契机，深入学习贯彻落实西南交通大学第十五次党代会和中国共产党二十大精神，将疫情防控与提质升位有机结合，确保了学校教育教学工作上水平、上台阶，党支部率先在全体党员教师和干部中创新开展党建工建促振兴"121"行动计划，即"能力提升干1项，为民办事做2件，振兴学校献1策"，并在党员和工会会员中开展了考核评比与表彰，全体党员完成能力提升项目共49项，积极开展为民办事服务共计58件，提出各项改进工作的意见和建议共计34条，其中被大学教代会采纳的提案有3条，被子弟小学党政工采纳的有26条，形成了具有子弟小学特色的党建创新的工作法，彰显了学校党建特色；2022年学校党支部在成都市优秀党建案例评选中荣获三等奖。组织党员和教职工前往峨眉校区进行为期3天的封闭培训学习，党支部书记王文彬为全体教职工上专题党课《落实"中小学教师职业道德规范" 争做新时代"四有好教师"》——"教师职业道德法规"解析，结合子弟小学的师德师风情况进行深入分析点评。党支部还邀请了金牛区德育教研员陈雪梅老师为全体教职工上了专题辅导《小学师德师风建设与班级管理能力提升》，提升了全体教师的思想素质和专业能力。

二十、附　录

（一）2022年大事记

【一月】

1月4日，学校党委在犀浦校区召开第十四届第187次常委会（扩大）会议，传达学习教育部党组重要文件精神，研究校班子分工、启动筹备第十五次党代会、有关机构调整与组建等重要工作。校党委书记王顺洪主持会议并讲话。

1月5日，住房和城乡建设部公布了第十批全国工程勘察设计大师名单，2022年全国范围共35名，西南交通大学张海波、吴克非、陈楚江、于松伟、喻渝、张鬘、张春生等7位校友荣列其中。

1月6日，西南交通大学组织开展教学科研单位2019—2021年周期考核述职，全校23个教学科研单位参与述职。校党委书记王顺洪、校长杨丹出席会议。

1月10日，西藏大学党委副书记、校长金永兵一行来校访问交流，西南交通大学校长杨丹出席座谈会，座谈会由副校长沈火明主持。

1月11日和13日，学校党委在犀浦校区先后召开第十四届第188次、189次常委会（扩大）会议，研究党的二十大代表候选人、四川省第十二次党代会代表候选人推荐工作，《西南交通大学专业技术职务评聘管理办法（试行）》及相关配套文件，二级单位绩效考核等重要工作。

1月12日上午，学校举行"西南交通大学海外一流学科伙伴行动计划"项目会评。

1月12日下午，学校召开国际合作交流座谈会。来自学校教学科研单位的12位国际合作与交流骨干教师参加了座谈会。校长杨丹出席，并为首批"国际合作交流（海外引才）专员/顾问"颁发聘书，副校长姚发明主持。

1月12日，四川省跨高校院所新型中试研发平台在西南交通大学正式揭牌，该平台将致力于打通科技成果转移转化通道、促进产业链创新链深度融合。

1月13日，我校地球科学学科（GEOSCIENCES）首次进入ESI世界排名前1%，成为我校第6个ESI全球前1%学科，实现了我校学科建设新突破。

1月13日，西南交通大学召开党史学习教育总结会议。教育部党史学习教育高校第十一指导组组长郑德涛、副组长谢守成，成员黄玉新、张卫平，教育部高校党建工作联络员石坚列席并给予指导。

1月14日，西南交通大学与中国旅游集团旅行服务有限公司、瑞士教育集团共同创建的"泛服务业人才培养创新中心"揭牌仪式在西南交大举行。

1月16日，中国空间技术研究院向西南交通大学移交了空间站下行消毒巾样品盒。该批样品由我校周祚万教授、徐晓玲副教授团队研制，由天舟二号货运飞船运往空间站，经神舟十二号航天员乘组使用后，搭载返回舱回到地面，用于开展跟踪评价和相关科学试验。

1月20日下午，在政协四川省第十二届委员会第五次会议第三次全体会议上，西南交通大学校长杨丹当选为政协四川省第十二届委员会副主席。

1月27日，中央电视台《新闻直播间》播出题为"高校聚焦就业困难群体　实施精准帮扶"的报道，其中对"宏志助航计划"西南交通大学基地做了特别报道。

1月29日上午，2022年寒假留校学生新春团拜会于九里校区一食堂二楼扬华餐厅举行。学校党委书记王顺洪，副校长何川、沈火明、康国政、刘长军，相关职能部处和学院的领导、老师，留校学生代表等 150 余人参加了团拜会。

1 月，第七届"全国铁路青年科技创新奖"评选结果揭晓，西南交通大学牵引动力国家重点实验室凌亮，地球科学与环境工程学院丁雨淋，土木工程学院向活跃，材料科学与工程学院樊小强，电气工程学院魏文赋、杨泽峰、郭裕钧的 5 个项目被授予第七届"全国铁路青年科技创新奖"（应用和创新管理类）；土木工程学院余鹏程的 1 个项目被授予第七届"全国铁路青年科技创新奖"（川藏专项类）。

1 月，在教育部组织开展的习近平新时代中国特色社会主义思想大学习领航计划系列主题活动中，我校选送的微电影展示作品《问·道》获得全国一等奖，公开课展示作品《共享发展：实现共同富裕的阶梯》获得全国二等奖。

1 月，西南交通大学荣获全省教育事业统计工作先进单位，这是我校连续两年荣获此项殊荣。

1 月，西南交通大学翟婉明院士领衔的轨道交通系统动力学教师团队成功入选，这是继学校"交通隧道工程教师团队"首批入选"全国高校黄大年式教师团队"后，再次获批入选。

【二月】

2 月 21 日，教育部正式公布首批国家级虚拟教研室建设试点名单，我校沈火明教授、易思蓉教授和冯晓云教授牵头的 3 个虚拟教研室成功获批，获批数量在省内排名第二。

2 月 22 日，中国高等教育学会发布 2021 全国普通高校大学生竞赛分析报告。西南交通大学以 1529 项奖项，93.39 分的总成绩高居全国第九，较五轮总榜单上升 1 位，取得了我校在大学生竞赛总排行榜中的最好成绩。在同步发布的《2017—2021 年全国普通高校大学生竞赛排行榜（本科）》中，我校位列全国第九，较 2016—2020 榜单上升 1 位；在《2021 年全国普通高校大学生竞赛排行榜（本科）》中，我校位列总成绩全国第五。

2 月 28 日，学校党委在犀浦校区召开第十四届第 190 次常委会（扩大）会议暨新冠肺炎疫情防控工作领导小组第 17 次会议，研究近期新冠疫情防控工作、学校 2022 年工作要点等重要事宜。

2 月，中国教育报刊登甘肃省秦安县王尹镇和平小学五年级学生高凯给西南交通大学的一封感谢信。

2 月，校党委统战部携手金牛区委统战部报送的《校地融合 携手打造全省首家归国留学人员"维清励行工作室"》获评 2021 年度全省统战工作实践创新优秀成果（全省共 5 所高校获表彰）；2 项研究成果分别获评 2021 年度全省统战理论政策研究创新成果二、三等奖。

【三月】

3 月 7 日，四川省妇联公布了 2021 年度四川三八红旗手标兵、三八红旗手、三八红旗集体全名单。我校土木工程学院教师任娟娟教授光荣上榜，获得"四川省三八红旗手"荣誉称号。

3 月 7 日，学校党委在犀浦校区召开第十四届第 191 次常委会（扩大）会议，研究落实"第一议题"制度和撤销异地研究生院机构等事宜，听取第六轮巡察工作汇报。校党委书记王顺洪主持会议。

3 月 9 日，吉利学院执行校长阙海宝教授、校长倪雨等一行来校访问交流，杨丹校长出席座谈会。

3 月 10 日，四川省教科文卫工会主席范会军、二级调研员李多为一行来到学校，为劳模与技能人才创新工作室领衔人、生命科学与工程学院孟涛教授科研团队，颁发四川省总工会授予的"四川省职工'五小'活动优秀成果"荣誉证书。

3 月 11 日，学校在犀浦校区综合楼 148 会议室，召开 2021—2022 学年第二学期学校中层干部大会。

3 月 14 日，成都石室中学校长田间、副校长赵清芳等一行来校访问交流，西南交通大学杨丹校长，姚发明、刘长军副校长出席座谈会。

3 月 15 日，由中国科学技术部和泰国高等教育科研与创新部指导，中车青岛四方机车车辆股份有限公司和泰国科学技术研究院组织的中泰高铁教学计划及中国-泰国轨道交通"一带一路"共建实施联合实验室谅解备忘录签约仪式在云端举行。

3 月 18 日，西南交通大学举行非学历教育领域问题专项整治工作会议。学校党委常委、副校长沈火明出席会议。

3月18日上午，成都市委组织部副部长、市委人才办常务副主任彭崇实一行来校调研人才工作。

3月18日，学校举行国家级材料力学课程虚拟教研室建设启动会。

3月21日，学校党委召开第十四届第192次常委会（扩大）会议，学习贯彻习近平总书记重要讲话精神，研究学校第十五次党代会和全面从严治党工作等有关事宜。校党委书记王顺洪主持会议。

3月22日，西南交通大学召开"海外一流学科伙伴行动计划"项目启动会，校长杨丹分别与10个立项学院负责人签署任务责任书。

3月24日，西南交通大学在犀浦校区综合楼148会议室召开2021年实验室安全工作总结暨2022年迎接教育部高校实验室安全检查启动会。

3月25日，西南交通大学联合四川省40多所大中小学，共同实施"五个一"心理健康促进行动。

3月25日，四川省委教育工委、四川省教育厅刊发单篇简报，以《西南交通大学多措并举提升教师教学能力》为题专题报道了我校结合人才培养新形势、新要求，提升教师育人能力的具体举措。

3月25日，第三届中国计算机教育大会暨2021年度"高校计算机专业优秀教师奖励计划"颁奖典礼在北京举行，我校计算机与人工智能学院陶宏才教授获得大会表彰与奖励。

3月27日，阿坝县委书记陈宝华一行来校调研。校党委常委、副校长沈火明出席专题调研座谈会。

3月30日，西南交通大学与达州市人民政府在达州签署战略合作协议。西南交通大学副校长沈火明，达州市委书记邵革军，市委副书记、市长严卫东，市委常委、副市长丁应虎等出席仪式。达州市委常委、组织部部长江彬主持签约仪式。

3月30日，省委宣传部副部长、省社科院党委书记高中伟一行来校检查马克思主义学院建设情况并指导工作。

3月31日，西南交通大学召开全面从严治党工作会议，传达学习十九届中央纪委六次全会精神，以及教育部党组和四川省委全面从严治党的最新部署要求，回顾总结2021年学校全面从严治党工作情况，部署安排2022年全面从严治党重点工作。

3月，我校"川藏铁路工程技术人才能力建设""轨道交通高端装备智能制造技术""基于人工智能技术融合应用下的智能制造"三个选题入选人社部专业技术人才知识更新工程2022年高级研修项目计划，其中"川藏铁路工程技术人才能力建设高级研修班"列入特色班（全国30个）研修计划。

3月，国际化学领域权威期刊 *Journal of Materials Chemistry A*（影响因子12.732）报道了西南交通大学孟涛教授团队的研究成果 *Highly efficient water harvesting of bioinspired spindle-knotted microfibers with continuous hollow channels*"[中文译名：《具有中空连续通道的仿蜘蛛丝微纤维用于高效集水》(DOI: 10.1039/D2TA00242F)。论文第一作者为生命学院硕士研究生刘环宇同学，通讯作者为孟涛教授，西南交通大学为通讯作者单位。

3月，人力资源和社会保障部发布《关于公布数字技术工程师培育项目首批评价机构和培训机构目录的公告》。西南交通大学成功入选"区块链"方向首批培训机构（全国30家），是四川地区"区块链"方向唯一入选单位。

3月，力学与航空航天学院李翔宇教授与师明星教授领导的课题组最新科研成果 *Smart Adhesive via Magnetic Actuation* 在国际顶级期刊 *AdvancedMaterials*（影响因子：30.849）上在线发表。李翔宇教授和师明星教授为论文的共同通讯作者，第一作者为博士研究生赵晋生，共同作者有博士研究生谭宇、博士研究生刘晓坤和硕士研究生鲁太平，均来自力学与航空航天学院。

3月，信息与控制领域顶级期刊 *IEEE TSMC*（影响因子：13.451）、Automatica 和 IEEE TIM 发表（录用）了西南交通大学电气工程学院的最新研究成果 Robust Adaptive Least Mean M-Estimate Algorithm for Censored Regression、Robust Stable Iterated Unscented Kalman Filter Based on Maximum Correntropy Criterion 和 Robust Power System Forecasting-Aided State Estimation with Generalized Maximum Mixture

Correntropy Unscented Kalman Filter。

【四月】

4月7日，中国交通报以《瞄准前沿优化布局 服务国家战略需求——高校校长话"双一流"建设》为题，邀请4所交通运输高校校长，畅谈如何持续深化"双一流"建设。西南交通大学校长杨丹受邀访谈，发表看法。

4月8日，四川省人民政府公布了2021年四川省教学成果奖名单。西南交通大学主持获批四川省高等教育教学成果奖特等奖4项、一等奖7项、二等奖17项，获特等奖数量全省第二。另外参与获批特等奖1项、二等奖3项。

4月14—21日，校长杨丹先后赴电气工程学院、马克思主义学院、外国语学院、物理科学与技术学院开展第二轮"双一流"建设专项调研，并与各学院老中青教师代表进行深入座谈。副校长姚发明参加了部分调研。

4月26日，成都商报以《中国铁路提速的"助推者"翟婉明：在成都有了新目标》为题，报道了中国科学院院士、西南交通大学首席教授、铁路工程动力学专家翟婉明在成都的种种创举和新目标。

4月27、28日，校党委书记王顺洪、校长杨丹带队到学校毕业生就业"双选会"现场，推进"访企拓岗促就业"工作，看望参加"双选会"的用人单位负责人并亲切交谈，介绍学校"双严"传统，推荐毕业生。学校党委副书记杨爱华一同参加推荐工作。

4月28日，庆祝"五一"国际劳动节暨全国五一劳动奖和全国工人先锋号表彰大会以电视电话会议形式召开。西南交通大学宁平华、王立天、周发明、熊柱红、唐凌炜五位校友荣获全国五一劳动奖章。

4月，计算机与人工智能学院郑宇和李天瑞教授团队完成的学术论文 *TraSS:Efficient Trajectory Similarity Search Based on Key-Value Data Stores* 被国际顶级会议——第38届IEEE国际数据工程学术会议（IEEE International Conference on Data Engineering，简称ICDE）录用。

4月，国家出版基金规划管理办公室公布2022年度国家出版基金资助项目评审结果，西南交通大学出版社《高速铁路接触网故障预测与健康管理》和"蜀道交通文明研究丛书（第一辑）"两个项目成功入选。

【五月】

5月4日，《人民日报》刊发本专科生国家奖学金获奖学生代表名录，西南交通大学机械工程学院2018级本科生李晓玉入选。

5月10日，科技日报以《胡海涛：需求"牵引"科研方向 一线解决实际难题》为题，报道了西南交通大学电气工程学院教授胡海涛解决徐州北枢纽所的低频网压振荡问题，将研究成果在现场落地应用，并解决实际问题的故事。

5月10日，西南交通大学党委书记王顺洪、副书记桂富强、副书记张学龙、副书记杨爱华等校领导，与青年师生代表一起集中收看了庆祝中国共产主义青年团成立100周年大会实况直播，全校各级团组织通过设立分会场集中收看、号召广大团员青年自主学习、组织座谈交流学习等多种形式迅速掀起学习习近平总书记在庆祝中国共产主义青年团成立100周年大会上的重要讲话精神热潮。

5月10日，四川日报以《科技体制改革"小岗村试验"在这栋楼里进入2.0版》为题，介绍了西南交通大学科技成果转化改革的历史与前景。

5月11—12日，学校召开第八届教职工代表大会暨第二十一届工会会员代表大会第一次会议。校党委书记王顺洪、校长杨丹等全体在校党政领导出席会议，各单位党政工主要负责同志、全体代表参加会议。

5月13日，西南交通大学建校126周年暨更名西南交通大学50周年师生座谈会在犀浦校区综合楼148会议室举行。全体在家校领导、院士及高层次人才代表、老领导代表、老教授代表、教师学生代表、各学院各部处主要负责人参加座谈会。会议由校党委副书记桂富强主持。

5月17日，学校主持的中国高等教育学会首批"高校数字思政精品项目"开题咨询会在线召开。西南交通大学党委书记王顺洪、副校长康国政出席会议。

5月17日，四川省委台办主任罗治平一行来校调研并指导工作。副校长姚发明，港澳台事务办公室、党委统战部、党委学生工作部、党委宣传部及相关学院代表参加座谈会。在座谈会上，港澳台事务办公室主任马磊向省委台办调研组一行专题汇报了我校对台工作开展情况。省台办有关处与学校相关部门作了业务对接。

5月18日，省委宣传部副部长、省委外宣办（省政府新闻办）主任王忠臣一行来校调研国际传播工作。学校党委副书记桂富强接待了来宾，并在3号教学楼外国语学院进行了会谈。

5月16—19日，由西南交通大学计算机与人工智能学院、唐山研究院、网络教育学院承办，四川省人工智能学会等协办的第26届亚太知识发现和数据挖掘会议（The 26th Pacific-Asia Conference on Knowledge Discovery and Data Mining, PAKDD2022）作为学校126周年校庆系列活动之一在成都召开。

5月20日，西南交通大学与四川发展（控股）有限责任公司在成都签署战略合作协议。

5月30日，中国工程院第十六次院士大会在北京召开，大会上公布了第十四届光华工程科技奖获奖人员名单并进行了颁奖仪式。西南交通大学高仕斌教授荣获第十四届光华工程科技奖。

5月，西南交通大学物理科学与技术学院聚变科学研究所，围绕国家能源发展战略和受控聚变能研发的需求，聚焦磁约束聚变和等离子体物理的前沿科学问题，开展中国首台准环对称仿星器（CFQS）的研发和建造工作，特别是在仿星器物理和工程技术研究方面与国际同行一直保持着深入的交流和广泛的合作，并取得了一系列重要进展。

5月，四川省发改委、经信厅、教育厅、科技厅四部门联合发布四川省大众创业万众创新示范基地2021年度评估结果，西南交通大学省级双创示范基地被评为"优秀"，成为唯一获评"优秀"等级的高等院校示范基地。

【六月】

6月14—17日，学校党委分别组织召开老领导、老教授、高层次人才、青年教师代表及民主党派、统战团体主要负责同志五个座谈会，就学校第十五次党代会"两委"工作报告起草和学校改革、建设、发展、稳定工作，听取意见和建议。校党委书记王顺洪参加座谈，校党委副书记、纪委书记、第十五次党代会筹备工作领导小组秘书长张学龙主持有关座谈。

6月20日，光明日报以《西南交通大学：大学生就业服务"火"出了圈》为题，介绍了西南交通大学多措并举，抢抓毕业生求职关键期，扎实开展就业指导工作，有力地促进了毕业生实现更加充分、更高质量的就业的种种措施与办法。

6月20日，中央广播电视台中国之声特别策划《先生》，以《先生丨沈志云：让中国高铁继续领跑世界》为题，介绍了沈志云参与、推动和见证了中国高铁技术从无到有、从追赶到领跑的发展历程。

6月21日，西南交通大学与百度Apollo在西南交通大学犀浦校区举行合作协议签约暨智慧交通创新实践中心揭牌仪式，共同开启交通领域教育界与产业界强强联合的崭新序幕。校长杨丹，校党委副书记桂富强，智慧交通专业带头人蒲云，百度智能驾驶业务副总裁、百度智能交通业务总经理吴书林，智能交通人才生态业务总经理张驰，智能交通业务川藏区域总经理杨青等出席活动。

6月21日，为加强校地企合作，共同建设现代产业学院，西南交通大学-中车时代微电子学院揭牌暨院长聘任仪式在犀浦校区综合楼148会议室举行。中国工程院院士丁荣军，成都市副市长鲜荣生，副秘书长刘兴军，西南交通大学党委书记王顺洪，校长杨丹，副校长康国政，中车时代电气执行董事兼总经理尚敬出席仪式。校党委常委、副校长沈火明主持仪式。

6月24日，教育部2022年度高等学校实验室安全检查组金永东、陈瑜、王超、吴雁、杨怀金、范文教一行6人来学校开展实验室安全现场检查。现场检查工作分为安全工作汇报会、实验室现场检查和安全档案材料查阅三部分。

6月25日，为学习贯彻习近平总书记关于科学家精神重要论述推动新时代传承和弘扬科学家精神的学理研究，以"新时代传承和弘扬科学家精神"为主题的全国博士后学术论坛在我校九里校区学术交流中心成功举行。

6月30日，西南交通大学与重庆市黔江区人民政府在九里校区学术交流中心院士厅签署战略合作协议。重庆市黔江区委书记徐江，区委常委、常务副区长封波，党组成员、副区长滕旭荣，西南交通大学校长杨丹、副校长沈火明出席签约仪式。西南交通大学党委副书记桂富强主持签约仪式。

6月30日，在香港回归祖国25周年之际，西南交通大学校长杨丹、副校长姚发明参加了"共融共赢、再启新程"校长论坛暨"香港浸会大学与内地一流高校合作签约仪式"。

6月，教育部公布了2021年度（第三批）国家级和省级一流本科专业建设点名单，西南交通大学18个专业进入国家级一流专业建设点，19个专业进入省级一流专业建设点。至此，我校三批共74个本科专业进入一流本科专业建设"双万计划"，占招生专业数的92.5%，其中国家级53个，占招生专业数的66.25%。获批总数位居省内第二、全国前列。

6月，学校党委先后召开第十四届第199次、第200次常委会（扩大）会议，学习贯彻习近平总书记重要讲话精神，研究学校第十五次党代会筹备工作有关事宜、教师思想政治和师德师风建设等有关事宜。校党委书记王顺洪主持会议。

6月，中国工程教育专业认证协会、教育部高等教育教学评估中心公布了历年来通过认证的专业名单。截至2021年底，我校13个专业通过工程教育认证，另有4个专业通过住房和城乡建设部专业评估，共17个专业通过工程教育专业认证和专业评估，通过总数全国并列排名第九。

【七月】

7月1日，党委书记王顺洪同志在《光明日报》发表署名文章。王顺洪在文中指出：面对新时代新使命，学校要聚焦党和国家战略所需，充分发挥自身人才、学科、科技等优势，争当世界"单打冠军"，助力交通强国建设。

7月1日，在中国共产党西南交通大学第十五次代表大会即将召开之际，学校党委召开党外人士情况通报会。校党委书记王顺洪出席会议并讲话，高度评价学校各民主党派成员、无党派人士和各统战团体为学校改革建设发展作出的突出贡献。

7月3日，中央电视台综合频道《朝闻天下》的"党旗在基层一线高高飘扬"系列报道，用4分50秒报道了我国铁路大系统动力学研究领域

的开拓者，全国优秀共产党员，中国科学院院士、西南交通大学首席教授翟婉明。30多年来，他始终以坚定的信念和奋进的姿态严格要求自己，助推了中国铁路的6次提速及高速化发展。

7月4日，由四川省教育厅、四川省体育局、共青团四川省委联合主办的四川省第二届"贡嘎杯"青少年校园排球联赛（高校男子组）总决赛在西南交通大学犀浦校区飞碟体育馆落幕，我校男子排球队夺得冠军。

7月5日，西南交通大学召开国际合作与交流工作推进会，谋划、部署新一阶段的国际合作与交流重点工作，在更高起点上推进学校"双一流"建设。副校长姚发明出席会议并讲话，校、内外国际交流合作专家作专题报告。

7月5日至6日，在四川省总工会、省教育工委、省教育厅主办的第六届四川省高校青年教师教学竞赛决赛中，西南交通大学5位参赛教师在决赛中全部进入前6名，取得了历史性突破的好成绩。

7月7—8日，中国共产党西南交通大学第十五次代表大会在九里校区国际会议厅召开。大会的主题是：高举习近平新时代中国特色社会主义思想伟大旗帜，深入贯彻落实习近平总书记关于教育的重要论述，全面总结成绩与不足，把握学校现阶段面临的主要矛盾，明确学校新时代的办学思路、发展目标、基本准则、实现途径，统一思想，凝聚共识，振奋精神，不断谱写中华民族伟大复兴的西南交大新篇章。校党委书记王顺洪同志代表中共西南交通大学第十四届委员会向大会作题为《踔厉奋发 笃行不息 谱写中华民族伟大复兴的西南交大新篇章》的报告；与会代表认真听取和审查党委报告，认真审查纪委工作报告；大会选举产生了中共西南交通大学第十五届委员会、中共西南交通大学第十五届纪律检查委员会。

7月9—10日，在"华展物流杯"第十七届全国大学生交通运输科技大赛中，西南交通大学4支入围参赛队伍表现出色，勇夺本科生赛道全国一等奖3项、全国二等奖1项，一等奖总数并列全国第一。

7月9日，在第九届"大唐杯"全国大学生新一代信息通信技术大赛全国总决赛中，信息科学与技术学院充分利用信息与通信学科优势，积

极组建指导教师团队，首次组织师生参加了该国家级赛事，获得全国一等奖 2 项、全国二等奖 5 项、全国三等奖 4 项，全国优秀奖 2 项的优异成绩。

7 月 15—16 日，西南交通大学党委常委、副校长沈火明带队赴阿坝县开展定点帮扶工作。省政协副主席杜和平、省政协人口资源环境委员会主任徐进等领导出席会议。

7 月 20 日，在第十一届全球地理信息开发者大会上，西南交通大学建筑学院研究员、博士生导师杨林川入选第三届"全球科技前沿青年科学家"名单。

7 月 22 日，第十六届中国国际合唱节在京闭幕，西南交通大学大学生艺术团 1896 合唱团从 530 余支中外合唱团中脱颖而出，被评为青年学生组合唱一级团（金奖），是我校在国际合唱权威赛事的最高荣誉。

7 月 31 日，在第二届全国高校教师教学创新大赛中，西南交通大学朱洁、李力两位教师及其团队荣获二等奖，赵晓彦、周斯翔两位教师及其团队荣获三等奖，学校获优秀组织奖。

7 月 29—31 日，在第十三届全国周培源大学生力学竞赛"理论设计与操作"团体赛中，西南交通大学力学与航空航天学院邓鹤轩、刘龙波、吴弋航 3 位同学以总分第一名的优异成绩，喜获团体赛特等奖（全国唯一），取得了我校在该项赛事中的历史性突破。力学与航空航天学院高芳清、范晨光、罗会亮 3 名指导教师获优秀指导教师奖。

7 月，新华社、《中国青年报》分别以题为《铁路动力学专家翟婉明：实现高铁引领发展党员大有可为》《翟婉明：人生与中国高铁"耦合"》，报道全国优秀共产党员、中国科学院院士翟婉明的事迹。

7 月，省委统战部创办的《调研参阅》（总第 184 期）刊发了我校党委统战部关于高校归国留学人员统战工作的调研报告。《调研参阅》是展示全省统一战线理论研究优秀成果的重要平台，相关内容将报送中央统战部，并呈送省委常委和有关省领导等。

7 月，西南交通大学以"青春献礼二十大 强国有我新征程"为主题，共立项 551 支暑期社会实践队伍分赴全国各地开展主题社会实践活动。

【八月】

8 月 6 日，首届四川省大学生智能机器人创意大赛暨第五届中国高校智能机器人创意大赛四川省选拔赛决赛在西南交通大学举办。

8 月 3—5 日，由中国自动化学会数据驱动控制、学习与优化专业委员会和青岛大学共同主办、西南交通大学承办、IEEE 北京分会和成都自动化研究所协办的 IEEE 第十一届数据驱动控制与学习系统会议（2022 IEEE 11th Data Driven Control and Learning Systems Conference，DDCLS'22）在四川峨眉山市召开。

8 月 5—6 日，在第十三届中国大学生服务外包创新创业大赛全国总决赛中，我校师生荣获国家一等奖 1 项、国家二等奖 9 项、国家三等奖 20 项，获奖数量再创新高，学校荣获优秀"高校组织奖"。

8 月 17 日，四川省政协副主席刘成鸣一行来校调研大学生就业创业工作，省政协、省委教育工委、省人力资源社会保障厅、省教育厅等相关单位领导陪同调研。

8 月 22 日，在第六届全国大学生集成电路创新创业大赛全国总决赛中，西南交通大学信息科学与技术学院参赛队伍荣获 2 项二等奖、1 项三等奖、2 项优秀奖。

8 月 21—23 日，全球极具影响力的第十届钢结构进展国际会议（ICASS'2020）在成都召开。本届会议由西南交通大学和成都西南交通大学设计研究院有限公司联合主办，香港理工大学陈绍礼教授和西南交通大学土木工程学院余志祥教授担任大会主席，会议汇聚了全球钢结构专家学者，线上线下共襄钢结构学术交流盛会。

8 月 23 日，在"唯实杯"第十届全国大学生机械创新设计大赛全国决赛中，我校代表队共斩获全国一等奖 3 项、二等奖 3 项、三等奖 1 项的优异成绩，获奖质量和数量位居全国前列，其中由潘亚嘉、张则强老师指导的作品《仿球蛛式探测机器人》获大赛推荐进入 2023 年"中国好设计"创意奖评选。西南交通大学作为四川赛区组委会主任单位连续十届获得"优秀组织奖"。

8 月 29 日，2022 年中国大学生机械工程创新创意大赛物流技术（起重机）创意赛总决赛在西南交通大学圆满落幕。在本次赛事中，西南交通大学斩获竞赛一等奖 8 项、"好设计"创意奖推荐 1 项，并获优秀组织高校荣誉证书。

8 月 30 日，西南交通大学陆地交通防灾减灾科普基地获交通运输部、科学技术部批复为国家交通运输科普基地。

7—8 月，第 15 届中国大学生计算机设计大赛国赛分时段在全国 6 个赛区举行，西南交通大学荣获全国一等奖 3 项、二等奖 12 项、三等奖 5 项，获奖率 100%，获奖质量与数量均位居全国前列。

8 月，"庆祝香港回归祖国 25 周年"霍英东教育基金会第 18 届高等院校青年科学奖及教育教学奖颁奖活动在北京和香港连线举行，我校张祖涛教授获霍英东教育教学奖二等奖。

8 月，中国电子学会发布"2021 中国电子学会集成电路奖学金"入选名单，西南交通大学信息科学与技术学院 2019 级硕士研究生李勋获得一等奖（全国共 47 人，其中博士研究生 40 人，硕士研究生 5 人，本科生 2 人），成为我校首次获得该奖学金的学生。

8 月，西南交通大学信息科学与技术学院博士研究生付明晔提交的论文"低损耗可调延时滤波器"荣获 2022 年全国微波毫米波会议学生优秀论文奖。

8 月，据国际摩擦学理事会（International Tribology Council, ITC）网站消息，我校周仲荣教授被任命为国际摩擦学理事会副主席 (Vice President)。

【九月】

9 月 2 日，学校党委书记王顺洪、校长杨丹先后深入学生食堂、学生园区、校园超市，检查校园管理、物资供应、校园运行保障等情况，指导校园疫情防控工作，对下一阶段工作进行部署，并提出明确要求。

9 月 4 日，由西南交通大学牵头，同济大学、中南大学共同承担的"十四五"国家重点研发计划"工程科学与综合交叉"重点专项"高寒地区高速铁路无砟轨道混凝土损伤失效机理与耐久性设计方法"项目启动暨实施方案论证会顺利召开。

9 月 7 日，我校定点帮扶的甘肃省秦安县举行了王尹学区西南交通大学"康亚奖学金、奖教金"发放活动，参加本次活动的有我校驻秦安县王尹镇胡坪村第一书记周俊老师，王尹学区获奖教师、获奖学生代表和所属各学校校长共 40 余人。

9 月 8 日，国家自然科学基金委员会公布了 2022 年集中接收申请项目评审结果。西南交通大学获资助项目、经费数均创历史同期最好成绩；交通与运载工程、土木工程、力学三个学科获批优秀青年科学基金项目。

9 月 22 日，教育部社会科学司于公布了 2022 年度教育部哲学社会科学研究后期资助项目评审结果的公示名单，我校人文学院汪启明教授申报的《中国考据学发展研究》通过教育部哲学社会科学研究后期资助重大项目评审并公示。

9 月 25 日，在"兆易创新杯"第十七届中国研究生电子设计竞赛全国总决赛中，西南交通大学信息科学与技术学院师生获奖数量创历史新高，共荣获全国一等奖 1 项，全国二等奖 1 项，全国三等奖 3 项，企业命题赛道优秀奖 2 项，并荣获优秀组织奖 1 项、优秀指导教师奖 1 项。我校师生连续四年在研电赛中蝉联全国一等奖。

9 月 21 日、23 日，学校在犀浦校区召开 2022 年暑假务虚会议。会议由校长杨丹主持，党委书记王顺洪总结讲话。全体校领导出席会议。各二级教学科研单位党政主要负责人、机关各职能部处主要负责人参加会议。

9 月，我校环境/生态学学科（ENVIRONMENT/ECOLOGY）成功进入 ESI 世界排名前 1%，成为我校第 7 个 ESI 全球前 1%学科，实现了我校学科建设新突破。

9 月，中共四川省委统战部官方微信公众号"同心四川"刊发了"【中央统战工作会议·书记谈】王顺洪：做好四个坚持 主动创新作为 为促进海内外中华儿女团结奋斗作出西南交大新贡献"文章。

9 月，教育部印发《教育部办公厅关于公布国家级创新创业学院、国家级创新创业教育实践基地建设名单的通知》（教高厅函〔2022〕22 号），经过高校自主申报、四川省教育厅评审推荐、教育部审核，西南交通大学成功入选首批国家级创新创业学院建设单位。

9 月，牵引动力国家重点实验室 2019 级博士研究生刘凯应邀在瑞典召开的"欧洲先进材料大会（European Assembly of Advanced Materials Congress）"上，在线作了题为"Bamboo-inspired energy-absorbing tubes used for rail vehicles"的学术报告，并荣获国际先进材料学会（International Association of Advanced Materials）青年科学家奖（IAAM Young Scientist Medal），以表彰他在"结构分析与设计"方面所做的创新工作，指导老师为敬霖研究员。

9月，学校党委召开第十五届第1次常委会（扩大）会议暨新冠肺炎疫情防控工作领导小组第18次会议，学习贯彻习近平总书记重要讲话精神，研究学习宣传贯彻学校第十五次党代会精神、疫情防控、安全稳定、章程修订、所属企业体制改革等工作。校党委书记王顺洪主持会议。

9月，国家交通运输部批复了《交通强国建设西南交通大学试点实施方案》，同意西南交通大学在高速列车安全保障关键理论与技术、多态耦合轨道交通动模试验平台建设两方面开展建设试点。

【十月】

10月8日，西南交通大学德阳校友会召开成立大会，至此我校校友会总数增至80个。

10月10日，中央广播电视总台央视综合频道播出的大型电视专题片《领航》第五集《改革攻坚》聚焦西南交通大学职务科技成果权属改革。

10月10日，人民日报海外版刊登《中国高速磁浮交通系统领跑世界（专家解读）》，采访西南交通大学牵引动力国家重点实验室研究员赵春发。

10月10日，校党委书记王顺洪出席校园安全稳定工作专题会议，与广大学工干部恳谈，深入分析当前校园安全稳定工作新形势新情况，悉心传授工作方式方法。校党委副书记杨爱华出席并主持会议。

10月14日，西南交通大学2022级学生开学典礼于犀浦校区北区体育场、九里校区詹天佑体育馆、九里校区大学生会堂、九里校区国际会议厅同步举行。

10月16日，在做好疫情防控的前提下，学校党委周密部署，组织全校师生党员在九里、犀浦、峨眉三个校区集体收看党的二十大开幕会现场直播。

10月20日，西南交通大学学生特设党支部在犀浦校区天佑斋"红色驿站"正式成立。校党委副书记杨爱华出席成立大会。

10月26日，西南交通大学与成都市生态环境局在犀浦校区签署战略合作协议。

10月27日，"营商新时代·创新赢未来"——2022年四川优化营商环境论坛暨四川省营商环境咨询委员会成立大会在西南交通大学举办。学校副校长康国政教授出席并致辞。

10月26日，学校深入学习贯彻党的二十大精神干部轮训班正式开班。校党委书记王顺洪，党委副书记桂富强，党委副书记、纪委书记张学龙，党委副书记杨爱华，党委常委、统战部部长卢世炬出席开班仪式。学校全体中层正职、中层副职参加开班仪式。

10月27日，医学院、校医院劳动教育实践基地揭牌仪式在犀浦校医院举行。

10月31日，学校党委召开第十五届第3次常委会（扩大）会议，学习贯彻习近平总书记在二十届中共中央政治局第一次集体学习时的重要讲话精神和在瞻仰延安革命纪念地时的重要讲话精神；研究《西南交通大学专职组织员管理办法》修订、教育领域扩大投资学校项目实施方案、机构设置、退休职工补贴、所属企业体制改革等重要工作。校党委书记王顺洪主持会议。

10月，共青团中央通报表扬了一批在2022年"三下乡"社会实践活动中表现突出的优秀集体、个人和项目，西南交通大学团委获评全国2022年"三下乡"社会实践优秀单位，西南交通大学赴马尔康震区开展震后心理辅导社会实践队获评全国2022年"三下乡"社会实践优秀团队。

10月，西南交通大学学子在"这十年 青年讲"全国高校宣讲联赛中荣获佳绩。在晋级全国决赛的7名选手中，我校占2名。在全国决赛中，我校1人次获"最佳故事奖"（全国唯一）、2人次获"优秀奖"。

10月，西南交通大学电气工程学院陈维荣教授因在铁路牵引供电，尤其是在氢能轨道交通领域做出的突出贡献，正式当选俄罗斯工程院（Russian Academy of Engineering，RAE）外籍院士（Foreign Full Member，Academician）。

10月，西南交通大学出版社《见证中医西传——中医西学博物馆珍档解读》入选2022年教育部主管出版单位主题出版选题名单。

【十一月】

11月1日，西南交通大学"设计·未来"创新创意美育基地揭牌仪式在设计艺术学院D1报告厅举行。校党委常委、副校长康国政参加仪式并为基地揭牌。

11月2日，西南交通大学"交心通乐"美育基地揭牌仪式在人文学院音乐系舞蹈排练厅举行。西南交通大学校党委常委、副校长康国政出席仪式并为基地揭牌。

11月3日，长三角地区校友会代表上海校友会会长李永利、副秘书长何利英、副秘书长王海波，苏州校友会会长吕雪男，无锡校友会（筹）会长宋毅士、执行会长周旭、副会长刘建卫一行来学校开展交流座谈。党委书记王顺洪，党委常委、副校长沈火明会见了校友，并与校友们亲切交流。

11月3日，学校经济管理学院台籍教师林楚彬副教授获"川台交流融合突出贡献台湾同胞"荣誉称号。

11月5日，阿坝县委副书记、县人民政府县长龙真泽郎一行访问我校。杨丹校长会见来宾，党委常委、副校长沈火明参加定点帮扶工作对接会。

11月10日，吴鹿鸣教授珍贵资料展在犀浦校区3号教学楼中庭举办。

11月16日，西南交通大学与英国利兹大学举行线上会议，副校长姚发明与利兹大学副校长余海岁就两校发展近况、利兹学院办学成效、合作办学主协议修订、联合科学研究等议题展开了讨论交流。

11月17—18日，由西南交通大学联合中国铁道学会、中铁二院工程集团有限责任公司主办的第三届中国铁路发展论坛在犀浦校区举办。

11月19日，西南交通大学举办"就业向未来 建功新时代"2023届毕业生秋季大型双选会，350家优质企事业单位受邀参会。

11月18—20日，由中国计算机学会（CCF）主办，西南交通大学计算机与人工智能学院、网络教育学院、唐山研究院和科学技术发展研究院以及CCF大数据专家委员会、成都市新经济发展委员会等联合承办的第十届CCF大数据学术会议在成都成功举办。

11月22日，西南交通大学与甘肃省秦安县2022年"巩固拓展脱贫攻坚成果同乡村振兴有效衔接"工作对接会议暨捐赠仪式，通过线上视频方式举行。

11月22日，全国哲学社会科学工作办公室公示了2022年度国家社科基金重大项目立项名单，西南交通大学马克思主义学院林伯海教授担任首席专家申报的《"全人类共同价值"的马克思主义理论基础研究》获批立项。

11月26日，西南交通大学第三十二次学生代表大会、第十一次研究生代表大会在犀浦校区召开。学校党委副书记余敏明、四川省学生联合会执行主席田政涛、成都市学生联合会执行主席李佳聪出席大会开幕会。

11月26日，2022中国大学生工程实践与创新能力大赛四川赛区比赛在西南交通大学开幕。

11月27—28日，由西南交通大学计算机与人工智能学院、网络教育学院、唐山研究院、科学技术发展研究院和研究生院联合承办的第八届IEEE云计算与智能系统国际会议（The 8th IEEE International Conference on Cloud Computing and Intelligent Systems, CCIS 2022）在成都召开。

11月28日，科技部、教育部发布《关于批复未来产业科技园建设试点的函》（国科函区〔2022〕323号），西南交通大学未来轨道交通未来产业科技园成功入选试点建设名单，全国仅十家单位入选，西南交通大学是西南地区唯一入选单位。

11月，第八届中国国际"互联网+"大学生创新创业大赛全国总决赛落下帷幕，我校取得1金2银5铜的优异成绩，创造了参加"互联网+"创新创业大赛以来的最好成绩。

【十二月】

12月2日，四川省电机工程学会电力前沿技术专委会成立大会暨电力前沿未来技术论坛在成都祥宇宾馆举行。

12月2日，四川省副省长罗强来校检查指导2023年全国硕士研究生招生考试备考工作。西南交通大学党委书记王顺洪，校长杨丹，副校长、研究生院院长周仲荣陪同检查。

12月6日下午、7日下午，学校举行学习宣传贯彻党的二十大精神宣讲报告会，校党委书记王顺洪分别为离退休老同志代表、全体学生工作干部作宣讲报告，并通报学校2022年重要工作推进情况。校党委副书记余敏明、校党委副书记杨爱华分别主持两场宣讲报告会议。

12月7日，西南交通大学-四川拓及轨道交通设备股份有限公司校企合作协议签约暨奖教金奖学金捐赠仪式在犀浦校区综合楼603会议室举行。西南交通大学校长杨丹，党委常委、副校长沈火明，成都市金牛区人民政府副区长吴昊等出席仪式。

12月10日，四川省2022年度天府友谊奖颁奖仪式在第二十届中国西部海外高新科技人才洽谈会开幕式上隆重举行，四川省委书记王晓晖，四川省委副书记、省长黄强出席开幕式，杨丹校长、电气工程学院陈维荣院长应邀出席开幕式。王晓晖向2022年度获奖的西南交通大学英国籍专家Jin Zhongmin（靳忠民）等5名外国专家颁奖，表彰其对四川省科技创新、经济建设和社会发展和促进四川对外交流和友好合作所作出的贡献。

12月10日，"长安汽车杯"全球华人大学生数据应用创新赛全球总决赛于线上直播成功举行。西南交通大学信息科学与技术学院研究生代表队"长安少年队"在该项赛事上表现优异，斩获全球金奖。

12月17日，《中国教育报》在头版显著位置报道西南交通大学推动党的二十大精神落地生根的做法。这是继2019年《中国教育报》头版报道学校思政教育后的又一次深度聚焦。

12月16日，西南交通大学副校长姚发明与中国驻德国杜塞尔多夫总领事馆杜春国总领事举行视频会议。双方围绕中外合作办学、如何促进教育合作交流等话题进行会谈。

12月16日，西南交通大学第六届"交天下菁英·通宇内鼎甲"全球学者论坛正式开幕。本届论坛分为主论坛、学科分论坛两个部分，旨在聚集活跃在学术前沿或热点研究领域的优秀人才，聚焦国家重大战略需求、国际科学前沿，通过学术报告和研讨开展学术交流，促进学科交叉与学术创新。

12月17日，西南交通大学牵引动力国家重点实验室第八届学术委员会第四次全体会议在杭州奥克斯中心隆重举行，23位院士及50余名专家学者通过线上和线下相结合的方式出席盛会。

12月17日，中央电视台中文国际频道播出《中国地名大会》第三季，首期节目特别邀请中国科学院院士、西南交通大学首席教授翟婉明作为特别出题人。

12月22日，西南交通大学与日本千叶大学举行视频会议，双方围绕东部（国际）校区学科专业发展规划、中外合作办学、TOP-D和UVI项目等进行会谈。副校长姚发明和日本千叶大学副校长渡边诚出席会议。

12月26日，学校党委召开第十五届第7次常委会（扩大）会议，学习贯彻习近平总书记重要文章精神，研究组织干部、修订党委理论学习中心组学习规则、学校2022年工作总结和2023年工作要点、机构设置、校企改革、定点帮扶、元旦春节期间有关工作安排等重要工作。校党委书记王顺洪主持会议。

12月28日，德国地球科学与岩土工程院院士、德国克劳斯塔尔工业大学教授侯正猛来校访问，姚发明副校长会见并出席座谈会。

12月29日，西南交通大学与唐山曹妃甸区签署了《关于共建西南交大-曹妃甸创新发展研究中心》的合作协议。西南交通大学党委常委、副校长沈火明，党委常委、副校长刘长军，曹妃甸区委常委、组织部长、统战部长孙铁军等出席签约仪式。

12月29日，学校党委召开第十五届第2次全体（扩大）会议，开展2022年度学校二级党组织书记抓党建述职评议考核。校党委书记王顺洪主持会议。

12月，我校翟婉明院士的成果"车辆—轨道耦合动力学"荣获陈嘉庚科学奖—技术科学奖。这是我校历史上首次获此殊荣，翟婉明院士也是全国交通运输工程领域第一位获奖者。

12月，国际人工智能领域顶尖期刊 *IEEE Transactions on Pattern Analysis and Machine Intelligence*（TPAMI，模式分析与机器智能 IEEE 汇刊）在线发表了我校计算机与人工智能学院李天瑞教授研究团队的最新研究成果："*Micro-supervised Disturbance Learning: A Perspective of*

Representation Probability Distribution，从表征概率分布的视角首次提出微监督扰动学习模型和深度框架。

12 月，四川省社科联正式公布首批省级哲学社会科学重点实验室名单，西南交通大学马克思主义学院牵头申报的"人工智能与社会意识实验室"成功获批。

（二）2022年表彰与奖励

2021—2022学年先进集体、优秀学生表彰名单

竢实扬华奖章（30名）

本科生（20名）

沈淳宸（土木学院）	兰宇田（电气工程学院）	旷森芸（信息学院）	张伟琪（计算机学院）
杨培杰（交运学院）	钱　唐（利兹学院）	张小路（材料学院）	杨承翰（地学学院）
叶志虎（地学学院）	陈澍树（外语学院）	赵晓玮（建筑学院）	程　翔（设计学院）
彭熙尧（物理学院）	高胜男（人文学院）	张晓丹（公管学院）	洪美莹（生命学院）
谭英泽（力航学院）	尹　懿（数学学院）	吴　昊（马克思主义学院）	
李泓仪（心理中心）			

研究生（10名）

漆启明（土木学院）	雷杰宇（电气学院）	陈　旋（信息学院）	经佩佩（材料学院）
杜银凤（经管学院）	钟　珊（外语学院）	洪　丹（物理学院）	谭力川（生命学院）
杨　龙（牵引实验室）	赵治戎（医学院）		

忠恕班集体（20名）

本科生（10名）

造价 2019-01 班	车辆 2019-03 班	电气 2020-01 班	通信 2019-02 班
计算机类 2019-01 班	交运(茅班)2020-01 班	测绘（茅班）2019-01 班	公共 2019-02 班
工力（拔尖）2019-01 班	思政 2019-02 班		

研究生（10名）

土木 2021 级硕士隧道 1 班	机械 2021 级博士班
电气 2021 级硕士 2 班	信息 2021 级硕士 10 班
交运 2021 级硕士 11 班	材料 2020 级硕士 3 班
外语 2021 级学硕班	建筑 2021 级建筑学学硕班
生命 2020 级硕士 3 班	牵引 2021 级博士班

本科生先进班集体（116个）

土木工程学院（13个）

土木 2021-09 班	土木 2021-14 班	造价 2021-01 班	土木 2020-14 班
土木 2020-04 班	土木 2019-16 班	土木 2021-15 班	土木 2021-07 班
土木 2019-04 班	土木 2019-20 班	土木（茅班）2019-01 班	土木 2020-20 班
土木（茅班）2020-01 班			

机械工程学院（11个）

车辆 2020-03 班	机械 2020-07 班	车辆 2021-05 班	交控 2020-06 班
交控 2021-02 班	测控 2020-02 班	交控 2019-04 班	交控 2021-01 班
测控 2020-01 班	机械（茅班）2021-01 班	交控 2020-05 班	

电气工程学院（9个）

电子 2021-03 班	电气 2021-03 班	电气 2020-09 班	电子 2020-02 班
电气（茅班）2021-01 班	电气 2020-02 班	电子 2021-02 班	电气 2020-08 班
电子 2021-01 班			

信息科学与技术学院（6个）

通信（茅班）2021-01 班	通信 2020-04 班	通信 2021-01 班	轨道 2019-01 班
轨道 2019-03 班	轨道 2020-01 班		

计算机与人工智能学院（3个）

智能 2020-02 班	计算机 2020-01 班	智能 2021-01 班

交通运输与物流学院（9个）

交运（茅班）2019-01 班	交运（詹院）2020-01 班	物流类 2021-05 班
交通 2019-03 班	运输（城轨）2020-03 班	运输（城轨）2020-01 班
交运 2020-03 班	交运（詹院）2019-01 班	交运（茅班）2021-01 班

利兹学院（4个）

电子（利兹）2021-01 班	机械（利兹）2020-01 班
土木（利兹）2019-01 班	计算机（利兹）2020-02 班

材料科学与工程学院（6个）

生医 2019-02 班	材料（无机）2020-01 班	高分子 2020-01 班	金属 2019-02 班
2019 级生医 1 班	材料（茅班）2020-01 班		

地球科学与环境工程学院（9个）

测绘（茅班）2021-01 班	地质 2019-01 班	环境类 2021-05 班	遥感 2020-01 班
地信 2020-02 班	环境 2020-01 班	地信 2019-02 班	资勘 2020-01 班
遥感 2019-01 班			

经济管理学院（6个）

| 2020级金融一班 | 金融2020-02班 | 经济2020-02班 |
| 经济与贸易类2021-04班 | 2019级经济拔尖班 | 金融2019-01班 |

外国语学院（6个）

| 翻译2019-01班 | 英语2020-01班 | 翻译2021-02班 | 外汉2019-01班 |
| 外汉2020-01班 | 翻译2020-02班 |

建筑学院（4个）

| 城乡规划2020-01班 | 建筑2021-01班 | 建筑类2021-02班 | 建筑类2021-01班 |

设计艺术学院（2个）

| 环艺2020-02班 | 设计类2021-06班 |

物理科学与技术学院（5个）

| 物理2021-01班 | 电讯2021-02班 | 物理（拔尖）2021-01班 |
| 电讯2020-01班 | 电讯2019-04班 |

人文学院（3个）

| 传播类2021-02班 | 汉语2021-02班 | 汉语2019-02班 |

公共管理学院（3个）

| 政治2020-01班 | 政治2020-02班 | 法学2020-01班 |

生命科学与工程学院（5个）

| 生物2019-03班 | 生物2020-02班 | 生物2021-02班 | 制药2020-02班 |
| 制药2021-03班 |

力学与航空航天学院（3个）

| 工力2021-03班 | 工力2021-02班 | 工力2020-04班 |

数学学院（3个）

| 数学2020-02班 | 统计2021-02班 | 统计2021-01班 |

马克思主义学院（1个）

思政2020-01班

心理研究与咨询中心（2个）

| 心理2019-02班 | 心理2019-01班 |

智慧城市与交通学院（3个）

| 智能制造2021-01班 | 城市设计2021-01班 | 城市设计2021-02班 |

<h3 style="text-align:center">研究生优秀班集体（31个）</h3>

土木工程学院（2个）

| 土木2021级硕士桥梁2班 | 土木2021级硕士道铁3班 |

机械工程学院（2个）

机械 2021 级硕士 1 班　　　　　　　　　机械 2021 级硕士 9 班

电气工程学院（1个）

电气 2021 级硕士 10 班

信息科学与技术学院（1个）

信息 2021 级硕士 8 班

计算机与人工智能学院（2个）

计算机 2021 级硕士 3 班　　　　　　　　计算机 2021 级硕士 2 班

交通运输与物流学院（2个）

交运 2021 级博士班　　　　　　　　　　交运 2021 级硕士 4 班

材料科学与工程学院（2个）

材料 2021 级硕士 5 班　　　　　　　　　材料 2021 级硕士 6 班

地球科学与环境工程学院（3个）

地学硕 2020 级测绘 3 班　　　地学硕 2020 级测绘 2 班　　　地学硕 2021 级地质 1 班

经济管理学院（2个）

经管 2021 级硕士 7 班　　　　　　　　　经管 2021 级硕士 6 班

建筑学院（1个）

建筑 2021 级建筑学专硕 2 班

设计艺术学院（1个）

设计 2020 级硕士工业设计班

物理科学与技术学院（2个）

物理 2021 级硕士 1 班　　　　　　　　　物理 2021 级硕士 3 班

人文学院（1个）

人文中文 2021 级硕士班

公共管理学院（1个）

公管 2021 级硕士 1 班

力学与航空航天学院（1个）

力航 2021 级硕士 1 班

数学学院（1个）

数学 2021 级硕士班

马克思主义学院（1个）

马院 2020 级硕士班

心理研究与咨询中心（1个）

心理 2020 级硕士 1 班

牵引动力国家重点实验室（1个）

牵引 2021 级硕士 5 班

医学院（1个）

医学 2020 级基础 01 班

体育学院（1名）

体育 2021 级研究生班

唐山研究院（1个）

唐院 2021 级机械班

本科生特色班集体（42个）

土木工程学院（5个）

土木(茅班)2021-01 班　土木 2019-08 班　　土木 2019-15 班　　土木 2020-16 班
地下 2020-03 班

机械工程学院（4个）

车辆 2021-02 班　　机械类 2021-04 班　　交控 2019-02 班　　工程 2020-01 班

电气工程学院（4个）

电气 2021-09 班　　电气 2020-11 班　　电子 2020-01 班　　智控 2021-04 班

信息科学与技术学院（2个）

轨道 2020-03 班　　自动 2019-05 班

计算机与人工智能学院（1个）

智能 2021-02 班

交通运输与物流学院（3个）

运输(城轨)2020-04 班　物流类 2021-04 班　　运输（城轨）2019-01 班

利兹学院（1个）

土木（利兹）2021-02 班

材料科学与工程学院（2个）

材料（金属）2020-01 班　　　　2021 级材料二班

地球科学与环境工程学院（3个）

地质 2021-02 班　　遥感 2020-02 班　　安全 2020-02 班

经济管理学院（2个）

工商管理类 2021-01 班　　　　工商管理类 2021-04 班

外国语学院（2个）

英语 2021-01 班　　　　　　　德语 2021-01 班

建筑学院（1个）

建筑 2020-02 班

设计艺术学院（1个）

视传 2020-02 班

物理科学与技术学院（2个）

物理 2019-03 班　　　物理 2021-05 班

人文学院（1个）

汉语 2020-02 班

公共管理学院（1个）

公共 2020-01 班

生命科学与工程学院（2个）

制药 2019-04 班　　　生物 2020-01 班

力学与航空航天学院（1个）

工力（拔尖）2020-01 班

数学学院（1个）

数学基地班 2021-03 班

马克思主义学院（1个）

思政 2019-01 班

心理研究与咨询中心（1个）

心理 2020-01 班

智慧城市与交通学院（1个）

新能源 2021-03 班

三好学生标兵（228名）

土木工程学院（26名）

潘文佳	赵子强	郭熙龙	马关愿	陈泓任	戴宁杰	李金蓉	曹晓华
曾 靖	薛智洋	吴国强	陈 卓	肖岚芝	尚晓朕	刘怀志	罗晓曦
郭晓勇	杨涤夫	王 储	程爱棋	唐占江	程 田	陈雨婷	李子徽
杨琳珂	欧阳沁心						

机械工程学院（24名）

杨 博	张 迪	凌 鹏	苗韩得雨	王 瑞	袁兴龙	钱卓一	殷悦莹
李 鑫	林可馨	朱艾新	刘俊博	刘一鸣	赵小宁	何雨珊	吴 帆
郭 强	程 耀	丁杨左斌	钱泓宇	豆树森	蒋哲豪	李 想	李晶星

电气工程学院（23名）

金 杰	王 宇	邓 可	常昊鑫	周志杰	刘邦鸿	何冰鑫	叶雨润

王一著	陈逸伦	尹欣然	王干尧	冯洪赟	江雯迪	伍小虎	刘剑峰
黄哲远	董跃	陈洁	谈思睿	汤荣杰	余江乐	邓鑫宇	

信息科学与技术学院（15名）

王雨农	尹南东	张锴	邓慧敏	段正昊	张中源	袁向前	杨洋
陈程	李荣泽	鲁雯熙	尹梓帆	颜然	曾祥伟	崔子怡	

计算机与人工智能学院（12名）

张洋苗	谭鑫程	曹毅恒	潘继宝	刘云杰	刘晨雨	张午阳	胡致远
郭帅	向俊锜	张柳	王梓翕				

交通运输与物流学院（17名）

叶远恒	林栩茹	于跃	叶雯宇	池奔	申芮	王章任	高彤彤
陈选英	苗琦琦	曾艾馨	潘昱蓉	何佳原	许珈瑞	徐晓	刘洪田
孙怡平							

利兹学院（9名）

张裕宁	方培乂	江昕萌	栗鸣骏	马张辰	李德章	曾浩鑫	宋茂嘉
高雅云							

材料科学与工程学院（9名）

谢朋书	汪奕帆	鲁静芬	朱可欣	吴思玥	于昕冉	龚波	连岩鹏
范伟哲							

地球科学与环境工程学院（13名）

范亦扬	崔禹	陈亦腾	杨涛	林朝标	高一帆	黎河川	付卢萱
谭清文	崔夏娜	宁晨露	贺呈虎	汤杰航			

经济管理学院（13名）

张子贺	黄纪凯	唐奕涵	林洁	卜祎璇	石忆珂	杜齐阳	宁懿文
邢亚杰	张露	顾玲	刘江原	辛蔚然			

外国语学院（8名）

李映仪	汤凤仪	陈婧漪	王思尧	吕萍	程思颖	贺佳卉	李皎莹

建筑学院（8名）

张虞骞	霍放	林榕	赵丹宜	罗佳伊	吴承畅	张慧	吴豫遥

设计艺术学院（4名）

王星月	刘宸希	阳嘉慧	李琪

物理科学与技术学院（9名）

马鲁越	晋伊升	张渝佳	李维康	吴翊丹	毛瑞霞	郭淏韬	张哲
罗杨							

人文学院（8名）

谢舒玲	刘昕棋	文盛	张杨	王姣扬	田杰	胡馨予	赵嘉怡

公共管理学院（6名）

华　榕　　李唯为　　袁炽炫　　顾歆语　　韩蒙恩　　许瑞芸

生命科学与工程学院（7名）

史丹阳　　赵咏洋　　张一川　　章旭承　　王一帆　　项诗蓉　　薛宝玉

力学与航空航天学院（5名）

黄辰煜　　包兴宇　　王江涛　　焦欣娜　　谭丽丹

数学学院（6名）

贾起超　　李倪洲　　夏瑜崚　　赵彦通　　钟　超　　张晓洋

马克思主义学院（2名）

李　楚　　鲜花朵朵

心理研究与咨询中心（1名）

章俊楠

智慧城市与交通学院（3名）

陈卓锐　　董　婧　　刘玥灵

优秀研究生标兵（86名）

土木工程学院（10名）

王艳凤　　张宗宇　　刘易然　　余万庆　　孔德睿　　戴　轶　　潘文韬　　谭因军
张灏鹏　　谭　庄

机械工程学院（8名）

张沐玥　　曹　奥　　余施佳　　周宪政　　刘根硕　　王　欣　　刘元鹏　　陈　帅

电气工程学院（8名）

罗嘉明　　沈　俊　　刘芸江　　马先超　　田博宇　　王　顺　　程丽红　　王东禹

信息科学与技术学院（6名）

王成亮　　杨　洋　　曾　霞　　陈江帆　　胡杰文　　徐　威

计算机与人工智能学院（4名）

万继红　　杨文璐　　黎子维　　王新元

交通运输与物流学院（7名）

王园顺　　方旭峰　　李慧文　　张　肖　　陈水旺　　郑　帅　　侯康宁

材料科学与工程学院（5名）

陈锦涛　　陈　耀　　黄浚峰　　周昱帆　　李家豪

地球科学与环境工程学院（6名）

孙小飞　　朱　柏　　杨　成　　沈星宇　　崔启亮　　王　婷

经济管理学院（3名）

黄一粟　　范婷睿　　柯凯丽

外国语学院（1名）

陈军朋

建筑学院（3名）

贺盈乾　　黄　越　　唐祥龙

设计艺术学院（1名）

王振宇

物理科学与技术学院（2名）

王志学　　柏　果

人文学院（2名）

张译丹　　闫　瑞

公共管理学院（2名）

袁国平　　潘君豪

生命科学与工程学院（3名）

左　锐　　赵　燕　　廖婉怡

力学与航空航天学院（2名）

王子仪　　陆宋江

数学学院（1名）

冯玉丽

马克思主义学院（2名）

冯定国　　胡海利

心理研究与咨询中心（1名）

唐　燊

牵引动力国家重点实验室（5名）

王圣博　　于振浩　　黄　勉　　曲　帅　　尹　杉

医学院（1名）

武楷文

体育学院（1名）

高　明

唐山研究院（2名）

谢开汶　　陈逸远

<h1 style="text-align:center">三好学生（1771名）</h1>

土木工程学院（210名）

何晓雪　　林　涵　　朱泽朋　　刘　凌　　宋　优　　向恒葵　　李　斯　　马龙伟

张陈骁	李芯洋	曹奕衡	王诗怡	秦冉冉	张萌倩	王 程	李艾宁
晏崇恩	黄润峰	王世界	曹 润	丁浩哲	潘 阳	余敏哲	喻子康
于 凡	张 云	霍云博	张何鹏	董 睿	石成玉	黄一航	李 琦
陈佳坤	李 想	智海旭	王有鹏	王子扬	张文月	丁宇航	郭家成
牛琅懿	王逸飞	徐艳鑫	邱 杨	邓 一	苏国治	曾俊豪	张书玮
焦钰洋	于耀辉	柏明伟	陈欣雨	张子亿	赵航宇	何晓芸	杨启超
王子恒	罗健一	张 锣	万俊峰	刘 瑞	叶晨希	连 冠	李羿婕
杨友杰	王 松	王超伟	谌煜骁	张 罗	朱晟基	林彦甫	张铭煊
唐伟杰	齐顺风	俞泽炜	严忠成	唐发勤	赵洪民	张兴龙	张恒嘉
黄 鼎	罗 宇	吴 杰	吕 任	秦一鸣	马鑫怡	梅傲寒	洪圳涛
敦浩净	郭礼昱	董家霖	吕 进	杜一鸣	李潇阳	李尹棉	杨纳金
洪 剑	王季陈	徐兆云	吕一品	王 鹜	张 喆	邓 钢	马驰原
郭衍灵	沈骏扬	谢宗甫	赵宇洁	李若菲	陈创辉	李长霖	谢芯茹
高庆龙	潘文俊	唐秀琴	刘 洋	熊俊皓	曾梓宸	李文俊	沈少石
程佳锐	梁 浩	陈柯佚	林 晨	苏君豪	文 昊	苟 潇	袁 曜
郑旭升	谢松明	马启冲	张植毓	伍志强	刘瀚文	苟欣茹	孙玮琪
范少坤	黎志毅	李乃明	林继彦	刘婷婷	钟浩	朱骏豪	曾志羽
阮杰群	段姝琪	刘厚华	袁 硕	闫金峰	王一帆	周 舟	黄浩宇
余廷翰	赖 鑫	谭锦洋	陈佳豪	高 飞	应文睿	练小莲	陈智欣
王泓棱	赵 言	徐天新	张璐琦	杜亚辉	张津毓	骆洞甫	杜 雲
周弋力	张 凡	柘秋易	王汪洋	张芮彬	丁嘉璐	刘宇航	李文涛
毛锋智	沈雨扬	漆浩轩	陈柔蕙	王 毅	谢文渊	李丽洁	王 森
刘力模	张 涵	张卓涵	钱 源	刘 樾	朱 蕊	范城琰	童昇越
杨 琴	张 扬	李雨轩	穆 烁	李嘉祺	熊 颖	孙若芸	张李正
张浩煜	郝扬帆	张远强	熊煦莱	欧阳宇轩	赵玉秀	杨 婧	周奕璇
王 龙	吴孟森						

机械工程学院（177 名）

郭雷雨	慕文昊	周文宏	张 展	张尧敏	吴子杨	李照嵩	张 煜
李 益	巴朋威	吴晨曦	赖圣源	郑书磊	孙 剑	骆皓羽	陈 涛
蒋孟坤	王斌清	贾乐平	梁书豪	何旭东	徐嘉晨	章翊骅	易宗营
王政通	李 俊	韦志国	廖腾腾	胡 涛	唐晓宇	张景奕	钟韩秀
郑瀚瑞	陈文超	雷鑫秀	张 涛	蒋凯宁	刘紫轩	刘 乐	张淑滢
吕昊凌	代杜宇	李智鹏	陈峰良	袁晓宇	李志远	任同天	王梓阳
王旖豪	陈孟晔	方凯文	董彤彤	贺宇轩	杨睿坤	陈显德	陈华申
林李萌	徐浩冉	王恒东	陈 昊	刘镇萱	李仪卓	张明哲	宋世豪

李尹鑫	胡峥	巩瑞	孙凤明	伍凯	付星	杨陈璐	高博龙
鲜于悦恒	盛慧	肖芳程	陈璞洁	梅琼芝	陈冠宇	杨芸菲	张慧莹
刘扬	郑德龙	蔡镇南	苏红力	王昌浩	孙海玥	何渝	王泽立
吴欣洲	范天奕	赵鑫宇	张海涛	彭佳祺	陈馨恬	冉耀宇	程一帆
唐志豪	祝嘉阳	屠存鹏	朱阳	王灿	李小乐	林雨禾	袁宏娜
梁致与	陆浩	王天成	冯荣贵	彭杰	徐岩	张家玮	胡廷洲
廖欣宇	王峰	郑少杰	谭效恒	彭蓝霄	胡天成	张敏杰	曾探
丁天智	蔺鹏飞	马雨歌	吴骏秋	罗新科	董杰	邓艳	韩远伟
吕锦怡	刘思宇	潘用豪	谢福忠	陈度舟	文施雄	陈思圆	王尚言
赵卓宸	张凯	陈雪倩	李祥	甘梦辉	厉智鹏	梁聪鑫	许海军
李凌云	胡鹏飞	孙博文	杨文彪	胡仕超	杨新宇	蒋振扬	申凌瑞
谢潼	徐全桂	徐婧文	丁雨荷	陈晓宇	朱晨宇	李云鹏	彭晓娟
杨城腾	樊宇	陈美林	刘小天	滕梓欣	黄邱荟	崔轶玮	李沛泽
温启军	唐昊	陈彦冰	杨谨溢	冯明兵	张文	刘垚	戴丹丹
李玲渝							

电气工程学院（173 名）

陈田骏	张廷玉	杨海琪	胡梓骞	刘光毅	龚志恒	苏天乐	刘帅
官声强	游雨欣	石寰宇	秦文雨	王彬江	李心悦	谈浩澜	董霆月
刘钉杉	李博涵	何予诺	凌玮泽	杨朔	何湘民	赵鼎威	张泽宇
翟彦辰	戴上贺	吴高阳	王茂州	章可文	魏澜	颜星洲	高泽图
杨冬晨	吴泽棐	肖婷	叶晟	周珂辉	贾佳兆	郝怡达	卓栖玉
何金科	陈之歆	陈治铃	安亚亚	宋博易	赵书磊	贺佳玉	陈欣然
任家蓉	徐楷瑞	何宣霆	刘雨桐	唐天驰	徐佳萌	卞金阳	邓福萍
陈民鑫	杨嘉雯	刘靖琪	寇鸿毓	唐子易	王小丽	任荣荣	曹亚鑫
苏方为	梁曼琪	程靖宇	吴骏宁	席舒熠	杜超凡	齐璟元	刘腾宇
王文烨	钟俊晗	付秋涛	罗彬欣	李连安琪	方心	颜绍程	邓见程
许成林	张佳怡	裴伊宁	刘姣	冯元	王俊辉	王朋卿	赵侯
吕晨阳	张诗慧	邓杰峰	霍昶宇	邓昊	郭荣琪	赖柯宇	黄河
杨汉清	廖峻暄	陈锦阳	陈旭铭	赫茗扬	周李奕奂	刘炜坤	颜帅勇
汪琴	李赵一	陈苏红	徐浩轩	陈永飞	骆永昶	王锦辉	朱子木
朱泓宇	孙浩宇	赵婉辰	谢鑫钰	何乐山	秦常宇	杨璐嘉	陈福春
苏乙伟	顾子非	冯柯渝	王世凡	单靖沣	张逸凡	蔡湘辉	郑宇瀚
吴新元	余佳龙	王亚青	史润博	杨骁	康子章	韩博文	侯文龙
谢宇帆	罗霁轩	王俊程	何皓鹏	刘梦轩	关子凌	刘明昊	李仁浩
刘大陆	管文韬	吴海潮	邢凯悦	肖逸洋	廖文星	高斯帖	陈思慧

施扑丽	周肇瑞	李岳鑫	来国梁	鲍子形	庄　严	桂天翔	田　睿
邱政权	徐振扬	赵伯钧	覃琳钧	吴金徽	周　懿	胡廷文	张　宁
倪顶文	徐思润	胡佳伟	周鹏翔	田若愚			

信息科学与技术学院（119 名）

张　起	胡筱铃	翟研杰	于东林	陈淑婷	宋尤虹	苏东灵	蒋放非
宋洪宇	黄　婷	李晓珂	梁文哲	黄权炜	王艺帆	王子文	刘恩驿
贾　芳	林晨曦	母文滔	陈诗铭	孙锦扬	叶家裕	钱星月	熊　桃
丁　昀	陈璞蕾	涂　睿	詹　鹏	黄　三	周　锨	孔　宾	杜星宇
潘相臣	王志莅	刘翼鹏	林俊辰	王玉泽	尤洪显	谢捡龙	袁飞飞
罗千里	穆思岑	梁诗羽	游静蓓	张志岳	袁沁阳	任玉杰	田博文
黄　涛	张毫军	高嘉琦	苏泊帆	耿子良	乔　正	赵健超	徐鸿境
吴彦熹	金雨轩	钱润东	郭沛兴	吴双龙	周祉羽	周睿阳	尉旭峰
俞彦文	廖健龙	唐苏杭	刘　学	卢锦程	武　璇	朱启铭	罗　刚
李洪宝	任康伟	王琳庭	杨弘毅	康凯	雷芸嘉	卢辰博	尹凌杰
应昊驰	钟雯雯	徐丁阳	颜海月	彭颖	喻　萍	张力博	周　妍
许　硕	雷锐彬	李祥瑞	钟　豪	刘皓月	吴谊扬	焦佳露	李思凝
朱　诺	宋锐奇	周　霖	屠明东	杨亚男	薛茜芊	李　畅	赵嘉铭
丛旭东	唐惟易	易运恒	陈振欣	涂建宏	冯天雄	付文慧	赵翰林
靳　天	韩　旭	杨思晨	范文豪	王翔宇	杨　璐	赵士歆	

计算机与人工智能学院（63 名）

樊乐意	胡敏杰	徐　科	胡　璁	陈智君	周琪睿	吴房浩	丁　毅
尹　恒	李康康	樊勇甫	梁琨琳	王俊峰	王宇森	林　媛	郭欣森
郭佳菱	蒋卓彤	张继鑫	郭芯宇	吴金源	崔永康	韦琼华	王萍萍
曾科荣	陈亲超	曹　啸	贺凌峰	彭佳伟	雷朋川	霍　垒	余伟杰
陈茂杨	刘　寒	何春江	肖成钢	蒋添爱	张雨婷	王若艺	杜佳雯
陈晓瑜	朱　寅	伍　萍	刘子昂	李雨珂	蒋　妍	杨　龙	王语笑
朱旭东	方俊麟	柴江波	陈欣雨	张禹璐	王怡帆	周一凡	祝安冉
林欣蕊	李辰昊	何国睿	朱昊天	牟　晨	纪超凡	艾根尧	

交通运输与物流学院（141 名）

张天聆	蒋雨萱	刘祝银	万霄潇	谭慧湘	李漫漫	郄晗蕾	刘　雨
刘冬宇	马润雨	徐文烁	曹　钢	黄　欣	陈羿彤	徐　彦	彭　鑫
董溪雅	张的妮	陈骥堃	张亦霖	刘　赟	李姝蕾	徐婉嫡	陈咏麟
刘思源	董俊强	谢浩男	张哲振	黄子懿	喻　磊	邓　晶	徐龙赫
李志豪	陈伟杰	万宇航	程君仪	杨　澜	朱舒阳	曹奕池	杨炳杰
罗骁宇	陈仕嫚	任梓鹏	徐文媛	杨芷君	戴仕豪	范晓婷	江泽毫

龚晓雯	李一乐	何之夏	白沁宇	徐 濛	黄 鹏	王 洁	俞霁航
张永哲	梁 鸽	张梓涵	袁倩倩	陈迦嫱	高芷筱	陈 汐	赵一卓
吴梦涵	冉玉婷	丁永康	张胜航	雷 涛	满自鹏	马海月	张 静
初乘希	张镱镡	王雨薇	徐策惠	颜柯旭	周起豪	常琪悦	赵宇家
左文轩	任 逸	张 琦	许 俊	钱宇浩	熊 浩	税航宇	王童语
王宏宇	刘润佳	赵萤滢	邹佳兵	黄冬阳	潘姿延	林心悦	孙宏宇
李林峰	王天筱	李健强	田阳阳	杜玥沅	张立城	王恒之	刘科隆
冷远平	赵珉萱	李来成	林 嫣	文 康	杨正强	赵 媛	王晨露
谢 非	杨 颖	钱 芊	臧佳钰	孙博雅	杨烨通	唐之韵	李昊甫
罗心灿	朱 硕	吕澄莹	陈文慧	贾悦奕	甘浩正	张睿冰	史纪鑫
章天然	黄家祺	钟 宇	徐程浓	谢朝阳	平 浩	赵启林	丁 祥
范子洋	谭媛媛	台百泉	冯悦昕	郑成翔			

利兹学院（69 名）

刘 薇	程子羿	赵伟良	李 冉	周浩楠	于 翔	郑皓天	曹天一
何其乐	徐 哲	范新晨	张家宁	曲帅然	周潇洋	常湛华	马悦恒
陈若丹	伍玥睿	冯伊凡	冯俊驰	刘维珩	隋洲立	丁羽珩	肖天羽
徐稳腾	任宸旸	杨辅桐	徐 露	甘元震	左文吉	方彦博	赵栩嘉
兰尉尹	王珈珑	包丰阁	郭珅源	黄炯涛	黄思源	郭航辰	谢佳艺
纪 硕	周子涵	柯宇桐	李欣怡	秦泽昊	朱安琪	黄许诺	孙婧雯
张菁璐	王天予	曾婧姝	刘宇恒	纪翔天	郭成杰	陈鹏臣	穆 迪
柯力文	冯靖婷	张梓峰	周俊杰	金泽楷	田子桐	杨逸伦	王天禹
黄嘉怡	衡丽颖	王 菁	刘 潇	李丰邑			

材料科学与工程学院（73 名）

何占宇	朱文星	孙熙桐	汤伟哲	杨 旭	宋如艺	杨 燊	张艺玟
张子木	陈旭萱	肖睿豪	汪 盈	江 栋	姜艺菲	易若萱	郭 霄
王宏博	谢坤尧	王元梅	伍 玲	王雅楠	孙耀坤	王立达	刘亚洲
朱嘉颖	张 雨	周 正	赵 旭	程阳阳	张 文	刘 灿	闫 坤
周孟雪	陈雪文	向思林	傅海艳	胡永琪	周志强	赵一心	杨彦熙
许家能	侯丁煜	姚烨兰	张 恒	杨晶涵	姚 添	廖智敏	喻 杰
何昕璇	李 林	杜 鹏	郭晓晗	孟盈吉	李贤哲	徐伟贤	赵中顺
陈文博	邢 宸	姜 萍	刘嘉腾	王星淇	陈中一	何梦泽	王浪菘
韩晨鹏	陈经伦	张熙材	陈林旺	蒋奕佳	张 行	吕天祥	邓绍韦
王 壹							

地球科学与环境工程学院（107 名）

雷茗羽	陈 珂	丁志源	何 凌	武若涵	代雅姗	张心语	陈 说

陈 静	胡馨月	陈玥丹	秦笑彦	钱梦悦	胡建华	陈锶佳	郑元圆
王鑫喜	陈馨怡	刘 泉	吴秀科	丁柏寒	封世林	赵文璇	张馨予
万欣宇	杨 洁	薛怡然	陈 婧	潘 骁	寇珈豪	李洋洋	徐巾杭
袁 媛	蒋蕙琪	叶文帅	邵济民	韩 易	朱志祥	梁雪雪	江 密
王艺萱	朱保乐	杨伊涛	李 峰	郑绍洋	徐豪骏	卢砺凡	王澜晶
陈佳瑶	邓自强	吴天昊	蒋玉佳	李金洋	姜俊平	张书逸	陈思婷
刘梦晴	窦宇辰	刘宇杰	曾 燕	刘桐桐	汪俊帆	张 茜	张雯清
陈人楠	侯佳丽	黎俊杰	魏 刊	胡 焕	徐嘉茜	应涛泽	郝亚楠
叶坤友	徐瑞珂	何依蔓	王枥伟	徐梓杰	钟佳辰	张 强	孙启翔
杨 林	赵晨灿	李子涵	赵笑晨	张子璁	李 韬	唐世泓	解雅喆
余 君	张震坤	彭路鹏	阳 旭	吴淑琦	许少鑫	何 川	付 政
潘芳芳	闵敏祥瑞	彭俊岚	张钊宁	任纪州	王 杰	张家辉	徐佳昕
刘义豪	张毅超	黄玉娟					

经济管理学院（82名）

张 靖	苟馨语	王志菲	刘 欣	唐晶菁	王心乐	徐子砚	金李畅
许福林	耿子雯	高丽蓉	吴 珊	张 琦	卢 奕	孔筱箫	陈啟军
阳 鹏	熊伟婷	胡雪艳	章 雨	刘瑞轩	张贝宜	金本杰	谢茹月
李 燕	童桓力	赵佳丹	余 颖	孟天硕	朱 彤	刘希子	戴新杰
肖雅楠	周紫璇	黄雅洁	高成茜	毛宇欣	马肖羽	刘云畅	王灵瑶
杨晨薇	陈一迪	钱书琦	李晓荣	曾馨仪	魏靖丹	江沁园	谭妍伶
杨欣怡	黄书萌	王颖茜	沈麟昀	杨雅舒	秦子亘	王 驰	明煜梅
余思欣	张 敏	范方园	蒲南可	叶彬妍	李鑫月	刘 婷	李亚娟
张凯博	薛玉莹	谢 彤	任焕鑫	金 月	韩志成	夏新雨	齐明霞
商奇瑞	郭恺鑫	赵思倩	韦春孟	潘传扬	江 童	沈 悦	唐源穗
吴若瑜	宋依静						

外国语学院（67名）

王珊珊	伍逸芸	王 燕	司欣怡	俞 娇	肖海楠	张美子	黎晓菡
叶 牧	蒋雯睿	任佩仪	郑哲豪	刘雪娆	吕靖宜	程俣杰	李一品
刘 慧	劳旖彤	叶婧楠	周 奥	刘 星	张 冉	周 楠	刘芝吟
陈亦婷	孟珂宇	杨雅涵	李 睿	蒋 雪	陈思菡	张冰雪	赵 倩
张雨彤	尹 伊	张梦雪	黄舒琪	王 毓	刘 欣	谷瑶玮	林雨萌
蔡宇睿	梁以清	更登科	陈逸遥	杨春宇	付宇航	董亦靖	欧杨睿
李滢乐	杨蕊嘉	鄢梦蝶	赵 静	邓铭柯	柳 庚	王 璇	肖 蕊
毛佳丽	胥 翔	王 倩	陈 倩	陆衍伶	夏伊勒	林 莉	蔡心怡
李 萌	王姝予	刘 月					

建筑学院（68 名）

吴 浩	张润旋	夏远方	严安易	王嘉灏	苏 埝	刘 婷	张盼盼
何诗雨	张李星月	吴茗慧	苏巧敏	肖敬文	张浩宇	杨艺佳	李怡莉
马子清	曹怀灵	赵滢瀛	刘 霄	李艾玥	毛萌萌	米艳萍	华凌云
陈雨蒙	陆悠然	边馨雨	杨承露	徐文丽	屠千寻	王梓艺	曹肖静
徐添炜	李汝楷	刘雨微	崔倍萱	曹馨玉	阎凤怡	蔡家睿	王诗卿
周雨薇	王翔驹	朱芯懿	王名修	梁秋怡	王冰洁	罗睿祯	杨丰绮
杨思琦	张雨冰	宋佳凝	徐振洋	向梦琦	刘 响	王海旭	刘卓玥
蒲雨馨	徐诗滟	茹于飞	唐一可	陈倩瑜	林 茜	薛冰冰	张珂馨
黄奕璇	崔 航	刘西雨	华文萱				

设计艺术学院（30 名）

彭栎而	张钰鹏	陈 骁	金楠娟	高春媛	闫俣辰	杨依婷	林知春
李紫彤	万珂冰	任 爽	许 可	王小铮	仇一童	邓雯文	罗瑞婕
祝晗娟	蔡霖霖	陈钰雯	王雅洁	刘 茜	刘玟焱	张畅畅	杨泠慧
王紫绮	于 越	张艺菲	王宇卿	徐佳慧	陈荟竹		

物理科学与技术学院（74 名）

陈戈亮	李佳诚	钱 隆	张嘉兴	张翼飞	王宇捷	罗宇涵	符 庞
段靖伟	洪瑞阳	庞涵瑞	杨志宇	张怡远	肖 帆	李 强	刘瑞杰
郑有鹏	王钰玺	廖 鹏	陈 壕	陆狄肖	李 伦	王 龙	张柏森
赵硕存	彭远鹏	廖文奥	于正航	刘星月	冀长浩	陈 骁	唐诗雨
孙路易	唐晓凡	黄海若	黄 凯	张雪晨	陈博旸	刘星雨	曹泽宇
罗启航	朱骏平	杨佳霖	贺俊淇	魏 烁	徐潇凡	余德政	贾思恩
张志超	严志远	丁阳康	吴媛华	王博鑫	吴 彰	周泓宇	李尹强
钟宗玲	陈泽嘉	施逸蕾	陈诗钧	朱宏旺	赵永胜	敖燕涛	王 皓
余 威	宋晨冉	宋龙飞	杨坤萍	陶浩然	郑文杰	刘耀炫	薛张熙
胡烨韬	侯理巍						

人文学院（65 名）

王沁岚	郭 茜	郭 薇	李新蕾	刘雪茹	满珍明	李明欣	王世怡
马 斌	冯钧涵	李佳艺	王雯珂	秦小迪	王奥欣	薛维怡	靳登婷
冯琪祺	潘诒堃	周子然	曾品贤	李 佳	周婧琳	赵晨瑜	王琳栋
王阳洋	张 绮	梅镕缨	王晶晶	许紫研	唐诗雨	朱星烨	马超威
邹 鑫	唐 乐	宋子琪	张煜松	宋姝婷	何明月	姜然歌	张森儿
王倩妮	万 立	刘杰瑞	吴佳媛	孙笑一	廖伟富	魏欣妍	罗妮娜
杨 旭	班浩琳	胡文欣	郭凯悦	毛佳斐	郑皓丹	张泽屹	陈冉冉
王 硕	倪韬睿	胡星妮	杨 晨	糜舒玥	任 麒	李安琪	刘朵云

沈奕希

公共管理学院（48名）

吴孟颖	王 卉	徐梦莹	唐菀卿	王彦文	罗梓祎	史晓彤	尹丽颖
元雅琦	卢羿彤	兰婧怡	刘玉欣	陈家珺	潘垚君	杨 溢	肖星雨
吴昱瑾	黄姝睿	潘雨欣	石未之	鞠松男	何沁媛	贺 函	胡宇菲
李昀鸢	陈 哲	阮绘溢	侯孟廷	宁梦影	谢如涛	范 熠	王佳敏
杨雨荣	高子瑞	靳瑞阳	陈炜婷	张腾宇	伍丁雨	赵晓琨	刘思雨
孔 熠	李露佳	赵世清	向芯雨	李俊涛	张菁好	费佳瑶	毛莎莎

生命科学与工程学院（60名）

余文艺	姚力涛	黄馨瑶	李姝璨	康志南	周河汐	向 涵	吕思慧
张 晔	李苇祥	王文洋	敖以恒	万佳慧	陈 晨	张 鹭	周东波
李咏歌	楼晓扬	王 晶	刘诗奕	陈潇涵	徐桐瑶	赵可心	马 林
牛晓媛	颜超越	王清林	谭沁灵	卿兰澜	徐思贤	黄一飞	曹添乐
丁一哲	俞逸枫	吴 彤	余博飞	索圣楠	王冠雄	马盈盈	焦向宇
谭冰玉	祝春燕	李苏静	樊丹晨	吴 乐	黄程成	唐 琳	张 涛
田润雨	程子为	庄智尧	周 鑫	田星怡	许文菁	刘艳艳	黄 兰
刘雨萌	钟雅萱	唐 雨	吴皖萩				

力学与航空航天学院（43名）

赵昀雯	丁天奕	李甜田	梁启辉	赵一安	刘驰达	张文浩	林 柯
陈雪鹏	吴泽宇	秦子涵	陈皓瑜	胡志豪	章祝帆	罗庆勇	王 宇
朱才艺	王 丰	吴嘉晖	李俊鹏	安晟斐	钱添翼	钟 道	李建霖
张健林	赵敏君	甲 呷	王骏烨	辛弘扬	卓 武	曾 鑫	马宇航
黄寒参	李 盈	郭丰伟	张兴潮	胡梦林	孙继鑫	沈成鑫	周 欢
邓晓雯	陈旭阳	胡 钰					

数学学院（54名）

邵 鑫	杨采琪	曹家琪	张诗语	冯 玉	杨淳尧	懂欢宁	韦 杰
叶晓明	蒋瑞雪	李步云	王中伟	胡佩诚	朱纯雨	黄嘉驹	王 昕
刘向阳	吴思佳	曾 航	闫宇汉	张政秀	项学文	刘云天	段志豪
刘心草	张尹念	于学龙	郑浩然	刘柏轩	曹治森	杨松凯	朱胤晋
夏晴雨	李阳阳	王 滋	卢春洋	罗梦甜	刘佳鸿	潘雨辰	赵雨扬
李陈祥	谢青松	康 蒙	熊梦婷	陈玉娟	王国超	侯奇瑞	林家伊
王瑞琪	朱秀玲	莫楚滨	黄崇博	刘子轩	葛田田		

马克思主义学院（12名）

林 煊	张悦涵	刘佳莉	刘嫃溪	黄几荣	李聪昊	吴凯妮	游梦悦
鲁 璇	戴一旸	高依丹	龙虹霖				

心理研究与咨询中心（12名）

辛姝辰	田汶冉	应漾莹	王一翔	汪无隅	陈 岚	费以诺	赵俊杰
邹乐眉	沈玫霖	杨慧茹	曾 圯				

智慧城市与交通学院（24名）

秦浩喆	程馨远	郭宇淇	牛玉杰	胡高鑫	李嘉诚	金 畅	赵浩然
王宇航	孙小伟	荆冉旭	苏 涛	朱杉林	杨丽莎	周亦璟	孙艺华
饶丽婷	蒋舒豪	文俊霖	汪西雨	谢睿杰	李依诺	宋柯宏	徐浩然

优秀研究生（494名）

土木工程学院（63名）

张廷鹏	纪程杰	徐李麟	申 路	侯召旭	田凯元	牛云彬	邢宏平
李博凯	赵文鼎	徐明晖	周勇聪	李 聪	杨思杰	陶亮亮	刘居真
侯明扬	郭亚林	李瑞涵	丁 浩	冯嘉淇	王伟旭	王正源	黄若森
刘吉林	刘心然	徐 威	陈萱颖	赵 冉	杨文冲	张 帅	郝子晗
许雪山	李鹏鑫	邓志兴	杨承志	陈 振	徐才厚	张凯文	徐 溢
刘 晨	张 弘	熊广林	刘同同	王宝瑞	马凯蒙	何宏智	王志龙
蔡 畅	柳 静	饶云康	周飞聪	叶文龙	王 凯	邱睿哲	曹智扬
胡哲钏	熊文威	孙体佳	姚人杰	唐 嘉	徐 啸	李 想	

机械工程学院（47名）

马贵林	马炜鹏	娄 亮	陈昱呈	卢旭磊	雷志伟	梁 巍	李金伟
方 悦	罗文锋	王绍宇	邓淏荣	刘思麟	李笑晗	江 宁	胡 家
刘俊琦	于耀翔	杨 露	唐民丰	李林峰	钱门贵	周琳丰	张锐奇
张耀文	李 沛	沈韶刚	周 杰	景 浩	望博文	刘少辉	刘泽清
张昊楠	付耀东	方 正	刘 程	谢宇杰	郑 悦	谷 熙	徐启航
党社会	刘松民	卓俊焯	仲江南	沈天赐	唐 勇	张华锦	

电气工程学院（43名）

戴宗源	陈垠宇	李莘一	李 波	周 奇	李沃阳	肖迪文	李亚鹏
杨 啸	刘 坤	王斯佳	刘 芸	侯 浩	蔡丰林	杨 文	徐 强
付程成	蓝嘉豪	鲁丁文	万字朋	王兴国	刘亚林	黄 建	次凯旋
查红原	刘静伟	韩兴宇	柯倩霞	许智亮	张 强	贾世成	王天瞾
杨智翔	李德炎	周 圣	任 卓	张嘉豪	王卓然	冯素华	赵紫斌
顾 凡	谢冠豪	严一舟					

信息科学与技术学院（34名）

朱明鑫	张 磊	任昭锦	羊锦玥	蒋晨冉	余 婷	谢智宇	郑安琪

蒙仕进	闵良禹	王士恒	杨逸杰	夏登峰	罗琮瑜	贾淑越	李　靖
黄青松	张洪铭	周　权	陈海海	张翔威	汤俊杰	徐　武	吴　昊
王　宇	杨文韬	黄　怡	张钰晖	王　鑫	王吉锐	冯家城	李玉芬
邓彩连	陶润哲						

计算机与人工智能学院（24名）

杨晓玲	黄　维	刘泽昊	张晓龙	周思艺	李晨冰	党　辉	伍　鸿
周盛源	沈坤燕	王　芸	杨添朝	马伟宸	陈宗镭	申　颖	桂昱乾
张恩铭	石乾宏	李逍怡	任志宏	秦晓燕	杨　玲	朱　锐	刘小溶

交通运输与物流学院（35名）

王一鸣	王　欢	王志美	王利雷	田沛翎	冯宇静	朱永俊	先文怡
任婷婷	刘　坤	刘佳慧	刘乾义	江岳桉	纪　文	李晓柯	李　海
宋丹丹	张少华	张晓明	陆　良	陈玉婷	林叶新	林亚兰	周夕乔
胡奉淋	秦梦瑶	夏玲强	黄怡玲	黄彦宁	尉志礼	蒋浩然	焦钰博
鲁晓倩	曾　添	郑　镕					

材料科学与工程学院（30名）

王　庆	余　杰	胡绍中	向佳杰	罗　芳	赵　壮	张伊扬	刘长宝
胡轩铭	曾子涵	文鹏程	姚　浩	熊训飞	李　果	陈　瑶	张旭龙
楚健茹	徐正康	张晨昊	张炳旭	刘国娟	方麒博	徐佳乐	吴小娟
支丹丹	杨　亮	金　灵	周　婷	王家毅	李玉婷		

地球科学与环境工程学院（35名）

赵修成	邵一桐	高泽民	郭文浩	刘欣雨	孙倩倩	包　馨	穆诗琦
李林潇	白　洁	杨胜男	杨雅洁	侯永阔	谢凌霄	詹君玉	邢本聪
刘　魁	赵永杰	乔　铖	任昕芸	蒋启帆	江译淞	沙马阿各	廉慧洁
严　冬	陈　曦	陈西南	陈兴龙	陈虹宇	蓝玉洁	段洪涛	温　磊
吉思翰	田雨璐	刘思伽					

经济管理学院（20名）

刘茜铭	孙梦禅	金　蕾	刘　清	冯睿锋	周　航	李小渝	金登科
郭　琴	操桃艳	徐诗璐	易瑞琪	段　玉	李　岚	吴　浪	罗甜甜
梁媛媛	刘　倩	崔　凯	董　蓉				

外国语学院（7名）

龙寒梅	孔瑜琦	周玲玉	钟之林	张丹梦	黄蕴楠	朱　江

建筑学院（17名）

周航航	刘　鑫	周梦雪	周　睿	雷秋云	吴冰瑕	朱林娜	彭星瑞
刘　阳	张　旭	王瑞秋	陈宇晴	甘　露	曾骞惠	林子琦	陈春宇
孙佳瑞							

设计艺术学院（7名）

余东宇　　杨　蕾　　张天璐　　张佳馨　　程伊菲　　胡炜钊　　沈千惠

物理科学与技术学院（13名）

隋　皓　　刘伟红　　高　娟　　杨　林　　代丛岭　　温起帆　　李文广　　罗锐冰
张晓辉　　王江秋　　翁俊辉　　黄曼莉　　周恒安

人文学院（13名）

董　广　　杨　光　　邓欢原　　杨谨瑜　　胡　涛　　张　元　　赵净萱　　郑　言
邓　杨　　孔超群　　吴德斌　　叶锦怡　　潘禹妃

公共管理学院（14名）

赵钟阳　　李佳妮　　张蓓雯　　黄渺萍　　张文艺　　梁　艳　　蔡笑晗　　万莉娟
唐　雯　　雷　琳　　胡冬梅　　余姝蕙　　哈　吉　　钟方媛

生命科学与工程学院（17名）

伏玉春　　庄礼晖　　严锡飞　　苏　洪　　李太意　　何华桃　　沈　灵　　陈思伟
宋思敏　　胡　林　　秦　余　　贾寅雪　　唐瑜泽　　黄斌翰　　储士润　　曾琳琳
赖秋月

力学与航空航天学院（11名）

杨宇康　　黄茂波　　陈　波　　雷　宇　　熊君媛　　郭　阳　　李　斌　　肖怀荣
姚程彬　　刘龙波　　王　理

数学学院（9名）

李子月　　王　正　　赵晨晨　　王　乐　　曹德刚　　袁非梦　　余　涛　　林雨森
沈炳声

马克思主义学院（9名）

卢晓玫　　徐　雄　　彭　雪　　王潇毅　　彭子轩　　吴江南　　冷书恒　　解毅萍
何　潇

心理研究与咨询中心（2名）

李　果　　雷佳玮

牵引动力国家重点实验室（27名）

刘加蕙　　吴正凯　　刘禹清　　孙昭意　　李昌隆　　王宇堃　　支兴帅　　李腾飞
刘　帅　　陈浩东　　宋杨法　　徐会会　　唐艺涓　　彭　璨　　张祥光　　周雄飞
汪　浩　　郑绍东　　邵文杨　　秦天宇　　陈　杰　　苗堉滨　　朱志轩　　刘　新
于宏达　　吕　冲　　彭　鑫

医学院（6名）

张婕鑫　　任峥芸　　赵　雪　　石若琳　　刘　瑶　　杨　雪

体育学院（1名）

乔　羽

唐山研究院（10 名）

陈 琦	黄启芮	郭维平	张志莹	张福伟	李梦璇	黄陶陶	杨亮涛
李昊源	袁 帅						

优秀学生干部（1873名）

土木工程学院（227 名）

李泽超	肖 康	罗浩宇	潘 龙	雷宇程	冷双金	蒋志鹏	赵淑杰
甄祎梦	朱钰杰	曹正冲	余大庭	周浩宇	邹天浩	吴晶琪	王澄宇
陈柯儿	王晓波	徐 捷	吕绍龙	杨子辰	刘一凡	田树林	李坦坤
唐 修	余 浪	李 政	汪 建	葛 畅	刘 扬	唐承成	姚培鑫
郭家昌	雷 悦	燕翼峰	申 河	何 锐	耿浩楠	张婧璇	姚颖明
田昭阳	陈 斌	杨智强	罗 钰	李昊豫	张帅博	满晓莉	熊晨曦
周瑞泰	徐玮彬	周酌帆	董嘉浩	高 熹	廖文杰	李一峰	李泽成
吴津庭	申建辉	史美杰	谢宇清	周凯奇	王一帆	杨 光	何 赟
汤 璠	王梓印	李柯蒲	胡哲炜	冉 露	王潇北	黄鑫榆	邵豪坤
刘俊峰	李明劲	谭 勇	杜辅基	陈玥冰	程骏柯	仇志洁	张佳雨
董 璇	金振宇	马士博	黄 昕	陶籽含	冯 鑫	王年春	张 耀
戴辰雨	陈鹏宇	李受禄	许文雨	邢宇翔	李茂林	杨柳桐	崔哲睿
李柏芊	郭哲维	付财润	王 昊	包雨滴	韩 郑	李双双	叶海洋
盘凌锋	罗延庆	黄翊飏	袁 霖	李 松	银俊宇	沐海星	喻选梦
刘其薇	李龙飞	霍东波	陆引洲	李博宇	邓昌育	肖蔼龄	黄 爽
骆成鑫	戴松芸	胡贝妮	石乙彤	刘家树	王一哲	王一鸣	陈晓彤
郑堂杰	王志鑫	张峻宁	郭 浪	伍清子	张睿聪	董典典	于 洋
朱一鸣	黄振宇	袁 力	张嘉航	曾泽淞	吴昕卓	滕汉卿	李卓远
李 旺	潘桦筠	李 宏	陈 颖	朱文峻	杨可欣	李凯臣	李展响
刘 骏	陈立材	陈梁裕	陈韵翰	樊乾玮	王晨霖	代 颖	宋义宁
晁晨杰	许思源	葛 优	成恬逸	徐芊羽	彭 铎	林丽婷	冉启航
李世宇	付一迅	陈柏钱	黄子怡	郑 基	汤善博	吴伟强	代玉龙
陈 博	陈 帅	秦煜星	黄 钶	杨绍毅	扶庆霖	罗 倩	闫志讯
金正佳	李艺飞	陈名铭	张鑫阳	赵学平	马怀纲	戚桂滔	姜 坤
邓依美惠	范子焱	杨群懿	刘一桥	张文媛	孙资恒	张群超	陈泊戎
宋珂珂	段必睿	孟 迪	宋雨宸	陈璐洋	赖俊伶	李 枭	王紫嫣
熊天赐	陈 攀	李 琦	韩俊麟	赵海涛	高 杰	郭 晨	刘 洋
李欣珂	陶祚诏	孔健宇	司 念	张思达	王辰安	杨雨凡	陈子依

辛绪建　　王文胜　　张　博

机械工程学院（182名）

缪枢楠	韦昌燎	刘　涛	何　伟	魏荣宏	王明云	刘　鹏	刘　洋
张舒闳	刘颖慧姝	陈向洋	王　刚	蒋诗雨	刘　敏	王玉娇	王　浩
蔡佳文	黄元锴	陈杨坤	李嘉琦	张恒溢	樊昱豪	王　鑫	汪天驰
唐宇晨	邓友燕	刘　哲	张恒永	刘永辉	李荣天	赵英杰	侯辰典
阮国琴	金天荣	黄赵齐	宋英卓	张昕慧	傅雨柯	党卓珽	缪家振
段贵盛	赵春浩	赵佳和	刘鹏飞	王英鉴	张　弛	张　芝	王伟梁
姚思博	李怀东	齐峰毅	姚　路	唐怡萍	黄梦婷	朱虹宇	高鑫钊
孟凡杰	倪金熙	刘程杰	周义川	刘心如	梁枫岳	连子睿	姚佳雯
汤青峰	彭　勃	向坤磊	刘治坤	王蕾洁	陈　晨	肖　垒	姚沅坤
杨　晟	杨宇轩	陈治强	谢林江	张原群	陈菲儿	张峻豪	姜浩程
任　铎	王紫晨	张　杰	程锦茹	谢岳鑫	谢　军	任超凡	郭晨飞
郑裕瀚	周信屹	缪瑶佳	刘棋峰	高宇辉	张钧天	谢睿涵	高宇豪
孙正一	刘星鹏	曹　越	盛晓鑫	吴睿涵	余羽坤	唐胜男	刘超然
涂蔓蝶	翟志辉	张子钰	杜嘉祺	孙双巧	蔡孟学	蔡宇航	钟晓鹏
徐召智	李楚慧	高飞翔	陈文景	杨勇烨	谢雨晨	丁奕歌	李烨鑫
蔡祖锋	郭泽浪	冯毅铭	李云翔	彭　桥	何俊岚	周　坚	谭定阳
戎　昱	杨周永	邱　爽	王瀚冰	陈婉婧	汪　波	何金敏	杨明熙
肖雨萱	张　翔	庄泽成	马昱潇	陈思言	童美琪	蓝江涛	韩天润
熊泓杰	陈任鹏	兰香茂	岳煜龙	师　绮	杜宗明	曹瑞彬	路家伟
聂子昊	栗昕雨	张　月	任　臻	方　苑	李　行	邓钧瀚	尹　渊
杨　博	薛永超	胡海若	陶　虹	吴泽楠	黎敬阳	李泰鑫	李秋树
杨　洁	王子晗	黄星月	黄清晗	姚雯杰	屈率帅	胡雨欣	史甜甜
方歆钰	范昌硕	陈建希	甘益强	保丹宇	邓佳睿		

电气工程学院（182名）

陈星航	王赫阳	张路昊	侯世一	王钰博	刘　贤	马　龙	陆　江
刘存博	张敬敬	张翼扬	陶明路	刘　湘	杨添宇	周庭龙	李湛健
王威宁	王俊奇	姜　雨	方天宇	艾效天	陈清颖	姚泳冰	丁翌函
崔馨文	郑伊阳	聂逸杰	王　明	高　峥	熊力颖	赵　琛	叶　羽
富嘉兴	冯浣林	王泽群	单飞翔	马艺凌	贾　越	江雨蔚	佘光沿
李名景	田小宇	李柯霖	谭道政	沈乘锋	刘郅卓	刘晓磊	谭明妹
欧　源	黄毓锴	赵博儒	王　丽	孟源祥	李静瑜	袁子傲	吴昶锡
杨　杰	覃慧夏	祝深帅	王毅帆	钟棣堂	刘　畅	王　洋	屈瑞元
廖柯琳	牟鹳羽	卢　腾	邓卓立	支苗苗	栾思源	岳秋艺	刘麒玥

王静韬	潘燚	林博文	冯思苗	唐浩	兰懿	宋子欣	伍振盛
张林东	杨睿	何思露	罗万鑫	黄赟昕	林垚鑫	李栋	邱兆丰
苏琨权	何思源	张长文	戚琪靖	张伟龙	吴俊锦	唐光鸿	朱晨杰
刘道鹏	魏冠群	潘骏宇	陈骥清	陈择文	蒋雯静	陈旭	范宇晨
朱成博	王文辉	叶子扬	吴汉晨	宋昕健	苏宝鑫	黄俊枫	廖欣楠
盛佳鹏	李鑫尧	林俊宏	马钰超	罗佳豪	胡家蜀	李春阳	刘柏均
程隆超	叶浚涛	宁语涵	邹荣基	张鸿玉	王奇阳	覃稼钰	郑力新
刘昆昊	邱本伟	龚梓能	金予韬	杨佩诗	管烊堃	周亮	王欣威
曹倩	周镇阳	赵东劲	伏绍菠	龙浩贤	陈瀚璋	杨晨	青雪佳
高钰	姚森	刘一鸣	高雪婷	夏莉涵	施敏乐	杨俊	王娜
曹明威	胡强	陈恒乙	张强	唐晨皓	孙阳	欧浩然	胡稀苓
段旭	马博文	关明睿	李弘博	周政达	温寒	陈紫琪	万彦谷
赵雯涵	黄嘉丽	张文杰	李鸿	黄韵琳	胡鑫	彭思彤	熊义轩
刘凯	韦可文	易行聪	徐苏秦	周晨恺	纪康博		

信息科学与技术学院（103 名）

王迩荃	贺一然	唐欢	张逸凡	叶乐毅	栾雅琳	王泓钰	张原诚
聂否	郭韦	裴一帆	樊金捷	矫成哲	罗宇辰	郭杭	胡康兵
李涛	闵佳琪	徐旸	朱骏杰	邱华杰	高佳轩	李俊豪	任欣然
刘澄颖	刘奎	王雯静	冉金坤	陈思龙	蔡明玙	莫洪欢	张杰航
屈佳宜	雍明京	梁子轩	杨月	孙文鑫	付宝琼	何舒畅	梁琼月
彭湃	王晋	刘天航	封彬彬	覃一钊	代雨诗	罗标	杨乐
杨琪	陈妍言	杨佳润	何喆	滕恪扬	程英昊	武润泽	王珂
贺思洁	江俊宇	李怡洁	谢泽群	高鹏	武艺	李嘉豪	周荣
代嘉音	王天洋	丁秀峰	王子龙	张梦歌	汪世季	许斌	李丹
卓俊生	谢天翔	谭皓天	马姣姣	姬宇璐	廖圭	张志远	刘晓飞
李蔓书	陈博阳	吴婷	郭恺	许向宇	胡允浩	徐润泽	赵亚萱
张立	刘振洋	姜镇明	胡哲睿	龙思洋	杜玥瑶	黄亦成	郑涵意
刘志伟	魏莉萍	阳卫名	曲朋硕	车小芸	林帝名	汪垸锐	

计算机与人工智能学院（55 名）

熊洁仪	王丹晨	杭成宇	蔡坷呈	陈琪	邓天天	闫玉婷	连奕晨
曹浩博	卢梓俊	赵婧怡	盛子杰	孙武周	梁国帅	王则淇	陈锶瑶
刘昱江	李昌霖	林嘉俊	任怡坤	王鹏程	雷昕怡	张逊	南耀虎
曾亚莉	苏方釜	廖宇辉	刘洁慧	刘佳	杨欣慰	王朕	袁旭阳
魏汉淋	熊宇新	罗茂秋	丛榕	肖林杰	蒋雪	段懿轩	姜晓杨
王超	展小涵	崔智源	刘飞飏	刘欢	陶一鸣	霍禹政	张宇康

| 阙柱沪 | 向俊颖 | 汤嘉斌 | 巴聪聪 | 谢馨予 | 黄万嘉 | 王瑞琦 |

交通运输与物流学院（141名）

成世荣	熊书涵	张靖翀	梁思佳	郭彦杰	裴天骄	何翘楚	宫兴月
刘潇遥	强馨予	何远亮	许静	谭心连	杨宛璐	李明扬	何飞
汪俞丞	魏韬	牟洺萱	王鹏	贾雨恬	余雪浪	曾辛柔	王谷丰
高浦文	唐俊焱	杨隋森	陈欣然	汪阳	叶轶淳	刘悦诗	熊一树
陈诺	马安鑫	黄天钰	伏昇	高馨雨	陈俊仰	何键	柴崇峻
敬国骁	张治辉	许君茹	朱琦忞	燕鑫龙	杨通	翟佳怡	王淼
毛慧琳	赵敬尧	韩宇清	曾逍遥	侯蕾	母学志	仲凡保	王欣奕
葛佳硕	李铠罡	万莉莉	吴天佑	陈峻林	王宣程	张雨晴	吴明
骆陈宇	刘万峰	郑子昂	宛玉阳	乔璇	张建南	李炳尧	邓雨薪
戚智翔	李乐	童诗云	宋浩然	张媛媛	张俊松	徐挪坦	曾心
周雨阳	韦龙昊	吕天洋	刘朕宇	于一	罗毅	颜道申	沈文杰
王茗昕	刘依民	马志宇	方惠婷	张依霖	徐东升	蒋涛	张侃
周佳洁	蔡健豪	李纪寰	罗华镌	郁铌轲	迟玉君	宋锦茹	王艺蒙
王佳乐	张艺严	王翠霞	徐梦琪	张文静	高君怡	刘亘达	李昌涧
廖薇	雷兰	罗曙光	陈佳颖	傅星语	林颖馨	梁轩语	罗静薇
秦诗雨	王鑫茂	赵雨欣	李康诚	张淑雅	郭东明	黄钟	李碧潮
夏魁	邓爽	唐琦	訾燕秋	卢佳棋	王康乐	周超	陈偲宇
杜梓萌	黄博文	罗馨怡	黄荆阳	胡萌萌			

利兹学院（76名）

黄骥	张宇涛	卢子轩	王智煜	张珺朋	张言	张书婷	蒋祺
赖羿霏	姚涛	张允擎	王婧宇	邓明湘	许淳益	张明威	张睿彧
刘泓辰	肖阳	张云皓	钱程	蒋劼睿	李济伦	文景	李昕波
班琛	邓若徽	孙晨星	李牧桥	贾沐翰	刘力衍	陈芊好	朱耿治
熊梦茜	王巨涛	丁一丹	王若松	王禹为	王子琳	张子兴	张嘉
王俊喆	刘星雨	李庞于	孙航	王逸帆	姚亦非	叶小康	徐颂雨
左曦仪	郑博文	陈佳乐	韩开赢	王芯留	刘诗璟	徐艺玮	徐义杰
陈奕俊	谢宛蓉	吴子谌	范诗卿	周俊宇	任晓儒	邵一鸣	林书羽
张函语	冉思杰	沈思毅	冯茜雯	张昆宇	万家辉	李峻池	张博涵
陈罗宁	黄友特	张乐凡	赵祥				

材料科学与工程学院（84名）

杨鑫瑞	赵晨秀	赵鸿博	郭利洋	李玉萱	马丹阳	郑圣涛	葛思佚
刘红霖	任佳琪	汪博闻	梅望	袁佳	张浙南	唐卓婷	刘文越
刘灿	朱溱泽	杨玲	张志豪	唐子承	李昌锦	刘依恒	赵高建

陈诗怡	罗子萌	柴 奇	魏 浩	宗 楠	李 航	夏智翔	谭涵予
巫丹敏	李璐芸	刘佳驹	姚 佳	耿孟轲	金炫宇	屈雅然	盛人国
吴炜珩	任家熠	杨程琳	李奕豪	庄严皓	倪 鑫	王宇翔	王天祎
陈晓龙	王中南	刘德良	向梦梦	田 甜	王万通	司 昊	黎 挺
郭 行	文 静	高德举	董祉辰	蒋子凌	王 兴	杨茗钧	王溪茁
任思雨	唐 华	章天弋	蒲玉凤	毛昱蘅	陈佳一	王琰仪	王睿韬
赵国简	崔 晨	李曼洁	肖雨苹	赵俊勇	孟子轩	董志展	周 航
王逸柔	王 墨	姚 坤	王光辉				

地球科学与环境工程学院（130 名）

姜 胤	黄韦竣	轩梦雨	仁真严木参	向祎斐	王 丹	朱 悦	夏珽畯
张一乔	白海燕	张 莲	李 茜	黄泳桦	潘思婕	武佳丽	胡 渝
黄欣宇	孙启轩	王佳倩	林致远	王丽桐	李虹雨	郑佳欣	曾 亿
杨宇丹	武亮亮	周明悦	时旭程	陈 楠	王子协	袁文韬	杨 晨
王天宇	李京伦	王俊文	黄 达	黄启航	蒲禹君	唐旭东	唐明镜
刘云鹏	蹇智珏	黄世宁	张怀逸	王 睿	陈柏良	孙焱秋	王菲菲
林星杰	张 智	李 旭	李 超	刘昊闻	吴 李	张欣驰	陈芸禾
饶宛芸	陈灏凯	朱子玚	张般若妮	施彦旭	刘子杨	代旭东	文海静
闻 锐	李林泽	李思颖	朱逸飞	唐睿仪	李炫辰	郭丰元	戴 旭
陈锦昊	谭 飞	封淑莹	邓梓灿	肖鑫鸿	胡佳慧	胡蓓慧	敖圣博
孔松涛	段佳利	曾 添	焦静仪	何虹儒	张国杰	徐铭珠	黄锦航
徐礼扬	罗 邱	曾祥珂	罗 杨	王飞杨	曹 彬	郑力晗	张绪明
杜仁杰	王佳森	陈雨婧	谢舜尧	冯得封	郑思怡	周嘉豪	尹 倩
施博文	周超艺	钟旭东	彭 涛	李嘉睿	于海龙	陈月浩	吴 越
甘学桂	高溢青	何铭轩	杨 伟	陈安琪	郭晓林	朱 高	滕 源
王文涛	刘伟婷	任炳屹	戚符菲	胡文旭	苏玉含	李宝贤	李逸凡
吴 昊	赵昆梅						

经济管理学院（89 名）

曾雯卿	毛 杰	赵 哲	陈博宇	胡秋羽	高藤哲	荣俊豪	姜立雯
甘耘竹	王仁萌	宋炅阳	谭凌心	李逸群	刘 鑫	魏 典	练艺杰
王重月	胡馨心	刘玲宏	程文琪	张 欣	凌川奇	冯文进	赵仁杰
唐梦茹	刘 承	黎 量	蒋馨娴	张宇翔	易 宁	李晓聪	段利程
胡晴文	王智弘	唐 辉	王歆哲	胡嘉欣	杨 晓	吴 俣	李鑫浩
陈 鑫	朱国华	贺小轩	宋雨欣	吴伟豪	孙菊艳	邱缨茜	韦 顺
徐艺泽	吕丹萍	靳景雯	方婷瑄	彭舒涵	黄朝祚	王 颖	王 慧
叶心妍	卢 双	杨涵艺	吴佳智	张 雯	江佳蜜	包一行	杨锐铭

方 圣	胡译文	李 静	郑伊扬	张 幸	刘伟杰	钟世艺	唐天怡
王丽萍	黄琪杰	王 悦	甘晓蕾	王小嵩	皮 睿	白欣然	刘子琪
李迪潇	许 可	王玥滢	姚小芳	黄敬然	张鑫竹	马宇阳	胡 炜
刘吉瑛							

外国语学院（78 名）

任思妍	熊敏君	黄思果	周湘雨	刘雅琪	盛喆曦	王 珺	程雪媛
梁 媛	金涵楸	王祎琳	袁雅杰	郭虹园	韩子轶	王怡菲	伦楷航
赵汉文	胡 权	李子晴	陈玲娜	许舒迪	朱文瑶	翟芷萱	胡齐松
李 庆	巫季珂	崔欣宜	陈奕彤	赵樱蓓	毛 红	苏劲宇	余楚澜
陈秋宇	周鑫雨	郭 丹	王丽骄	刘 琳	陈硕文	邱佳玲	侯琬璐
徐官卉	高文婧	杨悦琳	周媛媛	沈佳欣	张睿琦	李展艺	马 倩
陈锦萍	杨雅茹	樊 瑄	李欣然	刘红梅	张希平	唐方渠	刘敏哲
陈昱宪	刘建业	吉 钰	王晓雯	杨海童	江 晶	蒋婷婷	韩嘉芯
梁雅茹	蒋 杰	刘星宇	丁亚璇	吕 行	侯 玥	王 羽	乔春晖
施昕琦	张露瑶	翟嘉雄	严一蕾	叶文斐	宋梓怡		

建筑学院（67 名）

毛璐栖	庞淇文	余修宽	徐雪竹	孙陈玲	王天择	潘雨禾	曾心如
王睿韬	胡哲昊	辜 潇	赵玉洁	李嘉超	周星宇	王靖瑶	陆鸿阳
陶 伟	陈敏瑄	高建一	刘泽玥	徐亚龙	王佳怡	蔡葆涵	张莫龙
程振西	伍彦熹	陈瑞阳	周佳钰	穆铭宇	吴 秋	马 瑞	蒋 睿
刘新月	严澍阳	祝佳铭	郭泓希	刘 植	蒋雨琪	付可鑫	李东恒
蒋知余	周彦行	薛莹莹	李欣璇	潘杨卓	邵 弘	孔 翎	肖华玥
鲜 薇	安伊菲	何梦馨雨	郭静文	盛雨帆	王帅戈	吴爱千	徐翎蔚
强涛涛	金晨宇	牛鸿远	沈博宇	刘昊东	徐 婧	朱泓霖	陈宇豪
马宁君	赵均铭	李思琪					

设计艺术学院（38 名）

陈思荷	吴静涵	屈姝含	何佩云	林晓玥	刘奕辰	蔡 晴	张茗彦
刘钰蝶	何艳菲	李 想	朱丹丹	张以诺	程怡然	毛一然	刘芊妤
申心雨	刘思蕊	陈 莺	王卓林	张恩瑜	罗熳蕾	李 源	贾铭泽
卢 颖	李智扬	武子彤	闫昱秀	王寒月	董子恩	张鹤文	陈斯诺
谢露薇	陈芯楠	赵 腾	黄城城	何有琴	王宝罗		

物理科学与技术学院（74 名）

方 铭	吴道帅	刘金瑞	谭 洁	张坤明	辛昱伶	李 涛	郑 爽
唐 铭	黄惠琦	杨森浩	陈云霄	白话文	赵丽芳	刘一诺	吴函迅
刘起金	李 想	周子健	朱龙恩	唐白洋	李雨芳	吴宗霖	吴泽俊

鲁奕辰	罗旖	刘兆媛	杨然	胡县春	王熙冉	胡贵龙	尹金成
何好	蔡成森	张清泓	严秋越	郭自豪	邱洋	乐佳佳	牟昭旭
于一河	杨帆	李星宇	王小璐	陈崇桂	臧业敏	董昱鑫	王柯成
程羽光	徐伟峻	张相宜	姜生新	连川翔	成少栋	刘锐	赵书娴
唐文宇	安信帆	张玺	林智成	赵彦博	罗汉洲	伏惠琳	郝泽宇
王珂	王强铭	徐子畅	代鑫跃	朱欣瑶	叶家杨	王业恒	寿毅航
罗颖熙	罗珺						

人文学院（84名）

唐颖	瞿嘉文	谢晓汝	孙婧妍	杨悦	黄星凯	龚昱如	罗馨蕾
朱思颖	肖瑶	向诗怡	朱扬扬	林美好	王莞沂	梁瑞琪	何一凡
蔡依琳	吕晴	王硕	陈玉美	武田雨欣	刘烁	王司乐	覃凯琳
黄彤瑶	杨巧云	袁媛	陈培培	赵一唯	张敬葶	徐诺	全爱真
李玲	刘晴	魏坤益	孙陈皓月	杨雨婷	靳超	杜建辉	刘盈池
张文静	上官婧钰	苗雨	李璇	吕东阳	赵雅芳	李思雨	丁凡珂
田家琦	周洋锐	丁沐希	于舒然	江雨露	邓昕宇	何玺华	段静怡
付林希	陈艺文	喻佳欣	成佩峰	王肖雄	罗莹玥	肖乔	杨楠茜
郭锐	汪念	李芷瑄	沈舒婷	徐奥雯	从也	刘永安康	耿瑞
步婷玉	杨天鑫	王苏	何璇祺	张雪婧	黄维	刘添仓	周梦雅
张梓涵	韩思成	李睿栋	陈浩				

公共管理学院（56名）

赵石铄	米蓝	师莉雅	倪尘远	莫倩	熊蓉蓉	王琴	杨玥琳
陈欣月	周瑞阳	张子沐	熊祝民	吴嘉瑞	马玮骏	肖雄	韩濛濛
桑瑶佳	黄凯	宁豪龙	林子琪	唐悦	李艺灵	潘梦梦	张鸿翔
毛雅宣	殷晓冉	魏子康	向荣	霍羽薇	许佳怡	汤欣雨	刘博宇
刘子怡	曹诗琪	钱慧妍	叶雨柔	李俞霆	黄宇琦	李品方	井宇恬
周显睿	王倚菲	杨添天	屈雅琪	张迪	黄祖怡	沈玉璐	王艺琳
刘兆奕	张晨阳	林欣悦	钟祺	周泽洋	肖晨莹	何雅君	刘祥龙

生命科学与工程学院（65名）

唐吕润	秦梁宸	刘俊男	尹之奇	李宇航	任春艳	冯傲	曾浩
叶名杰	王欣蕊	丁静峰	陈春宏	田野	曲振	唐宇	张星羽
周靖怡	张雨晴	蒋忠洋	陈梦巧	莫海杨	陈中炜	杨祁懿	陈维嘉
张明龙	韩宇轩	李睿涵	任泽泉	鞠松男	覃永康	明弋森	吕诗萍
施昌坤	苗祖源	陶哲怡	章添辰	罗扬	白杨子益	徐晗哲	谢欣格
胡佳涵	郑洋	郭钰雯	张荣荣	刘锦超	辛锦秀	段小贤	黄义婷
徐志鹏	李小健	尹泽宇	代安琳	康雨	蒋琳	谭潇	杨博

| 刘峻姗 | 翁姝颖 | 管翊璇 | 李嘉敏 | 杨奕豪 | 付 艳 | 温诗寅 | 周佳慧 |
| 刘小菲 | | | | | | | |

力学与航空航天学院（41名）

赵 旭	何 润	杨云帆	徐羽诺	吴越齐	姚龙龙	张小轩	郭 力
李发霜	唐 坤	元 震	詹 浩	孙梦涛	黄小强	牛向前	曾祥银
曾 垚	李 欢	刘 柠	黄炎昊	谢泽衍	肖 瑶	文鹏军	卢恒啸
范琳茹	冯明雪	穆耀轩	邓雅薪	张 莹	孙敬淳	王润康	施金岑
罗匀曼	张海泳	王旭亮	胡志远	陈言树	李仁杰	周德龙	李哲羽
蒋纪元							

数学学院（49名）

汪泽新	郝晓萱	吴 迪	张潇文	谭湘怡	张泊远	黄子叶	杨蕊萍
张 涛	张 亚	赵红萍	马万里	傅慰杨	殷雪慧	易小雨	项乐乐
李 垚	李泽昕	祝彦博	张瑞麟	赖思宜	何星阳	刘子彤	史锦江
孙宇鹏	丘志谋	周 烨	曹 颖	李西曼	张若琳	张嘉盛	侯赢号
罗婷一	王继凯	张宇彤	张 翔	刘玉琢	关晓强	杨赫祎	梁怡睿
陈思衡	李一苇	殷世玉	夏心语	李慧静	荆琪瑶	杨茗茜	陈思雅
吴汪祺							

马克思主义学院（15名）

| 张 龙 | 严 怡 | 梁姝翊 | 周小燕 | 徐景行 | 尹烨馨 | 程路梅 | 刘亦婷 |
| 李怡蒙 | 杨欣雨 | 王一博 | 古 璨 | 雷诗瑶 | 王静雯 | 王士予 | |

心理研究与咨询中心（12名）

| 周仲仪 | 王祎冰 | 陈 茜 | 宫玉翠 | 高苇桐 | 毛艺霏 | 黄奕莛 | 唐丽娟 |
| 苏 放 | 甘诗源 | 董晶晶 | 邹涛波 | | | | |

智慧城市与交通学院（25名）

陈奕旭	张亿浓	柏纳源	吴忧悠	蒋雨桐	杨 宇	林杰豪	张智鹏
王少宁	金稼乐	方 余	马弈新	秦晨晨	周 霭	黄若辰	尹若依
毕思琦	石 杨	黄凯迪	朱俊博	李明悦	伯洪城	夏传乐	刘冠男
冯嘉文							

优秀研究生干部（370名）

土木工程学院（49名）

邢少一	樊浩东	史学超	陈忆涵	黄飞虎	吴博涵	张广达	李 晴
蔡高智	孙渊冰	宋 玺	钟浩嘉	王文昊	苗润阳	蒲诗雨	王 昊
王吉坤	戴开来	雷剑勇	邓开元	陈 健	尹陈燕	罗 实	漆美霖

姜天恒	王江龙	孔凡康	张旭皓	李聪明	孙明辉	黄杨权	唐浪洲
童心豪	赵炎炎	马前涛	汪钺宸	陈俊杰	董 杰	惠庆敏	姚文浩
廖 杭	潘 银	刘羽翼	周 杭	王品皓	陈天瑀	罗晗玲	魏力峰
陈 琴							

机械工程学院（33名）

宗珠毓秀	孙舰凯	张有旭	梅欢欢	王润晴	张陆叶	张 杰	宋金城
曾贵萍	冯成强	赵凯明	雷云聪	赖 飞	伍 广	王熙茹	向雨晴
许志伟	彭雪峰	李自强	陈 胜	曹 辉	桂初阳	崔少杰	赵越田
王慕帅	张 洋	邱豪楠	张峻才	徐凯锐	夏康星	刘 畅	赵睿栋
杨 鹏							

电气工程学院（31名）

邓清丽	孙 检	向悦萍	魏仁伟	赖俊宏	张 晨	陈司懿	李雨遥
靳耀耀	李卫兰	柏小辉	罗 意	王 璟	倪思杰	周晨晨	王 涛
曾正洪	李林柘	雍淋金	桂 藜	王佳鑫	吴 庆	马启恒	刘梓钰
王续凡	杨建桥	伏 瑞	罗宇阳	曾开心	杨双华	侯文博	

信息科学与技术学院（22名）

张雯怡	蒲国涛	周 敏	易文慧	唐荣娇	张天昱	孙 乐	李梦翔
杨尚洁	杨 璟	曾吉康	罗 莉	杨雅婷	曹国庆	靳东骥	周 亮
龚 磊	康安宁	杨毅峰	王科锦	韩咏钊	武姣熠		

计算机与人工智能学院（17名）

李雨情	陈雨薇	周玉欣	王桂林	王琛中	肖伟雄	胡思雨	张明蓝
景叶怡然	钟雨欣	徐绍钦	杜朱灵	李忠阳	王 蕾	刘 洋	池振宇
邹涵婷							

交通运输与物流学院（35名）

卜思豪	王红杰	王昕鹏	包昌阳	祁卓越	孙 硕	严啸天	李林昊
李致远	李 皓	杨晓钰	杨雪霖	吴泽鹏	张雨洁	陆煜泓	陈彦儒
周 翰	法慧妍	怡智航	姜浩晨	袁 林	黄婷淇	梁志梅	蒋珮琳
程驰尧	鲍震天	裴 娆	熊长林	檀晓琳	冯宇杰	乔 宇	刘 睿
纪成嫣	张 淼	孟一新					

材料科学与工程学院（21名）

刘俊峰	刘云祺	李颖欣	刘 恒	胡玥琳	赫 斌	姜晓娇	王 鸿
喻家豪	黄 成	陈 涛	徐 浩	林玉霞	张渤涛	王源锋	刘禧莉
周 楠	赵 威	郑学超	胥 杰	王舒一			

地球科学与环境工程学院（27名）

蒲 伦	郭瀚文	刘 妍	李 瑶	高为星	罗越扬	黄贤喆	韩江勇

逄雅洁	李长海	黎俊杰	邓　益	罗　鑫	高文杰	王　婷	王浩宇
朱柯宇	王丽君	张家诚	吴思琪	陈雅雪	樊　鑫	唐成含	杨泽民
朱旭泽	蓝再成	李杭洲

经济管理学院（15 名）

| 鲁心洁 | 何秋蓓 | 文静柯 | 孔　君 | 杨春洪 | 王　震 | 彭月琳 | 吴　涛 |
| 刘　好 | 唐　米 | 宋嘉鲲 | 许妍姗 | 蒙　杨 | 付思佳 | 陈泇璠 |

外国语学院（6 名）

| 何云恒 | 孔靓艺 | 张文莉 | 何紫佩 | 杨蕾加 | 马馨怡 |

建筑学院（12 名）

| 韦　琦 | 汤石慧 | 黄浩鹏 | 王　成 | 李坤霖 | 李佳滢 | 杨　川 | 贾　霞 |
| 李双钰 | 唐　瑛 | 杨金坤 | 张　驰 |

设计艺术学院（4 名）

| 苏　润 | 潘哲宇 | 屠薪宇 | 贺　琰 |

物理科学与技术学院（9 名）

| 白志鑫 | 王中友 | 黄晓宇 | 乔小斌 | 左明兵 | 李嘉诚 | 黎红艳 | 周国祥 |
| 钟佳丽 |

人文学院（12 名）

| 刘思贝 | 李江月 | 刘　丹 | 李艳菲 | 高　敏 | 何迎迎 | 朱宇骏 | 刘凯杰 |
| 张宏凡 | 周小焯 | 胡坤琰 | 郭欢欣 |

公共管理学院（11 名）

| 谢崇楷 | 傅　显 | 黄丽萍 | 周科宇 | 梁驿雯 | 车　何 | 吕　瑛 | 胡　蕊 |
| 曾　涛 | 汪斐宇 | 陈晓琴 |

生命科学与工程学院（12 名）

| 田韦琴 | 刘　洋 | 李雨芯 | 杨书翰 | 陈　思 | 陈进坤 | 余雪霜 | 周俊达 |
| 赵　誉 | 段笑影 | 彭　敏 | 蒲秋霖 |

力学与航空航天学院（8 名）

| 王瀚文 | 张立民 | 何　博 | 高　祥 | 吕　昭 | 王　烽 | 李泽忠 | 石文翔 |

数学学院（6 名）

| 王　杰 | 任　敏 | 缪思巧 | 姚玉琴 | 代　娟 | 洪嫣然 |

马克思主义学院（7 名）

| 李祥瑞 | 席　湘 | 罗利花 | 李晓荣 | 李玉梅 | 李娇娇 | 刘大蓉 |

心理研究与咨询中心（2 名）

| 赵海琳 | 朱俊楠 |

牵引动力国家重点实验室（19 名）

| 王佳月 | 王　鑫 | 彭宇豪 | 李　行 | 赵浪涛 | 王梓帆 | 林川淇 | 刘　悦 |

| 张胜建 | 徐明坤 | 申祎喆 | 张曦文 | 张金玉 | 石　佳 | 张万恩 | 乔　虹 |
| 董茂勇 | 刘博强 | 王佳琪 | | | | | |

医学院（4 名）

| 徐　凯 | 张　雪 | 罗光毅 | 李双芹 |

体育学院（1 名）

| 叶　圳 |

唐山研究院（7 名）

| 卢政希 | 金　宇 | 江海良 | 何宇宁 | 黄林舒影 | 曾泓皓 | 张绍文 |

明诚奖（本科生）（2363名）

土木工程学院（292 名）

刘玉龙	王云霏	蓝梅婧	朱瀚柯	杨东升	胡项赢	李芃达	高　梦
韩宇昂	李得意	熊思哲	申开红	侯天翼	何　智	常　悦	谢东睿
李世标	刘　畅	喻　遥	杨　昭	张竞元	张　昕	韩　晨	文娅林
贾兴利	袁铨酉	左仕垚	汪　伦	许亦超	曹俊博	展　睿	吴明睿
申嘉若	黄本祎楠	张承睿	康先茂	齐　昱	杨涛宁	张洁雯	肖清予
孔泽一	次　珍	郑聪颖	林思扬	杨子鑫	骆建辉	施　洋	卢　莹
吴雪真	宫　晨	李宵阳	韩　语	向　跃	陈景鑫	杨泽鹏	尹韦茗
马驰诚	吴青洋	豆玲军	赵　磊	黄圆钦	吴宗涛	罗永回	李福林
加永美朗	徐闰川	孙岳恒	马亚鹏	蒋　凯	杨　辰	赵蓉蓉	李宜远
陈家龙	黄冠豪	赵晓杰	姜　刘	陈乙云	黎江山	王锐渝	邱　宁
刘伟烨	倪宗轩	李博君	杨博文	杨俊霖	文　晨	郭　鑫	吉　恒
魏　琪	杨童婷	刘相龙	牟文浩	李江琴	韩京芳	商家赫	吴佳衡
马彬彬	梦　牵	张增涵	张　禄	伍人行	噶桑扎西	岳杨俊宇	苏佳晨
吴云飞	张宇淮	孙建富	赵中楷	董鑫培	兰　皓	史亚石	郝海明
任意坤	曾　浩	丁春晖	骆仁舜	陈森森	张想想	马凌峰	金泽宇
邹家智	陈泽锋	张文博	罗坤林	曹家豪	宫福兴	艾伟杰	赵恩豪
刚　阳	徐明超	李嘉豪	张仲宇	王若阳	陈梓芃	梁子昭	果宇辰
刘晓萌	白　钰	张博文	魏天宇	赵浩川	连正洲	赵昕荟	马江飞
土邓平措	周俊浩	赵一萌	谭理由	石风洋	郑　浩	刘皓毓	谢枫琪
李振超	朱雅晗	郝文翔	彭峰麟	李荣杰	杨哲宇	吕鸿飞	牟培栋
杨文博	董彦均	熊孝天	唐立科	何雅雯	行晓峰	蒋思成	杨泓岱
万美萱	许晋隆	周冰芮	陈海超	黄　坤	王睿隆	辛　尉	武奉明
刘思远	陈正豪	朱志强	李明骏	张　珏	郭允泽	李浩洋	吴　昊

唐京伯	梁　涛	王梓綦	陈仕骞	周　骁	李心雨	苏　杰	吕永奎
邓　萌	刘　州	梁洪嘉	余明阳	胡　潼	付皓文	韩紫麒	钟　祺
王　轩	黄晨宇	孙子乔	闫元钊	魏家涵	郭林涛	赖平川	龚锦涛
韩知伦	郑　博	王仪凡	杨家奕	范峻培	孙　瑜	李　坤	郭贾鹏
李馨宇	熊世涵	陶跃东	于正川	苗峻毓	李厚佐	李彦彬	崔益萌
汪英杰	黄　杰	刘心媛	鲍东琛	韩　硕	张仲宁	王　翀	苏坤阳
林怡欣	杜　滔	洪一扬	刘　源	秦增鑫	李朝晖	吴晋顺	彭星麟
殷　杰	曾浩哲	张中秋	蒲　倩	罗毅林	刘子豪	古　焱	付　锐
王钟雪	吕　颖	周德贵	刘　峰	蒙成奥	吴　旭	魏长菊	陈文婷
胡光耀	肖　越	任明坤	陈德臻	余汇丰	姚　远	刘与时	王占哲
宋诗曼	陈灵枫	代梦琪	刘鹄越	唐国栋	魏鹏波	江易洋	骞骏骁
曾子鲜	陈瑞瑞	吴俊豪	宋佳黛	王梓衡	阮王奕	代安娜	莫艺翔
张　帅	李　驰	郑文涵	江洁波	何庆林	唐　淇	鲁佳欣	邓子懿
徐博学	马骁楠	陈欣芮	陈　龙				

机械工程学院（227 名）

丁国祥	杜嘉诚	王　胜	李涔未	王　凯	童家洛	刘冠伸	徐元昊
徐润卓	陈　庚	卜　赫	潘纪鑫	范一安	王志砚	石　坤	李凌松
韦　坤	龚　睿	王叶杭	钱骁宇	李鑫煜	张照红	肖正龙	巫培铭
向文涛	王念成	段国亮	李继禹	陈劲希	马嘉琛	杨凌峰	龚新学
肖　元	李万鹏	邹　俊	杨曜蔚	项朋昆	宋海娇	邵亦楷	赵福阳
陈　卓	张国辉	张　磊	赵荣进	税　伟	覃　浪	陈虹西	翁正阳
辛伟鹏	温博雄	张飞扬	周　军	王宗轶	陶　帅	李少杰	罗梓萌
相　华	刘麒志	董显焱	刘家豪	徐昊宇	邬佳俊	邱　天	段继强
熊　越	王　渊	胡益豪	万洋蕙	王开元	邓湘平	高　原	丁　巍
李思诚	张　杰	唐祺玮	马　扬	徐嘉豪	谢庆超	王应隆	张建明
伍永杰	周蜀宜	石　佳	周雯昕	孙　鑫	蓝育明	孙腾飞	刘德润
张家豪	叶攀豪	李昕磊	潘浩宇	梁　栋	蒋俊豪	白昊宇	马炜钊
钱芃昕	张　森	周广阳	李孟洋	曾元柯	李靖松	冯　华	周润东
胡浩然	杨智杰	杨　斌	唐　翊	杜雨芯	张　鑫	李贵熠	赵纪龙
谢家文	潘天浩	王　瑞	赵予铭	李鹏鹄	张维浩	王钦富	刘明星
杨凌超	韩逸飞	许铎沥	明小涵	唐　浩	樊嘉昊	郭雨涵	马潇阳
胡树豪	杨林波	李林绅	董宇宽	郭钧奕	肖　扬	张子晔	谢智军
冯伟豪	袁浩瀚	杨林燚	李　瑞	张　煜	王光德	王杞鹏	王军涛
饶丽梅	余熹微	陈　捷	武　帝	郭永森	周林科	张　扬	张云枫
单文博	阮　鹏	汤镇搏	任斌豪	姬学冰	马俊泽	陈　鑫	丁咏杰

张瀚霖	郭晶晶	张子晗	林传川	罗韬	高天乐	李泽宇	金旭
李昊阳	苗展翔	黄智鑫	杨宇轩	顾恒毅	孙力行	黄悦涵	邹学勤
孙涵琦	朱锋	阿肯沙日	柳文彬	杜曦	胡晓阳	汪景林	胡志鑫
余沛林	谢若飞	喻富洪	郑梓填	智若宇	肖凯林	邹文皓	卢仡涵
雒完美	邓豪	杜平舟	王宇涛	莫涛	向海瑞	王凯	寸杰
张丹煜	朱浩松	李蕊可	张选鹏	谈春波	张凯鑫	龙江河	颜膺瞩
石兆煜	王博通	徐源	方锦花	肖庆华	孔元为	严杰	尹鑫海
丁也	何晨阳	张天胤	王鹏斌	余龙宇	沈子涵	陈洪	徐子皓
魏菻颉	康齐秀	王泞					

电气工程学院（214 名）

徐敏嘉	王嘉玮	肖启昊	姚博仁	温耀	邵韵桐	董世林	肖雨萱
唐豪	雷鉴尉	王梓谦	窦雪嘉	郑君宜	叶超	李新	同凯璇
尹星	朱楚扬	陈滢	郑博文	徐振宇	龚宇祺	曾潇儒	谢昱韬
张壹钒	诸衣非	夏明琦	丁志东	李春霖	马海鑫	刘虹余	杨嘉靖
管明辉	万家泽	叶博阳	吴金澄	蒋鹏	万伟玲	余佳颖	曹云
毛溢为	杨华隆	杜书渐	张玉洁	殷宇轩	卢嘉伟	吴桐	曾鹏
曹振浩	周诗尧	张鸿儒	杨镇周	杨语菲	漆倬宇	王子睿	李斌
王博	谷金航	黄哲洋	田晨	牟莲莲	田翊扬	韦玫桂	谭闽霞
陈柯帆	邓皓	鲁馨蔚	袁子涵	易星辰	王麒钧	张涵玥	周昊恒
谭政杰	张俊凯	李东帅	杨粲珩	陈雪驰	李亚雯	范方涛	蒋威
贾楠	杨正楷	杨宇航	朱兴智	丁涛	刘欢	武晨峰	徐松
段雨桐	张世龙	曾媛媛	郭煜	余东航	吴昊宸	潘家婧	周唐
张欣扬	时劲铭	陈羽坤	徐诗鸣	曹鸿圳	谭明馨	王金穗	王玺
赵宇川	卢山	吴永红	朱宏伟	韩江雨	朱畅畅	吕闻龙	聂常鑫
王哲	代成成	谭铃丽	游放虹	李依琳	吕寒婷	卢涛	袁钰雄
赵杰	张天	宋尧翊	盛业	唐骥	肖磊	董铭轩	叶陈知琳
季雨生	罗豪丰	焦塞铮	马闯坤	赵寅坤	陈泓玮	王荣言	张艺鑫
罗长浩	陈文康	蒋昕驹	万绍睿	罗韬	高天浩	刘英奇	梁永胜
胡钰峰	赵骏	于娟娟	郑云翔	高文翔	丁何祺	龙宇豪	李林炜
李凡	王贝	何璐瑶	曾宇	曹懿哲	方镇宵	郑乐培	邓桦杨
余春江	蒋明粤	殷昊	崔益文	陈建伟	王帅	孙晗章	刘子曦
张乐乐	李金炜	秦瑞	马翔	万淋	陶欢欢	王观龙	周翔
李劲松	刘国强	张宇轩	杨鑫宇	张铨哲	黄子桐	薛瑞宁	杨帆
吴文攀	毛希玄	李嘉俊	卢子安	杨云磊	金科	王玉琪	金思齐

葛 鑫	丁文玺	孙渔喜	陈星宇	陈中民	曾 睿	陈浩钧	李 显
毛翼东	张洧铭	康泰来	蔡骐宇	耿梓萌	王 浩	刘 呈	刘裕泽
崔 巍	李杨镇宇	沈 旭	阿合马拉丽·爱尔肯		袁永超	邹盈巧	

信息科学与技术学院（135 名）

陈晟祺	马义态	吴锐杨	张智勇	肖 淋	向诗语	梁媛媛	丁 航
黄文强	马 鑫	李佳欣	郑添元	胡维佳	褚家亮	许 萍	张纯维
陈雨霏	邝洪铭	彭 媛	赖思羽	张恒源	谢宇航	马维敏	王佳伟
吉兆意	郭东旭	王宣存	刘奇	刁 锐	宋欣遥	曹东旭	孙佳航
张成果	王学彬	李瑞宝	孙锦晖	韩璐瑶	洪义林	何 江	邹卓航
钟 晓	向金玉	李 想	胡洋洋	保 琰	董乐山	肖润乐	贾转强
李祭超	蔡宇航	唐亚宁	张艺佳	曹思安	林国庆	张智清	杨鹏睿
谢渝政	王 波	李文宇	王俊杰	罗 升	李姝娴	剡 洋	张耀坤
杨 立	刘晨欣	李兆骞	李晨禾	陈琪颖	高科曌	吴亦婷	杨 骥
刘菁欣	杨艺璇	邓仕笙	孟 千	王子豪	何鹏飞	陈佳俊	余 好
李宇航	孙嘉宝	冉昀昊	高雪晴	缪杰	左 瑞	张 豪	王 强
曹雨婷	朱皆霖	马诗健	何厚谊	郑宇轩	苏子涵	张明俊	王轩杨
王佳烨	尹文祺	史凤文	曾 理	朱雨佳	吴贤达	曲航承	周清林
周子敬	张树峰	杜明珊	朱子涵	马恺昊	池 炫	赵昊哲	张新明
林家瑞	张一靖	张 勖	骆骁然	王 振	罗 杰	卢河城	安文彬
王予乐	颜飞扬	汤治铭	梁国琦	张 铭	姚 卿	冯 浩	陈雲霏
范国岱	超 松	陈潇盈	刘 峥	玛丽燕·阿布都拉		黄卓耿	肖士渊

计算机与人工智能学院（70 名）

曾 元	蒋思爱	刘潇雨	吕骏峰	张 昊	于前隆	钟 涵	陈昱昊
郭 灿	杨 顺	周子杰	吴钰微	刘雨婷	王月新	高志成	邹雅琳
耿启钊	杨笑天	王逸鹏	朱骏吉	方雨晨	柴艺函	黄圣栋	谭斯杨
曾昭熹	唐 强	邢元智	曾立法	程子辉	张道宏	方渝江	黄 娟
冯俊杰	李久强	王墨然	王 翔	唐世涛	赵芯滔	杨 喆	陈晓烁
夏舒瑶	雷济华	张志超	曹津杰	杜争龙	毛靖婷	邓息峰	陈秋源
张芷芮	陈鑫海	徐梓航	林 雨	王文涛	傅冠豪	毕凯斌	哈提木汗·阿布都热依木
孟宪民	曾锦泓	邱启源	高 鑫	谢安燕	周煜程	税圆梦	张瑞锋
胡兴超	陶新荣	晋永强	韩世龙	车晓琴	谭 茜		

交通运输与物流学院（184 名）

王露露	韩乐丹	郝健行	王廷轩	李大琦	杨惠如	陆心竹	李思源
陈禹年	张袁萌	康丰为	潘　威	肖雅心	崔舒同	卢明辉	钟浚银
曹欣雨	胥泽睿	邹　琦	王文婕	奚　苒	鲁骐骐	曾子桐	吴颖泉
陈小兰	李嘉军	徐家洪	王宇莹	马羲和	邓修垸	严政懿	李思纬
王天颖	金　赫	何月瑶	康佳怡	张思宇	曾　琦	杨　棚	孔少琪
胡君喆	刘翰林	唐梦婷	曲梦达	章卓阳	周文慧	康　妮	马芸慧
杨知横	黄　娟	李兆鑫	力悦馨	谢桓妍	党一凡	熊子涵	赵雨函
高语轩	罗景豪	李易轩	胡景珉	黄晴铮	吴沛霖	邹易成	高云山
孙墨涵	曲　植	张昱皓	李俊仪	曹　介	高英杰	吕孙庆	冯明浩
田　颖	戴润佳	杨雅淇	章嘉伟	卜文彬	玛沙·木合达尔	朱欣愉	韩昌锦
符策丰	刘　洋	邓茜文	王晨昊	周义程	韩坤龙	马　骏	杨镇兆
罗雷蕾	汪宇凡	钟礼貌	白云锐	钟　尹	徐涛林	胡旭辉	金　喆
杨金航	周李旸	苏瑾瑞	赵绮昊	郭　阳	晏　开	理星浩	刘欣豪
严正明	杨　丰	范逸飞	郭一凡	杨钧梨	刘博文	王　璐	黄　炎
伦至昊	陈俊霖	李发刚	罗文静	刘　威	白崇威	李煜霄	成　耀
张梓奕	江　南	徐心琦	张　昊	汪枫宜	徐艳琪	孙　冉	成英英
郭青秀	孙靖哲	巴文娜	石殊凡	陈祥富	洪世宇	伍雯羽	宋　泽
罗梓文	张东东	邹耀宸	余偲嘉	赵浩宇	李和明	郭川畅	李　矫
陈泽力	杨　渊	吴　壮	高　可	许香凝	张　瑞	刘添爱	赵雅婷
徐浩然	向阳军	何　聪	孙庆蕾	杨　旭	王思源	宋　岩	左陈梅
张　俊	杨玉磊	杜小钰	王周尧	孙天羽	彭启涛	杨锦洁	刘　远
殷盛雄	袁亦杰	江乐天	毛璞玉	胡浩楠	蒋雅群	田　昊	魏孟骞
程　序	蔡宇阳	王耀东	罗涵月	王文静	田新杰	杨博文	赵金菠

利兹学院（95 名）

张书语	李尚咛	蒋周豪	朱元之	郑　兴	沈与时	许新雨	刘佳洋
曹明佳	蒲思锐	曾新然	李丛锐	张景暄	白　瑞	何纯蕾	于　澜
逄文韬	严时进	黄　煜	马源堃	张珂乐	梁晋宁	冯卢鑫昊	郑昱元
刘国威	曹淳钦	李昆芃	唐雪刚	陈文轩	黄梓彬	王莘淇	黄佳漫
王鹏宇	熊莹玥	吕沛豫	陈思言	秦嘉阳	刘世晓	杨皓然	李圣瑞
郭思琦	周　谯	龚铁峰	于　涵	衣书含	杨智博	刘书阳	张龙洋
章子跃	谢馥蔚	王昊阳	孙启宏	朱靖宇	范明博	郭冰倩	翟理政
唐浩然	杨洪铭	申翔宇	杨胥珑	曹安琪	冯博琰	陈闰生	李骏杰
陈广宇	李金霖	陈柯汛	康　博	郑子阳	邓垒鑫	盛隽杰	向奕帆

陈羿旭	赵嘉程	王 越	宋明富	邹宏泽	章子钰	周 奕	黄 瑞
孙晓宁	汪首沛	赵逸飞	伍泓宇	林 宇	覃俊豪	雷 铭	成禹铭
林靖周	张晨煦	宋渤文	王靖淳	冷 枫	马俊浩	周远灏	

材料科学与工程学院（108 名）

曾莉媛	王 瑞	仇文欣	吴 峒	兰 巧	梁建豪	李香杰	王云松
朱城成	黄思恩	郑博洋	蒋 颖	张文雅	刘跃胤	刘艳东	胡 敏
王 钧	潘章来	徐玉龙	颜宋伟	李嘉铖	周鑫禄	邓思麒	曹玉政林
令狐超超	李建坡	万 圣	李旭一	曾雨帆	王雨楠	梁家铭	黄 杰
王博文	张启迪	刘夏斌	胡 烨	梅宝文	姚意亮	陶鼎涵	田龙飞
刘欣童	杨莹飞	刘 超	庞贺阳	王心泽	王新瑞	温贵聚	李 彦
解文玲	刘芯怡	王思宇	宋好好	项建平	顾 楷	韩 香	邓光杰
彭先航	钟雨馨	李添骥	申 越	高志远	李竣业	张梦莹	程舒瑶
吴艳梅	丁冠雄	高子毅	高志文	马 娟	吴晨祎	龙 燕	李杨
周一凡	赵博洋	朱韦娜	迟源杰	王云泰	邓 宇	杨健泽	蔡雨翔
魏焕然	张 响	黄浩东	罗添福	郎珅涛	姚官禹	梁 月	石 瑾
侯乃毓	李清扬	冯言畅	马俊杰	刘 莹	汪鸿翼	黄 斌	陈安琪
孙 瑞	张禹淇	李欣茹	俞静雯	白启恒	李天辰	余 娟	何俊杰
冉梁雨优	罗鑫玺	程 诺	徐瑞瑶				

地球科学与环境工程学院（157 名）

刘 烨	柴立菌	张泽琪	罗文嘉	张益连	王泓博	张瀚文	高思宇
尹 建	刘 然	单金龙	陈子琪	蒲锐岩	刘颖暄	张雯舒	兰丫丫
相玉铮	何奕萱	王 纯	李文毫	高文琪	向纪辉	侯凌潇	毛云涛
王茹薇	龚思丹	朱心洁	杜彦微	孙豫天	卡米浪·开赛尔	赵嘉辉	布热比耶姆·艾海提
滕家旗	张春旸	张楠楠	王常桢	刘博昊	李小瑞	德吉拉毛	李承泽
陈飞宇	吕 静	苏余衡	陈新元	赵艳玲	石奥博	卢 琦	周黎曼
钟元康	舒永正	张龙睿	蒋鑫文	杜皓琦	金 枫	王国英	戚阳杰
杨 柳	王源瑜	陈佳卓	艾依萍	王志鸣	吴艳霞	刘 娜	姜美玉
王 艺	张雨晴	梁秀彬	马明宇	张兴怡	薛 涵	齐鹏宇	谭 锐
邹远宏	牟佳祎	李 瑞	何骏捷	袁宵龙	唐佳奕	于祥辰	王昊禹
吕佩轩	李涵曦	吴维奇	王凯韬	周柯杰	谢长根	傅涵雅	黄楚涵
李骐浩	滕身扬	郑羽峰	崔慧敏	张 翼	贤凤茹	何一蕾	陈佳慧
王亚宁	何俊晔	连 昊	高天雄	陈一函	达耀鑫	黄顺国	康颖玥
李元昊	王慧超	田博瑶	叶 山	叶逸辉	孟玉洁	王一旭	操延宾
任占昊	杨 澜	杨 松	苏 瑾	赵 奕	练培格	高雪薇	陈午阳

谢可院	庞一帆	王绍宇	黄滟	张瀚文	许文静	陈美生	陈国超
毛永祥	张雨骏	孙浩哲	李文星	陈文瑜	胡嘉祎	李睿	刘蓝熠
廖思惟	朱薪燃	邵伟康	吴睿轩	王昊	刘骏鹏	袁婧雯	汪元
吴翼飞	蒲仕宇	艾艺超	李思佳	童华君	赵嘉欣	沙俊宇	张轶
杨远朋	张英宏	周义峰	葛紫腾	张睿喆			

经济管理学院（113名）

孟子琦	黄泽芳	卜笑然	邓雨灵	罗丹	王晓芸	黄柯惟	王祖鑫
王小雨	林宇婷	赖卓川	周川银	朱音	杨裕祁	刘雅轩	肖力维
吴宇	宋佳佳	朱心怡	陈晓旭	于小涵	孙欣璐	李雨涵	李玥
黄嘉琦	禹曾耀丹	陈嘉燕	罗婧嘉	左自强	赵维坤	刘雨睿	向茂鑫
高佳艺	杨钰婷	罗慧	安沁文	郭良	雷杨辉	杨邵博	罗嘉豪
惠俊晨	栗杨灿	王华烨	黄抉	廖申航	刘欣雨	祝清山	贺一鸣
刘翔	周驰扬	高佳颖	王晓楠	王川	方啸雲	高媛媛	王晨曦
任永存	王晶	米倩	秦亚楠	章芳瑜	邹悦	简夏夏	张蒴
卢芝杰	邵艺	赵婧潼	杨骐玮	杨晓风	冉静	巫昕桁	蒋枫
梁金秀	徐婧	陈礼欣	唐山婷	朱应南	崔天荣	叶梅媛	朱梦
马琪芹	罗力铖	曾双龙	黄静	张文雅	王璐瑶	王绎涵	王珮
徐艺桐	张语煊	高欣怡	曾炯铭	何颖	崔鹏硕	王凤杰	黄家仪
秦宁	郑思琪	周冰鑫	毛佳	范哲	黄丽琼	矫佳茹	袁诗玘
乔丽锦	汪明钰	玛依努尔·王阿力别克	李凯怡	汤珵鑫	裴哲	刘锦陈
孙子雁	张楠						

外国语学院（95名）

何睿婧	马进	关雨晴	杨蕊遥	白礼灵	刘思彤	夏铭蔚	王艺锦
许沙鳗	刘育晨	何雨桐	房梦娆	胡惠涵	郭家钊	赖之韵	周舒娴
李潇	张星芫	范昱轩	张书慧	刘迪	杨丹琳	彭依朵	彭子苪
万文婷	桑程	张烨	谢思哲	刘姝妍	胡扬洋	徐奕洁	段昊辰
蔡乙良	张思怡	孟媛	徐秀丽	彭静雯	张欣媛	雷晨冉	侯思瑜
刘念	毛育昕	魏瑄	崔影	王莉萍	徐博谦	梅新宇	王一涵
王艺诺	马海超	谢雨薇	曹广霞	李梅	段海酸	陈希璐	王昶
王文欣	黄涵欣	杨燕	刘琦	林诗睿	刘欣禾	李敏	张雨桐
陈敏	宋佳璐	徐睿	王燕	徐锦洲	王猛	方思思	任璐瑶
罗晓	秦小涵	韩一鸣	牛羽璇	刘馨蕊	涂斯淳	张子妍	董亮
陈娟	刘雨禾	高菲	张丽雯	陀虹	王一然	刘政熙	杨梁广
王玉婷	罗玉旋	刘苏琰	谢小练	丁畅	袁可歆	兰羽麒	

建筑学院（87 名）

赵子毓	玄恩英	周光耀	郭忠杰	付　洋	邓思言	胡茜琳	罗毓彪
单慧琳	何苏航	陈云姣	王　勇	赵曦雅	宁建铭	张雨洁	潘圣圆鑫
李欣悦	周翔宇	王新宇	徐霁昂	王　娜	韩　磊	范金林	马春萌
白雨杨	梁宇凡	文艺晓	王思琪	廖　涛	杨湘钇	杨玉婷	许颖欣
张　超	谷文歌	张晓玲	敖　琼	滕　邓	周　玉	巩瀚聪	刘舒龄
张　丹	刘雨欣	李语欣	周纪圆	王　驰	张渝雯	张汉成	张嘉芮
葛艳斌	王奕晗	胡琼方	朱晨晰	廖冰玉	王以恒	胡思予	薛玉炜
段永逸	严明光	李沛原	李晓铭	孟伟航	魏　嘉	丁兆祎	苏靖涵
华天睿	肖文杰	李云帆	邝佳琪	钟亚萌	任　倩	王子叶	张筱萌
兰格戈	卢宣而	斯泽涛	谢　梦	张问行	曾宇晴	王奕轩	班承瑶
柯路恒	许欣岚	莎迪娅·阿力甫	林仁毅	罗心悦	谢　卓	陈　妮	

设计艺术学院（48 名）

刘文萱	朱本天	王嘉怡	王恒飞	赵欣玮	雷祎凡	陈　棋	姚　媛
陈可瑞	林馨宇	何玠锡	孙梦鹭	王振寰	王春瑶	毕译丹	朱耘墨
何灵玉	史珂玮	张艺馨	钟依霖	高雅智	王雨芊	徐思捷	翟丹熠
周艺诺	王菲菲	李卓妍	宋子岳	黄嘉蕙	李晓菲	陈潇璇	冯乐仪
张雨薇	燕黄伟	刘一凡	管竹萱	高骆晗	章傲桢	董凌云	温歌华
白鑫宇	余　澜	田世钊	扈玉玺	王月辰	黄　蕊	王瑞成	赵紫辰

物理科学与技术学院（97 名）

陶应凯	冯嘉斌	刘亚霖	黄　勇	丛晓涵	秦金雨	师宇博	陈　翔
臧佳奇	陈辉祥	胥昌扬	左朋金	沈锋钰	李心悦	王佳淦	刘　奇
张婧瑶	霍　宇	陶梦缘	龙相吉	南昊宇	夏　洋	赵麒蓁	宋显康
朱文凯	饶智燕	毕志豪	吕智骁	解子声	叶香池	余邵峰	郑皓焱
郝东凯	龙智利	陈俊峰	应　露	高景熙	王梓名	李心扬	张　杰
李薇薇	张恺祺	侯　斌	王姝文	刘浩智	鲁彦君	马煜博	韦　函
杨　森	吴金镁	全霖泰	陈飞扬	朱子俊	陈泳昊	司高远	高　亮
唐占坤	郑培锋	薛文杰	周新宇	奉刘汇祺	于丰赫	赵志国	楼牧风
聂　驰	刘屹然	陈　威	赵　迅	安羽彤	王锦涛	费骁谋	游　涛
彭　锴	常书语	吴佳超	林荣蓉	花　锐	唐梓健	何嘉旻	杨　偲
龙鼎新	仲崇昊	王婧雯	路　岩	钱晓东	陈明宇	刘　斌	朱科潮
章　坤	刘　畅	麻志高	刘铝钦	邓煜茹	李　祺	邵柏畅	樊何林
刘炜锋							

人文学院（107 名）

刘芷玥	谢佳芸	李姝霏	史可心	王嘉仪	邓茹欣	冉孟雨	杨如萍

刘科君	孙骏华	陈渝	张旭阳	任欣蕊	卢一宁	朱婷	刘赞堃
扈洋	姚德禹	徐功杰	陈和忠	郝芷钒	刘之琳	畅想	张靖海
林祎颉	李潇月	赵中源	徐兴哲	陈雨菲	朱芷一	李叶晶	宁号洋
成博	肖姝言	郤景杨	张姝坤	常齐轩	蒋坤材	李芷仪	王菡
井秋雨	胡文楷	邱思宇	帕力扎提·加力别克	于佳苹	吴凡	高瑶
徐小芳	杜晞维	冯江琪	付卓凡	周可佳	林子童	王嘉仪	叶子婧
陈朴溪	高卓群	郭梓涵	崔媛	周晨旭	曹心怡	那潇文	董晨熙
姜润桐	高子玥	王煜垚	赖涵竹	张司涵	王艺潼	朱天颖	廖亚军
田雨彤	岳凌锋	王悦晨	梁湘仪	范雯静	钱明敏	王乙伊	明月
陈孟茜	唐浚瑜	王昱晨	孙曼	常鑫渝	翟明宇	张钦雯	张震濮
杨苏云	齐若冰	郑欣雨	吴嘉瑞	苏清阳	耿孟苗	李金垚	杨雯璇
肖力	陈心玉	许桉源	邱姜可	赵紫玥	王思涵	徐琳	黄珍玲
李金辰	吴圣丹	冯赞	李蒙恩				

公共管理学院（68名）

马锦程	王芷丹	许睿冰	谭音君	王亦然	陆兰兰	魏子轩	牟萍
王筱婧	李霜	于瀚滋	兰昕彤	罗晓慧	杨富臣	汤承鑫	刘千督
黄克胜	贾李爽	郭菁菁	陈宥宁	杨芷姗	杨梓淳	王铭洋	郭宇宸
郭林淼	刘潇	张越	朱玳莹	史沁灵	林舒桦	魏暄如	任晓艳
周曼	伦炜甜	柳溪	严爱玲	刘梦辰	白丽琼	陈翔	李玲宇
马扬	佟昕睿	吴新茹	何建波	周雨嘉	王禹馨	杨先波	曹译丹
张亦婷	祖力艾·吐尔逊	张旭洋	陈诗琪	赵怡然	郭诗颖	张慕言
王耀耀	戴晓彤	徐嘉宁	陈薇羽	方亚文	蔡诗涵	郭梦洁	青梅央宗
李佳颖	郭若曦	张兰心	周博文	郑梓明			

生命科学与工程学院（85名）

王松	郝依琳	余昊天	王浩宇	张倩	徐仕宇	陈雨潇	许天成
周楚嘉	李茜	黄寅慧	汤小珑	周子祺	刘浩	杨婷宇	杜婧怡
陈星旖	周杰	钟诗怡	胡慧珠	党海川	屈睿沂	马飞扬	张煜
毛致用	张耀辉	赵世泽	林广源	李鑫鑫	刘嵘露	贺亦心	郭瑞
马凤丽	杜禹婷	张嘉欣	万一苇	黄嘉怡	陈嘉语	王舒童	马嘉仪
宋兴浩	刘玢	罗蹊越	胡明杰	王浩宇	刘彦廷	刘洋	喻心怡
彭豪东	王子航	田泽雨	刘佳欣	周韬	蔡仕隆	王璐瑶	娄彦昊
陈艳萍	汪晨怡	杨曼宁	熊锦阳	赵新	张阿凤	江森	潘亮
梁文成	黄世鸿	胡沛瑜	邹民军	曾文亮	李昀鸿	李奇	金鹏帆
滕玉媚	王国荣	张学良	仲梓瑶	邓曼	蔡卓修	武鑫杰	游仕煜
齐哲孜	邹欣莹	董卉若	冯科敏	程梓萌			

力学与航空航天学院（55名）

曹曦	杨泽艺	杨旭	曾悦	马欣灵	张书佳	王淼	邢世林
冯靖宇	罗天行	杨书显	郭鑫	胡航瑜	赵宇翔	张笑尘	文春城
王子琪	赵志辉	石浩	王郴熙	何泰	刘怡萍	李欣原	邵之炜
陈翔	张顺顺	张帅	刘柯辰	罗志豪	冯文杰	李兰瑄	孟红厉
胡豪	杨熙	钟宇杨	杨江鹏	邓家骏	杨程吉	何振梁	王又岚
陈龙	杨雨	黄蔚	袁钒嘉	王曦哲	王瑞	陈曦	杨洋
刘一潇	李家伟	付博	邱旭	张天奕	唐瑞林	杜鹏	

数学学院（55名）

雷佶潼	杨柠潞	欧阳馨	刘伟	张逸飞	魏俊杰	史嘉宁	杨哲先
廉昕翰	吕奕城	王心荻	蔡羽珂	许俊伟	陈雪	邹文俊	鲍济洲
赵明钰	张雨欣	王樱	蒋宗成	王昕然	张涵兹	尹翔	刘美祺
张昊	管芳	王伟	张琮琪	杨婧悦	甄佳宇	杨有志	时悦迪
张超龙	杨帆	秦梦瑶	都星行	余昊屹	王睿恒	何姣灿	曾思浩
杜滔	贺丽娟	李晓冰	李梓萌	王燕	黄韵晓	刘嘉蕾	黄玉欣
庞雅欣	邱紫萱	杨燕	刘婉佳	陈一荻	彭瑜婕	杨景仪	

马克思主义学院（18名）

杨悦	黄梦诗	杨青	左珈弋	陈煦雅	姬雅婧	谷肖	张瀛月
万思敏	王曼霖	张振阳	郭文惠	陈佳伟	何梦思	毛勤桦	李颂颖
毛诗雨	闫帅宇						

心理研究与咨询中心（18名）

张永乐	杨颖	邓芝彤	崔月绒	杨婉欣	阎思睿	蔡卓宏	展心怡
赵泓屹	闻涛	杨凌杉	朱陈葳	刘晓钰	李逸心	谢杭琦	区淇淇
王淑君	黄娜						

智慧城市与交通学院（35名）

熊锐	温哲浩	陈逸嘉	刘金阳	薛崇柏	白正阳	樊潇	赵佳清
毛宇吉	蒋俊祥	耿锐	陈世鸿	刘元莹	陈妍	张豪	宋奇东
任曦	潘钦	王佳璇	王若彤	张创	罗浩元	泮蒙业	吴婷婷
付汤伟	卢欣悦	杨卓凡	刘景琦	马瀚涛	俞一舟	付俊娴	谢星羽
王婧姝	朱时娴	王思又					

明诚奖（研究生）（830名）

土木工程学院（110名）

陈勇	白芷毓	徐川	杨德帅	杨啸宇	张曾鹏	陈其铧	杜建彪

苏 超	王兴鲁	王鑫越	杨 雪	吴 洁	胡震宇	张卓晟	王明星
赵欣然	苏震乾	张 翔	黄 浩	张亦弛	刘兴晨	阁军谊	李泽星
刘家明	汤 旭	杨 杰	王宇博	赵 阳	杨桂畅	钟进坤	王文超
赵世豪	廖楠洋	赵文斌	王浩宇	吴炜昌	顾家昌	钟美玲	吴怡宁
杨正祥	许江辉	刘子琦	崔皓蒙	喻良敏	吴 奇	龚兴旺	张 燕
彭梓骞	赵鑫辉	蔡俊峰	李继芸	曾慧姣	叶高宏	黄 兴	吴 悦
蒲 松	梁 杨	宋 娟	未娜超	刘泊邑	庄丽媛	赵宇松	罗 婷
董治辰	李 聪	陈勃宇	梁永恒	笪乐天	殷瑞涛	李 杰	郝超江
段佳宏	赵天祺	丁自豪	邱居涛	薛世豪	骆丽茹	李晨钟	王 显
廖 曼	罗明睿	游俊杰	张丽君	毕 然	王宇轩	顾 铮	黄绮淇
陈 俊	庞鹏飞	熊 志	周云雷	廖保林	嵇 诚	代渠平	张毅峰
孔 欢	文浩宇	谭 黎	高浩宁	朱鹏霖	李伟平	卢 斌	芮小豪
杨 浩	康潇月	赵泽昌	田 扬	秦启发	胡宇崭		

机械工程学院（76 名）

杨 凡	秦会杰	毛定邦	何屹辰	樊翔翔	姚鑫宇	谭 睿	梁 彬
魏 俊	郑红斌	邱 澄	欧盛贤	陈文庆	崔云飞	高霖林	贾劭飞
文瀚升	覃宇含	尹 涛	俞延庆	孙若愚	张籍丹	孟凡善	龙秀珍
蒋翼隆	黄鸿颖	欧峰钰	雷国强	张天翼	金腾飞	傅茂龙	黄 杰
刘 珏	黄金伟	岳子恒	冯 铄	张 勇	唐 浩	冯 彪	廖壬彪
车赟航	苏 瑞	郑雨豪	李晓帆	李 毅	脱 阳	虞少鹏	田 昊
计 丹	李俊达	黄盛浩	梁力仁	刘雪凯	田 昊	李 森	江 越
刘嘉林	陈孟梵	黄元宝	熊 芹	许靖浩	张金璐	吕 敏	朱茂源
殷祝康	王 标	王 楚	何宗兴	杜美钰	曾 湄	代仕豪	林则烨
刘守亚	王 杰	江世杰	楚 明				

电气工程学院（71 名）

黄 林	周凌云	郭佑星	余 威	陈 欢	闫向龙	杨 涛	代先锋
骆柯宇	陈高琪	张晓宇	孙文俊	蒲 媛	裴文慧	陈 妍	刘新月
谢金洋	周叶芝	周 杰	向 宇	滦东阳	钟 帆	杨俊辉	刘川毓
汪 晗	黄永昌	谢宗楚	李雅欣	杨子安	郑宇锋	周重合	薄天赐
王要东	黄毅凯	郭富豪杰	刘朴烊	邓胡一万	张雨婧	杨慧强	唐 岑
谯 洋	庄富元	李 金	柯 亮	荆 锐	李 样	游依婷	陆祖德
马 彪	吴泽方	郑娇娇	张海彬	杨晟沅	孙浩博	赵 欣	齐 鑫
赵 敏	张洪金	蓝 媛	刘 翠	贾亦真	赵沛舟	魏 峰	洪蕴钰
周 瑞	莫中华	王勇超	刘 力	阳海川	袁 帅	朱迎莹	

信息科学与技术学院（54 名）

王湘迪	陈柯	纪仕辉	周敏	薛红	尹诗	乔慧慧	方卓禹
李淳洋	龙芳	肖奥博	陈啸	张奇峰	刘金麟	赵雨萌	向杨杰
卢新泥	唐崇伟	钟鑫林	张明兴	杨燕涵	赖培	安炜	袁洪帆
周桢凯	张靖凯	卫晓妍	钟治江	李俊宏	白吉祥	范华琦	李玥彤
胡斯纯	张美龄	黄维栋	肖博文	魏菲菲	肖威	王柯宏	陈黎
冉怡明	谭翔天	吴军哲	祝玉鑫	赖岑枚	刘昱含	庄婷婷	甘宗鑫
吴俊杰	杨雨萌	杨雪	伍明江	刘亚娟	范景腾		

计算机与人工智能学院（38 名）

王德贤	张鹏飞	欧阳小草	郑若璇	李子琛	李沁芮	杨自乐	任欣淇
朱志平	何松	任静	李雪	马婕妤	柳文文	潘俊贤	任蔼
何华均	袁蓉	邱华侨	张孝峰	杜郁	阳雪	熊顺蕊	苗宽
宗佳昊	伍相宇	余梦思	李璐	刘雅	刘保莹	刘悦睿	林工钞
田崇江	黄吉	李月莹	董杉杉	陈嘉祺	谢朱洋		

交通运输与物流学院（71 名）

马玉琴	王旷	王珺	王先桐	王琛箐	毛萍	毛远思	孔令恒
冯杰	冯婷薇	邢鹏飞	朱芳仪	乔丽莹	刘乔希	刘展汝	齐援盟
池欣忆	孙一宸	孙世荣	阳运佳	麦启欣	杜羽岑	李婧	李聪
李丹丹	李乐茜	杨月	杨在旭	杨瑞晨	肖渝	肖翰林	吴吉浩
吴哲诚	吴澳平	汪尘尘	张玥	张永奇	陈飞	陈心宇	陈叶飞
陈怡萱	陈晓迪	罗然	岳进进	周静	周长玉	周泽平	屈霖
赵思琪	郝慧君	俞建民	姚竹	骆紫琪	袁洋	殷苏平	高前
郭怡欣	唐家豪	桑潇	黄栩	蒲港	赖敏	廖琳蔚	谭一帆
颜菁	戴力源	左胜	刘任	张智越	范成敬	程岚	

材料科学与工程学院（47 名）

王静月	覃先燕	魏小清	吕航	朱子馨	谢顼	徐忠	芦丽珍
贾碟	郑秀	曹晶晶	向鹏宇	杨安春	尹佳宁	张坤	刘稼楠
钱留斌	李然	姚淑一	贾欣慰	苏瑞	李新有	胡庆丹	刘瑞
刘茂	陆远	徐晓雨	刘杨	吴霜	刘崇阳	李智建	陈林岳
陈浪	闫广隆	何灿	龙建君	陶诗美	刘瑶	胡宇森	廖子文
张亚文	范健飞	宋思齐	李洁	李婧	卞彤昕	李乐	

地球科学与环境工程学院（60 名）

徐小凤	郭永欣	陈霄	王真然	杨超	欧杰丽	靳凯	庞茵
何光异	王姝歆	杨含铭	邱洪棚	蒋浩锴	李景轲	白雪琴	杨兴海
董可	陈壮	贾伟	唐腾峰	卢彻	韩啸	李智	王文法

李东明	肖克锋	楚泽元	陈 蝶	李梦恒	朱欢欢	任兴念	马 鲜
任晓月	张传军	田子钰	姜庆玲	刘子琛	白金钊	辛林根	何 磊
李 欢	张文婷	韩志强	丘铂钧	袁冬冬	张成利	朱 屹	黄 涛
杨 雪	姜 莹	熊仁萱	潘俊杰	刘欣怡	李经涵	王熊涛	高 康
郑锐杰	田浩然	巩宏哲	周爱文				

经济管理学院（32 名）

曹世蛟	席 悦	骆柯玉	马露露	田淑慧	王一然	赵 玥	刘 柯
伍成成	唐婉尔	吴 丽	邹林佳	张聪聪	刘 虹	李 松	林 霁
周 昂	江燕伶	吴欣悦	赵梦珠	李羽婕	舒 倩	王舒悦	李馨瑶
钱邵洁	谢文茜	陶丽娟	夏 天	陈子怡	金淑萍	郑文轩	余雅茜

外国语学院（12 名）

| 裴皓月 | 石超凡 | 冯钰涵 | 袁珠珠 | 杨孟谦 | 苏 悦 | 张 萌 | 刘高忠于 |
| 郭鑫宇 | 陈 雨 | 雷 敏 | 李 雅 | | | | |

建筑学院（26 名）

祁桦桦	罗雪蕾	游欣畅	强茹晗	刘 兰	陈珏汶	赵 姗	夏军节
李蓝欣	阎稼汉	朱晓青	杨皓森	周艾莲	诸静茹	林 怡	韩 瑞
彭佳苓	蒋 冕	刘丰祥	党琳雲	李雨蒙	张德培	何镓呈	陈琦琪
韦依婷	秦旌瀚						

设计艺术学院（13 名）

| 杨 帆 | 邹 瑞 | 冯瑛亭 | 刘 琪 | 李季鸽 | 娄晨宵 | 杜丹丹 | 于凯笛 |
| 张婧怡 | 魏思怡 | 谢瑞菊 | 周佳妮 | 黎睿臻 | | | |

物理科学与技术学院（21 名）

朱守辉	张 翔	汪晓婷	梁 潇	李云涛	唐思颖	陈 欣	李 彬
刘 圩	黎伟琪	赵 杰	邓 洲	任亚雷	熊 健	张 文	张 乐
罗梦怡	杨 喆	李恪鹏	王天香	张燕青			

人文学院（25 名）

王倩月	丁 冉	王 洵	蒋露遥	崔 倩	赵光伟	周 璇	谢知晓
刘雅凝	雷 雪	姚 卉	刘沁怡	刘忠莉	杜燕林	李睿曦	雷丽秋
步欣遥	张雪勤	刘德菊	赵灵修	向起锐	张婧禹	黄 婷	刘心睿
杨津金							

公共管理学院（25 名）

唐佳铭	胡 耀	秦 路	范锡林	胡 松	李 潇	曾万茜	俞仕琳
肖秋月	贾庆华	贾美琦	黄秋玥	龙 晔	许 静	胡航宇	李宛娟
张琪琳	章洁冰	李嘉芙	疏金金	谢 悦	王海波	邓 悟	余鸿飞
张明泽							

生命科学与工程学院（29 名）

卜海庆	马 婧	马海涛	王广玉	王思瑜	文铃淼	龙小琴	田 枭
兰雨欣	孙 涟	李 玉	李沁园	李枘峰	李泽贤	杨 峰	汪 锐
张华菊	张淋媛	陈芳芳	陈欣菀	范依霖	袁艳菊	徐 科	唐飞飞
黄希婷	程国庆	蒲阳丽	雷颜华	简甜甜			

力学与航空航天学院（16 名）

夏海滨	胡冰晖	胡佳晨	胡 持	刘宗鑫	赵睿东	淳于展帆	李恒达
赵文龙	郭 昊	李 京	王春意	冯欣炜	张 瑜	吴弋航	罗 雄

数学学院（13 名）

周 宇	彭小玉	王 豪	周驰峰	李 冉	于 燕	马 欢	刘弘毅
张 坤	曾国艳	张 慧	解 晋	付 超			

马克思主义学院（15 名）

门喜英	穆春凤	魏 禹	顾 欢	赖煦雪	陈 停	赖 伟	向阶阶
李晓丽	杨 欢	侯松林	杨欣宇	陈 婷	文六一	植材华	

心理研究与咨询中心（4 名）

侯牧天	祁运芳	黄译萱	王云霄

牵引动力国家重点实验室（44 名）

李 倩	邹 朗	邵 帅	杨震寰	柯志昊	何 昕	王旭阳	薛 景
陈鸿明	姚学东	曹 毅	时潇迪	李梦雪	张鑫枝	冯毅诚	全思懿
喻海洋	刘臣陇	鲁渴伟	林雯静	逯万春	苏兴亚	谢清林	陈昊苓
刘沿修	蒋雪松	刘顺稳	胡志刚	陶磊毅	刘震锋	唐嘉诚	孟凡愚
张少轩	范晓达	杨 悦	万成麒	蒋春阳	何雨宸	徐佳明	李 晋
刘舰徽	林柄宏	王谭明	宋欣悦				

医学院（10 名）

余 松	龙 宇	张文馨	邓 清	李傲霜	粟 杨	寇 钧	陈 婷
王治铭	杨东琼						

体育学院（2 名）

马婷婷	崔维正

唐山研究院（16 名）

陈慧潇	杨国友	宋泽鹏	昝 悦	单晨棱	任敏毅	杨 茜	王 涵
吴 磊	韩云星	乔 博	李海旺	李志轶	计宏超	周明杉	钟 文

本科生国家奖学金（248名）

土木工程学院（27名）

陈 卓	唐占江	吴国强	沈淳宸	罗 宇	程爱棋	潘文佳	杨琳珂
李金蓉	李子徽	戴宁杰	刘怀志	郭晓勇	杨涤夫	丁宇航	郭衍灵
薛智洋	郭熙龙	陈雨婷	曾 靖	张远强	马关愿	肖岚芝	赵子强
赵淑杰	程 田	陈泓任					

机械工程学院（24名）

厉智鹏	张 展	李宁搏	赵小宁	陆 浩	苗韩得雨	李 鑫	李 想
钱泓宇	吴 帆	刘紫轩	梁书豪	凌 鹏	范天奕	郑少杰	钱卓一
李晶星	任春羽	杨 博	徐浩冉	刘俊博	朱艾新	蒋哲豪	丁杨左斌

电气工程学院（26名）

余江乐	陈 洁	兰宇田	何冰鑫	王干尧	方 心	冯 元	吴泽棐
汤荣杰	谈思睿	邓 可	陈田骏	陈逸伦	徐思润	贾佳兆	冯柯渝
冯洪赟	董 跃	刘剑峰	邓杰峰	朱泓宇	伍小虎	王俊辉	周鹏翔
温 柔	王一著						

信息科学与技术学院（18名）

张 锴	旷森芸	邓慧敏	崔子怡	李荣泽	王雨农	张中源	袁向前
鲁雯熙	叶家裕	潘笑天	徐丁阳	曾祥伟	颜 然	尹梓帆	杨 洋
张 起	李思凝						

计算机与人工智能学院（11名）

张伟琪	张 柳	樊勇甫	刘云杰	胡致远	张洋苗	伍 萍	刘晨雨
潘继宝	曹浩博	张午阳					

交通运输与物流学院（19名）

苗琦琦	于 跃	史纪鑫	杨培杰	孙怡平	刘思源	高彤彤	潘昱蓉
叶雯宇	钟 宇	许珈瑞	王谷丰	池 奔	王章任	叶远恒	税航宇
林栩茹	徐 晓	陈选英					

利兹学院（10名）

张景暄	王珈珑	张梓峰	孙婧雯	郑皓天	柯宇桐	张菁璐	陈若丹
李德章	龚若楠						

材料科学与工程学院（10名）

周孟雪	陈林旺	汤伟哲	龚 波	何昕璇	蒋奕佳	汪奕帆	向思林
连岩鹏	吴思玥						

地球科学与环境工程学院（15 名）

叶志虎	霍雨彤	代雅姗	高一帆	彭俊岚	何依蔓	任纪州	叶文帅
林朝标	王鑫喜	宁晨露	陈亦腾	杨　涛	李金洋	付卢萱	

经济管理学院（12 名）

谢茹月	辛蔚然	金　月	田　甜	刘云畅	唐晶菁	张子贺	张　露
陈啟军	石忆珂	邢亚杰	杜齐阳				

外国语学院（10 名）

程思颖	王　燕	刘　星	张冰雪	李映仪	吕　萍	陈逸遥	贺佳卉
李皎莹	郑哲豪						

建筑学院（9 名）

张浩宇	赵晓玮	张虞骞	吴承畅	徐添炜	李怡莉	朱泓霖	吴　浩
霍　放							

设计艺术学院（4 名）

许　可	刘宸希	万珂冰	程　翔

物理科学与技术学院（9 名）

郭淏韬	彭熙尧	吴翊丹	宋龙飞	张　哲	李维康	晋伊升	毛瑞霞
马鲁越							

人文学院（9 名）

王雯珂	张　杨	高胜男	王姣扬	唐诗雨	吴佳媛	刘昕棋	赵嘉怡
文　盛							

公共管理学院（7 名）

袁炽炫	张晓丹	向芯雨	顾歆语	李唯为	林博婷	华　榕

生命科学与工程学院（8 名）

周河汐	赵咏洋	薛宝玉	张一川	项诗蓉	章旭承	史丹阳
王一帆						

力学与航空航天学院（6 名）

张兴潮	赵　旭	王江涛	谭丽丹	王佳榕
黄辰煜				

数学学院（7 名）

王国超	杨采琪	贾起超	黄崇博	张晓洋	李倪洲	夏瑜崚

马克思主义学院（2 名）

吴　昊	吴凯妮

心理研究与咨询中心（2 名）

应潆莹	章俊楠

智慧城市与交通学院（3 名）

金　畅	董　婧	刘玥灵

本科生国家励志奖学金（833名）

土木工程学院（108名）

练小莲	黄鼎	罗震涵	赵航宇	徐天新	王储	霍东波	郭礼昱
王康	李明劲	王松	黎志毅	吴杰	陈欣雨	马启冲	张凡
敦浩净	曾志羽	张植毓	谢松明	何雅雯	邓钢	何晓芸	苟潇
唐秀琴	张曼	黄一航	张卓涵	刘芸岑	欧阳宇轩	陈丽	杨琴
赵玉秀	朱泽朋	马龙伟	冷双金	穆烁	王森	李想	伍人行
罗何强	何赟	王泽云	郑堂杰	黎江山	张兴龙	刚阳	李荣杰
刘瑞	郑旭升	杨俊霖	胡新财	黄昕	姜家琛	齐顺风	唐发勤
李乃明	万俊峰	许思源	杜雲	宋乂宁	金振宇	付一迅	张云
谢永东	童异越	欧阳沁心	张芮彬	朱蕊	李文涛	宋优	张萌倩
肖康	王毅	吴孟森	王晓波	向艾	马亚鹏	丁春晖	王轩
杜一鸣	杨大全	李朝晖	刘源	刘棚荣	文昊	李蒙	范少坤
伍志强	苟欣茹	赵骏威	林彦甫	刘俊峰	张何鹏	燕翼峰	唐承成
漆浩轩	辛绪建	代安娜	陈名铭	王志祺	秦冉冉	徐瑞	宋珂珂
段必睿	刘樾	邓涛	李宇浩				

机械工程学院（89名）

陈宣凯	杨文彪	杨新宇	骆皓羽	宋英卓	周文宏	廖腾腾	陈文超
孙博文	张尧敏	贾乐平	罗涪文	高鑫钊	冯荣贵	程一帆	谢军
胡廷洲	李小乐	张海涛	许彪	张慧莹	袁兴龙	伍凯	殷悦莹
邓艳	罗新科	李玲渝	张文	彭晓娟	丁也	温启军	黄邱荟
张凯	王政通	韦志国	雷鑫秀	胡志鑫	易宗营	李凌云	何旭东
甘梦辉	胡鹏飞	胡仕超	巫培铭	刘镇萱	张杰	刘程杰	王军涛
谭效恒	吴睿涵	李亚鹏	李靖松	张琦	梅琼芝	肖芳程	林可馨
陈度舟	薛永超	张选鹏	徐全桂	刘垚	邓佳睿	冯明兵	李秋树
李凌松	刘冠伸	许海军	金天荣	邓友燕	赵春浩	巴朋威	刘乐
王刚	陈涛	李仪卓	戴传勇	陈显德	陈文杰	董彤彤	翟志辉
王昌浩	李孟洋	姜浩程	余羽坤	高宇豪	盛慧	马雨歌	李行
陈美林							

电气工程学院（83名）

关子凌	罗霁轩	刘梦轩	张强	侯文龙	王亚青	翟彦辰	佘光沿
张泽宇	江雨蔚	何予诺	丁志东	杨海琪	张路昊	苏天乐	范方涛
任家蓉	寇鸿毓	陈民鑫	张林东	梁曼琪	王小丽	何金科	胡廷文

周懿	颜绍程	游放虹	胡稀苓	关明睿	肖泰宇	刘军	富嘉兴
赵琛	雷欢	杨朔	何湘民	周经铭	周庭龙	周志杰	张敬敬
李波	官声强	李亚雯	王秋淋	曹亚鑫	王丽	伍维	邱政权
许成林	邓见程	卫玺任	詹巧伶	杨青华	王文辉	王健宇	万富强
袁钰雄	张鸿玉	万绍睿	汪琴	覃稼钰	江雯迪	雍金禄	赵东劲
梁永胜	青雪佳	陈苏红	秦常宇	袁开林	邹荣基	朱子木	赖柯宇
王朋卿	王世凡	彭思彤	周肇瑞	张雄辉	吴金徽	田若愚	李静瑜
杨杰	唐子易	杨旭东					

信息科学与技术学院（56 名）

王珂	郭沛兴	颜海月	贺思洁	钟豪	谢捡龙	梁诗羽	孙文鑫
王雯静	丁昀	杨琪	刘晶	卢河城	付文慧	易运恒	朱骏杰
谢瑜婕	马义态	王科斌	谢泽群	朱皆霖	尹凌杰	卓俊生	詹鹏
何舒畅	曹思安	袁飞飞	杨立	黄三	王波	罗标	冯浩
矫成哲	李涛	许萍	武璇	李洪宝	吕焱龙	钟雯雯	何喆
王宝康	孙嘉宝	袁浩天	乔正	任康伟	康凯	刘涛	赵翰林
郑涵意	赵嘉铭	孙锦扬	罗峻松	尉旭峰	张豪	吴双龙	卫东廷

计算机与人工智能学院（27 名）

李果	黄娟	杨龙	阙柱沪	汤嘉斌	车晓琴	尹恒	蒋卓彤
王鹏程	李雨珂	贺凌峰	王玉哲	张禹璐	艾根尧	杨晨	朱骏吉
罗茂秋	刘洁慧	彭佳伟	陈晓瑜	刘淑坤	霍叆	唐强	朱旭东
曹佳鑫	郭帅	梁琨琳					

交通运输与物流学院（65 名）

闫宇思	范晓婷	马海月	蔡涛	赵莹滢	周起豪	王雨薇	李健强
何佳原	陈文慧	王晨露	张文静	贾悦奕	赵媛	喻磊	李漫漫
刘祝银	刘雨	赵秋月	李雪	番惠媚	冷远平	张静	雷涛
黄奕湫	李远行	王洁	何涛	陈彪	熊浩	周朕鹏	杜玥沅
谭媛媛	杨渊	甘浩正	唐之韵	廖薇	魏孟骞	陈仕嫚	翟佳怡
陈骥堃	蒋泓雯	张天聆	马润雨	杨正强	郭青秀	张镱镡	马安鑫
刘万峰	黄鹏	李炳尧	余俐慧	邹佳兵	李睿	左文轩	杜小钰
訾燕秋	张俊	邓爽	范子洋	曾琦	董溪雅	彭鑫	罗骁宇
郗晗蕾							

材料科学与工程学院（38 名）

姚烨兰	任思雨	赵国简	李雨欣	邓绍韦	张行	刘芯怡	王立达
张志豪	张文	赵中顺	张恒	杨晶涵	杜鹏	刘灿	孟盈吉
王浪菘	朱可欣	李香杰	郭霄	罗子萌	谢坤尧	王宏博	程阳阳

| 郭晓晗 | 喻　杰 | 刘德良 | 葛思佚 | 宋如艺 | 姚　添 | 谭涵予 | 王思宇 |
| 唐卓婷 | 李亚星 | 赵　旭 | 李　彬 | 盛人国 | 周志强 | | |

地球科学与环境工程学院（58 名）

黄玉娟	徐瑞珂	贺呈虎	王　睿	吴艳霞	黎河川	袁　媛	江　密
黎俊杰	张　茜	秦笑彦	胡馨月	陈子琪	赵文璇	封世林	汪龙巍
王绍宇	吴淑琦	王枥伟	张家辉	杨　伟	郇江龙	杨伊涛	梁雪雪
薛怡然	韩　易	汤杰航	胡　焕	刘梦晴	王佳倩	轩梦雨	张心语
陈馨怡	王常桢	何　川	彭　涛	赵笑晨	黄锦航	郝亚楠	李牟荣
李洋洋	曾　燕	贤凤茹	向纪辉	刘颖暄	丁志源	张　莲	杜彦微
邹红宇	阳　旭	陈美生	庞一帆	闵敏祥瑞	杨　林	李子涵	彭路鹏
王佳森	黄　滟						

经济管理学院（43 名）

陈　静	吴　俣	李晓聪	周紫璇	孔筱箫	任焕鑫	夏书敏	薛玉莹
林雪丽	谭妍伶	明煜梅	冯文进	刘吉瑛	刘江原	杨　晓	韦　顺
胡雪艳	高丽蓉	苟馨语	何　颖	陈　苗	刘　婷	蒲南可	江沁园
范方园	韦春孟	姚小芳	郭恺鑫	韩志成	李　燕	易　宁	刘燕莉
张　蒴	王　晶	吴　珊	俞明珠	杜怡南	王志菲	林　彦	卢子帆
刘伟杰	张　敏	闫美静					

外国语学院（30 名）

樊　瑄	更登科	陈昱宪	陆衍伶	陈婧漪	韦禧慧	王珊珊	张晓蕾
刘育晨	胡洲琴	陈　熙	黄思晨	杨春宇	胥　翔	闫鑫璐	郭虹园
李云凤	郭　丹	李一品	梁雅茹	毛　红	王　毓	肖　蕊	张丽雯
夏伊勒	王　羽	陈　倩	侯思瑜	叶婧楠	王　燕		

建筑学院（30 名）

王海旭	王奕轩	向梦琦	张润旋	夏远方	付　洋	高建一	边馨雨
张晓玲	米艳萍	吴茗慧	肖敬文	吴　秋	徐诗滟	杨珍茹	李春阳
胡茜琳	庞淇文	陆悠然	陈敏瑄	李欣悦	曹肖静	张珂馨	马春萌
李文杰	刘泽玥	程泽楠	杨承露	王　珊	薛冰冰		

设计艺术学院（12 名）

| 阳嘉慧 | 陈开勇 | 周艺诺 | 龙颖兰 | 钟依霖 | 李紫彤 | 何佩云 | 张雨薇 |
| 张艺菲 | 陈荟竹 | 陈潇璇 | 付昊博 | | | | |

物理科学与技术学院（36 名）

陈泽嘉	曹泽宇	刘星雨	周泓宇	刘耀炫	彭远鹏	唐晓凡	张柏森
刘星月	周子健	廖文奥	王　杰	唐梓健	洪　凯	敖燕涛	谢诗涵
张志超	陈　骁	刘起金	唐诗雨	李　伦	王　龙	侯理巍	唐占坤

赵志国　　朱欣瑶　　吴　彰　　丁阳康　　赵永胜　　冯嘉斌　　赵丽芳　　郑有鹏
郭　佳　　段靖伟　　罗　杨　　王晨阳

人文学院（33 名）

陈雪琼　　陈劲骁　　秦小迪　　毛艺霖　　代怡琳　　喻佳欣　　陈才广　　葛　菲
毛绿庆　　杨苏云　　朱思颖　　黎　川　　吴龙鑫　　步婷玉　　杨天鑫　　段丽雯
王玲珑　　许紫研　　胡馨予　　陈心语　　陈玉美　　满珍明　　徐　丹　　刘雪茹
杨如萍　　王　硕　　何明月　　郄景杨　　王晶晶　　唐　乐　　邓德玉　　刘顾雨
何璇祺

公共管理学院（25 名）

李俊涛　　邹攀新　　何雅君　　许瑞芸　　宁豪龙　　徐梦莹　　王　琴　　谭音君
廖玲玉　　韩蒙恩　　李易龙　　何秋红　　刘　全　　钟　祺　　毛雅宣　　黄　凯
师莉雅　　兰婧怡　　熊祝民　　张子沭　　曹诗琪　　侯孟廷　　贺　函　　史晓彤
周　琳

生命科学与工程学院（32 名）

万佳慧　　刘俊男　　王清林　　刘艳艳　　焦向宇　　段小贤　　张　涛　　黄　兰
徐开燕　　康志南　　周东波　　马　林　　唐海峰　　吕思慧　　颜超越　　唐　琳
杨金璐　　刘小菲　　唐　雨　　马盈盈　　赵可心　　李军平　　张　晔　　余文艺
姚力涛　　王璐瑶　　蔡仕隆　　李苏静　　刘　洁　　李茂婷　　杜　念　　黄义婷

力学与航空航天学院（23 名）

王　宇　　胡　豪　　包兴宇　　熊细昌　　曾祥银　　李文博　　文鹏军　　陈雪鹏
何　涧　　周　欢　　张海泳　　赵伟叶　　胡梦林　　杨亚召　　赵敏君　　单春阳
甲　呷　　杨程吉　　郭丰伟　　何金原　　牛向前　　焦欣娜　　张　莹

数学学院（23 名）

张　亚　　冯　玉　　叶茂杰　　李慧静　　潘雨辰　　张尹念　　曹家琪　　刘向阳
廖雯静　　刘　襄　　朱秀玲　　刘佳鸿　　罗梦甜　　单超翔　　刘佳鑫　　蒋宗成
胡佩诚　　王　昕　　王瑞琪　　贺丽娟　　熊梦婷　　祝彦博　　丘志谋

马克思主义学院（7 名）

游梦悦　　刘嫔溪　　宋　婷　　黄几荣　　鲁　璇　　王静雯　　雷诗瑶

心理研究与咨询中心（5 名）

董晶晶　　邹涛波　　张永乐　　田汶冉　　陈　茜

智慧城市与交通学院（10 名）

曹林慧　　胡锦丰　　黄晶荷　　唐志鹏　　李龙菲　　李明悦　　刘冠男　　魏承宇
卢欣悦　　何平权

本科生综合奖学金（4257名）

土木工程学院（510名）
一等综合奖学金（75名）

严忠成	王一帆	罗晓曦	尚晓朕	吴凌宇	孔凡澍	于航	赵言
段姝琪	汤瑶	曾忠城	骆成鑫	叶海洋	秦一鸣	沐海星	苏君豪
杨友杰	陈佳豪	喻子康	于凡	李丽洁	熊颖	李雨轩	柘秋易
黄润峰	晏崇恩	李芯洋	熊煦莱	江易洋	刘一凡	朱晟基	于耀辉
张津毓	朱骏豪	沈少石	邱杨	谭锦洋	梅傲寒	连冠	周舟
张恒嘉	闫金峰	张喆	郭家成	罗健一	苏国治	沈骏扬	余敏哲
霍云博	张浩煜	陈柔蕙	李泽宇	李艾宁	李泽超	何晓雪	赖俊伶
张涵	王子扬	王子诺	刘婷婷	王骜	王逸飞	赖鑫	胡哲炜
李文俊	余廷翰	李长霖	吕一品	董睿	杨婧	曹正冲	曹晓华
王汪洋	张文月	徐捷					

二等综合奖学金（160名）

张轩	洪圳涛	杨启超	尹嘉	徐艳鑫	曾俊豪	滕汉卿	张锣
陈柯伏	张睿聪	邓一	马驰原	黄太强	吕任	张罗	刘洋
钟浩	许峻松	谌煜骁	张璐琦	邢宇翔	包雨滴	陶籽含	郭哲维
周弋力	赵宇洁	阮杰群	陈智欣	马驰诚	陈颖	吴伟强	陆经纬
袁曜	徐兆云	林继彦	崔益萌	杨绍毅	杨昱	刘扬	郑雨航
季许鸣	安涛	王紫嫣	刘力模	孟迪	孙若芸	范子焱	宋佳黛
王龙	韩晨	刘家豪	李世标	雷电	蒋志鹏	周奕璇	李沛杰
姚远	陈文婷	黄本祎楠	吴明睿	倪宗轩	袁硕	袁霖	刘阳阳
李若菲	何朋轩	成恬逸	王季陈	曹建宇	骆泂甫	林丽婷	徐凌峰
葛宏	唐立科	徐闻川	陈创辉	吴正捷	刘垚	吉恒	王一帆
代颖	陈景鑫	杨奥博	吕进	潘桦筠	于正川	陈梁裕	徐芊羽
洪剑	赵昌辉	杨攀	杜亚辉	苗峻毓	黄浩宇	杨纳金	刘瀚文
韩语	郭家昌	臧锐杰	葛畅	孟令堃	曾海涛	陈攀	李艺飞
刘一桥	许俊瑶	王世界	王弋韦	甄祎梦	王程	张陈骁	张文洁
卢元昊	张云龙	刘宇航	曹俊博	许亦超	戴松芸	冉露	孙玮琪
闫元钊	廖文杰	谢芯茹	曾城	熊俊皓	郑浩	李尹棉	谢宗甫
王昊	柏明伟	张子亿	王超伟	黄冠豪	应文睿	程佳锐	邓萌
王子恒	李一峰	黄子怡	焦钰洋	曾梓宸	王泓棱	董家霖	张书玮
刘子健	高庆龙	骆建辉	马乐豪	范城琰	郝扬帆	周琪翔	钟代毅

李 斯	王诗怡	向恒葵	曹奕衡	丁嘉璐	沈雨扬	左仕垚	田树林

三等综合奖学金（275名）

孙钦亮	邓苗苗	程益凡	朱文峻	文 晨	梁百豪	穆勃江	邓星宇
万美萱	张渝丰	董 璇	邱宇航	王辰羽	吴青洋	夏邦桁	韩 郑
王珩蕴	陈森森	盛昌华	杨 震	杨 毅	刘传祥	邵豪坤	董沐野
史亚石	丁宇航	朱志强	刘文星	李璐达	党龙鑫	马凌峰	俞子悦
周瑞泰	罗丁未	刘家树	陈玥冰	王 江	曹佳涛	陈霖意	邵嫣然
陈泽锋	李昊豫	蒲嘉鹏	尹玲珑	张 奥	吴昕卓	王若阳	王 哲
徐子健	赵昕荟	韩晓彤	刘振宇	文云龙	周怡杰	史美杰	董嘉浩
康爱梅	张 局	卢浩杨	黄 栋	林子榆	宇文泽川	鄢伟江	张泽琪
柳 帅	申 河	郑旭超	孙资恒	马怀纲	赵海涛	郑宇涛	付 锐
李 驰	陈泊戎	高 杰	袁涌鉴	陈子依	莫艺翔	蒲 倩	毛锋智
张 益	潘 龙	邹天浩	张竞元	蒋子衡	何 亮	吴晶琪	高 梦
姚江龙	杜思雨	张思达	张 帅	李 琦	刘佩垚	胡 琳	袁铨酉
陈柯儿	杨子辰	程骏柯	杜朕阳	豆玲军	魏 琪	杨家奕	尹 豪
王睿隆	李国庆	李柯蒲	李海涛	苏子元	戴星宇	何睿鑫	陆引洲
喻选梦	邢中源	张曼琪	黄 杰	赖平川	张帅博	何骏扬	龙 磊
刘心媛	黄 坤	杜 滔	李受禄	李茂林	高 熹	袁 帆	刘家铉
马彬彬	伍清子	李浩洋	李世宇	林 静	何如怡	李纯熙	杨 洋
罗延庆	付财润	范城峪	刘伟烨	徐志辉	邓昌育	杨邱翔宇	陈 博
秦煜星	汪 超	张嘉航	石乙彤	马江飞	郝海明	张云天	张国栋
葛 优	卢琦冰	冯 鑫	余明阳	阳楚虹	李博宇	姚颖明	田昭阳
孟姿含	杨涛宁	汪 建	聂洪钱	雷 悦	陈永隆	杨松霖	杨群懿
刘玉琪	魏长菊	刘鹄越	金正佳	李 博	扶庆霖	邓智辉	王澄宇
余大庭	杜 岩	秦彦钦	刘 琦	雷宇程	喻 遥	刘镇绮	杨 娜
古 焱	韩俊麟	于婉君	陶祚诏	王子元	孟 遥	吕绍龙	潘文俊
陈鹏宇	李柏芊	索思珂	向 跃	晁晨杰	张纹浩	陈宇萱	李昱辰
徐万宁	蒋骏轩	陈晓彤	李 旺	尚 进	卫昺尧	牟文浩	吴晋顺
王潇北	李 金	梁 浩	陈乙云	蒲志文	熊世涵	潘梦阳	王一鸣
贾 驰	张 航	李哲祥	陈柏钱	王 翀	刘浩阳	杨智强	邹飞宇
兰 潇	张金权	黄振宇	徐玮彬	仇志洁	龚锦涛	黄圆钦	崔哲睿
王梁平	束炜钰	唐伟杰	傅青云	苏坤阳	银俊宇	邹家智	杨可欣
刘羽航	叶 满	彭嘉阳	郑 基	杨柳桐	张峻宁	郑聪颖	柳 顺
蒋珂立	魏奇亮	张婧璇	耿浩楠	刘 峰	钱 源	宋雨宸	陈兴亚
江洁波	卢泓睿	张 扬	胡光耀	李 枭	徐博学	何智浩	孟 杰

| 满俊霖 | 祁笑洋 | 郑文涵 | 陈灵枫 | 刘洋 | 张文媛 | 周麟欣 | 张博 |
| 王祖浩 | 杨丰宇 | 钟佩莹 | | | | | |

机械工程学院（436名）

一等综合奖学金（64名）

王斌清	慕文昊	张淑滢	张涛	李照嵩	豆树森	万承明	蒋凯宁
林李萌	曾探	任禹尧	刘一鸣	吴欣洲	张景怡	宋世豪	杨芸菲
高博龙	谢福忠	韩远伟	谢潼	丁雨荷	刘小天	滕梓欣	申凌瑞
王海舟	张景奕	郑书磊	蒋孟坤	代杜宇	钟韩秀	郭雷雨	张迪
李智鹏	刘世轩	林雨禾	黄鲁恒	王天成	李瑞	郑德龙	胡峥
王瑞	张宇恒	刘思宇	唐昊	崔轶玮	李蕊可	程耀	吴子杨
章翊骅	张煜	胡涛	陈任鹏	杨睿坤	张明哲	王梓阳	李志远
何渝	彭蓝霄	彭佳祺	苏红力	付星	吴骏秋	陈彦冰	王尚言

二等综合奖学金（137名）

韩天润	赵家旗	李荣天	汪天驰	缪家振	刘国鸿	张云烨	孙剑
赖圣源	屠海堃	李继禹	闫琛	梁聪鑫	谢杭辰	傅雨柯	喻富洪
贺宇轩	方凯文	袁晓宇	陈华申	梁栋	马炜钊	陆云瀚	高飞翔
王瑞	蔡镇南	刘泽辰	张敏杰	田增熠	唐志豪	刘泽虹	周雯昕
魏德宝	谢林江	陈璞洁	伍永杰	冯毅铭	伍姿霖	姬学冰	王宇涛
杨城腾	戴丹丹	王汀	侯浩南	屈王琨	魏棶颉	林群	邓钧瀚
邓婷婷	吕品	柳文彬	罗梓萌	肖正龙	王凯	畅益敏	赵佳和
聂子昊	丁国祥	李延润	魏荣宏	陈杨坤	王浩	缪枢楠	陈峰良
任同天	王旖豪	王渊	王泽立	周润东	赵鑫宇	王博渭	马潇阳
郭雨涵	王峰	王继锋	祝嘉阳	胡天成	姚佳雯	刘治坤	向坤磊
刘扬	鲜于悦恒	董杰	戎昱	蔺鹏飞	郭泽浪	朱晨宇	徐婧文
甘益强	李沛泽	李云鹏	陈建希	陈晓宇	杨洁	杨谨溢	陈思圆
赵卓宸	吕昊凌	郑梓填	尹一凡	王世坤	李益	肖元	郑瀚瑞
朱锋	蒋振扬	刘涛	陈虹西	陈昊	熊越	刘鹏飞	董显焱
袁东霆	倪金熙	谢庆超	刘麒志	刘皓铭	杨林波	蔡孟学	廖威
鲜佳欣	王灿	张家玮	梁致与	屠存鹏	朱阳	陈冠宇	孙凤明
李尹鑫	巩瑞	肖垒	吕锦怡	李烨鑫	王瀚冰	颜膺瞗	孔元为
李祥							

三等综合奖学金（235名）

卜赫	杜宗明	翁正阳	陆锐	唐诗逸	徐润卓	余沛林	王治豪
程景颐	王玉娇	项朋昆	赵纪纲	蔡佳文	杨雨婷	蔡晓忠	蔡博研
王明熙	苏恒	刘洋	龚新学	李支源	蒋诗雨	张龙祥	段贵盛

苏宇琛	邹　俊	冯　洲	岳煜龙	潘星宇	石　坤	韦昌燎	曾锦辉
刘　博	黄志强	宋佳星	肖远宏	阮国琴	周　毅	丁　巍	武森林
李怀东	王　旭	王伟梁	李金翰	李　泽	赵寿强	袁启杨	谢雨晨
庄　戈	杨智杰	何咨颖	盛晓鑫	唐胜男	唐　翊	谢睿涵	曹靖易
王　昆	涂蔓蝶	谢家文	蔡宇航	陈文景	陈明嘉	刘德润	汤青峰
吴丹丹	李昕磊	孙　鑫	石　佳	孔　丹	阮　鹏	郭永森	潘泓臣
宋家琳	凌卢慰	肖庆华	尹　航	李沁珂	胡雨欣	何　旭	汪宣良
何晨阳	邹文皓	任正晖	伍思燚	雒完美	谈春波	王　雪	杨　博
徐　源	沈煜华	邓　煜	赵荣进	纵谦谦	唐宇晨	王　毅	师　绮
王念成	王　胜	郑建锋	杜　暾	万杨佳	韩　超	刘　哲	张恒溢
侯辰典	赵福阳	彭思航	温博雄	智若宇	白金辉	杨曜蔚	张国辉
蓝江涛	张舒阅	刘　鹏	万洋蕙	唐祺玮	姚思博	朱虹宇	孟凡杰
黄梦婷	周义川	王英鉴	蒋俊豪	谭　烨	曹云程	郑裕瀚	刘　畅
杜　玉	曹　越	张峻豪	杜嘉祺	陈宇晗	罗　锐	郑文静	陈浚驰
王彦博	徐鸿杰	陈治强	叶攀豪	梁枫岳	蓝育明	杨宇轩	杨陈璐
王宇渤	余熹微	李云翔	蔡祖锋	丁奕歌	丁咏杰	张子晗	聂于人
张　扬	汤镇搏	张凯鑫	严　杰	罗钦元	康齐秀	邢珺铄	杨昊安东
邓　豪	丁睿松	沈子涵	徐　瑶	黄星月	保丹宇	胡海若	陶　虹
彭欣然	康　潇	赵嘉元	姚雯杰	陈　洪	黄悦涵	马昱潇	韦　斌
陈思言	党卓珽	陶　帅	李嘉琦	胡晓阳	王　鑫	陈　庚	刘颖慧姝
陈劲希	蒋东升	潘纪鑫	肖凯林	王志砚	张昕慧	李文刚	王宗轶
陈　卓	谭照熙	姚　路	韩昌宏	吴锦涛	冯少萱	吴浩臣	肖铭灿
王成洁	刘棋峰	董宇宽	周信屹	高宇翔	徐召智	任　铎	王钦富
周广阳	孙岳琮	胡浩然	任超凡	李贵熠	张原群	孙腾飞	彭　勃
姚沅坤	陈婉婧	何俊岚	武　帝	杨周永	张天胤	方歆钰	黎敬阳
王子晗	屈率帅	徐鸿祥	栗昕雨	黄清晗	王　凯	范昌硕	李泽宇
高天乐	苗展翊	童美琪					

电气工程学院（403名）

一等综合奖学金（73名）

胡铃皎	肖逸洋	夏莉涵	吴新元	方天宇	李博涵	赵鼎威	常昊鑫
刘邦鸿	叶雨润	秦文雨	谈浩澜	安亚亚	杨怡帆	唐天驰	张世龙
康　怡	高斯帖	李　蕊	李少晗	张山峰	刘　姣	黄哲洋	刘明昊
韩博文	王俊程	李文康	颜星洲	姚泳冰	吴高阳	董霆月	吴羽飞
樊　璟	陈欣然	徐佳萌	程靖宇	齐璟元	廖胤达	张　宁	张佳怡
陆晟杰	何定灏	王　宇	郝怡达	邓　昊	谢鑫钰	周李奕央	赵婉辰

黄 河	吕晨阳	郭荣琪	张诗慧	刘炜坤	余嘉伟	徐浩轩	赵 杰
孙浩宇	黄哲远	张逸凡	张艺鑫	蔡湘辉	胡佳伟	庄 严	覃琳钧
李沂恒	周政达	夏川灵	栾思源	兰 懿	尹欣然	叶司涵	陈锦阳
顾子非							

二等综合奖学金（128名）

杨 然	季心宇	何皓鹏	邢凯悦	吴海潮	陈恒乙	余佳龙	戴雨竹
叶 羽	陈清颖	徐俊杰	凌玮泽	曹昭祺	曹 云	刘光毅	龚志恒
董世林	张廷玉	石寰宇	王彬江	陶明路	向培灵	孟源祥	徐诗鸣
岳秋艺	袁子傲	邓卓立	贾 楠	刘 欢	宋振槫	王玉琪	孙渔喜
唐光鸿	吴俊锦	翟志强	孙 硕	范宇晨	魏开建	陈晓玄	管文韬
李仁浩	史润博	刘大陆	谢宇帆	万 淋	温云森	张乐乐	邓克灵
魏麟欢	章可文	戴上贺	魏 澜	王茂州	康海彪	谢钰瑄	康嘉琦
李心悦	谭旭鹏	刘钉杉	诸衣非	胡梓骞	席舒熠	赵书磊	侯 竟
陈之歆	刘雨桐	鲁馨蔚	刘靖琪	陈一诺	张昱祺	鲍子形	胡 鑫
廖文星	张长文	戚琪靖	朱宏伟	付秋涛	谭铃丽	裴伊宁	赖寒雨
肖 婷	高 钰	廖峻暄	何乐山	邓博文	杨汉清	霍昶宇	罗佳豪
骆永昶	李赵一	苏乙伟	邱本伟	李 湘	杨璐嘉	赫茗扬	李沐林
王奇阳	张 天	钟思雯	金予韬	廖欣楠	邓桦杨	李若辰	陈福春
周镇阳	李鑫尧	陈永飞	伏绍菠	肖 均	李岳鑫	袁永超	纪康博
周晨恺	田 睿	桂天翔	贺振平	倪顶文	何宣霆	苏方为	杨嘉雯
邓福萍	刘麒玥	宋博易	杜超凡	黄毓锴	袁艺霖	颜帅勇	单靖洋

三等综合奖学金（202名）

马博文	田诗放	欧浩然	王 娜	段 旭	杨 俊	韩佳睿	靳锡浩
庞亚辉	李欢欢	殷宇轩	冯昌隆	靳胤宗	姜凯方	陈 峰	赵飞洋
史尧宇	郑伊阳	高乙文	余希骋	马艺凌	黄纯奕	马 龙	张翼扬
王逸朴	陆嘉影	刘 湘	王俊奇	夏明琦	李春霖	杨晨旭	周贤洋
刘 贤	文竹源	倪 杨	卢 腾	张晓腾	杨宇航	郎 程	支苗苗
祝深帅	刘 阳	潘 燊	刘 凯	杨欣龙	李嘉琦	张骁哲	万彦谷
张淮益	郑 闻	周丽霞	何思源	宋浦瑄	刘柏森	代雨航	黄俊超
曾沁仪	王元凯	韦玫桂	李一坪	王煜朝	柏 帅	赵业鑫	李弘博
王禹哲	杨鑫宇	李衡优	黄子桐	谢子谦	刘靖宇	周 翔	刘子曦
高雪婷	李名景	万伟玲	叶博阳	王路家驷	聂逸杰	丁翌函	王泽群
田小宇	谢 务	贾 越	谢 珂	杨添宇	王威宁	谢昱韬	王梓怡
马钧博	何威志	丘奕恺	龚宇祺	苏周豪	李湛健	裴丽超	宋子欣
屈瑞元	时劭铭	唐 浩	唐 培	王毅帆	江 冶	陈 城	林博文

廖柯琳	张成志	范入文	覃慧夏	罗万鑫	林 欣	邱兆丰	蔡骐宇
何雨哲	黄嘉丽	杨云磊	王 哲	代成成	朱冠宇	苏琨权	陈骥清
刘道鹏	陈择文	魏冠群	陈 旭	何沛贤	谭闽霞	欧 源	曹子康
宋尧翊	杨 晨	张永彦	周志航	龙宇豪	胡家蜀	吴汉晨	刘柏均
刘怡然	杨力铭	郑宇瀚	李靖恺	于娟娟	龙浩贤	林俊宏	马钰超
杨 烨	马闯坤	陈达余	王荣言	徐 达	裴新棋	盛 业	崔雪成
肖 磊	盛佳鹏	王宇煌	丁何祺	曹 倩	唐 骥	曾 意	刘昆昊
谭凯阳	高文翔	龚梓能	姚 淼	王欣威	黄韵琳	熊义轩	胡锦钰
赵雯涵	张洧铭	邵章伦	张文杰	丁文玺	韦可文	黄 婷	卢子安
崔国祥	邓百川	周恩德	崔 巍	王宇轩	赵淑慧	邓 皓	王麒钧
袁子涵	吴骏宁	吴昊宸	贺佳玉	任荣荣	门炜杰	徐楷瑞	谭政杰
伍振盛	钟棣堂	杨 睿	冉 侨	沈乘锋	刘晓磊	谭明妹	刘一霖
余督杰	黄 轩						

信息科学与技术学院（248名）

一等综合奖学金（54名）

汪世季	雷芸嘉	尹文祺	林俊辰	游静蓓	刘洋帆	陈妍言	杨文倩
薛茜芊	赵士歆	唐惟易	韩 旭	林晨曦	梁文哲	贾 芳	程英昊
周 妍	钱润东	卢辰博	罗千里	苏泊帆	向金玉	杜星宇	代雨诗
赵 婷	宋锐奇	母文滔	黄权炜	栾雅琳	周祉羽	朱启铭	许 硕
尹南东	张力博	刘皓月	李祥瑞	陈博阳	刘翼鹏	段正昊	陈振欣
李 畅	范文豪	周 霖	丛旭东	杨思晨	翟研杰	李晓珂	胡筱铃
廖健龙	唐苏杭	俞彦文	刘 学	朱 诺	焦佳露		

二等综合奖学金（98名）

王新雨	周清林	郭 恺	欧琪钰	贾转强	宋 俊	尤洪显	张鹏磊
孔 宾	蒋寒砺	张杰航	黄 涛	陈璞蕾	明思宇	涂 睿	杨 欣
骆骁然	刘万水	刘庆添	罗嘉豪	刘 峥	叶乐毅	王泓钰	徐敬淳
李墨岩	张庆祥	唐柏江	张晨诚	褚家亮	姜晓宝	袁英哲	张梦歌
许榕川	谢天翔	谭皓天	马诗健	唐季辰	吴佳徽	李 想	李文宇
彭 湃	梁子轩	邓蜀豫	郭宏宇	龙元瑞琳	梁琼月	潘相臣	黄卓耿
屠明东	张 胜	林帝名	阳卫名	王一帆	张艺文	黎彦廷	陈雨霏
徐 旸	张纯维	缪 杰	黎柏林	代嘉音	赵健超	胡翔宇	吴谊扬
吴贤达	汪一帆	吴彦熹	赵亚萱	雷锐彬	喻 萍	任培阳	任欣然
杨 月	王志苣	唐 伟	费 阳	王俊杰	杜佳丽	杨翔宇	杨亚男
张一婧	王哲铭	靳 天	李 奕	樊金捷	王艺帆	蒋放非	郭 杭
王子文	王迩荃	宋洪宇	刘光晟	卢锦程	周睿阳	孙时进	史晨睿

胡哲睿　　陈占杰

三等综合奖学金（96名）

刘博雅	宋洋	马姣姣	张修乐	蔡宇航	刘安邦	蔡俊杰	周国川
夏雨诗	李祭超	刘天航	剡洋	陈宏	杨谣	高佳轩	巢俊强
何诗韵	车小芸	胡一鸣	肖淋	张亚军	马鑫	裴一帆	刘星雨
张雨洁	毛祈萱	李君华	杨佳润	江俊宇	许斌	张明俊	陈佳俊
苏景元	郭佳慧	王梓韩	张勔	木荣俊	王子龙	曹雨婷	冉昀昊
林博康	王文达	张皓森	黄浩东	郑星舟	刘千仪	李佳宇	杨艺璇
张志远	陈一鸣	陈恒	周博宇	冯钰昕	孟余超	林银飞	王星铎
刘晨欣	王佳烨	周子敬	李宇航	刘菁欣	蓝晨翔	杨乐	李君琪
蔡明玙	彭绮钰	葛浩然	连宇煊	姚卿	刘志伟	胡钧伟	王子航
赵昊哲	姚凯誉	梁媛媛	闵佳琪	孟子涵	姜程蓝	罗干	刘俊杰
周旻朗	丁航	林碧仙	王鑫睿	谢宇航	刘奇	王烨	丁秀峰
詹钧尧	王浩正	李嘉豪	何晓祥	王天洋	刘振洋	范乔怡	刘思宇

计算机与人工智能学院（152名）

一等综合奖学金（27名）

肖林杰	朱寅	李辰昊	林欣蕊	吴房浩	陈鹏豪	崔智源	杜佳雯
曹啸	邱启源	陈智君	王宇森	郭佳菱	王若艺	谭鑫程	余伟杰
冯援	王语笑	周一凡	牟晨	陈豪杰	王梓翕	王俊峰	郭帆
周琪睿	樊乐意	吴金源					

二等综合奖学金（46名）

展小涵	沈海强	王朕	雷昕怡	吴可涵	廖宇辉	任玉佳	朱昊天
林雨	陈欣雨	徐一昊	高志成	左力晗	许多天	程子辉	蒋添爱
陶一鸣	高鑫	伍美霖	易曾晓	徐科	胡敏杰	张继鑫	方雨晨
唐世涛	雷朋川	刘子昂	李江源	袁旭阳	曾科荣	陈茂杨	肖成钢
李品	刘正炀	冯文豪	周靖杰	祝安冉	王萌	何国睿	胡璁
吕骏峰	田长银	林媛	林嘉俊	孙武周	邹雅琳		

三等综合奖学金（79名）

丛榕	曹津杰	陈晓烁	周欣成	蒋雪	陈秋源	黄圣栋	张逊
包孟源	农秉华	贺苗	毕凯斌	张宇康	徐佳丽	武星宇	彭磊
闫玉婷	蔡坷呈	张景楠	李昌霖	刘昱江	王述杰	王天凯	刘佳
任怡坤	王超	辛海华	杜争龙	王文涛	刘欢	王瑞琦	虞杰杰
刘昌吉	刘飞飏	张乃文	文淮彻	王世淳	吴钰微	熊洁仪	于前隆
雷晴	姚科汶	郭芯宇	韦琮华	盛子杰	郭子玉	韩铮	陈亲超
彭进锐	陈世举	夏雨苗	马知遨	赵梓翔	张海森	刘寒	叶帆

李锐德	冯博媛	王倍凡	苏方崟	赵芯滔	曾昭熹	屈星铼	魏汉淋
周钦钦	王鹏	向俊颖	巴聪聪	钟涵	邓天天	曾元	刘潇雨
蒋思爱	谢宝勋	陈锶瑶	梁国帅	杨自强	王则淇	孙毅	

交通运输与物流学院（337 名）

一等综合奖学金（50 名）

刘洋	何之夏	吴梦涵	徐濛	陈汐	徐策惠	李林峰	刘科隆
阿文茜	臧佳钰	吕澄莹	杨颖	徐程浓	谢浩男	何远亮	刘冬宇
陈羿彤	李来成	陈迦嫱	张梓涵	曹奕池	江泽毫	万宇航	赵一卓
田阳阳	赵宇家	郭东明	谢非	朱硕	杨烨通	李昊甫	郑成翔
陈欣然	梁婷玉	黄欣	张书涵	赵珉萱	龚晓雯	俞霁航	丁永康
徐文媛	徐龙赫	周佳洁	任逸	黄冬阳	谢朝阳	邓圣城	张哲振
邓晶	林嫣						

二等综合奖学金（111 名）

戴润佳	刘翰林	满自鹏	罗仕杰	姚媛媛	程君仪	王旭	孙山岚
杨芷君	骆陈宇	梁鸽	陈宇轩	李乐	徐挪坦	颜柯旭	王瑾润
王童语	王阳	雷宇琪	罗曙光	梁思婕	李佳霖	吴霞	唐雨诗
林颖馨	黄家祺	许罡	胡远扬	蒲泓兵	董俊强	李俊龙	程子嫣
杨雄	袁舒蕾	卫思彬	吴颖泉	杨宇洁	宋曼	郭梓俊	万莉莉
杨松霖	吕艺	黄麒铭	胡旭辉	严思语	陈明耀	汪宇凡	王天琨
薛锐扬	常琪悦	许俊	童诗云	王恒之	张琦	刘瑞熹	沈文杰
钟玉华	钟世波	吴依静	张心仪	张睿冰	杨婧怡	卢妮妮	徐诗瑾
章天然	台百泉	冉琦	杨梓军	刘昭羽	陈婷	王森	梁思佳
伍瑞琪	王佳乐	陈伟杰	初乘希	李一乐	先俊杰	韩坤龙	宛玉阳
刘奕	任梓鹏	高芷筱	冉玉婷	白沁宇	马志宇	吴沈偲	孙宏宇
钱宇浩	柴德	林心悦	蒋涛	刘润佳	张立城	王宏宇	范伟慧
罗华镌	赵启林	毛璞玉	丁祥	荣欣宇	唐俊焱	熊傲	张的妮
谭慧湘	宋喜凤	徐文烁	徐彦	张亦霖	曹钢	蒋雨萱	

三等综合奖学金（176 名）

周洋明	张雨晴	胡佳钰	刘迅知	梁琪涵	杨晓源	丁玉姣	秦诗雨
任廷辉	乔璇	蒋晓云	刘胤增	何鑫强	郑惠霖	颉鞠凯	刘畅
毛慧琳	姚俊杰	梁琳筠	田俊杰	邓睿鑫	吕天洋	李煜霄	秦徐哲
何亦清	黄鸿泰	宋浩然	辛雨	唐琦	曾秋桦	雷兰	李矫
赵睿凌	黄梓桂	孟少杰	潘宇翔	秦曼伲	刘添爱	张东东	夏魁
罗涵月	何香昱	杨隋森	曹铭洋	刘嘉琪	杨曼蔓	陈依然	曾杰
申燃	王文婕	陈春宇	游欣	朱一樊	张若凡	钟浚银	王润平

蒋成玉	李谨珂	郑宝泓	朱娅凝	唐宇轩	葛佳硕	肖镔珂	侯 蕾
袁 旺	朱一夫	谷俊凌	李 晟	陈俊仰	卜文彬	杨生俊	仲凡保
陈雅萍	袁征帆	王茗昕	姜明雨	颜道申	罗 毅	刘欣豪	于 一
孙书博	周雨阳	胡雪曼	李明睿	王康乐	赵雨欣	吴自华	李昌涧
瞿宗阳	龙文樾	许青杨	骆孟凝	梁轩语	陈佳颖	李晓玥	徐浩然
高君怡	刘宇晨	周 超	王宇莹	陶 虹	李卓婷	赵书玉	许君茹
熊丽婷	赵曼霞	李彦霖	彭秋迪	黄 婧	陆恺逸	汪俞丞	王艺蒙
陈劲熹	徐梦琪	刘逸南	洪世宇	王宣程	李林凡	郭林千	黄天钰
曾 芳	杨镇兆	赵敬尧	钟礼貌	陈 诺	王欣奕	刘桂源	吴天佑
林鸿莹	敬国骁	曲梦达	张建南	周文慧	朱舒阳	朱欣愉	郑子昂
李晓岩	李杨桐	李俊仪	朱骐伟	张塑璠	董 路	王鹤然	杨郅熠
曾 心	李 鑫	周铭华	杨惠雯	徐东升	胡 军	蔡健豪	王文静
罗炼文	谭顺友	黄博文	杜梓萌	李康诚	袁晨茗	杨 博	任展仪
何俊锋	汪 阳	魏 韬	胥泽睿	贾雨恬	李明扬	杨宛璐	张靖翀
何 飞	张圣晨	力悦馨	李坤达	李宇霆	罗 杰	王翠霞	宋锦茹

利兹学院（167名）

一等综合奖学金（32名）

李丰邑	吴国新	张明威	刘 薇	王子琳	吕沛豫	刘维珩	刘奕萱
黄思源	张 嘉	任智慷	田子桐	李 冉	卢开源	赵栩嘉	袁隆桢
王唯真	朱耘葶	纪翔天	谢佳艺	潘之旸	陈彦男	程子羿	郭文韬
赵伟良	丁羽珩	甘元震	徐稳腾	熊梦茜	罗天骏	刘以勒	纪 硕

二等综合奖学金（48名）

任子骁	金泽楷	杨逸伦	刘 潇	周浩楠	曹天一	蒋 祺	刘佳洋
王禹为	包丰阁	隋洲立	黄佳漫	王天予	徐颂雨	周俊杰	穆 迪
郑博文	张昆宇	衡丽颖	马俊浩	陈咨翰	范新晨	周潇洋	张宇涛
孙启宏	左文吉	陈芊好	杨辅桐	周子涵	孙 航	徐艺玮	陈奕俊
王 菁	冯茜雯	任晓儒	许书谦	于 翔	张书语	曲帅然	伍玥睿
王莘淇	舒奕博	唐雪刚	杨洪铭	王芯留	向奕帆	郑子阳	宁 晟

三等综合奖学金（87名）

章子钰	张博涵	黄昶熙	赵桐辉	孙晓宁	覃俊豪	陈航宇	梁晋宁
卢子轩	郑昱元	邓明湘	张允擎	陈宇轩	李昕波	张贾李	蒋劼睿
诸扬珲	张佳琪	王欣雨	范靖薇	邓若徽	赵晏伯	赵益民	赵晨皓
任凌风	姚亦非	盛隽杰	翟理政	刘芷杉	陈 阳	张函语	胡钰泉
成禹铭	欧阳宗延	张凌珂	冉思杰	何纯蕾	郑 兴	白 瑞	张书婷
张 言	张珺朋	朱耿治	丁一丹	文 景	陈思言	刘书阳	李佳蔚

杨智博	刘星雨	李骏杰	江 硕	王梓卉	叶小康	王逸帆	李庞于
林 宇	陈罗宁	左曦仪	寇宸赫	佘舒扬	王 韵	吴芷柔	胡 楠
黄 煜	卢海天	李丛锐	汪冠宇	郑金雨	吴泊安	余昀德	苟洛嘉
王巨涛	罗朝旗	刘一鸣	钱 程	肖 阳	陈文轩	温悦廷	吴勉孜
聂浩宇	宋明富	许峰耀	刘绵昱	赵嘉程	牟明玥	毛杰泓	

材料科学与工程学院（180 名）

一等综合奖学金（30 名）

赵一心	李 杨	崔 晨	何梦泽	高一波	朱文星	孙耀坤	孟宏达
邹奕亮	王宇翔	胡永琪	廖智敏	范伟哲	高德举	张熙材	王 壹
王美懿	盛凡响	易若萱	宗 楠	李璐芸	金炫宇	刘佳驹	许家能
杨 旭	杨 燊	邢 宸	江 栋	朱嘉颖	王星淇		

二等综合奖学金（48 名）

于昕冉	侯丁煜	陈雪文	闫一凡	陈经伦	汤子健	史维宇	赵梦莹
谢朋书	王雅楠	刘亚洲	朱凯杰	巫丹敏	方鸿宇	简 洋	李 林
闫 坤	黄 斌	王溪苗	陈中一	孟子轩	吕天祥	郭荣荣	何占宇
张 烨	朱溱泽	姜艺菲	杨 玲	张 雨	李贤哲	刘嘉腾	姜 萍
高志文	傅海艳	肖睿豪	陈旭萱	卢志华	张文雅	张艺玟	章天弋
叶 雯	徐伟贤	陶鼎涵	王元梅	柴 奇	周 正	李雨鑫	杨彦熙

三等综合奖学金（102 名）

詹丽凝	廖璐阳	邓曾懿	潘明波	姚 凡	梁 月	朱 雪	张智媗
姚 坤	蒋 月	郭洙利	金文龙	王 墨	陈佳一	司梦茹	周 航
兰 巧	谢 恩	赵鸿博	孙嘉序	刘依恒	刘申奥	唐 靓	李 婷
种锦轩	唐子承	陈 硕	王万通	倪 鑫	任 阳	邹明君	黎 挺
庄严皓	李 顺	李竣业	廖心怡	郭 行	李清扬	田 甜	李添骥
王中南	王逸柔	王睿韬	韩晨鹏	何俊杰	冉梁雨优	王琰仪	曹雨婷
曾泰平	肖雨苹	李婷玉	吴荐雄	宋好好	梅宝文	王 宇	李金驰
魏 浩	傅岩轩	顾 楷	蒋子凌	徐智新	李尘宇	程 帅	孙浩博
孔繁顿	陈晓龙	张森南	王云泰	王照东	陈天驰	张子木	张宇轩
袁 佳	梅 望	马丹阳	黄思恩	王同硕	徐玉龙	颜宋伟	耿孟轲
向梦梦	李亚兰	马 娟	文 静	伍 玲	曾 昊	温贵聚	赵高建
梁 森	涂鹏羽	宋竹林	周 姵	李家乐	张浙南	杜威龙	张俊涛
张振宇	熊健桥	刘懋霖	张海超	刘 梦	王 兴		

地球科学与环境工程学院（271 名）

一等综合奖学金（38 名）

李金杰	侯易凡	徐巾杭	石奥博	万欣宇	侯佳丽	杨承翰	陈 说

魏浩宇	李思睿	张珂仪	余君	廖胜江	卢砺凡	应涛泽	叶坤友
刘义豪	杨晨	蒋蕙琪	魏刊	汪俊帆	陈锶佳	何凌	雷茗羽
张馨予	解雅喆	王杰	张欣驰	张钊宁	杨洁	刘桐桐	谢金华
罗杨	张子聪	付政	徐嘉茜	沈爱颜	张毅超		

二等综合奖学金（82 名）

任炳屹	饶玉婷	钟佳辰	操延宾	陈婧	邵济民	舒永正	张龙睿
朱志祥	尹靖策	王艺萱	张雯清	黄虹力	傅泽兰	窦宇辰	钱梦悦
胡建华	陈玥丹	王可欣	边琳	武亮亮	时旭程	丁柏寒	许少鑫
张绪明	冯得封	曹彬	韦登辉	文海静	张桐源	葛紫腾	丁天皓
高溢青	吴泱泽	徐佳昕	叶轩玮	寇珈豪	林星杰	李峰	潘骁
李明嘉	邹欣蓓	刘宇杰	方舟	陈人楠	王亚宁	陈珂	刘烨
张雯舒	陈静	郑元圆	周明悦	吴秀科	德吉拉毛	周超艺	周嘉豪
张震坤	蒋涛	胡文旭	何骏捷	李逸凡	戚符菲	戴行睿	朱保乐
邱锦钊	刘伟	赵子贺	王婧雯	胡峻纲	武若涵	刘泉	陈楠
张强	赵晨灿	孙启翔	高雪薇	杨松	李思佳	袁宵龙	牟佳祎
叶玉豪	徐梓杰						

三等综合奖学金（151 名）

张宇辰	李宝贤	郭晓林	杨卓群	朱高	曾秋雨	李京伦	文雪洁
刘云鹏	黄启航	张智	刘水源	苏余衡	张雨晴	蹇智珏	许刚
曾月凤	胡蓓慧	方越	李汶	胡佳慧	曾智威	封淑莹	汤承玉
王纯	仁真严木参	朱艳萍	甘小培	黄泳桦	姜胤	谭佳怡	张泽琪
龚思丹	杨青青	王伟	滕家旗	路鹏举	毛海涛	何文华	练培格
谢舜尧	李一锋	姜亮亮	王雨婷	谢宏宇	段可意	杨石明	吴昊
徐亦兰	吴雨婷	汪元	阙培奇	于海龙	张睿喆	赵昆梅	陈文瑜
马迪枫	马嵩超	杨远朋	沈国祥	唐旭东	王艺	袁文韬	陈柏良
张怀逸	顾朋鑫	张兴怡	高枫	冯瑜超	刘俊宇	曾添	达宝萍
黄顺国	段皓然	聂晓琴	谭飞	张益连	黄欣宇	李虹雨	白海燕
刘玉梅	李茜	王丽桐	陈震	刘佳宁	柳艺	曾亿	赵致景
王子协	张雨骏	许文静	江忆言	章逸敏	王英凡	李刚	毛愉希
闫帅涛	种亚飞	白景漪	杜欣蕊	袁婧雯	苏玉含	徐礼扬	郭缤琦
冯超俊	吕静	陈飞宇	李骁群	吴兆其	李安宏	卢琦	杜皓琦
孙迪	戴旭	吴艺楷	刘力丹	邓梓灿	陈佳慧	陈锦昊	史祖浩
龙勤	刘瀚文	王茹薇	夏珽畯	陆茗卉	林致远	徐忠杰	罗文嘉
王家丽	闫灵洁	彭选	缪小红	欧月	周敏	郑思怡	冉克宁
李威	任占昊	唐世泓	李慧	施博文	李雪莲	刘辰祎	刘伟婷

詹博驿　　周立翔　　吴秋韵　　赵小大　　陈安琪　　刘蓝熠　　黄吴夏

经济管理学院（199 名）

一等综合奖学金（32 名）

刘希子　　金本杰　　马肖羽　　徐子砚　　姜玉飞　　王丽萍　　宁懿文　　曾馨仪
叶彬妍　　郭美好　　陈思宇　　尤子涵　　徐嘉璐　　戴新杰　　王灵瑶　　阳　鹏
耿子雯　　谢　彤　　李鑫月　　李　静　　魏靖丹　　沈　悦　　顾　玲　　邱缨茜
贺丽姚　　徐艺泽　　杨晨薇　　王心乐　　卜祎璇　　陈彦冰　　王　驰　　齐明霞

二等综合奖学金（61 名）

张晓青　　李鑫浩　　高成南　　李俊豪　　赵维坤　　靳景雯　　许福林　　金李畅
魏　典　　赵　哲　　黄　源　　蔡明俊　　季浩洁　　王　慧　　杨欣怡　　王　颖
刘蔚然　　江佳蜜　　张贝宜　　王泽航　　宋依静　　潘传扬　　黎　量　　唐梦茹
何富艺　　蔡培劲　　陈　鑫　　陈禹樵　　钱书琦　　王仁萌　　曾雯卿　　蒋函巧
程文琪　　姜立雯　　李亚娟　　甘晓蕾　　胡依依　　杜若桐　　黄嘉昕　　胡译文
王　珮　　黄敬然　　夏新雨　　吴若瑜　　江　童　　毛宇欣　　屈睿哲　　陈一迪
孙　静　　刘　欣　　宋炅阳　　张　琦　　伏祺玮　　魏欢欢　　张凯博　　郑伊扬
黄书萌　　付欣悦　　卢　双　　商奇瑞　　张　楠

三等综合奖学金（106 名）

黄　琬　　陈　为　　李梦茹　　潘　浩　　唐　辉　　陈嘉燕　　周峻羽　　王晓芸
苏瑞琦　　吴　宇　　毛　杰　　唐菲苗　　朱心怡　　刘　鑫　　吴秋晨　　贾建芳
皮　睿　　汪久琳　　唐山婷　　刘小钰　　袁　剑　　蒋琪龄　　李天心　　张思濛
何　格　　邓文昊　　梁金秀　　谢炎君　　凌川奇　　王振宇　　曾娅萱　　王　鼎
李迪潇　　程叶丹　　王歆哲　　苗天石　　段利程　　朱国华　　任鹏越　　惠俊晨
肖邹雄　　刘　颖　　方婷瑄　　邹　悦　　李逸群　　杨思颖　　张琬若　　王重月
于小涵　　陈　颖　　李　玥　　黄泽芳　　汪梦妤　　李紫薇　　郑思琪　　何泽凤
黄琪杰　　赵婷婧　　杨锐铭　　包一行　　徐　婧　　巫昕桁　　方　圣　　周雯茜
陈　乐　　范　哲　　孙子雁　　赵茂杉　　胡　璇　　刘子琪　　白欣然　　张鑫竹
王华烨　　彭榆丰　　王子涵　　胡嘉欣　　刘　承　　牛韦杰　　杨韵律　　赵　洋
邝舒娜　　杨钰婷　　谭凌心　　董子游　　范　越　　胡秋羽　　胡馨心　　刘芫硕
唐同舒　　颜煜华　　林宇婷　　孙欣璐　　王凤杰　　秦　宁　　江浩月　　黄朝祚
张　幸　　王璐瑶　　赵婧潼　　黄　静　　贾诗怡　　吕瑞怡　　陈锦胜　　周雨晴
黄丽琼　　王司其

外国语学院（162 名）

一等综合奖学金（26 名）

谷瑶玮　　张梦雪　　王姝予　　吕靖宜　　刘　月　　陈澍树　　张　冉　　王思尧
欧杨睿　　赵　静　　陈思菡　　李　萌　　汤凤仪　　王　倩　　张美子　　陈亦婷

杨蕊嘉　鄢梦蝶　林雨萌　黄舒琪　黄　楷　胡齐松　袁可歆　肖海楠
劳旖彤　李滢乐

二等综合奖学金（50 名）

赵　倩　黄婉仪　肖彤彤　侯　玥　李子晴　蔡心怡　蒋雯睿　许沙鳗
刘雅琪　任佩仪　周　奥　杨雅涵　苏劲宇　付宇航　邓铭柯　杨　漪
梁以清　吉　钰　张雨彤　蔡宇睿　毛佳丽　许舒迪　严一蕾　司欣怡
金涵楸　伍逸芸　邱佳玲　周　楠　高文婧　韩嘉芯　陈　敏　巫季珂
刘　婕　陈锦萍　尹　伊　吴佳铃　柳　庚　王　卓　林　莉　程俣杰
谢小练　欧阳雅雯　叶　牧　张星芫　何雨桐　俞　娇　刘　慧　蒋　雪
孟珂宇　董亦靖

三等综合奖学金（86 名）

张希平　林诗睿　王　川　杨宜小　罗玉旋　彭丽媛　彭子苡　赵汉文
陈玲娜　张子妍　叶文斐　郭新宇　韩子轶　余沏霖　牛露萍　杨蕊遥
余楚澜　刘馨蔓　梅新宇　张宇茹　周鑫雨　陈硕文　任璐瑶　江　晶
文敬懿　白晋宜　游　璐　杨沁宇　刘建业　谢颖杰　杨海童　杨　曦
刘　欣　杨雅茹　赖小可　张露瑶　张苒曦　万文婷　李　庆　朱文瑶
蔡雨静　王　璇　孔一棠　赖之韵　唐钰婷　程雪媛　黎晓菡　夏铭蔚
白礼灵　李　睿　王一涵　徐官卉　刘芝吟　刘　琳　张　烨　崔欣宜
何香菊　刘星宇　赵樱蓓　陈嘉仪　张雨桐　王晓雯　段海酸　傅佳宁
韩佳伊　马　倩　王玉婷　施昕琦　刘苏琰　刘政熙　许雨馨　刘雪娆
张梦晗　王艺锦　王　珺　袁雅杰　沈羽韵　傅齐宇　孟　媛　胡扬洋
韩　锟　王莉萍　张思怡　令欣悦　唐　倩　牛羽璇

建筑学院（151 名）

一等综合奖学金（24 名）

乔雅雯　王诗卿　徐宇飞　陈倩瑜　张盼盼　赵滢瀛　夏姿彤　李汝楷
罗佳伊　刘卓玥　林　榕　杨思琦　毛萌萌　祝佳铭　王梓艺　吴豫遥
严安易　杨丰绮　张梓敬　赵丹宜　徐文丽　张　慧　刘昊东　罗睿祯

二等综合奖学金（48 名）

苏巧敏　刘正刚　阎凤怡　何诗雨　刘雨微　张宇弛　吴　誉　牛鸿远
齐　琪　马子清　白雨杨　查　铎　崔倍萱　陈云姣　吴润琳　仝佳豪
唐一可　赵均铭　顾田心　李艾玥　苏　埝　宋佳凝　张雨冰　文艺晓
王佳怡　郭泓希　周佳钰　屠千寻　曹馨玉　蒲雨馨　刘　响　王嘉灏
刘　婷　王冰洁　王名修　张裕钦　陈雨蒙　穆铭宇　杨艺佳　刘新月
蔡凌晨　张筱萌　黄奕璇　茹于飞　华文萱　林　茜　周雨薇　王翔驹

三等综合奖学金（79 名）

曾心如	滕邓	周宇婷	贾诗涵	李欣雨	谢千蒙	张峰瑞	张雨洁
张渝雯	王奕晗	陈宇豪	谢梦	吴爱千	柯路恒	单文捷	杨凡
徐雪竹	石秋霞	黄艳	徐亚龙	刘嘉铭	王睿韬	王以恒	赵曦雅
孙陈玲	苗露滋	黎恬	曹予婕	兰格戈	鲜薇	江雪	孔翔
郑梦琳	赖婧雯	李乐心	毛璐栖	苏靖涵	蒋知余	朱芯懿	李东恒
袁懿	胥言	廖涛	毛艺楠	赵海鲲	薛玉炜	胡思予	张莫龙
李思琪	刘嘉丽	徐振洋	马宁君	赵玉洁	刘霄	周星宇	曹怀灵
原小雅	何依宸	潘杨卓	邵弘	王思琪	华凌云	严颖	蔡家睿
李语欣	刘雨欣	汪静秋	高晓蕾	安伊菲	刘西雨	沈博宇	崔航
张宇婷	王帅戈	周心玥	丁博潮	邝佳琪	梁秋怡	刘芷洋	

设计艺术学院（75 名）

一等综合奖学金（12 名）

彭栎而	任爽	陈骁	王星月	王宇卿	徐佳慧	邓雯文	杨依婷
刘茜	李琪	王雅洁	刘玟焱				

二等综合奖学金（24 名）

刘钰蝶	陈芯楠	王紫绮	祝晗娟	程怡然	罗熳蕾	高春媛	林知春
金楠娟	于越	杨泠慧	武子彤	王小铮	李明悦	黎妮	宋时玲
余倩如	王嘉琦	王静怡	陈钰雯	王新雨	贾文骋	张畅畅	蔡霖霖

三等综合奖学金（39 名）

王瑞嘉	刘芊妤	唐子宜	樊祐宁	申心雨	史珂玮	王卓林	蔡晴
潘艺文	张钰鹏	何艳菲	李想	张茗彦	卢颖	王琳	闫昱秀
杨凯文	李智扬	谢露薇	张恩瑜	刘思蕊	罗瑞婕	仇一童	邓亦轩
闫俣辰	陈思荷	屈姝含	扈玉玺	张钰佳	陈斯诺	李晓菲	王宝罗
田洋	冯乐仪	李宣	陈雨曦	黄城城	张美琪	章傲桢	

物理科学与技术学院（181 名）

一等综合奖学金（30 名）

吴媛华	李嘉宣	施逸蕾	张雪晨	孙路易	张渝佳	王宇捷	肖帆
罗宇涵	薛张熙	朱骏平	陶浩然	杨佳霖	李尹强	王钰玺	于正航
陈壕	张怡远	张翼飞	罗珺	严志远	贾思恩	朱宏旺	王皓
陈博旸	洪瑞阳	钱隆	李强	廖鹏	胡烨韬		

二等综合奖学金（53 名）

宋晨冉	吴佳超	傅钰凝	贺俊淇	杨坤萍	伏惠琳	程羽光	林智成
吴泽俊	杨志宇	毕志豪	黄勇	童国烽	陆狄肖	黄海若	郑皓焱
张清泓	刘希睿	徐潇凡	安信帆	张子婧	唐海棵	郑文杰	余威

鲁 卉	钟宗玲	黄 凯	庞涵瑞	鲁奕辰	张嘉兴	吕智骁	刘瑞杰
张婧瑶	舒 梁	李逊俨	余德政	文 荣	张东阳	王业恒	陈 威
刘静茹	任欢乐	罗启航	王博鑫	胥昌扬	陈俊亦	马煜博	李科阳
陈戈亮	符 庞	赵硕存	冀长浩	罗颖熙			

三等综合奖学金（98 名）

单欣卓	郝建熙	钱晓东	彭 锴	全霖泰	张相宜	张泽腾	谢品鸿
张 玺	郝泽宇	高 亮	姚羡平	叶家杨	徐灵珺	戴清雅	李薇薇
景龙飞	李 涛	杨 森	蔡成淼	张坤明	饶智燕	赵麒蓁	张恺祺
李翻萍	张婷蕙	辛昱伶	胡县春	罗 旖	蒋 昕	寿毅航	乐佳佳
花 锐	熊锦芃	安羽彤	邵亚星	王涵悦	牟昭旭	刘人玮	楼牧风
杨 睿	李文达	代鑫跃	盛 柯	付佳旺	游 涛	程远东	胡贵龙
吴若彤	汪永福	陶梦缘	谭 洁	白话文	夏 洋	韦 函	唐 铭
刘一诺	唐 钰	吴道帅	李 浩	张星宇	李秋雨	丛晓涵	刘兆媛
杜昊宇	邱高爽	徐子畅	陈飞扬	何嘉旻	臧业敏	唐文宇	陈明宇
朱科潮	郭宇瞳	王 迪	沈浩天	胡宇博	徐伟峻	赵彦博	孙 亮
杨 偲	杨瑞泽	沈 斌	程文轩	黄惠琦	李雨芳	徐 睿	朱龙恩
黄 兴	吴锡磊	王熙冉	费欣瑶	赵悦成	张海伟	严秋越	刘 鑫
李佳豪	赵宇涵						

人文学院（158 名）

一等综合奖学金（24 名）

冯琪祺	逯雅杰	胡文欣	田 杰	赵雅芳	董森菲	刘朵云	王琦皓
王沁岚	李明欣	谢舒玲	薛维怡	胡星妮	从 也	张森儿	李 佳
王倩妮	王世怡	周子然	刘杰瑞	张煜松	朱星烨	魏欣妍	任 麒

二等综合奖学金（52 名）

郭 薇	王奥欣	赵中源	马 斌	檀香宁	周璐加	郑皓丹	万 立
郭凯悦	赵晨瑜	马超威	宋子琪	周婧琳	宋姝婷	李安琪	赵滢潇
孙笑一	杨 晨	罗清华	潘诒堃	李新蕾	刘赞堃	冯钧涵	何一凡
朱芷一	王 硕	倪韬睿	班浩琳	王琳栋	刘 晴	张敬荸	张 绮
姜然歌	王煜垚	廖伟富	罗妮娜	李佳艺	曾品贤	刘之琳	张靖海
陈冉冉	杨 旭	李芷瑄	肖 乔	李睿栋	魏坤益	陈培培	张姝坤
王阳洋	梅镕缨	毛佳斐	沈奕希				

三等综合奖学金（82 名）

王司乐	靳登婷	王文瑾	谢晓汝	朱 婷	刘帅杰	郭 茜	王怡松
赵 颖	陈嘉灏	张林赟	陈伊檬	赵晨琳	史鸿宇	刘佳琪	李梦霖
陈才广	莫会军	秦梦恬	唐子璇	靳 超	尹诗婷	闫 瑾	汪 念

何玺华	杨楠茜	孙梦琪	李鲁昱	伍泳霏	唐颖	罗馨蕾	武田雨欣
黄彤瑶	杨巧云	鲁慧琳	林美好	王莞沂	瞿嘉文	王嘉仪	赵紫玥
张泽屹	张家瑜	沈舒婷	汪鹏	冯江琪	田家琦	邓昕宇	吕东阳
杜晞维	冯畅	赵一唯	付林希	王苏	段静怡	兰梦婷	陈心玉
陈嘉惠	何柳汐	潘柏丞	梁瑞琪	吕晴	黄琳	杨钧雅	邓茹欣
班继娟	刘亚楠	吴嘉瑞	吕晨阳	糜舒玥	齐若冰	宋梦金	邹鑫
李其桃	王菡	杨雨婷	成博	熊皓宇	上官婧钰	于舒然	于佳苹
周可佳	成佩峰						

公共管理学院（124 名）
一等综合奖学金（17 名）

伍丁雨	杨雨荣	谢如涛	肖星雨	倪尘远	吴孟颖	黄祖怡	刘思雨
鞠松男	黄姝睿	潘佳萱	杨溢	费佳瑶	张菁妤	乔楚	胡宇菲
刘玉欣							

二等综合奖学金（41 名）

靳瑞阳	毛莎莎	赵世清	方嘉伟	沈玉璐	范熠	孔熠	关伊
阮思蕙	王卉	唐菀卿	李青	王彦文	卢羿彤	罗梓祎	谢礼怡
谢佳怡	唐瑜璟	肖晨莹	张腾宇	吴昱瑾	潘雨欣	刘博宇	汤欣雨
尹丽颖	冯锦	陈家珺	潘垚君	孟静雯	王佳敏	宁梦影	高子瑞
陈炜婷	郭诗颖	魏暄如	石未之	李昀鸢	阎梓仪	黄芯旖	元雅琦
张晨阳							

三等综合奖学金（66 名）

周雨嘉	李玲宇	廖慧娴	张羽习	杨添天	陈哲	郭含悦	刘祥龙
叶雨柔	王瑞	陈吉筠	张莹莹	柳溪	向荣	韩濛濛	迟洵洵
陈欣月	杨玥琳	许蕾	郭菁菁	刘丁源	熊蓉蓉	邝擎昊	王艺琳
井宇恬	屈雅琪	莫颖桐	张钰芝	胡育粼	李佳颖	刘锦璇	张嘉琪
霍羽薇	殷晓冉	郭宇宸	桑瑶佳	李艺灵	向书颖	张佳慧	肖雄
伍虹吉	马玮骏	陈颖	赵晓琨	王清玥	姚梦瑶	郑米蕴	周泽洋
战香善	罗菁	赵怡然	陈琦祺	何沁媛	游媛	郭林森	林子琪
王韵禾	伦炜甜	毛树林	张潇睿	文紫瑶	王芷丹	贾李爽	吴嘉瑞
蒋馨	钱慧妍						

生命科学与工程学院（147 名）
一等综合奖学金（23 名）

朱晓洁	王晶	樊丹晨	刘峻姗	辛锦秀	索圣楠	洪美莹	李姝璨
秦梁宸	楼晓扬	庄智尧	田润雨	李小健	卿兰澜	张喆然	陈晨
徐桐瑶	牛晓媛	刘诗奕	刘雨萌	吴乐	徐思贤	余博飞	

二等综合奖学金（44 名）

王文洋	王文千	吴佳炜	敖以恒	向涵	胡沛瑜	田星怡	祝春燕
初旭芳	邓曼	蒋琳	章添辰	王冠雄	马飞扬	李咏歌	覃瑜
李睿涵	莫海杨	高春艳	张雨晴	温诗寅	邹民军	周鑫	黄程成
程子为	刘彦廷	吴彤	黄一飞	俞逸枫	党海川	李鑫鑫	李苇祥
张鹭	魏舒新	吴晥萩	程梓萌	钟雅萱	宋雨欣	江森	许文菁
李心妍	谢欣格	谭沁灵	曹添乐				

三等综合奖学金（80 名）

陈维嘉	任泽泉	周楚嘉	陈潇涵	唐吕润	周子祺	陈中炜	王硕
刘毅	张璐	郭玉莹	陈艳萍	高涵	徐玲	周佳慧	刘佳欣
黄梦琪	翁姝颖	潘雨婷	曾文亮	施昌坤	叶明远	曾茂林	孙思璐
黄馨瑶	张明龙	余昊天	叶名杰	曾浩	尹云扬	郝依琳	谢鸿
周靖怡	唐宇	杨婷宇	黄寅慧	张丽娜	康雨	代安琳	李嘉敏
邱志浩	杨曼宁	董卉若	武鑫杰	谭倩倩	朱宇鑫	谢雅云	苏怡心
张鑫薇	蒲瑜	陈琳新	崔皓博	陈春宏	尹之奇	曾程宇	杜婧怡
任春艳	马凤丽	屈睿沂	余曦	杨路祥	许天成	杨祁懿	贺亦心
陈豪	张入元	杨博	徐志鹏	梁桂铭	谢佳桓	杨于文	范轩诚
管翊璇	陈嘉语	李子轩	丁一哲	宗哲夫	王浩宇	丁燕	孙旭扬

力学与航空航天学院（106 名）

一等综合奖学金（17 名）

刘柠	翁雨萱	沈成鑫	李俊鹏	林柯	周德龙	王丰	王骏烨
章祝帆	秦子涵	吴越齐	陈旭阳	曾鑫	卓武	梁启辉	赵昀雯
胡志远							

二等综合奖学金（31 名）

陈皓瑜	任延禹	钟道	赵志辉	冯大卫	梁文超	谢泽衍	杨江鹏
李甜田	米文佩	蒋纪元	卢恒啸	罗庆勇	孙继鑫	李盈	吴嘉晖
杨忠锐	易家宁	马宇航	陈龙	杨云帆	邓晓雯	李建霖	庞富官
吴泽宇	徐睿喆	钱添翼	辛弘扬	蔡亦奋	赵一安	张文浩	

三等综合奖学金（58 名）

张顺顺	赵玉琅	罗志豪	李昊	黄小强	周靖超	范琳茹	钟宇杨
拜恒星	谢梦真	丁建恩	胡家浩	刘晨曦	孙琳凯	李翔	徐羽诺
蒋浩洋	王曦哲	李磊	孙梦涛	李靖	张泽聪	杨杰	周林
冯文杰	曾垚	苏航	余嘉成	黄彦文	元震	冯靖宇	孙敬淳
王润康	韩道荣	李家伟	王彬镔	王旭亮	唐瑞林	李哲羽	詹浩
张晓龙	黄炎昊	李欢	文春城	郭力	房玥灵	胡艺林	邓家骏

| 朱才艺 | 瞿梦蕊 | 徐锦程 | 周泽昂 | 张周吉 | 施金岑 | 刘一琦 | 罗匀曼 |
| 邱旭 | 刘义翔 | | | | | | |

数学学院（119名）

一等综合奖学金（24名）

张泊远	张政秀	李加龙	夏晴雨	钟超	张潇文	张诗语	韦杰
谢青松	李晓冰	曹治森	邵鑫	黄嘉驹	朱家烨	曾航	吴思佳
朱纯雨	蒋瑞雪	赵彦通	康蒙	赵雨扬	卢春洋	朱胤晋	杨松凯

二等综合奖学金（40名）

史晓瑜	王睿德	谭湘怡	田玉亭	王滋	李婧怡	葛田田	郭国林
何星阳	陈一扬	郝晓萱	李步云	杨哲先	管芳	瞿雅绮	闫宇汉
张翔	陈玉娟	王燕	杨燕	赖思宜	谭睿洁	汪泽新	王梓涵
叶晓明	程媛媛	王中伟	李西曼	刘子轩	张嘉盛	侯赢号	莫楚滨
李阳阳	侯奇瑞	吴汪祺	林家伊	陈杰	于学龙	段志豪	刘心草

三等综合奖学金（55名）

唐怡	张书童	黄子叶	许俊伟	项乐乐	肖宇航	倪景涛	张怡晨
徐鹏飞	周尚可	刘嘉蕾	张宇彤	彭瑜婕	郑浩然	马一鸣	张瑞麟
李泽昕	于存源	张涛	殷雪慧	梁柯健	涂玉琪	潘晋原	王樱
殷世玉	周煜知	荆琪瑶	何姣灿	夏心语	陈宇杰	袁雪璐	张子玥
张旭	郑梓乐	黄丝雨	吴迪	彭埈铭	于棚	杨蕊萍	赵明钰
黄思源	余博亚	邹文俊	傅慰杨	陈思衡	周烨	庞雅欣	党京京
陈一荻	梁怡睿	尹玉涵	沈宇洋	史锦江	甄佳宇	张哲	

马克思主义学院（31名）

一等综合奖学金（6名）

| 雷斯瑞 | 林煊 | 李楚 | 李聪昊 | 鲜花朵朵 | 刘佳莉 | | |

二等综合奖学金（9名）

| 燕祥锋 | 谷肖 | 马筱丽秋 | 徐景行 | 尹烨馨 | 左珈弋 | 陈煦雅 | 张悦涵 |
| 戴一旸 | | | | | | | |

三等综合奖学金（16名）

| 吕欣霖 | 李怡蒙 | 石莎莎 | 杨悦 | 郭文惠 | 王士予 | 贾焰萍 | 赵雨聪 |
| 黄梦诗 | 赵子涵 | 严怡 | 杨青 | 徐扬帆 | 曾好 | 闫帅宇 | 刘泠希 |

心理研究与咨询中心（36名）

一等综合奖学金（3名）

| 沈玫霖 | 王一翔 | 陈岚 | | | | | |

二等综合奖学金（8名）

| 邹乐眉 | 杨慧茹 | 高苇桐 | 汪无隅 | 曾坨 | 赵俊杰 | 费以诺 | 辛姝辰 |

三等综合奖学金（25名）

阎思睿	黄 娜	刘小婵	姜舒阳	毛艺霏	李泓仪	赵泓屹	杨婉欣
魏 蓉	周仲仪	甘诗源	邓芝彤	王祎冰	寇田婧	李逸心	蔡卓宏
苏 放	李姝娴	唐丽娟	朱陈葳	李贤梦	叶力菡	易 姣	张昌辉
区淇淇							

智慧城市与交通学院（64名）

一等综合奖学金（8名）

郭宇淇	秦浩喆	赵浩然	朱杉林	周亦璟	汪西雨	夏传乐	文俊霖

二等综合奖学金（20名）

程馨远	尹梦云	张亿浓	吴忧悠	王子洋	方 余	张瀚文	荆冉旭
邓 浪	罗浩元	罗煜欣	杨博然	饶丽婷	刘 磊	谢睿杰	李悦健
王思又	王婧姝	黄凯迪	潘 钦				

三等综合奖学金（36名）

郑心昊	黄文升	陈逸嘉	陈 琛	杨晓渝	潘玉萍	陈奕旭	柏纳源
李搏文	宋奇东	金稼乐	马弈新	杨 智	周 博	王少宁	张智鹏
陈丹宁	杨思烨	吴奕尘	尹若依	任 曦	李欣勃	王若彤	李国庆
张丰硕	谢宇凡	薛逸飞	李昊杰	朱时娴	谢星羽	朱思燚	郝海川
陈俊峰	俞一舟	徐 真	石 杨				

本科生专项奖助学金（664名）

茅以升工程教育学生奖（1名）

陈 斌（土木学院）

茅以升铁道教育希望之星奖（1名）

张小路（材料学院）

罗忠忱教授奖学金（2名）

李羿婕（土木学院）　郭欣森（计算机学院）

感恩中国近现代科学家奖学金（20名）

高 飞（土木学院）	程爱棋（土木学院）	罗 宇（土木学院）	高 原（机械学院）
何冰鑫（电气学院）	张 锴（信息学院）	何佳原（交运学院）	杨培杰（交运学院）
高彤彤（交运学院）	周孟雪（材料学院）	李 韬（地学学院）	叶志虎（地学学院）
张子贺（经管学院）	林 洁（经管学院）	郭淏韬（物理学院）	张晓丹（公管学院）
张一川（生命学院）	谭英泽（力航学院）	尹 懿（数学学院）	吴 昊（马克思主义学院）

感恩中国近现代科学家助学金（24名）

敦浩诤（土木学院）	穆 烁（土木学院）	郭衍灵（土木学院）	唐秀琴（土木学院）

唐发勤（土木学院）　　许　彪（机械学院）　　白昊宇（机械学院）　　李　鑫（机械学院）

江雯迪（电气学院）　　曹亚鑫（电气学院）　　周志杰（电气学院）　　王雯静（信息学院）

郭　帅（计算机学院）　喻　磊（交运学院）　　姚烨兰（材料学院）　　刘慰心（地学学院）

刘江原（经管学院）　　高丽蓉（经管学院）　　张柏森（物理学院）　　胡馨予（人文学院）

徐梦莹（公管学院）　　刘艳艳（生命学院）　　朱秀玲（数学学院）　　黄几荣（马克思主义学院）

穗港泰奖学金（6名）

涂建宏（信息学院）　　潘芳芳（地学学院）　　万家辉（利兹学院）　　潘骏宇（电气学院）

陈咏麟（交运学院）　　何婧瑜（经管学院）

广州校友会红棉助学金（2名）

李宜远（土木学院）　　朱　立（外国语学院）

黄山教育助学金（10名）

陶琪琪（土木学院）　　王俊超（机械学院）　　吴　婷（信息学院）　　纪超凡（计算机学院）

章　坤（物理学院）　　罗　邱（地学学院）　　袁　晨（公管学院）　　徐艳琪（交运学院）

付　艳（生命学院）　　毕思琦（智慧学院）

惠霞教育助学金（1名）

黄寒参（力航学院）

江西校友会助学金（4名）

罗　海（土木学院）　　朱志林（机械学院）　　彭青林（电气学院）　　曾鸿艳（地学学院）

美洲校友会助学金（2名）

李慧珊（信息学院）　　顾铭星（物理学院）

中车株机奖学金（25名）

刘　帅（电气学院）　　李　栋（电气学院）　　罗彬欣（电气学院）　　陈一凡（材料学院）

张家宁（利兹学院）　　徐嘉晨（机械学院）　　张恒永（机械学院）　　何　伟（机械学院）

王明云（机械学院）　　李少杰（机械学院）　　陈馨恬（机械学院）　　刘晋炜（机械学院）

何雨珊（机械学院）　　杨　骁（电气学院）　　施敏乐（电气学院）　　唐　豪（电气学院）

游雨欣（电气学院）　　王文烨（电气学院）　　易行聪（电气学院）　　李连安琪（电气学院）

刘泽松（电气学院）　　陈文博（材料学院）　　唐　华（材料学院）　　黄　骥（利兹学院）

任宸旸（利兹学院）

"峨眉89扬华"奖学金（20名）

杜平舟（机械学院）　　伏　昇（交运学院）　　郭梦洁（公管学院）　　卢　岩（建筑学院）

陈　莲（外国语学院）　肖　瑶（力航学院）　　王继凯（数学学院）　　左朋金（物理学院）

宋海娇（机械学院）　　刘存博（电气学院）　　冯思苗（电气学院）　　文青霞（计算机学院）

刘登进（交运学院）　　蒋曹刚（经管学院）　　张国杰（地学学院）　　孙晓雪（地学学院）

毛一然（设计学院）　　杨开泰（土木学院）　　徐　婷（生命学院）　　程路梅（马克思主义学院）

交大出版·唐臣奖学金荣誉学生奖（11名）

杨昌赣（土木学院）　张翔（机械学院）　陈雪倩（机械学院）　朱宇华（电气学院）

周珂辉（电气学院）　王月新（计算机学院）　鲁静芬（材料学院）　王文涛（地学学院）

王有鹏（土木学院）　黄子懿（交运学院）　李欣璇（建筑学院）

交大出版·唐臣奖学金创新奖（2名）

高浦文（交运学院）　韩　香（材料学院）

复光铁道奖学金（7名）

胡佳怡（土木学院）　陈烁均（土木学院）　史一帆（土木学院）　潘　阳（土木学院）

张铭煊（土木学院）　叶晨希（土木学院）　石成玉（土木学院）

"万路通"桥梁奖学金（2名）

俞泽炜（土木学院）　李潇阳（土木学院）

强士中奖学金（2名）

刘　凌（土木学院）　赵洪民（土木学院）

成都杰瑞达奖学金（2名）

李嘉祺（土木学院）　张李正（土木学院）

钱冬生教育基金奖学金（2名）

马鑫怡（土木学院）　牛琅懿（土木学院）

铁79校友奖学金（10名）

刘采薇（土木学院）　曾泽淞（土木学院）　张泽墉（土木学院）　刘厚华（土木学院）

康先茂（土木学院）　李　琦（土木学院）　陈忆鹏（土木学院）　孔维浩（土木学院）

曹　润（土木学院）　丁浩哲（土木学院）

中国港湾奖学金（4名）

一等奖（1名）

林　涵（土木学院）

二等奖（3名）

智海旭（土木学院）　林　晨（土木学院）　陈佳坤（土木学院）

中国港湾助学金（8名）

项悦程（土木学院）　司　念（土木学院）　申建辉（土木学院）　谢文渊（土木学院）

杨翔丞（土木学院）　周天睿（土木学院）　何　锐（土木学院）　陈璐洋（土木学院）

舍弗勒工程奖学金（10名）

张钧天（机械学院）　钟晓鹏（机械学院）　王泊皓（机械学院）　韩旭东（机械学院）

周　坚（机械学院）　钱芃昕（机械学院）　高宇辉（机械学院）　赵雨萌（机械学院）

程锦茹（机械学院）　王　翼（机械学院）

杭州中力奖学金（3名）

李　俊（机械学院）　潘用豪（机械学院）　潘浩宇（机械学院）

杭州中力助学金（8名）

一等奖（1名）

唐培洋（机械学院）

二等奖（3名）

杜文涛（机械学院）　　孙双巧（机械学院）　　赵英杰（机械学院）

三等奖（4名）

赵纪龙（机械学院）　　王植国（机械学院）　　索楞格（机械学院）　　邓湘平（机械学院）

学书奖学金（6名）

张　磊（机械学院）　　唐晓宇（机械学院）　　吴晨曦（机械学院）　　周林萱（机械学院）

袁宏娜（机械学院）　　孙海玥（机械学院）

暖通95助学金（4名）

李家欢（机械学院）　　王　颖（机械学院）　　汪　波（机械学院）　　何金敏（机械学院）

吴鹿鸣奖学金（6名）

郭　强（机械学院）　　李元琛（机械学院）　　张　杰（机械学院）　　彭　杰（机械学院）

徐　岩（机械学院）　　文施雄（机械学院）

06建环助学金（4名）

谭晓宇（机械学院）　　牛广琨（机械学院）　　张思雨（机械学院）　　邱　爽（机械学院）

开马绿能奖学金（7名）

刘　一（电气学院）　　施扑丽（电气学院）　　朱晨杰（电气学院）　　赵　骏（电气学院）

李春阳（电气学院）　　邓鑫宇（电气学院）　　卓栖玉（电气学院）

07茅电凌睿助学金（4名）

王　明（电气学院）　　林文权（电气学院）　　黎展雨（电气学院）　　吴　爽（电气学院）

中铁武汉电气化局奖学金（20名）

康子章（电气学院）　　高泽图（电气学院）　　陈治铃（电气学院）　　陈思慧（电气学院）

张　斌（电气学院）　　金　杰（电气学院）　　危　爽（电气学院）　　杨冬晨（电气学院）

陈　锐（电气学院）　　侯世一（电气学院）　　卞金阳（电气学院）　　刘腾宇（电气学院）

来国梁（电气学院）　　钟俊晗（电气学院）　　陈旭铭（电气学院）　　赵　俣（电气学院）

王锦辉（电气学院）　　徐振扬（电气学院）　　赵伯钧（电气学院）　　叶　晟（电气学院）

安恒星火奖学金（9名）

杨弘毅（信息学院）　　徐润泽（信息学院）　　王翔宇（信息学院）　　王萌萌（信息学院）

宋尤虹（信息学院）　　刘恩驿（信息学院）　　聂　否（信息学院）　　屈佳宜（信息学院）

袁沁阳（信息学院）

鲜丰农业助学金（2名）

吴诗语（信息学院）　　刘　奎（信息学院）

众合科技奖学金（5名）

武润泽（信息学院）　　任宸睿（信息学院）　　彭　颖（信息学院）　　熊　桃（信息学院）

陈潇盈（信息学院）

芯光奖（助）学金（10名）

李怡洁（信息学院）　　姬宇璐（信息学院）　　廖　圭（信息学院）　　唐亚宁（信息学院）

唐云依（信息学院）　　张艺佳（信息学院）　　唐　欢（信息学院）　　王琳庭（信息学院）

唐怡佳（信息学院）　　姜镇明（信息学院）

交控科技奖学金（18名）

一等奖（4名）

田博文（信息学院）　　陈诗铭（信息学院）　　李嘉诚（智慧学院）　　杨丽莎（智慧学院）

二等奖（14名）

金雨轩（信息学院）　　韩璐瑶（信息学院）　　钟　晓（信息学院）　　杨　璐（信息学院）

杨欣睿（信息学院）　　陈　程（信息学院）　　郭韦（信息学院）　　李依诺（智慧学院）

武　婧（智慧学院）　　余世杰（智慧学院）　　苏涛（智慧学院）　　王宇航（智慧学院）

黄若辰（智慧学院）　　孙艺华（智慧学院）

安捷光通励志奖学金（10名）

特等奖（2名）

周　锹（信息学院）　　张毫军（信息学院）

二等奖（4名）

张耀坤（信息学院）　　孙锦晖（信息学院）　　封彬彬（信息学院）　　何祥吉（信息学院）

三等奖（4名）

李姝娴（信息学院）　　覃一钊（信息学院）　　吴　巡（信息学院）　　许　畅（信息学院）

众合科技学业进步奖学金（20名）

韦鸿予（信息学院）　　吴娅玲（信息学院）　　陈景龙（信息学院）　　幸　鑫（信息学院）

田清宇（信息学院）　　魏莉萍（信息学院）　　穆再排尔·伊敏托合提（信息学院）

孙佳航（信息学院）　　韩振元（信息学院）　　康添祥（信息学院）　　周湘裕（信息学院）

许承萌（信息学院）　　刘嘉怡（信息学院）　　武艺（信息学院）　　陈琪颖（信息学院）

李俊豪（信息学院）　　佘高平（信息学院）　　杨赟（信息学院）　　胡康兵（信息学院）

保　琰（信息学院）

电算七九助学奖学金（6名）

一等奖（1名）

林　鑫（信息学院）

二等奖（2名）

刘雨婷（计算机学院）卢文浩（信息学院）

三等奖（3名）

曾亚莉（计算机学院）张　芸（信息学院）　　张鑫垒（信息学院）

计算机自控八五校友奖学金（5名）

王学彬（信息学院）　　王萍萍（计算机学院）崔永康（计算机学院）杨欣慰（计算机学院）

刘晓飞（信息学院）

和利时奖学金（9 名）

一等奖（2 名）

王玉泽（信息学院）　方俊麟（计算机学院）

二等奖（3 名）

何春江（计算机学院）　黄亦成（信息学院）　应昊驰（信息学院）

三等奖（4 名）

颜飞扬（信息学院）　苏东灵（信息学院）　王怡帆（计算机学院）向俊锜（计算机学院）

成都市安恒公益慈善基金会奖学金（6 名）

一等奖（2 名）

曹毅恒（计算机学院）丁　毅（计算机学院）

二等奖（4 名）

张雨婷（计算机学院）柴江波（计算机学院）蒋　妍（计算机学院）李康康（计算机学院）

顺丰奖学金（18 名）

一等奖（2 名）

冯悦昕（交运学院）　申　芮（交运学院）

二等奖（7 名）

曾艾馨（交运学院）　潘姿延（交运学院）　叶轶淳（交运学院）　袁倩倩（交运学院）
罗心灿（交运学院）　刘洪田（交运学院）　李姝蕾（交运学院）

三等奖（9 名）

张永哲（交运学院）　平　浩（交运学院）　杨炳杰（交运学院）　文　康（交运学院）
李志豪（交运学院）　戴仕豪（交运学院）　孙博雅（交运学院）　徐婉嫡（交运学院）
刘　赞（交运学院）

朗夫专项奖学金（10 名）

张胜航（交运学院）　孙浩楠（交运学院）　钱　芊（交运学院）　张淑雅（交运学院）
万霄潇（交运学院）　杨　澜（交运学院）　王天筱（交运学院）　刘悦诗（交运学院）
牟洺萱（交运学院）　杜　欢（交运学院）

中瑞恒奖学金（7 名）

田　昊（交运学院）　张　祎（交运学院）　罗馨怡（交运学院）　秦诗雨（交运学院）
郑佳欣（地学学院）　叶　昕（地学学院）　李小瑞（地学学院）

利兹学院奖学金（36 名）

一等奖（11 名）

江昕萌（利兹学院）　曾新然（利兹学院）　宋茂嘉（利兹学院）　钱　唐（利兹学院）
方培乂（利兹学院）　栗鸣骏（利兹学院）　高雅云（利兹学院）　刘宇恒（利兹学院）
何其乐（利兹学院）　曾浩鑫（利兹学院）　张裕宁（利兹学院）

二等奖（25 名）

朱安琪（利兹学院）　　周　奕（利兹学院）　　马张辰（利兹学院）　　徐　哲（利兹学院）

郭坤源（利兹学院）　　冯伊凡（利兹学院）　　郭成杰（利兹学院）　　刘诗璟（利兹学院）

王天禹（利兹学院）　　黄许诺（利兹学院）　　于　澜（利兹学院）　　常湛华（利兹学院）

方彦博（利兹学院）　　王昕瑞（利兹学院）　　冯靖婷（利兹学院）　　陈鹏臣（利兹学院）

黄嘉怡（利兹学院）　　兰尉尹（利兹学院）　　徐　露（利兹学院）　　肖天羽（利兹学院）

郭航辰（利兹学院）　　林茹瑾（利兹学院）　　柯力文（利兹学院）　　李欣怡（利兹学院）

曾婧姝（利兹学院）

金材 91 自强奖学金（3 名）

一等奖（1 名）

孙熙桐（材料学院）

二等奖（2 名）

朱可欣（材料学院）　　陈诗怡（材料学院）

立德奖学金（1 名）

李奕豪（材料学院）

航 78 级校友新生奖学金（5 名）

林靖怡（地学学院）　　邓圣保（地学学院）　　佘晓来（地学学院）　　闫春利（地学学院）

宋夏（地学学院）

师益环境奖学金（6 名）

王　丹（地学学院）　　潘思婕（地学学院）　　孙启轩（地学学院）　　武佳丽（地学学院）

张一乔（地学学院）　　尹　建（地学学院）

刘丹奖学金（1 名）

朱　悦（地学学院）

铁发奖学金（2 名）

崔夏娜（地学学院）　　谭清文（地学学院）

地 83 级校友新生奖学金（3 名）

李鹏程（地学学院）　　赵海冰（地学学院）　　李大铭（地学学院）

SWJTU-OSU 合作办学专项奖学金（48 名）

全额奖（3 名）

刘欣宇（地学学院）　　郑绍洋（地学学院）　　范亦扬（地学学院）

一等奖（6 名）

崔禹（地学学院）　　吴禛伟（地学学院）　　徐豪骏（地学学院）　　陈佳瑶（地学学院）

梁莫桐（地学学院）　　吴天昊（地学学院）

二等奖（9 名）

姜俊平（地学学院）　　王澜晶（地学学院）　　蒋玉佳（地学学院）　　陈思婷（地学学院）

刘子杨（地学学院） 李灿凯（地学学院） 张书逸（地学学院） 邓自强（地学学院）

张纪容（地学学院）

三等奖（15 名）

王昊禹（地学学院） 郑羽峰（地学学院） 唐睿仪（地学学院） 周柯杰（地学学院）

王茗浩（地学学院） 施彦旭（地学学院） 李林泽（地学学院） 郭丰元（地学学院）

朱逸飞（地学学院） 李涵曦（地学学院） 张般若妮（地学学院） 李　瑞（地学学院）

李思颖（地学学院） 张翰明（地学学院） 闻　锐（地学学院）

四等奖（15 名）

周洪图（地学学院） 李炫辰（地学学院） 朱诗祎（地学学院） 贾添翔（地学学院）

饶宛芸（地学学院） 何俊彤（地学学院） 陈灏凯（地学学院） 李骐浩（地学学院）

陈芸禾（地学学院） 代旭东（地学学院） 朱子玚（地学学院） 黄楚涵（地学学院）

邹　正（地学学院） 翟浩钧（地学学院） 周郑炜（地学学院）

平安产险四川分公司"金种子"奖学金卓越奖（1 名）

彭舒涵（经管学院）

平安产险四川分公司"金种子"奖学金优秀奖（9 名）

王涵波（经管学院） 王智弘（经管学院） 刁刘咸甲（经管学院） 马宇阳（经管学院）

王玥滢（经管学院） 张宇翔（经管学院） 吕丹萍（经管学院） 罗　宇（经管学院）

邵　艺（经管学院）

毛子涧基金奖学金（6 名）

苏静美（经管学院） 赵思倩（经管学院） 赵佳丹（经管学院） 胡　炜（经管学院）

黄雅洁（经管学院） 秦子亘（经管学院）

中安经管奖学金（18 名）

贺小轩（经管学院） 甘耘竹（经管学院） 吴佳智（经管学院） 崔天荣（经管学院）

张文雅（经管学院） 乔丽锦（经管学院） 罗　慧（经管学院） 章　娴（经管学院）

刘雅轩（经管学院） 汤珵鑫（经管学院） 姜有翔（经管学院） 袁诗玘（经管学院）

陈瀚璋（电气学院） 孙菊艳（经管学院） 于佳璇（经管学院） 杨涵艺（经管学院）

蒋　瑞（经管学院） 王颖茜（经管学院）

管 84、85 级校友经英励志奖学金（12 名）

吴伟豪（经管学院） 陈博宇（经管学院） 熊伟婷（经管学院） 唐源穗（经管学院）

余　颖（经管学院） 朱　彤（经管学院） 王梦瑶（经管学院） 余思欣（经管学院）

张　靖（经管学院） 刘瑞轩（经管学院） 邓雨灵（经管学院） 叶心妍（经管学院）

管信 2001 级经英奖学金（6 名）

童桓力（经管学院） 贺一鸣（经管学院） 周　慧（经管学院） 孟天硕（经管学院）

杨邵博（经管学院） 刘雨睿（经管学院）

本科 1993 级"经管本科 93 级"奖学金（5 名）

章　雨（经管学院） 周川银（经管学院） 王　悦（经管学院） 李晓荣（经管学院）

杨雅舒（经管学院）

"周成勇"奖学金（6名）

高成茜（经管学院）　　黄纪凯（经管学院）　　沈麟昀（经管学院）　　肖雅楠（经管学院）

唐奕涵（经管学院）　　卢　奕（经管学院）

朴新教育外国语学院助学金（25名）

刘敏哲（外国语学院）　黄　丽（外国语学院）　宋梓怡（外国语学院）　陀虹（外国语学院）

程　希（外国语学院）　万益洁（外国语学院）　张　纯（外国语学院）　孙鸣阳（外国语学院）

唐方渠（外国语学院）　刘红梅（外国语学院）　杨　燕（外国语学院）　曹广霞（外国语学院）

李昆盈（外国语学院）　刘荣雨（外国语学院）　周媛媛（外国语学院）　蒋　杰（外国语学院）

白　纳（外国语学院）　彭家萍（外国语学院）　殷以婷（外国语学院）　乔春晖（外国语学院）

刘传杰（外国语学院）　熊敏君（外国语学院）　胡惠涵（外国语学院）　陈友云（外国语学院）

陈　曦（外国语学院）

Aedas–西南交大建筑创新奖（3名）

张李星月（建筑学院）　严澍阳（建筑学院）　　王靖瑶（建筑学院）

朴新教育物理学院助学金（20名）

刘　斌（物理学院）　　李沐蓉（物理学院）　　路岩（物理学院）　　　田礼铨（物理学院）

王伽伟（物理学院）　　杨森浩（物理学院）　　黄启东（物理学院）　　侯炜人（物理学院）

龙智利（物理学院）　　陈云霄（物理学院）　　代乾忠（物理学院）　　杨　州（物理学院）

薛文杰（物理学院）　　彭立国（物理学院）　　李玉婷（物理学院）　　王　宽（物理学院）

兰　斌（物理学院）　　李晓敏（物理学院）　　贾明洋（物理学院）　　吴函迅（物理学院）

朴新教育物理学院助学金（学生干部）（4名）

王小璐（物理学院）　　郑　爽（物理学院）　　冉江艳（物理学院）　　尹金成（物理学院）

常新奖学金（10名）

王柯成（物理学院）　　杨　帆（物理学院）　　王　珂（物理学院）　　唐白洋（物理学院）

陈辉祥（物理学院）　　魏　烁（物理学院）　　陈诗钧（物理学院）　　李佳诚（物理学院）

何　好（物理学院）　　余奕霖（物理学院）

润方奖学金（15名）

曲振（生命学院）　　　张　煜（生命学院）　　周雪静（生命学院）　　明弋森（生命学院）

汪晨怡（生命学院）　　齐哲孜（生命学院）　　刘元旭（生命学院）　　田泽雨（生命学院）

吴丰屹（生命学院）　　滕玉媚（生命学院）　　蔡文菲（生命学院）　　郑　洋（生命学院）

张阿凤（生命学院）　　白杨子益（生命学院）　徐晗哲（生命学院）

力86奖学金（2名）

安晟斐（力航学院）　　房宇辰（力航学院）

力86助学金（2名）

胡志豪（力航学院）　　胡　钰（力航学院）

力学研 85 奖助学金（2 名）

贺巳高（力航学院）　　张健林（力航学院）

孙训方奖学金（3 名）

孙　乾（力航学院）　　崔筱婷（力航学院）　　刘驰达（力航学院）

出版社奖学金（8 名）

一等奖（1 名）

冯　凯（数学学院）

二等奖（3 名）

雷佶潼（数学学院）　　刘蘅丰（数学学院）　　杨茗茜（数学学院）

三等奖（4 名）

郭乂龙（数学学院）　　蔡羽珂（数学学院）　　易小雨（数学学院）　　吕奕城（数学学院）

朴新教育奖学金（1 名）

韩雨航（数学学院）

星辰天合奖学金（7 名）

一等奖（2 名）

刘柏轩（数学学院）　　项学文（数学学院）

二等奖（5 名）

杨淳尧（数学学院）　　懂欢宁（数学学院）　　杨赫祎（数学学院）　　李陈祥（数学学院）

刘云天（数学学院）

"同心院友基金"自强奖（1 名）

韩　坤（马克思主义学院）

"同心院友基金"优秀奖（3 名）

杨欣雨（马克思主义学院）　王一博（马克思主义学院）　刘亦婷（马克思主义学院）

景尧奖（助）学金学习优秀奖（3 名）

龙虹霖（马克思主义学院）高依丹（马克思主义学院）潘梦梦（公管学院）

景尧奖（助）学金学习自强奖（3 名）

陈佳伟（马克思主义学院）李林聪（马克思主义学院）王　璇（公管学院）

金茂绿金科技奖学金（5 名）

牛玉杰（智慧学院）　　陈卓锐（智慧学院）　　何若琰（智慧学院）　　徐浩然（智慧学院）

蒋舒豪（智慧学院）

宇视科技奖学金（4 名）

胡高鑫（智慧学院）　　孙小伟（智慧学院）　　周　霭（智慧学院）　　宋柯宏（智慧学院）

研究生专项奖助学金（225名）

茅以升铁道教育希望之星奖（2名）

孙舰凯（机械学院）　　陈垠宇（电气学院）

黄山教育助学金（3名）

刘同同（土木学院）　　高　奇（材料学院）　　周佳妮（设计学院）

中车株机资助奖学金（15名）

盘家俊（机械学院）　　刘亚磊（机械学院）　　脱　阳（机械学院）　　孔苓吉（机械学院）

王　欣（机械学院）　　郝大宁（机械学院）　　张　强（电气学院）　　许智亮（电气学院）

钟文梁（电气学院）　　许丽娟（电气学院）　　柯倩霞（电气学院）　　倪　然（材料学院）

闫广隆（材料学院）　　邱菲菲（材料学院）　　刘英宗（材料学院）

复光铁道奖学金（2名）

师多佳（土木学院）　　朱小雪（土木学院）

隧道奖学金（1名）

王运超（土木学院）

强士中奖学金（3名）

吴　俊（土木学院）　　刘子琦（土木学院）　　王伟旭（土木学院）

万路通奖学金（3名）

薛世豪（土木学院）　　窦　阳（土木学院）　　陈萱颖（土木学院）

铁79校友奖学金（5名）

李晨钟（土木学院）　　王　凯（土木学院）　　张灏鹏（土木学院）　　刘　晨（土木学院）

徐　溢（土木学院）

钱冬生教育基金奖学金（3名）

张金翔（土木学院）　　徐　威（土木学院）　　金元杰（土木学院）

欧维姆奖学金（7名）

马凯蒙（土木学院）　　周飞聪（土木学院）　　杨思杰（土木学院）　　廖保林（土木学院）

戴　轶（土木学院）　　易梦雪（土木学院）　　许江辉（土木学院）

中国港湾奖学金助学金（4名）

饶云康（土木学院）　　周子寒（土木学院）　　从建力（土木学院）　　李鹏鑫（土木学院）

舍弗勒工程奖学金（12名）

冯　波（机械学院）　　高鼎林（机械学院）　　吴彦龙（机械学院）　　苗亚坤（机械学院）

黄　勉（牵引实验室）　　邵文杨（牵引实验室）　　张金玉（牵引实验室）　　刘加蕙（牵引实验室）

唐嘉诚（牵引实验室）　　唐　斌（牵引实验室）　　刘舰徽（牵引实验室）　　王淳骁（牵引实验室）

杭州中力奖学金（2名）

刘俊琦（机械学院）　马贵林（机械学院）

杭州中力助学金（3名）

一等奖（1名）

许文鑫(机械学院)

二等奖（1名）

伍　广(机械学院)

三等奖（1名）

刘根硕(机械学院)

开马绿能奖学金（4名）

李　波（电气学院）　黄　林（电气学院）　蔡丰林（电气学院）　张译丹（电气学院）

华为奖学金（20名）

一等奖（8名）

刘顺攀（电气学院）　王斯佳（电气学院）　伍明江（信息学院）　张明兴（信息学院）

孙明启（信息学院）　何华均（计算机学院）乔建军（计算机学院）王　典（计算机学院）

二等奖（12名）

刘钊玮（电气学院）　李莘一（电气学院）　蔡良东（电气学院）　蓝嘉豪（电气学院）

陈江帆（信息学院）　冯家城（信息学院）　邵桢瑜（信息学院）　王士恒（信息学院）

何　琦（计算机学院）王德贤（计算机学院）兰　勇（计算机学院）曾聪颖（计算机学院）

思源电气奖学金（21名）

一等奖（3名）

袁　帅（电气学院）　周凌云（电气学院）　刘　坤（电气学院）

二等奖（6名）

葛银波（电气学院）　余　威（电气学院）　赵倩林（电气学院）　侯　浩（电气学院）

杨　啸（电气学院）　李　杰（电气学院）

三等奖（12名）

杨　斌（电气学院）　王海宇（电气学院）　魏仁伟（电气学院）　罗雯婧（电气学院）

吴泽宇（电气学院）　刘芸江（电气学院）　冯　伟（电气学院）　杨　文（电气学院）

陈天舒（电气学院）　李林柘（电气学院）　杨　爽（电气学院）　张洪金（电气学院）

平志奖学金（2名）

夏登峰（信息学院）　杨晓玲（计算机学院）

和利时研究生奖学金（9名）

一等奖（2名）

余　骁（信息学院）　万继红（计算机学院）

二等奖（3名）

历胡林（信息学院）　　邹元宏（信息学院）　　杨文璐（计算机学院）

三等奖（4名）

李　坤（信息学院）　　王科锦（信息学院）　　姚　晶（计算机学院）　朱浩楠（计算机学院）

交控科技奖学金（12名）

一等奖（3名）

汪鑫伟（信息学院）　　王雨成（信息学院）　　黄　怡（信息学院）

二等奖（9名）

张　懿（信息学院）　　韩咏钊（信息学院）　　刘昱含（信息学院）　　左世柱（信息学院）

周桢凯（信息学院）　　张浩潍（信息学院）　　王　川（信息学院）　　汤俊杰（信息学院）

赵双月（信息学院）

芯光奖（助）学金（4名）

刘亚娟（信息学院）　　张　磊（信息学院）　　冉怡明（信息学院）　　李　靖（信息学院）

众合科技奖学金（3名）

黄　瑶（信息学院）　　徐嘉彬（信息学院）　　杨燕涵（信息学院）

交控卓越研究生奖励基金（3名）

三等奖（3名）

范景腾（信息学院）　　谢智宇（信息学院）　　徐　威（信息学院）

顺丰奖学金（9名）

一等奖（1名）

郑　帅（交运学院）

二等奖（3名）

左　彤（交运学院）　　张宏翔（交运学院）　　熊兴文（交运学院）

三等奖（5名）

朱永俊（交运学院）　　刘　婧（交运学院）　　李蓉蓉（交运学院）　　张奕源（交运学院）

侯成龙（交运学院）

朗夫学术优秀奖学金（2名）

冯润超（交运学院）　　法慧妍（交运学院）

朗夫专项奖学金（5名）

王园顺（交运学院）　　张　肖（交运学院）　　陈玉婷（交运学院）　　贺山成（交运学院）

秦梦瑶（交运学院）

中瑞恒奖学金（4名）

刘佳慧（交运学院）　　李慧文（交运学院）　　杨胜男（地学学院）　　蒋浩锴（地学学院）

立德教育助学金（2名）

姜晓娇（材料学院）　　蒋万君（材料学院）

铁发奖学金（2名）

李　松（地学学院）　　王　婷（地学学院）

地 83 级校友新生奖学金（1 名）

刘洪江（地学学院）

航 78 级校友新生奖学金（2 名）

林　聪（地学学院）　　张远辉（地学学院）

刘丹奖学金（2 名）

任昕芸（地学学院）　　陈兴龙（地学学院）

周成勇基金奖学金（4 名）

鲁心洁（经管学院）　　叶　燚（经管学院）　　钟涓丹（经管学院）　　王耀卫（经管学院）

中安经管基金奖学金（3 名）

袁　琴（经管学院）　　徐晓萱（经管学院）　　徐诗虹（经管学院）

毛子洞基金奖学金（2 名）

曹世蛟（经管学院）　　龙柳江（经管学院）

平安产险四川分公司"金种子"奖学金卓越奖（1 名）

王怡文（经管学院）

平安产险四川分公司"金种子"奖学金优秀奖（1 名）

崔　凯（经管学院）

朴新教育助学金（5 名）

郭晶晶（外语学院）　　隆西娅（外语学院）　　钟　珍（外语学院）　　谭　毅（外语学院）

杨婷慧（外语学院）

Aedas–西南交大建筑创新奖学金（3 名）

宋楷楠（建筑学院）　　罗雪蕾（建筑学院）　　雷秋云（建筑学院）

润方奖学金（2 名）

徐　海（生命学院）　　袁光松（生命学院）

孙训方奖学金（5 名）

王子仪（力航学院）　　陆宋江（力航学院）　　郭　阳（力航学院）　　姚程彬（力航学院）

邓鹤轩（力航学院）

出版社奖学金（8 名）

一等奖（1 名）

林雨森（数学学院）

二等奖（3 名）

杨　涵（数学学院）　　王　豪（数学学院）　　张治飞（数学学院）

三等奖（4 名）

曾国艳（数学学院）　　罗　楠（数学学院）　　吴江斌（数学学院）　　赵晨晨（数学学院）

星辰天合奖学金（7名）

一等奖（2名）

洪嫣然（数学学院）　沈炳声（数学学院）

二等奖（5名）

袁非梦（数学学院）　刘沛瑶（数学学院）　余　涛（数学学院）　张　莉（数学学院）

陈慧凌（数学学院）

朴新教育学生干部奖学金（1名）

王　乐（数学学院）

"同心院友基金"优秀奖（1名）

彭子轩（马克思主义学院）

"同心院友基金"自强奖（1名）

余　欢（马克思主义学院）

唐山现代建筑扬华助学金（5名）

李梦璇（唐山研究院）黄陶陶（唐山研究院）杨亮涛（唐山研究院）李昊源（唐山研究院）

袁　帅（唐山研究院）

陈有仁扬华助学金（4名）

刘青松（唐山研究院）李志鹏（唐山研究院）周明杉（唐山研究院）钟　文（唐山研究院）

西南交通大学
2022届四川省优秀大学毕业生表彰名单

本科生（297名）

茅以升学院（9名）

李琪瑶　　周士祺　　王伟豪　　黄睿杰　　翟岳华　　吴雪敏　　肖霈霖　　汪世杰
吴峻伟

土木工程学院（43名）

高仕鹏　　向　往　　胡振宇　　周晓天　　刘语泉　　陈世航　　张紫奕　　黄亚阳
王彬宇　　贺秀萍　　周久阳　　王艺晴　　姚思喆　　王振洋　　代滇伟　　林从建
卜亦秦　　杨　展　　戴　昊　　刘雨欣　　张津云　　黄银华　　刘肖汇　　苏圣鹏
胡子威　　殷　磊　　宋雨萌　　贾庆霖　　俞拓航　　周碧桦　　冯禧成　　和　琦
胡　锐　　宋美珍　　常小兵　　肖　阳　　钱克豪　　陈治宇　　王　殊　　张　程
刘金炜　　陈　龙　　杨宇豪

机械工程学院（30名）

王雨双　　丁　鑫　　李晓玉　　吴　桢　　魏嘉辰　　刘浩煜　　张　安　　郭子涵
张　严　　王　芳　　牟斌杰　　胡　玎　　陈文瑜　　孙嘉祺　　余秋霖　　雷沁霖
陆昕炜　　黄新页　　谢民辉　　徐新权　　王旭彤　　王智洋　　王鹏鑫　　李俊聪
向　洋　　王熙然　　彭若愚　　刘志鹏　　刘　浜　　汪　冲

电气工程学院（25名）

杨键聪　　李浩源　　朱重阳　　陈羽航　　刘怡琳　　周　健　　王俊淳　　史可燃
甘润民　　刘立敏　　张容赫　　徐嘉琪　　斯　琪　　宋世杰　　许珂瑞　　陈博涵
段展宇　　林　颖　　牟晓慧　　解淑祺　　谢懿晗　　于少筠　　姜　攀　　郑智强
王子健

信息科学与技术学院（19名）

木铭浩　　康新宇　　叶子强　　舒新建　　蒋　滨　　孙诗翔　　赵宇星　　王养浩
曾沁琰　　廖思凯　　宋毅飞　　王健宇　　张继松　　张靖滨　　陈海乐　　杨鑫浩
刘龙吉　　赵　盼　　廖凌枫

计算机与人工智能学院（9名）

赵泽雨　　陈俊凯　　杨睿祈　　林　恒　　吴炯燃　　张　清　　王皓焱　　吴　玮
孙硕人

交通运输与物流学院（21名）

刘盛林　　胡航绮　　刘英杰　　蒋　乐　　赵　煜　　邵　杰　　郑　倩　　张　燕
郑文涛　　吴问涛　　钱泽林　　宋　杰　　董文韬　　冯　禧　　代　欢　　李　妍

冯　芊　　粟琬清　　高瑞玲　　高语桐　　张弘扬

利兹学院（10名）

周珂伊　　何昊阳　　周冠人　　张涵容　　郑琳千　　郑　植　　白子键　　姜永哲
吴行健　　周彧凝

材料科学与工程学院（12名）

许玲焱　　李静霖　　颜　阳　　王子月　　张斯涵　　陈煦芬　　陈可可　　陈高伟
罗仁涓　　郭志敏　　陈　洁　　王晓婷

地球科学与环境工程学院（19名）

邓承东　　陈　梅　　张鹏阳　　董雯雯　　陈伟豪　　林　聪　　苏刘鹏　　高涵科
谷恒超　　范辰昕　　那　强　　邓嘉琳　　林其炜　　司书铭　　宋盼盼　　黄淑怡
冯媛橼　　杨碧红　　刘洪江

经济管理学院（15名）

余逸杨　　许雨嫣　　彭姝琪　　陈　澳　　朱美玲　　张思成　　陆　菲　　尹玉萌
贾烜洲　　蒲柯羽　　李新阳　　张照艳　　徐彬彬　　徐励漪　　曹　蓉

外国语学院（11名）

周雨平　　杨之瑜　　陈洪漫　　刘玉洁　　张一昕　　袁　铭　　林　昕　　朱敏格
宋凯悦　　张瑞军　　刘文利

建筑学院（9名）

申　萌　　黄紫嫣　　王奕斐　　张玉阳　　黄彦羽　　张惠媛　　郑小飞　　王杰雅
徐沁仪

设计艺术学院（8名）

李欣怡　　曾　辰　　吕　薇　　杜芯雨　　冯紫涵　　黄寒钰　　任旭梅　　史祎昕

物理科学与技术学院（12名）

唐汇雲　　胡嫁琪　　朱清扬　　郑熙凌　　孙梦怡　　陈诗涵　　张一凡　　郭俊宏
李震宇　　倪浚哲　　石金泽　　江星怡

人文学院（11名）

曾蕙心　　钱佳西　　万心怡　　胡海月　　贾贝熙　　罗乔美　　陈梦婷　　姜日琪
郎佩冉　　杜俊樑　　徐嘉怡

公共管理学院（8名）

邵　瑜　　张晓燕　　左依航　　王姿惠　　丁观芳　　刘　涛　　张秀清　　王力超

生命科学与工程学院（10名）

彭译漫　　王欣佩　　张盛春　　李慧芳　　赵辰晖　　陈　漪　　张静妍　　孙可一
林家慧　　马嘉擎

力学与航空航天学院（6名）

魏其轩　　赵嘉华　　贾熙雷　　向星宇　　李嘉权　　杨静雷

数学学院（6名）

林　玉　　吴　双　　刘镇谋　　邓笛扬　　付扬鑫　　郑艺梅

马克思主义学院（2名）

龚禹竹　　张佳旺

心理研究与咨询中心（2名）

刘馨洁　　陈晓庆

研究生（154名）

土木工程学院（22名）

王泗	江文强	李莹	许钊荣	沈明亮	张新玉	姜沫臣	赵雨佳
刘畅	孙约瀚	李茜	岳伟勤	邵子萌	刘洋	蔡李斌	李金宜
高浩	吴昊南	张乐	周平	裴城	郭立平		

机械工程学院（15名）

| 漆令飞 | 管超 | 项载毓 | 刘思璐 | 康熙 | 许培玉 | 饶勇建 | 王浩 |
| 段安东哲 | 吕娜 | 陈志强 | 张贺祥 | 李大法 | 马玉豪 | 陈凤 | |

电气工程学院（15名）

| 韩鹏程 | 田庆新 | 谢东 | 殷成凤 | 何宗伦 | 张一鸣 | 童梦园 | 江淑娜 |
| 王馨悦 | 何志江 | 刘飞帆 | 刘巍 | 叶智宗 | 刘梓 | 康立烨 | |

信息科学与技术学院（10名）

| 刘家明 | 尹平 | 孙瀚辰 | 王震 | 曾舒宇 | 袁榆淞 | 杨翠 | 兰萍英 |
| 彭继宇 | 罗嘉特 | | | | | | |

计算机与人工智能学院（7名）

| 袁钟 | 张红莉 | 刘易民 | 袁玥 | 许伟艇 | 邓川 | 张敏 |

交通运输与物流学院（12名）

| 石敏涵 | 李佳励 | 吴佳媛 | 张斯嘉 | 潘槿仪 | 张思宇 | 陈宇帆 | 朱蔓 |
| 梁琪琛 | 姚雪 | 刘怡 | 田昀翊 | | | | |

材料科学与工程学院（9名）

| 严涵 | 施孟含 | 杨策 | 陈卓 | 马小亮 | 任浩 | 刘鹏 | 郑志文 |
| 刘驰 | | | | | | | |

地球科学与环境工程学院（10名）

| 刘波 | 罗澜 | 周瞳 | 王所智 | 吕继超 | 姚禹 | 范祥泰 | 吴丁页 |
| 杨小龙 | 靳开颜 | | | | | | |

经济管理学院（8名）

| 杨强 | 周亦宁 | 曲芯雨 | 康怀飞 | 杜千 | 李明 | 王娅 | 李丰翼 |

外国语学院（3名）

曾雨昕　　侯益平　　谢梅

建筑学院（5名）

刘肖　　江香香　　郑天琦　　荣苻　　邓舒曼

设计艺术学院（2名）

杨玄烨　　姚　星

物理科学与技术学院（4名）

钟　汨　　罗　帅　　任　宽　　王高敏

人文学院（4名）

李沅忆　　张佳慧　　张金凤　　林　茂

公共管理学院（4名）

秦　彩　　毛雅婧　　廖　鑫　　丁远锐

生命科学与工程学院（3名）

杨中烈　　张　锐　　尹　伟

力学与航空航天学院（3名）

杨敬业　　赵家祥　　张　晨

数学学院（2名）

王　灯　　杨丽莎

马克思主义学院（2名）

王鸽鸽　　江　静

心理研究与咨询中心（1名）

陈　瑶

牵引动力国家重点实验室（7名）

冀怡名　　曾元辰　　杨逸凡　　黄梓幸　　姜培斌　　张　旭　　袁　成

医学院（2名）

吴　俊　　徐晨鑫

唐山研究生院（4名）

张　帆　　范越巧　　陈劲宇　　姜　斌

西南交通大学
2022届校级优秀毕业生表彰名单

本科生（714名）

茅以升学院（28名）

戎泽浩	王思羽	白荣民	王建川	党宇航	邓雨星	屈姝君	周睿琪
胡　涛	伍文凤	李子勇	刘钊佚	唐绍武	杜　璞	安效灼	刘海军
陈　玄	王麒铭	于天航	鲁　鑫	贾璇琦	王嘉澎	吕　茜	王云帆
关靖茨	杨少鹏	程　然	江文谦				

土木工程学院（106名）

柯　妍	曾弘锐	郭柄宏	吴传航	唐义海	杨宇杰	杨鑫杰	张凤明
林　航	李政贤	陈　旸	李晓珊	王鸿宇	王庆晶	郑传滟	展凤丽
黄枭冉	祁昌号	罗　源	王　城	庞莹莹	高乐心	魏子伟	任银楼
潘　童	曹思敏	汪小龙	郭　婷	周　喻	陈文东	胡　涛	范荣威
贺成博	马晓斌	张千源	黄文洲	张成友	李斯博	程薛清	尹　强
劳国峰	谢　敏	李志豪	文嘉涵	王芝苊	杨承志	周婧楠	熊子昂
任海容	范栋奎	胡靖康	耿文燕	董欢枝	张　豪	黎诗睿	谭　凌
丛龙宇	欧阳惠怡	陈　豪	郑　科	王柯力	林兆添	王乃夫	张　韬
徐艺涵	刘富华	陈雪莹	刘　茜	代光耀	陈璘潇	李雨辰	彭　子
张志鹏	熊梓旭	施罗健	孙志昂	胡子健	李洪波	何运清	李基豪
康雍毅	黄静汶	李佳明	周玉龙	远　洋	赵　磊	沙马伍呷	徐展飞
沈　哲	郭光耀	常铭宇	刘琛尧	陆泽毅	王呈金	黄丙权	孙峻枫
徐清九	赵欣旺	肖卓琦	赖家乐	周　童	胥岚月	辜世旺	周洋立
崔可儿	蔡书涵						

机械工程学院（77名）

曾楷煜	范迦得	杨远鹏	李　迎	张　行	聂茹涵	李　艳	刘宇辉
陈向阳	李念勋	袁子淇	黄峥荣	江晓星	卢秀杰	沈博翰	孙佰龙
张　鑫	丁则剑	龚璟淳	罗文滔	侯彦竹	唐超毅	付浩然	汪炯藤
罗建伟	张　扬	钱　晨	何　志	冯虎成	莫宇霄	范相慧	苟彦杰
余　玺	张海洋	黄代喜	汪义飞龙	许篮心	李子昂	熊国东	杨庆丰
陈葛瑞	刘丽芝	蔡佳倜	韩耀霆	刘仁哲	余炯泽	阮晨毅	田明洁
胡成宇	范书伟	张　彬	李俊泽	刘　鑫	吕林灿	武　晗	杨小雨
喻琳婕	吴展扬	陈思媛	宋　涛	王辰星	祁广东	黎祖狄	邹　妙
应晨宇	黄凌钰	吴林鸿	李　祥	杨瑞龙	刘亚好	林利忠	周楷贻

雷　淇　　张乐乐　　谷　悦　　张毛杰　　李　娜

电气工程学院（62 名）

周依萍	程少旭	王　悦	牟柏林	徐春茂	杨　斌	薛可钦	徐裕强
吴国桐	温佳骏	唐圣德	关　宇	高立乾	陈　煜	阴文湘	张雨晗
付　森	邱丹洛	郭辰宇	黄　恬	余韵淇	孙宇航	杨子豪	孙佳鑫
顾　颐	陈　靖	赵海云	邵才瀚	戴松森	张紫竹	殷子浩	林雨眠
林欣雨	关鑫炎	韦雨声	聂　衍	魏文璇	谢　涛	刘能惠	宋泓默
蒋家豪	彭元贞	曹晓琦	赵宝龙	朱　涛	邓倩文	李文博	朱玉豪
刘　帆	霍莎莎	刘洋龙	单招文	叶雨馨	陈　龙	骆俊杰	胡紫园
帅伟豪	官　韵	蓝康铭	廖红波	罗宇靖	田小宇		

信息科学与技术学院（37 名）

王一翔	何康辰	熊静雯	文煜轩	杨鑫宇	朱　朗	杨思远	苏　筇
赵玲巧	王商捷	万冬静	郑嘉仪	金佳宁	张小龙	张瑞琦	杜欣洋
李秋颖	石博昊	刘　洋	孙怡平	丁桢炎	叶贤胜	周柠旭	丁　倩
冯振洋	张　艺	曾玉宇	王　静	陆柏宇	程　晔	陈思思	赵　睿
高　洁	卢禹良	倪俊杰	方一宇	严雅岚			

计算机与人工智能学院（22 名）

林瑞东	王韬轶	丁振宇	汪雨浓	林涵宇	王语雁	郑泰川	舒　煜
蔡静静	罗俊辉	洪禧佳	喻小宇	梁　源	邓世豪	文俊杰	闫凌森
王　红	汪思敏	徐启佳	杨　佳	邓艳槟	刘铸纬		

交通运输与物流学院（50 名）

罗维嘉	胡　健	吴佳豪	谭闻达	谢同佳	梁　铖	黄泓溥	廖红霞
陈　健	龙燕雨	皮雪清	谈　力	邹　加	曾文燊	祝　畅	江若彤
贾逸君	代盛仪	张　洋	罗佳楠	周瑶成	刘小余	申梦君	彭　哲
赵凯文	张瑞阳	廖　洋	刘佳乐	李天卓	马　璇	林　茜	董国慧
黄晓庆	刘一江	郝子萱	欧奕昕	梅国栋	杜文静	欧丽丽	高佳颖
丛红炜	梁洁林	高志涵	韩仕姣	何昱欣	盛　千	詹　雨	陈攀攀
王锐其	李心怡						

利兹学院（28 名）

吴俊谋	周家国	郭启骋	李一笛	梁明皓	章若茗	叶若萱	彭浩然
刘浴森	李新豪	王鹿鸣	聂孥枫	吴　迪	陈星宇	李姝瑶	程宇辉
曹浩然	曾沁琰	蔡浩伟	王致远	武于凡	续嘉航	王永鑫	刘星辰
罗璞娴	胡亚东	杨圣宇	刘晏榕				

材料科学与工程学院（29 名）

彭子龙	陈宏宇	虞琰昊	张雅岚	吴卓尧	肖玉玺	徐天培	江　欣
徐咏捷	江金霞	王凤莹	朱　鹏	赵雅雯	何有灵	彭　露	于睿智
杨琪奇	董一婷	郑惠琳	文根硕	石远涛	张倩倩	王旭东	赵瑞月
孙书明	吴　忧	张夏格	周星橦	王炳亮			

地球科学与环境工程学院（38 名）

陈雨旋	杨鹭	余爽	付兴佳	马静逸	殷耀龙	陈炯坤	雷志强
陈诗仪	潘星宇	蒋弘瑞	杨洪杰	陈千喜	王晋昆	颜鑫芮	戴立涛
张雪琪	翟珂	徐子琦	谢光磊	龚学强	欧阳群	李亚博	刘海蝶
张斯林	周燚	张佳澳	毛筝	蒋硕匀	刘懋桢	侯雨含	黄雪
陈志强	龚国庆	莫天煜	隋艺	田钰	陈苾娜		

经济管理学院（38 名）

李玲	蓝天	曾宁欣	邹雨涵	黄佳乐	傅佳晨	邹庆	钱智超
马睿彦	刘赛	王柳	宁春明	孙典	刘金宇	潘阿敏	谢桂菲
陈莉莉	张玲	秦欢	潘奕汀	孙冰	张腾晖	石晓霖	赵文荣
俞璐琦	程程	尹艳	蒋文挺	李昕懿	王安琼	唐敏	刘悦
王冰倩	李佳益	冯璐瑶	王竞玉	刘怡伶	廖方英		

外国语学院（27 名）

陈垚	刘思旖	刘乙亭	赵雪	黄雅琪	王怡晗	韩佳雯	宋佳宁
李孟璇	李佳妮	何梓莹	顾王洁	李琰清	陈玥	朱雅丽	冷竺南
李灵珊	梁玉霞	邹雨欣	聂海莲	汪佳怡	高安娜	吴小燕	唐子晴
张偲嘉	于思佳	谢春维					

建筑学院（18 名）

陈凯	刘嘉诚	周安锌	彭璨	廖芮	商又荷	吴天昊	周冠宇
盛夏	刘欢欢	胡越	贺肖淇	范雅茹	罗勋锐	张啸寅	贺思敏
俞嘉佳	丁舒琦						

设计艺术学院（20 名）

王紫依	邓婷	杨钰珊	刘思源	李悦茹	鲁璐	宋巧月	黄龙锟
杜俞洁	李骄芳	苏子悦	王佳妮	陈颖滢	钟熙	崔月婷	王义景
唐惠茁	楚冬惠	肖思涵	张梦莉				

物理科学与技术学院（29 名）

陈丽娜	王浩岚	张溪	赵浩杰	杨浩	刘成鑫	徐紫彤	尹进然
吴恩师	李家文	纪名洋	潘姿月	范文博	苟熠	王弈维	张怡然
郑龙	邹海洋	孙浩妍	陈天乐	赵心语	周进	王李	王羚
萧贺源	王祎轲	王鹏龙	袁泽森	邱阳			

人文学院（27 名）

梁晓瑜	叶雨洁	孙蕊	吕阳琛	代江兰	万奕	陈执庭	陈泽远
李馨蔚	王浩腾	张博颖	吴亭瑶	蒋佳莹	林中渠	刘芳	王雯
季芷卿	谭馨悦	魏岚	陈丹妮	姚俊臣	黄欢	付雨琦	程思语
邱云飘雪	杜依洋	田欣					

公共管理学院（21 名）

朱欢	李宁	邵诗懿	顾晨曦	许欣怡	程莹	许雯霖	金莉娜
陈晓清	杨兰彪	赵悦名	辛逸伦	段寒潇	胡诗甜	陈征雪	章正源

何雅雯　　黎　思　　李欣童　　赖俊汝　　鄢　睿

生命科学与工程学院（19 名）

石龙润　　陶成艳　　陈　旭　　陈童芳　　全慧鸽　　贺晶晶　　杨　语　　张　熙
季笑云　　曾旭东　　陈浩南　　吴亦鸣　　黄静群　　张思煜　　谭国栋　　戴欣悦
赵　漪　　利　铭　　初曦卓

力学与航空航天学院（16 名）

唐　淇　　张栖方　　蒋粤洋　　刘文浩　　罗　瑶　　朱韵融　　戴杭岑　　王　逍
向泓宇　　古定翔　　李润佳　　朱清锋　　易灵敏　　王宇驰　　付明涛　　吴海瑞

数学学院（14 名）

王　震　　邱　灵　　曲希然　　安禾嘉　　车　可　　蔡学峰　　严媛媛　　杨子心
李雨桐　　裴博尊　　商嗣源　　蒋名琪　　魏　鑫　　米贤惠

马克思主义学院（4 名）

许珂馨　　郭修远　　黄一嫚　　尹思棋

心理研究与咨询中心（4 名）

游佳莹　　杨涵玉　　黄　倩　　黄欣茹

研究生（386名）

土木工程学院（53 名）

梁新缘　　景　璞　　牛亚文　　陈正兴　　陈伟航　　廖田婷　　刘　伟　　徐　畅
邓强胜　　刘　成　　娄星宇　　高　升　　姜　金　　陈婧雯　　刘禹尧　　周　聪
赵路洋　　谢　蕊　　陈绪黎　　夏翠鹏　　田祥富　　许　俊　　胡　棚　　龚振华
苏　珂　　周林君　　段智超　　陆志明　　张逸敏　　霍永鹏　　朱　俊　　秦鹏程
李春荟　　邓宇航　　姜逸帆　　桂登斌　　陈　建　　符　飞　　姜怡林　　晏先娇
侯海林　　何卓岭　　席　晨　　熊维林　　陈思远　　周廷宇　　陈　巍　　秦晓同
郭　晨　　林钰丰　　王沂峰　　陈　栩　　张君臣

机械工程学院（33 名）

陈　辰　　魏宇歌　　李　宇　　吴兴龙　　袁铭辉　　赵　旭　　周永兵　　苏　蕾
苏楷通　　潘玺宇　　崔　玉　　赵　轩　　彭　勇　　周　亮　　张训杰　　尹家宝
陶　春　　蔡雨轩　　李海浪　　赵文超　　黄晓波　　杨戴蔚　　杨浚颢　　蒋东君
蒋生辉　　王耀星　　田佳鑫　　陈　阳　　代孝义　　熊丽军　　马登峰　　张　璨
闫富乾

电气工程学院（38 名）

张广骁　　潘鹏宇　　张　栋　　王　辉　　陈俊宇　　龚天勇　　勾小凤　　杨　坤
卢文杰　　李静雯　　陈丽蓉　　郭永琪　　荆　蕾　　潘科宇　　郭雪庆　　甘　锐
刘　强　　王恩昊　　秦泽宇　　陶明江　　李箫波　　刘坤竺　　郑　悦　　丁诗林
江飞明　　刘欣彤　　朱　箫　　臧　治　　宋　毅　　潘帅帅　　王晨曲　　宋　爽
张权芝　　孙义杰　　王天翔　　蒋倩倩　　任皓妍　　付国栋

信息科学与技术学院（23 名）

陈锦炜	王熠炜	陈华	李雨时	秦杰	熊凌敏	蒋桐雨	徐志锟
左力	杨秋琴	刮岱文	陈益成	刘玲琳	朱艾林	李惠民	颜静
张仕成	苏童	周果	黄东	万里成	管心怡	李浩博	

计算机与人工智能学院（18 名）

桑彬彬	易舒婷	邵焕	赵辉	刘红	苟淞	胡易律	凌丹
许贤慧	吴壮壮	周宏灵	李娇	张晶	李明旭	王锦	冯婷
宋佳玉	胡函						

交通运输与物流学院（31 名）

马舒予	王晓阳	王倩妮	王逸群	尹德志	申毅杰	田丹琳	代蓉
刘红灵	许旻昊	孙运豪	孙克洋	李小飞	李定邦	李衍	李旋
陈佳	陈莹	陈雅欣	赵华铭	赵倩	胡剑鹏	徐莘沛	陶颖
彭开	曾诚	谢佳	谢顺丰	漆瑞婷	黎双喜	霍静海	

材料科学与工程学院（22 名）

柴艳琴	谭玲	王祯瑜	刘苗	胡雯雯	彭晓东	周俊余	莫涛
李浩	张羽昊	文婷	李秋雨	何东梅	蒋闽晋	宋世杰	郭茜茜
郑向博	江君垚	孙得翔	高玥	宋卓伦	周昱炜		

地球科学与环境工程学院（29 名）

何坤	李敏	周润宇	周亮	刘明仁	杨林	崔浩文	孙东东
董贵明	李红菲	黄瑀羽	李欢	任诗曼	管允粽	沈莉萍	林潼
张天奕	李明珠	杨国辉	张辉傲	余军炎	彭蕴斓	刘胜兰	赵聪
段云川	宋梦芝	白嘉琦	周乐民	张杰			

经济管理学院（19 名）

李霞飞	亢月娥	刘倩琳	王可	刘蕾	周雪	陈琳	宋俊佑
唐源	夏建平	乔达	涂家祺	景浩	孟碧欢	龚玲	魏婉馨
官婧	向圣齐	刘力青					

外国语学院（7 名）

邓婕	段垚应	陈蕾	郭雪晴	杜文雯	刘三华	苏竹筠

建筑学院（12 名）

孙辰	王尧	陈功	黄玉洁	侍明成	吴亚辉	宋航宇	余佩蔓
张延鹏	陈莹莹	张启茂	王紫涵				

设计艺术学院（5 名）

李伟丽	杨智荣	张莎	张鑫	李聪

物理科学与技术学院（10 名）

唐涛	刘幸子	刘慧郡	崔钰竹	黄贵春	袁忠康	覃海飞	程文修
徐康钟	杜艺华						

人文学院（10 名）

何佳	赵旭妍	薛佳	程爽	淮秀	朱正慧	刘芸汐	肖俊怡

王源绿　　薛　聪

公共管理学院（11名）

邱潇淘　　王凤宇　　杜　攀　　杨小璐　　梁　欢　　梁牧云　　刘　月　　梁文静
胡连春　　陈　雷　　王瑜惠

生命科学与工程学院（8名）

高　丹　　樊玉青　　洪　静　　宋　月　　李瑛敏　　刘　刚　　李新阳　　万琳茜

力学与航空航天学院（7名）

朱弈嶂　　胡　聪　　彭　磊　　黄竑钢　　李　浩　　陈云飞　　李　玄

数学学院（6名）

张　波　　郝建阳　　黎　桢　　温　兰　　田树聪　　张晓洁

马克思主义学院（6名）

成　飞　　罗婷婷　　沙静馨　　郭　雪　　徐惟微　　王晓俊

心理研究与咨询中心（2名）

王雨晨　　田容博

牵引动力国家重点实验室（22名）

高　峰　　徐　凡　　樊庆宇　　程　俊　　孙晨桢　　张晋恺　　刘　珍　　陈之恒
许振飞　　王俊东　　张　鑫　　李浩冉　　侯龙刚　　马天昊　　王金能　　秦晓特
王道忠　　杨　晨　　肖襄雨　　胡俊雄　　付辰辰　　陈晓昊

医学院（5名）

张再媛　　杨晓倩　　彭玉瑞　　张艺文　　秦　莉

唐山研究生院（9名）

朱露露　　刘泳博　　秦浩翔　　马　冰　　陈逸飞　　周飞帆　　李　宁　　冯子建
高晓琴

西南交通大学2020—2021学年本科招生宣传工作表彰

本科招生宣传工作"集体奖"（8个）

一等奖

地球科学与环境工程学院　外国语学院

二等奖

交通运输与物流学院　　　物理科学与技术学院

三等奖

信息科学与技术学院　　　公共管理学院

土木工程学院　　　　　　利兹学院

本科招生宣传工作"个人奖"（48个）

土木工程学院（2个）

王　童　　洪　彧

机械工程学院（2个）

钱林茂　　孟凡春

电气工程学院（2个）

武　越　　关　怀

信息科学与技术学院（2个）

廖　凡　　罗渠元

计算机与人工智能学院（2个）

喻琇瑛　　胡　耀

经济管理学院（2个）

尹　一　　练婧曦

外国语学院（2个）

李卓慧　　李海振

交通运输与物流学院（2个）

武　昱　　郑康康

材料科学与工程学院（2个）

黄兴民　　郑纪伟

地球科学与环境工程学院（2个）

傅尤刚　　慎　利

建筑学院（2个）

沈中伟　　熊　路

物理科学与技术学院（2个）

门满洲　　周　玲

人文学院（2个）

郭立昌　　刘晗悦

公共管理学院（2个）

刘桂花　　唐　明

生命科学与工程学院（2个）

黄新河　许　青

力学与航空航天学院（2个）

苗鸿臣　喻　勇

数学学院（2个）

潘小东　邓思然

马克思主义学院（2个）

熊　钰　李　浩

心理研究与咨询中心（2个）

柯小君　靳　涵

利兹学院（2个）

刘耀谦　李东杰

智慧城市与交通学院/城市轨道交通学院（2个）

赵周鉴　于博伦

党委保卫部（党委人民武装部、保卫处）（1个）

李　骐

招生就业处（5个）

董鹏飞　吕　冬　郑艳兵　杨怀银　王　瑶

西南交通大学2021年毕业生就业工作
先进集体及先进个人表彰名单

就业工作先进集体（19个）
一等奖
信息科学与技术学院　　物理科学与技术学院
力学与航空航天学院　　电气工程学院
二等奖
交通运输与物流学院　　土木工程学院　　牵引动力国家重点实验室
地球科学与环境工程学院　　材料科学与工程学院　　外国语学院
生命科学与工程学院
三等奖
建筑与设计学院　　心理研究与咨询中心　　计算机与人工智能学院
机械工程学院　　利兹学院　　唐山研究生院　　茅以升学院　　医学院

就业工作达标奖（1个）
人文学院

就业工作先进个人单项奖（6名）
就业创业指导
杨子仪（信息学院）　　张万磊（交运学院）
就业创业服务
周　凯（信息学院）　　张素风（交运学院）
就业市场拓展
赵钢锋（生命学院）　　周　玲（物理学院）
就业工作先进个人综合奖（78名）
土木工程学院（5人）
刘　萍　石　莹　唐　丹　张　进　蔡俊宇
机械工程学院（5人）
梁　豪　李　君　邓慧心　徐　喆　李　曦
电气工程学院（4人）
胡海涛　张　昇　李诗涵　王喆梡
信息科学与技术学院（4人）
王　怡　董家希　张　倩　温　昕
计算机与人工智能学院（2人）
戴　齐　李　萍
经济管理学院（2人）
杨宏毅　苏　扬

外国语学院（3人）

易　红　　徐晓燕　　孙谢力

交通运输与物流学院（4人）

王炎冰　　周伊冰　　吴　桐　　李冠辉

材料科学与工程学院（3人）

黄德明　　许　欢　　章春军

地球科学与环境工程学院（4人）

杨都强　　翟　琦　　文　强　　谷思文

建筑与设计学院（3人）

孔翔榆　　高晗雨　　杨　珂

物理科学与技术学院（3人）

门满洲　　杨昊戬　　龚高秦

人文学院（3人）

郭立昌　　卢　琴　　崔　罡

公共管理学院（1人）

薛　婧

医学院（1人）

李　暄

生命科学与工程学院（2人）

龙　臻　　余心芷

力学与航空航天学院（2人）

王　彪　　张容华

数学学院（1人）

王政慧

马克思主义学院（1人）

赵　晨

心理研究与咨询中心（1人）

陈　瑶

牵引动力国家重点实验室（2人）

余　卉　　何建明

利兹学院（2人）

李东杰　　屈嘉琪

茅以升学院（2人）

王　霞　　任淑莉

唐山研究生院（1人）

于程媛

党政办公室（1人）

蒋罗林

党委宣传部（1人）

侯　倩

党委学生工作部（2人）

孙亚男　雍　腾

党委保卫部（1人）

孟　顼

校团委（1人）

樊治辰

教务处（1人）

李静波

研究生院（1人）

张　薇

对外合作与联络处（1人）

彭　燕

计划财务处（1人）

范琳琳

招生就业处（3人）

董鹏飞　陈曦轶　贾　瑞

国际合作与交流处（1人）

许炜萍

信息化与网络管理处（1人）

毛　翔

档案馆（1人）

何建美

Intel-国际创新创业学院（1人）

曹瑶瑶

西南交通大学
2022年毕业生就业工作先进集体及先进个人表彰名单

就业工作先进集体（10个）
一等奖
信息科学与技术学院　　交通运输与物流学院　　牵引动力国家重点实验室
二等奖
材料科学与工程学院　　电气工程学院　　计算机与人工智能学院
三等奖
机械工程学院　　利兹学院　　唐山研究院　　医学院

就业工作达标奖（10个）
力学与航空航天学院　　土木工程学院　　物理科学与技术学院
地球科学与环境工程学院　　建筑学院　　外国语学院
生命科学与工程学院　　心理研究与咨询中心　　数学学院　　茅以升学院

就业工作先进个人（单项奖5名）
就业市场拓展
刘　伟（唐山研究院）　李　莹（牵引）
就业创业指导
高　鹏（生命学院）
就业创业服务
王　哿（经管学院）　　吴　霞（学工部）

就业工作先进个人（综合奖77名）
土木工程学院（5人）
强博文　李　裕　雷晓鸣　李江怀　商　姚
机械工程学院（5人）
于　楠　邓慧心　罗晗葳　陈志强　张玮珍
电气工程学院（5人）
陈民武　王青元　林静英　李诗涵　刘　梓
信息科学与技术学院（4人）
马　琼　廖　凡　吕文琪　甘升碧
计算机与人工智能学院（3人）
杨　燕　朱　俊　李　萍
经济管理学院（1人）
张先凌
外国语学院（3人）

刘 璇　唐恬甜　李海振

交通运输与物流学院（4人）

张素风　陈锐锐　薄 琳　李冠辉

材料科学与工程学院（3人）

章春军　梁喻嘉　熊苏雅

地球科学与环境工程学院（4人）

杨都强　崔宇龙　孙惠敏　王 琼

建筑学院（3人）

沈中伟　袁毓璟　田方舟

物理科学与技术学院（3人）

周 玲　杨颖钊　杨昊戬

人文学院（1人）

刘晗悦

公共管理学院（1人）

莫太林

医学院（1人）

胡 豪

生命科学与工程学院（2人）

冯姝雅　饶 欢

力学与航空航天学院（2人）

张容华　古定翱

数学学院（2人）

何鑫海　王政慧

心理研究与咨询中心（1人）

樊 菊

牵引动力国家重点实验室（2人）

余 卉　奉明明

利兹学院（2人）

李东杰　屈嘉琪

茅以升学院（2人）

王 霞　任淑莉

唐山研究院（1人）

贾 诚

党政办公室（1人）

薛逸凡

党委宣传部（1人）

鞠红伟

党委学生工作部（2人）

胡安辉　孙彦文

党委保卫部（1人）

郑　超

校团委（1人）

张军琪

教务处（1人）

徐　凌

研究生院（1人）

陈怡露

国内合作与教育培训管理处（1人）

王　兵

计划财务处（1人）

罗振宇

招生就业处（3人）

易洺瑶　　冯冰凇　　董　浩

国际合作与交流处（1人）

马　瑶

信息化与网络管理处（1人）

孙书雅

档案馆（1人）

武建林

创新创业学院（1人）

曹瑶瑶

西南交通大学2022届毕业生就业奖获奖名单

一、"面向基层"就业奖获奖名单

（一）"选调生项目"获奖名单（116名）

本科毕业生（34名）

代光耀	土木工程学院
李浩然	土木工程学院
刘雅豪	土木工程学院
宋思思	土木工程学院
黄治滔	土木工程学院
邓之涵	土木工程学院
张　豪	土木工程学院
王　潇	土木工程学院
徐晓静	土木工程学院
周渝淋	土木工程学院
吴俊豪	土木工程学院
张万洋	土木工程学院
汤一剑	土木工程学院
赵雪飞	机械工程学院
姜志炜	机械工程学院
赵英杰	机械工程学院
周佳辰	机械工程学院
杨培铭	机械工程学院
江豫川	机械工程学院
陈　靖	电气工程学院
周唯佳	经济管理学院
邱锶潼	外国语学院
李明菁	外国语学院
黄晓庆	交通运输与物流学院
向钏苇	交通运输与物流学院
赵岚锋	交通运输与物流学院
陈奕璠	交通运输与物流学院
白　骏	交通运输与物流学院
朱江华	交通运输与物流学院
霍睿哲	交通运输与物流学院
泽仁央宗	人文学院
商忆倩	人文学院
呷什切早	公共管理学院
林红利	茅以升学院

毕业研究生（82名）

陈 乐	土木工程学院
田登航	土木工程学院
袁俊祥	土木工程学院
周忠浩	土木工程学院
董昆灵	土木工程学院
周 畅	土木工程学院
罗 祥	土木工程学院
张 乐	土木工程学院
杨英浩	土木工程学院
李嘉俊	土木工程学院
苟锦程	土木工程学院
王 望	土木工程学院
熊镇疆	土木工程学院
杜美玲	土木工程学院
龚 雷	土木工程学院
王文军	土木工程学院
张 凯	土木工程学院
冉光耀	土木工程学院
张致心	土木工程学院
王 鑫	土木工程学院
晏先娇	土木工程学院
程 刚	土木工程学院
曹凌宇	土木工程学院
姜 金	土木工程学院
彭 勇	机械工程学院
余容平	机械工程学院
刘佳辉	机械工程学院
全文强	机械工程学院
孙德华	机械工程学院
孙 铫	机械工程学院
代孝义	机械工程学院
李海浪	机械工程学院
李亚军	机械工程学院
刘 豪	机械工程学院
李 响	电气工程学院
黄莉娟	信息科学与技术学院
彭继宇	信息科学与技术学院
王思萌	经济管理学院
康怀飞	经济管理学院

刘雨竹	交通运输与物流学院
黄瑜玺	交通运输与物流学院
向建平	交通运输与物流学院
赵　琴	交通运输与物流学院
李思成	交通运输与物流学院
付锐意	交通运输与物流学院
杨宗琴	交通运输与物流学院
李雪莉	交通运输与物流学院
代　蓉	交通运输与物流学院
施润宇	交通运输与物流学院
陈　佳	交通运输与物流学院
杨　敏	交通运输与物流学院
王子航	交通运输与物流学院
陈美君	交通运输与物流学院
景润乐	交通运输与物流学院
漆瑞婷	交通运输与物流学院
刘　蓉	交通运输与物流学院
洪海浪	交通运输与物流学院
刘锡钖	地球科学与环境工程学院
王文杰	地球科学与环境工程学院
段云川	地球科学与环境工程学院
蒋玉冰	地球科学与环境工程学院
林　潼	地球科学与环境工程学院
周　婷	建筑学院
马梦悦	建筑学院
谢　锐	建筑学院
李　影	建筑学院
任佳慧	人文学院
雷晶绚	公共管理学院
青　爽	公共管理学院
苏　心	公共管理学院
梁　欢	公共管理学院
蒋久福	牵引动力国家重点实验室
卢相宇	牵引动力国家重点实验室
孙　谋	牵引动力国家重点实验室
胡康玲	牵引动力国家重点实验室
张思涵	牵引动力国家重点实验室
胡　杰	牵引动力国家重点实验室
朱　健	牵引动力国家重点实验室

马敬超　　唐山研究院

陈玥轩　　唐山研究院

黄　宇　　唐山研究院

陈　瑶　　唐山研究院

（二）"西部地区基层单位就业"获奖名单（1 名）

毕业研究生（1 名）

王星月　　公共管理学院

（三）"国家和地方基层项目就业"获奖名单（23 名）

本科毕业生（13 名）

吴潇洛　　经济管理学院

黄孟伊　　外国语学院

马　乐　　地球科学与环境工程学院

唐偌婷　　人文学院

李　佳　　人文学院

谢盈丽　　人文学院

刘馨玥　　人文学院

曾怡婷　　公共管理学院

吐尔逊阿依·莫合塔尔　　生命科学与工程学院

迪力夏提·吐尔逊　　　生命科学与工程学院

郑玉龙　　生命科学与工程学院

袁小宝　　生命科学与工程学院

张弘爽　　马克思主义学院

毕业研究生（1 名）

秦　彩　　公共管理学院

研究生支教团（9 名）

吴　迪　　土木工程学院

赵　睿　　信息科学与技术学院

郑晶丹　　信息科学与技术学院

付玉红　　交通运输与物流学院

杨　浩　　物理科学与技术学院

张馨元　　人文学院

闫晓凤　　人文学院

周朝梦　　生命科学与工程学院

米贤惠　　数学学院

二、"自主创业"就业奖获奖名单（2 名）

本科毕业生（1 名）

马梦华　　人文学院

毕业研究生（1 名）

郑王雄　　土木工程学院

三、"应征入伍"就业奖获奖名单（14名）

应征入伍（在校期间）本科毕业生（8名）

祁锐鹏	土木工程学院
杨深珂	计算机与人工智能学院
杨　阳	计算机与人工智能学院
周　鑫	交通运输与物流学院
寸松铭	交通运输与物流学院
边紫欣	设计艺术学院
王广亮	物理科学与技术学院
罗书庭	心理研究与咨询中心

应征入伍（毕业后）本科毕业生（6名）

韩仁杰	土木工程学院
蔡思琦	土木工程学院
马鸣骏	土木工程学院
刘锦滔	经济管理学院
罗子龙	地球科学与环境工程学院
曹家豪	生命科学与工程学院

西南交通大学2021届毕业生"唐源电气"就业奖获奖名单

巴桑欧珠　土木工程学院
龚　科　　机械工程学院
戴　峰　　机械工程学院
黄梓钊　　电气工程学院
韩文文　　人文学院
王金光　　人文学院
秦　樑　　交通运输与物流学院
宋世龙　　交通运输与物流学院
洛桑曲扎　交通运输与物流学院

西南交通大学2022年共青团工作表彰名单

1. 全国优秀共青团干部
廖　凡　信息科学与技术学院

2. 四川省优秀共青团干部
黄德明　材料科学与工程学院

3. 全国铁路五四红旗团委
建筑学院团委

4. 全国铁路五四红旗团支部
力学与航空航天学院工力（拔尖）2019级1班团支部

5. 全国铁路优秀共青团干部
朱　炜　　校团委

6. 全国铁路优秀共青团员
钟浩嘉　土木工程学院

7. 铁路青年五四奖章（个人）
胡海涛　电气工程学院

8. 成都市优秀共青团干部
李振宇　校团委

9. 金牛区五四红旗团委
牵引动力国家重点实验室团委

10. 金牛区五四红旗团支部
机械工程学院交控2018级5班团支部

11. 金牛区优秀共青团干部
杨　婧　力学与航空航天学院

12. 金牛区优秀志愿者
陈姝伶　交通运输与物流学院

13. 中国大学生自强之星

孙舰凯　机械工程学院

14. 西南交通大学青年五四奖章集体（7个）

轨道交通组织指挥智能化创新团队

高速铁路运输组织教学团队

交通装备磨蚀防护技术科研团队

川藏铁路建设博士服务团

公共管理学院学生工作组

代数编码及其应用团队

西南交通大学国旗班

15. 西南交通大学青年五四奖章（10人）

王若羽　教务处

李俊言　机械工程学院

杨林川　建筑学院

吴　昊　马克思主义学院

陈再刚　牵引动力国家重点实验室

苗鸿臣　力学与航空航天学院

孟凡彬　材料科学与工程学院

徐井芒　土木工程学院

桑彬彬　计算机与人工智能学院

颜川奇　土木工程学院

16. 西南交通大学五四红旗团委（6个）

电气工程学院团委	公共管理学院团委
材料科学与工程学院团委	信息科学与技术学院团委
土木工程学院团委	生命科学与工程学院团委

17. 西南交通大学五四红旗团委创建单位（7个）

建筑与设计学院团委（建筑学院团委　设计艺术学院团委）

外国语学院团委	交通运输与物流学院团委
物理科学与技术学院团委	数学学院团委
力学与航空航天学院团委	地球科学与环境工程学院团委

18. 西南交通大学校级示范团支部（10个）

电气工程学院	电气2019级11班团支部
信息科学与技术学院	轨道2019级1班团支部
外国语学院	英语2019级1班团支部
交通运输与物流学院	交运（詹班）2019级1班团支部
材料科学与工程学院	金属2019级2班团支部
建筑学院	建筑硕士2020级2班团支部
公共管理学院	公管2019级2班团支部
力学与航空航天学院	工力（拔尖）2019级1班团支部
马克思主义学院	思政2019级2班团支部

利兹学院 土木（利兹）2018 级 2 班团支部

19. 西南交通大学院级示范团支部（96 个）

土木工程学院（13 个）

土木（茅班）2019 级 1 班团支部

土木 2019 级 2 班团支部

造价 2019 级 2 班团支部

地下 2019 级 3 班团支部

土木 2019 级 8 班团支部

土木 2019 级 15 班团支部

土木博士班 2020 级团支部

土木（茅班）2020 级 1 班团支部

铁道 2020 级 1 班团支部

道桥 2020 级 1 班团支部

土木 2020 级 4 班团支部

土木 2020 级 6 班团支部

土木 2020 级 14 班团支部

机械工程学院（11 个）

建环 2019 级 1 班团支部

车辆 2019 级 3 班团支部

机械 2019 级 8 班团支部

测控 2020 级 1 班团支部

车辆 2020 级 1 班团支部

工程 2020 级 1 班团支部

车辆 2020 级 2 班团支部

交控 2020 级 5 班团支部

机械 2020 级 5 班团支部

车辆 2020 级 6 班团支部

交控 2020 级 6 班团支部

电气工程学院（8 个）

智控 2018 级 1 班团支部

电子 2019 级 2 班团支部

电气 2019 级 4 班团支部

电气 2020 级 5 班团支部

电子 2020 级 4 班团支部

电气硕士 2020 级 11 班团支部

电气 2020 级 11 班团支部

电气 2020 级 12 班团支部

信息科学与技术学院（7 个）

轨道 2019 级 2 班团支部

轨道 2019 级 3 班团支部

自动 2019 级 5 班团支部

通信 2020 级 1 班团支部

电科（微电）2020 级 1 班团支部

轨道 2020 级 2 班团支部

轨道 2020 级 3 班团支部

计算机与人工智能学院（4 个）

计算机类 2019 级 3 班团支部

智能（茅班）2020 级 1 班团支部

智能 2020 级 2 班团支部

计算机硕士 2020 级 5 班团支部

经济管理学院（5 个）

信息管理 2019 级 1 班团支部

金融 2019 级 1 班团支部

金融 2019 级 2 班团支部

经管硕士 2020 级 1 班团支部

经管硕士 2020 级 2 班团支部

外国语学院（3 个）

商英 2019 级 2 班团支部

外汉 2020 级 1 班团支部

翻译 2020 级 1 班团支部

交通运输与物流学院（8 个）

交运（城轨）2019 级 2 班团支部

交通 2019 级 3 班团支部

物流 2019 级 4 班团支部

交运（詹班）2020 级 1 班团支部

交运（茅班）2020 级 1 班团支部

交运（城轨）2020 级 1 班团支部

物工 2020 级 3 班团支部

交运硕士 2020 级 8 班团支部

材料科学与工程学院（5 个）

高分子 2019 级 2 班团支部

材料 2020 级卓越班团支部

生医 2020 级 1 班团支部

生医 2020 级 2 班团支部

材料硕士 2020 级 7 班团支部

地球科学与环境工程学院（8 个）

地质 2018 级 1 班团支部

地质 2019 级 1 班团支部

地信 2019 级 2 班团支部

地质 2019 级 3 班团支部

地质 2020 级 1 班团支部

测绘硕士 2020 级 1 班团支部

测绘硕士 2020 级 2 班团支部

测绘硕士 2020 级 3 班团支部

建筑学院（3 个）

园林硕士 2019 级团支部

建筑 2019 级 1 班团支部

建筑 2020 级 2 班团支部

物理科学与技术学院（4 个）

电讯 2019 级 4 班团支部

应物 2019 级 6 班团支部

电讯 2020 级 1 班团支部

应物 2020 级 5 班团支部

人文学院（3 个）

汉语 2019 级 2 班团支部

传播 2020 级 1 班团支部

传播 2020 级 2 班团支部

公共管理学院（3 个）

法学 2019 级 1 班团支部

政治 2020 级 1 班团支部

公管硕士 2020 级 1 班团支部

生命科学与工程学院（3 个）

生物 2018 级 1 班团支部

生物 2019 级 1 班团支部

生物 2020 级 2 班团支部

力学与航空航天学院（2 个）

工力 2019 级 2 班团支部　　　　　　　　飞行 2020 级 1 班团支部

数学学院（2 个）

应数 2020 级 1 班团支部　　　　　　　　应数 2020 级 2 班团支部

心理研究与咨询中心（1 个）

心理 2020 级 2 班团支部

利兹学院（2 个）

土木（利兹）2019 级 1 班团支部　　机械（利兹）2020 级 1 班团支部

唐山研究院（1 个）

机械硕士 2021 级团支部

20. 西南交通大学"十佳"学生会（10 个）

电气工程学院学生会

人文学院学生会

公共管理学院学生会

材料科学与工程学院学生会

土木工程学院学生会

数学学院学生会

信息科学与技术学院学生会

生命科学与工程学院学生会

交通运输与物流学院学生会

外国语学院学生会

21. 西南交通大学"十佳"研究生会（10个）

土木工程学院研究生会

建筑与设计学院研究生会

（建筑学院研究生会 设计艺术学院研究生会）

经济管理学院研究生会

牵引动力国家重点实验室研究生会

地球科学与环境工程学院研究生会

电气工程学院研究生会

材料科学与工程学院研究生会

公共管理学院研究生会

信息科学与技术学院研究生会

人文学院研究生会

22. 西南交通大学"十佳"青年志愿者协会（10个）

公共管理学院青年志愿者协会

建筑与设计学院青年志愿者协会

（建筑学院青年志愿者协会 设计艺术学院青年志愿者协会）

数学学院青年志愿者协会

土木工程学院青年志愿者协会

电气工程学院青年志愿者协会

信息科学与技术学院青年志愿者协会

外国语学院青年志愿者协会

生命科学与工程学院青年志愿者协会

地球科学与环境工程学院青年志愿者协会

利兹学院青年志愿者协会

23. 西南交通大学"十佳"学生社团（10个）

交大Kelly说协会

书志-图书馆学生管理委员会

乡村振兴教育促进会

招生宣传志愿者协会

书画协会

启梦社

外语协会

交通运输科技协会

数学建模协会

演讲与口才协会

24. 西南交通大学“十佳”团支部书记（10人）

王子怡　经济管理学院金融2018级1班团支部书记
王珊珊　外国语学院翻译2019级1班团支部副书记
王　储　土木工程学院土木2019级15班团支部书记
张晓丹　公共管理学院公管2019级2班团支部书记
高彤彤　交通运输与物流学院物流2019级4班团支部书记
唐晓凡　物理科学与技术学院物理2019级6班团支部书记
逄雅洁　地球科学与环境工程学院测绘硕士2020级3班团支部书记
熊力颖　电气工程学院电气2019级11班团支部书记
谭英泽　力学与航空航天学院工力（拔尖）2019级1班团支部书记
魏　浩　材料科学与工程学院高分子2020级1班团支部书记

25. 西南交通大学优秀共青团干部（779人）

土木工程学院（88人）

万清杰	马驰诚	王一帆	王江龙	王振洋	王晓波
王耀达	尹陈燕	孔凡澍	邓　钢	龙旭瑞	叶镓豪
付财润	付真珍	代　颖	朱骏豪	任佳奇	刘一桥
刘芸岑	刘　萍	刘　瑞	刘　璐	汤　璠	许江辉
孙腾飞	杜　雲	李　宏	李若菲	李明劲	李凯臣
李　政	李茜茹	李柯蒲	李羿婕	李　聪	杨军灏
杨　昱	杨涛宁	连正洲	肖蔼龄	吴凌宇	吴　霖
岑墨灵	汪　建	沈少石	宋瑾阳	张萌倩	张　曼
张铭煊	张嘉航	陆　粤	陈玥冰	陈欣雨	陈　斌
苟　潇	林丽婷	尚晓朕	罗坤林	罗　垒	罗浩宇
周弋力	赵宇洁	赵洪民	胡贝妮	胡哲钏	胡继丹
姜偲盟	洪圳涛	秦一鸣	秦煜星	高　飞	郭礼昱
郭哲维	郭熙龙	曹家豪	葛　畅	智海旭	敦浩诤
童心豪	曾　浩	曾　靖	谢金池	赖健维	漆美霖
谭锦洋	熊梓旭	潘文佳	潘　龙		

机械工程学院（55人）

于　楠	王天成	王泽立	韦志国	邓钧瀚	甘益强
田　昊	吉向太	任禹尧	刘治坤	刘星鹏	刘　鑫
李林峰	李玲渝	李　想	李　鑫	杨一聪	杨文彪
杨陈璐	杨　洁	何　伟	何季刚	沈韶刚	张利敏
张　杰	张　迪	张锐奇	张　翔	陈虹霖	范相慧
林可馨	林雨禾	欧亚宏信	岳煜龙	孟凡杰	赵雨萌
赵越田	胡雨欣	姚思博	袁晓宇	徐嘉晨	郭子涵
郭江东	唐　杨	黄星月	梅琼芝	梁书豪	蒋孟坤
谢　军	谢福忠	路家伟	蔡佳文	蔡佳倜	谭效恒
缪枢楠					

电气工程学院（61人）

王 宇	王 丽	王 明	王要东	王俊奇	王 娜
王 璟	邓 可	甘 锐	石寰宇	叶存昕	冯浣林
兰宇田	刘梦轩	许成林	许璐琳	孙 阳	孙海洋
孙 检	李卫兰	李少晗	李自康	李诗涵	李楚玥
李静雯	杨 骁	杨碧璇	杨潇潇	何予诺	何宗伦
佘光沿	余江乐	沈 俊	张容赫	张 晨	张路昊
陈羽航	陈恒乙	陈逸伦	陈清颖	林 颖	罗嘉明
罗霁轩	周 懿	胡 梦	柏小辉	段 旭	姜 攀
徐敏嘉	徐嘉琪	郭冰倩	谈思睿	常昊鑫	康 怡
梁宗佑	靳耀耀	赖俊宏	鲍子形	解淑祺	漆倬宇
潘科宇					

信息科学与技术学院（52人）

于东林	万冬静	王 怡	王 珂	王湘迪	木铭浩
牛家祺	左 力	田博文	冯思怡	朱骏杰	刘书怀
刘星雨	刘恩驿	江俊宇	许 斌	李兆骞	杨思远
邹卓航	宋锐奇	张中源	张志岳	张雨洁	张原诚
张继松	张梦歌	陆柏宇	陈海乐	陈潇盈	武润泽
武 璇	易文慧	金雨轩	周祉羽	郑晶丹	胡 炜
聂 否	袁向前	徐 旸	徐 威	徐润泽	徐敬淳
栾雅琳	唐惟易	黄 涛	黄 婷	屠明东	鲁惟淼
谢瑜婕	廖 圭	颜海月	戴林燕		

计算机与人工智能学院（20人）

王 超	王瑞琦	任欣淇	任 蔼	向俊锜	纪超凡
杨笑天	张 柳	陈裔鋆	周玉欣	周晓敏	胡敏杰
贺凌峰	柴艺函	徐 科	崔文源	崔智源	覃蓉林
曾聪颖	魏思凡				

经济管理学院（31人）

王重月	王 珮	王 悦	尤子涵	毛 林	文静柯
卢婧茹	任永昌	任焕鑫	刘希子	许 可	许福林
李爱彩	杨欣怡	张贝宜	张建坤	罗 慧	赵 哲
贺一鸣	耿子雯	贾 佳	徐艺桐	高丽蓉	黄宇译
黄 茜	黄嘉昕	蒋函巧	童桓力	廖佳一	谭妍伶
魏 典					

外国语学院（28人）

王祎琳	付宇航	朱文瑶	刘建业	刘思彤	刘 璇
刘馨蔓	李展艺	杨心语	谷瑶玮	陈 雨	陈思菡
陈婧漪	欧杨睿	金涵楸	周湘雨	周媛媛	钟 珍
高文婧	郭虹园	唐丰仪	盛喆曦	梁雅茹	韩子轶
韩沁儒	程思颖	谢翠莹	蔡心怡		

交通运输与物流学院（65人）

于永婷	万莉莉	王旭（本）	王旭（研）	王思源	王晨露
王茗昕	王淼	王瑾润	王鑫茂	毛慧琳	尹恒
邓雨薪	叶轶淳	叶雯宇	申芮	史纪鑫	冯宇杰
朱硕	刘奕苁	刘洪田	许珈瑞	孙世荣	孙怡平
牟洺萱	杜玥沅	李来成	李卓婷	李雪	李谨珂
杨培杰	肖磊	吴自华	吴明	何佳原	何承霖
张天聆	张文静	张淑雅	张静	陈羿彤	林颖馨
周文超	周伊冰	周枫烜	周雨阳	周起豪	赵雅婷
俞傅伟	骆陈宇	秦诗雨	袁倩倩	贾悦奕	夏魁
顾秋凡	高可	郭川畅	黄子懿	颉鞠凯	程子嫣
傅星语	游欣	谢浩男	廖薇	潘姿延	

材料科学与工程学院（34人）

于昕冉	王逸柔	邓绍韦	任浩	任家熠	向佳杰
刘灿	刘德良	汤伟哲	许欢	许玲焱	孙熙桐
孙耀坤	杜鹏	李昊原	李俊杰	肖雨苹	吴小娟
邱菲菲	何梦泽	张依萌	张恒	陈一凡	陈雪文
郑纪伟	孟宏达	孟昊天	赵国简	赵梦莹	胡玥琳
侯丁煜	侯佳明	郭静	赫斌		

地球科学与环境工程学院（53人）

丁永哲	于海龙	王天宇	毛筝	石达毅	叶志虎
任纯基	刘子杨	刘刚	刘顺	杜仁杰	杜欣蕊
李宝贤	李婧	李超	李麒麟	吴佳朔	吴越
何一涛	何铭轩	张欣驰	张桐源	张绪明	张翼
陈亦腾	陈炜	陈苠娜	邵伟康	林其炜	赵佳宁
胡佳慧	钟佳辰	段佳利	姜胤	姜美玉	袁文韬
袁媛	高一帆	高文琪	唐旭东	黄丽敏	黄欣宇
曹彬	崔耀丹	章逸敏	彭涛	韩江勇	韩易
曾智威	雷茗羽	窦宇辰	廖博	黎河川	

建筑学院（28人）

丁兆祎	马宁君	王靖瑶	牛鸿远	毛健霏	付昕鹭
边馨雨	朱泓霖	刘卓玥	刘植	李国仪	李佳灿
李佳滢	李怡莉	李思琪	肖华玥	吴承畅	张莫龙
陈凯	陈莹莹	林榕	金晨宇	周航航	徐振洋
徐添炜	蒲雨馨	缪新宇	颜欣怡		

设计艺术学院（11人）

于越	王宇卿	朱耘墨	闫昱秀	何佩云	罗熳蕾
祝晗娟	程怡然	程翔	樊祜宁	潘艺文	

物理科学与技术学院（24人）

于正航	王小璐	王佳淦	王婧雯	门满洲	乐佳佳
刘一诺	牟昭旭	杨志宇	杨浩	吴翊丹	张相宜
张柏森	张哲	张玺	张嘉兴	陈壕	郝泽宇
胡贵龙	侯理巍	徐灵珺	唐白洋	彭远鹏	彭熙尧

人文学院（36人）

王司乐	王肖雄	王雯珂	毛艺霖	卢琴	邓昕宇
田雨彤	冯琪祺	朱思颖	刘芷玥	刘晴	瞿嘉文
刘新月	闫晓凤	杜晞维	李佳兴	李奕昕	杨天鑫
杨津金	吴佳媛	但佳慧	张文静	张雪婧	张意敏
张馨元	武田雨欣	周洋锐	周桎宏	胡文欣	姜骅峰
姜然歌	徐正阳	高瑶	唐子璇	谢舒玲	谭显操

公共管理学院（35人）

马玮骏	王艺琳	王卉	王禹馨	王瑞	尹丽颖
石珮锦	卢羿彤	叶雨柔	邝擎昊	师莉雅	向芯雨
刘思雨	刘博宇	李俊涛	李唯为	杨雅涵	杨溢
肖晨莹	沈玉璐	迟洶洶	张鸿翔	罗梓祎	周科宇
胡松	饶也	袁炽炫	莫太林	殷晓冉	唐佳铭
黄姝睿	熊蓉蓉	潘梦梦	霍羽薇	鞠松男	

医学院（5人）

王治铭	文俊	尹杰	胡豪	鲁欣

生命科学与工程学院（31人）

王文洋	王欣佩	王思瑜	王冠雄	毛致用	尹泽宇
叶名杰	付艳	许青	曲振	向涵	庄智尧
刘俊男	刘彦君	刘艳艳	杨婷宇	张雨晴	张涛
陈渏	陈维嘉	陈新	周佳慧	周河汐	周朝梦
郑杨岳	赵咏洋	高涵	高鹏	郭玉莹	唐雨
谢雅云					

力学与航空航天学院（15人）

向星宇	安晟斐	孙高源	孙继鑫	孙梦涛	李哲羽
肖瑶	易灵敏	周子涵	赵敏君	秦子涵	唐珂
巢欣悦	傅翔	谭丽丹			

数学学院（20人）

毕佳宁	闫宇汉	米贤惠	杨采琪	杨柠潞	杨赫祎
何未	何鑫海	张怡晨	张素子	罗梦甜	周义杰
郑浩然	赵汉林	郭乐	黄丝雨	葛田田	韩雨航
雷佶潼	魏俊杰				

马克思主义学院（14人）

王潇毅	尹烨馨	龙虹霖	杨欣雨	吴昊	吴凯妮
冷书恒	张弘爽	林煊	赵晨	徐景行	龚禹竹

雷斯瑞　　廖培岚

心理研究与咨询中心（11人）

毛艺霏	毛远程	甘诗源	田汶冉	杨慧茹	邹乐眉
沈玫霖	陈瑶	黄奕莛	章俊楠	樊菊	

牵引动力国家重点实验室（9人）

刘帅	刘舰徽	孙晨桢	余卉	林柄宏	赵浪涛
赵逸凡	袁成	徐明坤			

利兹学院（24人）

丁一丹	王越	方宇晖	包丰阁	成禹铭	刘诗璟
孙培皓	孙雪晨	李正豪	李冉	杨逸伦	吴迪
余典	张嘉	范诗卿	林书羽	金泽楷	郑皓天
赵栩嘉	钱唐	蒋劼睿	蒋祺	曾新然	谢佳艺

茅以升学院（12人）

王伟豪	王麒铭	邓雨星	刘晨露	苏泽敏	巫雪梅
李琪瑶	李晴	肖霈霖	吴峻伟	林红利	曾钰珂

唐山研究院（5人）

刘贝尔	杨国友	昝悦	贾诚	黄林舒影

附属中学（6人）

王飞航	江岚欣	吴佩瑾	赵心怡	景熙凯	解云

机关（1人）

刘津沙

后勤（3人）

陈飞	郑永川	潘雨

校团委（2人）

刘芯宏　　金玉婷

26. 西南交通大学优秀共青团员（1006人）

土木工程学院（77人）

万俊峰	马世霖	王子扬	王浅	王彬霖	王梓綦
王晨霖	王康	毛乾羽	文欣雨	邓鹏昊	左建忠
叶晨希	申开红	申建辉	田海鹏	付一讯	白钰
包雨滴	朱一鸣	任少东	刘冬蕊	刘扬	刘皓毓
刘镇绮	齐顺风	汤卜沣	许文雨	许俊瑶	苏杰
杜岩	李雨轩	李琦	李博宇	杨浪	杨琳珂
吴伟强	沈淳宸	张云	张伟奇	张浩煜	张植毓
张富荣	陆引洲	陈励宇	陈禹豪	陈柔蕙	罗钰
周奕璇	周峻如	胡佳怡	胡潼	俞子悦	姜天恒
姚颖明	袁加毅	袁吕	袁硕	袁得铮	徐佩依
殷雪霜	唐发勤	黄兴	梅傲寒	章伟华	葛宏
蒋辉龙	喻选梦	储小鹏	曾海涛	温宝	谢一铭
鲍东琛	熊伟	潘桦筠	穆勃江	魏琪	

机械工程学院（104人）

丁羽欣	万洋蕙	马治林	马骏骁	王世余	王　旭
王　凯	王柯方	王海舟	王家豪	王　雪	王　瑞
韦　帅	文瀚升	尹　渊	邓佳睿	邓　艳	石兆煜
令卓凡	冯　华	冯　毅	伍　广	向坤磊	刘　扬
刘禹恒	刘振杰	刘　博	刘紫轩	汤镇搏	孙双巧
苏宇琛	杜嘉诚	李云翔	李成硕	李　旭	李　沛
李沛泽	李昊阳	李秋树	李　浩	李智鹏	李蕊可
杨玉洁	杨新宇	杨　磊	沈　跃	宋明暄	宋　琦
张生媛	张尧敏	张芷汀	张昊楠	张峻豪	张　涛
张雪娇	张景奕	陆　浩	陈治强	陈建希	陈思圆
陈晓宇	范一安	畅益敏	易宗营	周佳辰	郑书磊
房彦江	孟　鑫	赵小宁	赵泽汶	胡志鑫	胡　峥
胡海若	钟韩秀	段贵盛	姚佳雯	贺时敬	袁兴龙
袁铭辉	钱卓一	徐全桂	徐　岩	徐婧文	郭永森
郭晨飞	涂玉霖	涂蔓蝶	黄之仪	黄梦婷	黄鲁恒
曹　越	梁诗语	彭欣然	彭　桥	敬松睿	蒋诗雨
程卫东	程诗乐	曾　航	谢宇杰	雷鑫秀	蔡映照
魏荣宏	魏德宝				

电气工程学院（78人）

万　淋	马钧博	王宇航	王茂州	王钰博	王赫阳
王毅帆	邓卓立	叶雨润	田小宇	田　晨	田　博
史润博	朱宏伟	朱泓毅	向培灵	刘存博	刘钉杉
刘道鹏	刘腾宇	刘靖琪	齐璟元	汤荣杰	安亚亚
孙渔喜	苏琨权	杜书渐	李仁浩	李弘博	李连安琪
李　航	李博涵	李湛健	李嘉俊	杨青华	杨语菲
杨海琪	杨粲珩	来国梁	吴文攀	吴雪莲	张长文
张林东	陈田骏	陈欣然	陈骥清	欧浩然	周志杰
周晨晨	郑伊阳	官声强	赵　鹏	胡　逸	施扑丽
施敏乐	姜　垚	贾　越	倪思杰	徐思润	高泽图
高　峥	高雪婷	唐　志	唐晨皓	谈浩澜	陶欢欢
黄赟昕	章可文	董泽阳	董霆月	韩博文	曾　旭
游诚恺	富嘉兴	蔡骐宇	魏冠群	易云天	戚琪靖

信息科学与技术学院（92人）

马义态	王子龙	王泓钰	王泽文	王科斌	王梓阳
王雯静	木荣俊	方一宇	石博昊	龙　芳	龙思洋
史凤文	冉金坤	代雨诗	代嘉音	冯天雄	宁尚涵
司继盛	曲朋硕	朱　朗	向诗语	刘庆添	刘玲琳
孙竹琳	孙铭铎	孙维坤	苏　筠	杜星宇	杜鹏程
李荣泽	李　勋	李秋颖	李　涛	李墨岩	杨大庆
杨双瑞	杨弘毅	杨红锦	杨轩宁	杨尚洁	吴　婷

何康辰	何淑铃	汪世季	张子亿	张子原	张艺佳
张译方	张树峰	陈奕源	陈浩东	陈程	林俊辰
林家瑞	罗方霞	罗刚	罗标	罗嘉特	周清林
屈佳宜	胡允浩	胡杰文	钟茂月	钱星月	倪俊杰
高雪晴	高鹏	郭沛兴	郭桂杏	剡洋	涂建宏
黄权炜	曹思安	矫成哲	超松	彭湃	董高照
蒋晨冉	韩启福	程晔	鲁雯熙	曾吉康	曾沁琰
曾霞	游静蓓	谢天翔	鄢思娅	詹鹏	潘东海
鞠京泽	魏煜江				

计算机与人工智能学院（32人）

王玉哲	王怡帆	王艳涛	车晓琴	方渝江	丛榕
任章哲	汤嘉斌	杜虹朋	李颖颖	杨雨桐	杨顺
张伟琪	张洪峰	张继鑫	陈子豪	陈峻超	连奕晨
林欣蕊	周子杰	周思艺	胡思雨	南耀虎	耿启钊
莫凡	郭芯宇	展小涵	陶一鸣	黄懿涵	曹啸
雷昕怡	霍禹政				

经济管理学院(50人)

王子怡	王丽萍	王灵瑶	王绎涵	王爽	王震
韦顺	邓鑫	叶佳静	兰小蝶	吕海燕	朱心怡
朱俊宇	任熙来	刘云畅	刘帅	刘吉瑛	刘佳
刘茜雨	江童	阳鹏	李佳奇	李晓聪	肖雅妮
肖雅楠	何秀群	余逸杨	邹庆	张子健	张敏
陈澳	林洁	赵文荣	胡依依	查腾	姜立雯
贾建芳	夏建平	顾玲	高瑞	唐晶菁	唐睿
黄琪杰	梁建树	梁霞	曾馨仪	谢茹月	靳景雯
廖方英	魏小雯				

外国语学院（44人）

马忻宇	王一然	王川	王丽骄	王璇	王燕
叶文斐	司欣怡	吕靖宜	伍逸芸	刘红梅	刘欣
刘静妍	许沙鳗	孙芷欣	孙鸣阳	苏劲宇	李庆
李映仪	李萌	杨孟谦	杨蕊遥	何梓莹	张一昕
张冰雪	张晓蕾	陆衍伶	陈昱宪	陈莲	陈澍树
邵航	周玲玉	赵静	胡权	徐秀丽	郭丹
黄泓晟	黄婉仪	崔欣宜	蒋杰	韩一鸣	程文静
程雪媛	蔡宇睿				

交通运输与物流学院（44人）

王文婕	王谷丰	王佳乐	王康乐	田昊	吕艺
刘宇晨	刘思源	刘侵海	刘嘉琪	许青杨	孙敬坤
杨烨通	杨婧怡	宋宇	张书涵	张俊松	阿文茜
陈春宇	陈俊仰	陈彦儒	范逸飞	金爽	周玉军

庞　睿	赵珉萱	胡旭辉	胡君喆	胡家琳	钟　宇
段萌萌	施宇婷	徐浩然	高浦文	唐梦婷	曹佳伟
梁婷玉	傅成鑫	童诗云	曾　杰	熊　浩	颜　菁
颜道申	燕鑫龙				

材料科学与工程学院（56 人）

王中南	王　鸿	王溪茁	毛昱蘅	仇文欣	孔德港
邓宇轩	卢贤文	申弋杰	朱文星	朱可欣	向思林
刘　灿	刘　恒	刘嘉腾	李雨欣	李香杰	李　婷
李鹏程	杨安春	杨　杰	杨茗钧	杨　博	杨鑫瑞
何占宇	佘佳慧	邹明君	张　坤	张夏格	陈中一
陈立瑞	陈诗怡	苟　宁	易　玥	金磊源	周健煊
庞贺阳	赵淑雅	胡铭洋	姚淑一	倪　然	郭茜茜
郭晓晗	唐宇杰	黄　成	黄　宇	龚　波	蒋子凌
蒋奕佳	曾子涵	温程方	谢坤尧	谢　恩	虞琰昊
蔺凯月	熊心怡				

地球科学与环境工程学院（92 人）

于润航	万欣宇	马子懿	马少兵	王一旭	王佳倩
王　睿	王澜晶	尹靖策	艾依萍	叶文帅	代旭东
曲　植	朱心洁	朱艳萍	任纪州	刘宗旭	刘诺研
刘慰心	孙启轩	苏玉含	李　乐	李伟嘉	李　旭
李灿凯	李林泽	李　茜	李星泽	李　磊	杨　可
杨　伟	杨伊涛	吴　李	吴雨婷	吴浩添	吴禛伟
余　君	应涛泽	沙俊宇	张兴怡	张英宏	张　智
张瀚文	张馨予	陈　戈	陈　说	陈　梅	陈　婧
陈新元	陈灏凯	邵济民	林朝标	罗培旭	金　枫
周柯杰	庞晶菁	郑元圆	郑佳欣	郑绍洋	单金龙
练培格	赵亚文	赵　奕	赵艳玲	赵焕琴	胡　焕
袁婧雯	晏楚奕	徐巾杭	徐礼扬	徐亦兰	殷　溢
高天雄	唐睿仪	黄启航	戚符菲	崔小洋	崔泽宇
崔夏娜	崔慧敏	梁雪雪	蒋　涛	蒋蕙琪	覃　耀
傅泽兰	曾　亿	曾祥珂	廖胜江	翟梓旸	穆文凯
戴立涛	戴鼎诚				

建筑学院（43 人）

马春萌	王嘉宇	王睿韬	韦　琦	孔　翎	田林灵
刘雨微	刘哲瀚	许　洋	阮振生	李艾玥	李欣璇
杨　帅	杨思琦	杨湘钇	肖敬文	吴　秋	何诗雨
邹红河	张子纯	张　丹	张　冰	张　芮	陆鸿阳
陈　妮	邵　弘	罗心悦	罗佳伊	周　宁	赵均铭
胡哲昊	胡　慧	祝博文	秦梓萱	顾田心	高建一
曹怀灵	崔倍萱	商又荷	斯泽涛	蒋　睿	韩子璇

潘雨禾

设计艺术学院（4 人）

王瑞成	龙颖兰	李苏桐	张雨薇

物理科学与技术学院（46 人）

王 杰	王 珂	王钰玺	王涵悦	邓煜茹	叶香池
叶家杨	代鑫跃	伏惠琳	仲崇昊	刘希睿	刘叙彤
刘 锐	安羽彤	安信帆	李维康	李 想	李嘉宣
杨 森	杨森浩	何佳劲	张子婧	张伟民	张志超
张坤明	张笑宇	陈 骁	陈辉祥	林智成	罗宇涵
罗 旖	周子健	施逸蕾	费骁谋	敖燕涛	徐潇凡
郭自豪	唐梓健	唐 铭	陶梦缘	黄柯锐	董昱鑫
舒 梁	鲁奕辰	谢品鸿	翟格玲		

人文学院（47 人）

万 立	王昱垚	王姣扬	王悦晨	王琳栋	从 也
方佳丽	方雅雯	叶 茂	田 杰	吕东阳	朱扬扬
刘 烁	刘盈池	许桉源	许紫研	孙 曼	李 佳
李金垚	肖诗雨	沈舒婷	宋姝婷	张安忆	张 绮
张瀚尹	陈心玉	陈 浩	陈 渝	林 茂	罗乔美
罗妮娜	岳凌峰	赵灵修	赵雅芳	胡星妮	秦小迪
班浩琳	倪玉萍	高雅茹	唐诗雨	葛 菲	谢晓宇
黎 川	潘诒堃	潘禹妃	薛 佳	魏钰泓	

公共管理学院（43 人）

王大海	王星月	王倚菲	王 琴	井宇恬	毛雅宣
田 焜	史赟婵	代妮辰	刘 潇	严少劼	李欣伊
李玲宇	李 湘	杨玥琳	肖淇蔚	肖越宇	肖 雄
吴昱瑾	何雅君	张芊芸	张佳玲	张莹莹	张 越
张嘉琪	陈雨琪	陈家珺	赵文硕	胡育郯	胡航宇
钟 祺	段寒潇	袁 帅	袁 晨	郭若曦	郭菁菁
唐锦杰	黄 凯	韩 蓉	韩蒙恩	曾万茜	谭音君
潘雨欣					

医学院（3 人）

何志弦	陈小容	徐 凯

生命科学与工程学院（33 人）

丁静峰	马 林	马盈盈	代安琳	冯 傲	刘小菲
刘 洋	刘婧怡	汤小珑	许敬宜	李咏歌	李嘉敏
李睿涵	吴丰屹	吴 茂	张一川	张喆然	张鑫薇
陈 静	苗祖源	周雪静	柳静怡	钟诗怡	俞逸枫
卿兰澜	唐海峰	唐 琳	黄一飞	康 雨	章旭承
程子为	温诗寅	颜超越			

力学与航空航天学院（23人）

马欣灵	王岩松	元 震	文鹏军	孙 乾	阳翼繁
李乐昊	李甜田	李 磊	吴越齐	张兴潮	张笑尘
陈旭阳	周 欢	赵伟叶	赵萌曦	赵嘉华	胡梦林
祝胜超	姚 毅	徐羽诺	唐 坤	谢梦真	

数学学院（20人）

叶茂杰	朱秀玲	刘向阳	刘勤峰	李步云	李晓冰
时悦迪	余欣怡	张若琳	张泊远	张诗语	陈 雪
林泽莘	夏心语	徐华野	殷雪慧	曹德刚	赖思宜
蔡羽珂	谭湘怡				

马克思主义学院（9人）

王一博	王士予	王静雯	张振阳	张婉欣	陈 芳
周小燕	黄几荣	鲁 璇			

牵引动力国家重点实验室（10人）

吕小勇	刘佳璐	刘家林	孙昭意	余泽鑫	宋嘉源
林川淇	徐 潇	彭 鑫	潘博雅		

利兹学院（28人）

丁怡然	王天予	王梓卉	邓若徽	叶小康	冉思杰
付万杰	刘维珩	纪翔天	李丰邑	李 响	李新豪
吴子谌	邹俊枫	张书婷	张家宁	陈芊好	陈鹏臣
范靖薇	徐义杰	徐艺玮	郭启骋	黄炯涛	龚铁峰
章子钰	隋洲立	蒋周豪	衡丽颖		

茅以升学院（4人）

江 山	张潇锐	周世贤	倪璐玥

唐山研究院（7人）

卫昱乾	江海良	孙永政	张 杲	陈 琦	单晨棱
蒲玲玲					

附属中学（12人）

户佳杰	兰佳慧	朱语嫣	纪采奕	李萌卿	张伊然
罗 懿	周琪珂	唐琳杰	黄清扬	蒋璐茜	樊欣怡

后勤（7人）

付 珍	张福英	陈佳敏	罗千金	罗星儿	高伟苹
童昀皓					

27. 西南交通大学自强之星（10人）

叶志虎	地球科学与环境工程学院
刘艳艳	生命科学与工程学院
杨培杰	交通运输与物流学院
张柏森	物理科学与技术学院
周孟雪	材料科学与工程学院
赵 盼	信息科学与技术学院

贾熙雷　　　力学与航空航天学院
徐正阳　　　人文学院
徐梦莹　　　公共管理学院
曹　蓉　　　经济管理学院

（三）2022年社团一览表

序列	社团分类	社团名称	社团星级
1	体育健康类	篮球协会	4 星
	体育健康类	篮球协会九里分会	4 星
2	体育健康类	JustDance 街舞协会	4 星
	体育健康类	JustDance 街舞协会九里分会	4 星
3	体育健康类	游泳协会	3 星
4	体育健康类	体育舞蹈协会	4 星
5	体育健康类	武术协会	3 星
6	体育健康类	磐石社	3 星
7	体育健康类	健美操协会	3 星
8	体育健康类	排球协会	4 星
9	体育健康类	自行车协会	3 星
10	体育健康类	棋牌协会	3 星
11	体育健康类	DreamHigh 轮滑协会	3 星
12	体育健康类	羽毛球协会	3 星
13	体育健康类	台球协会	3 星
14	体育健康类	乒乓球协会	4 星
15	体育健康类	瑜伽协会	2 星
	体育健康类	瑜伽协会九里分会	2 星
16	体育健康类	空手道协会	3 星
17	体育健康类	花式跳绳协会	3 星
18	体育健康类	射声弓箭社	2 星
19	体育健康类	健身协会	2 星
20	体育健康类	跑步协会	3 星
21	体育健康类	P!NK 滑板协会	2 星
22	体育健康类	毽球协会	2 星
23	体育健康类	极限飞盘协会	3 星
24	体育健康类	足球运动管理联合会	3 星

序列	社团分类	社团名称	社团星级
25	体育健康类	网球协会	3 星
26	体育健康类	太极拳协会	2 星
27	文化艺术类	动植物协会	4 星
28	文化艺术类	中外文化交流与传播协会	3 星
29	文化艺术类	书画协会	5 星
	文化艺术类	书画协会九里分会	5 星
30	文化艺术类	校辩论队	4 星
31	文化艺术类	外语协会	5 星
	文化艺术类	外语协会九里分会	5 星
32	文化艺术类	洛灵诗歌协会	3 星
33	文化艺术类	镜湖文学社	4 星
34	文化艺术类	Maracle 动漫社	3 星
35	文化艺术类	南国相声社	4 星
36	文化艺术类	演讲与口才协会	5 星
37	文化艺术类	汉服社	4 星
38	文化艺术类	DM 魔术协会	3 星
39	文化艺术类	摄影协会	2 星
40	文化艺术类	粤语社	3 星
41	文化艺术类	刀笔油画协会	3 星
42	文化艺术类	齐契古风社	4 星
43	文化艺术类	彝文化协会	3 星
44	文化艺术类	扬音音乐社	3 星
	文化艺术类	扬音音乐社九里分会	3 星
45	文化艺术类	白日梦影社	3 星
46	文化艺术类	魔方协会	4 星
47	文化艺术类	茶文化协会	3 星
48	文化艺术类	犀源诵读爱好者协会	4 星
49	文化艺术类	广告创意协会	3 星
50	文化艺术类	ZERO° 广播剧社	2 星
51	文化艺术类	岗拉梅朵锅庄舞协会	2 星
52	文化艺术类	陶艺社	2 星
53	文化艺术类	承唐歌友会	1 星

续表

序列	社团分类	社团名称	社团星级
54	文化艺术类	模型社	1 星
55	文化艺术类	手工艺体验协会	1 星
56	校园服务类	启梦社	5 星
57	校园服务类	大学生就业与创业协会	4 星
58	校园服务类	书志-图书馆学生管理委员会	5 星
	校园服务类	书志-图书馆学生管理委员会九里分会	5 星
59	校园服务类	文物协会	2 星
60	校园服务类	交大 Kelly 说协会	5 星
61	校园服务类	纸鸢书院交大分社	4 星
62	校园服务类	乡村振兴教育促进会	5 星
63	校园服务类	西南交通大学实验室安全协会	1 星
64	学术科创类	大学生心理学会	4 星
	学术科创类	大学生心理学会九里分会	4 星
65	学术科创类	中医药文化与健康协会	4 星
66	学术科创类	研究生心理学会	3 星
67	学术科创类	数学建模协会	5 星
68	学术科创类	交通运输科技协会	5 星
69	学术科创类	测量协会	5 星
70	学术科创类	基础数学协会	3 星
71	学术科创类	投资理财协会	3 星
72	学术科创类	ACM 协会	3 星
73	学术科创类	大学生法律协会	3 星
74	学术科创类	交大 PPT 协会	4 星
75	学术科创类	大学生生命科学学会	3 星
76	学术科创类	计算机与网络科技协会	3 星
77	学术科创类	环境协会	4 星
78	学术科创类	化学协会	4 星
79	学术科创类	创客协会	3 星
80	学术科创类	物流协会	4 星
81	学术科创类	航模协会	3 星
82	学术科创类	STEAM 实验与创新协会	2 星
83	学术科创类	翻译-ECYLF×SWJTU 协会	2 星

续表

序列	社团分类	社团名称	社团星级
84	学术科创类	网络安全协会	3星
85	学术科创类	机械创意与制作协会	2星
86	学术科创类	大学生电子科技协会	3星
87	学术科创类	菁蓉协会	1星
88	学术科创类	科幻协会	3星
89	学术科创类	雾都天文社	4星
90	学术科创类	大学生创造学会	2星
91	学术科创类	力学与科技协会	3星
92	学术科创类	大学生创新创业俱乐部	4星
93	学术科创类	智能基座社团	1星
94	学术科创类	BIM建模协会	1星
95	学术科创类	BC沙盘商赛协会	1星
96	志愿公益类	关爱留守儿童协会	2星
97	志愿公益类	招生宣传志愿者协会	5星
98	志愿公益类	环保志愿者协会	3星
99	思想政治类	习近平新时代中国特色社会主义思想学习研究会	4星
100	思想政治类	大学生廉洁文化协会	3星
101	思想政治类	国际关系研究会	3星
102	思想政治类	大学生退役军人协会	1星
103	思想政治类	西南交通大学模拟政协学生社团	1星

（四）2022年度接受捐赠情况

2022年度接受捐赠情况及具体明细请登录基金会网站查阅，http://foundation.swjtu.edu.cn。

（五）2022年各地校友会统计

序号	校友会名称	序号	校友会名称
国内			
1	西南交通大学北京校友会	2	西南交通大学北京青年校友会
3	西南交通大学天津校友会	4	西南交通大学河北校友会
5	西南交通大学河北青年校友会	6	西南交通大学山海关校友会

续表

序号	校友会名称	序号	校友会名称
7	西南交通大学唐山校友会	8	西南交通大学济南校友会
9	西南交通大学青岛校友会	10	西南交通大学呼和浩特
11	西南交通大学上海校友会	12	西南交通大学浙江校友会
13	西南交通大学宁波校友会	14	西南交通大学南京校友会
15	西南交通大学苏州校友会	16	西南交通大学常州校友会
17	西南交通大学安徽校友会	18	西南交通大学安徽青年校友会
19	西南交通大学无锡校友会	20	广东省西南（唐山）交通大学校友会
21	深圳市西南交通大学校友会	22	西南交通大学东莞校友会
23	珠海市西南交通大学校友会	24	西南交通大学重庆校友会
25	西南交通大学四川校友会	26	西南交通大学四川青年校友会
27	西南交通大学泸州校友会	28	西南交通大学德阳校友会
29	西南交通大学宜宾校友会	30	西南交通大学广西校友会
31	西南交通大学海南校友会	32	西南交通大学福州校友会
33	西南交通大学厦门校友会	34	交通大学江西校友会
35	西南交通大郑州校友会	36	西南交通大学洛阳友会
37	西南交通大学武汉校友会	38	西南交通大学湖南青年校友会
39	西南交通大学西安校友会	40	西南交通大学兰州校友会
41	西南交通大学哈尔滨校友会	42	西南交通大学沈阳校友会
43	西南交通大学大连校友会	44	西南交通大学大连青年校友会
45	西南交通大学云南校友会	46	西南交通大学贵州校友会
47	西南交通大学西藏校友会		
	境外/国外		
48	西南交通大学香港校友会	49	交通大学美洲校友会
50	交通大学北加州校友会	51	交通大学南加州校友会
52	西南交通大学华盛顿地区校友会	53	西南交通大学加拿大校友总会
54	西南交通大学埃德蒙顿校友会	55	西南交通大学多伦多校友会
56	西南交通大学马尼托巴校友会	57	西南交通大学丹麦校友会
58	西南交通大学英国校友会	59	西南交通大学新加坡校友会
60	西南交通大学日本校友会		
	行业/学院/年级		
61	西南交通大学 MBA 校友会	62	西南交通大学 MBA 深圳校友会
63	西南交通大学 MBA 天津校友会	64	西南交通大学 MBA 浙江校友会
65	西南交通大学 EMBA 校友会	66	西南交通大学 EMBA 广东校友会
67	西南交通大学 EMBA 上海校友会	68	西南交通大学 MPA 校友会
69	西南交通大学地质、测绘、环境行业校友会	70	西南交通大学同心校友会

续表

序号	校友会名称	序号	校友会名称
71	西南交通大学人文学院院友会	72	西南交通大学交通运输与物流行业校友会
73	西南交通大学利兹院友会		
校友会联盟			
74	西南交通大学青年校友会	75	西南交通大学校友企业家联盟
76	交通大学校友总会读书会	76	西南交通大学长三角校友会
77	西南交通大学1992级工民建校友会	78	西南交通大学2018届年级校友理事会
79	西南交通大学2018届年级校友理事会	80	西南交通大学2019届年级校友理事会
81	西南交通大学2020届年级校友理事会	82	西南交通大学2021届年级校友理事会

（六）2022年董事单位名单

序号	单位名称	加入时间
1	唐山市人民政府	1997年
2	鄂尔多斯市人民政府	2012年
3	成都市金牛区人民政府	1998年
4	成都市双流县人民政府	1996年
5	成都市新都区人民政府	2010年
6	成都市郫都区人民政府	2004年
7	遂宁市大英县人民政府	2000年
8	深圳市交通运输局	1997年
9	茅以升科技教育基金会	2004年
10	中国铁路沈阳铁路局集团有限公司	1994年
11	中国铁路郑州铁路局集团有限公司	1994年
12	中国铁路北京铁路局集团有限公司	1994年
13	中国铁路广州铁路局集团有限公司	1994年
14	中国铁路乌鲁木齐铁路局集团有限公司	2002年
15	中国铁路成都铁路局集团有限公司	1994年
16	中国铁路兰州铁路局集团有限公司	1995年
17	中国铁路呼和浩特铁路局集团有限公司	1994年
18	中国铁路哈尔滨铁路局集团有限公司	2004年
19	中国铁路昆明铁路局集团有限公司	1998年
20	中国铁路物资股份有限公司	1995年
21	中国铁道科学研究院有限公司	2005年

续表

序号	单位名称	加入时间
22	中国中铁股份有限公司	1994 年
23	中国铁建股份有限公司	1994 年
24	中铁一局集团有限公司	1994 年
25	中铁二局集团有限公司	1994 年
26	中铁三局集团有限公司	1994 年
27	中铁四局集团有限公司	1994 年
28	中铁五局集团有限公司	1994 年
29	中铁六局集团有限公司	1994 年
30	中铁丰桥桥梁有限公司	1994 年
31	中铁八局集团有限公司	2004 年
32	中铁电气化局集团有限公司	1994 年
33	中铁大桥局集团有限公司	1994 年
34	中铁隧道集团有限公司	1994 年
35	中铁十一局集团有限公司	2002 年
36	中铁十四局集团有限公司	1994 年
37	中铁十五局集团有限公司	1997 年
38	中铁十七局集团有限公司	2001 年
39	中铁二十局集团有限公司	2001 年
40	中铁二十三局集团有限公司	2004 年
41	中铁二十五局集团有限公司	2005 年
42	中国土木工程集团公司	1994 年
43	中铁建工集团有限公司	2000 年
44	中铁建大桥局集团有限公司	2014 年
45	中铁建电气化局集团有限公司	2012 年
46	中铁第一勘察设计院集团有限公司	1994 年
47	中铁二院工程集团有限责任公司	1994 年
48	中国铁路设计集团有限公司	1994 年
49	中铁第四勘察设计院集团有限公司	1994 年
50	中铁科学研究院有限公司	2012 年
51	中国中车股份有限公司	1994 年
52	中国中车集团株洲电力机车研究所有限公司	1999 年
53	中国中车集团资阳机车有限公司	1997 年

续表

序号	单位名称	加入时间
54	中国中车成都机车车辆公司	1997年
55	中国中车集团眉山车辆有限公司	1994年
56	中国中车集团四方机车车辆股份有限公司	1999年
57	中国中车集团株洲电力机车有限公司	1999年
58	中国中车集团唐山轨道客车有限责任公司	2012年
59	中国中车集团太原轨道交通装备有限责任公司	1994年
60	中国中车集团大同电力机车有限责任公司	1994年
61	中国中车集团长春轨道客车股份有限公司	2012年
62	中国中车集团大连机车车辆有限公司	1998年
63	中国中车集团大连机车研究所有限公司	1998年
64	北京地铁监理公司	1994年
65	神华集团朔黄铁路公司	1994年
66	成都轨道交通集团公司	2007年
67	达成铁路有限责任公司	2000年
68	广西建工集团有限公司	2012年
69	云南铜业股份有限公司	2011年
70	湘电集团有限公司	2000年
71	西门子（中国）有限公司	1998年
72	成都市新筑路桥机械股份有限公司	2007年
73	中国智能交通系统（控股）有限公司	2010年
74	深圳中航电脑系统工程有限公司	2011年
75	常州长青交通股份有限公司	2011年
76	南京瑞尔士轨道检测有限公司	2011年
77	今创集团	2011年
78	江苏虎甲投资有限公司	2011年
79	四川启迪物流有限公司	2011年
80	四川通达企业集团	2000年
81	四川水井坊股份有限公司	1998年
82	四川剑南春集团有限责任公司	2004年
83	成都天台山制药有限公司	1994年
84	四川省兴民房地产开发有限责任公司	2002年
85	成都军蓉房地产开发有限责任公司	2004年

续表

序号	单位名称	加入时间
86	同冠教育集团	2014 年
87	四川亘缘有限公司	2015 年
88	中国十九冶集团有限公司	2015 年
89	中电建路桥集团有限公司	2015 年
90	中铁隆工程集团有限公司	2015 年
91	神州高铁技术股份有限公司	2015 年
92	四川缘满集团	2017 年
93	北京天宜上佳高新材料股份有限公司.	2018 年

（七）2022年与学校签订合作协议的单位

序号	签约单位	签约时间
1	成都金隧自动化工程有限公司	2022 年 1 月
2	绿盟科技集团股份有限公司	2022 年 1 月
3	四川天府新区管理委员会	2022 年 3 月
4	浙江宇视科技有限公司	2022 年 3 月
5	达州市人民政府	2022 年 3 月
6	中国邮政集团有限公司四川省分公司	2022 年 4 月
7	国家超级计算成都中心	2022 年 4 月
8	四川西南交大铁路发展股份有限公司	2022 年 5 月
9	成都唐源电气股份有限公司	2022 年 5 月
10	成都运达科技股份有限公司	2022 年 5 月
11	四川发展（控股）有限责任公司	2022 年 5 月
12	宜兴市人民政府	2022 年 6 月
13	成都体育学院	2022 年 6 月
14	四川天府新区管理委员会	2022 年 4 月
15	上海燧原科技有限公司	2022 年 3 月
16	成都盛锴科技有限公司	2022 年 5 月
17	四川凯迈新能源有限公司	2022 年 6 月
18	四川长虹电器股份有限公司	2022 年 5 月
19	成都探马网络科技有限公司	2022 年 6 月
20	新华文轩出版传媒股份有限公司	2022 年 7 月

续表

序号	签约单位	签约时间
21	浙江轨道交通运营管理集团有限位公司	2022 年 7 月
22	四川省住房和城乡建设厅	2022 年 6 月
23	重庆市黔江区政府	2022 年 6 月
24	腾讯计算机系统有限公司	2022 年 7 月
25	成都西南交通大学设计研究院有限公司	2022 年 5 月
26	北京睿泽恒镒科技股份公司	2022 年 8 月
27	成都体育学院附属医院	2022 年 5 月
28	深圳顺丰泰森控股（集团）有限公司	2022 年 8 月
29	成都鼎桥通信技术有限公司	2022 年 10 月
30	四川铁道职业学院	2022 年 11 月
31	成都市生态环境局	2022 年 10 月
32	四川省测绘地理信息局	2022 年 10 月
33	信承瑞技术有限公司	2022 年 11 月
34	四川荣创新能动力系统有限公司	2022 年 11 月
35	四川拓及轨道交通设备股份有限公司	2022 年 12 月
36	成都市智慧蓉城研究院有限公司	2022 年 10 月
37	曹妃甸区人民政府	2022 年 12 月

（八）2022年新闻媒体报道西南交通大学的主要消息索引

序号	媒体	标题	日期
1	中国新闻网	西南交大："瑞雪迎春"新型奥运版复兴号综合能耗降低超过10%	1 月 12 日
2	中国青年报客户端	西南交大学生作业成了思政教材	1 月 13 日
3	四川日报	四川省跨高校院所新型中试研发平台揭牌	1 月 13 日
4	瞭望	西南交通大学校长杨丹：育交通领军人才 强战略科技力量	1 月 25 日
5	锦观新闻	西南交大团队入选"全国高校黄大年式教师团队"	2 月 11 日
6	中国教育报	帮到吃紧处 扶到点子上	2 月 12 日
7	成都日报	与榜样同行 意气风发向未来	2 月 19 日
8	中国网	再次挺进全国十强 西南交通大学学科竞赛成绩勇创新高	2 月 23 日
9	经济日报	全国人大代表周仲荣：拓展科技成果转化路径	3 月 5 日
10	封面新闻	加快构建成渝一体化综合交通运输体系 助力"中国经济第四极"发展	3 月 8 日

续表

序号	媒体	标题	日期
11	成都日报	助力中泰两国共建轨道交通联合实验室 西南交大参与高速列车教材内容编制	3月17日
12	人民日报海外版	中外青年云对话 互动中感知当代中国	3月25日
13	四川观察	填补世界空白 抑制变压器上的"浪费"	3月25日
14	四川观察	这个获奖项目得用"蹦床"来理解	3月25日
15	四川日报	他们把氢燃料电池装在列车上——氢能列车来了 已有100余项专利	4月2日
16	中国交通报	瞄准前沿优化布局 服务国家战略需求——高校校长话"双一流"建设	4月7日
17	科学网	专家学者西南交大共话铁路与国家现代化建设	4月14日
18	新华社	国际中文日：熊猫和高铁帮助海外中文学习者了解当代中国	4月21日
19	科技日报	胡海涛：需求"牵引"科研方向 一线解决实际难题	5月10日
20	四川日报	科技体制改革"小岗村试验"在这栋楼里进入2.0版	5月10日
21	中国教育电视台	越百年栉风沐雨 绽芳华乘风破浪	5月13日
22	教育导报	做中国高铁的"科研发动机"——记西南交通大学轨道交通系统动力学教师团队	5月19日
23	中国青年报	用青春的能动力和创造力激荡起民族复兴的澎湃春潮——习近平总书记在庆祝中国共产主义青年团成立100周年大会上的重要讲话在广大团干部、团员青年中引发强烈反响	5月19日
24	人民日报	攀登之路 勇者不孤——走近全国高校黄大年式教师团队优秀代表	5月26日
25	红星新闻	拨穗授位、专属礼物，西南交大1.1万余名学子开启新征程	6月17日
26	光明日报	西南交通大学：大学生就业服务"火"出了圈	6月20日
27	四川新闻网	西南交大-中车时代微电子学院揭牌成立 中车首席科学家丁荣军院士任首任院长	6月23日
28	光明日报	王顺洪：为群众美好出行打造坚实后备力量	7月1日
29	中国青年报	翟婉明：人生与中国高铁"耦合"	7月8日
30	四川新闻网	跨越70年 西南交通大学大学生"三下乡"重走成渝路	7月16日
31	中央电视台	保大学生就业 多方力量在行动	7月20日
32	中国青年报	大学教师缘何操心高中生学习	8月22日
33	中国新闻网	西南交大举办中国大学生物流技术（起重机）创意赛	8月29日
34	中国科技网	增强大学生科创意识 百余项作品同台竞技	8月30日
35	中国网	184项！ 西南交通大学2022年度国家自然科学基金立项数量创新高	9月15日

续表

序号	媒体	标题	日期
36	人民日报	多举措扎实做好稳就业工作	9月16日
37	新华社	自主创新炼成中国高铁名片	9月19日
38	中国交通报	西南交通大学 到"史诗级工程"中去探索发现	9月22日
39	人民日报海外版	中国高速磁浮交通系统领跑世界	10月10日
40	中国交通报	西南交通大学获批交通强国建设试点	10月12日
41	成都人民广播电台	党的二十大报告引发西南交大师生热烈反响	10月26日
42	光明日报客户端	西南交大举办"精神引领 强国有我"科学家精神主题展	10月28日
43	四川电视台科教频道	奋进新征程 建功新时代——奋力谱写教育事业高质量发展新篇章	10月28日
44	中国科技网	2022轨道交通能源与动力系统技术发展大会在成都召开	11月19日
45	四川卫视	稳就业保民生 我省保障高校毕业生就业	11月20日
46	锦观新闻	全国仅10家 交大获批国家级未来产业科技园建设试点	11月29日
47	中国教育在线	西南交通大学获2022年四川省最受高中生关注本科高校	11月30日
48	中国科技网	西南交大获批未来产业科技园建设试点	12月1日
49	中国教育报	西南交通大学推动党的二十大精神落地生根——教师"学深"带动学生"悟透"	12月17日
50	中国高等教育	以高质量发展书写中国式现代化的高等教育答卷	12月18日
51	光明日报	西南交通大学：用艺术之美点亮思政课堂	12月20日

（九）2022年西南交通大学出版社出书目录

序号	ISBN	分类	书名	作者	开本	出版时间
1	978-7-5643-8458-6	U284.48	列车运行安全装备（Train Operation Safety Equipment）	张琼洁，党建猛，张红涛，主编	16	2022年1月
2	978-7-5643-8467-8	G659.2-53	教为不教 学为创造——地方师范院校教师本科教学改革实践研究（《教学研究》《课程建设》）	毕剑，总主编；周芮同，何璇，主编	16	2022年1月
3	978-7-5643-8476-0	U238；U225	高速铁路接触网设备运行与维护（智媒体版）	游刚，梅飞，魏玉梅，主编	16	2022年1月

续表

序号	ISBN	分类	书名	作者	开本	出版时间
4	978-7-5643-8557-6	J647.411	桂地民族风格钢琴作品选（汉英对照）（Selected Piano Works of Guangxi Ethnic Minority Style（Chinese-English））	薛可，主编	16	2022 年 1 月
5	978-7-5643-8562-0	K825.76-53	存真集——纪念陆林先生	杨辉，王卓华，裴喆，张小芳，胡瑜，编	32	2022 年 1 月
6	978-7-5643-8592-7	U293.3	高速铁路客运人员礼仪与形象塑造（智媒体版）	张琴，蒋悦，杨俊，主编	16	2022 年 1 月
7	978-7-5643-8594-1	F532.852	黄大铁路运输组织概述	宋俊福，主编	16	2022 年 1 月
8	978-7-5643-7908-7	F530.85	"一带一路"互联互通基石——亚欧国际铁路运输通道	崔艳萍，张进川，编著	16	2022 年 1 月
9	978-7-5643-8343-5	U239.5；U455.43	郑州轨道交通环线盾构施工关键技术	何况，严文荣，郭春，著	16	2022 年 1 月
10	978-7-5643-8352-7	O646	电化学研究方法	张义永，张英杰，主编	16	2022 年 1 月
11	978-7-5643-8373-2	G613.6	儿童手工	申利丽，主编	16	2022 年 1 月
12	978-7-5643-8388-6	U213.2	高速铁路桥上 CRTS Ⅲ 型板式无砟轨道无缝线路纵向力研究	张鹏飞，桂昊，著	16	2022 年 1 月
13	978-7-5643-8397-8	V279	无人机控制与导航技术	王强，王文敬，杨芳，主编	16	2022 年 1 月
14	978-7-5643-8410-4	TM571.2；TM571.6	电气控制与 PLC 应用技术	曾新红，白明，王立涛，主编	16	2022 年 1 月
15	978-7-5643-8413-5	R322	高海拔与脑保护	朱玲玲，赵名，著	16	2022 年 1 月
16	978-7-5643-8416-6	TM726.1	GIL 管道母线检修实用技术	魏忠明，王俊卿，路华伟，普俊文，李晓明，赵红伟，编著	16	2022 年 1 月
17	978-7-5643-8431-9	F632	快递业务操作与管理（智媒体版）	俸毅，夏丽丽，赖菲，主编	16	2022 年 1 月
18	978-7-5643-8436-4	U298	铁路运输安全管理（第2版）	张开冉，张南，主编	16	2022 年 1 月
19	978-7-5643-8438-8	R36-33	病理学实验教程	胡晓松，刘馨莲，主编	16	2022 年 1 月
20	978-7-5643-8439-5	TP312.8	Java Web 程序设计案例教程	汤富彬，毛以芳，主编	16	2022 年 1 月
21	978-7-5643-8441-8	U472	汽车维护技术	陶仕文，马凯，主编	16	2022 年 1 月
22	978-7-5643-8442-5	F40	学科核心素养导向的工程管理人才培养理论与实践	赵兴祥，著	32	2022 年 1 月
23	978-7-5643-8453-1	TU198	建筑工程测量	程景忠，徐晓明，边航天，刘玉辉，主编	16	2022 年 1 月
24	978-7-5643-8459-3	V267	通用航空维修通识汇编	李飞，聂挺，主编	16	2022 年 1 月
25	978-7-5643-8468-5	V279	无人机系统概论	何先定，许云飞，尹子栋，主编	16	2022 年 1 月

续表

序号	ISBN	分类	书名	作者	开本	出版时间
26	978-7-5643-8472-2	G634.413	英语学本（8 年级下）	陈刚，张江平，张珩，吴波总主编；胡霞，主编	16	2022 年 1 月
27	978-7-5643-8477-7	J905.2	农村题材电视剧传播效力研究	秦丽，著	16	2022 年 1 月
28	978-7-5643-8501-9	G635.16	现代班主任工作研究	何万国，主编	16	2022 年 1 月
29	978-7-5643-8506-4	TH122	机械设计基础	陈岚，主编	16	2022 年 1 月
30	978-7-5643-8507-1	O13	高等数学（下册）	吴琦，主编	16	2022 年 1 月
31	978-7-5643-8514-9	G259.294.9	清代藏书文化研究	倪德茂，曾琦，华礼娴，著	32	2022 年 1 月
32	978-7-5643-8516-3	U260.332	机车电机电器	甘永双，李秀超，张洋洋，主编	16	2022 年 1 月
33	978-7-5643-8519-4	G634.413	英语学本（9 年级 全一册）	陈刚，张江平，张珩，吴波总主编；胡霞，主编	16	2022 年 1 月
34	978-7-5643-8520-0	G634.413	英语学本（7 年级下）	陈刚，张江平，张珩，吴波总主编；胡霞，主编	16	2022 年 1 月
35	978-7-5643-8525-5	O172	微积分（下册）	刘荷，主编	16	2022 年 1 月
36	978-7-5643-8527-9	U266	动车组维护与检修（第 3 版）	王连森，林桂清，主编	16	2022 年 1 月
37	978-7-5643-8533-0	TG547-39	CAD/CAM 数控铣削加工技术	杨雨，主编	16	2022 年 1 月
38	978-7-5643-8535-4	H102	普通话实用训练教程（理论篇）（第 2 版）	文静，李筠，刘婷婷，编著	16	2022 年 1 月
39	978-7-5643-8539-2	S814	畜禽繁殖与改良技术（第 2 版）	王怀禹，主编	16	2022 年 1 月
40	978-7-5643-8544-6	G625.1	乡村振兴视域下的乡村小学教师教育信念研究	彭玲艺，著	16	2022 年 1 月
41	978-7-5643-8548-4	H311	英语发音：E 学 E 练	刘辉，韩春伶，主编	16	2022 年 1 月
42	978-7-5643-8553-8	G647.38	目标与行动	冯正广，主编	16	2022 年 1 月
43	978-7-5643-8556-9	D261.41-53	新时代机关党校高质量发展研究	王承先，主编	16	2022 年 1 月
44	978-7-5643-8564-4	G259.277.11-53	图书馆高质量发展创新实践——成都市公共图书馆 2021 年学术年会论文集	肖平，主编	16	2022 年 1 月
45	978-7-5643-8574-3	R395.6	新时代社区心理志愿服务教程（活页式）	徐建，主编	16	2022 年 1 月
46	978-7-5643-8577-4	R47	护理学基础学习指导	罗春燕，赵秀娟，主编	16	2022 年 1 月
47	978-7-5643-8578-1	R473.71	妇产科护理学学习指导	康萍，蒋萍，主编	16	2022 年 1 月
48	978-7-5643-8579-8	R473.72	儿科护理学学习指导	李代强，郑文联，主编	16	2022 年 1 月

序号	ISBN	分类	书名	作者	开本	出版时间
49	978-7-5643-8580-4	R199.2；R47	公共卫生健康护理学习指导	睢文发，曾文勇，主编	16	2022 年 1 月
50	978-7-5643-8583-5	R473.6	外科护理学学习指导	张玉明，张文君，主编	16	2022 年 1 月
51	978-7-5643-8584-2	U216.42	铁道线路养护与维修	林宝龙，王新娜，主编	16	2022 年 1 月
52	978-7-5643-8588-0	TP391.72	计算机绘图——AutoCAD实用教程	蒋冬清，刘琴琴，钱桂名，主编	16	2022 年 1 月
53	978-7-5643-8590-3	U	俄语交通运输工作情境实践	赵建成，主编	16	2022 年 1 月
54	978-7-5643-8593-4	U412.36-64；S157-64	复杂艰险山区高速公路建设项目环境保护和水土保持标准化图集	四川泸石高速公路有限责任公司，主编	16	2022 年 1 月
55	978-7-5643-8600-9	S56	特种经济作物栽培技术（微课版）（第 2 版）	李春龙，韩春梅，主编	16	2022 年 1 月
56	978-7-5643-8601-6	U239.54	城市轨道交通屏蔽门系统检修（活页式）	夏彬，主编	16	2022 年 1 月
57	978-7-5643-8970-3	U495	城市快速路换车道行为与交通流参数关系研究	谢寒，周凌，任庆华，著	16	2022 年 1 月
58	978-7-5643-8390-9	G619.1	中外学前教育简史	庞钊珺，主编	16	2022 年 2 月
59	978-7-5643-8449-4	U294	货物运输组织实验教程	李雪芹，曾蓉娣，主编	16	2022 年 2 月
60	978-7-5643-8456-2	U264.2	电力机车制动系统（Electric Locomotive Brake System）	马金法，李书营，李孝坤，编著	16	2022 年 2 月
61	978-7-5643-8475-3	F762	农产品营销（第 2 版）	林依倔，主编	16	2022 年 2 月
62	978-7-5643-8487-6	G623.202	统编小学语文教科书南山名师教学设计（一年级）（上下册）	高乃松，总主编；李晓艳，谭方，主编	16	2022 年 2 月
63	978-7-5643-8488-3	G623.202	统编小学语文教科书南山名师教学设计（二年级）（上下册）	高乃松，总主编；桂英，王晓辉主编	16	2022 年 2 月
64	978-7-5643-8503-3	TU4	土力学与地基（含试验指导）	邢焕兰，吕玉梅，主编	16	2022 年 2 月
65	978-7-5643-8582-8	G623.202	统编小学语文教科书南山名师教学设计（三年级）（上下册）	高乃松，总主编；肖毅，齐胜男，主编	16	2022 年 2 月
66	978-7-5643-8589-7	R	医学通识教程	魏桂花，主编	16	2022 年 2 月
67	978-7-5643-8611-5	TU22；TU204.21	建筑构造与识图（活页式）	陈剑红，主编	16	2022 年 2 月
68	978-7-5643-8614-6	U260.7	机车检测和监测技术	王磊，贺亚楠，主编	16	2022 年 2 月
69	978-7-5643-8300-8	U239.5	城市轨道交通新技术（第 2 版）	薛锋，朱志国，陈钉均，编著	16	2022 年 2 月
70	978-7-5643-8305-3	U471.3-62	公交司机心理干预与自助手册	葛静，编著	32	2022 年 2 月

序号	ISBN	分类	书名	作者	开本	出版时间
71	978-7-5643-8346-6	G634.603	数学学本（7年级下）	陈刚，张江平，张珩，吴波总主编；王占娟，主编	16	2022年2月
72	978-7-5643-8411-1	U264.2	电力机车制动系统检查与维护（智媒体版）	李作奇，孙由啸，主编	16	2022年2月
73	978-7-5643-8429-6	G634.603	数学学本（8年级下）	陈刚，张江平，张珩，吴波总主编；王占娟，主编	16	2022年2月
74	978-7-5643-8430-2	J214	简笔画教程（第2版）	唐清德，主编	16	2022年2月
75	978-7-5643-8443-2	V279	无人机飞行与作业	刘明鑫，何先定，陈宗杰，主编	16	2022年2月
76	978-7-5643-8461-6	TN	电子技术及其应用（活页式）	任全会，主编	16	2022年2月
77	978-7-5643-8512-5	TH166	智能制造综合实训	陈敏，陈兆庆，主编	16	2022年2月
78	978-7-5643-8528-6	TB3	工程材料（第3版）	刘胜明，任平，贺毅，主编	16	2022年2月
79	978-7-5643-8545-3	U212.32	铁路选线设计（第5版）	易思蓉，主编	16	2022年2月
80	978-7-5643-8568-2	P642	工程地质（第2版）	赖天文，主编	16	2022年2月
81	978-7-5643-8581-1	C913.6	老年公共服务概论	王盈盈，彭光灿，主编	16	2022年2月
82	978-7-5643-8585-9	G641.2	幸福密码——青年大学生幸福观的积极心理学解读	雷静，著	16	2022年2月
83	978-7-5643-8586-6	H102	普通话实用训练教程（测试篇）	刘婷婷，李筠，文静，编著	16	2022年2月
84	978-7-5643-8587-3	TB126；TV13	工程流体力学（水力学）（第5版）	禹华谦，主编	16	2022年2月
85	978-7-5643-8591-0	C8	应用统计	梁涛，刘赪，赵联文，主编	16	2022年2月
86	978-7-5643-8598-9	G254.9；H152.2	文献检索与科技论文写作	韩占江，张晶，编著	16	2022年2月
87	978-7-5643-8599-6	O4-33	大学物理实验（智媒体版）	谢国亚，张婷婷，何静，主编	16	2022年2月
88	978-7-5643-8602-3	U469.703	新能源汽车动力驱动电机电池技术（智媒体版）	孙洁，罗秋宇，主编	16	2022年2月
89	978-7-5643-8603-0	TU457	岩质边坡滚石机理与非连续变形分析	李俊杰，刘国阳，著	16	2022年2月
90	978-7-5643-8606-1	F252.14	配送管理实务	谢欣，主编	16	2022年2月
91	978-7-5643-8608-5	H152.3	应用文写作（第2版）	韦济木，丁世忠，主编	16	2022年2月
92	978-7-5643-8609-2	G717.38	大学生职业发展与就业指导	崔凤华，郭艳红，高峰，主编	16	2022年2月
93	978-7-5643-7740-3	U448.13	高速铁路桥梁工程	丁南宏，廖伟华，主编	16	2022年3月

续表

序号	ISBN	分类	书名	作者	开本	出版时间
94	978-7-5643-7904-9	TP312.8；TP391	现代藏文字符自动分析——Visual C++实现	高定国，著	16	2022 年 3 月
95	978-7-5643-8348-0	TS972.11	烹饪工艺（第二版）（智媒体版）	周世中，主编	16	2022 年 3 月
96	978-7-5643-8399-2	V279	多旋翼无人机组装与调试	刘静，闫俊岭，刘清杰，编著	16	2022 年 3 月
97	978-7-5643-8421-0	U641.5；U449.83	软土地区船闸施工对下覆管涵稳定性影响及安全控制技术	潘国华，刘明维，宋叶青，邹坤壹，樊金甲，著	32	2022 年 3 月
98	978-7-5643-8432-6	P618.130.8	延安气田富县区域下古生界马家沟组天然气勘探开发理论与实践	刘宝平，著	16	2022 年 3 月
99	978-7-5643-8434-0	TU984.2	公园城市儿童游憩空间参与式设计	王玮，著	16	2022 年 3 月
100	978-7-5643-8440-1	U239.5	经济高效的城市轨道骨干线深圳地铁 3 号线工程规划设计总结与思考	周明亮，张中安，周勇，陈馨超，编著	16	2022 年 3 月
101	978-7-5643-8463-0	V279	无人机飞行原理	王永虎，王福成，主编	16	2022 年 3 月
102	978-7-5643-8465-4	TB3；TG15	工程材料及热处理（智媒体版）	许桂云，宋绍峰，杨阳，主编	16	2022 年 3 月
103	978-7-5643-8481-4	U26	铁道机车运用与维护专业英语	侯艳，刘芳璇，主编	16	2022 年 3 月
104	978-7-5643-8486-9	U239.5	城市轨道交通信号基础设备运行与维护	高嵘华，吴广荣，主编	16	2022 年 3 月
105	978-7-5643-8491-3	H193.2	教师口语表达技能实训教程	刘丽静，主编	16	2022 年 3 月
106	978-7-5643-8492-0	U231	地铁工程设计与施工(智媒体版)	蒋英礼，主编	16	2022 年 3 月
107	978-7-5643-8518-7	Q948.527.54-64	麦地卡湿地植物识别图集	拉多，古桑群宗，李石胜，著	16	2022 年 3 月
108	978-7-5643-8537-8	G641	西南交通大学"立德树人"精品项目案例分析——七大模块育人实效及评价	张军琪，李振宇，主编	16	2022 年 3 月
109	978-7-5643-8551-4	U491.1	拥挤收费对城市公共交通系统的影响研究	敖翔龙，著	16	2022 年 3 月
110	978-7-5643-8552-1	X	环境科学与工程概论	张胜利，主编	16	2022 年 3 月
111	978-7-5643-8569-9	U264.3	电力机车牵引与控制（智媒体版）	李作奇，罗林顺，主编	16	2022 年 3 月
112	978-7-5643-8572-9	U239.5	城市轨道交通运营组织与风险管控研究及实践	成都轨道交通集团有限公司，交通运输部科学研究院，编著	16	2022 年 3 月
113	978-7-5643-8595-8	TG506	机械加工工艺（智媒体版）	张海秀，李园奇，主编	16	2022 年 3 月

续表

序号	ISBN	分类	书名	作者	开本	出版时间
114	978-7-5643-8604-7	U260.7	铁道机车车辆无损检测技术与应用	刘宏利，房楠，朱慧勇，主编	16	2022 年 3 月
115	978-7-5643-8613-9	G644-53	胸怀报国志，科研育新人——西南交通大学土木工程学院科研育人实践	王明年，卢立恒，刘学毅，蒲黔辉，主编	16	2022 年 3 月
116	978-7-5643-8615-3	I222	古典诗词吟诵	梁明玉，罗莉，主编	16	2022 年 3 月
117	978-7-5643-8616-0	Q959.838-34	大熊猫标本之源	杨铧，编著	16	2022 年 3 月
118	978-7-5643-8618-4	D923.99	商法实务	张晶，李旭升，主编	16	2022 年 3 月
119	978-7-5643-8620-7	TH137；TH138	液压与气压传动技术	赵雷，陈翠，主编	16	2022 年 3 月
120	978-7-5643-8621-4	TP242.2	工业机器人应用与维护一体化课程教学指导手册	温利莉，林光，主编	16	2022 年 3 月
121	978-7-5643-8623-8	G711	职业院校"三全育人"理论与实践——重庆公共运输职业学院课程思政建设研究	彭超，主编	16	2022 年 3 月
122	978-7-5643-8626-9	TM13-33；TN-33	现代电路电子技术实验教程	彭琛，彭进香，王文虎，侯清莲，编著	16	2022 年 3 月
123	978-7-5643-8627-6	G623.312-53	成长的阶梯——乡村小学英语教师教学故事集	田芳，张明星，主编	16	2022 年 3 月
124	978-7-5643-8629-0	D297.6	固本兴团——高校团支部工作实务与案例	罗妍妍，李娜，张敬文，主编	16	2022 年 3 月
125	978-7-5643-8634-4	V328	航空安全信息的探索与实践	杨畅，郭湘川，编著	16	2022 年 3 月
126	978-7-5643-8637-5	TU823.6-62	屋面虹吸雨水系统设计手册	杨一林，宋越男，主编	32	2022 年 3 月
127	978-7-5643-8640-5	K203	中国传统文化概观	黄晓利，赵洪波，主编	16	2022 年 3 月
128	978-7-5643-8362-6	G634.603	数学学本（9 年级下）	陈刚，张江平，张珩，吴波总主编；王占娟，主编	16	2022 年 3 月
129	978-7-5643-8521-7	G634.73	物理学本（9 年级下）	陈刚，张江平，张珩，吴波总主编；张珩，朱铁平，主编	16	2022 年 3 月
130	978-7-5643-8522-4	G634.73	物理学本（8 年级下）	陈刚，张江平，张珩，吴波总主编；朱铁平，张珩，主编	16	2022 年 3 月
131	978-7-5643-8605-4	F713.365.2；F272	内容营销与企业外宣	王琦，许文婧，朱凤梅，编著	16	2022 年 3 月
132	978-7-5643-8617-7	TU473	新型围桩-土耦合式抗滑结构研究	郑明新，雷金波，胡国平，刘伟宏，孙书伟，著	16	2022 年 3 月
133	978-7-5643-8622-1	U469.703	新能源汽车电机驱动与检修（活页式）	陈益庆，罗钦，李俊泓，主编	16	2022 年 3 月

续表

序号	ISBN	分类	书名	作者	开本	出版时间
134	978-7-5643-8635-1	P642.22	峨眉山玄武岩大型高位远程滑坡形成机制研究	申通，袁玥，韩杨，著	16	2022 年 3 月
135	978-7-5643-8383-1	U172	管道地质灾害监测数据挖掘及预警模型研究与应用	刘奎荣，余东亮，周广，朱建平，方迎潮，黄鹏，王庆，唐侨，赵雄，吴东容，王爱玲，蒋毅，王彬彬，谢锐，吴瑶，王垒超，兰才富，轩恒，杨川，刘宇婷，梁栋，著	16	2022 年 4 月
136	978-7-5643-8455-5	U292.4	铁路运输调度	孙建晖，谢迎春，主编	16	2022 年 4 月
137	978-7-5643-8457-9	U2	铁道概论（Introduction of Railway）	牛晨旭，吕蒙，牛可，主编	16	2022 年 4 月
138	978-7-5643-8490-6	U415.1-62	高速公路施工监理手册	赵世超，刘伟，主编	16	2022 年 4 月
139	978-7-5643-8496-8	U239.5	城市轨道交通安全管理	连义平，主编	16	2022 年 4 月
140	978-7-5643-8504-0	U284.48	职业特质与列车运行安全	牛可，高伟，牛晨旭，主编	16	2022 年 4 月
141	978-7-5643-8566-8	V279	无人机动力装置	严向峰，任勇，主编	16	2022 年 4 月
142	978-7-5643-8607-8	K820.871；G127.71	四川历史名人品牌发展研究	任文举，著	16	2022 年 4 月
143	978-7-5643-8610-8	TN92	无线短距离通信技术开发项目教程	张玲丽，虞沧，主编	16	2022 年 4 月
144	978-7-5643-8619-1	G641	技工院校"大思政"育人体系构建与实践探索	汤伟群，陈海娜，周志德，著	16	2022 年 4 月
145	978-7-5643-8624-5	O35-33	流体力学实验	朱银红，张芹，赵军，主编	16	2022 年 4 月
146	978-7-5643-8631-3	U269.6	高速铁路动车组辅助设备维护与检修（第 2 版）	时蕾，石高山，主编	16	2022 年 4 月
147	978-7-5643-8632-0	G634.603	高中数学基础与提高	张炜，编著	16	2022 年 4 月
148	978-7-5643-8636-8	G623.502	数学·教师·教学	黄红涛，著	32	2022 年 4 月
149	978-7-5643-8639-9	U448.13	城市轨道交通 U 形梁施工技术与管理	文开良，段军朝，余南山，主编	16	2022 年 4 月
150	978-7-5643-8641-2	U284.59	列车调度指挥	洪立新，主编	16	2022 年 4 月
151	978-7-5643-8642-9	U239.5	基于工业互联网的智慧城市轨道交通平台研究	广州地铁设计研究院股份有限公司智慧地铁项目组，著	16	2022 年 4 月
152	978-7-5643-8645-0	G644	新时代"大思政"体系中的文科科研管理工作探索	郑澎，陈姝君，主编	16	2022 年 4 月
153	978-7-5643-8646-7	U284.41	区间闭塞设备维护	穆中华，主编	16	2022 年 4 月
154	978-7-5643-8652-8	U239.5-62	行车故障处理指南	宁波市轨道交通集团有	16	2022 年 4 月

续表

序号	ISBN	分类	书名	作者	开本	出版时间
				限公司运营分公司，编		
155	978-7-5643-8655-9	G641	新时代高校思想政治理论课教学改革探究	刘军，韩玮，程文，主编	16	2022 年 4 月
156	978-7-5643-8531-6	U27	铁道车辆运用与管理	余建勇，陈明高，主编	16	2022 年 4 月
157	978-7-5643-8554-5	U491.2	行人交通安全心理导论	陈华，主编	16	2022 年 4 月
158	978-7-5643-8555-2	U239.5	城市轨道交通列车空调装置	丁金玲，主编	16	2022 年 4 月
159	978-7-5643-8560-6	P642.22	滑坡治理工程勘查设计技术方法与实例解析	马显春，黄永威，谷明成，肖洋，编著	16	2022 年 4 月
160	978-7-5643-8612-2	K820.7	情系巴渝——重庆开放大学校友风采录	郭庆，主编	16	2022 年 4 月
161	978-7-5643-8650-4	TM72	输配协同调度控制系统技术与功能应用	何明，路轶，王云丽，著	16	2022 年 4 月
162	978-7-5643-8656-6	U239.5	轨道交通车辆专业英语	牛晨旭，赵慧，王闪闪，主编	16	2022 年 4 月
163	978-7-5643-8659-7	U239.5	城市轨道交通供电综合自动化技术	王吉峰，主编	16	2022 年 4 月
164	978-7-5643-8660-3	TU712.2-62	土木工程建设项目施工监理实务及作业手册	梁栋，谢平，周汉国，李柯志，牛东兴，著	16	2022 年 4 月
165	978-7-5643-8662-7	U239.5	城市轨道交通电气设备测试	何发武，主编	16	2022 年 4 月
166	978-7-5643-8664-1	U292.91	高速列车模块化定制设计技术	丁国富，张海柱，黎荣，梁建英，李瑞淳，著	16	2022 年 4 月
167	978-7-5643-8665-8	K820.7-53	劳模学长的力量	广州铁路职业技术学院，组编	16	2022 年 4 月
168	978-7-5643-7949-0	U239.5	城市轨道交通列车电气设备检修	马汉林，主编	16	2022 年 5 月
169	978-7-5643-8648-1	G635.12	基础教育教师实践性技能生成路径研究——教育叙事	郑宽明，荣丹，袁书卷，著	16	2022 年 5 月
170	978-7-5643-8654-2	F276.3	中小微企业电子商务实务	汪林，陈钰，主编	16	2022 年 5 月
171	978-7-5643-8675-7	O571.44-49	激光聚变——人类能源自由之路	李志民，张惠鸽，程功，邓颖，编著	16	2022 年 5 月
172	978-7-5643-8697-9	G711	中国传统文化与高等职业院校德育教育融合的创新研究	杨雯，李美清，著	16	2022 年 5 月
173	978-7-5643-8422-7	U492.2	农村需求响应式客运系统运力投放研究及行车路径鲁棒优化：以临夏回族自治州为例（*Capacity Allocation and Route Robust Optimization of the Demand-responsive Rural Passenger Transport*	马昌喜，赵永鹏，王超，焦俞端，著	32	2022 年 5 月

续表

序号	ISBN	分类	书名	作者	开本	出版时间
			System——Taking Linxia Hui Autonomous Prefecture as an Example）			
174	978-7-5643-8454-8	U291-39	智能建造——京沈客专北京朝阳站信息化建设实践	郑雨，金振山，著	16	2022 年 5 月
175	978-7-5643-8462-3	TM63	智能变电站工程应用技术	屈刚，贺达江，主编	16	2022 年 5 月
176	978-7-5643-8464-7	U239.5	城市轨道交通电梯系统运行与维护	刘超，孟利勇，袁泉，主编	16	2022 年 5 月
177	978-7-5643-8565-1	U279.3	车辆检测技术	时蕾，智雷勇，李伟，主编	16	2022 年 5 月
178	978-7-5643-8625-2	S165-49	惊蛰闻雷米如泥——成都平原节气农谚绘本	骆韬颖 编；黄巾芳 绘	16	2022 年 5 月
179	978-7-5643-8628-3	G711	统筹规划　校企共育——汽车类专业课程思政教学改革探索与实践	王青春，赵娟妮，主编	16	2022 年 5 月
180	978-7-5643-8630-6	U491.7	我国中小城市商业中心停车需求影响研究	敖翔龙，著	16	2022 年 5 月
181	978-7-5643-8633-7	P642-62	地质工程野外工作手册	阿比尔的，杨向阳，沈娜，李东，谢涛，王林峰，主编	16	2022 年 5 月
182	978-7-5643-8643-6	G718.5	以案明理——新时代高职教案写作范例	广东轻工职业技术学院职业教育研究所，编著	16	2022 年 5 月
183	978-7-5643-8644-3	U491.31	道路交通事故深度调查案例汇编	公安部交通管理科学研究所，编	16	2022 年 5 月
184	978-7-5643-8647-4	TU986.2-64；S688-64	林芝市城市园林景观植物图鉴	李文博，邢霞，张华，姚霞珍，编著	16	2022 年 5 月
185	978-7-5643-8649-8	U260.13	铁道车辆制动装置检修（智媒体版）	罗晓红，主编	16	2022 年 5 月
186	978-7-5643-8651-1	TH132	行星齿轮箱振动信号特征提取与故障诊断方法研究	陈彦龙，杨望灿，主编	16	2022 年 5 月
187	978-7-5643-8653-5	F592.771；F593.303	四川省参与泛亚高铁经济圈文旅产业合作研究	刘军荣，胡丹，吴耀国，刘颖，著	16	2022 年 5 月
188	978-7-5643-8657-3	TM571.61	Micro850 控制器编程与应用	徐雪松，杨静，主编	16	2022 年 5 月
189	978-7-5643-8658-0	F590.633	导游基础知识（贵州智媒体版）	谢雪梅，主编	16	2022 年 5 月
190	978-7-5643-8666-5	F590.633	导游才艺（智媒体版）	钟莹，刘琳，主编	16	2022 年 5 月
191	978-7-5643-8667-2	TH126-44	机械制图习题集	汪勇，王和顺，主编	16	2022 年 5 月
192	978-7-5643-8668-9	F129.973.2	黔东南经济地理	蒋焕洲，尚海龙，编著	16	2022 年 5 月
193	978-7-5643-8671-9	G649.287.19-54	重庆文理学院年鉴（2021）	蔡华锋，主编	16	2022 年 5 月
194	978-7-5643-8672-6	B248.99	"梁山真儒，天下来学"——基于《来瞿唐先生日录》	陈祎舒，张梦雪，杨信良，著	16	2022 年 5 月

续表

序号	ISBN	分类	书名	作者	开本	出版时间
			的研究			
195	978-7-5643-8673-3	J624.16	钢琴基础系统训练（全 2 册）（琶音篇/音阶篇）	张洪，董泽淑，编著	16	2022 年 5 月
196	978-7-5643-8674-0	R197.1	四川省第六次卫生服务调查报告（2018）	四川省卫生健康信息中心，编著	16	2022 年 5 月
197	978-7-5643-8676-4	TP391	藏文文本自动处理方法研究	珠杰，著	16	2022 年 5 月
198	978-7-5643-8677-1	C8	统计学	曾玉林，刘健挺，主编	16	2022 年 5 月
199	978-7-5643-8684-9	R47	护理英语（ Nursing English ）	刘江，丁颖，主编	16	2022 年 5 月
200	978-7-5643-8685-6	J421.8	娄山摄影作品集	娄山，摄	16	2022 年 5 月
201	978-7-5643-8688-7	U448.135.7；U459.1	铁路桥隧养护与维修（智媒体版活页式）	禹凤军，赵群，严晓东，主编	16	2022 年 5 月
202	978-7-5643-8689-4	V355.1-39	虚拟现实技术在民航空管领域的应用前景分析	黄龙杨，朱新平，编著	16	2022 年 5 月
203	978-7-5643-8691-7	V355	空管维修工程	张强，李华，主编	16	2022 年 5 月
204	978-7-5643-8692-4	H152	汉语文体学概论	晁瑞，著	16	2022 年 5 月
205	978-7-5643-8693-1	TS941.742.8	壮族服饰制图与工艺	梁新，梁微，陶修彪，主编	16	2022 年 5 月
206	978-7-5643-8694-8	J523.1	壮锦元素手工工艺	陈仁烈，韦芸，韦通，主编	16	2022 年 5 月
207	978-7-5643-8695-5	TM91	动力电池管理及维护	蔡希贵，主编	16	2022 年 5 月
208	978-7-5643-8699-3	F299.277.13	钒钛之都　阳光花城——中国三线资源型城市攀枝花的转型之路	代璐遥，夏载明，著	16	2022 年 5 月
209	978-7-5643-8701-3	F253.4	仓储管理实务（智媒体版）	蒋沁燕，李亚琦，黎聪，主编	16	2022 年 5 月
210	978-7-5643-8201-8	TU998.1	建筑消防工程（上）	卿伟健，主编	16	2022 年 6 月
211	978-7-5643-8529-3	U239.5	城市轨道交通车辆电器检修	班希翼，罗敏，徐彦，主编	16	2022 年 6 月
212	978-7-5643-8563-7	U448.21	纤维混凝土箱梁抗裂机理研究	秦煜，李正川，易志坚，著	16	2022 年 6 月
213	978-7-5643-8575-0	U239.5	城市轨道交通环线工程创新与实践——成都地铁 7 号线	成都轨道交通集团有限公司，著	16	2022 年 6 月
214	978-7-5643-8679-5	H369.36	挑战日语学术文章写作	张智超，钱韧，主编	16	2022 年 6 月
215	978-7-5643-8696-2	X92-53	安全集思	虞和泳，著	16	2022 年 6 月
216	978-7-5643-4491-7	F230	会计综合实训（活页式）	黄春蓉，谭燕，彭靖，杨玲，主编	16	2022 年 6 月

续表

序号	ISBN	分类	书名	作者	开本	出版时间
217	978-7-5643-8698-6	G624.153	智慧教育读库（真、善、美、慧）	易学军，总主编	16	2022 年 6 月
218	978-7-5643-8711-2	R192	医生职业道德与职业素养	陈毅君，张勇，主编	16	2022 年 6 月
219	978-7-5643-8717-4	K828.4	扬华人物　青春榜样——西南交通大学优秀学生访谈录（第二辑）	高平平，主编	16	2022 年 6 月
220	978-7-5643-8720-4	X321.271	生态文明蓝皮书：四川生态文明发展评价报告（2021）	罗彬，主编	16	2022 年 6 月
221	978-7-5643-8723-5	S157.1	塔里木河流域水土流失变化监测（2010-2018）	新疆维吾尔自治区测绘科学研究院，成都理工大学，编	16	2022 年 6 月
222	978-7-5643-8725-9	U293.3-44	铁路客运英语（第 3 版）同步练习 Workbook for Railway Passengers Service English (3rd Edition)	潘自影，主编	16	2022 年 6 月
223	978-7-5643-8727-3	TV752.73-53	贵州水力发电论文集（2021）	贵州省水力发电工程学会，贵州乌江水电开发有限责任公司，编	16	2022 年 6 月
224	978-7-5643-8741-9	F273.2	考虑随机效应的产品质量与可靠性分析及改进	吕珊珊，王国东，著	16	2022 年 6 月
225	978-7-5643-8742-6	V279	无人机空气动力学	王永虎，主编	16	2022 年 6 月
226	978-7-5643-8746-4	U448.352.5	超宽斜弯混凝土箱梁桥关键技术研究	李正川，秦煜，李青良，著	16	2022 年 6 月
227	978-7-5643-8749-5	TH126	机械制图（含习题集）	郑宗慧，刘雨婷，主编	16	2022 年 6 月
228	978-7-5643-8751-8	G649.2	新时代高等教育国际化发展研究	任新红，主编	16	2022 年 6 月
229	978-7-5643-8756-3	TU502	建筑材料实验指导及手册	李福海，陈昭，钱瑶，主编	16	2022 年 6 月
230	978-7-5643-8425-8	G711	高职院校思想政治理论课建设（全 2 册）（课程建设/信息化建设）	蒋家胜，欧美强，总主编	16	2022 年 6 月
231	978-7-5643-8435-7	U239.5	城市轨道交通设备	（新加坡）颜景林，编著	16	2022 年 6 月
232	978-7-5643-8447-0	G613.6	美术（第二版）	唐清德，主编	16	2022 年 6 月
233	978-7-5643-8460-9	U239.5	轨道交通电工技术基础与技能（活页式）	徐亚辉，陈敏，主编	16	2022 年 6 月
234	978-7-5643-8480-7	U264.03	电力机车构造（Electric Locomotive Structure）	党建猛，张嘉，主编	16	2022 年 6 月
235	978-7-5643-8547-7	U239.5	城市轨道交通运输系统安全和质量管理概论（活页式）（上下册）	陈元静，主编	16	2022 年 6 月
236	978-7-5643-8550-7	F252.1	需求可拆分的最短路运输取送路径问题研究	熊坚，著	16	2022 年 6 月

续表

序号	ISBN	分类	书名	作者	开本	出版时间
237	978-7-5643-8558-3	U224	牵引变电所运行与维护（活页式）	窦婷婷，赵先堃，主编	16	2022年6月
238	978-7-5643-8567-5	TB12	工程力学（智媒体版）	黄颖，许永吉，主编	16	2022年6月
239	978-7-5643-8670-2	TU755	混凝土结构施工（活页式）	张殿波，主编	16	2022年6月
240	978-7-5643-8681-8	G633.412	实用中小学英语教学法教程	张哲华，编著	16	2022年6月
241	978-7-5643-8686-3	G769.285.34	融合教育常熟模式——县域"特教班"运行模式的构建与实施	陆振华，顾泳，主编	16	2022年6月
242	978-7-5643-8687-0	U491.1	交通运输系统分析（第三版）	刘澜，王琳，刘海旭，编著	16	2022年6月
243	978-7-5643-8690-0	TB472	CMF设计概论	王铁球，主编	16	2022年6月
244	978-7-5643-8703-7	TS953.35	管风琴制造入门	（德）沃尔夫冈·阿德隆，著；佟坤，译	16	2022年6月
245	978-7-5643-8704-4	J825.71	戏曲市场研究——以西南地区的川剧为例	晏一立，著	16	2022年6月
246	978-7-5643-8705-1	G623.582	机器人教育案例设计与教学实践	邱明，李行，黄尧，主编	16	2022年6月
247	978-7-5643-8707-5	TB22	工程测量基础实训指导与报告书	张福荣，主编	16	2022年6月
248	978-7-5643-8709-9	TV223.4	基于夜间灯光遥感技术的城市不透水面制图研究	郭伟，赵学胜，孙文彬，张玉环，编著	16	2022年6月
249	978-7-5643-8712-9	X5	环境工程专业英语	赵锐，刘洋，主编	16	2022年6月
250	978-7-5643-8713-6	V279	无人机电气系统	姜舟，主编	16	2022年6月
251	978-7-5643-8714-3	TU5	建筑材料	朱翠芳，张倩倩，韦朝运，主编	16	2022年6月
252	978-7-5643-8722-8	TU37-62	装配式混凝土建筑项目实施指南	四川省装配式建筑产业协会，主编	16	2022年6月
253	978-7-5643-8726-6	TP391.41	基于判别式表观模型的视觉跟踪算法研究	胡华，王暐，主编	16	2022年6月
254	978-7-5643-8728-0	TM45	配网计量用互感器性能评价	程富勇，林聪，著	16	2022年6月
255	978-7-5643-8730-3	TV734	水电站设备维修技术创新发展路径探索——基于国能大渡河检修安装有限公司"十四五"科技规划	钱冰，冯治国，冉垠康，蔡银辉，李晓飞，编著	16	2022年6月
256	978-7-5643-8735-8	J121	徐丽平设计作品集	徐丽平，著	16	2022年6月
257	978-7-5643-8738-9	G627	紫荆魂——德阳市东汽小学文化建设纪实	罗建，主编	16	2022年6月
258	978-7-5643-8739-6	J062	跨媒介视觉艺术设计研究	叶骁，著	16	2022年6月

续表

序号	ISBN	分类	书名	作者	开本	出版时间
259	978-7-5643-8743-3	U；R199.2	传染性疫情下客流运动规律建模与多态场景的管控技术研究	晏启鹏，刘澜，著	16	2022年6月
260	978-7-5643-8744-0	G210.7	网络新闻评论（智媒体版）	梅红，主编	16	2022年6月
261	978-7-5643-8745-7	U266	高速铁路动车组运用与管理（中英对照版）	宋慧娟，张龙华，时蕾，主编	16	2022年6月
262	978-7-5643-8760-0	U469.7	新能源汽车概论（活页式）	朱生月，伍鸿平，主编	16	2022年6月
263	978-7-5643-8761-7	U469.7	新能源汽车维护与保养（活页式）	伍鸿平，赵勇贤，主编	16	2022年6月
264	978-7-5643-8762-4	F269.277.13	千年盐都产业转型的阵痛与蜕变	肖朝文，陈辉，谢实民，彭奎，王斯奕，著	16	2022年6月
265	978-7-5643-8597-2	H319.37	轻松搞定GMAT阅读	代菲，著	16	2022年7月
266	978-7-5643-8663-4	P23；TP7	摄影测量与遥感技术	张军，周健，刘岩，主编	16	2022年7月
267	978-7-5643-8708-2	P228.4	GNSS测量技术与应用实训	田倩，主编	16	2022年7月
268	978-7-5643-8710-5	P228.4	GNSS测量技术与应用	张福荣，田倩，主编	16	2022年7月
269	978-7-5643-8715-0	P468.271.3	雅安市气候资源利用与开发研究	四川省雅安市气象局，主编	16	2022年7月
270	978-7-5643-8716-7	F502	交通项目评估	何南，主编	16	2022年7月
271	978-7-5643-8724-2	D669.3-41	城市社区工作者专业化培训大纲	中共成都市金牛区委党校，成都城市社区学院，编著	16	2022年7月
272	978-7-5643-8729-7	F279.246	PE/VC对其持股上市公司财务风险的影响及传导路径研究	杨嵩，著	16	2022年7月
273	978-7-5643-8732-7	TU855；TN915	楼宇智能化技术通信网络系统检测与维修（活页式）	鲍伟琴，李胜，主编	16	2022年7月
274	978-7-5643-8734-1	U26	CR200J型机车乘务员一次乘务作业	罗闯，何旭东，冯涛，主编	16	2022年7月
275	978-7-5643-8737-2	U268.48	HXD3C型机车乘务员一次乘务作业	方万鼎，刘牛，罗大勇，主编	16	2022年7月
276	978-7-5643-8755-6	F766	新车销售	罗彩茹，王朝武，郑少燕，主编	16	2022年7月
277	978-7-5643-8757-0	F590.6-39	旅游电商	何丹丹，彭灵丽，侯琳，主编	16	2022年7月
278	978-7-5643-8759-4	U266.2	市域动车组	温州市铁路与轨道交通投资集团有限公司运营分公司，编	16	2022年7月
279	978-7-5643-8766-2	U416.217	道路石油沥青的低温行为与热可逆老化	丁海波，邱延峻，阳恩慧，著	16	2022年7月

续表

序号	ISBN	分类	书名	作者	开本	出版时间
280	978-7-5643-8768-6	TM76	电力电子技术项目教程	崔晶，王博，主编	16	2022 年 7 月
281	978-7-5643-8771-6	TN91	通信工程专业导论	王威，梁添青，主编	16	2022 年 7 月
282	978-7-5643-8772-3	TP312.8	Java EE 开源框架应用	温立辉，周永福，巫锦润，方阿丽，常贤发，著	16	2022 年 7 月
283	978-7-5643-8780-8	U412.36	贵州山区普通二级公路提质升级改造技术方案研究与应用实践	郑世伦，刘斌，罗波，董延琦，肖平，孟云伟，编著	16	2022 年 7 月
284	978-7-5643-8543-9	TP316.7；TP317.1	大学计算机基础——汉藏双语案例式教程：Windows 10 + Office 2016	高定国，高红梅，刘芳，编著	16	2022 年 7 月
285	978-7-5643-8669-6	G781-44	蒙特梭利 101 问——给新手妈妈的育儿枕边书	申妈，杰西妈妈，昱唯，编著	32	2022 年 7 月
286	978-7-5643-8752-5	G40-03	木铎之声——王友强名师工作室教育实践与探索	王友强，主编	16	2022 年 7 月
287	978-7-5643-8754-9	G718.5	高职院校内部质量保证体系建设与运行——以四川交通职业技术学院为例	杨桦，肖珊，杨甲奇，谭亮，陈飚，著	16	2022 年 7 月
288	978-7-5643-8763-1	G354.4	科技文献网上检索实用教程	丁社光，主编	16	2022 年 7 月
289	978-7-5643-8769-3	U239.5	轨道交通线路及站场设备运用（新型活页式）	陈春晓，董立娟，主编	16	2022 年 7 月
290	978-7-5643-8770-9	G255.73	图书馆数字视音频资源加工与数据制作	季士妍，著	16	2022 年 7 月
291	978-7-5643-8773-0	D922.291.91	企业法律实务教程	杨逊，主编	16	2022 年 7 月
292	978-7-5643-8778-5	U238；U448.28	轨道交通高架段车致环境振动半解析分析与试验研究	张志俊，著	16	2022 年 7 月
293	978-7-5643-8783-9	J613.1	视唱练耳应用分析	吴洋，孟燕，编著	16	2022 年 7 月
294	978-7-5643-8784-6	TP393.08	基于 UCSA 框架的零知识证明协议验证	王正才，著	16	2022 年 7 月
295	978-7-5643-8787-7	U239.5	城市轨道交通全自动运行系统车辆运用	李益民，主编	16	2022 年 7 月
296	978-7-5643-8789-1	TU201.4	BIM 建模（活页式）	贾晓东，罗杨，主编	16	2022 年 7 月
297	978-7-5643-8790-7	U225	接触网工技能培训教程	赵文飞，周书念，主编	16	2022 年 7 月
298	978-7-5643-8791-4	F830.9	基于高频数据信息的波动率预测与波动率期货定价研究	乔高秀，著	16	2022 年 7 月
299	978-7-5643-8792-1	O13-44	高等数学练习题集	西南交通大学数学学院，编	16	2022 年 7 月
300	978-7-5643-8800-3	O17-44	研究生入学考试数学分析真题集解（2022 年版）（上	梁志清，黄军华，钟镇权，曾夏萍，编著	16	2022 年 7 月

续表

序号	ISBN	分类	书名	作者	开本	出版时间
			中下）			
301	978-7-5643-8683-2	X13-33	环境化学实验	彭越，柏松，杨胜韬，主编	16	2022 年 8 月
302	978-7-5643-8803-4	TM407	变压器振荡波绕组故障检测原理及应用	钱国超，周利军，刘红文，徐肖伟，著	16	2022 年 8 月
303	978-7-5643-8815-7	F426.82；K877.424	石说盐语——自贡盐业碑刻研究	彭雨禾，陈述琪，著	16	2022 年 8 月
304	978-7-5643-8823-2	P208	时空地理加权回归方法原理与应用	赵阳阳，杨毅，刘纪平，张福浩，著	16	2022 年 8 月
305	978-7-5643-8830-0	U239.5	城市轨道交通全自动运行系统设计与实践	杨树松，马彦波，魏军，王向阳，编著	16	2022 年 8 月
306	978-7-5643-8890-4	U223.6	铁道供电技术专业课程标准	程洋，吕盛刚，杜伟静，方林，梁静，赵文飞，黄绘，于燕平，张丽丽，周正龙，余现飞，著	16	2022 年 8 月
307	978-7-5643-8894-2	U416.104	路基工程施工	贾晓东，陈友文，周健华，主编	16	2022 年 8 月
308	978-7-5643-8493-7	D922.17	测绘法规与工程管理	王占武，主编	16	2022 年 8 月
309	978-7-5643-8596-5	K927	西南历史文化地理概论	黄丹，编著	16	2022 年 8 月
310	978-7-5643-8678-8	G613.7	幼儿运动技能指导——家、园与社区共育	窦作琴，主编	16	2022 年 8 月
311	978-7-5643-8680-1	TM	电工技术（汉俄双语）	冯燕，高艳平，主编	16	2022 年 8 月
312	978-7-5643-8682-5	TP368.1	CC2530 单片机应用技术	曾妍，张凤仪，主编	16	2022 年 8 月
313	978-7-5643-8700-6	O15	高等代数	陈国华，廖小莲，刘成志，主编	16	2022 年 8 月
314	978-7-5643-8702-0	G63	学校育人的生态路向与实践	黄长平，何昌裕，邹扬庆，著	16	2022 年 8 月
315	978-7-5643-8706-8	F252.1	现代物流管理	吴智峰，林颖，严敏琳，主编	16	2022 年 8 月
316	978-7-5643-8718-1	P231.5	数字测图（活页式）	陈兰兰，李扬杰，罗贤万，主编	16	2022 年 8 月
317	978-7-5643-8733-4	U270.35	车辆制动装置（含实训手册）	李西安，主编	16	2022 年 8 月
318	978-7-5643-8747-1	TU93	地下工程结构耐久性设计与评定	王玉锁，王明年，主编	16	2022 年 8 月
319	978-7-5643-8750-1	U225	接触网设备检修与施工（智媒体版）（活页式）	马成禄，周艳秋，康飞，主编	16	2022 年 8 月
320	978-7-5643-8753-2	TP368.1	单片机应用技术（c 语言版）（活页式）	冯笑，陈享成，主编	16	2022 年 8 月
321	978-7-5643-8758-7	G642.44	职业院校学生岗位实习安全教育	刘汉源，刘作梅，主编	16	2022 年 8 月

序号	ISBN	分类	书名	作者	开本	出版时间
322	978-7-5643-8767-9	TN919；TP393	数据通信与网络技术	李力厚，李军华，主编	16	2022 年 8 月
323	978-7-5643-8774-7	TP368.1	51 单片机系统设计与调试——基于智能小屋系统开发的工作过程	王丽，徐又又，主编	16	2022 年 8 月
324	978-7-5643-8775-4	TN79	数字电子技术 MOOC 学习导学案（活页式）	唐宇，冯鹄，李丹，于娟，主编	16	2022 年 8 月
325	978-7-5643-8779-2	H146	基于语料库的现代汉语构式研究	农玉红，著	16	2022 年 8 月
326	978-7-5643-8781-5	G633.602	关于高考数学的若干研究	李伟，陈洪，著	16	2022 年 8 月
327	978-7-5643-8782-2	U415.5	工程机械管理	罗来兴，主编	16	2022 年 8 月
328	978-7-5643-8785-3	U491	交通运输中的数学问题——预测、优化与仿真	刘松，傅志妍，彭勇，于勇，程翠，著	16	2022 年 8 月
329	978-7-5643-8788-4	TU712.2	建设工程监理实务（活页式）	方鹏，主编	16	2022 年 8 月
330	978-7-5643-8793-8	X	环境科学基础	黄儒钦，郑爽英，编著	16	2022 年 8 月
331	978-7-5643-8794-5	U448.132.5	普速铁路混凝土桥梁振动与响应	刘楠，李定琴，孙军平，编著	16	2022 年 8 月
332	978-7-5643-8795-2	F253；F252.14	仓储与配送	周云，高军，石联军，主编	16	2022 年 8 月
333	978-7-5643-8796-9	TN86	开关类设备典型故障案例分析	李锐海，钱海，赵林杰，主编	16	2022 年 8 月
334	978-7-5643-8797-6	TM407	线圈类设备典型故障案例分析	钱海，喇元，赵林杰，主编	16	2022 年 8 月
335	978-7-5643-8798-3	U491	系统可靠性与安全性	胡启洲，主编	16	2022 年 8 月
336	978-7-5643-8799-0	U269	高速铁路动车组机械设备维护与检修（中英对照版）	牛小伟，尚宇，田小龙，主编	16	2022 年 8 月
337	978-7-5643-8801-0	U45	隧道施工与检测技术	杨国浪，主编	16	2022 年 8 月
338	978-7-5643-8802-7	TN91	信息通信建设工程项目管理	谭毅，主编	16	2022 年 8 月
339	978-7-5643-8805-8	D035.34	新时代城市安全发展战略——理论、探索与实践	张少标，张英菊，王新浩，袁庆华，刘非非，著	16	2022 年 8 月
340	978-7-5643-8806-5	G616	幼儿园家长工作指导（活页式）	姚光红，主编	16	2022 年 8 月
341	978-7-5643-8807-2	G623.202-53	语文教育的践行与反思	刘明蓉，著	16	2022 年 8 月
342	978-7-5643-8808-9	F511.41	国际货运代理实务（活页式）	陈慧，主编	16	2022 年 8 月
343	978-7-5643-8809-6	G711	高职院校课程思政建设探索与实践——以成都职业技术学院"成职模式"为例	杨莉，李丹，杨扬，左莉，缪礼红，薛佳，编著	16	2022 年 8 月

续表

序号	ISBN	分类	书名	作者	开本	出版时间
344	978-7-5643-8810-2	D631.3	大型活动安全管理	邱煜，李春勇，张胜前，主编	16	2022 年 8 月
345	978-7-5643-8811-9	I561.074	19—20 世纪英国小说中的文化记忆研究	张阳阳，林鸿雁，陈之童，曹韵竹，著	16	2022 年 8 月
346	978-7-5643-8812-6	O657-33	仪器分析实验	刘兴利，李萌甜，赵志刚，主编	16	2022 年 8 月
347	978-7-5643-8814-0	TS972.11	菜肴制作	郑昕，邓永宏，主编	16	2022 年 8 月
348	978-7-5643-8817-1	X321.2	生态环境补偿会计核算体系研究	周信君，罗阳，著	16	2022 年 8 月
349	978-7-5643-8818-8	R151.3	营养配餐与设计	徐静，主编	16	2022 年 8 月
350	978-7-5643-8819-5	TU-093.55；TU-863.55	尼泊尔建筑发展史与建筑艺术研究	崔晓乐，李朝，陶姗，李晓秀，著	32	2022 年 8 月
351	978-7-5643-8820-1	F326.33；F320.3	昆虫创意产业助力乡村振兴	曹成全，编著	16	2022 年 8 月
352	978-7-5643-8822-5	D631	人脸识别公安实战应用教程	蔡竞，主编	16	2022 年 8 月
353	978-7-5643-8824-9	TU723.32	房屋建筑与装饰工程计量与计价（第 2 版）	夏友福，主编	16	2022 年 8 月
354	978-7-5643-8825-6	R318	生物医学基础	卢晓英，吴熹，熊开琴，赵安莎，主编	16	2022 年 8 月
355	978-7-5643-8827-0	G252.7	信息检索与利用	陈晓红，主编	16	2022 年 8 月
356	978-7-5643-8828-7	O4-33	大学物理实验（一）	熊泽本，张定梅，主编	16	2022 年 8 月
357	978-7-5643-8829-4	U239.5	城市轨道交通全自动运行系统运营与维护	徐金平，曾海军，赵宁宁，朱立余，编著	16	2022 年 8 月
358	978-7-5643-8831-7	TU998.12	四川省典型火灾调查案例集（二）	陈硕，主编	16	2022 年 8 月
359	978-7-5643-8832-4	U264.91	电力机车行车安全装备	王峰，黄华，主编	16	2022 年 8 月
360	978-7-5643-8833-1	TU5	建筑材料（第四版）（含学习指导）	崔圣爱，李福海，李固华，主编	16	2022 年 8 月
361	978-7-5643-8834-8	U262.11	内燃机车柴油机	李嘉，郑小磊，高瑞，主编	16	2022 年 8 月
362	978-7-5643-8835-5	G254.9	现代信息查询与利用	杨佳祝，黎雪松，主编	16	2022 年 8 月
363	978-7-5643-8836-2	TP393	计算机网络原理	郑伟，蒋竹千，唐小军，主编	16	2022 年 8 月
364	978-7-5643-8837-9	G40-015	新时代大学生劳动教育实践	邓忠君，李峤，主编	16	2022 年 8 月
365	978-7-5643-8841-6	TU204	AutoCAD 2022 建筑绘图（立体化活页式）	潘彦颖，王岚琪，敖苊，主编	16	2022 年 8 月
366	978-7-5643-8842-3	V267	民航维修可靠性管理——系统运作	李欣，王锦申，主编	16	2022 年 8 月
367	978-7-5643-8843-0	K891.26	礼仪与艺术修养	唐丽娟，著	16	2022 年 8 月

续表

序号	ISBN	分类	书名	作者	开本	出版时间
368	978-7-5643-8844-7	G634.603	数学学本（9年级 上）	陈刚，张江平，吴波总主编；王占娟，主编	16	2022年8月
369	978-7-5643-8845-4	TP312.8	C语言课程设计案例教程	熊启军，主编	16	2022年8月
370	978-7-5643-8847-8	F740.4	国际贸易实务	唐艳梅，郭伟，主编	16	2022年8月
371	978-7-5643-8848-5	G634.413	英语学本（7年级 上）	陈刚，张江平，吴波总主编；胡霞，主编	16	2022年8月
372	978-7-5643-8849-2	G634.603	数学学本（7年级 上）	陈刚，张江平，吴波总主编；王占娟，主编	16	2022年8月
373	978-7-5643-8850-8	G634.603	数学学本（8年级 上）	陈刚，张江平，吴波总主编；王占娟，主编	16	2022年8月
374	978-7-5643-8851-5	G634.73	物理学本（8年级 上）	陈刚，张江平，吴波总主编；魏军华，主编	16	2022年8月
375	978-7-5643-8853-9	G647.38	大学生创业设计指导	尚艳亮，党宏倩，菅迎宾，主编	16	2022年8月
376	978-7-5643-8855-3	G256.1	甘肃简牍（第二辑）	甘肃简牍博物馆，编	16	2022年8月
377	978-7-5643-8856-0	U239.5	城市轨道交通全自动运行系统概论	安学武，王小可，主编	16	2022年8月
378	978-7-5643-8859-1	J624.16	钢琴规范化进阶教程	胡东亮，吴杨廷，李甜甜，主编	16	2022年8月
379	978-7-5643-8860-7	G634.413	英语学本（8年级 上）	陈刚，张江平，吴波总主编；胡霞，主编	16	2022年8月
380	978-7-5643-8861-4	G634.73	物理学本（9年级 上）	陈刚，张江平，吴波总主编；魏军华，主编	16	2022年8月
381	978-7-5643-8862-1	G633.512	"问道历史"的教学实践	贾雪枫，主编	16	2022年8月
382	978-7-5643-8863-8	TB383	无机纳米化学实验教程	雍嫒，主编	16	2022年8月
383	978-7-5643-8864-5	G614	幼儿园玩教具制作与运用	时晓芳，著	16	2022年8月
384	978-7-5643-8865-2	V249.31	空中领航学（第4版）（含习题集）	张焕，编著	16	2022年8月
385	978-7-5643-8866-9	P128	跟踪引导计算与瞄准偏置理论	游安清，张家如，著	16	2022年8月
386	978-7-5643-8867-6	G641	新时代农林院校思想政治工作创新研究——基于广东海洋大学新农科建设实践	孔华，著	16	2022年8月
387	978-7-5643-8875-1	V271.2；V279	物流无人机操控技术	黎聪，李钊，主编	16	2022年8月
388	978-7-5643-8876-8	H359.9	俄语口语与听力	雷华，于春平，主编	16	2022年8月
389	978-7-5643-8877-5	G641	大学生思想政治理论课实践教程（活页式）	杨雅涵，主编	16	2022年8月
390	978-7-5643-8878-2	R9	实用药学英语	易建红，主编	16	2022年8月
391	978-7-5643-8879-9	I210.97；	《野草》与《烛虚》比较研	陈彩林，著	16	2022年8月

续表

序号	ISBN	分类	书名	作者	开本	出版时间
		I207.65	究			
392	978-7-5643-8881-2	G640	应用型本科高校产教融合发展模式及其实现的保障机制	夏霖，马卫国，王春华，刘海峰，王保宇，著	16	2022 年 8 月
393	978-7-5643-8883-6	U21；U291	铁路线路及站场（第 2 版）	孙桂岩，陈旻瑜，赵宇航，主编	16	2022 年 8 月
394	978-7-5643-8884-3	F234.3	基于"区块链+"的管理会计数字技能	刘光强，著	16	2022 年 8 月
395	978-7-5643-8888-1	TP311.132.3	Access 2016 数据库技术与应用	朱正国，甘丽霞，张俊坤，主编	16	2022 年 8 月
396	978-7-5643-8889-8	TP311.132.3	Access 2016 数据库技术与应用实验指导	朱正国，甘丽霞，主编	16	2022 年 8 月
397	978-7-5643-8891-1	U	交通运输工程	赵鲁华，单秀娟，张俊明，主编	16	2022 年 8 月
398	978-7-5643-8892-8	N33	趣味科学实验	刘芳，叶超，李敬白，主编	16	2022 年 8 月
399	978-7-5643-8895-9	TB12	工程力学	张超平，主编	16	2022 年 8 月
400	978-7-5643-8896-6	TB12-44	工程力学练习题	张超平，主编	16	2022 年 8 月
401	978-7-5643-8786-0	U21	金台铁路工程总结（上下册）	周霖，叶翰松，邱琼海，主编	16	2022 年 9 月
402	978-7-5643-8858-4	TS933.21-44	珠宝鉴定专业应试习题及解析——宝石学基础	艾昊，张兴旺，刘云贵，主编	16	2022 年 9 月
403	978-7-5643-8899-7	U239.5-62	成都轨道交通建设管理手册	成都轨道建设管理有限公司，主编	16	2022 年 9 月
404	978-7-5643-8941-3	TM63	智能化变电站	王欣，于虹，许志松，魏杰，周帅，著	16	2022 年 9 月
405	978-7-5643-8540-8	TP312.8	C 语言程序设计（含实训指导）	肖志军，谢妙，主编	16	2022 年 9 月
406	978-7-5643-8748-8	U418.9	公路景观设计	尚婷，主编	16	2022 年 9 月
407	978-7-5643-8765-5	D261.42	新时代党员干部理想信念教育研究	王贵锌，著	16	2022 年 9 月
408	978-7-5643-8776-1	TM306；TM921-33	电机与拖动基础实验指导教程	任小文，主编	16	2022 年 9 月
409	978-7-5643-8816-4	H15	基础写作教程	钟华丽，主编	16	2022 年 9 月
410	978-7-5643-8826-3	TM63	变电站智能机器人巡检技术	吴波，于虹，李昊，郭晨鋆，马显龙，著	16	2022 年 9 月
411	978-7-5643-8838-6	G40-015	基于新农科建设的高校劳动教育创新研究	孔华，著	16	2022 年 9 月
412	978-7-5643-8839-3	H315	英语修辞学（English Rhetoric）	李秀萍，主编	16	2022 年 9 月
413	978-7-5643-8852-2	TP311.52	SSM 轻量级敏捷框架开发技术	温立辉，周永福，巫锦润，曾水新，杨浪	16	2022 年 9 月

续表

序号	ISBN	分类	书名	作者	开本	出版时间
414	978-7-5643-8857-7	TS452	烟用胶囊——技术与应用	何沛，刘志华，孙绍彬，编著	16	2022年9月
415	978-7-5643-8871-3	TU998.1-44	《建筑消防工程（上）》习题集	卿伟健，主编	16	2022年9月
416	978-7-5643-8880-5	P228.4	GNSS定位测量技术（含实训手册）	郭涛，陈志兰，吴永春，主编	16	2022年9月
417	978-7-5643-8882-9	TB22	工程测量（第2版）	解宝柱，蒋伟，李春静，主编	16	2022年9月
418	978-7-5643-8885-0	I058	儿童绘本创编与应用	邵珠春，徐静，主编	16	2022年9月
419	978-7-5643-8886-7	TS664	家具工程图绘制	高康进，主编	16	2022年9月
420	978-7-5643-8893-5	V279	无人机维护与维修	王旭，冯成龙，李志异，主编	16	2022年9月
421	978-7-5643-8898-0	U239.5；U285	轨道交通信号与通信设备	李丽兰，徐晓冰，主编	16	2022年9月
422	978-7-5643-8900-0	U239.5	城市轨道交通车站空调与通风系统（智媒体版）（第2版）	陈舒萍，主编	16	2022年9月
423	978-7-5643-8901-7	TP368.1；TP312.8	单片机C语言应用开发技术	李刚，主编	16	2022年9月
424	978-7-5643-8903-1	H121-53	闭门雕虫——张通海学术论文集	张通海，著	16	2022年9月
425	978-7-5643-8904-8	U238-33	高速铁路应急处置实验教程	郭峤枫，史磊，刘明峰，郭孜政，主编	16	2022年9月
426	978-7-5643-8905-5	TS44	云南烟叶分级与检验	孙浩巍，张轲，李超，主编	16	2022年9月
427	978-7-5643-8907-9	G649.1	资历框架的"三维"分析——基于新制度经济学视角	郑炜君，著	16	2022年9月
428	978-7-5643-8910-9	U266	时速160公里动力集中动车组构造与检修	史新伟，陶丹丹，史富强，主编	16	2022年9月
429	978-7-5643-8912-3	U271.038	客车电气检修	孙海莉，主编	16	2022年9月
430	978-7-5643-8914-7	TQ015.9-33	化工仿真实验	沈王庆，李国琴，黄文恒，主编	16	2022年9月
431	978-7-5643-8918-5	TM3	电机学	刘黎，郭冀岭，邱忠才，主编	16	2022年9月
432	978-7-5643-8919-2	G479	"体医融合"视域下武陵山区农村儿童青少年体质健康促进研究	张福兰，张天成，徐涛，著	16	2022年9月
433	978-7-5643-8921-5	G845	中国网球运动发展策略研究——以精英后备人才、教练员培养与体教融合推进为视角	雷正方，杨成波，刘青，著	16	2022年9月
434	978-7-5643-8923-9	O4-42	大学物理教学改革与大学生创新能力培养探索实践	杨方，编著	16	2022年9月

续表

序号	ISBN	分类	书名	作者	开本	出版时间
435	978-7-5643-8924-6	Q949.783.5	菊科植物的化学多样性	杨勇勋，著	16	2022 年 9 月
436	978-7-5643-8927-7	O29	高等应用数学（上册）（第3 版）	陈华峰，袁佳，主编	16	2022 年 9 月
437	978-7-5643-8930-7	TN91-41	新工科背景下地方高校通信工程专业教学改革研究	郭铁梁，著	16	2022 年 9 月
438	978-7-5643-8934-5	F127.713-53	贯彻新发展理念 推动高质量发展——乐山市党校系统 2021 年度调研报告文集	赵平，主编	16	2022 年 9 月
439	978-7-5643-8936-9	U239.5；TN911.73	XCT 图像处理与三维立体可视化技术及其应用	刘国成，著	16	2022 年 9 月
440	978-7-5643-8473-9	U	旅客运输组织	杜文，主编	16	2022 年 10 月
441	978-7-5643-8777-8	U448.12	荆州长江公铁大桥施工技术总结	中铁大桥局集团有限公司，编著	16	2022 年 10 月
442	978-7-5643-8813-3	G451.2-53	青蓝同行——探寻新教师成长之路	刘明，主编	16	2022 年 10 月
443	978-7-5643-8821-8	U279	铁道车辆构造与检修（汉英对照）	李向超，牛晨旭，尚宇，主编	16	2022 年 10 月
444	978-7-5643-8840-9	U279	铁道车辆构造与检修（汉俄对照）	李向超，牛晨旭，张茜，主编	16	2022 年 10 月
445	978-7-5643-8846-1	U29-65	高速铁路技规基础教程	薛锋，张守帅，何必胜，左大杰，主编	16	2022 年 10 月
446	978-7-5643-8873-7	G633.332	初中语文现代文重点篇目解读与教学设计	林建刚，著	16	2022 年 10 月
447	978-7-5643-8887-4	U213.2；U216.42	铁路轨道构造与维护	张振雷，解宝柱，主编	16	2022 年 10 月
448	978-7-5643-8902-4	K928.3-49	震旦第一山——峨眉山	李小波，主编	16	2022 年 10 月
449	978-7-5643-8909-3	TN911.6	信号与系统简明教程	郭铁梁，主编	16	2022 年 10 月
450	978-7-5643-8911-6	G643-62	西南交通大学学位与研究生教育质量保障工作手册（全6 册）	西南交通大学研究生院，编	16	2022 年 10 月
451	978-7-5643-8913-0	R199.2；D922.164	健康产业政策与法规	陈瑶，主编	16	2022 年 10 月
452	978-7-5643-8915-4	G634.603	逻辑与工具——生活中的数学	梁治明，主编	16	2022 年 10 月
453	978-7-5643-8929-1	F407.471.5	汽车售后服务接待（活页式）	潘若龙，曲志鹏，滕飞，主编	16	2022 年 10 月
454	978-7-5643-8931-4	K297.14	嘉庆彭县志校注	(清)王锺钫，等修；王斌，艾茂莉，校注	16	2022 年 10 月
455	978-7-5643-8933-8	F560.9	基于能力的飞行签派员训练及评估	罗凤娥，赵婷，张成伟，编著	16	2022 年 10 月
456	978-7-5643-8938-3	TM727	微电网储能技术原理及应用	贺达江，叶季蕾，编著	16	2022 年 10 月
457	978-7-5643-8940-6	U27	铁道车辆运用与管理（中	余建勇，许卫红，班希	16	2022 年 10 月

序号	ISBN	分类	书名	作者	开本	出版时间
			英对照版）	翼，主编		
458	978-7-5643-8942-0	F560.69	通用航空典型安全问题研究	王永根，主编	16	2022 年 10 月
459	978-7-5643-8945-1	U239.5	城市轨道交通联锁系统维护（智媒体版）	杨艳，张玉霞，彭元龙，主编	16	2022 年 10 月
460	978-7-5643-8948-2	F416.81；TS941.41	纺织非遗与现代服饰面料赏析	佟昀，主编	16	2022 年 10 月
461	978-7-5643-8951-2	TU-023；TU111.4	2021 四川省绿色建筑与建筑节能年度发展报告	四川省绿色建筑与建筑节能工程技术研究中心，四川省建设工程消防和勘察设计技术中心，四川省绿色节能建筑科普基地，主编	16	2022 年 10 月
462	978-7-5643-8952-9	TU823.1-62	卫生间同层排水系统设计手册	汤军伟，杨一林，主编	32	2022 年 10 月
463	978-7-5643-8954-3	G633.302	中小学文言文教学研究	王易萍，周于飞，主编	16	2022 年 10 月
464	978-7-5643-8955-0	F252	现代物流一体化课程教学指导手册	杨卫平，吴小杨，刘丽婉，主编	16	2022 年 10 月
465	978-7-5643-8956-7	TP311.52	商务软件开发与应用一体化课程教学指导手册	杨武波，张泽光，主编	16	2022 年 10 月
466	978-7-5643-8957-4	F766	汽车技术服务与营销一体化课程教学指导手册	郑松青，王正旭，符强，主编	16	2022 年 10 月
467	978-7-5643-8958-1	TP37	多媒体制作（影视技术方向）一体化课程教学指导手册	吴锐，陈矗，主编	16	2022 年 10 月
468	978-7-5643-8959-8	TU238.2	室内装饰专业一体化课程教学指导手册	王博，主编	16	2022 年 10 月
469	978-7-5643-8960-4	F768.3	服装品牌策划与经营一体化课程教学指导手册	李填，主编	16	2022 年 10 月
470	978-7-5643-8961-1	F204	开放式国家创新体系研究	周红芳，著	16	2022 年 10 月
471	978-7-5643-8962-8	U445.4	桥涵工程施工	高培山，曲元梅，杨万忠，主编	16	2022 年 10 月
472	978-7-5643-8963-5	U448.25	凤凰黄河大桥建造关键技术	许为民，著	16	2022 年 10 月
473	978-7-5643-8964-2	G612	幼儿教育一体化课程教学指导手册	周丹，主编	16	2022 年 10 月
474	978-7-5643-8973-4	D923	民法典与社区法治	中共成都市金牛区委党校（区行政学院），成都城市社区学院，上海中联（成都）律师事务所，编	16	2022 年 10 月
475	978-7-5643-8978-9	TN710.4	模拟电子技术 MOOC 学习导学案（活页式）	方重秋，李丹，冯鹄，游霞，主编	16	2022 年 10 月

续表

序号	ISBN	分类	书名	作者	开本	出版时间
476	978-7-5643-8980-2	U464.03；U472.43	汽车发动机构造与维修（活页式）	李曼，曲志鹏，李明，主编	16	2022 年 10 月
477	978-7-5643-8981-9	U463.103；U472.41	汽车底盘构造与维修（活页式）	徐晓松，曲志鹏，主编	16	2022 年 10 月
478	978-7-5643-8982-6	U239.5-62	城市轨道交通全自动运行线路运营指南	饶咏，徐安雄，主编	16	2022 年 10 月
479	978-7-5643-8990-1	TE25	塔里木盆地高压气井复杂工况下修井工艺技术	何银达，王洪峰，胡超，吴云才，著	16	2022 年 10 月
480	978-7-5643-8854-6	G649.287.11-54	西南交通大学年鉴（2021）	《西南交通大学年鉴》编辑委员会，编	16	2022 年 11 月
481	978-7-5643-8499-9	U2	铁路运输设备	李海军，宋琦，张春民，主编	16	2022 年 11 月
482	978-7-5643-8721-1	G645.5	"巍"言大学——该如何度过你的大学四年	陈巍，著	16	2022 年 11 月
483	978-7-5643-8869-0	R211	中医预防学	夏丽娜，饶朝龙，主编	16	2022 年 11 月
484	978-7-5643-8870-6	U416.217-39	沥青路面结构电算	蒋鑫，邱延峻，著	16	2022 年 11 月
485	978-7-5643-8916-1	G279.277.13	达州档案志	《达州档案志》编委会，主编	16	2022 年 11 月
486	978-7-5643-8920-8	TU93	地下结构设计原理与方法	曾艳华，汪波，封坤，董唯杰，编著	16	2022 年 11 月
487	978-7-5643-8926-0	F061.5	枢纽经济概论	李国政，主编	16	2022 年 11 月
488	978-7-5643-8928-4	H0-05	乘语言之舟，品世界文化之美	孙大为，主编	16	2022 年 11 月
489	978-7-5643-8932-1	U459.2	攀大高速公路宝鼎 2 号隧道施工关键技术	康海波，罗春雨，范仁玉，赵刚应，曾明生，编著	16	2022 年 11 月
490	978-7-5643-8939-0	U239.5	城市轨道交通专用通信系统维护	龙章勇，王朋，主编	16	2022 年 11 月
491	978-7-5643-8943-7	D669.3	社区活动策划与组织实务	郑轶，主编	16	2022 年 11 月
492	978-7-5643-8944-4	F719.2	客房服务与管理实训技能指导	陈红艳，王娟，主编	16	2022 年 11 月
493	978-7-5643-8946-8	TU723.32	安装工程计量与计价	刘晓艳，蔡汶青，侯艳，主编	16	2022 年 11 月
494	978-7-5643-8947-5	D922.17	测绘法规与管理	谢波，常允艳，郭涛，主编	16	2022 年 11 月
495	978-7-5643-8965-9	G633.672	信息科技 ICS 教学模式研究与实践	杨海娟，著	16	2022 年 11 月
496	978-7-5643-8975-8	TN929.53	计算机程序设计（移动互联应用开发方向）一体化课程教学指导手册	李淑晓，陈静君，主编	16	2022 年 11 月
497	978-7-5643-8976-5	I561.073	中国莎士比亚研究（第 5 辑）	李伟民，主编	16	2022 年 11 月

序号	ISBN	分类	书名	作者	开本	出版时间
498	978-7-5643-8977-2	U292.2	车站调车工作	王蕾，刘志强，主编	16	2022 年 11 月
499	978-7-5643-8984-0	V47	民用无人驾驶航空器运行态势蓝皮书(2021)	张瑞庆，陈向阳，主编	16	2022 年 11 月
500	978-7-5643-8985-7	I058	儿童文学教程	龙海霞，李芳，主编	16	2022 年 11 月
501	978-7-5643-8986-4	G633.602	中学数学教育与活动指导	吴现荣，彭乃霞，罗琼，主编	16	2022 年 11 月
502	978-7-5643-8987-1	TP393.4；TP18	物联网技术与应用（活页式）	易丹，孟思明，何继业，主编	16	2022 年 11 月
503	978-7-5643-8988-8	TP13	自动控制原理基础	牟如强，李兴红，李乐，主编	16	2022 年 11 月
504	978-7-5643-8989-5	TP311.561	基于 Micro:bit 的 Python 编程基础	唐永晨，主编	16	2022 年 11 月
505	978-7-5643-8991-8	U239.5	城市轨道交通全自动运行系统研究——以西安地铁三期为例	公吉鹏，王建文，李奎，著	16	2022 年 11 月
506	978-7-5643-8994-9	U213.3	高速铁路双块式轨枕智能制造技术	王明慧，王剑，郑亚民，蒋树平，张桥，李永生，编著	16	2022 年 11 月
507	978-7-5643-8995-6	R199-39	健康大数据技术与应用导论	韩良福，胡奇志，张明玖，主编	16	2022 年 11 月
508	978-7-5643-8996-3	R473.71	妇产科常见疾病案例 PIO 护理指引	关晋英，杨绍平，罗宏，主编	16	2022 年 11 月
509	978-7-5643-8999-4	G623.202	统编小学语文教科书南山名师教学设计(六年级)（上下册）	高乃松，总主编	16	2022 年 11 月
510	978-7-5643-9000-6	B844.1	农村留守学生心理资本研究	马文燕，著	16	2022 年 11 月
511	978-7-5643-9001-3	K280.046	辽金民族关系思想研究	孙政，著	16	2022 年 11 月
512	978-7-5643-9003-7	R195.1-54	四川卫生健康统计年鉴（2021）	四川省卫生健康委员会，编	16	2022 年 11 月
513	978-7-5643-9004-4	U225	接触网运行检修与施工	黄绘，程洋，主编	16	2022 年 11 月
514	978-7-5643-9005-1	U294.1	铁路特殊货物运输（活页式）	姚琴兰，陈磊，主编	16	2022 年 11 月
515	978-7-5643-9007-5	V328.3	应急机动训练——在危机中控制你的飞机	(美) 里奇·斯托韦尔 (Rich Stowell) ，著；王强，牟忆豪，王永铮，郝亮，编译	16	2022 年 11 月
516	978-7-5643-9008-2	F713.32	新零售背景下制造商双渠道供应链协同与优化	刘灿，著	16	2022 年 11 月
517	978-7-5643-9009-9	D669.8	毒品辨识与预防	刘传银，姚继平，主编	16	2022 年 11 月
518	978-7-5643-9010-5	F533.13	铁道上的日本	祝曙光，著	16	2022 年 11 月

续表

序号	ISBN	分类	书名	作者	开本	出版时间
519	978-7-5643-9011-2	G623.202	统编小学语文教科书南山名师教学设计（四年级）（上下册）	高乃松，总主编	16	2022年11月
520	978-7-5643-9015-0	G633.512	问道历史——现代中学历史教学实践体系的构建	贾雪枫，著	16	2022年11月
521	978-7-5643-9021-1	TN929.53	移动应用开发基础教程	李志军，马鸣霄，王奎奎，主编	16	2022年11月
522	978-7-5643-9025-9	TU723	工程招投标与合同管理	陈丽娟，何继坤，曹丹，主编	16	2022年11月
523	978-7-5643-9026-6	J614.3	曲式与分析	张家棋，编著	16	2022年11月
524	978-7-5643-9028-0	J952	跨文化传播视野下中国纪录片的地方性实践	雷璐荣，著	16	2022年11月
525	978-7-5643-9029-7	TM922.3	深度学习在牵引供电系统暂态辨识与故障测距中的应用研究	傅钦翠，著	16	2022年11月
526	978-7-5643-9033-4	F530.6	铁路运输市场营销实务	侯文赞，苏慧，主编	16	2022年11月
527	978-7-5643-9036-5	G623.202	统编小学语文教科书南山名师教学设计（五年级）（上下册）	高乃松，总主编	16	2022年11月
528	978-7-5643-9037-2	F752.658.7	中国对外贸易陶瓷	矫克华，李梅，著	16	2022年11月
529	978-7-5643-9042-6	V267	民航维修可靠性管理：机队医典	李志明，主编	16	2022年11月
530	978-7-5643-9046-4	V271	民用飞机航空电子系统的发展与应用	王志良，主编	16	2022年11月
531	978-7-5643-9047-1	TM5	电器技术及控制	杨丰萍，李中奇，彭伟发，编著	16	2022年11月
532	978-7-5643-9050-1	TN	电子技术	廖化容，张俊佳，朱文艳，主编	16	2022年11月
533	978-7-5643-9053-2	F275	财务管理原理（Principles of Financial Management）	顾水彬，编著	16	2022年11月
534	978-7-5643-8968-0	U225	电气化铁路接触网基础（Overhead Contact System Fundamentals of Electrified Railway）	黄绘，主编；卢雨松，译	16	2022年12月
535	978-7-5643-8969-7	U266	动车组概论（Introduction to Multiple Unit Trains）	李英勇，主编；杨琳，译	16	2022年12月
536	978-7-5643-8908-6	U455.43	EPB/TBM双模盾构施工关键技术	深圳地铁建设集团有限公司，西南交通大学，中铁工程装备集团有限公司，编著	16	2022年12月
537	978-7-5643-8972-7	U266.2	城际动车组系统修维修策略	朱士友，主编	16	2022年12月
538	978-7-5643-8979-6	U415.12	公路工程检测技术（修订版）	费月英，任小艳，主编	16	2022年12月

续表

序号	ISBN	分类	书名	作者	开本	出版时间
539	978-7-5643-8993-2	G640-53	交通天下——西南交通大学通识教育文集	崔凯，主编	16	2022 年 12 月
540	978-7-5643-9002-0	U284.18	车站信号自动控制（Railway Station Signal Interlocking）	吴雄升，赵宁，主编；周澜，译	16	2022 年 12 月
541	978-7-5643-9006-8	F062.4	工程经济学	黄喜兵，主编	16	2022 年 12 月
542	978-7-5643-9019-8	F592.742-53；F592.771-53	陇蜀文旅论（上下册）	高天佑，主编	16	2022 年 12 月
543	978-7-5643-9032-7	TP18	人工智能——赋能万物智联的人工智能技术应用	江跃龙，孟思明，刘薇，主编	16	2022 年 12 月
544	978-7-5643-9034-1	G633.332	语文阅读教学拾零——基于课程改革视角	于军民，著	16	2022 年 12 月
545	978-7-5643-9035-8	F062.4；F284	工程经济与项目管理	张敏，主编	16	2022 年 12 月
546	978-7-5643-9040-2	U264	电力机车检查与保养（活页式）	曾青中，主编	16	2022 年 12 月
547	978-7-5643-9041-9	U455.4	公路隧道纤维混凝土衬砌关键技术	袁松，张生，王希宝，李杰，廖沛源，张廷彪，著	16	2022 年 12 月
548	978-7-5643-9045-7	O241.82	有限元法及其应用	向维，吴晓，于兰峰，编著	16	2022 年 12 月
549	978-7-5643-9048-8	G40-015	高职院校劳动教育理论与实践——成都职业技术学院劳动教育体系研究	张开江，李丹，姚任均，赵晓丹，著	16	2022 年 12 月
550	978-7-5643-9056-3	U279.3-65	《铁路客车段修规程》学习手册	史新伟，史富强，主编	16	2022 年 12 月
551	978-7-5643-9060-0	D922.16；G645.16	教育政策法规与师德修养	梁剑，主编	16	2022 年 12 月
552	978-7-5643-9061-7	X22	广东省人与自然和谐发展研究基地调研报告选辑（2022）	曾宇辉，许家军，主编	16	2022 年 12 月
553	978-7-5643-9062-4	TN91	通信技术基础	邱太俊，陈帮富，主编	16	2022 年 12 月
554	978-7-5643-9064-8	Q959.838	熊猫山河记	熊猫山河记课题组，编著	16	2022 年 12 月
555	978-7-5643-9066-2	TS218	功能食品学	余海忠，杨国华，主编	16	2022 年 12 月
556	978-7-5643-9074-7	H12；I207.22	汉字取象及其古诗文意象研究	张玉梅，著	16	2022 年 12 月
557	978-7-5643-9083-9	U455	长大隧道穿越富水变粒岩断层带的超前固结与掌子面高温控制技术研究——以五老山隧道为例	谢飞鸿，李占先，冯国森，周宝龙，编著	16	2022 年 12 月
558	978-7-5643-9089-1	G618	婴幼儿托育活动设计——赋能理念下的"五育"课程	金春燕，朱珠，主编	16	2022 年 12 月

序号	ISBN	分类	书名	作者	开本	出版时间
559	978-7-5643-9090-7	U239.5	中国城市轨道交通 TOD 政策指数报告（2022）：聚焦城市治理新路径	李东坤，谢宇航，冯会会，何德文，雷斌，王永杰，编著	16	2022 年 12 月
560	978-7-5643-9096-9	K876.3	中国明代民窑青花瓷纹饰艺术	矫克华，李梅，著	16	2022 年 12 月
561	978-7-5643-9132-4	U285.21	GSM-R 通信系统应用与维护	杨静，戴俊勉，主编	16	2022 年 12 月
562	978-7-5643-9138-6	TP312.8	程序设计基础(C 语言)教程	刘媛媛，雷莉霞，胡平，主编	16	2022 年 12 月
563	978-7-5643-9158-4	G316	国际创新名城人才制度与治理研究——基于南京人才新发展格局的实践探索	赵永乐，郭祥林，陈培玲，著	16	2022 年 12 月
564	155643·152		四川省装配式混凝土部品部件信息芯片系统应用技术标准	成都市绿色建筑监督服务站　成都建工工业化建筑有限公司　主编	32	2022 年 2 月
565	155643·153		四川省城市道路预制拼装挡土墙技术标准	四川省装配式建筑产业协会　成都城投建筑科技投资管理集团有限公司　上海市城市建设设计研究总院（集团）有限公司　主编	32	2022 年 1 月
566	155643·154		沥青路面厂拌热再生技术指南	四川省公路规划勘察设计研究院有限公司　主编	32	2022 年 1 月
567	155643·155		四川省成品住宅装修工程技术标准	四川省建筑科学研究院有限公司　成都市建设工程质量监督站　主编	32	2022 年 1 月
568	155643·158		四川省盾构隧道混凝土预制管片技术规程	中铁二十三局集团有限公司　主编	32	2022 年 2 月
569	155643·159		四川省绿色建筑评价标准	四川省建筑科学研究院有限公司　四川省建设工程消防和勘察设计技术中心　主编	32	2022 年 2 月
570	155643·163		四川省预成孔植桩技术标准	四川省建筑科学研究院有限公司　建华建材（中国）有限公司　主编	32	2022 年 3 月
571	155643·164		四川省纳米蒙脱石纤维复合材料工程应用技术标准	中国建筑西南设计研究院有限公司主编	32	2022 年 3 月
572	155645·160		ABX 浮筑楼板隔声(保温)系统构造	西南地区建筑标准设计协作领导小组　四川西南建标科技发展有限公司　组编	16	2022 年 3 月

续表

序号	ISBN	分类	书名	作者	开本	出版时间
573	155645·161		四川省建设工程造价电子数据标准	四川省建设工程招标投标总站 主编	32	2022 年 3 月
574	155645·162		四川省工程建设项目招标代理操作规程	四川省建筑科学研究院有限公司 建华建材（中国）有限公司 主编	32	2022 年 3 月
575	155643·166		攀西地区民用建筑节能应用技术标准	四川省建筑科学研究院有限公司 主编	32	2022 年 4 月
576	155643·167		四川省高层装配式钢结构住宅技术标准	四川省建筑设计研究院有限公司 中国建筑西南设计研究院有限公司 主编	32	2022 年 4 月
577	155643·168		四川省既有民用建筑结构安全隐患排查技术标准	四川省建筑科学研究院有限公司 主编	32	2022 年 5 月
578	155643·169		四川省纵向增强体心墙土石坝技术规程	四川省水利科学研究院 中国大坝工程学会水库大坝管理新技术产学研分会 主编	32	2022 年 5 月
579	155643·170		四川省高等装配式钢结构住宅技术标准	四川省建筑设计研究院有限公司 中国建筑西南设计研究院有限公司 主编	32	2022 年 5 月
580	155643·171		四川省装配式混凝土建筑预制外墙接缝防水技术标准	成都市土木建筑学会 成都建工集团有限公司 主编	32	2022 年 6 月
581	155643·172		预拌流态固化土工程应用技术标准	中国建筑西南设计研究院有限公司 四川三合利源环保建材有限公司 主编	32	2022 年 6 月
582	155643·173		四川省城镇房屋白蚁预防工程药物土壤屏障检测和评价技术标准	成都市房屋安全事务中心（成都市白蚁防治研究中心）主编	32	2022 年 6 月
583	155643·174		四川省建设工程施工现场安全资料管理标准	四川省建设工程质量安全总站 成都建工第八建筑工程有限公司 主编	32	2022 年 7 月
584	155643·175		四川省智慧工地建设技术标准	四川省建筑科学研究院有限公司 成都建工集团有限公司 主编	32	2022 年 7 月
585	155643·176		四川省机制砂生产与应用技术标准	四川省建筑科学研究院有限公司	32	2022 年 7 月

续表

序号	ISBN	分类	书名	作者	开本	出版时间
586	155643·177		四川省装配式固模剪力墙结构及楼承板技术标准	四川省建筑设计研究院有限公司 清华大学建筑设计研究院有限公司 主编	32	2022 年 7 月
587	155643·178		内嵌式磁浮交通系统设计标准	中铁二院工程集团有限责任公司 四川发展磁浮科技有限公司 主编	32	2022 年 7 月
588	155643·179		预拌流态固化土工程应用技术标准	中国建筑西南设计研究院有限公司 主编	32	2022 年 7 月
589	155643·180		山区公路混凝土桥梁结构安全风险监测指标体系设计与预警技术指南	四川省公路规划勘察设计研究院有限公司 主编	32	2022 年 7 月
590	155643·181		四川省碲化镉发电玻璃建筑一体化应用技术标准	四川省建筑设计研究院有限公司 成都中建材光电材料有限公司 主编	32	2022 年 8 月
591	155643·182		四川省增强型水泥基泡沫保温装饰板外墙外保温工程技术标准	成都市建筑设计研究院有限公司 主编	32	2022 年 8 月
592	155643·183		四川省城市运行管理服务平台行业应用系统技术标准	四川省建设科技发展与信息中心 北京数字政通科技股份有限公司 主编	32	2022 年 9 月
593	155643·184		城市轨道交通运营与服务第 1 部分：网络化运营组织规范	成都轨道交通集团有限公司	32	2022 年 10 月
594	155643·185		城市轨道交通运营与服务第 2 部分：客流风险管控规范	成都轨道交通集团有限公司	32	2022 年 10 月
595	155643·186		城市轨道交通运营与服务第 3 部分：车辆系统风险管控规范	成都轨道交通集团有限公司	32	2022 年 10 月
596	155643·187		城市轨道交通运营与服务第 4 部分：列车驾驶员作业规范	成都轨道交通集团有限公司	32	2022 年 10 月
597	155643·188		城市轨道交通运营与服务第 5 部分：运行信息化规范	成都轨道交通集团有限公司	32	2022 年 10 月
598	155643·189		房屋建筑工程与市政基础设施工程施工现场技能工人配备标准	成都市建筑业协会 中国五冶集团有限公司	32	2022 年 10 月
599	155643·190		四川省城市交通隧道照明工程技术标准	成都市市政工程设计研究院有限公司 四川省公路规划勘察设计研究院有限公司	32	2022 年 10 月
600	155643·191		建筑用轻质内隔墙条板构造	西南地区建筑标准设计协作领导小组 四川西南建标科技发展有限公司 组编	16	2022 年 11 月